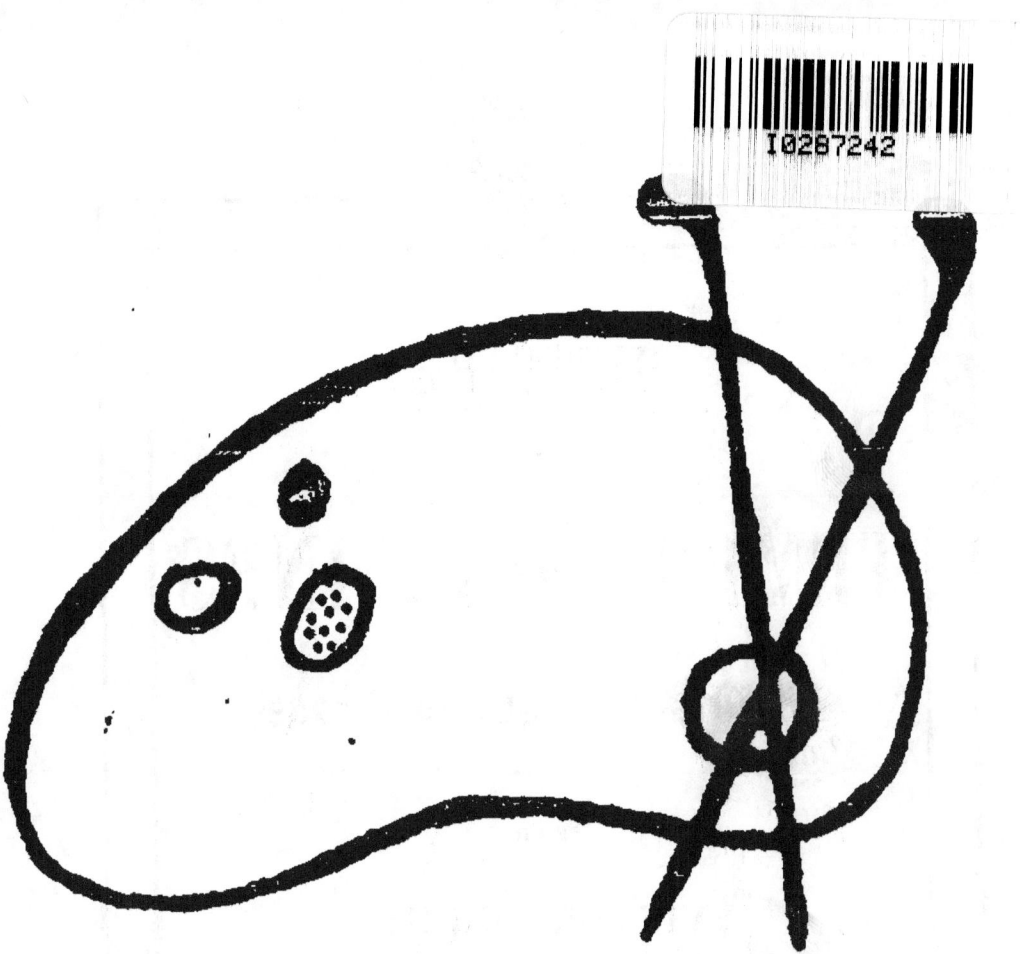

Début d'une série de documents en couleur

HISTOIRE
DES
TEMPS MODERNES
DEPUIS 1453 JUSQU'A 1789

PAR
VICTOR DURUY

TREIZIÈME ÉDITION REVUE

PARIS
LIBRAIRIE HACHETTE ET Cie
79, BOULEVARD SAINT-GERMAIN, 79

LIBRAIRIE HACHETTE ET Cie

HISTOIRE UNIVERSELLE
Publiée par une société de professeurs et de savants
SOUS LA DIRECTION
DE M. VICTOR DURUY
Format in-16, broché.

La demi-reliure en chagrin, tranches jaspées, de chacun de ces volumes se paye en sus : 1 fr. 50 c.

La terre et l'homme, ou aperçu de la géologie, de géographie et d'ethnologie générales, pour servir d'introduction à l'*Histoire universelle*, par M. MAURY, membre de l'Institut; 5ᵉ édition. 1 vol. 6 fr.

Chronologie universelle, par M. DREYSS, recteur honoraire d'Académie; 5ᵉ édition, continuée jusqu'en 1883. 2 volumes. 12 fr.

Histoire générale, comprenant l'histoire de l'antiquité, du moyen âge et des temps modernes jusqu'en 1848, suivie d'un résumé des principaux événements de 1848 à 1883, par M. DURUY; nouvelle édition. 1 vol. 4 fr.

Histoire sainte d'après la Bible, par M. DURUY; 12ᵉ édition. 1 vol. 3 fr.

Histoire ancienne des peuples de l'Orient, par M. MASPERO; 5ᵉ édition. 1 vol. 6 fr.

Histoire grecque, par M. DURUY; 11ᵉ édition. 1 vol. 4 fr.

Histoire romaine, par M. DURUY; 18ᵉ édition. 1 vol. 4 fr.

Histoire du moyen âge, depuis la chute de l'empire d'Occident jusqu'au milieu du XVᵉ siècle, par M. DURUY; 14ᵉ édition. 4 fr.

Histoire des temps modernes, depuis 1453 jusqu'à 1789, par M. DURUY; 13ᵉ édition. 1 vol. 4 fr.

Histoire de France, par M. DURUY 20ᵉ édition, illustrée de nombreuses gravures et de cartes. 2 vol. 8 fr.

Histoire d'Angleterre, comprenant celle de l'Ecosse, de l'Irlande et des possessions anglaises, par M. FLEURY, ancien recteur; 7ᵉ édition. 1 volume. 4 fr.

Histoire de l'Autriche-Hongrie, par M. LOUIS LÉGER. 4ᵉ édit. 1 vol. 5 fr.

Histoire résumée d'Italie, par M. ZELLER, membre de l'Institut; 4ᵉ édition. 1 vol. 5 fr.

Histoire de la Russie, par M. RAMBAUD, professeur à la Faculté des lettres de Paris; 4ᵉ édit. 1 vol. 6 fr.
Couronnée par l'Académie française.

Histoire de l'Empire ottoman, par M. DE LA JONQUIÈRE, ancien professeur à l'École impériale militaire de Constantinople. 1 vol. 6 fr.

Histoire de la littérature grecque, par M. PIERRON; 11ᵉ édition. 1 volume broché. 4 fr.

Histoire de la littérature romaine, par M. PIERRON; 14ᵉ édition. 1 volume. 4 fr.

Histoire de la littérature française, par M. DEMOGEOT, agrégé de la Faculté des lettres de Paris; 26ᵉ édition. 1 vol. 4 fr.

Histoire des littératures étrangères, considérées dans leurs rapports avec la littérature française, par M. DEMOGEOT; 3ᵉ édit. 2 vol. 8 fr.

Histoire de la littérature anglaise, 2ᵉ édition, par M. AUGUSTIN FILON 1 vol. 6 fr.

Histoire de la littérature italienne, par M. L. ETIENNE. 2ᵉ édit. 1 vol. 4 fr.
Couronnée par l'Académie française.

Dictionnaire historique des institutions, mœurs et coutumes de la France, par M. CHÉRUEL; 7ᵉ édition. 2 vol. 12 fr.

Histoire de la physique et de la chimie, depuis les temps les plus reculés jusqu'à nos jours, par M. HOEFER; 2ᵉ édition. 1 vol. 4 fr.

Histoire de la botanique, de la minéralogie et de la géologie, par M. HOEFER; 2ᵉ édition. 1 vol. 4 fr.

Histoire de la zoologie, par M. HOEFER 2ᵉ édition. 1 vol. 4 fr.

Histoire de l'astronomie, par M. HOEFER; 2ᵉ édition. 1 vol. 4 fr.

Histoire des mathématiques, par M. HOEFER; 4ᵉ édition. 1 vol. 4 fr.

GÉOGRAPHIE

La terre à vol d'oiseau, par M. ONÉSIME RECLUS. 4ᵉ édition. 2 vol., avec 370 gravures. 10 fr.

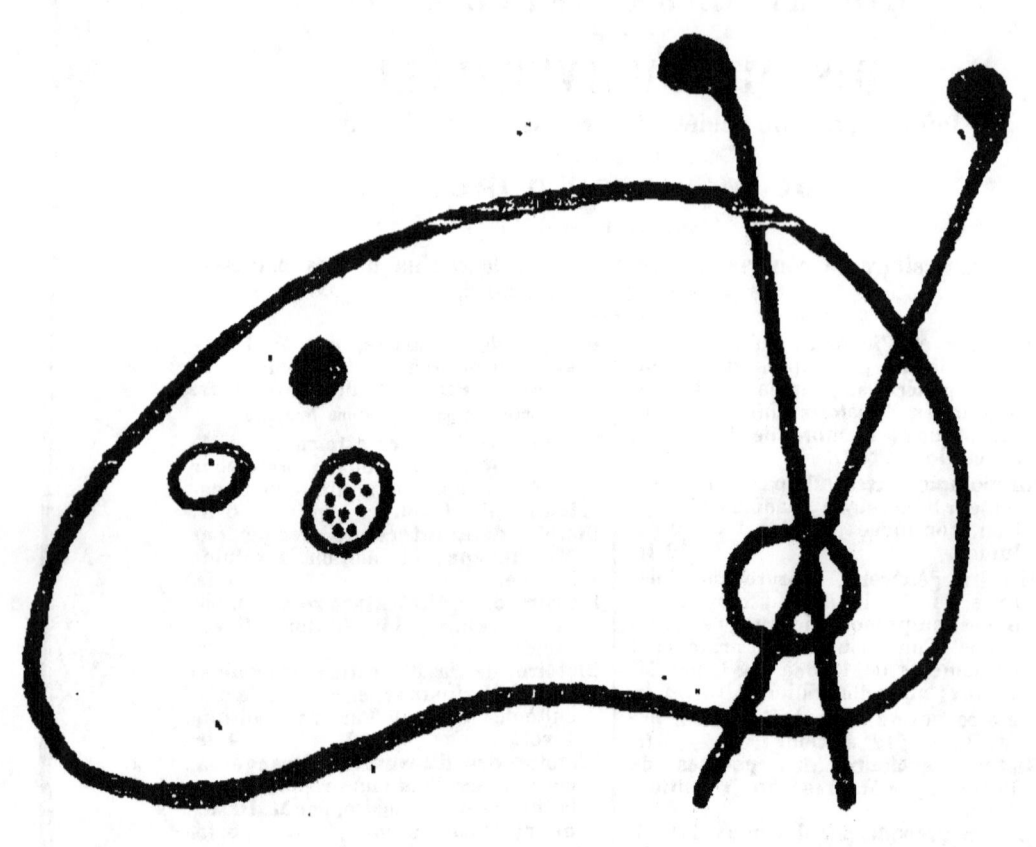

Fin d'une série de documents en couleur

HISTOIRE
UNIVERSELLE

PUBLIÉE

par une société de professeurs et de savants

SOUS LA DIRECTION

DE M. V. DURUY

HISTOIRE
DES TEMPS MODERNES

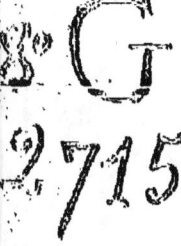

AUTRES OUVRAGES DE M. V. DURUY
PUBLIÉS PAR LA MÊME LIBRAIRIE

Histoire des Grecs, depuis les temps les plus reculés jusqu'à la réduction de la Grèce en province romaine. Ouvrage couronné par l'Académie française, 2 vol. in-8°, brochés.   12 fr.

Histoire des Grecs, depuis les temps les plus reculés jusqu'à la réduction de la Grèce en province romaine, nouvelle édition refondue et contenant 14 pl. en couleurs, 2000 gravures d'après l'antique et 50 cartes ou plans, 3 vol. grand in-8°, brochés. Chaque volume   25 fr.

Histoire des Romains, depuis les temps les plus reculés jusqu'à Dioclétien. 7 vol. in-8°, brochés.   52 fr. 50

Histoire des Romains, depuis les temps les plus reculés jusqu'à l'invasion des barbares. Édition illustrée de 50 pl. en couleurs, 3455 gravures d'après l'antique, et 46 cartes ou plans. 7 vol. grand in-8°, brochés. Chaque volume   25 fr.

Introduction générale à l'histoire de France. 1 volume in-16, broché.   3 fr. 50

Histoire de France. 1 magnifique volume in-4°, illustré de 400 gravures, cartonné en percaline.   25 fr.

Cours d'histoire, à l'usage des lycées et collèges. Nouvelle édition complétée et remaniée conformément aux programmes du 28 janvier 1890, sous la direction de M. E. Lavisse, professeur à la Faculté des lettres de Paris. 6 volumes in-16, avec gravures et cartes, cartonnage toile :

Histoire ancienne, par M. Moret (Classe de sixième). 1 vol.   3 fr.
Histoire grecque, par M. Haussoullier (Classe de cinquième). 1 vol.   3 fr. 50
Histoire romaine, par M. Parmentier (Classe de quatrième). 1 vol.   4 fr.
Histoire de l'Europe et de la France jusqu'en 1270, par M. Parmentier. (Classe de troisième). 1 vol.   4 fr. 50
Histoire de l'Europe et de la France, de 1270 à 1610, par M. Mariéjol. (Classe de seconde). 1 vol.   5 fr.
Histoire de l'Europe et de la France, de 1610 à 1789, par M. Lacour-Gayet (Classe de Rhétorique). 1 vol.   5 fr.

Petit cours d'histoire universelle, à l'usage des classes élémentaires et des écoles. 7 volumes in-16, avec des gravures et des cartes, cartonnés :

Petite histoire ancienne. 1 vol.   1 fr.
Petite histoire grecque. 1 vol.   1 fr.
Petite histoire romaine. 1 vol.   1 fr.
Petite histoire du moyen âge. 1 vol.   1 fr.
Petite histoire des temps modernes. 1 vol.   1 fr.
Petite histoire de France. 1 vol.   1 fr.
Petite histoire générale. 1 vol.   1 fr.

Petite histoire sainte. 1 volume in-18, avec 25 gravures et 1 carte, cartonné.   80 c.

Pour les ouvrages de M. Duruy qui font partie de l'*Histoire universelle*, voir l'annonce placée sur la couverture.

Coulommiers. — Imp. Paul BRODARD. — 926-99.

HISTOIRE

DES

TEMPS MODERNES

DEPUIS 1453 JUSQU'A 1789

PAR

VICTOR DURUY

TREIZIÈME ÉDITION REVUE

PARIS
LIBRAIRIE HACHETTE ET Cie
79, BOULEVARD SAINT-GERMAIN, 79

1899

PRÉFACE

Ce volume renferme l'histoire générale des États européens, de 1453 à 1789; c'est-à-dire depuis la fin du moyen âge jusqu'au commencement de l'histoire contemporaine. Sur les trois siècles et demi qui ont précédé 1789, on peut prononcer à présent le *consummatum est*. La Révolution française, qui tend de plus en plus à devenir une révolution européenne, sépare l'ancien régime, décidément bien mort, du régime nouveau que nos grands aïeux de la Constituante ont inauguré.

Le *moyen âge* avait été caractérisé par la prédominance des pouvoirs locaux et par le développement le plus complet des énergies individuelles, du moins parmi les seigneurs de la féodalité et la bourgeoisie communale; les *temps modernes* le furent par la prépondérance du pouvoir central, ou l'autorité absolue des rois, et par l'action de l'État substituée partout à celle des communautés.

Mais, tandis que la puissance et la vie politique des nations se concentraient dans la main de leurs chefs, par un effort contraire l'esprit, brisant ses entraves, se répandait partout et sur tous. La Révolution fut la lutte de ces deux forces opposées; comme leur conciliation, l'ordre avec la liberté, le développement de l'activité et des droits individuels avec la force de l'État est le problème de notre âge et sera le caractère dominant de la société future.

Je n'ai pas prétendu faire entrer dans ce volume tous les faits, même considérables, qui se sont produits de 1453 à 1789, mais seulement donner un dessin rapide de la vie générale de l'Europe et des grands événements qui permettent d'en tracer la marche progressive.

Le mot de Révolution y revient souvent. C'est que je n'en connais point d'autre pour exprimer ces modifications qui s'opèrent continuellement dans la vie des nations. La science a démontré qu'il n'est pas un de nos organes dont les éléments ne soient en un court espace de temps complétement remplacés. Si le corps de l'homme est ainsi le théâtre d'un travail incessant de renouvellement et de transformation, quel ne doit pas être celui qui s'accomplit au sein du corps social sur lequel tant d'influences exercent leur puissante action?

Il est des personnes que ce seul mot effraye et fait fuir. N'ayons pas de ces terreurs d'enfant; regardons toute chose en face, et nous verrons le fantôme menaçant se changer en un conseiller prudent et nécessaire.

Pourquoi le nom qui sert à désigner la sagesse éternelle lorsqu'il s'agit des mouvements du ciel, deviendrait-il une cause d'épouvante, quand il faut peindre les mouvements généraux du monde moral?

L'histoire des temps modernes regardée, je n'ose pas dire de haut, mais de loin, se ramène à un petit nombre de faits dominants. Le reste est épisodique.

D'abord la révolution politique qui remet aux mains des rois l'autorité possédée auparavant par les seigneurs, avec ses conséquences inévitables : les grandes guerres extérieures. Les rois, en effet, ne résistent pas à la tentation d'user des forces nationales dont ils disposent pour satisfaire leur ambition personnelle. Charles VIII, Louis XII et François Ier vont chercher au delà des Alpes des couronnes que d'autres saisissent, et le résultat des premières guerres d'Italie est la domination de l'Espagne et de la maison d'Autriche sur la Péninsule.

Pendant que les rois sont aux prises, le long de toutes leurs frontières, Christophe Colomb, Raphaël, Copernic, Rabelais et les prédécesseurs de Bacon et de Descartes trouvent de nouveaux mondes. C'est le grand commerce maritime qui naît pour les nations occidentales, les métaux précieux qui, par leur soudaine abondance, produisent des effets analogues à ceux dont nous sommes témoins, et la richesse mobilière qui s'amasse dans les mains roturières. Ce sont aussi les arts, les lettres la science et la philosophie qui changent; en un mot, c'est la révolution ou, comme les hommes du seizième siècle l'appelaient d'un nom expressif et charmant, la Renaissance, qui se fait dans les idées et dans les intérêts, comme elle s'est faite dans la politique, et qui se produit même dans les croyances.

Mais le passé vaincu se débat contre sa défaite. La féodalité essaye de revivre en se servant du protestantisme; si elle échoue en France, où Henri IV retrouve sous les débris sanglants amoncelés par les guerres de religion, les droits et l'autorité de François Ier, elle réussit en Allemagne, où la paix d'Augsbourg, prélude des traités de Westphalie, consacre l'indépendance des princes et la ruine de l'autorité impériale.

Dans le même temps, les catholiques déterminent au sein de l'Église, par le concile de Trente et la création de l'ordre des Jésuites, un mouvement de concentration pareil à celui qui s'est accompli dans la société politique. L'autorité absolue de la monarchie pontificale est fondée, et, contre l'esprit nouveau, Rome s'arme enfin d'austérité et de discipline. Philippe II met au service de la restauration catholique les trésors du nouveau monde et ses vieilles bandes espagnoles. Le grand combat des croyances s'engage; mais la victoire reste aux idées de tolérance représentées par Henri IV. L'Espagne baisse et la France monte.

Dans la seconde moitié du seizième siècle tout avait pris la forme religieuse : les aspirations démocratiques des grandes villes s'appelaient la Sainte Ligue; les désirs d'indépendance de la noblesse provinciale, le calvinisme; et la royauté était tour à tour de l'un ou de l'autre côté. Au dix-septième, tout redevient politique. Richelieu, un cardinal d'État, comme le pape appelait dédaigneusement ce prêtre allié des puissances protestantes, en est la plus haute expression et, grâce à lui, la prépondérance exercée par la maison d'Autriche passe à la maison de Bourbon.

Mais Louis XIV commet la même faute que Charles-Quint et Philippe II en reprenant, à son compte, leurs ambitieux projets; il abandonne la politique traditionnelle de la France, celle de François Ier, de Henri II, de Henri IV et de Richelieu; il répudie nos alliances protestantes; il épuise la France pour dominer l'Europe, au nom de sa dynastie qu'il rend envahissante, comme au nom du catholicisme qu'il rend persécuteur, et il descend au tombeau, aussi triste que les grands vaincus de l'âge précédent, découronné de sa gloire, avec la douleur de voir monter à l'horizon des astres nouveaux qui éclipsent le sien. C'est Louis XIV qui a fait la grandeur de la Prusse et de l'Angleterre.

Au dix-huitième siècle, la France continue de descendre politiquement ; elle semble perdre, à Rosbach, jusqu'à ses qualités militaires et n'a pas plus de grands généraux que de grands évêques ou de grands ministres. Une autre puissance d'autrefois, l'Autriche, a le sort de la France. Elle perd, en Allemagne, une vaste et riche province ; en Italie, un royaume, et, par un étrange renversement des idées politiques, ces deux irréconciliables ennemies qui s'étaient, pendant deux siècles, disputé la suprématie, s'unissent sans pouvoir relever leur honneur militaire, ni leur fortune compromise.

En face de ces vieilles monarchies qui par leurs fautes déclinent, de jeunes et vaillants États grandissent par l'habileté des chefs, le dévouement des peuples ou la vertu de leurs libres institutions.

La Prusse, avec Frédéric II, double ses forces et prend conscience d'elle-même ; la Russie, sous Pierre le Grand et Catherine II, naît, s'élève, et projette déjà son ombre menaçante sur la moitié orientale de l'Europe ; l'Angleterre enfin saisit le sceptre de l'Océan, tandis que le temps consolide son heureuse révolution de 1688 ; et elle achève l'œuvre de la coalition suscitée contre nous par l'ambition mauvaise de Louis XIV, en chassant à peu près des deux Indes, le drapeau de la France.

Mais, à son tour, comme les Habsbourg et les Bourbons, elle abuse de sa victoire. Elle veut avoir sur les mers la prépondérance à laquelle Philippe II et Louis XIV prétendaient sur le continent et la coalition se renoue contre elle ; ses colonies se révoltent ; sous le coup de tonnerre de 1789, qui changea tout, le despotisme maritime était compromis ainsi qu'avait été brisé le despotisme continental.

Le triomphe des colonies anglaises de l'autre côté,

de l'Atlantique eut en effet une bien autre portée que ne le croyaient les vainqueurs mêmes. Ce n'était pas seulement l'indépendance de l'Amérique que le drapeau étoilé portait dans ses plis, c'était encore une politique commerciale qui allait produire dans les intérêts économiques du monde une révolution nouvelle. Au bout de la victoire de Washington, il y avait pour un avenir qui est le présent aujourd'hui, l'abolition des monopoles, de la traite et du système colonial dont Colbert et le Long Parlement avaient donné la formule rigoureuse. La liberté du commerce des colonies et des mers était en germe dans la liberté des insurgents d'Amérique.

Tandis que par delà l'Océan, un peuple nouveau apparaît, au milieu de notre vieux monde, un peuple ancien, héroïque, nécessaire, est effacé de la liste des nations. La Pologne est envahie et démembrée ; la Prusse, la Russie et l'Autriche s'en partagent les lambeaux sanglants. Faute politique qui a fait couler des torrents de sang et de larmes dont les sources ne sont pas taries.

L'Angleterre, la France l'ont laissée s'accomplir, absorbées qu'elles étaient l'une et l'autre par leurs préoccupations domestiques : celle-là par la guerre d'Amérique qui s'approchait ; celle-ci par la fermentation des esprits, qui devenait redoutable.

La France au dix-huitième siècle avait retrouvé dans les lettres l'influence qu'elle avait perdue dans la guerre. Les peuples qu'elle ne dominait plus par les armes subissaient l'influence de son esprit. Ses vainqueurs mêmes parlaient sa langue, lisaient ses livres et se laissaient vaincre par ses idées. Qu'importait à Voltaire que la France perdît le Canada, à Buffon, à Diderot, à d'Alembert, aux philosophes et aux gens de lettres de ce temps que les Russes allassent à Constantinople et les Prussiens à Varsovie? Ils avaient bien autre chose à faire que de s'inquiéter du sort d'une province, même d'un empire. Ils cherchaient l'homme, croyaient l'avoir trouvé et comptaient en faire un citoyen. Ils étudiaient la société, l'estimaient mal construite et voulaient la rebâtir. C'était une civilisation à refaire. Pour des ouvriers si ardemment occupés à une telle œuvre, qu'était le bruit d'une pierre qui se détachait du vieil édifice et tombait?

Ceux mêmes qu'ils semblaient menacer les écoutaient avec déférence. Les potentats courtisaient ces rois de l'esprit. Ils mettaient partout leurs idées en expérience, et malgré les guerres, il se fit alors d'un bout à l'autre de l'Europe un immense travail de réformation. On sentait qu'il existait au sein de la société moderne un profond désaccord; que, par les institutions on était bien loin encore dans le passé, tandis que par les idées on vivait déjà dans l'avenir. Les princes voulurent rétablir l'harmonie. Pour nos économistes, ils firent des routes, des canaux, de l'agriculture; pour Beccaria et Montesquieu, ils adoucirent les lois pénales et améliorèrent en beaucoup de points la législation; pour Voltaire, ils parlèrent de tolérance, chassèrent les jésuites, diminuèrent les couvents et cherchèrent le bien public.

Mais ils cherchaient encore, et déjà quelques-uns comme Joseph II, étaient morts à la peine; d'autres, comme Charles IV ou Ferdinand IV, retombaient dans l'ancienne quiétude, lorsque la digue, malheureusement opposée en France à des vœux légitimes et derrière laquelle on avait laissé s'accumuler les grandes eaux, céda et tout fut emporté par le torrent furieux.

HISTOIRE DES TEMPS MODERNES

(1453-1789.)

LIVRE PREMIER.

RÉVOLUTION DANS L'ORDRE POLITIQUE, OU RUINE DÉFINITIVE DES INSTITUTIONS POLITIQUES DU MOYEN AGE ET SYSTÈME NOUVEAU DE GOUVERNEMENT.

CHAPITRE PREMIER.

ÉTAT DE L'EUROPE AU MILIEU DU QUINZIÈME SIÈCLE.

De la limite entre le moyen âge et les temps modernes. — Europe occidentale. — États du Nord, de l'Est, et du Centre.

De la limite entre le moyen âge et les temps modernes.

L'usage est de prendre l'année 1453 pour la fin du moyen âge et le commencement des temps modernes, parce que cette date marque deux événements considérables, la prise de Constantinople par les Turcs, et la fin de la guerre de Cent ans entre la France et l'Angleterre. C'est dans une sphère plus haute qu'il faudrait aller chercher des raisons pour tracer une limite entre ces deux périodes de la vie du monde ; et ce serait plus bas dans le temps qu'on les trouverait : à la fin du quinzième siècle et au commencement du seizième, quand s'opère la révolution qui change les intérêts, les idées et les croyances de l'Europe.

En 1494, les guerres d'Italie commencent, et avec elles les rivalités et les batailles des grandes nations européennes.

En 1492, Christophe Colomb découvre l'Amérique, et cinq ans plus tard Vasco de Gama arrive aux Indes : révolution commerciale.

En 1508, Raphaël et Michel-Ange peignaient à Rome les loges du Vatican et la chapelle Sixtine : révolution dans les arts.

A cette époque, Copernic méditait son nouveau système du monde : révolution dans les sciences; et l'imprimerie récemment découverte, l'antiquité classique comme retrouvée, préparaient une révolution littéraire.

Enfin, en 1517, éclata la voix de Luther : révolution religieuse.

La civilisation moderne est encore sous l'influence de ces grandes choses, mais elle est aussi restée trois ou quatre cents ans sous celle d'un autre fait qui s'était produit antérieurement à ceux-là, l'avénement de la royauté absolue. C'est dans la seconde moitié du quinzième siècle que les rois de France, d'Angleterre, de Portugal et d'Espagne reprirent pour leur pouvoir les droits que leur déniait le moyen âge et que les empereurs romains avaient autrefois exercés.

La date de 1453, sans avoir une précision rigoureuse, est donc suffisamment rationnelle pour que l'on puisse s'y tenir.

De tous les grands faits qui déterminent le caractère nouveau de l'histoire moderne, le changement dans le gouvernement des peuples est le premier à se montrer et à produire ses conséquences; il sera le premier aussi que nous étudierons : mais il convient d'énumérer auparavant les divers États qui se partageaient l'Europe en 1453.

Europe occidentale.

A cette époque, les peuples européens n'étaient point comme aujourd'hui, unis par la ressemblance des mœurs, des goûts, des habitudes, et par les mille liens qui nouent les relations fréquentes. A peine si les nations du Nord connaissaient de nom celles du Midi.

Cependant tous ces peuples étaient chrétiens, et, sauf dans l'Église grecque, tous reconnaissaient l'autorité spirituelle des papes, comme successeurs de saint Pierre et vicaires de Jésus-Christ. Il semble donc que l'Europe, qui, au onzième siècle, avait couru à la croisade avec tant d'enthousiasme, alors que Constantinople était seulement menacée, devait, au milieu du quinzième, se lever tout entière contre l'islamisme qui, cette fois, s'établissait à demeure sur son propre sol. Il n'en fut rien pourtant, et c'est par l'examen attentif de sa situation politique que nous découvrirons les causes de son inaction et de son indifférence.

La France venait, par l'expulsion des Anglais (1453), de fonder sa nationalité d'une manière inébranlable; il s'en fallait toutefois qu'elle eût aussi bien constitué son unité politique. Le domaine royal se trouvait de toutes parts gêné, comme l'autorité du roi, par les domaines ou par l'influence d'une féodalité nouvelle, due en grande partie à la funeste coutume des apanages. Mais Charles VII, qui avait gagné le titre de Victorieux, allait mériter celui de Charles le Bien servi, grâce aux habiles ministres qui l'entourent, et qui, après avoir reconquis le royaume, veulent le réorganiser.

L'Angleterre, sous un prince imbécile, le malheureux Henri VI, et une reine étrangère, Marguerite d'Anjou, voyait déjà s'accomplir des catastrophes qui annonçaient les terribles tragédies de la guerre des deux Roses. Le prince le plus populaire, le duc de Glocester, venait de périr d'une manière mystérieuse, et sans doute par l'ordre de la cour (1447).

L'Écosse était le théâtre d'une lutte acharnée entre les rois et leurs barons. Jacques Ier avait été assassiné en 1437, par les grands. Pour briser leur ligue, Jacques II, à son tour poignarda de sa main leur chef, William Douglas, mais il meurt en 1460, laissant pour héritier un enfant de sept ans, Jacques III qui sera tué de sang-froid, après la bataille de Bannock-Burn (1488).

On comptait encore en Espagne cinq royaumes. Dans la

Castille, cette année même (1453); les grands avaient fait décapiter le favori du roi Jean II, et cette tragédie montre qu'il n'y avait là ni une royauté bien forte ni un pays bien tranquille. Aussi la croisade contre les Maures était-elle abandonnée, et c'était le roi musulman de *Grenade* qui osait intervenir dans les troubles du royaume. Mais la Castille enveloppait de toutes parts ce dernier reste de la domination arabe, et le renversera dès qu'elle aura retrouvé l'union et la paix intérieure

En *Navarre*, le père combattait contre le fils.

La Castille occupant le royaume de Murcie, l'*Aragon* n'était plus en contact avec les Maures, aussi ses rois avaient-ils tourné leur ambition vers la Méditerranée et l'Italie. Mais Alphonse V le Magnanime allait ruiner lui-même la grandeur de sa maison, en partageant, à sa mort, ses couronnes d'Aragon, de Sardaigne, de Sicile et de Naples entre son frère et son fils (1458).

Le *Portugal*, séparé aussi des Maures d'Espagne depuis que Cordoue et Séville avaient été prises par les Castillans, et ne pouvant plus s'agrandir dans la Péninsule, était tout entier aux découvertes le long des côtes d'Afrique. Il allait trouver dans cette voie un siècle de prospérité et de puissance.

L'Italie s'était affranchie à peu près complétement de la suprématie allemande; mais elle n'avait point su constituer son unité nationale, et se trouvait divisée en une foule d'États. Alphonse V d'Aragon régnait à *Naples* depuis 1442, et essayait d'étendre son influence dans la haute Italie, où il eût voulu briser la fortune de Sforza. *Gênes* oubliait, dans les révolutions perpétuelles, et Galata, ce faubourg de Constantinople que les Turcs venaient de lui enlever, et les dangers qui menaçaient son commerce du Levant. Embarrassée de sa liberté, elle se donnait tour à tour à Milan et à la France. En 1453, par exception, elle n'appartenait à personne. *Venise* s'était laissé prendre à l'ambition des conquêtes continentales, et s'était créé des ennemis dans l'Italie même, quand elle eût dû employer toutes ses ressources à défendre contre les Turcs ses colonies et ses comptoirs. Un condottière, François Sforza, avait tout récemment enlevé aux Visconti *Milan*, qu'il gardait, malgré l'empereur et malgré le roi de Naples (1447).

La paix venait d'être rétablie dans l'*Eglise* par l'abdication de Félix V et la déclaration d'obédience faite par les Pères du concile de Bâle au nouveau pape Nicolas V (1449). Ce pontife lettré accueillait les savants fugitifs de Constantinople ; mais la papauté, à peine échappée au schisme, n'avait pas la voix assez puissante pour soulever, comme autrefois, la chrétienté contre les infidèles ; et, de retour à Rome après un aussi long exil, elle trouvait les États pontificaux en proie au plus affreux désordre. En *Toscane*, Cosme, fils du banquier Jean de Médicis, endormait les Florentins sous le charme des arts et de la poésie. Florence ne jouait plus, en Italie, qu'un rôle secondaire, et partageait même la Toscane avec plusieurs républiques et seigneuries. Vingt autres princes dominaient dans la *Romagne*, dans la *Lombardie* ; et une civilisation brillante, mais corrompue, recouvrait l'Italie entière.

Les huit cantons helvétiques venaient de conclure une alliance avec la France (1452). Les victoires sur l'Autriche à Morgarten et à Sempach, la récente mais glorieuse défaite de Saint-Jacques, avaient porté au loin la réputation militaire de ces montagnards

États du Nord, de l'Est et du Centre.

Dans le Nord, l'union formée à Calmar, depuis 1397, entre le *Danemark* et la *Suède*, venait d'être rompue. Les Suédois avaient élu un prince de leur sang, Charles VIII Canutson (1448) ; cette élection allait devenir pour les deux peuples l'origine d'une guerre séculaire. La prépondérance appartient, de ce côté, au Danemark

La *Russie*, intéressée plus directement que toute autre nation aux malheurs des grecs byzantins, ne pouvait agir : les Tartares de la Horde d'or la tenaient sous le joug ; la république de *Novogorod* l'isolait de la Baltique ; la *Pologne* lui fermait l'Europe. Le grand-duc de Moscou, Vassili III, avait été, en 1445, fait prisonnier par le khan de Kazan et contraint de se racheter. Un usurpateur, Dmitri, avait profité de ce revers pour renverser le grand duc et lui faire crever les yeux. Vassili fut rétabli ; mais, en 1451, les Tartares pénétrèrent jusqu'aux murs de Moscou, d'où ils furent repoussés par le canon. Rien donc n'annonçait encore la grandeur réservée à cet empire.

Mais déjà la Horde d'or se démembrait et, en se démembrant, s'affaiblissait ; les petites principautés et les républiques disparaîtront promptement, dès que le grand-duc n'aura plus rien à craindre des Mongols. Cela aura lieu bientôt, sous Ivan III (1462-1504), cette grossière ébauche d'un autre barbare de génie, qui se nommera Pierre le Grand. Ivan va déjà prendre le titre de frère de César-Auguste, épouser une Paléologue, comme s'il voulait se porter l'héritier des empereurs de Constantinople, et se laisser appeler l'Étoile choisie de Dieu pour illuminer le monde.

En Prusse et en Livonie l'*ordre Teutonique*, vaincu par les Polonais, qui en 1435 lui avaient enlevé la Pomérellie, (Dantzick), était encore affaibli par l'insurrection des villes et de la noblesse de province qui avaient formé, en 1440, la ligue de Marienwerder. Cette ligue, malgré une excommunication du pape et un arrêt de l'empereur, refusait obéissance à l'Ordre, qui, après avoir dominé jadis dans tout le nord de l'Europe, était maintenant en pleine décadence.

En *Pologne*, Casimir IV avait réuni, depuis 1444, la Lithuanie à la Pologne. Cette réunion, toute précaire qu'elle était encore, donnait cependant assez de force à la Pologne pour lui faire prendre le premier rang parmi les États slaves.

Au centre du continent, l'Allemagne, si forte par le nombre et l'esprit guerrier de ses habitants, était condamnée à l'impuissance par les vices de sa constitution. L'aristocratie féodale avait annulé à peu près complétement le pouvoir central, et le saint empire germanique n'était plus qu'une agglomération anarchique d'États indépendants, juxtaposés mais non unis, dont le chef, sans pouvoir, sans armée, sans revenus, n'avait d'empereur que le nom : aussi c'est à grand'peine que les électeurs trouvent quelqu'un pour accepter ce titre onéreux. Un membre de la maison de Habsbourg-Autriche, Frédéric de Styrie, élu en 1440, sur le refus du landgrave de Hesse, resta trois mois sans notifier son acceptation, et régna en duc d'Autriche, bien plutôt qu'en empereur. Cependant, de la Carniole et de la Carinthie, il pouvait entendre le bruit menaçant des progrès des Turcs dans la vallée du Danube. Mais, au lieu de s'unir fortement à l'héroïque défenseur de la Hongrie, Jean Huniade, il retenait le jeune roi de ce pays, Ladislas VI, et ne le rendait que par force, en 1453.

Maître de l'Autriche, de la Hongrie et de la Bohême, Ladislas VI, fils du dernier empereur d'Allemagne, pouvait fonder une puissance qui serait devenue le boulevard de l'Europe contre les Turcs ; mais la Bohême n'était pas remise encore de l'effroyable guerre des hussites. Les *utraquistes*[1] y formaient un parti puissant, qui avait imposé au prince une *capitulation* dont il s'indignait ; et, en Hongrie, ce roi autrichien semblait, au milieu de la noblesse magyare, un prince étranger. Il était lui-même d'ailleurs incapable de suffire à la tâche qu'il eût dû remplir.

Les Turcs avaient été arrêtés dans la vallée du Danube par six États chrétiens, dont trois au sud du fleuve, les royaumes de Bulgarie, de Servie et de Bosnie, et trois autres au nord, les principautés de Moldavie et de Valachie, enfin, le royaume de Hongrie. Mais, en 1453, la Bulgarie était, depuis plus d'un demi-siècle, conquise, la Servie était en grande partie domptée, et le krale n'avait pu sauver Belgrade, la clef de la vallée du Danube, qu'en la remettant aux Hongrois (1437) ; la Bosnie était déjà tributaire de Mahomet II, et depuis longtemps les sultans inscrivaient la Valachie sur la longue liste de leurs provinces. Les Moldaves avaient jusqu'à présent échappé au joug, et les Hongrois faisaient tête à l'orage, sous leur brave régent Jean Huniade, à qui allait succéder son fils, plus célèbre encore, Mathias Corvin. La Hongrie sera, au quinzième et au seizième siècle, contre les Turcs, ce que la Pologne avait été au treizième et au quatorzième contre les Mongols, le boulevard de la chrétienté.

Les Turcs étaient alors conduits par un de leurs plus glo-

---

[1]. On donnait ce nom à ceux qui avaient obtenu, en 1433, des Pères du concile de Bâle, de pouvoir communier sous les deux espèces. On les nommait aussi Calixtins.

rieux sultans, Mahomet II, qui avait juré de prendre Constantinople, et qui venait, le 29 mai 1453, de tenir son serment : la chrétienté avait laissé tomber son dernier rempart.

Au bruit de cette grande chute, l'effroi fut dans l'Italie. Tous les princes de la Péninsule se sentirent menacés et se réconcilièrent solennellement à Lodi (9 mai 1454). On reprit la pensée de la croisade : cette pensée franchit les monts ; et, à la cour du *grand-duc d'Occident*, toute la noblesse de Flandre et de Bourgogne jura sur le *faisan* de s'armer pour rejeter les Turcs en Asie. Vaines paroles : le temps des croisades était passé et ne devait plus revenir. Venise traitait cette année même avec Mahomet II, qui dominait maintenant depuis le milieu de l'Asie Mineure jusqu'aux murs de Belgrade et jusqu'aux rives de l'Adriatique.

L'Europe, en effet, n'était plus capable de s'unir, comme au onzième siècle, dans une grande pensée religieuse, et elle n'était pas encore en état de se concerter pour une grande pensée politique. Au milieu du quinzième siècle, chacun vivait à l'écart, dans l'isolement, comme en plein moyen âge ; il n'y avait pas une seule question générale qui ralliât tous les gouvernements ; il n'y avait même pas une grande force qui ralliât les peuples autour d'un principe. Pourtant cette force existe ; et, dans cette France toujours à l'avant-garde de l'Europe, cette force agissait déjà. C'est la royauté qui allait tirer chaque État du chaos féodal, assurer l'ordre intérieur, préparer l'égalité et, par les encouragements donnés au commerce, à l'industrie, aux lettres et aux arts, aider au développement d'une civilisation nouvelle.

CHAPITRE II[1].

LA FRANCE DE 1453 A 1494.

Progrès de l'autorité royale dans les dernières années de Charles VII. — Louis XI (1461-1483). Ligue du bien public (1465). Entrevue de Péronne (1468). — Ambition et mort du duc de Bourgogne (1477). — Ruine des grandes maisons féodales. — Mort de Louis XI (1483). — Le règne de Charles VIII, jusqu'à l'expédition d'Italie (1483-1494).

Progrès de l'autorité royale dans les dernières années de Charles VII.

La royauté française avait passé déjà par bien des vicissitudes. Clovis et ses fils n'étaient que des chefs de guerre; Hugues Capet un seigneur féodal, ayant un titre de plus que ses vassaux, mais non plus de pouvoir. Sous ses premiers successeurs, cette ombre même d'autorité se perd. Avec Louis le Gros ou l'Éveillé, la royauté secoue cette torpeur, le roi se fait le justicier du pays; et en mettant de la sécurité sur les grands chemins, surtout plus d'ordre dans la société, il gagne une popularité qui double ses forces. Philippe Auguste rend la royauté conquérante, Louis IX la sanctifie; sous Philippe le Bel et Philippe de Valois elle se trouve assez forte pour détruire la grande féodalité, s'emparer de l'administration du pays, braver le successeur de Grégoire VII, et s'approcher du pouvoir absolu. Mais alors la guerre contre les Anglais commence, la France est rejetée dans le chaos; une féodalité nouvelle se forme, relevée par les mains affai-

---

[1]. Un ouvrage ayant été consacré spécialement, dans la collection de l'histoire universelle, à la France, l'histoire de ce pays ne sera, dans le présent volume, présentée que d'une manière sommaire.

blies de la royauté même; Charles VII n'est plus, au commencement de son règne, que le roi de Bourges.

Mais, sous le poids des malheurs, les Français se rapprochent; au contact de l'étranger, la nation se reconnaît, prend conscience d'elle-même et se sauve par cette explosion de patriotisme qui se personnifie dans Jeanne d'Arc. Une fois sortie de l'abîme elle n'y veut plus retomber, se serre autour de son chef et lui donne la force pour qu'il lui assure en échange l'ordre et la sécurité. L'indolent Charles VII se trouve ainsi reporté au pouvoir qu'avait eu Philippe le Bel, et le roi de Bourges devient Charles le Victorieux. D'habiles généraux, Richemond, Dunois, la Hire, Xaintrailles, conduisent ses armées; de sages ministres, Jacques Cœur, les frères Bureau, Chevalier, Cousinot, dirigent ses conseils; alors les réformes s'accomplissent, les victoires se gagnent et la France se délivre de l'Anglais.

La plus importante de ces réformes fut celle de l'armée. Au moyen âge toute la force militaire était aux mains des grands; le roi, pour la leur ôter et s'en saisir, institua quinze compagnies d'ordonnance qui commencèrent l'armée permanente, et, pour la payer, établit l'impôt perpétuel. Dans le même temps l'artillerie était mise sur un pied formidable. Maintenant plus de bonne armure qui rende le noble invulnérable; plus de muraille qui ne puisse être jetée bas. Le boulet passe partout, et les tours les plus hautes seront celles qu'il renversera le plus vite. Mais cette arme redoutable est très-coûteuse, il n'y a guère que le roi qui puisse avoir du canon; il n'y aura bientôt plus que lui seul qui en ait. Il possédera donc deux des plus grandes forces matérielles qui soient au monde, l'argent et l'armée; et il en a une troisième qui vaut mieux que ces deux-là, l'opinion. Alors nulle ambition féodale ne pourra se produire sans être humiliée; nulle révolte n'éclatera sans être aussitôt punie.

La noblesse en fit l'épreuve sous Charles lui-même. Les complots qu'elle forma furent impuissants, et elle vit ce qu'elle ne connaissait plus depuis longtemps, la loi frapper dans ses rangs; un chef d'écorcheurs, le frère bâtard du duc de Bourbon, fut cousu dans un sac et jeté à la rivière; le sire de

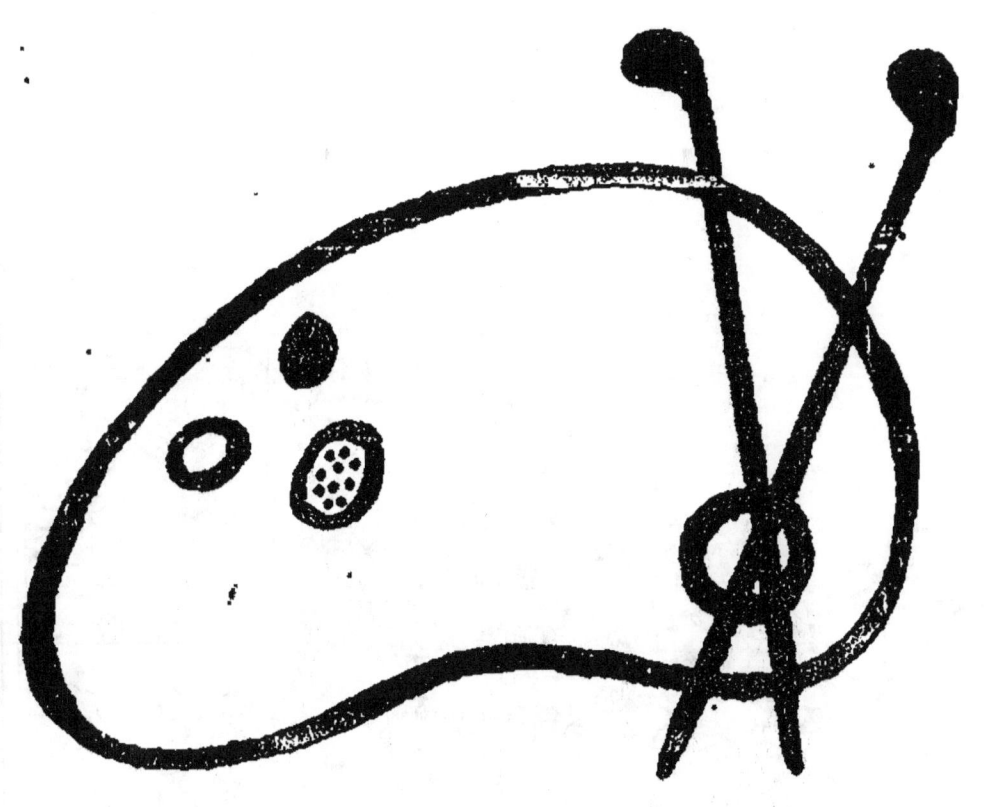

Original en couleur
NF Z 43-120-8

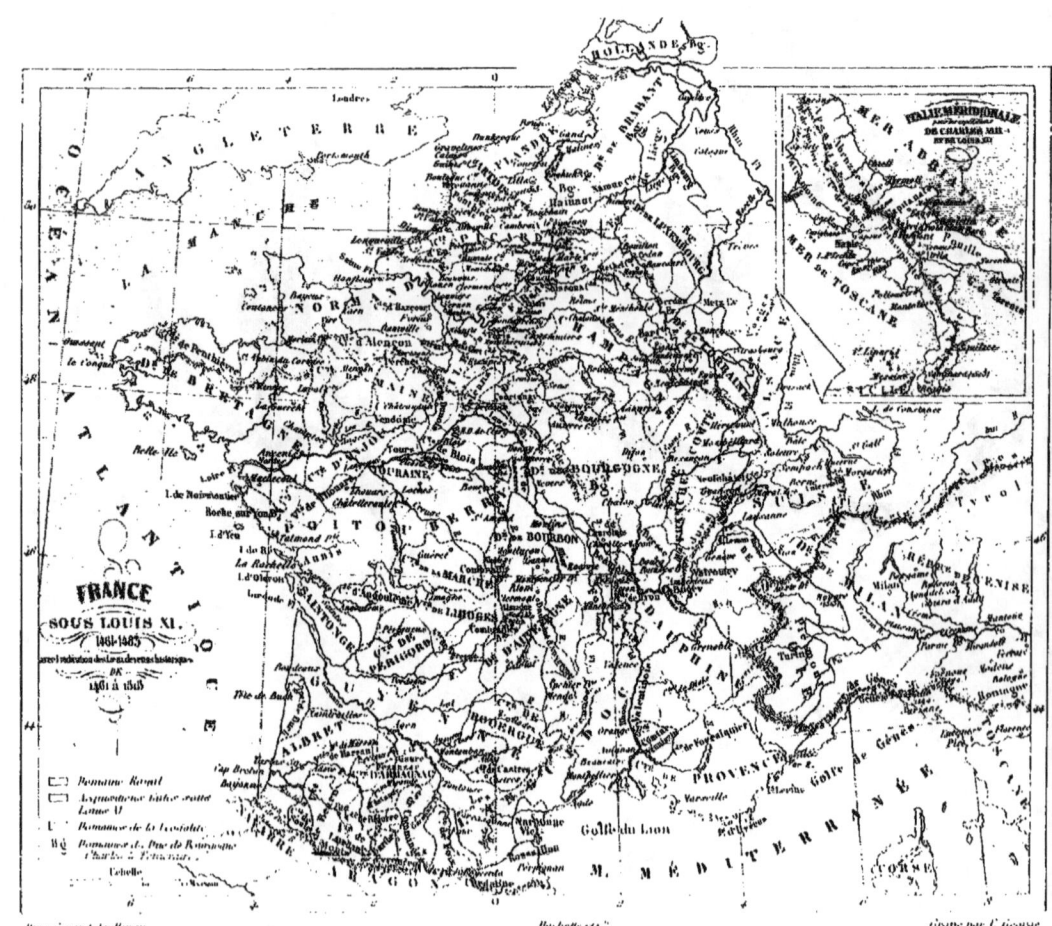

l'Esparre, qui intriguait pour les Anglais, décapité ; le duc d'Alençon, qui promettait de leur ouvrir ses forteresses, condamné à mort, et le comte d'Armagnac au bannissement et à la confiscation des biens. Le Dauphin lui-même, qui se mit de tous les complots contre son père, fut d'abord réduit à aller vivre dans son apanage (1447-1456), puis à fuir auprès du duc de Bourgogne.

Cependant la noblesse n'acceptait pas sa défaite, et nous la verrons sous Louis XI livrer une dernière bataille, car ses domaines étaient assez vastes, ses ressources assez grandes pour lui donner le légitime espoir de vaincre encore.

La force qui poussait en avant la royauté française et qui allait pousser de même toutes les royautés européennes, je veux dire le besoin d'une concentration de pouvoir, agissait aussi dans l'intérieur des grands fiefs. Le duc de Bretagne, par exemple, dans sa presqu'île de l'ouest si bien disposée pour former un État à part, et le duc de Bourgogne, dans ses grandes et riches provinces de l'Est et du Nord, rêvaient l'autorité souveraine et y arrivaient, tout comme le roi, ce qui était un moyen de plus pour eux de faire reculer la royauté. Le comte de Dunois, au moment même où expirait Charles VII, avait dit le mot de tous : « Messieurs, que chacun songe à se pourvoir. »

Louis XI (1461-1483). Ligue du bien public (1465). Entrevue de Péronne (1468).

Le nouveau roi avait été, sous le dernier règne, le chef des mécontents. En 1440, il s'était fait l'âme d'un complot de l'aristocratie contre son père. Plus tard, son esprit remuant et de sourdes intrigues l'avaient fait exiler dans son apanage. De là il avait continué ses menées, si bien que Charles VII avait envoyé Dammartin et une armée pour le saisir. Il s'était échappé, avait demandé un asile au duc de Bourgogne, et il était encore dans les États de ce prince quand il apprit la mort de son père. Charles VII, miné par la maladie et craignant un *vilain cas*, chose qui arrivait parfois, disait-on, aux ennemis de son fils, s'était laissé mourir de faim, le 22 juillet 1461.

Les grands crurent leur règne venu lorsqu'ils virent l'ancien chef de la *Praguerie*, le protégé du duc de Bourgogne, recevoir presque de ses mains la couronne de France. Il les détrompa vite. Il s'y prit mal d'abord. Il destitua la plupart des officiers mis en place par son père, et réhabilita ceux qu'il avait condamnés, d'Alençon, d'Armagnac. Le peuple s'attendait à une abolition générale des taxes pour marque de joyeux avénement: la taille perpétuelle fut portée de 1 800 000 livres à 3 millions, et des émeutes ayant éclaté à Reims, à Rouen, il les réprima durement. Il signifia à l'Université de Paris défense pontificale de se mêler des affaires du roi et de la ville. Il restreignit les juridictions singulièrement étendues des parlements de Paris et de Toulouse, en créant à leurs dépens, en 1462, le parlement de Bordeaux; il avait déjà organisé, en 1453, celui de Grenoble; plus tard (1479), il fondera celui de Dijon.

Le corps ecclésiastique n'eut pas lieu d'être plus satisfait. Le roi, moins pour plaire à Rome que pour déplaire à sa noblesse, révoqua la pragmatique de Bourges, malgré les remontrances du Parlement, qui lui représenta que par les annates, grâces expectatives, etc., le Saint-Siége tirait chaque année de France 1 200 000 ducats; mais il demanda aux gens d'Église un cadastre exact de leurs propriétés, avec pièces à l'appui, ce qui, à tous égards, était menaçant pour les propriétaires. Enfin la noblesse l'entendit avec effroi et colère interdire la chasse, réclamer tous les vieux droits féodaux, les aides, les rachats, les gardes nobles, les forfaitures, dresser d'énormes comptes d'arriérés et en exiger le payement immédiat.

Il ne ménagea même pas la haute aristocratie. Il enleva à la maison de Brézé la sénéchaussée de Normandie, à la maison de Bourbon le gouvernement de la Guyenne, qu'il donna à un membre de la maison d'Anjou, pour brouiller ensemble les deux familles, et il retint à son frère Charles son gouvernement du Berry. Il obligea le duc de Bretagne à reconnaître les appels de sa cour au parlement de Paris, à payer les droits de vassalité féodale, à accepter les évêques qu'il lui envoyait. Il s'en prit même à la puissante maison de Bourgogne, racheta au vieux duc Philippe le Bon les villes de la Somme, que le comte de Charolais, son fils, n'eût voulu restituer à aucun prix (1463), comme il venait de se faire livrer, par le roi d'Aragon, la Cerdagne et le Roussillon, en gage de 360 000 écus d'or qu'il lui prêta (1462).

Louis n'avait pas régné quatre ans que tout le monde était contre lui. Cinq cents princes ou seigneurs formèrent la *Ligue du bien public;* car ils n'agissaient, disaient-ils, que par compassion pour les misères du royaume « sous le discord et piteux gouvernement de Louis XI. »

Louis XI jugea que tant de princes et de seigneurs ne se mettraient pas aisément en mouvement, et qu'il lui serait possible de gagner la partie à force d'activité et de promptitude. Il courut d'abord contre les coalisés du Midi et contre leur chef, le duc de Bourbon. Avec cette armée disciplinée, cette excellente artillerie que lui avait léguées son père, il imposa en effet au duc de nouvelles protestations de fidélité. Mais pendant qu'il croyait en finir avec ceux-là, le comte du Maine, chargé d'arrêter les Bretons, reculait devant eux; le duc de Nevers, au lieu de défendre la barrière de la Somme contre les Bourguignons, la livrait au comte de Charolais; et le 5 juillet, ce comte, qu'on appelait déjà Charles le Téméraire, arrivait devant Paris, sans avoir rencontré un seul obstacle, faisant crier partout qu'il venait pour le bien du royaume, qu'il abolissait les tailles, les gabelles.

Paris serait-il aux princes? Paris serait-il au roi? C'était là une question de vie ou de mort pour Louis XI, qui, laissant là le Bourbonnais et les coalisés du Midi, ne songea plus qu'à rentrer dans sa capitale, se croyant perdu s'il n'y rentrait pas. Il arriva à Montlhéry le 16 juillet au matin et y rencontra les Bourguignons qui lui barraient la route. Forcé de combattre, le roi attaqua vivement. Il chargea et culbuta le comte de Saint-Pol, qui se trouvait devant lui. Le Téméraire, avec le gros de son armée, chargea à son tour une aile de l'armée du roi, la mit en déroute et la poursuivit jusqu'à plus d'une demi-lieue de Montlhéry. Ainsi demi-victoire, demi-défaite pour chaque parti; mais le but de Louis était atteint: il était entré à Paris. 50 000 hommes l'y enveloppèrent. Avant que cette armée eût fermé toutes les issues, le roi partit, le 10 août, pour la Normandie, et revint le 28, avec 12 000 hommes, 60 chariots de poudre, 700 muids de farine, des vivres de toute sorte. Puis il alla prendre l'oriflamme à Saint-Denis, et fit mine de vouloir attaquer, ne voulant en réalité que se tenir sur la défensive.

Quoique Louis XI fût très-brave de sa personne sur le champ de bataille, ses combats de prédilection étaient ceux qui se livrent avec l'esprit, la finesse, la ruse. Humble en paroles et en habits, donnant beaucoup, promettant bien plus, achetant ou rachetant, sans marchander, ceux dont il avait besoin, et ne les ayant en nulle haine pour les choses passées, il était sûr de rattacher à lui beaucoup de ces princes et de ces seigneurs qui avaient tant de peine à vivre ensemble. Aussi il négociait, pourparlait, parlementait incessamment ; beaucoup étaient déjà venus se vendre : le comte d'Armagnac pour de l'argent, le duc de Nemours pour des domaines, le comte de Saint-Pol pour l'épée de connétable, d'autres pour des pensions ou des commandements. Rien n'était refusé ; et le roi voyait déjà la ligue dissoute par son adresse, les ducs de Bretagne et de Bourgogne isolés, peut-être ennemis.

Malheureusement Louis XI ne pouvait pas être partout à la fois. Il était impuissant contre les désertions, les trahisons lointaines, et il s'en faisait beaucoup. Pontoise fut livré par son gouverneur, Rouen par le sien, puis ce fut Évreux, puis Caen, puis Beauvais, puis Péronne qui passèrent aux princes. Le roi se hâta d'en finir. Il accorda tout ce qu'on voulut : au duc de Berry, son frère, la Normandie ; au duc de Bourgogne, Boulogne, Guines, Roye, Montdidier, Péronne, les villes de la Somme ; au comte de Charolais, le Ponthieu ; au duc de Bretagne, l'exemption de l'appel au parlement, la nomination directe des évêques, la dispense des droits féodaux, en un mot une petite royauté indépendante ; au duc de Lorraine, la marche de Champagne sans obligation d'hommage, Mouzon, Sainte-Menehould, Neufchâteau, 30 000 écus comptants, aux ducs de Bourbon et de Nemours, aux comtes d'Armagnac, de Dunois, de Dammartin, au sire d'Albret, et à bien d'autres encore, des domaines, d'énormes pensions, sans compter les promesses pour l'avenir. Quant au *bien public*, personne n'en parla ; personne jamais n'y avait sérieusement songé.

Un tel traité, strictement exécuté, eût été la ruine de la royauté, la ruine de la France. Mais on pouvait être sûr que Louis XI ne l'exécuterait pas s'il y avait possibilité de faire autrement ; et déjà le parlement, pratiqué sous main, refusait de l'enregistrer.

La cession de la Normandie surtout était dangereuse : car, par cette province, les domaines des ducs de Bretagne et de Bourgogne se touchaient, et toutes les côtes, de Nantes jusqu'à Dunkerque, étaient ouvertes aux Anglais. Louis songea dès le premier jour aux moyens de la reprendre. Pour cela il fallait que le Téméraire, qui ne devint duc qu'en 1467, mais qui régnait de fait depuis 1465, fût distrait des affaires de France. Louis trouva aisément à l'occuper chez lui : trois soulèvements éclatent à la fois, à Liége, à Dinant, à Gand. Pendant que le Téméraire y court, le roi envoie au duc de Bretagne 120 000 écus d'or qui le déterminent à ne pas bouger, et il entre en Normandie. Évreux, Vernon, Louviers, Rouen lui ouvrent leurs portes ; en quelques semaines la province tout entière est entre ses mains, et Charolais ne peut faire autre chose que d'écrire au roi bien doucement en faveur de son ancien allié. Les chefs des autres maisons princières n'agissaient pas non plus. Le roi les avait, l'un après l'autre, gagnés ou neutralisés. Il s'était rattaché la maison de Bourbon, en donnant au duc Jean tout un royaume à gouverner dans le midi de la France (Berry, Orléanais, Limousin, Périgord, Quercy, Rouergue, Languedoc) ; au frère du duc, Pierre de Beaujeu, sa fille Anne en mariage ; au bâtard de Bourbon, le titre d'amiral de France, la capitainerie de Honfleur. Il avait gagné la maison d'Anjou, en donnant au fils de René, à Jean de Calabre, 120 000 livres ; la maison d'Orléans, en s'attachant le vieux Dunois, le héros des guerres anglaises ; enfin, le compagnon, l'ami d'enfance du Téméraire, le comte de Saint-Pol, en le faisant connétable.

Personne ne songeait donc à disputer la Normandie au roi. Le Téméraire était seul, et quelle que fût sa puissance, étant seul il ne pouvait rien. Mais il s'allia au roi d'Angleterre,

Édouard IV, et il réussit à ramener à lui le duc de Bretagne, qui appela aussi les Anglais à son aide, et leur offrit pour garantie de sa foi douze places dans son duché, à leur volonté.

En face de ce nouveau péril, Louis en appela à l'opinion de la France. Le 6 avril 1468, il convoqua à Tours les États généraux du royaume et leur demanda simplement s'ils voulaient que la Normandie cessât de faire partie du domaine de la couronne. Les États répondirent « que, d'après les lois, le frère du roi aurait dû se contenter d'un apanage de 12 000 livres de rente; et que puisque son frère voulait bien lui en accorder 60 000, il devait en être fort reconnaissant. » Louis envoya solennellement cette décision au duc de Bourgogne, qui reçut fort mal les députés. Pendant ce temps il accablait le duc de Bretagne et le forçait par la rapidité de ses coups, à traiter dans Ancenis, avant que le duc de Bourgogne, qui rassemblait ses troupes à Péronne, fût en mesure de l'aider.

Alors le roi, débarrassé des Bretons, ayant à ses ordres une excellente armée, une artillerie supérieure, eût pu, à ce qu'il semble, mener le duc de Bourgogne fort rudement; mais il y avait à Portsmouth une flotte et une armée anglaise prêtes à passer; le roi Édouard avait publiquement annoncé à son parlement une prochaine descente en France, et Louis XI désirait à tout prix l'empêcher.

Le moyen de l'empêcher était de traiter aussi avec le Téméraire. Comptant sur son adresse, Louis voulut négocier lui-même, et alla trouver le duc à Péronne. C'était une grande imprudence, malgré le sauf-conduit qu'il se fit donner avant de se remettre entre les mains de son ennemi : car les princes de ce temps ne gardaient guère leur parole, et lui tout le premier.

Louis XI avait depuis longtemps des émissaires à Liége, ville turbulente placée en dehors des États du duc de Bourgogne et qui ne dépendait que de son évêque; mais cet évêque, Louis de Bourbon, s'étant mis sous la protection du duc, toute révolte contre lui semblait une révolte contre le duc même. Or, dans le temps où Louis se dirigeait vers Péronne, un mouvement éclatait à Liége, et il était déjà en conférence avec le Téméraire quand la nouvelle arriva que les Liégeois avaient mis en prison leur évêque et massacré plusieurs chanoines. Charles en conçut une violente colère, accusa le roi de trahison et l'enferma dans le château de Péronne, où Charles le Simple était déjà mort captif. Louis n'en sortit qu'après avoir signé un traité ruineux et humiliant. Il promettait de céder à son frère la Champagne, ce qui menait les Bourguignons, sans coup férir, jusqu'aux portes de Paris, et s'engageait à accompagner le duc contre Liége. Cette malheureuse ville, dont les habitants se battaient au cri de *Vive le roi !* fut mise à sac (1468).

Le traité de Péronne marque, pour Louis XI et pour Charles le Téméraire, le point de départ d'une conduite nouvelle. Ce fut pour l'un la dernière de ses fautes ; pour l'autre, le commencement de rêves et d'entreprises impossibles. Tandis que le roi de France, ne se fiant à personne, depuis qu'il a été trompé par tout le monde, se refuse à tout hasard, même lorsqu'il a dix chances contre une, le duc de Bourgogne, par un effet contraire, ne croit rien au-dessus de ses forces, parce qu'il ne voit rien au-dessus de ses espérances.

Ambition et mort du duc de Bourgogne (1477).

Il fallait d'abord que Louis regagnât le terrain perdu. Il fit accepter à son frère Charles la Guyenne au lieu de la Champagne, qui convenait si bien au duc de Bourgogne. Le duc de Bretagne fut contraint encore une fois de renoncer à toute alliance étrangère ; pour le mieux tenir, Louis acheta son favori Lescun, s'attacha la puissante famille bretonne des Rohan, et plus tard se fit céder les droits que la maison de Blois prétendait avoir sur la Bretagne. Deux traîtres, le cardinal la Balue et l'évêque de Verdun, furent enfermés dans des cages de fer où ils restèrent dix ans ; deux autres, le duc de Nemours et le comte d'Armagnac, furent réduits, le premier à implorer son pardon, le second à se sauver hors du royaume, en abandonnant ses biens que le roi confisqua. En même temps Louis XI donna au *Faiseur de rois*, au comte de Warwick, qu'il réconcilia avec Marguerite d'Anjou, les moyens de renverser en Angleterre Édouard IV. le beau-frère du Téméraire.

Sûr alors d'avoir encore une fois isolé le duc, le roi osa l'attaquer de front; il convoqua à Tours une assemblée de notables, exposa longuement ses griefs, et obtint de l'assemblée une déclaration portant que, par ses actes d'hostilité, Charles avait dégagé le roi des obligations contractées à Péronne (1470). En vertu de cette déclaration, le roi fit saisir ces places de la Somme qui lui tenaient tant au cœur et qui étaient à sa portée, Saint-Quentin, Roye, Montdidier, Amiens. Il avait mis sur pied 100 000 hommes, et le duc était au dépourvu (1471).

Mais les ducs de Bretagne et de Guyenne et le connétable de Saint-Pol, le chef même de l'armée, effrayés des rapides progrès du roi, le trahissaient déjà. Un dauphin était né l'année précédente; le duc de Guyenne, n'étant plus héritier de la couronne, avait intérêt à renouer la ligue des princes. Louis, en voyant ses succès se ralentir, comprit que de nouveaux complots se formaient; il crut prudent de s'arrêter et convint d'une trêve avec le duc de Bourgogne. Elle était nécessaire, car Édouard IV, l'allié du Bourguignon, remontait à ce moment même sur le trône d'Angleterre.

Ainsi Louis XI avait à briser encore une fois les mille liens dont l'aristocratie cherchait à enlacer la royauté. Il ne s'agissait de rien moins que de démembrer la France. « J'aime mieux le bien du royaume qu'on ne pense, disait le duc de Bourgogne, car pour un roi qu'il y a, j'y en voudrais six. » La cour du duc de Guyenne était le centre de toutes ces intrigues. Par lui une nouvelle et grande maison féodale se reformait. Le duc de Bourgogne lui offrait la main de sa fille unique, Marie, c'est-à-dire l'espérance de réunir un jour à ses possessions d'Aquitaine des États plus étendus, plus peuplés, plus riches que ceux du roi lui-même. Le jeune duc était donc le plus grand obstacle qui gênât le roi.

Cet obstacle disparut : le prince mourut. Y eut-il empoisonnement? cet empoisonnement, s'il a eu lieu, était-il le fait de Louis XI? Ce sont là des questions que l'histoire ne peut résoudre. Mais si la culpabilité du roi sur ce point reste douteuse, la joie atroce que lui inspirèrent la maladie, puis la mort de son frère, ne l'est pas (1472).

Cet événement détruisait tous les projets de Charles le Téméraire. Néanmoins, comme il était prêt, il passa la Somme et entra dans le royaume, jurant de tout mettre à feu et à sang, encore que la trêve qu'il avait conclue avec Louis XI ne fût pas expirée. Cette guerre se fit avec une atroce cruauté. A Nesle, hommes, femmes et enfants s'étaient réfugiés dans la grande église : ils y furent massacrés.

Les habitants de Beauvais se tinrent pour avertis, et lorsque, le 27 juin 1472, l'armée bourguignonne arriva sous leurs murs, ils soutinrent vaillamment un assaut qui dura onze heures, les femmes elles-mêmes prenaient part à la défense. Une d'elles, Jeanne Hachette, arracha un étendard bourguignon qu'un soldat avait déjà planté sur le rempart. Le duc, arrêté par cet héroïsme, fut contraint de se retirer. Il se dédommagea en brûlant Saint-Valery, Eu, Neufchâtel; il échoua devant Dieppe, et vint sous les murs de Rouen, où il avait donné rendez-vous, disait-il, au duc de Bretagne. Il s'y arrêta quatre jours; puis, accusant François II de manquer à sa promesse, il reprit la route de ses États.

Si le duc François II avait manqué au rendez-vous, c'est que Louis XI lui avait fait rude guerre; il lui avait enlevé la Guerche, Machecoul, Ancenis, Chantocé; puis, après l'avoir effrayé par ses succès, il lui avait offert une paix avantageuse. Le duc la signa le 18 octobre, et le 23 Charles le Téméraire, tout à l'heure si intraitable, accepta lui-même la trêve de Senlis.

Ainsi le traité de Péronne, par lequel on avait cru mettre le roi de France si bas, était déchiré; la honte de Liége était compensée, aux yeux de Louis XI, par la honte de Beauvais. Et si le roi était sorti avec tant de bonheur et d'adresse d'un bien mauvais pas, que ne ferait-il point à l'avenir, avec plus de ressources et moins d'embarras? Ces ressources, il les augmentait par une administration habile et ferme, et ces embarras, le Téméraire semblait prendre à tâche de les diminuer, en poursuivant la réalisation de projets au-dessus de ses forces.

A partir de 1472, toute l'attention du duc de Bourgogne se porta vers l'Allemagne, la Lorraine et la Suisse. Les affaires de France n'eurent plus pour lui qu'une importance secondaire. Un prince autrichien, Sigismond, venait de lui engager pour une somme d'argent le landgraviat de haute Alsace et le comté de Ferrette ; il acheta la Gueldre et le comté de Zutphen (1469). En voyant s'augmenter ainsi ses domaines dans les vallées de la Meuse et du Rhin, il songea à réunir tous les pays qui avaient autrefois composé la part de Lothaire et à en former un nouveau royaume sous le nom de Gaule Belgique. Ses États formaient deux groupes séparés et qui eussent pu être réunis par la Champagne, par la Lorraine ou par l'Alsace. Il avait manqué la Champagne, mais il tenait l'Alsace, il comptait prendre sans difficulté la Lorraine ; la Suisse viendrait après, puis la Provence, et la *Lotharingie* serait reconstituée. Il commença par où il eût dû finir. Il demanda à l'empereur le titre de roi (1473). Louis empêcha la négociation d'aboutir.

Il échouait de ce côté, et de l'autre il voyait une ligue se former entre le jeune duc de Lorraine, René II, l'archiduc Sigismond, les villes du Rhin, qui se sentaient menacées, les Suisses que son agent en Alsace, Hagenbach, avait gênés dans leur commerce par mille exactions, enfin l'éternel ennemi, le roi de France, l'instigateur de cette coalition qui enlaçait les États bourguignons. L'archiduc lui apporte tout à coup les 100 000 florins convenus pour le rachat de l'Alsace ; Hagenbach est saisi et décapité par les habitants de Brisach (1474). Avec cette nouvelle, le duc reçoit le solennel défi des Suisses, qui entrent en Franche-Comté, qui gagnent sur les Bourguignons la sanglante bataille de Héricourt. Et ces événements arrivaient au moment où il était lui-même engagé dans une autre guerre pour soutenir l'archevêque de Cologne contre le pape, contre l'empereur, contre ses sujets. Il assiégeait, au nom de ce prince, la petite ville de Neuss, qui résista onze mois. Pendant qu'il perdait de ce côté son temps et ses forces, Édouard IV, son beau-frère et son allié, descendait enfin à Calais.

Édouard s'attendait à une courte et glorieuse campagne. Ses espérances se dissipèrent lorsqu'il eut fait quelques pas dans l'intérieur du pays. Les villes bourguignonnes ne s'ouvrirent pas pour recevoir l'allié du duc de Bourgogne ; les soldats bourguignons ne parurent pas pour se joindre aux troupes anglaises qui se trouvèrent sans abri, sans magasins. Il comptait au moins entrer à Saint-Quentin, où commandait Saint-Pol, le secret allié de Charles le Téméraire. Il fut reçu à coups de canon. Déçu, irrité, il s'empressa d'accepter les conditions avantageuses auxquelles Louis XI offrait de traiter Par la paix de Pecquigny, « les deux rois promirent de s'assister réciproquement contre leurs sujets rebelles ; » de plus, Édouard obtenait 75 000 écus comptants et une rente viagère de 50 000 (29 août 1475).

Il fallut bien alors que le Téméraire aussi s'apaisât. Le 13 septembre suivant, il signa avec le roi de France la trêve de Soleure, pour terminer ses affaires de Lorraine et de Suisse. Le 30 novembre, en effet, il entrait à Nancy ; la Lorraine, abandonnée au roi, qui avait pourtant le premier poussé René à prendre les armes, était conquise. Aussitôt Charles se tournait contre les Suisses, qui couraient à leur aise dans la Franche-Comté, brûlant et pillant. Il les attaqua en plein hiver, avec une armée de 18 000 hommes qui venaient de faire deux fatigantes campagnes. Il fut complétement battu à Granson (mars 1476), et trois mois après à Morat.

La Lorraine, à ces nouvelles, se soulève et rappelle le jeune René de Vaudemont. Ce dernier affront fait perdre au Téméraire toute prudence. Il rassemble à la hâte 6000 mercenaires et accourt devant Nancy. Mais René, avec l'argent de Louis XI, trouve des soldats : les Suisses, avec lesquels il a combattu à Morat, viennent à son aide. Le Téméraire ne veut pas reculer et accepte un combat inégal. En quelques heures les Bourguignons sont mis en déroute, et « le grand-duc Occident » reste parmi les morts (1477).

Ruine des grandes maisons féodales. Mort de Louis XI (1483).

Pendant que Charles le Téméraire allait se heurter et se perdre contre les Allemands, les Lorrains et les Suisses,

Louis XI avait profité du répit qu'il lui laissait pour régler ses comptes avec ceux qui s'étaient tant de fois tournés contre lui. Un des premiers qui eurent à rendre ce compte difficile était le duc d'Alençon. Ce duc, condamné à mort sous Charles VII, avait été gracié par Louis XI, mais il assassina ceux qui avaient déposé contre lui; il fit de la fausse monnaie; il entra dans des complots formés contre le roi. Arrêté en 1473, il fut, l'année suivante, condamné pour la seconde fois à la peine capitale; Louis le retint en prison jusqu'à sa mort. Il laissait un fils; ceux qui s'étaient fait donner les biens du père l'impliquèrent dans un complot de haute trahison, puis le firent condamner à remettre tous ses châteaux au roi, à lui demander pardon, et à tenir prison perpétuelle (1481).

Il y avait des griefs bien autrement sérieux à alléguer contre le comte d'Armagnac, contre cet horrible Jean V, qui avait épousé sa sœur Isabellle, et forcé son chapelain à bénir ce mariage incestueux, menaçant de le jeter à la rivière s'il faisait difficulté. Décrété de prise de corps par le parlement, pour inceste, pour meurtre, pour faux, il avait été condamné, sous Charles VII, mais s'était enfui; et un des premiers actes de Louis XI, à son avénement, avait été de lui restituer ses domaines. Cet homme effroyable eut pour le roi la reconnaissance qu'il fallait attendre de lui : il fut constamment parmi ses ennemis. Ce ne fut qu'en 1473 que le roi put s'occuper de lui. Le cardinal d'Alby vint avec une armée assiéger Lectoure. La place se défendait; on négocia, et pendant qu'on négociait, le cardinal s'empara d'une porte de la ville. Jean d'Armagnac fut poignardé sous les yeux de sa femme. Celle-ci était grosse, on l'empoisonna. De toute la population de Lectoure, il survécut trois hommes et quatre femmes.

Il y avait dans cette maison d'Armagnac une branche cadette, celle de Nemours, dont le chef, comblé de biens et d'honneurs par Louis XI, le trahit dix fois. Débarrassé des Bourguignons et des Anglais, Louis fit assiéger et prendre le duc de Nemours dans sa forteresse de Carlat, et l'enferma au château de Pierre-Encise, une si dure prison que les cheveux du prisonnier y blanchirent en quelques jours. Puis il le fit transporter à la Bastille, enchaîner, mettre dans une cage de fer; il ordonna qu'on ne le fît sortir de là que pour le torturer, et qu'on le torturât bien étroit, qu'on le fît parler clair. Nemours, condamné à mort, fut décapité aux halles (1477).

Un frère de Jean V d'Armagnac et un membre de la puissante maison d'Albert, coupables aussi de complots contre le roi, furent, le premier emprisonné, le second décapité. Ces sévères exécutions achevèrent d'enseigner aux seigneurs si souvent rebelles du Midi, le respect de la loi et du roi.

Le roi d'Aragon avait engagé le Roussillon à Louis XI, pour 200 000 écus. Mais il comptait bien ne pas rendre l'argent et recouvrer la province, dont il fomentait secrètement l'esprit d'hostilité contre les Français. En 1474 Louis coupa court à ces menées en envoyant une bonne armée qui prit Perpignan après un siége de huit mois soutenu avec une admirable constance. Une femme, dit-on, avait nourri un de ses enfants avec le corps d'un autre mort de faim.

Il y avait à punir au Nord un homme qui, comme Jacques de Nemours, n'était rien que par Louis XI, à qui Louis XI avait donné, avec le titre de connétable, la défense du royaume, l'épée de la France. Cet homme, le comte de Saint-Pol, avait résolu de se créer, entre l'Angleterre, la France et la Bourgogne, une souveraineté indépendante. Il y avait travaillé pendant dix ans, employant pour réussir un seul moyen, tromper tour à tour les Anglais, les Français, les Bourguignons, mais oubliant qu'il pouvait arriver un jour où le roi de France, le roi d'Angleterre et le duc de Bourgogne échangeraient les lettres qu'il leur avait écrites. Louis fut le plus implacable. A l'approche des troupes françaises, le connétable s'enfuit à Mons. Le roi lui écrivait de revenir sans crainte : « J'ai de grandes difficultés, lui disait-il, j'aurais bien besoin d'une tête comme la vôtre; » et il ajoutait devant ceux qui étaient présents, de peur qu'on ne s'y trompât : « Ce n'est que la tête que je demande, le corps peut rester où il est. » Le duc de Bourgogne le livra; il fut décapité en place de Grève (1475).

Mais de toutes ces morts, la plus heureuse pour le roi était celle du Téméraire. Celle-là était vraiment la mort même de la féodalité. « Oncques puis ne trouva le roi de France, dit

Comines, homme qui osât lever la tête contre lui, ni contredire à son vouloir. » Le duc ne laissait qu'une fille. Le roi tâcha de prendre et l'héritière et l'héritage. Il mit en avant un projet de mariage entre Marie de Bourgogne qui avait vingt ans, et le Dauphin qui en avait huit ; mais, comptant peu sur une union si disproportionnée, il s'assura toujours d'une partie de la dot, en s'emparant sous divers prétextes de la Bourgogne, de la Picardie et de l'Artois. Marie, dépouillée, trahie par le roi, qui, en livrant aux Flamands une de ses lettres, amena la mort de ses deux conseillers, Hugonet et Humbercourt, se jeta dans les bras de l'Autriche. Elle épousa l'archiduc Maximilien : funeste mariage, d'où est sortie la monstrueuse puissance de Charles-Quint, et qui devint, pour les maisons de France et d'Autriche, la cause première d'une lutte deux fois séculaire. Cette lutte, à son origine sous Louis XI, n'eut pas la gravité qu'elle acquit plus tard. Elle ne fut marquée que par une bataille, celle de Guinegate, perdue par les Français (1479). Louis n'en réussit pas moins à incorporer définitivement au domaine royal la Bourgogne, la Picardie avec le Boulonnais, et obtint qu'on lui cédât en outre l'Artois et la Franche-Comté, comme dot de la fille de Maximilien, qui fut promise au Dauphin (traité d'Arras, 1482).

Il ne survécut guère à ce traité, couronnement de tout son règne. Retiré dans son inaccessible château de Plessis-lez-Tours, en proie aux remords et à de superstitieuses terreurs, il y lutta longtemps contre la mort. Il avait fait venir de Calabre le moine François de Paule, espérant que ses prières lui prolongeraient la vie, et s'était fait envoyer par le sultan Bajazet toutes les reliques trouvées à Constantinople. Les remèdes, les prières au ciel, la volonté de vivre furent inutiles. « Le tout n'y faisoit rien, dit Comines, et falloit qu'il passât par là où les autres sont passés. » Averti enfin par son médecin Coittier, qui lui avait extorqué en cinq mois 54 000 écus, qu'il fallait mourir, il se résigna, fit venir le Dauphin, son fils, qui était élevé dans l'isolement au château d'Amboise, lui donna d'excellents conseils, comme on en donne toujours à cette heure, et la fameuse maxime : « Qui ne sait pas dissimuler ne sait pas régner. » Il expira le 30 août 1483. Cette même année naissaient Luther et Rabelais, deux autres représentants des temps nouveaux qui commençaient.

Ainsi, après vingt ans d'efforts, le roi avait vu « la maison de Bourgogne faible et impuissante ; le duc de Bourgogne hors d'état de rien entreprendre et tenu en bride par le grand nombre de gens de guerre qu'il avait sur la frontière ; l'Espagne en paix avec lui et en crainte de ses armes ; l'Angleterre affaiblie et troublée elle-même ; l'Écosse absolument à lui ; en Allemagne beaucoup d'alliés, et les Suisses aussi soumis que ses propres sujets. » Bossuet dit trop à l'égard des Suisses, qui n'étaient affectionnés au roi que parce qu'il semait beaucoup d'argent dans leur pays, mais il ne dit pas assez pour l'intérieur de la France. Aux quatre provinces gagnées sur la Bourgogne (le duché et le comté, avec le Charolais et Auxerre, l'Artois, la Picardie avec le Boulonnais), il faut ajouter le Maine, la Provence et l'Anjou, qu'un testament lui avait donnés. Un procès lui avait valu le duché d'Alençon et le Perche ; la mort de son frère, la Guyenne ; son intervention dans les affaires d'Espagne, le Roussillon et la Cerdagne. C'étaient onze provinces réunies au domaine de la couronne, sans compter le profit des exécutions de Saint-Pol, de Nemours et d'Armagnac.

Il avait institué les *postes*, multiplié les foires et marchés, encouragé le commerce et l'industrie et appelé en France les premiers imprimeurs.

« Louis XI, dit un de ses historiens, fut également célèbre par ses vices et par ses vertus, et tout mis en balance, c'était un roi. » La France lui doit beaucoup, mais elle n'a pu l'absoudre d'avoir cru que tous les moyens étaient bons pour arriver à un but utile.

Le règne de Charles VIII, jusqu'à l'expédition d'Italie (1483-1494).

Le successeur de Louis XI était un enfant de treize ans et deux mois, majeur de par la loi, mais faible de corps et d'esprit, et destiné à rester longtemps en tutelle. Il était sous la garde de sa sœur aînée, Anne de Beaujeu, « la moins folle femme du monde, » disait son père Louis XI, dont elle avait les bonnes qualités sans les mauvaises. Une réaction violente éclata contre la politique du feu roi, et les plus compromis de ses ministres, Olivier le Diable, Daniel, Jean Doyat, en furent victimes. Mais les grands voulaient mieux encore, l'annulation des principaux actes de Louis XI. C'est dans cet espoir qu'ils demandèrent la convocation des États généraux.

Ils l'obtinrent, mais les députés, surtout ceux du *tiers*, ne voulurent point servir d'instruments aux rancunes féodales. Il y eut des discours très-hardis; on lit encore avec étonnement celui d'un noble, Philippe Pot, seigneur de la Roche, sur les obligations des princes et les droits des peuples. Les États laissèrent à Anne de Beaujeu la plénitude du pouvoir, en lui laissant la garde de la personne du roi, sur l'esprit duquel elle exerçait une grande influence, et qui étant majeur, avait ou plutôt lui laissait la plénitude de l'autorité royale.

Ils instituèrent un conseil de gouvernement que devaient présider, en l'absence du roi, le duc d'Orléans et, à son défaut, le duc de Bourbon et le sire de Beaujeu. La dame de Beaujeu n'était pas même nommée dans cet acte; le duc d'Orléans, au contraire, demeurait le chef ostensible du gouvernement, et croyait l'être. Cependant la dame de Beaujeu, qui avait accoutumé son frère à lui obéir et à la craindre, en lui faisant présider le conseil, en écartait le duc d'Orléans; et, en le faisant présider par son mari, simple baron de Beaujeu, elle en écartait le duc d'Alençon, le duc d'Angoulême et les autres princes du sang qui, plus qualifiés, ne voulaient pas siéger au-dessous de lui. Ainsi se trouva constitué, sans que personne l'eût prévu, ce qu'on appela le gouvernement de Madame, qui devait continuer le ferme et énergique gouvernement de Louis XI.

Le duc d'Orléans ne tarda pas à voir qu'il était joué. Il recourut alors aux complots. Anne y mit un terme en digne fille de Louis XI. Elle ordonna l'arrestation du prince. Il échappa, en se sauvant à toute bride, au moment où on allait le saisir, et prépara la guerre civile. Il attira dans son parti le duc de Bretagne, François II, fit alliance avec Maximilien, qui se reprochait les concessions du traité d'Arras, et sollicita même l'assistance du roi d'Angleterre, Richard III.

Anne de Beaujeu déjoua tout. Elle retint Richard III dans son royaume, en donnant des secours d'hommes et d'argent à son compétiteur, Henri de Richemont, qui devint bientôt le roi d'Angleterre Henri VII; contre Maximilien, elle traita avec les états de Flandre, agissant au nom de leur prince, encore enfant, le duc Philippe d'Autriche; contre le duc de Bretagne, elle fit alliance avec la noblesse de ce pays, irritée de la faveur de Landais, le ministre détesté de François II. Landais fut saisi et pendu. Aussitôt la Trémoille court assiéger le duc d'Orléans dans Baugency, l'y prend, et l'oblige à revenir à la cour promettre qu'il ne s'occupera plus que de ses plaisirs.

Mais Maximilien, nommé quelques mois après roi des Romains, c'est-à-dire héritier de la couronne impériale, rompt le traité d'Arras. La ligue des princes se reforme, une vraie Ligue du bien public, comme vingt ans plus tôt. Anne n'avait pas commis les fautes de Louis XI. Il lui resta plus de ressources et elle en usa habilement. Pendant que d'Esquerdes arrête Maximilien dans l'Artois (1487) et y prend Saint-Omer et Térouanne, elle met à la tête d'une armée pleine d'ardeur le jeune roi, qui est tout joyeux de se voir à cheval, dans une belle armure, et l'on marche au-devant des confédérés du Midi. Partout les bourgeois s'arment contre les seigneurs, contre leurs garnisons; en quelques jours, « les besognes du Midi sont ordonnées. » Anne se retourne alors contre la Bretagne. La Trémoille y entre, avec les troupes françaises, au mois d'avril 1488, il s'empare de Châteaubriant, Ancenis, Fougères, et bat l'armée bretonne (27 juillet) à Saint-Aubin du Cormier. Le duc d'Orléans y fut pris. Au nord, les choses n'allaient pas moins bien. Les Flamands, soulevés contre Maximilien, chassaient de leur pays ses troupes allemandes, et l'obligeaient à signer une nouvelle convention sur la base du traité d'Arras de 1482. Ainsi la dame de Beaujeu triomphait de toutes les coalitions et gardait les conquêtes de son père. Elle y ajouta une grande province.

Le duc de Bretagne, François II, venait de mourir sans autre héritier que sa jeune fille Anne. Il ne fallait pas laisser tomber en des mains étrangères une province qui complétait le royaume à l'ouest. Anne de Beaujeu mit tout en œuvre, même la force, pour amener le mariage du roi avec la jeune duchesse. Charles VIII alla, le casque en tête, conquérir sa femme et le duché. Anne de Bretagne, assiégée dans Rennes, abandonnée de Maximilien, qui l'avait cependant fiancée par procuration, consentit à épouser Charles VIII (1491). Le dernier asile de l'indépendance princière était ouvert à l'autorité royale, et la plus opiniâtre des individualités provinciales venait se fondre, comme les autres, dans ce grand tout du royaume de France. Les princes rebelles n'auront plus de refuge où ils puissent lever bannière contre le roi; la dernière guerre qu'ils ont faite, les contemporains l'ont appelée la guerre folle, et celles qu'ils entreprendraient à l'avenir seraient bien plus folles encore; voilà donc la royauté de France mise hors de page, voyons comment celle d'Angleterre arrive à s'y mettre.

Original en couleur
NF Z 43-120-8

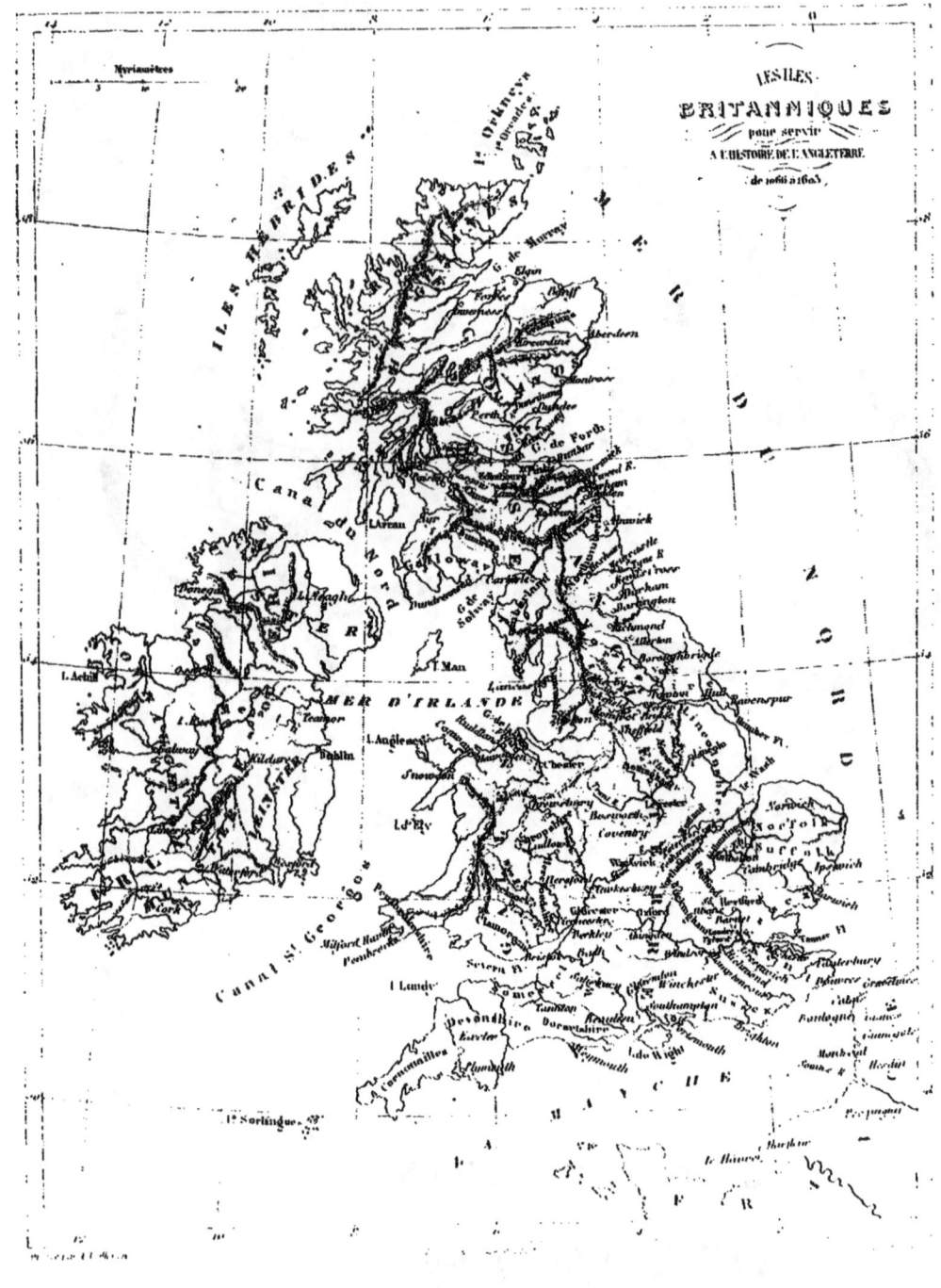

CHAPITRE III.

L'ANGLETERRE DE 1453 A 1509.

État de l'Angleterre au milieu du quinzième siècle. — Guerre des deux Roses (1455-1485). — Henri VII Tudor (1485-1509). — Suppression des libertés publiques.

État de l'Angleterre au milieu du quinzième siècle.

En Angleterre, comme en France, une aristocratie puissante tenait le pouvoir en échec. Mais, au lieu qu'en France la bourgeoisie était l'alliée du roi contre la noblesse féodale, en Angleterre elle s'était unie à la noblesse contre le roi, et la royauté avait été contrainte, dès le temps du roi Jean, de reconnaître et de proclamer, dans la Grande Charte, des droits nationaux. Depuis près de deux siècles, le parlement, composé de deux chambres, la chambre des lords ou chambre haute, et la chambre des communes ou chambre basse, était investi du droit de voter l'impôt, d'en régler la nature, d'en fixer la quotité et d'en surveiller l'emploi, le roi ne pouvait faire aucune levée de deniers sans son consentement. C'était aussi le parlement qui prononçait sur les questions de succession au trône et de régence, et il ne votait les subsides qu'après que le roi avait satisfait à ses griefs. Il est vrai que ses sessions n'étaient pas encore périodiques, que la cour avait sur ses membres, pris individuellement, une influence considérable; mais ce grand corps n'en était pas moins regardé comme le gardien sévère des libertés anglaises, et un des deux éléments essentiels de la souveraineté nationale. Les lois nouvelles devaient être approuvées par lui.

La vie et la liberté des particuliers étaient protégées, comme leur fortune, contre les excès de pouvoir ou les erreurs des agents du gouvernement. C'était un principe reconnu et pratiqué en Angleterre que nul ne pouvait être arrêté et détenu sans un ordre du magistrat, et jugé que par ses pairs : les lords par la chambre haute, les autres citoyens par le jury siégeant, en séance publique, dans le comté où le délit avait été commis, et prononçant, à l'unanimité, sans appel. Il y avait eu sans doute plus d'un exemple de jugements arbitraires; mais il n'y avait point de tribunaux exceptionnels. C'étaient des abus passagers qui n'avaient pu s'ériger en droit permanent. Enfin tout officier du roi était exposé à être poursuivi pour abus de pouvoir, sans avoir le droit d'invoquer, comme excuse, un ordre royal. Les ministres eux-mêmes pouvaient être mis en accusation par le parlement.

L'Angleterre était donc déjà, à ne considérer que ses institutions, en avance sur tous les autres États. Mais elle avait peu d'industrie, peu de commerce, de sorte que les intérêts matériels n'y étaient pas assez forts pour dominer les questions politiques. De plus, les mœurs y étaient d'une violence extrême. La guerre de Cent ans avait développé à un haut degré, dans toutes les classes, des instincts à la fois cupides et féroces. L'acharnement qu'on avait montré dans la lutte contre la France allait se retrouver dans les luttes intestines.

Ces luttes intestines naquirent de la rivalité de deux maisons, celle d'York ou la Rose blanche, et celle de Lancastre ou la Rose rouge.

Guerre des deux Roses (1455-1485).

Les victoires de Crécy, de Poitiers et d'Azincourt avaient inspiré aux Anglais ce patriotique, cet immense orgueil qui leur a fait faire de si grandes choses, et qui est resté comme le trait distinctif de leur caractère national. Le malheur de la maison de Lancastre, alors représentée par Henri VI, fut d'être impuissante à satisfaire cet orgueil, et d'avoir à répondre des cruelles atteintes qu'il recevait chaque jour par les défaites en France depuis l'apparition de Jeanne d'Arc et surtout depuis la mort du duc de Bedford. A chaque mauvaise nouvelle qui arrivait du continent, d'universelles clameurs s'élevaient contre les ministres. C'était le Mans qui était livré sur un ordre de Suffolk, puis Rouen qui ouvrait ses portes, puis une grande bataille rangée, celle de Fourmigny, perdue par les Anglais, puis Bordeaux qui voyait Dunois pénétrer en vainqueur dans ses murs.

Sous le coup de tant de désastres, on se rappela que la dynastie régnante avait usurpé le trône, après la déposition de Richard II, et que le duc d'York, Richard, en était le légitime héritier. Il descendait en ligne directe, par les femmes, qui, en Angleterre, ont et donnent des droits au trône, du second fils d'Édouard III, et par les hommes, du quatrième. Henri VI ne descendait que du troisième fils de ce prince. La maison de Lancastre s'appuyait sur le choix primitif de la nation, sur une possession incontestée de soixante ans, et invoquait le serment de fidélité du duc d'York lui-même. Mais la faiblesse d'esprit dont Henri VI avait hérité de son aïeul maternel Charles VI, dégénérait en une véritable imbécillité; sa femme Marguerite d'Anjou, se trouva seule en face des ressentiments populaires.

Déjà suspecte aux Anglais par son origine française, la reine était haïe depuis le meurtre du duc de Glocester, ce frère du glorieux Henri V, qu'on appelait le *bon duc* parce qu'il voulait toujours la guerre contre la France, et qu'elle avait, en 1447, fait arrêter et tuer deux jours après dans sa prison. Plus la guerre allait mal sur le continent, plus la haine croissait contre celle qu'on accusait de tous les désastres, et qui, lors de son mariage, au lieu d'apporter une dot à son époux, avait obtenu l'évacuation, par les troupes anglaises, de l'Anjou et du Maine. Le duc d'York crut l'occasion favorable. Il poussa d'abord les communes à accuser le ministre favori, le duc de Suffolk, et à refuser tout subside jusqu'à ce qu'il eût été jugé. Le roi, pour soustraire l'accusé à une sentence de mort, le condamna à un bannissement de cinq années. Deux mille personnes essayèrent d'arrêter Suffolk à sa sortie de prison. Il put cependant gagner le port d'Ipswich, d'où il se hâta de faire voile. Il se croyait sauvé lorsqu'il fut rejoint par *le Nicolas de la Tour*, un des plus grands vaisseaux de la flotte royale. On lui ordonna de se rendre à bord, et à son arrivée sur le pont, le capitaine le salua par ces mots : « Sois le bienvenu, traître ! » Le surlendemain, le malheureux subit un jugement dérisoire devant les matelots. Une barque était déjà le long du bord; elle portait un billot, une épée rouillée et un bourreau. Le comte y fut descendu; l'exécuteur ne lui abattit la tête qu'au sixième coup (1450). Cette tragédie était à peine accomplie qu'une autre commençait.

Mortimer d'York avait été décapité en 1445; l'Irlandais John Cade se fit passer pour ce prince, qui aurait échappé à ses bourreaux, et souleva le comté de Kent. Il réunit jusqu'à 60.000 hommes et fut pendant plusieurs jours maître de Londres. Mais l'aventurier ne put maintenir la discipline parmi les siens. Les bourgeois s'armèrent pour se préserver du pillage. Une promesse d'amnistie acheva la dispersion des insurgés. Cade, dont la tête avait été mise à prix, tomba dans un guet-apens et fut tué (1450).

Richard d'York avait trempé dans ce mouvement; on n'osa le frapper. Enhardi par l'impunité, par la faiblesse des Lancastriens, que le facile succès de Cade avait montrée, il leva une petite armée, se présenta aux portes de Londres, et exigea que le duc de Somerset, qui avait remplacé Suffolk, fût mis à la Tour (1452). Il se contenta, cette fois, de prouver ainsi sa force. Mais un héritier du trône étant né en 1453, Richard ne dissimula pas ses desseins; pendant une maladie mentale de Henri VI, il se fit nommer *protecteur* (1454). Le roi, revenu à la santé, lui ôta ses pouvoirs. Alors il prit ouvertement les armes, aidé de la haute aristocratie, surtout de ce Warwick à qui ses richesses, ses talents et aussi son inconstance valurent le surnom de *Faiseur de rois*. Ce fameux capitaine, fils du comte de Salisbury, appartenait à une des plus illustres familles d'Angleterre, la maison de Nevil. Il nourrissait journellement dans ses terres jusqu'à 30 000 personnes. Quand il tenait sa maison à Londres, ses vassaux et ses amis consommaient six bœufs par repas. Vainqueur à Saint-Albans, dans le comté de Hertford (1455), Richard obtint encore des lords, pendant une nouvelle maladie du roi, le titre de protecteur. Il s'habituait ainsi à mettre la main sur le gouvernement, tout en laissant à Henri VI la couronne.

En 1456, Henri, ayant recouvré la santé, reprit possession de l'autorité, et le duc d'York affecta de se résigner. Il n'attendait qu'une meilleure occasion d'agir. Il crut l'avoir trouvée en 1460; et, cinq ans après la journée de Saint-Albans, fut livrée la seconde bataille de cette guerre, celle de Northampton. Avant l'action, les Yorkistes avaient donné l'ordre d'épargner les simples soldats, mais de tuer tous les officiers. Richard resta encore vainqueur, et le parlement le déclara héritier légitime. On laissait pourtant à Henri VI son titre de roi.

Marguerite protesta au nom de son fils, prit les armes, et, aidée des secours de l'Écosse, qu'elle acheta par la cession de la forte place de Berwick, réunit 20 000 hommes. Richard marcha contre elle avec 5000. Il fut cette fois vaincu et tué à Wakefield, dans le comté d'York; Marguerite exposa sur les murs d'York sa tête, que par dérision elle avait fait orner d'une couronne de papier (1460). Le plus jeune de ses fils, le comte de Rutland, à peine âgé de dix-huit ans, fut égorgé de sang-froid après la victoire. Il fuyait, quand il fut arrêté par lord Clifford, sur le pont de Wakefield. Clifford lui demanda son nom. L'enfant, effrayé, tombe à genoux. Son gouverneur, croyant le sauver, le nomme. « Ton père a tué le mien, s'écrie Clifford, je veux aussi te tuer, toi et tous les tiens, » et il le poignarde. Ce meurtre, suivi de beaucoup d'autres, provoqua de sanglantes représailles; la lutte prit un caractère atroce. Le massacre des prisonniers, la proscription des vaincus, la confiscation de leurs biens devinrent la règle des deux partis. Le bourreau suivait toujours les soldats.

Richard d'York eut un vengeur dans son fils aîné, qui fut proclamé roi à Londres, par le peuple et ensuite par le parlement, sous le nom d'Édouard IV. Il éprouva d'abord une défaite à la seconde bataille de Saint-Albans (1461), que Warwick perdit. Mais deux mois après, Édouard lui-même vainquit les Lancastriens à la sanglante journée de Towton (au sud-ouest d'York). Plus de 36 000 hommes restèrent sur le champ de bataille, dont 28 000 de la Rose rouge. Marguerite se réfugia en Écosse et de là en France, où Louis XI lui prêta 2000 soldats, en lui faisant promettre de restituer Calais à la France. Mais la bataille d'Hexham sur la Tyne, dans le Northumberland, renversa de nouveau ses espérances (1463). Elle n'échappa avec son fils qu'après avoir couru mille dangers, et retourna en France, tandis que Henri VI, prisonnier pour la troisième fois, était enfermé à la Tour de Londres, où il resta sept ans.

La couronne d'Édouard IV était affermie sur sa tête. Mais, par son mariage avec Élisabeth Woodville (1465), fille d'un simple gentilhomme, il mécontenta le duc de Clarence, son frère, que la naissance d'un prince de Galles dépouilla bientôt du rang d'héritier présomptif. La puissante et fière maison des Névil s'irrita de l'élévation rapide des parents d'Élisabeth, surtout Warwick, que le roi avait envoyé comme ambassadeur en France pour demander la main d'une belle-sœur de Louis XI. Warwick et Clarence associèrent leurs rancunes; ce fut d'abord sans succès, et ils furent réduits à s'enfuir en France. La reine Marguerite et son plus redoutable adversaire se trouvaient réunis dans le même asile (1469). Le malheur les réconcilia et, par l'entremise de Louis XI, qui était bien aise de susciter des embarras à l'allié du duc de Bourgogne, ils s'unirent contre l'ennemi commun. Warwick promit de rétablir la maison de Lancastre. A peine eut-il débarqué en Angleterre que ses tenanciers, ses vieux compagnons d'armes et les partisans de la Rose rouge accoururent en foule. En quelques jours il eut 60 000 hommes. Édouard, abandonné des siens à Nottingham près de la Trent (1470), s'enfuit, sans avoir pu combattre, dans les Pays-Bas, auprès de son beau-frère, Charles de Bourgogne, pendant que le parlement, docile aux volontés du plus fort, rétablissait Henri VI.

Le triomphe des Lancastriens fut court. Au bout de quelques mois, Édouard reparut avec une petite armée que le Téméraire l'avait aidé à former. Warwick succomba à Barnet, à quatre lieues de Londres, grâce à la défection du duc de Clarence, qui retourna auprès de son frère. L'indomptable Marguerite, arrivée de France avec une nouvelle armée, ne fut pas plus heureuse à Tewkesbury, dans le comté de Glocester (mai 1471). Cette dernière victoire eut des résultats décisifs. Le prince de Galles égorgé sous les yeux du roi, Henri VI mort ou assassiné quelques jours après dans sa prison, Marguerite enfermée à la Tour, les partisans de la Rose rouge tués ou proscrits, Édouard IV demeura paisible possesseur du trône. Mais il n'usa de cette sécurité que pour s'abandonner aux plaisirs.

Cependant il sortit un moment de son voluptueux repos pour commencer, en 1475, contre Louis XI, à la sollicitation de Charles le Téméraire, une expédition que termina le traité de Pecquigny (voy. p. 21). Ses dernières années furent assombries par le procès de son frère Clarence, qu'il fit mettre à mort (1478). Lui-même, victime de ses débauches, succomba en 1483, jeune encore : il n'avait que quarante-deux ans.

Avant d'expirer, Édouard IV conjura sa famille et ses principaux partisans de rester unis. Il avait comme un pressentiment des tragédies qui allaient suivre. Son fils, Édouard V, ne lui survécut en effet que trois mois. Depuis longtemps le troisième frère d'Édouard IV, Richard d'York, duc de Glocester, monstre d'hypocrisie et de cruauté, convoitait la couronne. Il profita de la jeunesse de son neveu pour le dépouiller ; il commença par mettre à mort ceux qui pouvaient le défendre, lord Rivers, son oncle, sir Richard Gray, lord Hastings ; puis il contesta la légitimité de sa naissance, et le fit enfin étouffer, ainsi que son plus jeune frère, dans la Tour de Londres, par l'infâme Tyrrel. On cacha le corps des deux malheureuses victimes sous les marches de l'escalier de leur prison, et Richard III fut proclamé roi (1483).

Cette usurpation jeta le trouble parmi les Yorkistes, et les Lancastriens reprirent courage. Buckingham, un de ceux qui avaient le plus fait pour mettre la couronne sur la tête de Richard, irrité, non de ses crimes, mais sans doute de quelque avide demande qui avait été repoussée, se souleva contre lui et appela le Gallois Henri Tudor, comte de Richmond, dernier rejeton, par les femmes, de la famille de Lancastre. Henri leva en Bretagne 2000 hommes et débarqua dans le pays de Galles. Il arriva trop tard pour sauver Buckingham, qui fut accablé et tué, mais il vainquit Richard III à Bosworth (entre Leicester et Coventry). L'usurpateur, malgré des prodiges de valeur, périt dans la mêlée (1485). C'était la dernière des dix grandes batailles de cette guerre. Les Lancastriens y avaient été vaincus six fois; mais l'honneur et le profit de la dernière journée leur restait.

Henri VII se fit alors reconnaître roi d'Angleterre et réunit les deux Roses en épousant l'héritière d'York, Élisabeth, fille d'Édouard IV. Avec lui commença la dynastie des Tudors, qui régna 118 ans, jusqu'à l'avènement des Stuarts, en 1603.

Mais, en conservant, malgré ce mariage politique, une préférence marquée pour les Lancastriens, Henri VII provoqua le ressentiment des Yorkistes. Ils suscitèrent contre lui deux imposteurs. L'un, Lambert Simnel, fils d'un boulanger, se fit passer pour le jeune comte de Warwick, fils du duc de Clarence; l'autre, Perkin Warbeck, fils d'un juif converti de Tournay, prétendit être le duc d'York, second fils d'Édouard IV, que Richard avait fait étouffer à la Tour. Henri VII vainquit le premier à Stoke, près de Nottingham (1487), et le second à Towton, au nord d'Exeter (1498). Il pardonna à Simnel, qui reçut un emploi dans les cuisines royales; mais Warbeck fut enfermé à la Tour de Londres[1]. Ayant voulu quelques mois après s'évader de cette prison avec le vrai comte de Warwick, qui y était aussi détenu, il fut pendu à Tyburn, et le roi, pour mettre un terme à ses craintes, fit décapiter Warwick (1499). Prisonnier d'État depuis son enfance, ce malheureux jeune homme ne pouvait être coupable que de conserver des regrets et des

---

[1]. La Tour de Londres n'est pas une tour, mais un vaste ensemble de bâtiments d'aspect très-peu formidable. Cette construction, assise sur le bord septentrional de la Tamise, à l'extrémité orientale de la Cité, a un circuit de 3050 pieds. Ce n'est plus une forteresse, bien qu'on y voie quelques canons et des soldats, que le service s'y fasse militairement, et que la plupart des treize petites tours qui entouraient la grande subsistent encore. Celle-ci, ouvrage de Guillaume le Conquérant, est maintenant une sorte de musée d'artillerie. La *tour aux Joyaux* renferme les bijoux et les insignes de la couronne. C'est dans la *tour Sanglante* que furent étouffés les enfants d'Édouard, dans celle de *Wakefield* que Henri VI fut assassiné. Ailleurs on montre la hache qui décapita Anne Boleyn, celle qui servit pour le comte d'Essex, des billots, etc. L'Angleterre est riche en curiosités de ce genre.

espérances. Mais Ferdinand le Catholique n'avait voulu donner sa fille Catherine d'Aragon au fils de Henri VII, que si la mort de Warwick délivrait son futur gendre de toute inquiétude. Avec ce prince s'éteignait, en effet, la race des Plantagenets, qui avait gouverné l'Angleterre pendant 331 ans, depuis 1154.

Henri VII régna dès lors sans opposition. La sanglante guerre des deux Roses avait décimé et ruiné l'aristocratie anglaise; quatre-vingts personnages tenant par le sang à la famille royale y avaient péri; combien du reste de la noblesse! S'il faut en croire un contemporain, sir John Fortescue, sous Édouard IV seulement un cinquième des terres du royaume était tombé par confiscation dans le domaine de la couronne. Aussi la royauté anglaise ne rencontra plus devant elle, au sortir de cette guerre, le principal obstacle qui l'avait jusqu'alors arrêtée, une aristocratie puissante et fière.

On a vu dans l'*Histoire du moyen âge* (p. 449) combien la constitution anglaise était déjà libérale au milieu du quinzième siècle. La royauté conservait cependant un pouvoir immense. « La personne du roi était inviolable. Lui seul avait le droit de convoquer les états du royaume, qu'il pouvait dissoudre selon son bon plaisir, et dont les actes législatifs ne pouvaient se passer de son assentiment. Il était le chef de l'administration exécutive, l'unique organe de la nation vis-à-vis des puissances étrangères, le capitaine des forces de terre et de mer de l'État, la fontaine de justice, de clémence et d'honneur. Il avait de grands pouvoirs pour régler le commerce. La monnaie était frappée en son nom; il fixait les poids et mesures, déterminait les lieux pour l'établissement des marchés et des ports. Son patronage ecclésiastique était immense. Ses revenus héréditaires, administrés avec économie, suffisaient à couvrir les dépenses ordinaires du gouvernement. Ses domaines particuliers étaient très-vastes. Il était en outre le seigneur suzerain du sol entier de son royaume et, en cette qualité, possédait un nombre infini de droits lucratifs et formidables qui le mettaient à même d'inquiéter et d'écraser ceux qui traversaient ses desseins, d'enrichir et d'élever, sans qu'il lui en coûtât rien, ceux qui jouissaient de sa faveur. » (Macauly.) Ces pouvoirs indécis donnaient à celui qui en était revêtu la tentation perpétuelle de les outre-passer et l'épuisement de l'aristocratie après la guerre des deux Roses en fournit l'occasion.

Henri VII Tudor (1485-1509). Suppression des libertés publiques.

Edouard IV déjà n'avait pas toujours attendu le consentement des chambres pour établir et lever l'impôt; Henri VII alla plus loin; et ce prince craintif et cupide fut mieux obéi qu'Edouard III, le vainqueur de Crécy, mieux que Henri V, le héros d'Azincourt. Le parlement fut rarement convoqué sous son règne; quand il le fut, il ne montra aucune indépendance et accepta sans mot dire les propositions que lui soumettait le roi. Emprunts forcés, déguisés sous le nom de *bienveillances*, confiscations arbitraires, proscriptions, mesures barbares et iniques que la guerre civile seule avait amenées, acquirent une sorte de légalité par l'adhésion ou le silence des chambres. Le parlement reconnut la *chambre étoilée*, tribunal nouveau sous un nom ancien, dont les membres étaient entièrement à la dévotion du roi, et qui devint un des instruments les plus dociles et l'une des armes les plus redoutables du pouvoir absolu. La chambre étoilée, en effet, multiplia les cas qui furent soustraits à la connaissance du jury, et mit à la discrétion des agents du roi la fortune et la vie de tous ceux que le roi voulut frapper.

Les grands avaient gardé du moyen âge le droit d'avoir autour d'eux toute une armée de serviteurs qui les aidaient à troubler le pays et à braver la justice. C'était le droit de maintenance, Henri VII l'abolit; de plus il autorisa les nobles à vendre leurs terres substituées. C'était frapper l'aristocratie féodale dans le présent et dans l'avenir. Car, en supprimant les *maintenances*, le roi enlevait aux nobles leurs soldats; en supprimant les *substitutions* [1], il eût préparé le morcelle-

---

1. On appelle terre substituée celle dont le propriétaire n'est considéré que comme usufruitier et simple détenteur au nom des générations futures; il peut par conséquent, en percevoir les revenus, mais il ne peut ni l'aliéner ni la partager, et elle passe de droit à son fils aîné.

ment des grandes propriétés, c'est-à-dire la ruine des grands propriétaires terriens, si l'usage, plus fort que la loi, n'avait continué à faire prévaloir le système des substitutions, qui existe encore aujourd'hui en Angleterre.

Henri VII a commencé la puissance commerciale et maritime de son pays. Un traité conclu avec les Pays-Bas, en 1496, établit la liberté des échanges entre les deux pays; un autre avec le Danemark ouvrit la Baltique aux Anglais, et leur assura le commerce exclusif de l'Islande. A l'exemple des rois de la péninsule espagnole, il essaya de tourner l'activité des Anglais vers les découvertes maritimes, et le Vénitien Sébastien Gabotto alla porter le premier le pavillon anglais dans l'île de Terre-Neuve et longer la côte des Florides, où il fut bientôt suivi par des marchands de Bristol. Henri VII encouragea aussi l'industrie nationale en attirant en Angleterre des ouvriers flamands et en défendant l'exportation de la laine. Enfin il rendit la justice moins inaccessible aux pauvres, et prépara la réunion des deux couronnes qui se partageaient la Grande-Bretagne en mariant sa fille Marguerite au roi Jacques IV. De cette union date le droit des Stuarts au trône d'Angleterre, qu'ils reçurent en 1603. Un autre mariage eut des suites plus graves: je veux parler des fiançailles de Catherine d'Aragon, fille de Ferdinand le Catholique, avec le fils aîné du roi, Arthur, et, après la mort prématurée de ce jeune prince, avec son second fils, qui fut depuis Henri VIII; on verra le schisme d'Angleterre sortir de cette union. Henri VII mourut en 1509, âgé de 53 ans. Pris au dernier moment de terreurs religieuses, il avait donné l'argent nécessaire pour faire dire 2000 messes.

Tel qu'il nous apparaît dans l'histoire, ce prince demeure bien au-dessous de ses deux célèbres contemporains Louis XI et Ferdinand le Catholique. Aussi cruel que le premier, aussi fourbe que le second, il n'eut point leur génie politique. Une avarice sordide rapetissa ou corrompit ses actes les plus habiles. Ainsi la loi pour l'abolition des maintenances était pour lui moins une grande mesure de gouvernement qu'un prétexte à contraventions et à amendes. Un jour il va rendre visite au comte d'Oxford, en son château de Henningbaw.

Le comte était un des plus dévoués partisans de la branche de Lancastre, et un de ceux qui avaient le plus souffert pour elle. Afin de faire honneur à son souverain, il rangea sur le passage de Henri, ses serviteurs et ses vassaux, couverts de leurs plus beaux habits. Leur nombre, la richesse des costumes donnent à penser au roi qu'il pourrait bien faire un bon coup dans cette opulente maison. « Mylord, dit-il au comte, on m'avait vanté votre générosité, mais je vois qu'elle est au-dessus de ce qu'on m'en avait dit. Tous ces gens sont à vous? — Oui, Sire, et ils sont venus pour jouir du bonheur de voir Votre Majesté. — Je vous suis fort obligé de votre bonne réception, repart le roi; mais je ne puis souffrir qu'on viole nos lois en ma présence. » Un procès fut aussitôt intenté au comte, et il n'en fut quitte que pour une somme énorme, quinze mille marcs.

Tous les moyens semblaient bons à ce prince sordide pour remplir sa caisse; il extorquait de l'argent à ses sujets pour faire la guerre; il en recevait des étrangers pour faire la paix, comme lorsqu'il descendit en France, en 1492, et vendit à Charles VIII, par le traité d'Étaples, la retraite de l'armée anglaise au prix de 745 000 écus d'or. Il se faisait acheter les places de sa cour, même celles d'Église : il ne donnait d'évêchés qu'argent comptant, et vendait son pardon aux coupables. Il recherchait avec soin quelles gens mouraient sans héritiers, et se saisissait de leurs biens par droit de *déshérence*, ce qui bien souvent avait encore lieu en face d'héritiers véritables. Ses ministres favoris, Empson, Dudley et le cardinal Morton, savaient tirer profit de tout, principalement de la justice. Un expédient de Morton pour obtenir de l'argent par *bénévolence* est resté célèbre. « Si tu dépenses beaucoup, disait-il, c'est que tu es riche, tu dois payer; si tu ne dépenses rien, c'est que tu fais des économies, paye encore. » Ce dilemme infernal s'appelait la fourche ou l'hameçon de Morton.

Ce règne inaugurait pour l'Angleterre un despotisme qui durera un siècle et demi : c'est qu'au sortir de la guerre des deux Roses, la nation, fatiguée des stériles et sanglantes agitations des luttes intestines, se jeta avec ardeur dans les travaux pacifiques du commerce et de l'industrie. Voyant le gouvernement de Henri VII seconder cette tendance par les traités de commerce qu'il conclut, par les voyages de découvertes qu'il fit entreprendre, elle ne lui demanda rien de plus, et oublia pour un temps son parlement et ses libertés. La question de la réforme, la lutte contre l'Espagne, tournèrent encore d'un autre côté l'attention du peuple anglais. Mais après la tyrannie sanglante de Henri VIII, après la tyrannie glorieuse d'Élisabeth, et grâce aux progrès de la richesse nationale et de l'opinion publique, ces souvenirs se réveilleront avec une indomptable énergie.

L'Angleterre conserve un curieux monument de l'architecture du temps, la chapelle où Henri VII fut enterré à Westminster. C'est un des modèles du gothique flamboyant, dernière période de l'architecture ogivale.

CHAPITRE IV.

L'ESPAGNE DE 1453 A 1521.

État de l'Espagne au milieu du quinzième siècle — Navarre, Aragon, Castille et Portugal.

État de l'Espagne au milieu du quinzième siècle.

Le peuple espagnol était demeuré jusqu'alors presque entièrement étranger aux affaires des autres nations européennes. Il lui avait fallu conquérir son sol pied à pied contre les Maures; et cette œuvre, première condition de son existence nationale, n'était pas même achevée. L'extrémité méridionale de la péninsule appartenait aux musulmans, et formait le royaume de Grenade, le dernier des neuf États entre lesquels avait été démembré le khalifat de Cordoue. L'Espagne avait donc vécu d'une vie à part pendant tout le moyen âge. Elle n'avait eu, pour ainsi dire, qu'une seule pensée : chasser les Maures, qui lui étaient plus odieux encore comme musulmans que comme étrangers.

A cet isolement elle avait dû une remarquable originalité. Nulle part la religion n'avait plus d'ascendant sur les âmes. Elle y était la moitié de la patrie.

L'Espagne était encore en plein moyen âge, c'est-à-dire que l'anarchie y était au comble, sous le nom de priviléges des castes, des provinces, des villes, des personnes. Les rois n'avaient qu'une ombre de pouvoir. En Castille, les grands venaient d'obliger le faible Jean II à laisser condamner et exécuter son favori, Alvarès de Luna. On sait la formule dont se servaient les seigneurs au couronnement des rois d'Aragon. « Nous qui valons chacun autant que vous, et qui, réunis, pouvons plus que vous, nous vous faisons notre roi et seigneur, à condition que vous garderez nos *fueros* et nos franchises, sinon, non. » Et ce n'étaient pas là de vaines paroles, souvenir de temps effacés, mais l'expression pure et simple de faits réels. Il y avait en Aragon un magistrat, investi de la plus haute juridiction, et qui avait joué plus d'une fois le rôle d'arbitre suprême entre le roi et ses sujets. C'était le *justiza*. Ce magistrat, dont l'office avait quelque ressemblance avec celui des éphores dans l'ancienne Sparte, faisait les fonctions de surveillant du prince et de protecteur du peuple. Sa personne était sacrée, son pouvoir et sa juridiction presque sans bornes. Les rois eux-mêmes étaient obligés de le consulter dans les cas douteux. Il recevait l'appel des sentences des juges royaux, pouvait, sans appel, évoquer une affaire, et avait le droit d'examiner les proclamations royales, d'exclure les ministres ou de leur faire rendre compte, sans avoir compte à rendre lui-même qu'aux états. Même comme particulier, il ne pouvait être arrêté que par un décret des cortès. Mais un tribunal était établi pour recevoir toutes les plaintes élevées contre lui.

En Castille, comme en Aragon, la défense des libertés publiques était confiée surtout à ces assemblées sorties de l'élection, qu'on appelait et qu'on appelle encore aujourd'hui les *cortès*. Les cortès d'Aragon se composaient de quatre ordres : 1º les prélats; 2º les barons ou *ricos hombres*; 3º les simples nobles ou *infanzones*; 4º les députés des cités ou *procuradores*. Les cortès d'Aragon votaient les taxes, décidaient de la paix et de la guerre, faisaient frapper la monnaie, revisaient tous les jugements des tribunaux, veillaient sur l'administration du pays pour réformer les abus, et avaient tous les deux ans une session de quarante jours, que le roi ne pouvait dissoudre. Les cortès de Castille ne comprenaient que trois ordres : le clergé, la noblesse et les députés des villes. Ils ne votaient les subsides qu'après avoir fait les affaires du peuple. Souvent même, dans les cas de minorité, par exemple, les cortès furent appelées à constituer le gouvernement du pays : dans le conseil de régence établi durant la minorité de Jean Ier, il avait fallu admettre des bourgeois égaux en nombre, en pouvoir, en insignes même, aux nobles membres du conseil.

Outre les cortès, chargées de défendre contre les rois la liberté générale, il y avait les libertés particulières ou priviléges de chaque province, et qu'on appelait du nom de *fueros*. Les plus fameux étaient ceux de l'Aragon et ceux du pays basque. Les provinces basques avaient et ont gardé pendant toute la durée des temps modernes une véritable indépendance; les Catalans l'ont plus d'une fois revendiquée : en 1462, ils déposèrent Jean II; en 1640, ils se constituèrent en république.

Il résultait de tous ces priviléges qu'il n'y avait point en Espagne de véritable patriotisme, et que l'esprit de localité s'y trouvait profondément enraciné. Non-seulement les royaumes, mais les provinces, et dans les provinces, les villes vivaient à l'écart; tout noble même n'était pas éloigné de se croire souverain dans ses domaines, et, en souvenir de leurs anciennes franchises, les grands d'Espagne ont gardé le privilége de rester couverts en présence de leur souverain. Enfin trois grands ordres militaires, ceux d'Alcantara, de Calatrava et de Compostelle ou Saint-Jacques, formaient encore, avec leurs richesses, leurs places fortes et leur organisation militaire, comme trois États dans l'État.

Mais déjà aussi la turbulence de l'aristocratie féodale, les guerres privées, les brigandages qui en étaient la suite, avaient amené la création de la sainte Hermandad. Dès l'année 1260, les villes d'Aragon, et un peu plus tard celles de Castille, s'étaient unies pour assurer le maintien de la paix publique. Elles avaient institué des tribunaux, levé et organisé des troupes pour la répression des désordres commis sur les routes. L'établissement de la sainte Hermandad, ou sainte confrérie, sorte de garde civique, souleva de violents murmures dans la noblesse. Les archers de la confrérie eurent plus d'une escarmouche à soutenir contre les bandits féodaux. Mais l'institution résista à tous les efforts qu'on fit pour la détruire, aux vices même de son organisation, et lors du siége de Grenade, elle rendit d'importants services.

Parcourons maintenant chacun de ces États.

CHAPITRE IV.

Navarre, Aragon, Castille et Portugal.

Jean d'Aragon, prince actif et habile, mais d'une ambition sans scrupules, avait épousé la reine de Navarre, dont il eut un fils, don Carlos, prince de Viane. Le jeune prince devait, à la mort de sa mère, hériter de la couronne qu'elle portait. Le père la retint. Les partisans du fils prirent les armes, et furent battus à la journée d'Aïbar (1452). La guerre, deux fois apaisée, deux fois recommença, et cette lutte sacrilége ne se termina que par la mort du prince de Viane, qui fut probablement empoisonné par son père (1461). Il avait deux sœurs : l'une, Blanche, épouse répudiée de Henri IV de Castille ; l'autre, Léonore, comtesse de Foix. Don Carlos avait légué ses droits à la première. Elle n'eut que l'héritage de ses malheurs, et mourut au fond du château d'Orthez, d'un poison que sa sœur lui donna. Jean, puis Léonore, régnèrent alors en Navarre. Une petite-fille de Léonore porta en 1484 cette couronne dans la maison française d'Albret ; mais un second fils de Jean d'Aragon, Ferdinand le Catholique, conquit la Navarre espagnole (1512) et la déclara en 1515 pour jamais réunie à ses États. La basse Navarre, au nord des Pyrénées, conserva ses rois particuliers jusqu'à Henri IV.

Ce Jean d'Aragon devint en 1458, par la mort d'Alphonse V, son frère, roi d'Aragon. Son règne fut troublé par des révoltes continuelles. Les Catalans, dont il violait les priviléges, épousèrent la querelle du prince de Viane, et après la mort du *saint martyr*, plutôt que d'appartenir à Jean II, ils aimèrent mieux se donner au roi de Castille, qui refusa, mais se fit céder la ville d'Estella, en Navarre, puis à don Pèdre de Portugal, enfin à la maison d'Anjou. La mort prématurée de Jean de Calabre, fils du roi René, ruina leurs espérances. Après onze ans de guerre, ils se soumirent (1472). C'est pour trouver les moyens de résister à cette insurrection que Jean II avait engagé à la France la Cerdagne et le Roussillon contre un prêt de 350 000 écus d'or. Louis XI n'était pas homme à lâcher ce qu'il avait une fois saisi. Une tentative de Jean II pour recouvrer le Roussillon, en 1473, échoua. Il mourut en

1479, à l'âge de quatre-vingt-deux ans. Son second fils, Ferdinand le Catholique, lui succéda.

En Castille, même spectacle ou pis encore. Henri IV, qui succéda en 1454 à son père Jean II, se rendit à la fois odieux et méprisable par sa prédilection pour Bertrand de la Cueva, favori cupide et lâche qui le déshonorait. Dès 1459 les cortès exigèrent que le frère du roi, don Alphonse, fût reconnu pour son héritier. En 1465, les nobles prirent les armes et déposèrent le roi en effigie. On éleva une estrade dans la plaine d'Avila ; on y plaça le simulacre de Henri avec le sceptre et la couronne, mais couvert d'un crêpe noir. Alors un héraut s'avança et lut à haute voix une longue énumération des crimes du monarque. A l'énoncé du premier, l'archevêque de Toulouse enleva la couronne ; au second, le comte de Placentia détacha l'épée de justice ; au troisième, le comte de Bénavent arracha le sceptre. A la fin l'effigie royale fut jetée du trône à terre. Cette cérémonie étrange fut le signal d'une guerre civile, les principaux acteurs de cette scène ayant proclamé roi le frère de Henri IV, don Alphonse, qui n'avait que douze ans ; mais ce jeune prince mourut, après la bataille indécise de Médina del Campo, en 1467, et Henri IV consentit à reconnaître pour princesse des Asturies ou héritière, sa sœur Isabelle, au détriment de sa propre fille (1468). Une des clauses de la paix était qu'Isabelle ne pourrait se marier sans l'aveu du roi. Plusieurs princes, parmi lesquels le roi de Portugal et le duc de Guyenne, Charles, frère de Louis XI, sollicitèrent sa main. Isabelle leur préféra Ferdinand, fils aîné du roi d'Aragon, et l'épousa en secret à Valladolid, sans attendre le consentement de Henri IV (1469). Il fut établi dans le contrat que le gouvernement de la Castille n'appartiendrait qu'à Isabelle.

Ce mariage ralluma la guerre civile. Le roi, cessant de désavouer sa fille Jeanne, qu'on appelait la Bertraneia, la déclara son héritière, mais sans pouvoir lui assurer son héritage. Lorsqu'il mourut, en 1474, le roi de Portugal, Alphonse V, essaya de soutenir la cause de Jeanne : il fut battu à Toro, malgré l'appui du riche et puissant archevêque de Tolède, Cavillo d'Acunha (1476). Ce prélat, dont l'humeur inquiète avait déjà troublé le règne de Henri IV, s'était déclaré contre Isabelle, par haine de son mari aragonais. Il disait : « J'ai su placer l'infante Isabelle sur le trône de Castille ; je saurai bien l'en faire descendre : si je lui ai mis le sceptre à la main, je veux l'obliger à reprendre le fuseau. » Il résista même aux menaces du pape, et ne se réconcilia qu'en 1478 avec son ancienne protégée. Dès lors le roi de Portugal dut céder ; la Bertraneïa se retira dans un monastère ; et la même année, Ferdinand le Catholique devenait roi d'Aragon par la mort de Jean II (1479) : les deux couronnes d'Aragon et de Castille étaient réunies.

De ce jour l'Espagne exista. Isabelle, douée d'un ferme génie, Ferdinand, fort habile homme, quoique perfide et déloyal, ce qui alors semblait une habileté de plus, travaillèrent avec une vigueur et un accord qui ne se démentirent pas un instant, à fonder l'unité nationale au profit de la royauté. Les Maures occupaient encore le midi de la Péninsule. En 1462, ils perdirent Gibraltar, ce qui leur fermait l'Afrique ; les troubles de la Castille suspendirent la guerre ; elle recommença en 1482, et, grâce à leurs discordes intestines, ils perdirent, la même année, Alhama, boulevard de leur capitale, Ronda, trois ans après, Velez-Malaga en 1487, Almeria en 1489 ; deux ans plus tard, Grenade même fut assiégée. Cette grande ville était flanquée de plus de mille tours et renfermait encore 200 000 habitants. Le siége dura près de neuf mois. Un accident mit le feu pendant la nuit aux tentes d'Isabelle. La reine voulut qu'à la place du camp brûlé les Espagnols bâtissent une ville, afin de faire voir aux musulmans que le siége ne serait jamais levé. Bâtie en quatre-vingts jours, cette ville existe encore sous le nom de Santa-Fé. Enfin, pressés par la famine, vaincus le plus souvent dans les petits combats qui se livraient sans cesse sous leurs murs, abandonnés par l'Afrique, qui ne tenta aucun effort pour les sauver, les Maures se rendirent. C'était la dernière « des trois mille sept cents batailles » que les chrétiens leur avaient livrées. La capitulation, dont Gonzalve de Cordoue dressa les articles, portait que les musulmans seraient toujours gouvernés selon leurs lois, qu'ils conserveraient leurs biens, leurs coutumes, le libre exercice de leur culte, sans être astreints à d'autres impôts que ceux qu'ils payaient à leurs rois (1492). Arrivé sur le mont Padul, d'où l'on découvre Grenade, Boabdil (Aboul Abdallah), son dernier prince, jeta sur elle un long regard et des larmes baignèrent son visage. « Mon fils, lui dit sa mère Aïxa, vous avez raison de pleurer comme une femme le trône que vous n'avez pas su défendre comme un homme. » La domination des Arabes en Espagne avait duré 782 ans. Elle laissa derrière elle, sur le sol, des monuments d'une exquise élégance; une agriculture, une industrie perfectionnées; dans les mœurs, les costumes, les meubles, des détails pittoresques; dans la langue, plus d'un mot sonore; dans la pensée même un tour de politesse délicate et fleurie que ne connaissaient point les rudes conquérants du Nord.

L'Espagne était délivrée, mais elle conservait contre les infidèles une horreur et une haine mûries, pour ainsi dire, par huit siècles de guerre. La population de la Péninsule présentait un singulier mélange de Maures, de juifs et de chrétiens. Pour en faire un tout homogène, en leur imposant une même croyance; pour fortifier l'unité de l'État par l'unité de la religion, Ferdinand créa une inquisition nouvelle. Ce tribunal célèbre, qui a laissé un nom terrible et exécré, avait à sa seconde origine une destination politique tout autant que religieuse[1]. Organisé en Castille en 1480, le *saint-office* fut établi quatre ans plus tard en Aragon, et s'y maintint malgré une vive opposition; il se trouva être alors le seul tribunal admis à la fois dans les deux pays. Le roi en nommait le chef, le grand inquisiteur, et retenait pour son trésor les biens des condamnés. Ceux-ci furent d'abord les chrétiens judaïsants; les Maures convertis qui en secret restaient fidèles à Mahomet; plus tard, ce furent les novateurs en politique comme en religion. De janvier à novembre 1481, les inquisiteurs envoyèrent au

---

1. L'inquisition avait été créée au commencement du treizième siècle, par saint Dominique et Innocent III, contre les Albigeois. Elle fut complétement réorganisée en 1480 en Espagne, plus tard en Italie. On la nommait en Espagne le *saint-office*. L'inquisition espagnole fut introduite aux Pays-Bas par Philippe II et causa la révolte de cette région; en Espagne, elle n'a été abolie qu'en 1820, après l'avoir couverte de bûchers ou *auto-da-fé* (actes de foi).

bûcher, dans Séville, 298 nouveaux chrétiens, et 2000 dans les provinces de Séville et de Cadix. Placée sous la main des rois, et parfois suspecte à la cour de Rome, elle fut tout d'abord un moyen de gouvernement et un instrument de despotisme pour défendre « les deux majestés (*ambas majestades*); « car Ferdinand qui avait gagné, à la prise de Grenade, pour lui et ses successeurs, le surnom de *Catholique*, confondit si bien la religion et la royauté, que le même nom servit à désigner Dieu et le roi, et que la révolte devint un sacrilége. « Ce qui indignait davantage les esprits, dit le jésuite Mariana, c'était de voir que ce tribunal sévère faisait porter aux enfants la peine de leur père, et que l'on ne connaissait point l'accusateur; qu'on ne le confrontait point avec le coupable; qu'on ne faisait point connaître les témoins. Rien d'ailleurs ne semblait plus dur que ces perquisitions secrètes qui troublaient le commerce et la société. » Le dominicain Thomas de Torquemada fut le premier grand inquisiteur. Dans les dix-huit années qu'il dirigea ce tribunal de sang, 8800 personnes furent brûlées, 6500 le furent en effigie ou après leur mort, et 9000 subirent la peine de l'infamie, de la confiscation des biens ou de la prison perpétuelle.

Dès l'année 1492, l'inquisition se trouva assez forte pour obtenir l'exclusion des juifs après les avoir dépouillés. Il leur fut en effet interdit d'emporter ni or ni argent, mais seulement des marchandises. Des écrivains contemporains évaluent à 800 000 le nombre de ceux qui sortirent d'Espagne; le plus grand nombre périt ou fut livré à d'atroces souffrances C'était l'immolation par le fanatisme de tout un peuple, longtemps le principal, l'unique représentant de l'industrie et de la science. Un décret enleva aux Maures la liberté religieuse que le traité de Grenade (1499) leur avait laissé, et beaucoup aussi s'exilèrent; leur expulsion définitive ne fut prononcée qu'un siècle après, en 1609. L'Espagne gagna ainsi son unité religieuse, mais elle perdait son industrie et son commerce, dont les juifs et les Maures étaient les agents les plus actifs.

Par l'inquisition, le roi dominait les consciences; par le droit que le pape lui conféra de nommer à tous les bénéfices, il eut un grand ascendant sur le clergé; il acquit une puissance militaire et des revenus considérables, en se faisant élire grand maître des ordres de Calatrava, d'Alcantara et de Saint-Jacques (1494). Ce dernier Ordre, le plus important il est vrai, pouvait équiper 1000 lances. La réunion de ces dignités à la couronne n'était d'abord que personnelle, mais Ferdinand la fit déclarer par le pape perpétuelle. Par la réorganisation de la sainte Hermandad, qu'il subordonna au conseil de Castille et dont il se déclara le protecteur, la royauté acquit le moyen de faire la police du pays ; et, sous prétexte de punir ou de réprimer les guerres privées entre les barons, elle rasa leurs châteaux. En 1481, quarante-six forteresses furent démolies dans la seule province de Galice, et les têtes les plus hautes tombèrent. Des commissaires furent envoyés dans toutes les provinces pour écouter les plaintes des peuples contre les grands, et surveiller les juges, qui, en cas de prévarication, durent rendre au septuple. Enfin le roi catholique obtint du pape, par la fameuse *bulle de la Cruzada*, une part considérable dans la vente des indulgences.

Unie au dedans, l'Espagne prit au dehors une importance qu'elle n'avait jamais eue. Colomb découvrit pour la couronne de Castille le nouveau monde (voy. p. 135) ; Ximénès lui donna Oran, sur les côtes d'Afrique (1509), et Pierre de Vera, les Canaries, dont la population indigène, les Guanches, fut exterminée. Un point de relâche important pour la navigation de l'Atlantique fut ainsi assuré à l'Espagne. Ferdinand conquit, pour la couronne d'Aragon, le royaume de Naples (1504) et enleva la Navarre à Jean d'Albret (1512), ce qui fermait, au profit de l'Espagne, une des deux portes des Pyrénées. Il tenait déjà l'autre par le Roussillon, que Charles VIII lui avait rendu en 1493.

La mort d'Isabelle faillit de nouveau séparer les deux royaumes. Il n'était resté à la reine qu'une fille, Jeanne *la Folle*, mariée à l'archiduc Philippe le Beau, fils de Marie de Bourgogne et de Maximilien d'Autriche, par conséquent déjà souverain des Pays-Bas. Mécontente de son gendre, Isabelle donna par testament la régence de Castille à son mari. Les Castillans se soumirent avec peine aux dernières volontés de leur grande reine, et Philippe n'eut qu'à débarquer en Espagne pour s'emparer du pouvoir. Mais il mourut presque aussitôt (1506), et Ferdinand, grâce à l'appui de l'archevêque de Tolède, le fameux cardinal Ximénès, fut reconnu par les cortès régent de Castille, pendant la minorité de son petit-fils Charles, fils de Philippe le Bon.

Cependant l'unité de l'Espagne n'était pas encore assurée. Ferdinand, par dépit contre Philippe le Beau, avait contracté un nouveau mariage avec Germaine de Foix, nièce de Louis XII, en faveur de laquelle le roi de France avait renoncé à Naples (1506); mais cette union fut stérile. Un projet de léguer l'Aragon à son second petit-fils, aux dépens du premier, qu'il n'aimait pas, n'eut pas de suite, et Ferdinand s'inspirant, au lit de mort (1516), de cette grande pensée de l'unité de l'Espagne, légua toutes ses couronnes à Charles qui avait déjà recueilli l'héritage d'Isabelle et qui devait recueillir encore celui de son aïeul, l'empereur Maximilien. Philippe II avait bien raison de dire, en parlant du roi Ferdinand : « C'est à lui que nous devons tout. »

L'archevêque de Tolède et grand Inquisiteur, Ximénès, fut régent de Castille jusqu'à l'arrivée du jeune roi, alors en Flandre. Homme austère, esprit d'une rare vigueur, il avait prévenu la réforme en la faisant lui-même ; du moins il avait ramené plusieurs ordres monastiques de l'Espagne à une sévère discipline, et pour ranimer l'esprit religieux dans le pays, il avait conduit à ses frais une croisade en Afrique, sous les murs d'Oran, dont il s'empara. Il administra la Castille depuis la mort d'Isabelle, et la tint en repos, après la mort de Ferdinand. Dur aux autres comme à lui-même, il resta moine sous la pourpre romaine et dans le palais des rois ; mais il ne souffrait pas plus de résistance contre la foi que contre le prince. Il brûlait les hérétiques et domptait les seigneurs. Un jour les grands lui demandèrent quels étaient ses pouvoirs. « Les voilà ! » leur répondit-il, en montrant une formidable artillerie et un corps de troupes rangé sous les fenêtres du palais

Charles, qui en Espagne est Charles Ier, et qui dans l'Empire fut Charles-Quint, ne commit d'abord que des fautes. Il disgracia Ximénès, et s'entoura de favoris flamands. Quand l'Espagne apprit, en 1519, qu'il avait obtenu la couronne impériale et qu'il l'acceptait, elle craignit avec raison de voir son sang et son argent sacrifiés à l'ambition du nouvel empereur. Charles dédaigna ces murmures et s'embarqua pour l'Allemagne ; mais son départ fut le signal d'une insurrection qui s'étendit de Tolède à toute la Castille. Les villes soulevées s'unirent par une confédération qui prit le nom de Ligue sainte (*Junta santa*), et refusèrent de poser les armes avant que l'empereur eût aboli les immunités pécuniaires de la noblesse. L'aristocratie sépara alors sa cause de celle des bourgeois, et se rallia autour du souverain. L'armée de la ligue fut battue à Villalar, et son chef, le noble don Juan de Padilla, mourut sur l'échafaud (1521).

Charles-Quint compléta alors l'œuvre de Ferdinand et d'Isabelle. Il obligea les Maures du royaume de Valence à se faire baptiser, et tous ceux de Grenade à renoncer à leur costume et à leur langue ; il cita au tribunal du saint-office les évêques qui s'étaient déclarés pour les *communeros*. Le clergé dut courber la tête sous l'arme qu'il avait lui-même fournie. Bien d'autres la courbèrent ; les privilèges des villes furent abolis, et Charles ôta leur importance aux cortès, en les obligeant à voter l'impôt avant le redressement des griefs, et en défendant aux députés toute réunion préparatoire. Les nobles refusant de payer leur part des dépenses politiques, il cessa de les convoquer aux cortès. Ils ne parurent pas davantage aux armées, composées de mercenaires, ni à la cour peuplée de Flamands.

Ainsi le roi triomphait à la fois des bourgeois comme des nobles : victoire funeste qui fut pour l'Espagne une des premières causes de sa décadence ; car l'activité de cette grande nation se trouva dès lors comprimée par un despotisme qui ne sut pas, comme de l'autre côté des Pyrénées, donner la gloire en échange et préparer l'égalité civile.

A l'extrémité sud-ouest de la presqu'île, le petit royaume de Portugal jetait alors un vif éclat. La maison capétienne de Bourgogne, qui avait fondé ce royaume, n'y était plus continuée que par une branche illégitime, celle d'Avis, qui régnait depuis la glorieuse journée d'Aljubarota, où

Jean Ier, le Bâtard, avait battu le roi de Castille, son compétiteur (1385).

La dynastie nouvelle, née d'une réaction populaire et du sentiment national, respecta d'abord les libertés publiques. Jean Ier avait convoqué vingt-cinq fois les cortès. La minorité d'Alphonse V, surnommé l'Africain (1438-1481), fut favorable aux grands : une guerre civile éclata, puis vinrent d'inutiles mais glorieuses expéditions en Afrique, la prise d'Arzile et de Tanger, et une malheureuse intervention en Espagne, où Alphonse soutint les droits de la fille de Henri IV, Jeanne de Castille. Vaincu à Toro (1476), il alla solliciter les secours de la France. Louis XI n'aimait guère les expéditions aventureuses ; il ne lui donna rien, mais il l'empêcha de s'enfermer dans un couvent, préférant voir à Lisbonne un prince ami de la France, ennemi de la Castille et de l'Aragon, que de compter un moine de plus, fût-ce un roi, dans ses abbayes.

Le successeur d'Alphonse V, Jean II (1481-1495), fut le Louis XI du Portugal, et un Louis XI encore plus énergique que le nôtre. Dès le commencement de son règne, il révoqua, dans les cortès d'Évora, toutes les concessions faites à la noblesse au détriment du domaine royal ; il enleva aux seigneurs le droit de vie et de mort sur leurs vassaux, et les soumit eux-mêmes à la juridiction des officiers de la couronne (1482). Cette réforme excita une révolte : le duc de Bragance se mit à la tête des mécontents. Jean II le fit saisir et décapiter (1483). Les nobles eurent alors recours aux tentatives d'assassinat. Le roi poignarda de sa main leur chef, le duc de Viseu, son cousin (1484). Effrayée de tels exemples, la noblesse courba la tête. L'indépendance des assemblées nationales fut de même brisée : les cortès ne reparurent que trois fois en quatorze ans. Alors le despotisme royal se trouva solidement établi, mais en retour une impulsion puissante était donnée au commerce, à l'esprit d'aventures, et la renaissance était encouragée. Lisbonne, déclarée port franc, recevait les juifs chassés d'Espagne ; les îles du cap Vert étaient découvertes ; le cap de Bonne-Espérance franchi, et la nation se lançait dans cette carrière de voyages où elle devait trouver, sous les pas de Vasco de

Gama et d'Albuquerque, une grandeur éphémère, mais un moment éblouissante.

Emmanuel le Fortuné recueillit ce que Jean II avait semé. Dans le cours de son règne, aussi tranquille au dedans que glorieux au dehors (1495-1521), les découvertes se succédèrent avec une rapidité merveilleuse (voy. p. 131), et au milieu des richesses de l'Inde, le Portugal oublia son ancien esprit d'indépendance. Emmanuel laissa tomber les cortès en désuétude : dans les vingt dernières années de son règne, il ne les convoqua pas une seule fois.

Ainsi le grand fait que nous avons déjà reconnu en France, en Angleterre, en Aragon, en Castille, se reproduit en Portugal : la royauté y devient prépondérante. « Jean enseigna aux rois du monde l'art de régner, » dit le Camoëns; et lorsque, en apprenant sa fin, la grande Isabelle s'écria : « L'homme est mort! » tout le monde comprit que celui qui venait d'expirer était l'énergique roi de Portugal.

CHAPITRE V

L'ALLEMAGNE ET L'ITALIE DE 1453 A 1494.

Divisions de l'Allemagne et de l'Italie. Les empereurs Frédéric III et Maximilien. — L'Italie dans la seconde moitié du quatorzième siècle.

Divisions de l'Allemagne et de l'Italie. Les empereurs Frédéric III et Maximilien.

On vient de voir en France, en Angleterre, en Espagne se former de vastes monarchies et de puissantes royautés. Les trois grandes nations de l'Occident réunies, chacune sous un chef national qui met à l'intérieur l'ordre et l'obéissance, sont donc prêtes pour l'action au dehors et vont en effet agir au delà de leurs frontières.

Au centre du continent européen deux pays s'obstinaient au contraire à vivre de la vie anarchique du moyen âge. Divisées, par conséquent faibles, l'Allemagne et l'Italie tenteront l'ambition de tous les conquérants, et verront l'une après l'autre accourir sur leur sol les armées européennes pour vider leurs querelles. L'Italie sera le premier champ de bataille de l'Europe ; quand la victoire l'aura donnée à un des assaillants, l'Allemagne sera le second. Ces deux contrées payeront, par les maux d'invasions répétées, l'ambition et l'orgueil de leurs cités et de leurs princes.

En Allemagne, la maison d'Autriche venait de ressaisir, pour ne plus le perdre, le sceptre impérial. Mais ce n'étai pas l'indolent Frédéric III qui était capable de rattacher a titre d'empereur un pouvoir sérieux. Pendant 53 ans de rè gne (1440-1493), il oublia l'Empire et ne s'occupa que d'a grandir ses domaines autrichiens, qu'il érigea en 1453 et archiduché. Les électeurs eurent beau le menacer de déchéance, il ne sortit point de sa nonchalance systématique. Il laissa le duc de Bourgogne Philippe le Bon rompre le lien féodal qui attachait les Pays-Bas à l'Empire; et, s'il trompa l'ambition du Téméraire en lui refusant le titre de roi, il fit peu d'efforts pour sauver Neuss et les Suisses, qui se sauvèrent tout seuls, la première par une résistance indomptable, les autres par trois victoires. En 1460, une guerre civile éclata dans l'Allemagne même. Frédéric se contenta d'en mettre l'auteur, l'électeur palatin, au ban de l'Empire; l'électeur répondit à cette sentence impuissante en ajoutant à son château d'Heidelberg une tour qu'il appela Trutz-Kayser (*Nargue-l'empereur*), et qui mérita son nom. Une autre avait eu lieu, de 1449 à 1456, entre plusieurs princes et 72 villes. Plus de 200 villages avaient été brûlés de part et d'autre. Frédéric était resté simple spectateur de la lutte à laquelle les Suisses cependant avaient pris part.

Dans ses domaines, Frédéric III était moins indolent, sans être plus heureux, quand il tirait l'épée. Son prédécesseur, Albert d'Autriche, avait laissé à son fils Ladislas le Posthume les couronnes de Bohême et de Hongrie, avec le duché d'Autriche. Frédéric retint le jeune roi, et quand les énergiques réclamations des Bohémiens et des Hongrois l'eurent obligé à les laisser libres, il garda du moins la couronne de saint Étienne, à laquelle semblait attachée, aux yeux des Hongrois, l'indépendance de leur pays. Mahomet II entrait à Constantinople, et, en 1456, il conduisait ses troupes victorieuses devant Belgrade, le dernier boulevard de la chrétienté. Il y avait alors un beau rôle à jouer; Frédéric le laissa à Jean Huniade, « le chevalier blanc de Valachie. » Un franciscain, Jean Capistran, amena au héros magyare 40 000 Allemands que ses prédications avaient entraînés. Huniade pénétra dans la place, et en fit lever le siége, mais mourut de ses blessures, léguant à son fils, Mathias Corvin, sa gloire et sa popularité.

Deux ans après, Ladislas mourut. Frédéric se porta son héritier. Il échoua partout. Les Bohémiens élurent pour roi Podiébrad, les Hongrois Mathias Corvin, et Frédéric dut partager l'archiduché d'Autriche avec son cousin Sigismond et son frère Albert. Il essaya d'enlever leur part de vive force, fut battu et eût été pris dans Vienne, sans un secours que Podiébrad lui amena. La mort d'Albert lui donna naturellement ce qu'il convoitait; mais, après celle de Podiébrad en 1471, la Bohême lui échappa encore : Wladislas, fils aîné du roi de Pologne, Casimir IV, fut élu. Frédéric espéra qu'au moins une longue rivalité allait épuiser la Bohême et la Hongrie, où Mathias, aidé des Vénitiens et de Scanderbeg, soutenait glorieusement la lutte contre les Ottomans. Mais les deux rois s'entendirent, et Mathias se trouva libre de demander compte à l'empereur de ses intrigues, de ses sourdes menées en Hongrie, et du lâche abandon qu'il faisait de la cause de la chrétienté et de la civilisation. Les troupes autrichiennes furent vaincues: Vienne fut prise en 1485 et resta entre les mains de Mathias jusqu'à sa mort, en 1490.

Cependant cet empereur *de très-petit cœur*, comme dit Comines, cet archiduc toujours battu, fonda la grandeur de sa maison. Le mariage de son fils Maximilien avec Marie de Bourgogne donna les Pays-Bas et plus tard l'Espagne à l'Autriche. On a vu plus haut comment se fit ce mariage et les relations de Frédéric III avec Charles le Téméraire.

Maximilien était instruit, éloquent et brave. Il aimait les lettres, les arts, les sciences, et les cultiva avec succès; mais esprit léger et mobile, ne s'arrêtant jamais longtemps sur la même affaire ni au même lieu, toujours sur les grands chemins de l'Europe et dans toutes les aventures, faisant, en un mot, beaucoup de bruit et peu de besogne. Il s'occupa cependant un peu plus de l'Allemagne que son père. L'anarchie y était devenue telle, que certains États avaient pris l'initiative des mesures les plus énergiques. En 1488, les princes et les villes de Souabe s'étaient ligués à Eslingen et l'on peut juger de l'étendue du mal par ce fait, qu'en quelques années la confédération n'avait pas rasé moins de 144 forteresses, dont les maîtres étaient de temps immémorial dans l'habitude de détrousser les voyageurs et de piller les campagnes.

Mais il ne suffisait pas d'un effort partiel et temporaire; il fallait organiser un système de répression général et permanent, si l'on voulait fonder la paix publique. C'est le but que se proposa la diète de Worms, en promulgant la fameuse constitution de 1495, qui défendait, sous peine d'amende et de déchéance, toute guerre entre les États. Pour punir les violations de cette loi fondamentale, ou pour les prévenir, on institua un tribunal inamovible, dont les membres étaient choisis par l'empereur, sur une liste de candidats présents. par les États. Ce tribunal prit le nom de *Chambre impériale.*

Restait maintenant à faire exécuter les arrêts de la cour suprême. On y pourvut par la division de l'Allemagne en dix cercles, sage projet qu'avait déjà tenté l'empereur Albert II, et qui fut réalisé, sous le règne de Maximilien, par les diètes d'Augsbourg (1500) et de Trèves (1512). Tout le sol germanique, toute la Bohême et ses annexes, furent partagés en dix circonscriptions, qui eurent chacune leur directeur. Chaque cercle entretenait à ses frais un corps de troupes placé sous le commandement du prince directeur, et chargé de maintenir la paix publique. Les postes, instituées par Maximilien à l'instar de celles que Louis XI avait organisées en France, furent aussi un lien entre les diverses parties du territoire.

Malheureusement pour l'Allemagne, ces institutions de police générale ne réussirent qu'à demi. La diète, qui possédait seule le pouvoir législatif, se défiait des empereurs autrichiens, et ceux-ci, par contre, entravaient la mise en œuvre des règlements et des lois établis par l'assemblée souveraine. C'est ainsi que le *Conseil aulique*, créé en 1501 par Maximilien pour l'administration de ses États héréditaires et pour le jugement des causes réservées à l'empereur, amoindrit l'autorité de la Chambre impériale. Bornée d'abord aux États autrichiens, la juridiction du nouveau tribunal, tout en dépendant de la cour de Vienne, s'étendit peu à peu hors de ses limites, et fit une redoutable concurrence à la Chambre impériale, dont les membres étaient mal payés et les arrêts mal obéis[1]. Les empiétements du conseil aulique seront une des causes de la guerre de Trente ans.

En somme, à la fin de cette période, le saint-empire ger-

1. La Chambre impériale, organisée à plusieurs reprises, ne fut constituée définitivement qu'en 1530 et rendue sédentaire à Spire. En 1698, elle fut fixée à Wetzlar, où elle resta jusqu'à la chute de l'empire d'Allemagne, en 1806.

manique, de quelque titre que l'affublât l'orgueil de son chef, était en réalité une agglomération sans consistance de princes et de villes, qui n'avaient guère d'autres liens que d'anciens souvenirs, la ressemblance des mœurs et l'identité du langage ; liens qui deviendront bien fragiles le jour où grondera l'orage des passions religieuses.

Déjà même les plus puissants des princes allemands s'inquiétaient de cette activité de Maximilien. Ils avaient saisi sur leurs terres, comme les rois dans leurs royaumes, le pouvoir absolu. « Ils font tout ce qui leur plaît, » dit un écrivain presque contemporain ; la révolution signalée en France, en Angleterre et en Espagne, s'était donc opérée aussi dans l'Empire, mais au profit des princes, non à celui de l'empereur. En 1502, les sept électeurs conclurent l'*union électorale* par laquelle ils s'engagèrent à se réunir tous les ans pour aviser aux moyens de maintenir leur indépendance et d'arrêter les empiétements de l'autorité impériale. Leurs craintes étaient mal fondées : il manquait deux choses à Maximilien pour réussir, de l'argent et de la persévérance. Toute sa vie il courut d'un projet à un autre, et toute sa vie il fut, comme les Italiens l'appelaient, *Massimiliano pochi danari*, Maximilien sans argent.

L'histoire politique de l'Empire est aussi vide sous Maximilien I*er* que sous Frédéric III, et c'est moins comme empereur qu'il prend part aux grandes affaires de l'Europe, que comme père du souverain des Pays-Bas ou comme archiduc d'Autriche. C'est à ce titre qu'il signe avec Charles VIII le traité de Senlis qui lui vaut l'Artois et la Franche-Comté (1493), qu'il soutient une guerre désastreuse contre les Suisses et conclut avec eux la paix de Bâle (1499), qu'il entre dans la ligue contre Charles VIII, plus tard dans celle de Cambrai contre Venise (1508), plus tard encore dans la coalition contre Louis XII, et qu'il gagne la bataille de Guinegate (1513). Une querelle, survenue au sujet de la succession de Bavière et à laquelle il se mêla, lui valut plusieurs villes et domaines sur l'Inn ; la mort d'un comte de Goritz et de Gradisca le dota de ces deux terres ; celle enfin de l'archiduc Sigismond de la branche du Tyrol réunit en ses mains toutes les posses-

Original en couleur
NF Z 43-120-8

sions de l'Autriche. Il prolongea assez sa vie pour voir l'immense extension donnée à la puissance de sa maison par le mariage de Philippe le Beau avec Jeanne la Folle, héritière de l'Espagne, de Naples et du nouveau monde, et il prépara celui de son petit-fils Ferdinand avec la sœur de Louis II, qui lui assura la succession aux couronnes de Hongrie et de Bohême. Mais il vit aussi commencer ce qui fut un des principaux obstacles à cette puissance, la réforme. Il mourut en 1519, et Luther, à cette époque, avait déjà rompu avec Rome. On rapporte que, pour se familiariser avec la mort, Maximilien, depuis un an, portait avec lui son cercueil.

L'Italie dans la seconde moitié du quinzième siècle.

Au moment de l'invasion des Français, l'Italie était le centre de tout le commerce de la Méditerranée. Il n'y avait alors en Europe aucune contrée qui possédât une agriculture aussi savante, une industrie aussi active. « Les manufactures de soierie, de laine, de lin, de pelleteries, l'exploitation des marbres de Carrare, les fonderies des Maremmes, les fabriques d'alun, de soufre, de bitume étaient encore en pleine activité. Le système de culture par des métayers, si supérieur pour cette époque à ce qui avait lieu dans le reste de l'Europe, assurait à l'Italie une fertilité augmentée en Lombardie par les travaux hydrauliques de Louis le More, en Toscane par les précautions prises contre les inondations et les eaux stagnantes, qui désolent encore aujourd'hui des pays autrefois fertiles. Les villages où se retranchaient les paysans, derrière des remparts, témoignaient d'une aisance qui répondait à la splendeur des grandes villes ; et, dans celles-ci, tant d'agréments dans les relations de la vie, tant de politesse et une politesse si exquise, tant d'intelligence enfin de ce qui rend la vie douce et facile, que l'Italien, le plus riche, le plus heureux, le plus civilisé des peuples européens, pouvait traiter de barbares les autres nations, toujours prêtes à admirer ses villes splendides ou à s'asseoir à ses savantes écoles[1]. »

1. Zeller, *Histoire de l'Italie*, dans la collection de l'Histoire universelle

Avec tout cela, l'Italie était la plus faible des nations européennes. Elle avait des artistes et des marchands, mais point de peuple. Elle avait des condottieri, mais point de soldats. Les Italiens, si habiles à conspirer, ne savaient plus se battre: à la journée d'Anghiari, on lutta quatre heures, et il n'y eut de mort qu'un cavalier étouffé par la presse. Tels étaient les fruits amers du despotisme : comme il n'y avait plus de liberté ni de patrie, il n'y avait plus de citoyens ni de courage.

Plus divisée que l'Allemagne, l'Italie n'avait même pas un nom qui fût accepté par tous, comme celui d'empereur, une autorité qu'on respectât au moins quelquefois, comme celle de la diète. Ses divers États, complétement indépendants, n'avaient d'autre lien entre eux que la similitude du langage et des mœurs.

Au milieu du XVe siècle une situation nouvelle commençait pour la Péninsule. Elle n'était plus ni guelfe, ni gibeline, ni pontificale, ni impériale, surtout elle n'était plus républicaine, mais princière. Un condottière, Sforza, avait fait souche ducale à Milan, et bien d'autres avaient eu aussi bonne fortune dans la Romagne et l'Émilie. Une famille de banquiers, les Médicis, dominait à Florence ; le roi d'Aragon à Naples. Il s'agissait de savoir si ces princes allaient du moins s'entendre pour défendre contre l'étranger l'indépendance de l'Italie qu'ils avaient asservie. Sans parler des prétentions et des convoitises qui menaçaient du côté de la France et de l'Allemagne, la prise de Constantinople par les Turcs, et les efforts déjà heureux des Portugais pour trouver par mer une route vers l'Inde créaient à l'Italie de graves dangers. Il y allait peut-être de son existence, certainement de sa fortune. Elle avait, en effet, perdu à la chute de l'empire d'Orient le principal aliment de son commerce. Si maintenant les Portugais lui fermaient la route de l'Inde par Alexandrie, en rendant cette route inutile ; si les Turcs, ses ennemis sur le continent grec, venaient encore à s'emparer de l'Égypte, le commerce italien se trouvait anéanti. Ajoutez que ces Turcs, qui prendront bientôt l'Égypte, lancent déjà leur cavalerie dans le Frioul, et leur flotte sur les rivages italiens. Le doge n'est plus le seul époux de l'Adriatique.

Il semble qu'en présence de tels périls, les Italiens ne devaient avoir qu'une pensée, l'union. Ce fut, en effet, le premier sentiment que leur inspira le coup terrible qui venait de frapper l'empire grec. On oublia les anciennes inimitiés, et l'on se jura une éternelle concorde à Lodi (1454), paix précaire, due à la sagesse des grands hommes qui étaient alors les arbitres des destinées italiennes : François Sforza, duc de Milan, Cosme de Médicis, à qui Florence avait décerné le beau surnom de Père de la patrie ; Alphonse V le Magnanime, les papes Calixte III et Pie II (1455-1464) qui voulaient qu'on sonnât chaque matin *la cloche des Turcs* dans toute la chrétienté.

Mais Alphonse meurt (1458). Le prince angevin Jean de Calabre revendique sa couronne, et l'Italie est rejetée dans une inextricable confusion. Le pape détourne Scanderbeg de sa lutte héroïque pour le mêler à ces guerres impies (1462). Il soutient Jean de Calabre. Fr. Sforza qui redoute lui aussi un prétendant français, le duc d'Orléans, héritier des Visconti qu'il a dépossédés, prend parti pour l'Aragonais et aide le roi de Naples Ferdinand à repousser son compétiteur (1463).

La paix, rétablie dans la Péninsule, par la défaite de Jean de Calabre à Troja, fut de nouveau compromise par la mort presque simultanée de Cosme (1464), de François Sforza (1466) et de Pie II, qui expira à Ancône, en vue de la flotte sur laquelle il devait passer en Grèce (1464). En 1478, coalition contre Florence ; en 1482, coalition contre Venise. Les Turcs en profitent. Ils surprennent Otrante (1480), égorgent ou font esclaves 12 000 chrétiens et scient en deux le gouverneur. L'Italie s'habitue à la crainte du Turc comme elle s'est habituée à ses tyrans. La génération d'hommes supérieurs qu'elle avait encore au milieu du siècle n'a laissé que d'indignes successeurs. Regardons dans l'intérieur de chaque État et nous y verrons, sous l'éclat d'une civilisation matérielle et corrompue, tous les signes de la mort politique et morale.

A Milan, les Sforza avaient remplacé, depuis 1450, les Visconti. C'était une singulière fortune que celle de cette famille. Le paysan Attendolo, voyant un jour, au commencement du quinzième siècle, passer des soldats pendant qu'il travaillait aux champs, quitte sa bêche et court s'enrôler. Il avait du cœur et de l'intelligence ; il changea son nom en celui de Sforza, le brave, devint capitaine, chef de bande, le condottière le plus redouté de l'Italie, et légua sa renommée, ses talents, ses soldats et nombre de châteaux forts, à son fils naturel, François Sforza, qui se fit donner par le pape la marche d'Ancône ; puis battit, pour le compte de Venise et de Florence, le duc de Milan, qui le désarma en lui donnant sa fille. Le duc mort, Milan se remit en république et prit Sforza pour la défendre contre Venise. Il la défendit d'abord, vainquit les Vénitiens, mais vainquit ensuite les Milanais et les obligea à le proclamer duc (1450). Il régna seize années, respecté des souverains, qui recherchèrent son alliance, comme fit Louis XI, à qui il envoya un secours durant la Ligue du bien public. Son indigne fils, Galéas-Marie, étendit sur tout le duché une tyrannie rapace et violente, qui ne respectait pas plus l'honneur que la vie des citoyens. Il fut assassiné par les grands, au milieu de ses gardes, dans la basilique de Saint-Étienne (1476). Il laissait un enfant de huit ans, Jean Galéas, qui lui succéda sous la tutelle de sa mère, Bonne de Savoie, et du chancelier Simonetta. Mais l'oncle du jeune prince, Ludovic Sforza, surnommé le More, fit mourir le ministre, chassa la régente et gouverna au nom de son neveu, qu'il déclara majeur (1480). Bientôt levant le masque, il enferma Jean Galéas dans le château de Pavie, avec sa jeune femme, Isabelle, petite-fille du roi de Naples, qui menaça l'usurpateur d'une guerre, s'il ne restituait le pouvoir au souverain légitime. Ce fut alors que Ludovic, craignant qu'il ne se formât une ligue des États italiens contre lui, invita Charles VIII à passer les Alpes.

Du reste, le Milanais était toujours un des plus riches pays du monde, et les Lombards demeuraient, comme au moyen âge, les banquiers d'une partie de l'Europe, grâce à l'abondance des capitaux qu'une agriculture perfectionnée, une industrie florissante et un commerce étendu rassemblaient dans leurs mains. On les voyait accourir en foule à la foire de Beaucaire, à celle de Lyon, que Louis XI venait d'établir. A Bruges, en Flandre, ils avaient un grand entrepôt de leurs marchandises, qui de là se répandaient dans le nord de la France, en Allemagne et en Angleterre; les vaisseaux de la Hanse venaient les y prendre pour les transporter jusque dans les pays scandinaves. Ils cultivaient aussi les arts. Ludovic le More retenait à Milan le grand Léonard de Vinci, et continuait le dôme, cette montagne de marbre couverte d'un peuple entier de statues, et qui ne le cède en grandeur qu'à Saint-Pierre de Rome.

Quant à Gênes, cédée par Louis XI à François Sforza en 1464, elle ne recouvra quelques instants de liberté après la mort de Galéas-Marie, en 1476, que pour retomber sous le joug de Ludovic le More, qui s'en fit investir par Charles VIII comme d'un fief de la couronne de France (1490).

Le premier rang parmi les États italiens appartenait à Venise. Depuis cinquante ans, elle avait profité de toutes les discordes pour augmenter sa puissance. De 1423 à 1453, elle avait acquis quatre provinces sur le continent italien; mais ces ruineuses acquisitions avaient diminué ses revenus de 100 000 ducats. Quand la terrible nouvelle de la prise de Constantinople par Mahomet II tomba sur l'Italie, elle se rallia aux autres princes, et signa avec eux la paix de Lodi; mais, dès l'année suivante, elle oubliait la croisade et traitait avec Mahomet II. Leur reprochait-on cette défection précipitée, ils répondaient: *Siamo Veneziani, poi christiani*, « nous sommes d'abord Vénitiens, chrétiens après. » Cependant leurs possessions dans l'Archipel et en Grèce rendaient une paix avec les Turcs impossible. La guerre éclata en 1464; les Turcs prirent Négrepont et Scutari, passèrent la Piave et ravagèrent tout jusqu'aux lagunes. De Venise on voyait l'incendie. Elle traita encore et subit cette fois des conditions honteuses; elle paya tribut aux musulmans (1479). Mais quatre ans plus tôt, elle avait acquis Chypre, en maintenant dans cette île une de ses patriciennes, Catherine Cornaro, « la fille de saint Marc, » qui institua la république son héritière en 1489, Venise ne se fit pas scrupule de demander au soudan d'Égypte l'investiture de cet ancien royaume des Lusignan.

Venise semblait alors à l'apogée de sa puissance. Avec ses 3 000 navires, ses 30 000 matelots, son armée nombreuse et aguerrie, ses fabriques renommées de glaces, d'étoffes de soie et d'objets d'or et d'argent, son immense commerce et son gouvernement despotique mais habile, elle aurait pu être d'une grande utilité contre l'étranger ; mais elle « restait à l'écart dans son ambition importune et impétueuse, croyant toujours avoir le vent en poupe, et ne se faisant jamais faute de gagner aux dépens de chacun. Aussi tous la haïssaient. » Cette haine se montra une première fois en 1482. Une ligue de tous les princes se forma contre elle. La prétention du duc de Ferrare d'établir des salines à Commachio, pour se dispenser de prendre, suivant les traités, le sel dans les greniers de Venise, en fut le prétexte. La vraie cause était la jalousie qu'inspirait Venise. Le roi de Naples, Milan, Mantoue, Florence et bientôt le pape soutinrent le duc de Ferrare. Mais Venise brava les armées des alliés comme les excommunications du pontife, et gagna, à la paix, la Polésine de Rovigo.

Elle avait aussi un gouvernement très-propre à lui donner, sinon la liberté, au moins la puissance et la richesse. Elle était allée aussi loin que possible dans l'aristocratie. L'autorité du doge, déjà si restreinte par le grand conseil, puis par le conseil des Dix, était devenue purement nominale, depuis la création, en 1454, des trois inquisiteurs d'État, maintenant les vrais maîtres de Venise. Ils pouvaient, sans rendre compte de leur jugement, prononcer la peine de mort et disposer des deniers publics. On avait justement craint l'ambition de ces trois hommes, à qui toute autorité était remise, et deux d'entre eux, en s'adjoignant le doge, pouvaient condamner le troisième. Les trois inquisiteurs d'État avaient le droit de faire sur eux-mêmes leurs statuts et de les changer quand bon leur semblait, de sorte que la république ignorait même la loi qui la régissait.

Venise dut à ce régime une paix intérieure qui contrastait avec les agitations continuelles des autres villes d'Italie. On admirait partout la sagesse de ce gouvernement qui maintenait les sujets tranquilles et savait, en même temps, leur procurer le bien-être, en leur assurant du travail. Nulle ville n'était vantée comme Venise pour ses plaisirs et la vie molle que le riche et parfois le peuple y menaient. Mais l'espionnage et la délation y régnaient, encouragés, soldés, organisés, et la terreur planait sur toutes les têtes à qui le bien-être matériel ne suffisait pas. Le noble qui parlait mal du gouvernement était averti deux fois, la troisième, noyé; tout ouvrier qui exportait une industrie utile à la république était poignardé. Le jugement, l'exécution, tout était secret. La gueule du lion de Saint-Marc recevait la délation anonyme, et les flots qui passaient sous le pont des Soupirs emportaient les cadavres.

Pour se préserver de l'ascendant des généraux et de l'influence des armées, Venise n'employait que des condottieri et des chefs étrangers, auprès desquels elle entretenait, comme surveillants, deux provéditeurs. Aussi ne pouvait-elle sans péril entreprendre de guerre offensive et se faire conquérante, car elle flottait toujours entre la crainte de succès trop grands qui rendaient le général trop puissant, ou d'une trahison qui le ferait passer à l'ennemi. Le procès du condottiere Carmagnola avait été instruit pendant huit mois, sans que rien pût révéler au comte le danger qu'il courait; on le laissait à la tête de son armée, et on le comblait d'honneurs, alors qu'il était déjà condamné à périr (1432).

De l'autre côté de l'Italie, dans la vallée de l'Arno, s'élevait Florence *la Belle*. Longtemps troublée par la querelle des guelfes et des gibelins, elle n'avait retrouvé la paix qu'en 1343, alors que toutes les classes de la population se confondirent dans l'égalité politique. Les nobles, longtemps tenus à l'écart du gouvernement, furent élevés au rang de citoyens. La constitution de Florence était remarquable. Le pouvoir exécutif appartenait à un collège de six *prieurs* que l'on renouvelait tous les deux mois, le pouvoir législatif à deux assemblées, le *conseil du peuple* et le *conseil de la commune*, dont les membres étaient nommés pour quatre mois. Afin d'éviter les cabales, on avait recours au sort, soit pour la nomination des conseillers, soit pour celle des prieurs. De plus l'assemblée générale du peuple restait seule souveraine, et devait être convoquée toutes les fois qu'il s'agissait de modifier la loi fondamentale.

De même que la démocratie athénienne excluait de son sein les métèques ou étrangers domiciliés, la démocratie florentine n'admettait point au pouvoir politique les artisans non privilégiés, les *Ciompi* ou compères. Ceux-ci se soulevèrent en 1378. Mais les bourgeois restèrent maîtres de l'autorité.

Cette victoire ne profita qu'aux grandes familles de la bourgeoisie, d'abord à celle des Albizzi, puis aux Médicis. Cette maison, qui allait devenir si puissante, s'était rendue populaire en élevant aux droits politiques les bourgeois du second ordre, ou, comme on disait à Florence, les *arts mineurs*. Après Sylvestre, Cosme de Médicis acquit par le commerce et surtout par la banque une immense fortune. Il s'en servit pour secourir les pauvres, pour se faire des amis parmi les riches en leur prêtant de l'argent. Il se trouva bientôt le bienfaiteur ou le créancier de la plupart des citoyens florentins. Les Albizzi en prirent ombrage et le bannirent. Mais cet exil fit sa puissance : au bout d'un an, Cosme rentra en triomphe (1434). Il ne tenait qu'à lui de prendre le pouvoir suprême ; il se soucia peu d'un grand titre. Son autorité n'en fut que plus absolue et plus durable. Toutes les fonctions, toutes les places appartinrent à ses amis. Il était, en apparence, un simple banquier ; au fond, il était le maître, et le resta toute sa vie (1434-1464).

Ce furent pour Florence de belles années. L'ombre du gouvernement républicain subsistait, et cela suffisait à beaucoup. La paix et l'ordre régnaient, au profit et à la satisfaction de tous. Les lettres, les arts florissaient, grâce à la protection de Cosme et aux progrès croissants de l'industrie et du commerce : aussi Florence reconnaissante décerna-t-elle à son chef le nom de Père de la patrie. Il dépensa 52 millions en constructions de palais, d'hôpitaux, de bibliothèques ; mais il menait lui-même la vie la plus simple ; et, au lieu de chercher pour ses enfants des alliances princières, il les mariait dans des familles de Florence : aussi ses fils se souvinrent encore qu'ils étaient les égaux de leurs concitoyens avant de leur commander. Mais dès la première génération l'hérédité du pouvoir dans une famille de parvenus produira ses résultats trop ordinaires : les Médicis oublieront leur origine bourgeoise, se regarderont comme des princes, et Florence perdra jusqu'à l'apparence de son ancienne liberté.

Cette liberté fut revendiquée dès 1465 par les nobles, contre Pierre Ier. Il déjoua leurs complots; mais un de ses deux fils tomba leur victime (1478). Le pape Sixte IV, aveuglé par son affection pour un de ses neveux, Jérôme Riario, voulut lui conquérir une principauté en Romagne. C'était détruire l'équilibre italien, violer le traité de Lodi. Les Florentins protestèrent. Irrité de cette résistance, Riario prit part à la conspiration des Pazzi. On devait assassiner Julien et Laurent de Médicis, pendant la messe, au moment de l'élévation (1478). Julien fut tué, mais Laurent échappa et punit les meurtriers. Parmi leurs complices était l'archevêque de Pise, Salviati, qui fut pendu avec ses habits pontificaux à une fenêtre de son palais. De là une excommunication lancée contre les Médicis, et une guerre dans laquelle s'engagèrent toutes les puissances italiennes. C'est durant cette guerre que les Turcs saccagèrent Otrante.

Cette apparition du croissant sur le sol même de l'Italie épouvanta les princes. Sixte IV ouvrit les yeux et consentit à traiter. La paix fut de nouveau rétablie par la prudence de Laurent de Médicis qui se rendit lui-même à Naples pour négocier avec Ferdinand.

Laurent mérita son surnom de Magnifique et de Père des Muses par son zèle pour les savants et les artistes. Il accueillit les Grecs chassés de Constantinople, fit traduire Platon par Ficin, publier une édition d'Homère par Chalcondyle, encouragea Ange Politien, poëte érudit, le Pogge, savant littérateur, et fit fondre par Ghiberti les portes du baptistère de Saint-Jean, « dignes d'être les portes du paradis, » disait Michel-Ange. En 1490, Laurent, ruiné par ses magnificences, était près de faire banqueroute. Florence, pour le sauver de cette honte, fit banqueroute elle-même. Elle réduisit de moitié l'intérêt de la dette publique et d'un cinquième la valeur nominale des espèces versées pour le trésor, qui lui-même les émettait à leur ancien titre.

Une seule voix osa s'élever contre cette toute-puissance

des Médicis, celle d'un moine dominicain de Ferrare, Jérôme Savonarole. Il voulait rendre au clergé la pureté des mœurs, au peuple la liberté, aux lettres et aux arts le sentiment religieux. Quand Laurent fut sur son lit de mort, en 1492, il l'adjura de restituer la liberté à Florence, mettant son absolution à ce prix. Laurent refusa. Alors le moine s'écria : « Le temps est arrivé; un homme viendra qui envahira l'Italie en quelques semaines, sans tirer l'épée. Il passera les monts comme Cyrus, et les rochers et les forts tomberont devant lui. »

Le fils de Laurent, Pierre II, ne montra que de l'incapacité. Il s'isola des plébéiens, vécut en prince et souleva par ses débauches des haines violentes. Deux partis se formèrent alors dans la ville : celui des jeunes nobles, les *arrabiati* ou enragés, et celui du peuple, les *frateschi* ou amis des moines. Savonarole était à la tête des derniers. Les désordres de Pierre ne firent que confirmer le moine dans la pensée qu'une grande punition était réservée à l'Italie; et il fut, lui aussi, un de ceux qui facilitèrent les voies au conquérant étranger. « O Italie! ô Rome, disait Savonarole, les barbares vont venir, affamés comme des lions.... Et la mortalité sera si grande, que les fossoyeurs iront par les rues, criant : « Qui a des morts? » et alors, l'un apportera son père, l'autre son fils... O Rome, je te le répète, fais pénitence; faites pénitence, ô Venise! ô Milan! »

Le concile de Bâle avait mis fin au schisme de l'Église, et, depuis 1447, la chrétienté n'avait plus qu'un seul chef, Nicolas V, homme lettré et protecteur des savants. La conjuration de Stefano Porcaro (1453), qui tenta de rétablir dans Rome le gouvernement républicain, et la prise de Constantinople par les Turcs, contre lesquels il prêcha lui-même une croisade en 1455, avaient troublé son pontificat. Son successeur, l'Espagnol Alphonse Borgia, pape sous le nom de Calixte III, avait frayé la route des honneurs à sa famille, destinée à une si honteuse célébrité. En 1458, la tiare pontificale avait été donnée à l'ancien secrétaire du concile de Bâle, Æneas Silvius Piccolomini, célèbre sous le nom de Pie II. Le pape Paul II (1464-1471) fut bien encore animé par la grande pensée de la croisade. Il soutint Scanderberg, il arma les Persans contre les Turcs; mais après lui commence dans l'histoire de la papauté une période déplorable. Pendant plus d'un demi-siècle les pontifes, dont plusieurs furent pourtant remarquables par leur génie, oublièrent les intérêts de la chrétienté pour ne songer qu'à leur famille ou à leur domaine temporel. On a vu les efforts de Sixte IV (1471-1484), pour créer une souveraineté à son neveu. Le faible Innocent VIII (1484-1492) ne fit pas rentrer le pontificat dans des voies meilleures. Après lui l'Église eut la douleur et la honte de voir dans la chaire de Saint-Pierre Alexandre VI, le second pape de la famille Borgia. Son élection fut souillée par la simonie la plus flagrante, son pontificat par la débauche, la cruauté et la perfidie. Il ne manquait pourtant ni d'habileté ni de pénétration; il excellait dans le conseil et savait manier les grandes affaires avec une adresse et une activité merveilleuses. C'était toujours, il est vrai, en se jouant de sa parole; mais l'Italie de ce temps-là tenait en bien mince estime la probité et la bonne foi[1].

L'État romain se trouvait alors en proie à une foule de pe-

---

[1]. Voici ce que Machiavel, dans son livre du *Prince*, dit d'Alexandre VI, et les conseils qu'il donne : « Le pape Alexandre VI ne fit jamais autre chose que tromper : jamais homme ne fut plus persuasif, jamais personne ne promit avec de plus grands serments, ni ne tint moins sa parole; et néanmoins ses tromperies lui réussirent toujours, tant il savait bien par où il fallait prendre les hommes. Il n'est pas nécessaire qu'un prince ait toutes les qualités que j'ai marquées, mais seulement qu'il paraisse les avoir. J'oserais même avancer qu'il lui serait dangereux de les avoir et de les mettre en pratique, au lieu qu'il lui est utile de paraître les avoir. Tu dois paraître clément, fidèle, courtois, intègre et religieux; mais avant cela tu dois être si bien ton maître, qu'au besoin tu saches et tu puisses faire tout le contraire.... faire sans scrupule le mal quand il le faut.... Chacun voit ce que tu parais être, mais presque personne ne connaît ce que tu es, et le petit nombre n'ose pas contredire la multitude.... Dans toutes les actions des hommes, et surtout des princes, contre lesquels il n'y a point de juges à réclamer, on ne regarde qu'à l'issue qu'elles ont. Un prince n'a qu'à maintenir son État. Tous les moyens dont il se sera servi seront toujours trouvés honnêtes, et chacun les louera, car le vulgaire est toujours pris par l'apparence, par le succès et dans ce monde il n'y a que le vulgaire, etc. Un prince de ce temps-ci, qu'il n'est pas à propos de nommer, ajoute prudemment Machiavel en terminant son dix-huitième chapitre et en faisant allusion à Ferdinand le Catholique, ne nous prêche rien que la paix et la bonne foi; mais s'il eût gardé lui-même l'une et l'autre, il eût perdu bien des fois sa réputation et ses États. » Voilà le code politique et moral de l'Italie à la fin du quinzième siècle.

tits tyrans, et désolé par leurs sanglantes rivalités. C'étaient des guerres, des assassinats, des empoisonnements continuels. Aux portes mêmes de Rome, les Colonna et les Orsini se vantaient d'être les *menottes* des papes. Alexandre VI réussit, à force de ruses et de cruauté, à détruire ou à subjuguer tous ces seigeurs. Nul ne le seconda mieux dans cette œuvre que son fils César Borgia, qui avait pris pour devise : *Aut Cæsar, aut nihil.* Beau, instruit et brave, mais corrompu et méchant, cet homme, capable d'abattre d'un seul coup de son sabre la tête d'un taureau, et de persuader tout ce qu'il voulait par les enchantements de sa parole, n'eut guère recours qu'au mensonge, au poison et au poignard. Il méditait longuement ses coups, prenait son temps et agissait en silence, *secretissimo*, dit le Florentin Machiavel, son secrétaire et son panégyriste : « Ce qu'on n'a pas fait à l'heure de midi, répétait-il souvent, se fera le soir. » Nul crime ne lui coûtait ; il contribua plus qu'un autre à mériter à l'Italie le surnom que lui donnent les écrivains du temps, « la Vénéneuse. » Cependant il ne put recueillir le fruit de ses efforts. A peine eut-il acquis la Romagne, que son père mourut. « Il avait tout préparé, dit Machiavel, tout prévu, sauf qu'il serait à la mort au moment où mourrait son père. » Le père et le fils avaient bu par mégarde un poison qu'ils destinaient à un cardinal. On le trahit comme il avait trahi tout le monde ; emprisonné quelque temps par Ferdinand le Catholique, il vécut ensuite en aventurier et fut tué devant une bicoque de la Navarre.

Dans le royaume de Naples, la victoire de Troja, en 1462, avait affermi la couronne sur la tête de Ferdinand Ier ; mais ce prince semble prendre à tâche d'amener une révolution nouvelle, en ravivant les haines au lieu d'effacer les traces des discordes civiles. La dureté de son gouvernement ayant soulevé contre lui ses barons, il les trompa par des promesses, les invita à un festin de réconciliation, et à sa table même les fit saisir, puis égorger. Le peuple n'était pas mieux traité que les grands. Ferdinand s'attribuait le monopole du commerce de tout le royaume ; il vendait les évêchés et les abbayes, faisait argent de tout, et ne savait pas employer cet argent à défendre l'État : aussi laissa-t-il les Turcs s'emparer d'Otrante en 1480, massacrer la population et scier en deux le gouverneur. En 1484, les Vénitiens prirent encore Gallipoli et Policastro, sur les côtes de son royaume. Une pareille administration rendait une catastrophe inévitable et prochaine.

A la fin du quinzième siècle, l'Italie était un pays de civilisation riche et corrompue ; les merveilles des arts cachaient mal une décadence précoce, et l'éclat des lettres n'empêchait pas de voir l'affaissement des caractères. On n'y faisait plus la guerre que par les bras de condottieri, qui déployaient une savante tactique d'escarmouche où le sang coulait peu, et qui gagnaient leur argent au meilleur marché possible. Or c'est un signe fatal pour un peuple, que la perte des vertus militaires. Pour bien vivre, il faut être prêt à bien mourir ; et l'Italie tremblait devant une épée : aussi avait-elle mis en honneur la ruse, la perfidie, le mensonge. On résolvait avec du poison ou un poignard les questions qu'ailleurs ou en d'autres temps on eût tranchées avec le glaive. La diplomatie italienne était une école de crimes. Regorgeant de richesses et livrée à l'anarchie, la Péninsule était une proie réservée au premier qui oserait la saisir. Charles VIII voulut la prendre. Mais avant de l'y conduire, voyons d'autres conquérants qui approchent aussi de ses rivages.

CHAPITRE VI

L'EMPIRE TURC DE 1453 A 1520.

Mahomet II (1451-1481). — Bajazet II et Sélim (1481-1520).

Mahomet II (1451-1481).

Pour les Turcs, la prise de Constantinople avait été la sécurité de leur domination en Europe. Malgré leurs conquêtes jusque sur les bords du Danube et sur les rives de l'Adriatique, Constantinople, resté debout, était pour eux une menace perpétuelle. Un revers pouvait tout leur ôter, les rejeter en Asie, d'où les Grecs et les flottes des puissances chrétiennes, enfin averties du péril, les eussent empêchés de sortir. Constantinople tombé, leur établissement en Europe n'était plus ce campement qu'un ouragan eût emporté. Le château des Sept-Tours remplaçait la tente du désert.

Mahomet II, le neuvième empereur ottoman, était alors obéi depuis les murs de Belgrade sur le Danube jusqu'au milieu de l'Asie Mineure. Cet empire, déjà formidable, avait deux ennemis : à l'occident, le grand corps des nations chrétiennes, qui avait bien pu rester indifférent au sort des Grecs schismatiques, mais qui ne se laissera pas entamer par l'invasion, arrivée maintenant sur ses frontières; à l'orient, au centre de l'Asie Mineure, la principauté seldjoucide de la Caramanie (Konieh, Kaïsarieh), et derrière cette principauté, quand elle sera tombée (1464), les Persans animés contre les Ottomans de la haine que le voisinage excite souvent entre deux peuples, et que des différences religieuses enveniment. On verra Mahomet II et ses successeurs se heurter contre ces deux barrières, et les deux ennemis du nouvel empire, qui menace à la fois l'Europe et l'Asie, se relayer pour arrêter ses progrès. A un succès sur le Danube répondra une attaque sur l'Euphrate, à une victoire en Asie, une guerre nouvelle en Europe. N'oublions pas, parmi les ennemis des Turcs, troupe intrépide des chevaliers de Rhodes, de cette île qui était sur les flancs de l'Asie, comme une vigilante sentinelle de la chrétienté.

Ajoutons encore les *raïas* (troupeaux), c'est-à-dire les sujets Pour l'heure ils sont dociles et tremblants, mais plus nombreux que leurs maîtres, du moins en Europe; ils seront plus tard un danger pour eux, car Mahomet II leur a concédé des priviléges qui les constituent en corps de nation, ayant leurs lois, leurs tribunaux, leurs chefs, comme ils ont leur langue et leur religion à part[1].

Le gouvernement turc était, comme celui de tous les peuples asiatiques, le despotisme. Le sultan ou padischah jouissait d'un pouvoir absolu. Ses sujets n'étaient que ses esclaves, qu'il élevait ou faisait rentrer dans le néant, selon les caprices de sa volonté.

Ce despotisme trouvait des bornes dans les forces mêmes sur lesquelles il s'appuyait. Ainsi, le Coran était placé au-dessus du sultan. La loi du prophète était la loi de tous, du maître comme des sujets. Bien que le mufti et les *ulémas*, chargés d'interpréter le *livre*, n'eussent aucune attribution politique, on écoutait souvent leur voix, lorsqu'ils invoquaient le nom sacré de Dieu contre une mesure inique ou dangereuse. Mais ceux que les sultans avaient le plus à craindre étaient ceux qui les servaient le mieux, les *janissaires*. Cette milice d'élite s'était déjà révoltée sous Amurath II.

[1]. Avec un esprit de tolérance que nul alors en Europe n'eût montré, Mahomet II avait laissé aux Grecs le libre exercice de leur culte, une partie de leurs églises, leurs lois civiles, leurs tribunaux, leurs écoles, et reconnu leur patriarche pour chef de sa *communauté* ou *nation grecque* (*Roum milleti*), celui-ci étant responsable envers le gouvernement du maintien de l'ordre dans sa nation et de l'acquittement du kharadj ou capitation et des autres impôts, et pour cela investi d'une grande autorité temporelle. Les Arméniens, les Juifs obtinrent les mêmes priviléges et la même organisation, de sorte qu'il y eut au-dessous de la nation dominante trois autres nations régulièrement constituées. De nos jours, ce nombre a été doublé par la concession de semblables immunités aux Arméniens catholiques (1829), aux Arméniens protestants (1850), et aux catholiques (1854).

Si l'on excepte l'armée naissante de la France, les Ottomans avaient à cette époque sur les Européens une supériorité incontestable dans l'art militaire, plus de discipline, une plus grande expérience dans l'art de fortifier les places et de fondre les canons, l'emploi habile de l'artillerie de campagne ou de siége. D'ailleurs aucune puissance chrétienne n'était alors capable et n'avait l'idée d'entretenir une armée permanente aussi nombreuse que celle du sultan. Qu'on ajoute à ces moyens matériels l'énergique stimulant du fanatisme et de l'ardeur guerrière, et l'on comprendra la rapidité de leurs progrès. « Le paradis est à l'ombre des épées, » avait dit le prophète. Les nations chrétiennes étaient toutes encore des sociétés aristocratiques; l'esprit le plus complet d'égalité régnait dans la nation turque. L'homme de cœur pouvait aspirer à tout, car le sultan allait chercher au plus épais de la foule et jusque parmi les esclaves le plus brave et le plus habile pour en faire un pacha ou un vizir. A tous ces traits on reconnaît que les Turcs avaient sur les chrétiens une grande supériorité en moyens d'action et en instruments de conquête; cela explique leurs succès non interrompus durant un siècle que trois grands hommes remplissent, les sultans Mahomet II, Sélim et Soliman, avec l'intermède du faible Bajazet II.

Au premier revint la gloire d'avoir achevé la conquête de l'empire grec. Il s'empara du duché d'Athènes, de Corinthe, et de la Morée presque entière (1458). En 1461, il prit Trébizonde, l'année suivante l'île de Lesbos, et deux ans plus tard la principauté de Caramanie, dont le chef, par ses attaques sur les derrières des Turcs en Asie Mineure, avait souvent arrêté leurs progrès en Europe. Les Osmanlis étaient alors comme une formidable marée montante qui battait alternativement ses deux rivages : océan aujourd'hui desséché.

Venise qui, nous l'avons vu, avouait hautement qu'elle mettait ses intérêts avant ceux de la chrétienté, avait obtenu de Mahomet II (1454) un traité favorable à son commerce. Aussi fit-elle peu d'efforts pour seconder le pape Pie II, qui réussit cependant à réunir les puissances italiennes contre les Turcs, mais expira de fatigue à Ancône au moment de s'embarquer (1464). Venise, à la fin, alarmée de leurs progrès, commença la guerre pour son compte, sans aucun résultat que des ravages sur les côtes ennemies.

Contre l'Italie une attaque sérieuse était difficile. Mais la Hongrie, placée sur la route même de l'invasion, avait tout à craindre : elle accepta la lutte. Huniade, son régent, s'enferme dans Belgrade, au confluent de la Save et du Danube. Toutes les forces de Mahomet II s'y brisèrent (1456). Ce vaillant homme tomba au milieu de son triomphe. Son fils, Mathias Corvin, le remplaça dignement. Élu roi en 1458, il défendit avec succès la ligne du Danube contre toutes les attaques du sultan. La Hongrie lui doit sa première armée permanente (la *garde noire*), ses fonderies de canons, son université de Bude. Il fut le plus grand de ses rois (1458-1493), et il aurait peut-être infligé aux Turcs quelque désastre signalé, s'il n'avait dépensé ses forces dans une lutte impolitique contre la Bohême et contre Frédéric III d'Autriche, qui refusait de restituer à la Hongrie la couronne de saint Étienne, et dont Mathias occupa pendant cinq ans la capitale, Vienne.

Arrêté au nord par les Hongrois, qui défendaient énergiquement le passage de leurs fleuves, et par les Roumains, qui s'appuyaient à leur immense forteresse des Carpathes, Mahomet II se rejeta au sud et attaqua l'Albanie. La conquête devint facile, quand Scanderbeg fut mort (1467). Cet intrépide partisan, qui s'était fait prince d'Albanie (Épire) par son courage, avait pendant vingt-trois ans repoussé toutes les attaques des Turcs et remporté sur eux vingt-deux victoires. Après sa mort, les Turcs se partagèrent ses ossements, pour les porter au cou en guise d'amulettes (1468). Croïa, sa principale forteresse, ne se rendit pourtant que dix ans plus tard. En 1470 une flotte immense vint débarquer une armée turque dans l'île vénitienne de Négrepont. Après quatre assauts terribles, la capitale de l'île, qui porte le même nom, fut enlevée ; pas un de ses défenseurs ou de ses habitants ne fut épargné. Heureusement, Mahomet II fut alors appelé à l'autre extrémité de son empire par le Tartare Ouzoun-Haçan, qui venait de fonder en Perse la dynastie du *Mouton Blanc*, et que le pape Paul II poussa à attaquer les Turcs. Haçan fut battu (1473). Cette diversion n'en eut pas moins l'effet désiré. Les

Moldaves, commandés par l'*Athlète du Christ,* Étienne IV, défirent une armée ottomane près de Rackowitz (1475); en Albanie et en Grèce, les Turcs échouèrent dans deux attaques contre Scutari et Lépante. Mahomet II n'était pas habitué aux défaites. Son orgueil s'irrita. D'un côté, il lança sa flotte contre Caffa, riche comptoir des Génois au fond de la mer Noire, qui fut ruiné, et de l'autre, une immense cavalerie qui pénétra jusqu'à la Piave et jeta la terreur dans toute l'Italie (1477).

Venise demanda humblement la paix et l'obtint au prix de Scutari, qu'elle rendit, et d'un tribut annuel par lequel elle acheta la liberté de commercer dans la mer Noire (1479). L'année suivante, une flotte ottomane s'empara d'Otrante, sur les côtes du royaume de Naples. Mais cette ville fut reprise, et le grand maître des chevaliers de Saint-Jean, Pierre d'Aubusson, défendit Rhodes contre le grand vizir, qui, après trois mois d'efforts impuissants, leva le siége. Mahomet II n'en formait pas moins les plans les plus redoutables. Il voulait marcher contre les mameluks d'Égypte, jurait de faire manger l'avoine à son cheval sur l'autel de Saint-Pierre de Rome, et en entendant parler de la cérémonie dans laquelle le doge de Venise épousait l'Adriatique, se promettait « de l'envoyer bientôt au fond de cette mer consommer son mariage. » Une maladie arrêta tous ces desseins. Il mourut à Nicomédie à l'âge de cinquante-trois ans (1481).

Bajazet II et Sélim (1481-1520).

Bajazet II, plus lettré que soldat, eut à lutter contre son frère Zizim, qui lui disputait le pouvoir. Grâce au génie de son grand vizir Achmet, Bajazet l'emporta. Quelque temps après, il fit étrangler celui auquel il devait l'empire. Zizim vaincu s'était réfugié à Rhodes Les chevaliers lui firent un brillant accueil. Mais, pour éviter une guerre avec le sultan, Pierre d'Aubusson consentit, moyennant un tribut annuel de 40 000 sequins, à empêcher Zizim de retourner en Turquie. On l'interna dans une commanderie du Poitou. De là, il passa entre les mains du pape Alexandre VI. Charles VIII, durant son expédition d'Italie, exigea que ce frère de Bajazet lui fût remis. Zizim pouvait l'aider à conquérir Constantinople. L'infortuné lui fut livré, mais empoisonné. Le bruit courut que le sultan avait promis 300 000 ducats au souverain pontife pour le débarrasser de son frère. Malgré son humeur pacifique, le sultan dut occuper les janissaires : il conquit la Bosnie, la Croatie et la Moldavie. Les Ottomans, déjà maîtres de la Valachie, dominèrent alors sur les deux rives du Danube (1489). Mais Bajazet revint bientôt à son goût favori, l'étude des lettres, et une courte guerre contre Venise troubla seule le repos de ce prince indolent et voluptueux. Les soldats mécontents le déposèrent. Sélim, son quatrième fils, ceignit le sabre, et commença son règne par un parricide ; il fit empoisonner son père, puis égorger ses frères et leurs enfants, afin de n'avoir point de rivaux à craindre (1512).

Le mouvement de conquête, interrompu sous Bajazet II, recommença avec Sélim le Féroce. C'est à son ardeur belliqueuse que Sélim avait dû l'affection des janissaires, et par suite le pouvoir. Il justifia leurs espérances. Deux grands vizirs furent successivement mis à mort pour lui avoir demandé de quel côté devait être tournée la tente impériale, c'est-à-dire vers quelle contrée il devait porter ses armes. Un troisième dressa les tentes vers les quatre points du monde. « Voilà, dit-il, comme je veux être servi. » Il ne cessa pendant les huit années de son règne, de mener ses janissaires à de nouvelles entreprises. D'abord il attaqua la Perse, où Ismaël venait de fonder la dynastie des Sophis. Il n'y avait pas seulement rivalité politique entre les deux peuples, mais encore haine religieuse ; les Persans sont *schiites*, c'est-à-dire n'admettent pour véritable successeur du prophète, qu'Ali, le quatrième khalife, et sa descendance ; les Turcs reconnaissent la légitimité d'Aboubekre, d'Omar et d'Othman, et défèrent à leurs explications théologiques ; ils acceptent en un mot, la tradition ou *Sonna*, d'où leur nom de *sonnites*. C'était chez eux un dicton populaire que la mort d'un seul schiite était plus agréable à Dieu que celle de soixante-dix chrétiens ; aussi le sultan ne manqua-t-il pas, avant de se mettre en campagne, de faire dans son empire une exacte recherche des hérétiques : on en trouva 40000, qui furent tous égorgés. Cet horrible massacre inaugura la guerre. Les deux armées se rencontrèrent près de Tauris, dans l'Aderbaïdjan, et engagèrent une bataille terrible. Les Ottomans furent vainqueurs, grâce à leur artillerie; mais ils avaient perdu 40000 hommes, et ce jour est encore pour eux un jour de deuil (1514). Les janissaires contraignirent Sélim à se retirer, et le seul résultat de cette victoire sanglante fut la possession temporaire de Tauris.

Les mameluks dominaient depuis plus de deux siècles sur l'Égypte et sur la Syrie. Cette puissante république militaire était pour les Turcs un objet d'inquiétude et de jalousie. Sélim passa le Taurus à la tête de 150000 hommes, et pénétra dans la Syrie qui lui fut ouverte par la trahison du gouverneur de Damas et d'Alep. Une grande bataille se livra près de cette dernière ville; les mameluks vaincus perdirent leur soudan, l'héroïque Kansou-al-Gouri, qui mourut d'épuisement et de rage, après avoir tué de sa main quarante ennemis. La Syrie se soumit au sultan (1516). La victoire de Gaza et une autre près du Caire lui donnèrent l'Égypte, où il fut reçu comme un libérateur par la population indigène. Les Cophtes lui livrèrent plus de 20000 mameluks, qu'il fit égorger en un seul jour, et dont les cadavres furent jetés au Nil. Malgré ce massacre, Sélim dut conserver une partie des beys mameluks dans la nouvelle organisation administrative qu'il donna à l'Égypte; et les Cophtes, ainsi que les fellahs, ne gagnèrent à la conquête ottomane qu'une aggravation de leurs maux (1517). La soumission de l'Égypte entraîna celle des tribus arabes; le chérif de la Mecque vint offrir au vainqueur les clefs de la Kaaba, et Sélim se trouva maître des trois villes saintes: la Mecque, Médine et Jérusalem. En 1518, une expédition heureuse contre les Persans lui valut encore le Diarbékir ou la partie supérieure du bassin du Tigre et de l'Euphrate.

Au Caire, Sélim avait trouvé le dernier descendant d'Abbas, le khalife Motawakkel, qu'il emmena à Constantinople, où il mourut dans l'obscurité. Mais Motawakkel lui avait remis auparavant l'étendard de Mahomet, et avait abdiqué entre ses mains son autorité spirituelle. De sorte que le sultan devint le commandeur des fidèles, l'héritier du prophète, et qu'il tint à la fois, comme disait le moyen âge, les deux glaives, celui de l'autorité temporelle et celui du pouvoir spirituel.

La conquête de l'Égypte eut un autre résultat. La prise d'Alexandrie par les Turcs acheva de porter le coup mortel à Venise, ses communications avec l'Orient furent dès lors interceptées.

A ces vastes acquisitions le sultan ajouta celle d'Alger, qu'un pirate, fils d'un potier de Mitylène, Horouk, surnommé Barberousse, avait, en 1516, enlevé aux Espagnols. Horouk étant mort, son frère Khayrouddin lui succéda. Mais, se voyant trop faible pour résister aux Arabes et aux chrétiens, il s'adressa à la Porte, qui, moyennant un acte formel de soumission, lui accorda le titre de bey, avec 2000 janissaires, de l'artillerie et de l'argent. Grâce à ce secours, Khayrouddin chassa les Espagnols du fort qu'ils occupaient près de la ville, et, par des travaux intelligents, fit du port d'Alger un repaire redoutable pour ses pirates.

Ainsi, en quelques années, Sélim avait presque doublé l'empire des Osmanlis. Sa domination s'étendait depuis le Danube jusqu'à l'Euphrate, et de l'Adriatique aux cataractes du Nil. Maîtres du bassin oriental de la Méditerranée, dont ils possédaient tous les rivages, les Turcs venaient d'acquérir dans le bassin occidental de cette mer européenne l'importante position d'Alger. La forme despotique de leur gouvernement assurait à leur politique le secret, à leurs opérations militaires l'unité. Enfin nulle armée en Europe n'égalait la milice des janissaires. C'est à ce moment que mourut Sélim, et que Soliman le Magnifique ceignit le sabre dans Sainte-Sophie. Il allait être l'émule de ses deux grands contemporains, François Ier et Charles-Quint, l'ami de l'un, l'ennemi de l'autre (1520).

LIVRE II.

CONSÉQUENCES DE LA RÉVOLUTION POLITIQUE. PREMIÈRES GUERRES EUROPÉENNES (1494-1559).

CHAPITRE VII.

GUERRES D'ITALIE DE 1494 A 1516.

Résumé de la période précédente. — Expédition de Charles VIII en Italie (1494). — Louis XII (1498-1515). — Nouvelle conquête du Milanais par François Ier (1515).

Résumé de la période précédente.

En étudiant l'histoire des grandes nations européennes, durant la seconde moitié du quinzième siècle, on a vu un fait général se produire et la société reprendre une forme de gouvernement qui s'était perdue depuis l'empire romain, le pouvoir absolu des rois. C'est le côté politique de la grande révolution qui s'opère, et qui va changer les arts, les sciences, les littératures et même, pour une moitié de l'Europe, les croyances, en même temps qu'elle change les institutions.

L'inévitable conséquence de cette première transformation qui met les peuples, avec leurs richesses et leur force, à la disposition des rois, sera de donner à ceux-ci la tentation d'agrandir leurs États. Les grandes guerres européennes vont donc succéder aux guerres féodales, comme les rois ont succédé aux seigneurs.

Ces premières guerres européennes, dites guerres d'Italie, parce que la possession de cette contrée en fut l'occasion et le résultat principal, forment pour nous la seconde période des temps modernes.

La France était entrée la première dans le régime féodal, et avec ses rois si faibles et ses barons si fiers, avec ses châteaux innombrables et sa littérature toute chevaleresque, elle en avait été la plus brillante expression; elle fut aussi la première à en sortir pour revêtir une forme nouvelle et puissante. Louis XI, tout entier à sa grande bataille féodale, avait dit: « Les Génois se donnent à moi et moi je les donne au diable. » Mais la bataille gagnée, et tout réglé au dedans, il fallait bien regarder au dehors, ne fût-ce que pour tourner de ce côté l'activité des grands et les assouplir à l'obéissance politique, en les faisant passer par la discipline militaire.

Charles VIII, bien entendu, ne vit rien de tout cela. Il eut l'instinct, non la réflexion de son rôle. L'action extérieure de la France était après Louis XI une nécessité. Son fils n'avait rien de ces hommes qui résistent aux circonstances et les dominent; il alla donc où elles le poussaient. Il aurait pu au moins choisir sa direction, et pour le malheur de la France, de l'Italie et de l'Europe, il prit la plus mauvaise.

Expédition de Charles VIII en Italie (1494).

Louis XI s'était bien gardé de faire valoir les droits qu'il tenait de la maison d'Anjou sur le royaume de Naples. Charles VIII les tira de l'oubli pour aller frapper quelque grand coup d'épée au delà des monts. Les vieux politiques essayèrent en vain de le détourner. L'Italie d'ailleurs venait elle-même se jeter aux bras de la France. Ludovic, menacé par le roi de Naples, appelait Charles VIII; bien d'autres l'appelaient aussi, et le marquis de Saluces, et les barons napolitains, et Savonarole, et les cardinaux ennemis d'Alexandre. « Nobles esprits! Italie bien-aimée, s'écriait le poëte Sannazar, quel vertige vous pousse à jeter le sang latin à d'odieuses nations? »

Cependant, eu égard à la situation de la France, le moment était mal choisi pour une expédition lointaine. Les puissances voisines, mécontentes de la réunion de la Bretagne à la couronne, formaient une nouvelle ligue. Le fondateur de la maison des Tudors, Henri VII, débarquait une armée anglaise à Calais; Maximilien, que Charles VIII avait si vivement supplanté, attaquait l'Artois; le roi d'Espagne, Ferdinand le Catholique promettait de franchir les Pyrénées. Il y avait là de belles occasions de guerroyer. Mais Charles VIII, pressé de partir, aima mieux négocier : traité d'Étaples avec Henri VII, qui, sur la promesse d'une somme de 745 000 écus d'or payables en quinze ans (40 millions de francs), se rembarque; traité de Senlis avec Maximilien, qui recouvre pour son fils l'Artois, la Franche-Comté et le Charolais, conquêtes de Louis XI; traité de Narbonne avec Ferdinand le Catholique, à qui l'on rend la Cerdagne et le Roussillon sans exiger même les sommes déboursées, et malgré les protestations de Perpignan, qui voulait rester français. C'étaient là toutes provinces frontières, essentielles à la défense du royaume, puisqu'elles fermaient les Pyrénées, le Jura et la Somme. Qu'importe à Charles VIII? la soumission de l'Italie était certaine, et cette conquête le commencement d'une fortune plus haute. De Naples, il espérait bien passer en Grèce, chasser les Turcs de Constantinople, et remettre, en preux du moyen âge, le tombeau de Jésus-Christ sous la protection d'un royaume chrétien de Jérusalem. C'est avec une telle imprudence que la France fut jetée dans ces expéditions hasardeuses qui la détournèrent d'améliorations intérieures et d'agrandissements à sa portée. Pour trouver un successeur à Louis XI, il faudra attendre Henri IV et Richelieu.

Une belle et bonne armée se rassembla promptement à la fin de l'été de 1494 au pied des Alpes; tant les Français « frétillaient » d'entrer dans ce pays de merveilles, qui allait devenir leur tombeau. C'étaient 3000 lances, 6000 archers bretons, 6000 arquebusiers gascons, 8000 Suisses, et 50 000 hommes avec 150 gros canons, « gaillarde compagnie, mais de peu d'obéissance. » Bayard y servait au rang d'écuyer. Beaucoup de choses nécessaires à une si grande entreprise manquaient : il n'y avait ni vivres préparés ni équipages de campagne et nul argent comptant. Le ciel y pourvut; « le voyage, dit Comines, fut conduit de Dieu tant à l'aller qu'au retourner; car le chef et les conducteurs ne servirent de guère. »

Le roi de Naples avait envoyé son frère avec une flotte à Livourne et à Pise, et son fils avec une armée de l'autre côté des Apennins, vers Ferrare, l'un qui devait garder les approches par mer, l'autre la route de terre; le duc d'Orléans ramassa quelques vaisseaux à Marseille et défit le premier à Rapallo; le second n'osa pas seulement attendre l'avant-garde française de d'Aubigny. Il savait que le duc d'Orléans avait tout tué à Rapallo; ce n'était plus une guerre de condottieri, à belles passes d'armes, où le pis était d'être jeté à terre et mis à rançon : mais « la mauvaise guerre, » sans merci, sans quartier. L'effroi gagna la Péninsule entière. On se ressouvint des barbares; il était trop tard pour renvoyer l'étranger qu'on avait appelé.

Charles VIII avait franchi le mont Genèvre le 2 septembre. Il se trouva à court d'argent dès le début de la campagne. Après « avoir dansé et ballé » à Turin avec la duchesse de Savoie et la marquise de Montferrat, il se fit prêter leurs diamants pour continuer le voyage. A Gênes, il emprunta 100 000 francs, qui lui revinrent, tout compte fait, à l'intérêt de 42 pour 100. Malade quelque temps à Asti, il y fut rejoint par Ludovic le More puis alla visiter Galéas, enfermé au château de Pavie, sans se laisser toucher par la douleur de sa jeune femme. Ludovic le More conduisit par la main le conquérant à travers son duché jusqu'aux frontières de la Toscane : son neveu mourut quelques jours après; on crut qu'il avait ainsi acheté le droit de l'empoisonner et de prendre sa place. Les deux forteresses de Sarzane et de Pietra Santa pouvaient arrêter l'armée française; Pierre de Médicis vint les lui offrir, dans l'espoir d'être maintenu dans Florence, que Savonarole soulevait contre lui. Pierre n'en fut pas moins chassé par le peuple à son retour, aux cris de : « Plus de Médicis ! » Mais le moine-tribun, qui regardait Charles VIII comme un envoyé de Dieu pour flageller l'Italie, alla trouver le jeune roi et l'introduisit dans la ville. Il y entra rant, la tête haute, la lance sur la cuisse, et voulut lever une contribution de guerre. Sur un refus, il menaça : « Faites battre vos tambours, dit hardiment le gonfalonier Capponi, pour mettre un terme aux exigences de ce vainqueur sans combat, et nous sonnerons nos cloches » (novembre).

A Rome, les cardinaux et les seigneurs, maltraités par Alexandre VI, ouvrirent les portes aux Français comme à des libérateurs, et pressèrent le roi de France de déposer ce pape incestueux et simoniaque qui s'était réfugié dans le château Saint-Ange. Charles VIII fit braquer ses canons sur la vieille forteresse; il obtint de lui son fils César Borgia comme otage de sa fidélité, et un prince turc, Djem ou Zizim, le frère de sultan Bajazet, qui devait servir aux projets ultérieurs des Français sur l'Orient (31 déc.). Quelques jours après, le premier s'échappa; le second, livré empoisonné, mourut. Mais on touchait au but de l'expédition, aux frontières de Naples.

Elles tombèrent d'elles-mêmes. Ferdinand Ier venait de mourir. Son fils Alphonse II, effrayé, abdiqua. Le nouveau souverain, Ferdinand II, avait plus de cœur et voulait combattre; à San Germano, il se trouva pris entre deux trahisons, l'une dans son armée, l'autre dans sa capitale, et fut réduit à s'enfuir dans l'île d'Ischia, d'où il gagna la Sicile. Il n'y eut pas une lance à rompre. Les valets de l'armée allèrent marquer dans Naples, à la craie, les maisons que devaient habiter leurs maîtres. Charles VIII et les siens entrèrent dans cette capitale (22 février 1495), au milieu des fleurs que leur jetaient les habitants. C'était, comme tous les caprices populaires, un enthousiasme qui tenait du délire. « Jamais peuple, disaient les Français, ne montra tant d'affection à roi ni à nation. » Le bruit de cette rapide conquête passa les mers, et déjà les Grecs préparaient des armes en attendant leur libérateur, « le roi des Francs. »

Une fois là, cependant, les conquérants ne songèrent qu'à jouir de leur facile victoire. Charles VIII se fit couronner roi de Naples, empereur d'Orient et roi de Jérusalem. Il se montra aux Napolitains, la pourpre sur l'épaule, avec le globe d'or dans la main, et « célébra force beaux tournois et passe-temps. » Ses compagnons se partagèrent les fiefs et épousèrent les belles héritières, aux dépens des nobles du pays. Mais deux mois après, un soir, le futur conquérant de Constantinople et de Jérusalem reçut une lettre de son ambassadeur auprès de la république de Venise, Philippe de Comines l'historien. Une ligue formidable des souverains de l'Europe avait été conclue contre lui, à l'effet de lui fermer la sortie de l'Italie et de faire rentrer la France dans ses limites. Ferdinand le Catholique, Maximilien, Henri VIII, en étaient les instigateurs; les Italiens eux-mêmes, qui avaient appelé les Français, ou qui leur avaient promis fidélité, Ludovic le More, Alexandre VI, Venise, etc., en faisaient partie. 40 000 hommes devaient être réunis par les puissances italiennes dans la vallée du Pô, tandis que les frontières françaises seraient attaquées par les autres confédérés. Déjà le duc d'Orléans était pressé dans Novare. La jalousie de l'Europe contre la France se révélait pour la première fois.

Il fallait se hâter. Charles laissa 11 000 hommes à Gilbert de Montpensier, qu'il nomma vice-roi de Naples, et prit avec le reste la route des Apennins. On eut grand'peine à franchir cette chaîne par l'étroit défilé de Pontremoli, au nord de Sarzane; les Suisses s'attelèrent aux canons, les nobles eux-mêmes portèrent les munitions. Au revers des montagnes, les Français découvrirent, dans la vallée du Taro, l'armée des confédérés, forte de 25 000 hommes, qui barrait la route : ils n'étaient eux-mêmes que 10 000. Charles résolut néanmoins de passer. Pendant qu'il poussait son avant-garde le long du Taro, il fut attaqué sur les derrières; il fit face aux assaillants; en une heure 3500 de ceux-ci furent jetés à terre; les autres se débandèrent. Les Italiens attribuèrent ce prompt succès à la *furia francese* plutôt qu'à leur lâcheté. Au reste, la victoire de Fornoue ne servit aux Français qu'à leur ouvrir un chemin de retraite (6 juillet 1495).

Une fois en France, Charles parut oublier l'Italie et ne prit aucune précaution pour conserver sa facile conquête. Gilbert de Montpensier, brave chevalier, mais qui « ne se levait jamais avant midi, » n'était pas homme à suppléer par lui-même aux secours qu'il ne recevait pas. Ferdinand II, parti de Sicile, avec quelques troupes espagnoles, surprit Naples le lendemain de la bataille de Fornoue, et resserra Montpensier dans Atella, où il mourut de la peste ; d'Aubigny remena en France les débris de nos garnisons. La domination française était tombée dans le royaume de Naples aussi vite qu'elle s'était élevée, et au milieu des mêmes témoignages de joie de la part des habitants.

L'Italie, à peine délivrée, retourna à ses divisions, et la guerre civile ne tarda pas à ramener la guerre étrangère. Appelé par Ludovic, l'empereur Maximilien passa les Alpes à l'exemple de Charles VIII. Ses ressources ne répondaient guère à ses prétentions. Il voulait jouer le rôle d'Othon ou de Charlemagne, et pouvait à peine jouer celui d'un condottière. Avec une petite armée, il attaqua les Florentins, fut repoussé devant Livourne, et retourna en Allemagne. Il n'avait gagné qu'un surnom à cette ridicule équipée : on l'appela *Maximilien sans argent*.

La guerre civile continua donc : dans la Romagne, entre le pape et les barons romains ; dans la Toscane, entre Pise et Florence ; à Florence même, entre les partisans et les ennemis de Savonarole. Ce dernier périt sur le bûcher (1498) ; mais sa mort ne rétablit pas la concorde.

En France, Charles VIII, averti par les plaintes de ses peuples, mettait « son imagination, dit Comines, à vouloir vivre selon les commandements de Dieu, à mettre la justice en bon ordre et à ranger les finances, » lorsqu'il mourut des suites d'un accident, le 7 avril 1498, à l'âge de vingt-huit ans, au château d'Amboise, qu'il faisait réparer. Comines a dit de lui : « Il était si bon qu'il n'était pas possible de voir meilleure créature. » La branche des Valois directs s'éteignit avec lui, et fut remplacée par celle des Valois-d'Orléans.

Louis XII (1498-1515).

Charles VIII n'ayant pas laissé d'enfant, la couronne revenait de droit au duc Louis d'Orléans, alors âgé de trente-six ans, et petit-fils d'un frère de Charles VI. Louis XII était d'une famille aimable, remuante et spirituelle, qui plaisait pour ses qualités et même pour ses défauts. Son aïeul avait été un brillant chevalier; son père un poëte qui a laissé quelques pièces charmantes; son oncle, Dunois, le plus brave des capitaines de Charles VII et un des noms de la vieille France qui sont restés populaires. Louis, sans qualités supérieures, se distinguait par un grand fonds de débonnaireté. Il commença son règne en diminuant la taille, et il refusa le don de joyeux avénement[1] qui s'élevait à 300 000 livres.

Pour empêcher la veuve de Charles VIII de porter son duché de Bretagne dans une autre maison, il l'épousa (1499). Malheureusement, après quelques soins donnés à l'administration du pays, il recommença la fatale expédition de son prédécesseur.

Héritier des droits de Charles VIII sur Naples, il tenait encore de sa grand'mère, Valentine Visconti, des prétentions sur le Milanais, usurpé par Ludovic Sforza. Il se résolut à les faire valoir, promit aux Vénitiens Crémone et la Ghiara d'Adda; à Florence, la soumission de Pise révoltée. César Borgia avait déjà reçu le duché français de Valentinois. Trivulce, Italien passé au service de Louis XII, n'eut qu'à se présenter dans le Milanais, à la tête de 8000 chevaux et de 12 000 fantassins. Ludovic, repoussé de tout le monde, s'enfuit dans le Tyrol (1499).

La mauvaise administration de Trivulce, ancien guelfe qui persécuta ses adversaires, rendit à Ludovic l'espoir de recouvrer ce qu'il avait perdu. Il revint avec un ramas d'aventuriers suisses et allemands, suprit Milan et en chassa les Français. Mais Louis XII descendit les Alpes avec une nouvelle armée, et rencontra son compétiteur près de Novare (1500). Les Suisses de Ludovic refusèrent de se battre contre leurs compatriotes qui étaient dans l'armée française. Ludovic espérait au moins sauver sa personne: il fut vendu par un Suisse, au moment où il voulait s'échapper sous un déguisement de cordelier ou de soldat; il fut envoyé en France, enfermé dans un

---

1. Ce *don de joyeux avénement* était un tribut que tout sujet tenant de la couronne un privilége ou une charge, à quelque titre que ce fût, devait payer pour obtenir d'être confirmé dans sa place ou ses priviléges.

cachot du château de Loches, et mourut de joie en apprenant, douze ans après, la fin de sa captivité.

Le Milanais conquis, Louis songea à Naples. Il s'assura d'abord de la neutralité ou de l'appui des États de l'Italie centrale. Les Florentins reçurent de lui des secours contre Pise, toujours révoltée. Alexandre VI voulait faire une principauté dans la Romagne à son fils, César Borgia, aux dépens des mille petits tyrans qui changeaient ce pays en un repaire de brigands. Quelques troupes françaises permirent à cet homme, passé maître en crimes et en trahison, qui est devenu le héros de Machiavel, dans son livre du *Prince*, de balayer cette petite et sanguinaire féodalité romagnole.

Enfin, pour prendre le royaume de Naples sans coup férir, Louis le partagea d'avance avec Ferdinand le Catholique (1500). Il se réservait le titre de roi, avec la capitale, les Abruzzes et la Terre de Labour. Ferdinand ne demandait que la Pouille et la Calabre avec le titre de duc. Le malheureux roi de Naples, alors Frédéric, prince tout populaire, avait eu la confiance d'ouvrir ses forteresses au général même du roi d'Espagne, Gonzalve de Cordoue, « qui pensait que la toile d'honneur devait être d'un tissu lâche. » Quand il demanda des secours à celui-ci contre les Français, déjà sur la frontière (juin 1501), il s'aperçut qu'il était trahi. Plus irrité contre un traître que contre un ennemi, il livra aux Français Naples et le château Neuf, et se remit entre les mains de Louis XII, qui lui offrit une paisible retraite sur les bords de la Loire (1501).

La conquête faite, le partage ne s'opéra point aussi à l'amiable. Les Espagnols et les Français se disputèrent plusieurs cantons et l'impôt payé par les troupeaux qui, en automne, passent des hauteurs des Abruzzes dans les plaines de la Capitanate. Cet impôt était le revenu le plus clair du royaume. Le vice-roi, duc de Nemours, qui était en force, resserra Gonzalve dans la ville de Barletta (1502). Mais Ferdinand le Catholique laissa négocier par son gendre, Philippe le Beau, avec Louis XII, un traité qui suspendit les hostilités et lui permit de faire passer des renforts à Gonzalve ; puis, désavouant le négociateur, il continua la guerre. Nemours ne put tenir. Son lieutenant d'Aubigny, battu à Séminara, perdit la Calabre (21 avril 1503); lui-même attaqua fort imprudemment près de Cérignola (28 avril), fut défait et tué; Venouse et Gaëte restèrent seules aux Français.

Louis XII, pour tirer vengeance de cette trahison, envoya sur les Pyrénées deux armées qui échouèrent, et au delà des Alpes une troisième, sous la Trémoille, qui n'eut pas meilleur sort. Arrêté quelque temps aux environs de Rome par les intrigues auxquelles donna lieu l'élection d'un nouveau pape, la Trémoille laissa à Gonzalve le temps de se mettre en défense, fut vaincu sur le Garigliano, malgré le courage de Bayard, qui défendit seul un pont contre 200 Espagnols (27 déc.), et forcé dans Gaëte à se rendre (1er janvier 1504). Louis d'Ars, qui commandait à Venouse, s'ouvrit, avec les débris qui lui restaient, la route de France.

Il y avait à craindre que la perte du Milanais ne suivît celle du royaume de Naples. Louis XII désarma ses ennemis par le premier traité de Blois (1504). En retour de l'investiture du Milanais, il renonça au royaume de Naples, qui appartiendrait au souverain des Pays-Bas, à l'héritier de l'Autriche et de l'Espagne, au prince Charles, lequel épouserait la fille aînée du roi et d'Anne de Bretagne, Madame Claude, avec la Bourgogne et la Bretagne en dot. On ne pouvait signer de traité plus désastreux. Mais la France réclama, et Louis XII saisit la première occasion de faire droit à ses vœux. En 1505, Ferdinand le Catholique, irrité contre son gendre, songea à le déshériter en contractant un second mariage. Il épousa Germaine de Foix, nièce de Louis XII; et ce prince, par un traité signé encore à Blois (octobre 1505), céda de nouveau ses droits sur Naples à sa nièce, ce qui était rompre une des principales conditions du mariage de Madame Claude. La Bretagne et la Bourgogne étaient encore engagées par les précédentes stipulations; Louis convoqua les États généraux à Tours, pour les rompre ouvertement (15 mai 1506). Ceux-ci déclarèrent l'inaliénabilité des deux provinces comme domaine de la couronne, et supplièrent le roi de marier sa fille Claude à son héritier présomptif, François, duc d'Angoulême. Louis XII n'eut pas de peine à accorder ce que lui-même désirait. Cette fois il avait peut-être trompé les trompeurs. Maximilien, qui avait toujours la même ambition et la même pénurie ; Ferdinand, chargé, depuis la mort de Philippe le Beau, de la tutelle de son petit-fils, Charles d'Autriche, ne réclamèrent point ; Louis XII put même, l'année suivante, et sans être inquiété, faire rentrer Gênes, qui s'était révoltée, dans le devoir. « Ores, marchands, criait Bayard, défendez-vous avec vos aulnes et laissez les piques et lances, lesquelles vous n'avez accoutumées. » Le fort de la Lanterne fut élevé pour les tenir en respect (1507).

La chute de Borgia, après la mort du pape Alexandre VI, avait eu pour les États pontificaux de désastreuses conséquences : l'anarchie reparut, et à sa suite les guerres civiles, les pillages et les massacres. « L'Italie, dit Machiavel, est aujourd'hui sans chef, sans institutions, sans lois. Vaincue, déchirée, conquise, elle n'étale aux regards de ses enfants que des ruines. Et pourtant, tout humiliée qu'elle est par les barbares, on la voit disposée à suivre une bannière commune, s'il se présente un homme qui prenne cette bannière et qui la déploie. »

Cet homme qu'appelait l'Italie fut le pape Jules II, énergique vieillard qui voulait être *le seigneur et le maître du jeu du monde*. Il souffrait de voir l'étranger dans la Péninsule, et se proposait d'en chasser ceux qu'il appelait les barbares Mais il voulait que, dans cette Italie délivrée, le saint-siége occupât le premier rang. Il fallait pour cela lui rendre les domaines qui lui avaient été enlevés, et que Venise retenait. Il commença par là. Mais cette politique, qui consistait à humilier les Vénitiens par les barbares, puis à chasser ceux-ci par d'autres, reposait sur une base bien fragile. Jules II put enlever l'Italie aux Français ; il la donna aux Espagnols. Ce n'était que changer de maîtres.

Venise avait profité de tous les désastres de l'Italie. Chacun de ses voisins croyait avoir à se plaindre d'elle. Louis XII regrettait Crémone, qu'il lui avait récemment cédée, et Crême, Brescia, Bergame, anciennement perdues par le duché de Milan. La cession de quelques villes sur la côte orientale du royaume de Naples avait payé trop chèrement, au gré de Ferdinand le Catholique, les secours en argent qu'il avait reçus de la république contre les Français.

Jules II réclamait Ravenne, Cervia, Faenza, Rimini, vieilles possessions du saint-siége ; Maximilien revendiqua Vérone, Vicence, Padoue, au nom de l'empire, et le Frioul, Trieste, au nom de la maison d'Autriche. Toutes ces jalousies, toutes ces cupidités se coalisèrent à Cambrai contre la république (10 décembre 1508). Quelques mois après, le pape lança l'interdit contre Venise, ses magistrats, ses citoyens et ses défenseurs.

Louis XII, le premier prêt, passa l'Adda (8 mai), à la tête de plus de 20 000 fantassins et de 2300 lances, et atteignit l'Alviano, condottière au service de Venise, sur la digue d'Agnadel, le 14 mai 1509. Les Vénitiens tinrent ferme d'abord ; mais Bayard et quelques chevaliers déterminés se jetèrent dans les marais et arrivèrent sur le flanc de l'ennemi. Cette attaque détermina la déroute des Vénitiens. Huit à dix mille hommes restèrent sur le champ de bataille, avec toute l'artillerie et les bagages. Cette victoire menait les Français jusqu'aux lagunes. La république se sauva par un trait de sagesse. Elle retira ses troupes de toutes les villes, et délia ses sujets du serment de fidélité. Ceux-ci tinrent à honneur de rester fidèles à ceux qui ne leur commandaient pas le dévouement. Repliée sur elle-même et inexpugnable au milieu de la mer, Venise attendit que la discorde éclatât parmi les alliés : cela ne tarda guère.

Le pape Jules II avait atteint son premier but, puisqu'il avait repris les villes de la Romagne ; il songea au second, l'expulsion des *barbares* de la Péninsule, et il voulut, sans scrupule pour sa dernière alliance, commencer par les Français, qu'il avait plus que tout autre contribué à appeler dans la Péninsule, au temps de Charles VIII. Le 2 février 1510 il accorda l'absolution à la république de Venise ; ensuite il eut peu de peine à détacher de la ligue de Cambrai Ferdinand, qui avait déjà recueilli tous les fruits qu'il en attendait ; il ébranla la fidélité de Maximilien, et fit travailler les Suisses, dont Louis XII n'avait pas voulu augmenter les subsides, par le cardinal de Sion, Mathieu Schinner. Le duc de Ferrare, allié de la France, et la ville de Gênes furent aussitôt attaqués, mais sans succès. Cependant Louis XII hésitait à combattre le chef de la chrétienté. Le clergé de France, rassemblé à Tours, déclara que la guerre, n'étant pas faite au pape, mais au souverain des États romains, était légitime, et que les excommunications seraient considérées comme non avenues.

On combattit, en effet, sans ménagements, de part et d'autre. Chaumont, à la tête des troupes françaises, surprit résolûment l'armée pontificale devant Bologne, et « il ne s'en fallut pas de la durée d'un *Pater noster* » que le chevalier sans peur et sans reproche ne mît la main sur l'étole pontificale. Attaqué comme un prince, Jules II se défendit en soldat; il entra dans la Mirandole par la brèche (1511), et eût peut-être poussé plus loin ses succès, sans une révolte des Bolonais, qui brisèrent sa statue, œuvre de Michel-Ange. Obligé de reculer, il fut battu à Casalecchio, et rentra malade dans Rome. Louis XII crut le moment venu d'attaquer le pontife. Il convoqua un concile général à Pise pour examiner la conduite du pape et le faire déposer. C'était une faute, parce que cette mesure changeait la nature de la lutte. Au-dessus du prince temporel affaibli se trouva le prince spirituel tout-puissant; Jules II mit la ville de Pise en interdit, excommunia les cardinaux dissidents, rassembla un autre concile à Saint-Jean de Latran, et invoqua l'appui des puissances catholiques. Toutes y répondirent. Ferdinand d'Espagne, le roi d'Angleterre Henri VIII, Maximilien, la république de Venise, les Suisses, flattés du nom de *défenseurs du saint-siége*, formèrent une *sainte ligue* (5 octobre 1511) dans le but avoué de préserver l'Église d'un schisme, en réalité pour renvoyer les Français au delà des Alpes.

L'Espagnol Raymond de Cardone vint rejoindre, avec 12000 hommes, les troupes pontificales. Les Vénitiens, grâce à cette diversion, reprirent peu à peu leurs places perdues, 10000 Suisses, conduits par Mathieu Schinner, descendirent de leurs montagnes; la trahison travailla les troupes et les garnisons allemandes encore au service de Louis XII en Italie, tandis que les frontières mêmes de la France furent menacées au nord, à l'est et au sud. Un jeune et héroïque général conjura un moment tous les dangers. Gaston de Foix, duc de Nemours, âgé de vingt-deux ans, vint prendre le commandement de l'armée d'Italie. Le fer et l'argent à la main, il refoule d'abord les Suisses dans leurs montagnes (décembre 1511). Bologne était pressée par les troupes de l'Espagne et du saint-siége; il se jette dans la ville (7 février 1512) et la dégage. Les Allemands avaient livré Brescia aux Vénitiens; il arrive à l'improviste sous ses murs, et l'emporte d'assaut (19 février); enfin, le 11 avril, il défait l'armée espagnole à Ravenne; mais « ce foudre de guerre » tombe et meurt au milieu de son triomphe. La Palisse lui succéda sans le remplacer. L'armée française, mal conduite, recula devant Raymond de Cardone, laissa reprendre Bologne, et trouva derrière elle 20 000 Suisses qui venaient rétablir un fils de Ludovic le More, Maximilien Sforza, dans le duché de Milan. La Palisse ne les attendit pas, et se retira dans le Piémont. Sur ces entrefaites, Jules II mourut (21 février 1513). Ses derniers regards avaient vu fuir les Français. Son successeur, Léon X, continua ses desseins. Il resserra à Malines la sainte ligue, qu'abandonnèrent cependant les Vénitiens pour retourner à Louis XII, et l'invasion du territoire français fut résolue.

Louis XII fit tête à l'orage. Attaqué dans son royaume même, il n'abandonna pas l'Italie. En dépit de Ferdinand, qui, déjà maître de la Navarre espagnole, menaçait la Navarre française, et des Anglais, qui étaient débarqués à Calais, il envoya la Trémoille et Trivulce en Italie. Ils enfermèrent d'abord les Suisses avec Maximilien Sforza dans Novare; mais un grand secours pénétra de nuit dans la ville. Au matin, les Suisses sortirent piques baissées, marchèrent droit à l'artillerie française, s'en emparèrent, malgré les ravages qu'elle faisait dans leurs rangs, et, après une lutte acharnée, mirent l'armée de siége en déroute (6 juin). Au nord, une panique saisit près de Guinegate, l'armée française opposée aux Anglais, que Maximilien était venu rejoindre. Bayard, se dévouant pour arrêter l'ennemi, fut fait prisonnier; le reste ne combattit que des *éperons*, qui donnèrent leur nom à la journée (16 août). Enfin 20 000 Suisses pénétrèrent jusqu'à Dijon, où ils ne furent arrêtés par la Trémoille qu'avec beaucoup d'argent et plus de promesses (13 septembre). Le seul allié de la France, le roi d'Ecosse, Jacques IV, partagea sa mauvaise fortune; il fut vaincu et tué à Flowden par les Anglais (9 septembre).

La triple invasion que la France venait de subir força Louis XII à traiter. La convention de Dijon avait déjà débarrassé la France des Suisses. Louis désavoua le concile de Pise pour regagner le pape, et convint, avec l'empereur et le roi d'Aragon, de la trêve d'Orléans (mars 1514). Henri VIII refusa quelque temps de poser les armes; le traité de Londres, qui lui laissa Tournay et lui assura une pension annuelle de 100 000 écus pendant dix ans, rétablit aussi la paix de ce côté. Elle fut scellée par le mariage de Louis XII avec Marie, sœur du roi d'Angleterre; mais il ne survécut guère à cette paix et à cette union: il mourut le 1er janvier 1515, à l'âge de cinquante-trois ans.

Nouvelle conquête du Milanais par François Ier (1515).

Au bout de ces vingt années de combats il ne restait donc, comme dit Comines, mémoire des Français en Italie que par les tombeaux qu'ils y avaient laissés. Le fougueux pontife qui avait pris pour devise: « Plus de Français en deçà des monts! » était mort avec la pensée d'avoir réussi dans son œuvre. Mais les Espagnols dominaient à Naples, les Autrichiens dans le Frioul et le Vicentin, les Suisses dans le Milanais; enfin la France, surtout son nouveau roi, n'avait nulle envie d'accepter la situation inférieure que les derniers traités lui faisaient.

Pendant qu'à Jules II succédait Léon X, l'aimable et spirituel protecteur des lettres et des arts, François Ier remplaçait en France le roi Louis XII. Jeune, ardent, avide de gloire, le nouveau prince rompit la trêve d'Orléans et entreprit de recouvrer le Milanais. Les Vénitiens, ses alliés, tenaient en échec les troupes austro-espagnoles de Ferdinand le Catholique et de l'empereur Maximilien; il n'avait donc à combattre que les Suisses, seul appui du duc Maximilien Sforza. Tandis que, trompés par de fausses démonstrations, les Suisses couraient au mont Cenis et au mont Genèvre pour en garder les passages, l'armée française s'engageait dans le col de l'Argentière et les tournait. Il fallut jeter des ponts sur des abîmes, faire sauter des rochers pour ouvrir passage aux 72 pièces de canon que l'armée traînait après elle. Grâce à l'ingénieur Navarro et au courage des troupes, tous les obstacles furent surmontés. Le général des alliés, Prosper Colonna, surpris à table dans Villafranca, fut enlevé avec 700 cavaliers, et le roi entra dans le Milanais avec 35000 combattants. Il prit position près du petit village de Marignan. Excités par le cardinal de Sion, Mathieu Schinner, les Suisses, au nombre de 30000, s'avancèrent le long de la chaussée de Marignan en une colonne serrée, et selon leur coutume marchèrent droit à l'artillerie. Le roi se jeta au-devant avec sa noblesse et ses gens d'armes; mais l'espace manquait, on ne pouvait engager plus de 500 chevaux à la fois, et plus de trente charges successives ne purent ni rompre ni entamer l'ennemi. Le lendemain, à la pointe du jour, le combat recommença; mais le duc de Bourbon avait mis la nuit à profit. Assaillis sur les flancs par la cavalerie, écrasés en tête par une artillerie formidable, les Suisses commençaient à hésiter, lorsque l'apparition sur leurs derrières de l'avant-garde vénitienne les décida enfin à se replier sur Milan. Ils avaient perdu 12000 hommes, l'honneur du champ de bataille, et plus encore, la réputation d'invincibles. Trivulce, qui s'était trouvé à dix-sept batailles rangées, appela celle de Marignan un combat de géants (13 et 14 septembre 1515).

Cette bataille ne fut pas moins grande par ses résultats politiques: le duc de Milan céda ses droits pour une pension; le pape rendit Parme et Plaisance par la convention de Viterbe, dans laquelle se firent comprendre les Espagnols; enfin une bonne paix ferma aux Suisses l'Italie. Par le traité de Fribourg, la confédération helvétique s'engagea, moyennant une pension annuelle de 700000 écus, à laisser le roi lever chez lui les troupes dont il avait besoin. Cette paix, dite *perpétuelle*, a duré autant que l'ancienne monarchie française.

Un autre traité fut signé avec Léon X: celui-là ne regardait que la France. Ce fut le *concordat* de 1516, qui remplaça la pragmatique sanction de 1438. Le concordat abolit les appels en cour de Rome, source de nombreux abus, les *réserves* et les *grâces expectatives* par lesquelles le saint-siége avait la nomination à une foule de bénéfices, et conféra au roi le droit de nommer directement à toutes les dignités ecclésiastiques, ne se réservant celui de refuser l'investiture aux élus qu'en cas d'indignité canonique. François renonça seulement à la convocation périodique des conciles et rétablit l'impôt des *annates*, ou revenu d'une année que tout nouveau bénéficiaire dut payer au saint-siége.

Ainsi la première période des guerres d'Italie se terminait à l'avantage apparent de la France. Elle avait gagné le duché de Milan, dont la séparaient toute l'épaisseur des Alpes et les domaines de la maison de Savoie. Son roi pouvait mettre une couronne de plus sur sa tête; mais elle allait avoir une guerre terrible de quarante années sur les bras.

CHAPITRE VIII

PREMIÈRE RIVALITÉ DES MAISONS DE FRANCE ET D'AUTRICHE (1519-1529).

François I₍ᵉʳ₎ et Charles-Quint. Première guerre (1521-1525). — Seconde guerre (1526-1529) ; traité de Cambrai.

François I₍ᵉʳ₎ et Charles-Quint. Première guerre (1521-1525).

L'année même où François I₍ᵉʳ₎ recueillait les fruits de sa victoire de Marignan et croyait consolider la pacification de l'Italie, ainsi que la grandeur de la France, en signant la *paix perpétuelle* et le *concordat*, la mort du roi d'Aragon, Ferdinand le Catholique, donnait Naples et la moitié de l'Espagne à celui qui allait être bientôt Charles-Quint (1516). Ce prince, arrière-petit-fils du *grand-duc d'Occident*, ce qui le faisait souverain des Pays-Bas et de la Franche-Comté, avec des prétentions sur la Bourgogne, était, par son père, petit-fils de l'empereur Maximilien et héritier de l'Autriche ; par sa mère, petit-fils encore de Ferdinand le Catholique et d'Isabelle, avec le droit de succession aux couronnes de Castille, d'Aragon, de Navarre et de Naples. François I₍ᵉʳ₎ ne chercha pas à l'empêcher de recueillir ce magnifique héritage. Il signa même avec lui à Noyon un traité d'alliance, sans exiger rien de plus que la restitution de la Navarre aux d'Albret. Charles promit, mais avec la ferme résolution de ne pas tenir sa promesse.

Trois ans après, l'empire devint vacant par la mort de Maximilien (1519). Charles et François I₍ᵉʳ₎ se disputèrent cette couronne. Les électeurs, en présence de deux compétiteurs si puissants, ne voulurent ni de l'un ni de l'autre, quoiqu'ils se fussent vendus fort cher à tous les deux, et nommèrent Frédéric le Sage, électeur de Saxe; mais il refusa et conseilla aux princes de choisir Charles d'Autriche, plus intéressé que personne, à cause de ses États héréditaires, à défendre l'Allemagne contre les Turcs. On redoutait d'ailleurs le despotisme du roi de France. Charles fut proclamé empereur. Ses représentants avaient promis qu'il ne ferait la paix ou la guerre et ne mettrait aucun État au ban de l'Empire qu'avec l'assentiment de la diète; qu'il donnerait tous les emplois à des Allemands, et fixerait sa résidence en Allemagne.

A part le ressentiment de cet échec, François Ier avait plus d'un motif sérieux pour combattre le nouveau César. S'il est douteux en effet que Charles-Quint ait jamais aspiré à la monarchie universelle, au moins est-il certain qu'on pouvait le craindre, et à coup sûr il mettait en péril l'équilibre européen, lui qui venait de réunir sous sa domination les Pays-Bas, l'Autriche, le royaume des Deux-Siciles, l'Espagne, le nouveau monde, enfin l'empire. Que manquait-il à l'ambitieux qui avait pris pour devise: *Plus oultre* (toujours plus loin), pour être un nouveau Charlemagne? la France. Il appartenait donc à la France de résister à cette ambition menaçante, et ce fut son honneur de défendre contre la maison d'Autriche l'indépendance des États européens, et par suite la civilisation du monde.

Dans cette lutte qui allait durer deux siècles, l'inégalité des forces était plus apparente que réelle. La maison d'Autriche avait de plus vastes domaines; mais ils étaient disséminés, séparés par des mers, par des États ennemis ou étrangers. La France était compacte, et rien n'y faisait obstacle à la volonté du souverain: le concordat venait de placer le clergé sous sa main; la noblesse et le tiers état y étaient depuis longtemps. François Ier se vantait lui-même d'avoir mis les rois *hors de page*, et, le premier de nos rois, il signa ses ordonnances de cette formule: *car tel est mon bon plaisir.* Charles-Quint avait à lutter contre des résistances intérieures et des embarras de toute nature. Nulle part il n'était libre de ses mouvements. En Espagne, c'était l'opposition des *communeros* et les priviléges des provinces; en Flandre, la turbulence des bourgeois; en Allemagne, les protestants, en Autriche, les Ottomans; sur la Méditerranée, les Barbaresques. L'Amérique ne lui versait pas encore ses trésors, tandis que François Ier puisait à volonté dans la bourse de ses sujets. Ainsi s'explique la résistance victorieuse de François Ier, malgré la supériorité de talents que possédait l'empereur.

Les deux rivaux cherchèrent d'abord des alliés. Là, comme dans la poursuite du trône impérial, Charles-Quint l'emporta. Tandis que François Ier ne réussissait, à l'entrevue du camp du Drap d'Or, qu'à blesser l'amour-propre de Henri VIII en l'éclipsant par son luxe élégant et ses grâces chevaleresques, Charles s'adressait à Wolsey, le ministre dirigeant du roi d'Angleterre, lui promettait la tiare, et s'assurait l'alliance anglaise. Léon X, effrayé des progrès de la réforme après l'avoir trop méprisée, se déclara également pour l'empereur.

Battu en diplomatie, François espéra mieux de la guerre. Il la fit d'abord indirectement. Il donna à Henri d'Albret 6000 hommes pour envahir la Navarre, que Charles-Quint retenait contrairement aux stipulations du traité de Noyon; il fournit d'autres troupes au duc de Bouillon, qui avait de son côté des griefs contre l'empereur, et attaquait, en son propre nom, le Luxembourg. Mais les Français furent battus en Castille, où ils arrivèrent trop tard pour donner la main aux *communeros* révoltés et à leur héroïque chef, don Juan de Padilla (voy. p. 53). Le duc de Bouillon ne fut pas plus heureux, et les Impériaux vinrent assiéger Mézières. Heureusement Bayard se jeta dans la place, la défendit six semaines, et donna au roi le temps d'accourir avec son armée. L'ennemi recula en désordre, et les Français se vengèrent par une invasion dans les Pays-Bas (1521). Mais en Italie, Lautrec, qui avait irrité la population par un gouvernement dur et rapace, fut obligé d'abandonner Parme, Plaisance, même Milan. C'est pour subvenir aux frais de cette campagne que furent créées les premières rentes perpétuelles sur l'hôtel de ville, origine de la dette publique en France. Le roi, faisant argent de tout, avait aussi vendu vingt places de conseillers au parlement de Paris, et fait fondre une grille d'argent que Louis XI avait donnée à Saint-Martin de Tours.

L'anné suivante (1522), le fort de la guerre fut en Italie. Lautrec avait reçu des renforts, mais point d'argent; Louise de Savoie, jalouse de la comtesse de Châteaubriant, sœur de Lautrec, favori du roi, avait, d'après une tradition maintenant peu croyable, contraint le surintendant Semblançay à lui livrer les sommes destinées aux Suisses. Ceux-ci, n'étant point payés, se mutinèrent et demandèrent à Lautrec argent, congé ou bataille. Il les conduisit à l'attaque des formidables retranchements de la Bicoque, qu'il aurait pu faire tomber par la famine, et il fut battu. Cette défaite entraîna la perte du Milanais, où un fils de Ludovic le More fut rétabli, et la défection de Venise, de Gênes (1522). La même année, Charles-Quint avait fait monter sur le trône pontifical son ancien précepteur, Adrien VI; l'Italie était à sa discrétion.

François I*er* crut qu'il réparerait tout par sa présence et s'apprêta à passer les Alpes avec 25 000 hommes, quand le royaume même fut menacé dans son existence par la trahison du connétable de Bourbon. C'était le dernier des grands seigneurs féodaux, le prince le plus puissant du royaume, et le meilleur général de François I*er*. Une injustice flagrante que le roi laissa commettre, par faiblesse pour sa mère, Louise de Savoie, le poussa au coupable projet de se venger du roi en trahissant la France. Une convention secrète avec Charles-Quint stipula le démembrement du royaume au profit de l'empereur, du roi d'Angleterre et du connétable; l'ancien royaume d'Arles devait être rétabli en faveur du dernier. François I*er*, averti, quoique vaguement, alla trouver le connétable à Moulins, espérant tirer de lui un aveu, un signe de repentir, au moins une parole d'affection et de dévouement : Bourbon resta impénétrable et froid, mais se crut découvert et s'enfuit. Au lieu d'amener à Charles-Quint une armée, il ne lui apporta que l'épée d'un proscrit. Henri VIII avait, l'année précédente, déclaré la guerre à la France, et une armée anglaise venait de descendre à Calais; les Espagnols attaquaient Bayonne, et 12 000 Impériaux entraient en Champagne. François n'osa s'éloigner. Il envoya en Picardie, contre les Anglais, la Trémoille, qui les contint par d'habiles manœuvres, puis les repoussa, malgré l'infériorité de ses forces. Lautrec arrêta les Espagnols, Guise les Allemands, Bonnivet fut chargé de recouvrer l'Italie (1523). Ce dernier choix était malheureux.

L'incapable Bonnivet, battu et blessé à Biagrasso, laissa le commandement à Bayard, qui fut atteint d'un coup mortel pendant qu'il couvrait la retraite. Le connétable, en continuant la poursuite, le trouva couché au pied d'un arbre et lui exprima sa douleur de le voir en cet état : « Monsieur, ce n'est pas moi qu'il faut plaindre, répondit-il, car je meurs en homme de bien. Mais j'ai pris pitié de vous, qui servez contre votre prince, votre patrie et votre serment. » (1524.)

Après ce triste succès, Bourbon envahit la Provence ; mais Charles-Quint, se méfiant du traître, avait donné à Pescaire la direction suprême de l'expédition. Aucune des promesses du connétable ne se réalisa. Il comptait sur ses anciens vassaux : nul ne bougea. Il avait cru que les bourgeois de Marseille viendraient la corde au cou, apporter les clefs de leur ville : ils firent une résistance vigoureuse. François Ier arrivait à la tête d'une armée formidable. Les Impériaux, ruinés, reculèrent en désordre (août), ne s'arrêtant ni derrière les Alpes, ni sous les murs de Milan ; Pescaire ne put que jeter 6000 hommes dans Pavie, et se fortifia derrière l'Adda, pendant que Bourbon cherchait de toutes parts des renforts.

François les suivit et prit Milan sans coup férir. Mais Pavie résistait : il en fit le siége ; toutefois il se crut assez fort pour détacher 10 000 hommes sur Naples. L'ennemi eut le temps de se remettre ; Bourbon, animé par la haine, trouva des ressources qu'on ne soupçonnait pas. Il ramassa de l'argent par tous les moyens, passa en Allemagne, et au bout de quelques semaines ramena 12 000 lansquenets. Il rallia alors Pescaire et Lannoy, le vice-roi de Naples, et tous trois revinrent sur Pavie, mettant François Ier entre eux et la ville, où commandait un homme résolu, le vieux capitaine Antonio de Leyva. On conseillait à François Ier de prendre une position plus forte ; Bonnivet s'écria qu'un roi de France ne reculait jamais, et l'on accepta la bataille. L'ennemi, pour se former en ligne, était contraint de subir le feu terrible de nos redoutes. Le grand maître de l'artillerie, Genouillac, « faisait coup sur coup des brèches dedans les bataillons ennemis, de sorte que vous n'eussiez vu que bras et têtes voler. » Le *roi-soldat* rendit son artillerie inutile, en se plaçant devant elle pour s'élancer sur les Espagnols avec les gens d'armes. Alors les Espagnols se reforment ; la garnison fait une sortie et tout est perdu : les Suisses lâchent pied, les lansquenets sont anéantis ; François Ier tue encore sept ennemis de sa main, mais est forcé de se rendre. Tous les gentilshommes qui avaient chargé avec lui étaient morts ou pris (1525). « Pour vous faire savoir, écrivait-il le soir à sa mère dans une lettre assez longue, quelle est mon infortune, de toutes choses ne m'est demeuré que l'honneur et la vie qui est sauve. » On en a fait le mot héroïque : « Tout est perdu, fors l'honneur, » (24 février 1525.)

L'Europe s'émut à la nouvelle de ce grand désastre et trembla pour elle-même, croyant la France prise avec son roi. L'Italie voyait trop que la victoire des Espagnols était sa ruine, Wolsey, ne comptant plus sur l'empereur qui venait de faire arriver un nouveau pape, Clément VII, au trône pontifical, se vengea d'avoir été dupe, en conseillant à son roi d'abandonner l'alliance autrichienne. La régente de France, Louise de Savoie, exploita habilement ces craintes ou ces rancunes. Elle noua même des relations avec le sultan des Turcs, Soliman. Ces négociations n'eurent alors d'autre effet que d'obtenir dispense, pour les Français établis en Turquie, du tribut que payait tout chrétien qui voulait avoir le libre exercice de sa religion. Mais on en verra plus tard les suites importantes.

Cependant François Ier ne trouvait pas à Madrid Charles-Quint aussi magnanime qu'il l'avait cru. L'empereur le faisait surveiller étroitement et refusa longtemps de le voir. Malade de chagrin, François eut un instant le dessein d'abdiquer en faveur de son fils, pour ne laisser entre les mains de son ennemi qu'un brave chevalier au lieu du roi de France. Cette bonne résolution ne dura point. Il consentit à signer un traité désastreux (1526), après avoir protesté secrètement contre une violence morale qui, selon lui, frappait de nullité tous les actes du captif. Il cédait à Charles, sous la réserve de l'hommage, la province de Bourgogne, renonçait à Naples, à Milan, à Gênes, à la suzeraineté sur la Flandre et l'Artois, réintégrait Bourbon dans ses biens, et promettait d'épouser la sœur de l'empereur, reine douairière de Portugal.

Seconde guerre (1526-1529); traité de Cambrai.

Rendu à la liberté, François Ier refusa d'exécuter le traité de Madrid : les députés de la Bourgogne déclarèrent, dans l'assemblée de Cognac, que le roi n'avait pas le droit d'aliéner une province du royaume dont il avait juré à son sacre de maintenir l'intégrité. L'empereur accusa François de manquer à sa parole; le roi lui répondit qu'il « en avait menti par la gorge, » et offrit de vider leur différend en champ clos. La guerre recommença. Les Italiens, horriblement foulés par les Impériaux, s'y portaient avec enthousiasme. « Cette fois, disait Giberti, ministre du pape Clément VII, il ne s'agit pas d'une petite vengeance; cette guerre va décider de la délivrance ou de l'esclavage de l'Italie. » — « Si l'Italie, disait un autre, fait alliance avec François Ier, c'est pour son bien et non parce qu'elle aime les Français, » Henri VIII d'Angleterre avait pris le titre de *protecteur de la ligue*. Le pape, Venise, Florence, Milan, les Suisses en étaient membres.

Mais, comme toutes les coalitions, la ligue de l'indépendance italienne manqua de concert et d'énergie. Son général, le duc d'Urbin, laissa succomber Sforza dans Milan. Au lieu d'appuyer la flotte pontificale qui menaçait Gênes, il s'amusa à prendre Crémone. Il dissimulait ses terreurs en se comparant à Fabius Cunctator. Pendant ces funestes retards, Bourbon avait reçu des renforts. Il lui vint d'Allemagne 10 000 à 15 000 lansquenets, luthériens fanatiques, commandés par Georges Frondsberg. Après avoir dévoré le Milanais, ils voulurent une autre proie, Florence ou Rome, Rome surtout, *la sacrilége Babylone!* Frondsberg portait au cou une chaîne d'or avec laquelle il jurait d'étrangler le pape. Il ne déplaisait pas à Charles-Quint que l'Italie reçût une leçon sévère ; il laissa Bourbon sans argent et sans ordres Alors ces bandes affamées n'écoutant plus rien, tuant leurs officiers et menaçant le connétable lui-même, franchirent l'Apennin; l'armée italienne se contenta de couvrir la Toscane. Bourbon marcha sur Rome, rêvant peut-être de grands desseins, un royaume d'Italie indépendant de l'Espagne comme de la France. Rome avait fermé ses portes. Il ordonna l'assaut et tomba un des premiers; mais ses soldats le vengèrent cruellement. En moins d'une heure la ville fut prise (6 mai); le pillage dura neuf mois, et les brigands ne s'arrêtèrent que devant une peste affreuse qui les décima. Au temps des Goths et des Vandales, Rome n'avait rien souffert de plus affreux. Les couvents furent forcés, les autels dépouillés, les tombeaux profanés, la bibliothèque du Vatican saccagée, les chefs-d'œuvre de Michel-Ange et de Raphaël souillés, déchirés comme des monuments d'idolâtrie.

Il n'y eut qu'un cri dans toute la chrétienté contre ces nouveaux barbares. François Iᵉʳ, lent, contre son habitude, à entrer en action, envoya enfin une puissante armée en Italie. Lautrec, qui la commandait, reconquit le Milanais et vint assiéger Naples par terre, tandis que Doria la bloquait par mer. C'en était fait de la puissance espagnole en Italie, sans une faute du roi. Peu sûr de Gênes, il voulut lui donner une rivale qu'il pût tenir aisément, en faisant de Savone un grand port. André Doria, Génois avant tout, fit des remontrances, et, comme elles ne furent pas écoutées, il passa du côté de l'empereur avec sa flotte. La mer redevenant libre, Naples fut ravitaillée; l'armée de Lautrec à son tour fut affamée, lui-même succomba à la peste; les débris de ses troupes capitulèrent dans Aversa (1528). Une autre armée française, que commandait le comte de Saint-Pol, fut détruite l'année suivante à Landriano, et la Péninsule perdue pour les Français. Elle est restée depuis ce jour sous le pouvoir ou l'influence de la maison d'Autriche, que la France a fait reculer deux fois, à Rivoli et à Solferino, et qui maintenant est complétement évanouie.

L'empereur vint lui-même recueillir les fruits des victoires de ses généraux et des fautes de son rival. Il se rendit à Bologne, y manda Clément VII, et dicta ses conditions. Venise restitua ce qu'elle avait pris; les ducs de Ferrare et de Milan se reconnurent vassaux de l'empire, ainsi que le marquis de Mantoue, qui fut créé duc; la Savoie et le Montferrat renoncèrent à l'alliance française. Cela fait, Clément VII posa les deux couronnes de l'Italie et de l'empire sur le front de Charles-Quint (1530). Florence seule protesta contre cet asservissement de l'Italie. Défendue un an entier par Michel-Ange, elle dut enfin ouvrir ses portes aux Impériaux; ils y rétablirent les Médicis qui y régneront pour le compte de l'Espagne.

Il semblait que Charles-Quint allait maintenant entamer la France. Mais il avait besoin de la paix avec François Ier; car une guerre de religion était sur le point d'éclater en Allemagne; Soliman poussait ses redoutables janissaires jusque sous les murs de Vienne, et Henri VIII menaçait de rompre l'alliance autrichienne. Le traité de Cambrai, moins dur que celui de Madrid, puisque l'empereur renonçait à la Bourgogne, fut aussi humiliant, puisque le roi de France livrait ses alliés d'Italie, abandonnait ses prétentions sur Naples, reconnaissait Sforza comme duc de Milan, et cédait Tournay, Hesdin, avec la suzeraineté de la Flandre et de l'Artois (1529).

CHAPITRE IX.

SECONDE ÉPOQUE DE LA RIVALITÉ DES MAISONS DE FRANCE ET D'AUTRICHE; INTERVENTION DE LA TURQUIE ET DE L'ANGLETERRE (1529-1547).

Nouveau système d'alliances de la France. — Charles-Quint devant Tunis et Alger; troisième guerre avec la France (1536-1538). — Quatrième guerre (1542-1544).

Nouveau système d'alliances de la France.

La rivalité des maisons de France et de Bourgogne commencée au pont de Montereau en 1419, par l'assassinat de Jean sans Peur, avait sous Charles VI, Charles VII et Louis XI, fait courir de grands périls au royaume. La mort du Téméraire y mit fin. Mais sur le tronc brisé de la maison de Bourgogne s'était greffée une maison nouvelle, celle d'Autriche-Espagne. Tant qu'elle fut divisée et représentée par des enfants, nos rois purent s'aventurer dans la brillante mais dangereuse et inutile carrière des conquêtes lointaines : c'est le temps des premières expéditions d'Italie (1494-1516). Quand elle fut réunie aux mains de l'homme prudent et avisé qui voulut être un autre Charlemagne, une seconde lutte s'ouvrit. La première nous avait valu la Bourgogne, la seconde nous coûta un titre, la suzeraineté sur la Flandre et l'Artois, et nous ferma l'Italie, où la maison d'Autriche domina. Dès lors le royaume fut enceint, le long de sa frontière de terre, depuis l'Adour jusqu'à la Somme, d'un cercle de possessions ennemies, l'Espagne, l'Italie, la Franche-Comté, l'Allemagne et les Pays-Bas, réunies dans les mains de l'empereur. Pour briser ce cercle menaçant, il ne suffisait pas de l'épée de la France, qui s'était d'ailleurs ébréchée à Pavie, il fallait appeler à l'aide tous ceux, quels qu'ils fussent, que cette ambition impériale effrayait.

La défaite avait rendu à François Ier le service de diminuer en lui, sinon d'éteindre, son funeste penchant à imiter les prouesses des anciens chevaliers. Il comprenait maintenant qu'une bravoure de soldat ne suffit pas pour mener à bonne fin les affaires politiques ; et il chercha, il prit des alliés sans regarder aux noms qu'ils portaient, le roi schismatique d'Angleterre, les protestants d'Allemagne, même, ce qui était alors bien autrement odieux, les Ottomans.

De l'Angleterre, François Ier tira peu d'assistance. Henri VIII (1509-1547) avait pris pour devise : « Qui je défends est maître ; » se promettant bien de ne défendre personne jusqu'au bout. Il pouvait en effet tenir la balance égale entre les deux puissants rivaux qui se disputaient la suprématie de l'Europe. Mais ce prince voluptueux et sanguinaire, était trop asservi à ses passions pour suivre, sans dévier, un système constant et uniforme. Sous Louis XII, il avait pris part à la grande coalition contre la France. La victoire de Marignan excita son envie ; après l'élection de Charles V, il parut pencher pour celui des deux adversaires qui ne portait qu'une couronne. Mais, à l'entrevue du camp du Drap d'or, François blessa sa vanité et perdit son alliance. En 1521, il signa un traité avec Charles V, et quelques mois après déclarait la guerre à la France. François répondit à cette attaque par une alliance avec l'Écosse et les révoltés d'Irlande. Une armée anglaise arriva, en 1523, jusque sur l'Oise. Après Pavie, Charles devenant trop puissant, Henri VIII négocia avec la régente de France, et fit écrire au traité cette clause singulière, que Louise de Savoie ne consentirait à aucun démembrement de la France en faveur de Charles-Quint. Il comprenait que l'intégrité de ce royaume était la garantie de l'indépendance de l'Europe. François, sorti de captivité, confirma le traité fait par sa mère ; mais Henri, content d'avoir, en alarmant Charles-Quint, tiré François Ier de ses mains, rentra dans la neutralité, ne voulant pas plus le triomphe de la France que celui de l'Autriche.

Une autre affaire attirait d'ailleurs, à ce moment, toute son attention, la question de son divorce avec sa première femme, tante de l'empereur. En 1529 il fit consulter à ce sujet les universités françaises ; elles se gardèrent bien de donner un avis contraire, et pendant quelques années Henri se rapprocha de la France; mais il s'en éloignait déjà quand la guerre éclata de nouveau.

Il n'en fut pas ainsi de l'alliance ottomane. Les Turcs avaient pour sultan le célèbre Soliman II. Aussi belliqueux que son père Sélim, mais ami des arts, protecteur des lettres, auteur du code intitulé le *Khanounnamé*, Soliman II mérita le triple surnom de conquérant, de magnifique et de législateur. Avant lui, les Turcs n'étaient pour les chrétiens que des barbares qui venaient imposer par le sabre une religion exécrée. Sous son règne, ils prirent place parmi les peuples de l'Europe, et jouèrent un rôle important dans ses destinées. C'est François Iᵉʳ qui introduisit les Ottomans dans la politique européenne. On lui a reproché comme un crime ses relations avec les ennemis du christianisme, et il semblait lui-même en rougir. En réalité, l'empire ottoman était moins dangereux pour l'Europe que la puissance et l'ambition chaque jour croissantes de la maison d'Autriche. D'ailleurs, si François Iᵉʳ avait obtenu l'alliance ottomane, Charles-Quint l'avait demandée. Enfin la religion y gagna, les chrétiens d'Orient, ainsi que tous les marchands qui naviguaient avec notre pavillon, trouvant sous la protection de nos consuls une certaine sécurité; et elle n'y perdit pas, car les grandes conquêtes de Soliman sur les chrétiens sont antérieures au traité conclu, en 1534, avec le roi de France, puisque ce fut en 1521 qu'il prit, après douze assauts, Belgrade, le boulevard de la Hongrie ; en 1522 qu'à la tête de 150 000 hommes et de 400 navires, il enleva Rhodes aux Hospitaliers, malgré l'héroïque résistance du grand maître, Villiers de l'Isle-Adam, qui se défendit cinq mois ; enfin, en 1526, qu'il s'empara de Peterwaradin et remporta la grande victoire de Mohacz. Il avait passé le Danube avec 200 000 hommes et détruit l'armée hongroise à cette fatale journée, où périt Louis II, le dernier des Jagellons de Hongrie.

La couronne de Hongrie revenait à Ferdinand d'Autriche, beau-frère de Louis II. Mais Soliman soutint contre ce frère de Charles-Quint un prétendant de race magyare, Jean Zapoli. Toute la Hongrie fut ravagée par les Ottomans. Bude même tomba en leur pouvoir (1529). Zapoli se reconnut vassal de la Porte, le prince de Moldavie fit de même, et Soliman, n'ayant plus rien qui l'arrêtât sur le Danube, pénétra en Autriche et vint assiéger Vienne. C'est le 3 août que le traité de paix de Cambrai avait été signé, quand les Turcs étaient déjà en marche sur Vienne, où ils arrivèrent le 26 septembre. Le rapprochement de ces deux dates montre pourquoi la *paix des Dames* fût signée. Vienne avait pour garnison 20 000 soldats qui avaient fait les guerres d'Italie, et pour gouverneur le vaillant comte de Salm. Vingt assauts furent successivement repoussés. Le sultan dut rebrousser chemin; il crut faire oublier ce revers en couronnant de ses mains, dans Bude, son vassal Jean Zapoli, roi de Hongrie.

Deux ans après il conquit l'Esclavonie, et en 1532 il reparut en Hongrie à la tête de 300 000 hommes. Heureusement une petite place de Styrie, Guns, l'arrêta un mois. C'est pendant le siége de cette ville qu'il reçut la première ambassade de François Ier, avec une magnificence extraordinaire. Il comptait envahir l'Allemagne. Mais Charles-Quint avait eu le temps de rassembler 150 000 combattants. Jamais, depuis les croisades, l'Europe chrétienne n'avait réuni des forces aussi considérables. Luthériens et catholiques s'étaient donné la main contre le croissant, et François Ier n'osait appuyer son redoutable allié par une diversion sur le Rhin ou l'Italie. Il n'y eut point toutefois d'action générale. Au bout de six semaines, le sultan apprit qu'une flotte espagnole venait d'entrer dans les Dardanelles et menaçait Constantinople : il se retira (1532).

François Ier ne cessa qu'en 1534 de faire un mystère de ses relations avec Soliman. En cette année fut conclu avec la Porte le premier de ces traités, connus sous le nom de *capitulations*, en vertu desquels la France obtint le protectorat des lieux saints, le droit d'établir des comptoirs dans les échelles du Levant, et la liberté de commerce pour son seul pavillon. Telles étaient les clauses publiques de l'alliance. Mais, en secret, le sultan promit d'attaquer Naples pendant que le roi attaquerait le Milanais. En même temps, François Ier fit des ouvertures aux princes luthériens qui venaient de former contre l'empereur la ligue de Smalkalde (1532).

Le pape ne lui en garda pas rancune, du moins sa colère ne tint pas contre l'offre que François lui fit de marier le Dauphin à la nièce du pontife, Catherine de Médicis. Clément VII mourut presque aussitôt, et l'avantage qu'on avait espéré de cette mésalliance avec la fille des banquiers de Florence fut compromis. Mais la politique pontificale inclinait du côté de la France depuis que la maison d'Autriche possédait Naples et convoitait Milan. Même à Rome on subordonnait l'intérêt religieux à l'intérêt politique. Là, d'ailleurs, autour de la chaire de Saint-Pierre, ces deux intérêts étaient identiques. En France on allait résolûment jusqu'au bout de cette doctrine, en s'alliant avec les Turcs, sauf à dire comme François Ier, que « quand les loups venaient fondre sur son troupeau, il avait bien le droit de jeter les chiens sur eux. » Ce qui était plus vrai, c'est qu'avec les grandes sociétés modernes naissaient les grands intérêts nationaux, et que les questions nationales primaient maintenant les questions religieuses, preuve que le moyen âge était bien mort.

François consolida aussi son alliance avec les Écossais, en faisant épouser à leur roi sa fille aînée (1536), puis Marie de Lorraine; et il signa plus tard nos premiers traités avec le Danemark (1541), essayant ainsi de former autour de la France une coalition des États secondaires, pour tenir tête à celui qui aspirait à la suprématie universelle. En même temps, il organisa une infanterie nationale de 42 000 hommes (*légions provinciales*), afin de n'être plus à la discrétion des mercenaires suisses ou allemands.

Charles-Quint devant Tunis et Alger. Troisième guerre avec la France (1536-1538).

Pendant que François Ier s'alliait aux luthériens et aux infidèles, Charles résistait glorieusement à ceux-ci, et, bien qu'il ne servît en cela que son ambition et ses intérêts, pouvait se présenter comme le défenseur de la chrétienté. La marine turque faisait de menaçants progrès sous la direction du célèbre Khayreddin Barberousse. Ce pirate, devenu amiral des flottes ottomanes, parcourait incessamment la Méditerranée; et, pendant qu'en Asie le sultan enlevait aux Persans Tauris et Bagdad (1534), qu'ils lui reprirent l'an d'après, Barberousse chassait le bey de Tunis, Muley-Hussan, de son royaume. Alger, Tunis devinrent, comme auparavant Carthage sous Genséric, et Biserte sous les Aglabites, le repaire d'une multitude de corsaires. La sécurité disparut sur tout le littoral de l'Espagne et de l'Italie. Charles-Quint dirigea contre ces nids de pirates deux expéditions célèbres. Dans la première, avec 400 vaisseaux commandés par Doria, il s'empara de la Goulette, à l'entrée du golfe de Tunis, et délivra 20 000 captifs (1535); mais, moins heureux six ans après, à Alger, il vit sa flotte dispersée par une tempête, et eut peine à en sauver quelques débris (1541). L'empereur protégea mieux le commerce des peuples chrétiens, en cédant l'île de Malte aux chevaliers de Rhodes (1530). Cette intrépide milice, l'élite de toutes les noblesses d'Europe, fit avec autant de succès que de dévouement la police de la Méditerranée. Elle entreprit contre les pirates une guerre de ruses et de stratagèmes où ils n'eurent pas toujours le dessus. Cependant elle ne put empêcher un émule de Barberousse, le corsaire Dragut, de s'emparer de Tripoli en 1551. La Porte, déjà maîtresse de l'Égypte et suzeraine des États barbaresques, se trouva alors solidement établie sur presque toute la côte septentrionale de l'Afrique.

Une mauvaise action de l'empereur rompit la paix de Cambrai. Sur les instances de Charles-Quint, le duc de Milan, au mépris du droit des gens, fit saisir et exécuter dans son cachot un envoyé français, Merveille. François se préparait à passer les Alpes pour venger cet outrage, quand le duc mourut (1535); il remit aussitôt en avant ses prétentions sur le Milanais et, pour s'en faciliter la conquête, s'empara des États du duc de Savoie. Cette maison était restée constamment fidèle à la France depuis Louis XI, et avait favorisé toutes nos opérations au delà des monts, qui, sans l'assistance du portier des Alpes, eussent été bien difficiles. Mais, en 1521, le duc Charles III avait épousé une belle sœur de Charles-Quint, et depuis ce moment n'avait plus montré qu'une amitié chancelante qui se changea, après Pavie et le traité de Cambrai, en sentiments d'hostilité. Maître de la Savoie et du Piémont, qui sont les deux clefs de l'Italie, François tenait de là en échec la domination espagnole dans la Péninsule. Mais il se laissa prendre aux promesses de Charles-Quint, qui, n'étant point prêt à la guerre, engagea, pour gagner du temps, une négociation perfide. Quand il eut terminé ses préparatifs, il leva le masque, et dans le consistoire de Rome, en présence de tous les ambassadeurs des États chrétiens, il proféra contre son rival les menaces et les insultes les plus violentes (5 avril).

Faute d'argent, François Ier dut se tenir sur la défensive; encore eût-il l'imprudence de confier la garde du Piémont au marquis de Saluces, à la fois incapable et traître. Toutes les places furent livrées aux Impériaux, et Charles entra en Provence à la tête de 60 000 combattants. Cet homme froid, et d'ordinaire si maître de lui-même, n'était plus reconnaissable. Il se flattait de conquérir la France en une campagne, distribuait d'avance les gouvernements et les dignités, et recommandait à son historiographe Paul Jove de se munir d'encre et de plumes, « parce que, disait-il, il allait lui tailler de la besogne. » Montmorency, que François Ier avait chargé de la défense, n'osa pas risquer une bataille contre les vieilles bandes espagnoles. Il fit de la Provence un désert. Excepté Arles et Marseille, toutes les places furent démantelées. On combla les puits, on incendia les moulins, les granges. Les habitants se réfugièrent dans les bois ou dans les montagnes. L'empereur erra deux mois au milieu de cette effroyable désolation. Repoussé devant Marseille, il s'empara d'Arles et voulut s'y faire couronner roi de Provence : nobles, magistrats, prêtres, tout avait fui. Il marcha sur Avignon ; une victoire pouvait seule relever le moral de ses troupes. Montmorency, malgré l'ardeur des Français, resta immobile. Les Impériaux se mirent alors en retraite, harcelés par les paysans, décimés par la dyssenterie. De cette florissante armée qui devait conquérir la France, Charles ne ramena que des débris (septembre 1536). Il se hâta de quitter l'Italie, et alla cacher en Espagne son humiliation.

Les Provençaux s'étaient admirablement conduits ; les Picards, menacés dans le même temps par une autre armée impériale, firent comme eux. A Saint-Riquier, à Péronne, les femmes combattirent sur les remparts à côté des hommes. Les Normands ne virent pas l'ennemi chez eux ; mais ils allèrent le chercher. Leurs corsaires firent pour 200 000 écus d'or de prises sur les Espagnols.

François Ier ouvrit la campagne suivante par une cérémonie ridicule : Charles-Quint, cité à comparaître devant le parlement de Paris, fut déclaré par contumace coupable de félonie et déchu de ses fiefs d'Artois et de Flandre. Cette procédure n'aboutit qu'à une insignifiante guerre de siéges. Les deux partis, également épuisés, conclurent une trêve de dix mois pour la frontière du nord. Au midi, François Ier reconquit le Piémont. Cependant Soliman, qui venait de soumettre, à l'extrémité de son empire, les princes de Géorgie et d'Albanie, écrasait les Autrichiens à Essek (1537), tandis que son amiral, Barberousse, dévastait les côtes du royaume de Naples. Un immense cri de colère s'éleva en Italie contre le roi de France, allié des Ottomans. Le pape se fit l'interprète de l'opinion publique, et força les deux rivaux à l'accepter pour médiateur : malgré leurs rancunes, ils conclurent à Nice une trêve de dix ans. Chacun d'eux garda ses conquêtes. Le duc de Savoie était sacrifié (1538).

Soliman ne pouvait l'être aussi aisément. Les deux princes qui se disputaient la Hongrie, Ferdinand d'Autriche et le prince de Transylvanie, Zapoli, s'étaient partagé ce royaume par le traité de Wuitzen (1536). Le sultan, sous prétexte de défendre les droits du fils de Zapoli, menacé par les Allemands, battit ceux-ci, reprit Bude et presque toute la Hongrie (1541). Trois années plus tôt, il avait conquit l'Yémen et équipé sur la mer Rouge une flotte pour secourir les musulmans de l'Inde contre les Portugais. Ainsi, les drapeaux du sultan flottaient des bouches du Rhône à celles de l'Indus, et son pouvoir s'étendait depuis le Caucase jusqu'à l'Atlas africain.

Après avoir signé la trêve de Nice, Charles-Quint et François Ier eurent une entrevue à Aigues-Mortes. Montmorency, habile courtisan, qui cachait sous des dehors austères une ambition et une cupidité sans bornes, avait persuadé au roi que le seul moyen d'acquérir le Milanais était de contracter avec Charles-Quint une alliance solide. Charles ne voulait à aucun prix céder cette province. Mais l'amitié du roi était en ce moment pour lui une bonne fortune ; car ses troupes se révoltaient en Italie et en Sicile, et les cortès d'Espagne lui refusaient de l'argent. A peine sorti de ces embarras, survint un nouveau péril. La puissante cité de Gand se souleva et offrit de se donner à la France. Le roi ne pensait qu'au Milanais, qui lui était inutile ; il refusa la Flandre, qui eût été l'acquisition la plus précieuse. Il fit plus : trahissant ceux qui s'étaient fiés à lui, il informa l'empereur de leurs propositions, l'invita enfin à passer par la France pour aller châtier plus vite ces rebelles, et lui fit une réception magnifique. Il croyait obtenir le Milanais : il n'eut ni Gand ni Milan.

Les Flamands soumis, Charles-Quint nia ses promesses. « Qu'on me montre un écrit, » disait-il ; et il déclara qu'il réservait l'investiture du Milanais pour son fils Philippe. Le roi, honteux d'avoir été pris pour dupe, se résolut à une nouvelle guerre. Ni l'occasion ni les prétextes ne se firent longtemps attendre.

Quatrième guerre (1542-1544).

Deux agents secrets qu'il envoyait à Soliman furent assassinés par del Vasto, gouverneur du Milanais (1540). Del Vasto comptait trouver sur eux la preuve formelle de l'alliance du roi avec les Turcs. Heureusement les dépêches étaient restées en Piémont. Peu de mois après, Charles-Quint attaquait les pirates d'Alger. On a déjà vu que l'expédition échoua complétement (1541).

Cet attentat et ce revers firent hâter à François Ier ses préparatifs. Sûr de Jacques V d'Écosse, qui avait épousé sa fille aînée en 1536, et plus tard une princesse de la maison de Lorraine, il contracta avec les rois de Danemark et de Suède une alliance, la première qui ait uni la France aux États scandinaves. Enfin il mit sur pied cinq armées à la fois pour attaquer le Roussillon, les Pays-Bas et l'Italie. Le succès ne répondit point à tant d'efforts. La campagne de 1542 fut sans résultats ; mais François Ier perdit un allié utile. Henri VIII avait voulu entraîner le roi d'Écosse dans le schisme, Jacques V s'y refusa, et, menacé d'une guerre par son puissant voisin, le prévint en envahissant lui-même l'Angleterre. Beaucoup de nobles écossais qui avaient adopté la réforme de Calvin abandonnèrent leur roi au moment de l'action. Jacques V mourut quelques jours après ; il laissait de Marie de Lorraine une fille qui venait de naître, Marie Stuart ; et l'année suivante Henri VIII contractait une alliance offensive avec Charles-Quint : les deux princes devaient entrer à la fois en France et se partager le royaume. L'empereur obligea bien le duc de Clèves, allié de François Ier, à se soumettre ; mais il ne réussit pas à entamer la frontière du nord, et assiégea vainement Landrecies. Pendant ce temps, Soliman attaquait à l'est les domaines autrichiens ; il enlevait ce qui lui avait jusqu'alors échappé de la Hongrie, il pénétrait en Autriche, et sa flotte, réunie à celle de la France, bombardait Nice : la ville fut prise, mais non la citadelle. Les Ottomans hivernèrent à Toulon (1543).

La campagne suivante s'ouvrit par une brillante victoire. Les Français avaient investi Carignan ; del Vasto s'approcha pour sauver la ville. Officiers et soldats, et plus que tous, d'Enghien, leur jeune chef, désiraient répondre au défi des Espagnols. Mais un ordre précis du roi défendait de risquer une action générale. L'occasion pourtant était si belle, que le duc d'Enghien envoya Montluc en France pour demander la permission de tomber sur l'ennemi : on promettait de le bien battre. François Ier ne put résister. Alors se produisit un élan d'enthousiasme digne des beaux jours de Marignan. Tous les gentilshommes voulurent partir pour l'armée, et la cour se trouva déserte. Ils apportaient leur courage ; ils apportaient aussi de l'argent, que le duc d'Enghien leur emprunta afin de payer ses soldats. La gendarmerie fit de fort belles charges ; mais la bataille était perdue sans les gens de pied des vieilles bandes françaises et suisses. Les Impériaux enfoncés laissèrent sur le champ de bataille 12 000 morts, leurs canons et leurs bagages ; les Français ne perdirent pas 200 hommes (1544).

Mais la France avait à combattre la moitié de l'Europe : au lieu d'envahir le Milanais, il fallut, après la glorieuse journée de Cérisoles, détacher de l'armée du Piémont 12 000 hommes d'élite pour défendre la Picardie et la Champagne ; Henri VIII venait de débarquer à Calais et assiégeait Boulogne. Charles-Quint était entré en Champagne et avait pris Saint-Dizier. Les Impériaux arrivèrent à Château-Thierry, et l'alarme se répandit dans la capitale. Les Parisiens commençaient à émigrer avec leurs meubles sur Orléans. « Dieu, s'écriait François I*er*, tu me fais payer cher cette couronne que je croyais avoir reçue de ta main comme un don. » Mais le camp ennemi était désolé par la disette et les maladies ; les Anglais s'obstinaient devant Boulogne au lieu de rejoindre leurs alliés. Charles-Quint, pressé d'arrêter les progrès des luthériens en Allemagne, consentit à traiter.

La paix fut signée à Crespy. L'empereur et le roi se restituèrent mutuellement tout ce qu'ils avaient conquis l'un sur l'autre, François continuant d'occuper la Savoie et le Piémont ; Charles promettait en outre l'investiture du Milanais à un fils puîné du roi ; mais ce jeune prince mourut. Henri VIII, bien que resté seul, refusa de traiter. Il se décida enfin, en juin 1546, à poser les armes et à rendre Boulogne, moyennant 2 millions payables en huit années.

François I*er* survécut peu à ce dernier traité, il mourut le 31 mars 1547. Un acte odieux, le massacre des Vaudois, avait souillé ses dernières années. Son fils Henri II lui succéda.

CHAPITRE X.

TROISIÈME ÉPOQUE DE LA RIVALITÉ DES MAISONS DE FRANCE ET D'AUTRICHE (1547-1559).

Toute-puissance de Charles-Quint. Cinquième guerre contre la France (1547-1556). — Dernière lutte pour l'indépendance italienne; traité de Cateau-Cambrésis (1559).

Toute-puissance de Charles-Quint. Cinquième guerre contre la France (1547-1556).

Charles-Quint profita de la mort de François Ier et des embarras de son successeur pour accabler les protestants d'Allemagne, avant que la main de la France pût s'étendre sur eux et les couvrir. Depuis le traité signé à Cadan en Bohême, entre les luthériens et les catholiques (1534), le soulèvement des anabaptistes de Munster (1534) et la guerre de Charles-Quint contre François Ier, avaient empêché la lutte d'éclater en Allemagne. Mais le traité de Crespy, en 1544, ayant laissé Charles-Quint libre de tout souci du côté de la France, et une trêve de cinq ans, convenue avec Soliman en 1545, lui ôtant toute inquiétude du côté des Turcs, il crut le moment venu d'arrêter les progrès des luthériens. Le Brandebourg, la Misnie, la Thuringe et le Palatinat étaient passés depuis peu de temps du côté de la réforme. En 1543, l'archevêque de Cologne abjura à son tour, et prétendit, malgré son abjuration, conserver son électorat et son archevêché. Mais Rome, sous Paul III, avait repris une énergie qui maintenant stimulait celle de l'empereur. Le concile de Trente s'était ouvert (13 déc. 1545) et, dès ses premières sessions, avait irrévocablement rompu avec les protestants. Condamnés canoniquement, ils virent le pape accorder à l'empereur un secours de

13 000 hommes pour les réduire, un subside considérable et la moitié des revenus de l'Eglise d'Espagne pour une année. Luther mourut en 1546, et ne vit pas le commencement des hostilités qu'il redoutait. La ligue de Smalkalde avait de grandes forces; mais elle manquait d'un chef parce qu'elle en avait trop. La trahison de Maurice de Saxe, qui passa à l'empereur, rompit la ligue. L'électeur de Saxe et le landgrave de Hesse restèrent seuls en armes. Ils comptaient sur François Ier. La mort de ce prince décida l'empereur à attaquer l'électeur à Mühlberg, sur l'Elbe; il le battit et le fit prisonnier (23 avril 1547). Le landgrave seul ne pouvait plus résister; il fit sa soumission.

Charles-Quint usa avec perfidie et dureté de sa victoire. L'électeur, dépouillé de son électorat, que l'empereur donna à Maurice, dut garder prison perpétuelle. Le landgrave fut arrêté contre la foi promise, et ces deux illustres captifs furent insolemment traînés à la suite du vainqueur dans les villes allemandes, pour qu'on vît bien leur humiliation et celle des libertés germaniques. Celles-ci, en effet, semblaient perdues. Les villes se remplissaient de soldats étrangers, et de lourds impôts étaient levés sur les peuples.

L'empereur n'était pas moins heureux en Italie contre les guelfes qu'en Allemagne contre les protestants. A Gênes, la conspiration de Fiesque contre les Doria, amis de l'Espagne, échoua par la mort imprévue de ce chef audacieux (2 janv. 1547). Sienne reçut garnison espagnole; dans la Lombardie, enfin, Pierre-Louis Farnèse fut assassiné; son successeur, Octave, ne conserva que la ville de Parme. Les Impériaux occupèrent Plaisance, et Philippe d'Espagne vint surveiller les mouvements de la cour pontificale.

Enivré de son triomphe, Charles-Quint crut pouvoir trancher à lui seul la question religieuse qui divisait le monde; il promulgua à Augsbourg son fameux *interim* (15 mai 1548). Tout pliait devant le nouveau Charlemagne.

L'Allemagne a perpétuellement oscillé, pour trouver sa constitution, entre deux points opposés. Othon Ier, Henri III, Frédéric Barberousse l'entraînèrent dans le sens de l'unité, le grand interrègne la repoussa dans la division. Charles-

Quint reprenait donc l'éternel problème; mais il commit la faute qui avait fait échouer ses grands prédécesseurs : il compliqua son entreprise de beaucoup d'autres. Les républiques italiennes au moyen âge, avaient sauvé la féodalité germanique; la France, aux temps modernes, sauva les principautés allemandes.

Lorsque Henri II vit les désastreuses conséquences de la défaite des princes allemands et l'omnipotence de l'empereur dans l'empire, il se dit qu'il ne fallait pas laisser à une telle puissance le temps de s'affermir, et il se résolut à la guerre. Les traités avec les Suisses et les Turcs furent renouvelés. Il racheta Boulogne aux Anglais, qu'il mit de son côté, tout en fiançant au Dauphin la reine d'Écosse, Marie Stuart; il rappela les prélats français du concile de Trente et soutint contre le pape, allié de l'empereur, la maison Farnèse dans Parme et Plaisance. Mais il donna le sang de ses sujets protestants comme rançon de cette politique qui le faisait presque partout l'ennemi des orthodoxes, l'ami des hérétiques ou des mécréants. L'édit de Châteaubriand ordonna de juger les protestants sans appel, ferma les écoles et les tribunaux à quiconque n'avait pas un certificat d'orthodoxie, et, par un usage renouvelé des plus mauvais temps de l'empire romain, assura aux délateurs le tiers des biens de leurs victimes (1551).

C'était surtout en Allemagne qu'il importait d'agir. Le roi s'unit en secret aux princes protestants et à Maurice de Saxe, qui trahissait l'empereur, maintenant qu'il n'avait plus rien à attendre de lui. Il prit le nom de protecteur des libertés germaniques et se fit autoriser à s'emparer, comme vicaire de l'empire, des villes de Metz, Toul et Verdun, trois évêchés souverains, au milieu du duché de Lorraine (1551).

L'occupation se fit sans obstacle. Toul ouvrit ses portes. Metz, ville libre et florissante, ne voulait laisser entrer que les chefs de l'armée : les soldats suivirent, on se saisit des portes, et Metz fut à la France. On essaya sur Strasbourg, une autre grande cité libre, la même surprise. Les Strasbourgeois répondirent à coups de canon. Henri ne put que se vanter d'avoir fait boire ses chevaux dans le Rhin. Mais, en revenant il saisit Montmédy, Ivoy, Bouillon, qu'il ne garda pas, Verdun qui nous est resté (avril 1552).

De son côté, Maurice de Saxe avait failli enlever Charles-Quint dans Insbrück. Le vieil empereur n'avait eu que le temps de fuir à travers les neiges et les montagnes. L'œuvre de toute sa vie était renversée en un jour; il le comprit et s'y résigna. La transaction de Passau abolit l'*intérim* et accorda la liberté de conscience aux luthériens (1552).

C'était l'alliance de la France avec Maurice de Saxe qui avait valu à Charles-Quint cette amère déception : aussi se tourna-t-il contre elle avec fureur. Il vint assiéger Metz à la tête de 60 000 hommes. Le duc de Guise défendit la place avec tant d'héroïsme, que l'empereur fut contraint de se retirer après avoir perdu la moitié de ses soldats. « Je vois bien, disait-il, que la fortune est femme, mieux aime-t-elle un jeune roi qu'un vieil empereur. » Il eût dû n'accuser que lui-même qui avait entrepris une pareille opération dans la saison la plus défavorable. Il fut plus heureux, l'année suivante, contre Térouanne, qu'il prit et rasa.

Le mariage de l'infant d'Espagne, Philippe, avec la reine d'Angleterre, Marie Tudor, mit la France en péril. Mais Henri II déploya une grande activité (1554); il envahit les Pays-Bas, et battit les Impériaux à Renty (22 kilomètres sud-ouest de Saint-Omer). Au midi, il faisait occuper la Corse, pendant que Brissac défendait le Piémont avec une rare habileté. Mais, en Toscane, Strozzi, exilé florentin à la solde de la France, était battu à Marciano, et les Espagnols purent commencer le siége de Sienne (1554). Le chef des Impériaux, Jean-Jacques de Médicis, inaugura cette entreprise par d'horribles ravages. Il fit de ce beau pays, couvert d'habitations et d'une culture florissante, la triste Maremme d'aujourd'hui. Blaise de Montluc avec quelques troupes françaises, prolongea la résistance. Ce ne fut qu'après avoir perdu 20 000 habitants par le fer ou la faim que Sienne capitula et subit la protection espagnole (1555).

Ces succès isolés ne consolaient point Charles-Quint de son échec devant Metz et de la défaite de Renty. Après trente-cinq années d'efforts, il voyait tous ses projets renversés. La France n'était pas abaissée, l'Allemagne asservie, le protestantisme écrasé. Le découragement le prit, il signa avec les protestants la paix d'Augsbourg, avec la France la trêve de Vaucelles (5 février 1556); puis il posa ses couronnes d'Espagne, d'Italie et des Pays-Bas sur la tête de son fils, Philippe II (1556), et il résigna l'empire entre les mains de son frère, déjà roi des Romains, l'archiduc Ferdinand. A partir de ce moment, la maison d'Autriche se sépara en deux branches, et la vaste domination de Charles-Quint fut pour jamais divisée. Le monarque, volontairement déchu, alla chercher le repos auprès du monastère de Yuste.

Dernière lutte pour l'indépendance italienne; traité de Cateau-Cambrésis (1559).

La trêve de Vaucelles avait été conclue pour cinq ans, elle dura à peine cinq mois.

Au moment où Philippe II perdait l'Allemagne, il semblait gagner l'Angleterre par un second mariage avec la reine de ce pays, Marie Tudor. Il avait déjà un fils, don Carlos; il lui réserva toutes les possessions espagnoles, et il fut convenu que l'enfant qui naîtrait de cette nouvelle union régnerait à la fois sur les Pays-Bas et sur l'Angleterre, c'est-à-dire que Londres et Anvers seraient sous le même maître, la Tamise et l'Escaut sous les mêmes lois, et que la mer du nord deviendrait un lac anglais. Ainsi la France était dans le présent et dans l'avenir sérieusement menacée par cette domination qui l'étreignait de trois côtés, qui pouvait lui amener encore une invasion anglaise contre laquelle elle n'avait plus à espérer les secours de l'Allemagne. Henri II avait signé avec Charles-Quint, au commencement de 1556, la trêve de Vaucelles; il la rompit la même année (nov.), pour ne pas laisser à Philippe II le temps de s'affermir. Sur le saint-siége était alors un vieillard plein de feu, Paul IV, qui s'effrayait de voir les Espagnols à côté de lui et sur sa tête, à Naples et à Milan. Le roi et le pontife s'unirent. Une armée, sous le commandement de Montmorency, fut envoyée vers les Pays-Bas; une autre, sous le duc de Guise, en Italie. On voulait réduire Philippe II à l'Espagne. Henri II s'agrandirait, au nord, de provinces toutes voisines et faciles à garder; le duc François de Guise, descendant par les femmes de la maison d'Anjou, espérait devenir roi de Naples. Le plan était bien combiné. L'énergique Paul IV mettait son pouvoir spirituel au service de la France et de la cause italienne. Il soutint Sienne et attaqua ouvertement le vice-roi de Naples; on le vit, à l'exemple des papes du moyen âge, armer et passer en revue la population, prêcher même une croisade contre les Espagnols, *cette semence de juifs et de Maures, véritable lie du monde.*

A la nouvelle que le duc de Guise, investi du royaume de Naples par le saint-siége, approchait avec 15000 hommes, Philippe II fit quelques concessions aux Italiens, pour les diviser : il rendit Plaisance à Farnèse, et livra Sienne au grand-duc de Toscane. Ce fut son salut en Italie. Le duc de Guise traversa le Milanais sans obstacle et entra à Rome en triomphe, mais le pape ne put lui fournir tous les secours promis et il échoua devant la première place napolitaine qu'il attaqua, Civitella. Il essaya en vain d'amener le duc d'Albe à une bataille. L'Espagnol laissa la maladie décimer l'armée française, puis reporta la guerre sur le territoire pontifical et marcha sur Rome. Inébranlable jusqu'au dernier moment, malgré le départ des Français, Paul IV ne céda que lorsqu'il vit les Romains eux-mêmes prêts à ouvrir aux Espagnols les portes de Rome, et pour éviter à la capitale du monde chrétien les horreurs d'une nouvelle prise d'assaut et d'un nouveau pillage (1557).

C'est au désastre de Saint-Quentin qu'était dû le rappel du duc de Guise, si fatal aux espérances du pape et de l'Italie. Les Espagnols, entrés en Picardie au nombre de 50000, sous les ordres du roi Philippe et du duc Philibert de Savoie, avaient investi Saint-Quentin. La place n'avait ni fortifications solides, ni munitions, ni vivres. L'amiral Coligny s'y jeta avec 700 hommes. Montmorency s'approcha pour la ravitailler, mais se mit si près de l'ennemi, avec une armée très-inférieure en nombre, et prit si peu de précautions, qu'il fut obligé de combattre sans avoir assuré sa retraite; l'armée française fut écrasée, lui-même resta prisonnier (10 août). On conseilla au roi d'Espagne de marcher sur Paris : il aima mieux s'emparer de Saint-Quentin, de Ham et de Noyon. Pendant que les vainqueurs s'épuisaient à cette guerre de siéges, Henri II eut le temps de mettre sur pied des forces imposantes, et le duc de Guise revint d'Italie.

Nommé généralissime, ce hardi capitaine frappa un grand coup. Il assiégea Calais à l'improviste, en plein hiver, et le prit au bout de huit jours (janvier 1558). La honte de Saint-Quentin se perdit dans la gloire de ce succès retentissant. Le duc de Guise fut placé au-dessus de tous les généraux contemporains : la popularité de la maison de Lorraine date de ce jour.

Calais était repris ; mais les Espagnols étaient toujours sur la Somme. Aussi le maréchal de Termes ayant encore essuyé une défaite à Gravelines (1559), Henri II ouvrit des négociations pour la paix. Après quatre mois de conférences, le traité de Cateau-Cambrésis fut conclu (25 avril 1559) sur la base d'une restitution réciproque aux Pays-Bas et en Italie. Le duc de Savoie recouvra ses États des deux côtés des Alpes (Bresse, Bugey, Savoie, Piémont), moins Pignerol, Chieri et Savigliano, que la France conserva jusqu'à ce que les droits de Louise de Savoie, aïeule de Henri II, eussent été réglés. Elle garda aussi le marquisat de Saluces, mais abandonnait Sienne aux Médicis, et la Corse aux Génois. Les Trois-Évêchés relevant de l'empire, l'Espagne n'avait pas à nous en demander la restitution ; l'Angleterre nous laissa Calais moyennant 500 000 couronnes. Philippe rentra en possession du Charolais, petit pays enclavé dans nos provinces, et que nous pouvions prendre sans coup férir à la première rupture, mais il ne restitua pas à Jeanne d'Albret la portion de son royaume de Navarre que l'Espagne détenait depuis un demi-siècle.

Ainsi, ce qui avait été commencé en 1530 à Bologne s'acheva en 1559 dans une petite ville du Cambrésis. La domination austro-espagnole fut affermie au nord et au midi de la péninsule italienne ; le saint-siège se trouva, comme pouvoir temporel, condamné à l'impuissance ; les ducs de Florence, de Parme et de Ferrare, furent tenus à la lisière, et la frontière même de l'Italie resta aux mains des étrangers.

C'était pour l'Italie un grand malheur, et pour la France un échec; car la maison d'Autriche, malgré sa division en deux branches, restait aussi redoutable à la fin qu'au commencement de la lutte. Au fond même, Philippe II était plus fort que Charles-Quint. Mais cet échec servait aussi de leçon. En perdant du côté de l'Italie des provinces éloignées, et qui ne rapportaient point ce qu'elles coûtaient à défendre, la France gagnait au nord Calais, c'est-à-dire l'affranchissement de son territoire et son intégrité reconquise, les Trois-Évêchés, c'est-à-dire une triple avant-garde de places fortes pour la frontière de Champagne : conquêtes utiles, nécessaires, vraiment nationales, au lieu que l'acquisition plus ou moins durable de Naples ou de Milan n'intéressait que la dynastie de Valois.

En outre, si la politique française fut vaincue au delà des Alpes, elle triompha au delà du Rhin. L'autorité impériale, nulle dans l'empire avant Charles-Quint, avait été un moment relevée par ce prince au point de faire craindre qu'il n'étouffât du même coup et les libertés politiques et les libertés religieuses de l'Allemagne. La France aida les princes allemands à se défendre, et la paix d'Augsbourg garantit leur indépendance. Ce fut peut-être un mal pour les vrais intérêts germaniques et pour la civilisation générale ; mais ce fut à coup sûr un bien pour la France ; car une monarchie, fidèlement obéie de la Meuse à l'Oder, et des Alpes à la mer du Nord, l'eût exposée à de terribles dangers. L'acquisition de l'Italie n'était point pour la maison d'Autriche une compensation à ce qu'elle perdait sur le Rhin et sur le Danube. Pauvre et robuste, l'Allemagne eût donné à son chef réel une force que l'Italie énervée ne pouvait lui fournir.

Tant de guerres ne sont pas d'ailleurs restées absolument stériles. Elles eurent deux résultats considérables, la création du système de l'équilibre politique qui protégea longtemps les petits États contre l'ambition des grands, et le développement de la *Renaissance*. Les peuples de l'Europe, mêlés dans la lutte, se connurent mieux et, mis en contact avec une civilisation brillante, prirent le goût des arts, des lettres et des sciences, qui, restés jusqu'alors le privilége presque exclusif des Italiens, devinrent le domaine commun des nations chrétiennes. La France hérita la première de l'Italie. Ce fut chez elle, comme on le verra bientôt, que la Renaissance brilla du plus vif éclat qu'elle ait jeté hors de la Péninsule.

Enfin, ces guerres eurent, dans chaque État, des conséquences à la fois politiques et militaires. La noblesse tenue au loin sous le harnais, en pays ennemi, dut s'y assouplir à l'obéissance envers le roi, et la discipline des camps consacra la révolution commencée par la poudre à canon et les armées permanentes. Bien que la tentative de créer une infanterie nationale, à l'aide des francs archers n'eût pas réussi, il se forma en France, en Espagne et en Allemagne des bandes qui firent de l'état militaire une profession, qui eurent, avec les inconvénients des soldats mercenaires, les qualités des troupes aguerries, et assurèrent une grande supériorité à ceux qui purent les payer, c'est-à-dire aux rois. De même, si les armes féodales, la lance et l'épée, restèrent jusqu'à Henri IV les armes principales, d'autres comme le pistolet et l'arquebuse, surtout le canon, commencèrent à jouer un rôle dans les batailles; Louis XI, avec son instinct du pouvoir, avait donné ses soins à une bonne organisation de l'artillerie, et en 1479 concentré toute l'administration dans les mains d'un grand maître. En 1494, son fils, pour l'expédition d'Italie, n'emmena pas moins de 140 canons attelés[1].

---

1. « Les Chinois, disent MM. Reinaud et Favé (*Du feu grégeois, des feux de guerre et des origines de la poudre à canon*), avaient découvert le salpêtre, et l'employaient dans les feux d'artifice. Les Arabes ont su produire et utiliser la force projective qui résulte de la détonation de la poudre; en un mot, ils ont inventé les armes à feu. L'*arquebuse à croc*, la plus ancienne des petites armes à feu, avait un canon d'un mètre et demi de longueur, plus fort et d'un plus grand calibre que celui du fusil. Il fallait deux hommes pour s'en servir, car elle pesait de 24 à 28 kilogrammes. Elle était portée sur un chevalet en bois et retenue par un croc. On y mettait le feu avec un *boute-feu*. L'*arquebuse à mèche*, plus petite et portée par un seul soldat qui la plaçait, pour tirer, sur un bâton fourchu, avait, attachée au chien en serpentant, une mèche allumée qu'une détente abaissait sur l'amorce. Dans l'*arquebuse à rouet*, moins pesante encore que la précédente, la mèche était remplacée par une pierre à feu. Lorsqu'on appuyait sur la détente, un rouet d'acier cannelé frottait contre cette pierre et produisait les étincelles qui enflammaient la poudre. Cette arquebuse ou mousquet date de la fin du seizième siècle. Vers 1630, le frottement du rouet contre la pierre fut remplacé en France par le choc de la pierre contre une plaque d'acier. Ainsi est née la platine à silex qui a donné son nom au fusil (*facile*, en italien, signifie pierre à feu). La

Tout noble autrefois pouvait avoir une lance, une forte armure et un bon cheval de guerre, avec lesquels il se jetait impunément au plus épais des bataillons de manants. La poudre égalise les conditions sur le champ de bataille, comme les rois vont les égaliser dans la vie civile. Le vilain deviendra l'égal du chevalier le mieux armé, en même temps que les inaccessibles forteresses qui avaient si longtemps abrité la violence et l'activité des seigneurs féodaux cesseront d'être imprenables. Le roi aura seul de l'artillerie, parce que cette arme est trop coûteuse pour les particuliers, et que la loi la déclarera une arme exclusivement royale; et avec ses canons, il fera passer partout sa volonté.

noix n'a été adoptée pour les armes de guerre que vers 1670; la baïonnette était inventée vers 1640; mais la douille ne le fut que vers 1699; et ce fut seulement alors que le fusil, à la fois arme de jet et arme d'escrime, devint l'arme la plus redoutable que l'homme eût inventée. Le *pistolet* fut inventé à Pistoia, en Italie, au commencement du seizième siècle. C'était une arquebuse en petit. Rien d'intéressant comme de visiter dans notre riche Musée d'artillerie les modèles de toutes les époques.

Original en couleur
NF Z 43-120-8

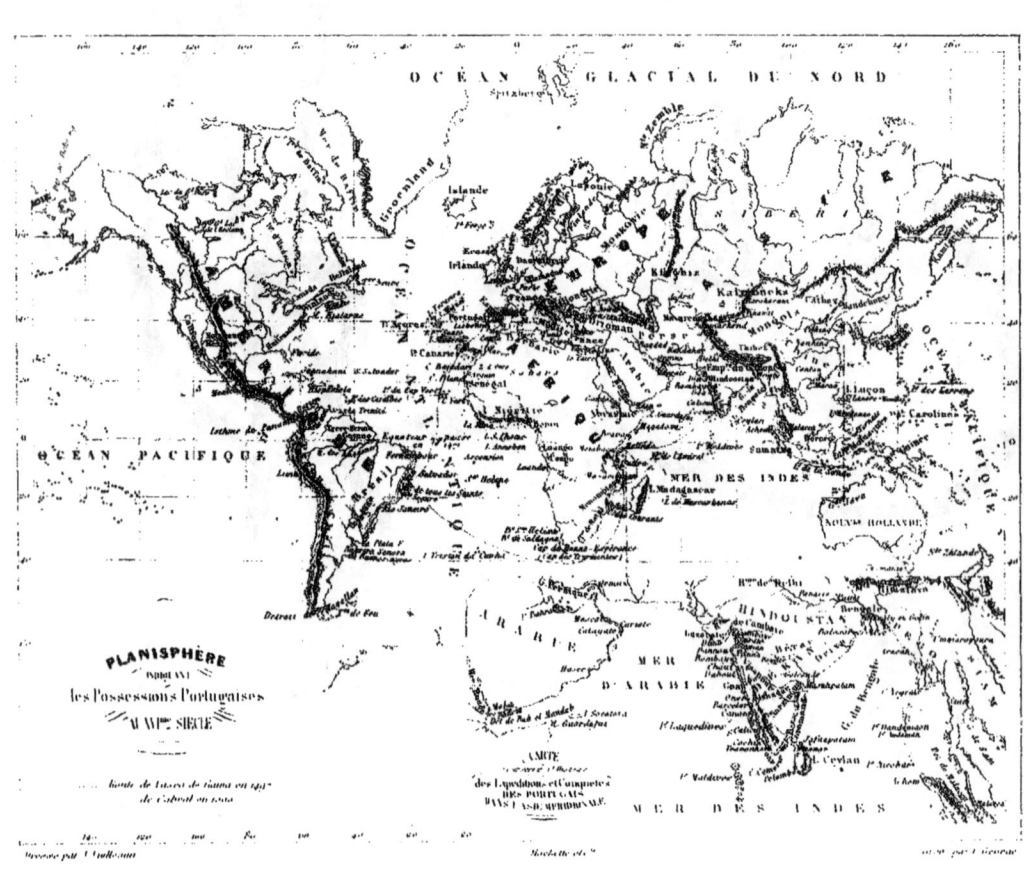

LIVRE III.

RÉVOLUTION DANS LES INTÉRÊTS, LES IDÉES ET LES CROYANCES.

CHAPITRE XI.

LA RÉVOLUTION ÉCONOMIQUE, OU DÉCOUVERTE DE L'AMÉRIQUE ET DU PASSAGE AUX INDES.

Premières découvertes maritimes. — Vasco de Gama (1497) et l'empire colonial des Portugais. — Christophe Colomb (1492); Cortez (1519); Magellan (1520); Pizarre (1529); empire colonial des Espagnols. — Conséquences des nouvelles découvertes. — Invention des postes et des canaux à point de partage.

Premières découvertes maritimes.

On a vu jusqu'à présent la révolution politique qui a donné aux rois du quinzième et du seizième siècle le pouvoir de diriger au gré de leur ambition personnelle les forces nationales, maintenant réunies dans leurs mains. Il faut voir la révolution qui s'opérait en même temps dans les intérêts par suite des découvertes maritimes.

Tout le moyen âge avait suivi pour le commerce les routes tracées par les Grecs et les Romains[1]. Cependant, la civilisa-

---

[1]. Voyez l'*Histoire du moyen âge*, ch. XXIII.

tion, arrivée aux dernières terres de l'Occident, avait tourné les regards des peuples qui bordaient l'Atlantique vers l'étendue mystérieuse de cette mer inconnue. La Méditerranée ne pouvait être leur centre d'activité; ils s'étaient familiarisés avec les flots de l'Océan, et avaient pris confiance dans la boussole. Les Basques, en poursuivant les baleines qui se jouaient dans leur golfe, avaient poussé leur chasse et leurs navires vers le nord; les Scandinaves, exubérants alors de vie et de force, avaient, de la Norvége, gagné l'Islande, puis le Groënland, et étaient descendus par le Labrador jusqu'aux terres où s'élèvent aujourd'hui les grandes cités de l'Union américaine. Les Normands, au contraire, tournant au sud-est, avaient longé les côtes d'Espagne, et, arrivés en face du détroit de Gibraltar, au lieu d'entrer dans la Méditerranée, domaine incontesté des Italiens, des Provençaux et des Catalans, n'avaient pas craint de s'aventurer vers les rivages africains. Les Dieppois atteignirent, en 1364, la Guinée, d'où ils rapportèrent de la poudre d'or, de l'ivoire, du poivre, de l'ambre gris; et un gentilhomme des environs de leur ville, Jean de Béthencourt, fit en 1402 la conquête des Canaries. Associés aux Rouennais, ils ne cessèrent, jusqu'en 1410, d'envoyer chaque année des navires à la côte d'Afrique. Les malheurs de la France qui commencèrent alors, et les invasions anglaises firent tomber ce trafic. Ils avaient si bien, par jalousie commerciale, gardé le secret de leur découverte qu'ils en ont perdu l'honneur.

Il y avait cependant des yeux qui voyaient passer ces navires et des hommes qui s'indignaient qu'on vînt de si lointains pays recueillir des profits que la nature semblait avoir réservés à un autre peuple. Après avoir conquis leur sol sur les musulmans, les Portugais s'étaient trouvés arrêtés par les progrès parallèles des chrétiens espagnols. L'Afrique était devant eux. On y trouverait des conquêtes à faire, des richesses à gagner, des âmes à convertir; les plus savants et les plus intrépides parlaient de tourner le continent, comme autrefois les Phéniciens; de s'ouvrir une route vers les pays qui produisaient des denrées que les musulmans laissaient à peine passer par Alexandrie, et que Venise vendait si cher; enfin, d'aller à la recherche de ce royaume du prêtre Jean, dans l'Afrique orientale (l'Abyssinie), dont beaucoup parlaient, que nul n'avait vu, et qui semblait attendre les nations chrétiennes pour les conduire à la conquête de l'Orient.

Par toutes ces causes, la nation portugaise fut saisie, au quinzième siècle, d'une ardeur aussi vive qu'à l'époque des croisades. L'infant don Henri, troisième fils du roi Jean Ier, régularisa ce mouvement. Il vint s'établir à l'extrémité du continent, près du cap Saint-Vincent, et là, en face de ces mers inconnues, que son regard sondait sans relâche, il ne cessa pendant plus de 40 années d'y lancer d'intrépides marins, dont sa mort ralentit, mais n'arrêta pas les tentatives. Le clergé unit son influence à celle du prince. Chaque départ était béni, chaque navire consacré, chaque escadre portait ses prêtres à côté de ses marins, comme dans chaque colonie s'élevait une église entre la citadelle et le comptoir. Les premiers qui partirent, sous la direction de l'infant, en 1419, découvrirent une île que les Carthaginois avaient probablement connue, et qu'ils nommèrent Madère (en portugais *Madeira*, bois), parce qu'elle était couverte de forêts. Ils mirent le feu à ces bois impénétrables ; la tradition fait durer sept ans l'incendie, et attribue aux cendres cette fertilité qui valut à Madère le surnom de la Reine des îles ; l'infant y fit porter de Grèce des plants de vignes, de Sicile et de Chypre des cannes à sucre ; cette dernière culture a émigré de l'île, la première y prospère encore. Douze ans plus tard, les Açores étaient trouvées et, encouragés par une bulle du pape Martin V qui, en 1432, accorda à don Henri le droit de conquête sur les terres qu'on découvrirait, avec indulgence plénière pour ceux qui périraient dans ces expéditions, les Portugais doublaient le cap Boïador, qui, battu d'une mer orageuse, avait fait reculer jusque-là les plus hardis navigateurs (1433). Après « ce travail d'Hercule » ils franchirent en tremblant le cap Blanc (1444), le tropique (1446), au delà duquel, leur disait-on, les blancs deviendraient noirs, puis le cap Vert et ses îles (1445). La mort de l'infant, en 1464, ne ralentit pas les découvertes. Les Portugais arrivèrent huit ans après à Saint-Thomas et passèrent la ligne ; en 1484, ils touchèrent à la Guinée, où ils trouvèrent cet or que les Anglais monnayèrent et appelèrent guinée, du nom du pays d'où on l'avait tiré ; enfin, en 1486, Barthélemy Diaz reconnut le cap qui termine l'Afrique au midi : il l'avait appelé le cap des Tempêtes ; le roi Jean lui donna son vrai nom, celui qui est resté : il l'appela le cap de Bonne-Espérance.

Vasco de Gama (1497) et l'empire colonial des Portugais.

Enfin partit de Lisbonne, le 8 juillet 1497, une escadre de quatre petits navires de moins de 100 tonneaux, montés par 160 hommes d'équipage et commandés par Vasco de Gama. La veille du départ, Gama avait communié, et un couvent fut établi à l'endroit où il avait quitté le rivage. Cette première expédition ne fut qu'une reconnaissance. La flotte s'arrêta, non sans péril, sur la côte orientale d'Afrique, à Mozambique et à Monbaça, où les Portugais s'étonnèrent de retrouver les Maures. Le roi musulman de Mélinde leur donna un pilote pour les conduire à travers l'océan Indien. En vingt-deux jours ils franchirent les 700 lieues de mer qui les séparaient de la côte de Malabar, et le 20 mai 1498 ils laissaient tomber l'ancre devant la grande ville de Calicut. Les marchands arabes exploitaient seuls pour l'Occident, depuis le douzième siècle, le commerce de l'Inde ; jaloux de voir survenir des rivaux, ils entravèrent par leurs intrigues les négociations de Gama avec le zamorin ou roi de Calicut ; et ses navires, au retour, rapportèrent peu de richesses, mais une immense espérance (1499). Le Camoëns chanta plus tard, dans *les Lusiades*, l'héroïque expédition qui avait ouvert les Indes aux Portugais [1].

Alvarez Cabral fonda dans les Indes le premier comptoir européen, celui de Calicut. En chemin il avait été assailli par une tempête, poussé vers l'occident et jeté sur un rivage inconnu : c'était la côte du Brésil, ainsi appelé du nom d'un bois de teinture qui s'y trouve en abondance ; Alvarez l'avait

---

[1]. Vasco de Gama, nommé comte de Vidigueira et grand amiral de l'Inde, fit un second voyage en 1502 avec 20 vaisseaux, et un troisième en 1524, avec 14. Il mourut de maladie dans cette dernière expédition.

d'abord nommée *la Sainte-Croix*. Dans l'Inde, il commença la politique peu honnête, mais profitable, de se mêler aux querelles des rois indigènes pour les asservir les uns par les autres.

D'Almeida fut le premier vice-roi des Indes et légitima ce titre par la grande victoire de Diu, qui enleva aux musulmans la domination de l'océan Indien (1508). Mais le véritable créateur de l'empire colonial des Portugais fut le grand Albuquerque. Par la prise de Socotora, à l'entrée de la mer Rouge, et par celle d'Ormuz, à l'entrée du golfe Persique, qu'il enleva en 1507 comme lieutenant d'Almeida, il ferma les anciennes routes du commerce indien aux mulsulmans et aux Vénitiens. Le schah de Perse réclamait une indemnité annuelle pour Ormuz ; Albuquerque mena les envoyés devant un tas de grenades et de boulets, puis il leur dit : « Voilà en quelle monnaie le roi de Portugal paye ses tributs. »

Une flotte vénitienne dont les navires, démontés au Caire, avaient été transportés à dos de chameau, par les Mameluks, à travers le désert, fut détruite par lui (1508). En 1510, il donna à l'Inde portugaise sa capitale, en s'emparant de Goa, qu'un fleuve enveloppe de ses deux bras, de manière à y former un des plus beaux ports du monde (1510) ; puis il conquit Malacca (1511), s'assura l'alliance des rois de Siam et de Pégu, et reconnut les îles Moluques, ce qui faisait entrer les Portugais dans un nouveau monde, celui dont la découverte ne s'est achevée que de notre temps, l'Océanie. Ce puissant homme de guerre avait, dit-on, songé, pour assurer aux Portugais le monopole incontesté du commerce des Indes, à rendre l'Égypte au désert en détournant le cours du Nil dans la mer Rouge : c'était la contre-partie d'un projet formé à Venise de faire communiquer par un canal la mer Rouge et la Méditerranée. Pour prendre sur l'islamisme une revanche de l'occupation de Jérusalem et de Constantinople, il voulait encore détruire la Mecque et Médine. Mais la nature fut plus forte que son génie. Il mourut pauvre et près de tomber en disgrâce. En voyant l'injustice du roi, il s'était contenté de dire : « Au tombeau, au tombeau, vieillard fatigué! » Il avait soixante-douze ans

(1515). Les Hindous gardèrent le souvenir de ses vertus, et souvent vinrent sur sa tombe demander protection contre les injustices de ses successeurs.

Cependant les progrès continuèrent. Soarès (1515-1518) acheva la soumission de Malabar et la conquête de Ceylan; Nuno d'Acunha fit celle de Diu (1531) et déjoua une formidable attaque des Turcs de Soliman, qui, sortis d'Égypte avec un immense armement, essayèrent de chasser des mers de l'Inde ces nouveaux venus qui détournaient sur Lisbonne tout le commerce dont naguère Alexandrie s'enrichissait (1538); enfin Jean de Castro déjoua toutes les coalitions formées contre la domination portugaise et défendit Diu contre les Turcs de Soliman, que guidaient des ingénieurs génois. Pour relever les murailles ruinées de la place, l'argent lui manquait. Il en demanda aux négociants de Goa, et leur envoya, dit-on, ses moustaches en garantie de l'emprunt. Lorsqu'il mourut, en 1548, il laissait aux siens pour tout héritage trois réaux; mais il laissait à son pays un immense empire et une domination affermie.

De Lisbonne au cap de Bonne-Espérance, du cap de Bonne-Espérance à l'Hindoustan, de l'Hindoustan à Malacca, et de l'Indo-Chine jusqu'au Japon, il n'y avait pas un point important que les Portugais n'eussent occupé. De Mozambique, Sofala et Mélinde sur la côte d'Afrique, ils tiraient la poudre d'or et de l'ivoire; de Mascate et d'Ormuz, dans le golfe Persique, les denrées de l'Asie centrale. Par Diu, sur la côte du Guzzerat, Goa, sur celle du Malabar, l'île de Ceylan, et Negapatam sur la côte de Coromandel, ils enveloppaient tout l'Hindoustan. Malacca, dans la presqu'île de ce nom, leur livrait le commerce des pays de l'Indo-Chine; ils occupaient les îles aux épices, Ternate et Timor dans les Moluques; ils avaient un établissement à Macao, près de Canton, et trafiquaient avec le Japon, qui leur livrait une énorme quantité de métaux. Leurs comptoirs sur la côte occidentale d'Afrique, au Congo, etc., n'eurent d'importance qu'après l'établissement de la traite des nègres; et le Brésil n'eut longtemps d'autres colons que des criminels et des juifs déportés. Goa était le centre de ce vaste empire colonial.

On a peine à concevoir comment un si petit peuple put, en moins d'un demi-siècle, couvrir de ses comptoirs ou dominer par ses forteresses un littoral de 4000 lieues, malgré de si vives et de si nombreuses résistances. Mais il faut songer à quel point l'amour du lucre était excité par cette révolution commerciale, et quel héroïsme patriotique et religieux animait les premiers conquérants de l'Inde. Les Gama, les Cabral, les Albuquerque, les Jean de Castro, se regardaient comme les apôtres armés de la civilisation et de la foi; et à leur suite, en effet, vinrent ces hommes qui ont créé une espèce nouvelle de héros, les missionnaires. Jean de Castro mourut dans les bras de saint François Xavier.

Cette fortune du Portugal était la ruine pour Venise. La vieille reine de l'Adriatique et de la Méditerranée se débattit douloureusement contre la nécessité qui la tuait. Elle tenta de la force et s'unit à Soliman pour faire sortir d'Égypte un puissant armement; l'entreprise ayant échoué, elle essaya de la prière et demanda aux Portugais de l'associer à leur commerce, ils refusèrent; de leur acheter à prix fixe les denrées apportées à Lisbonne, nouveau refus. Alors elle affranchit de tout droit les marchandises qui arrivaient par l'Égypte, et surtaxa celles qui venaient par le Cap. Mais les unes étaient de jour en jour plus rares, les autres plus abondantes; Lisbonne devint le grand entrepôt des denrées de l'Orient. Les Hollandais vinrent les y acheter, et de là les répandirent par toute l'Europe, à la place des marchands italiens.

Christophe Colomb (1493); Cortez (1519); Magellan (1520); Pizarre (1529); empire colonial des Espagnols.

Trouver le chemin de l'Inde par l'est fut l'idée de tous les navigateurs portugais; le trouver par l'ouest fut l'idée de Colomb. Marin à quatorze ans, le génois Christophe Colomb fut préoccupé de bonne heure de la sphéricité de la terre et de la possibilité d'en faire le tour. On supposait l'Inde fort étendue vers l'est, par la nécessité de faire contre-poids au continent européen. On avait vu les flots apporter de l'occident des bois sculptés, des arbres déracinés, et même deux cadavres d'hommes différents des Européens. Il s'agissait donc d'atteindre le continent indien sans tourner l'Afrique, en traversant l'Atlantique jusqu'alors inexploré. Colomb présenta son projet au sénat de Gênes, qui le repoussa comme le rêve d'un fou; au roi de Portugal, Jean II, qui essaya de le lui dérober; au roi d'Angleterre, Henri VII, que son frère alla trouver; enfin aux souverains d'Espagne, Isabelle et Ferdinand, qui, tout occupés du siége de Grenade, refusèrent longtemps de l'écouter. Les savants de l'époque lui faisaient des objections terribles : « Comment vous tiendrez-vous la tête en bas? Comment remonterez-vous la surface convexe du globe? » Un seul homme, le prieur Juan Pérès, comprit Colomb et le fit comprendre à Isabelle. Grenade conquise, cette grande reine appela le Génois, qui, inébranlable dans son idée, était déjà en route pour la porter ailleurs. Ferdinand et Isabelle, *souverains de l'Océan*, nommèrent Colomb *grand amiral de toutes les mers et vice-roi des terres qu'il découvrirait*. La Castille fit le sacrifice de 100 000 livres, et trois pauvres vaisseaux, *la Sainte-Marie*, montée par Colomb, *la Pinta* et *la Nina*, par les frères Pinçon, partirent le 3 août 1492 du port de Palos; ils relâchèrent aux Canaries, et c'est en quittant ces îles qu'ils se lancèrent dans l'inconnu. On cingla vers l'ouest durant trois semaines. A plusieurs reprises, des oiseaux, de grandes herbes, firent croire qu'on approchait d'une terre; mais ces espérances s'évanouissaient comme celles du voyageur trompé par le mirage du désert. On allait toujours; mais à mesure qu'on s'éloignait du monde connu pour s'enfoncer dans l'immensité, l'inquiétude, la terreur s'emparaient des esprits. Bientôt l'équipage se révolte, veut retourner, et Colomb ne l'en dissuade qu'à force de fermeté[1]. Enfin, dans la nuit du 11 octobre, un matelot de *la Pinta*, qui était en avant, cria : *Terre!* et, au point du jour, les Espagnols découvrirent une île délicieuse. Colomb tomba à genoux sur le rivage et

---

[1]. Le drame émouvant des trois jours n'est qu'une amplification de Robertson. Cf. Humboldt, *Examen critique de l'histoire de la géographie du nouveau continent*, t. I, p. 245.

remercia le ciel. Il était dans la petite île Guanahani[1], une des îles Lucayes, ou Bahama. En descendant moins vers le sud, il eût trouvé plus tôt le continent américain.

C'est le sort des inventeurs de découvrir quelquefois plus qu'ils ne cherchent, fortune, au reste, qui n'arrive qu'aux génies créateurs. Colomb crut toujours avoir touché au continent indien, et comme lui nous appelons encore cette terre nouvelle les Indes occidentales. Colomb ne découvrit à son premier voyage (1492) que des îles : les Lucayes, Cuba avec sa belle rade de la Havane, la plus belle rade fermée qu'il y ait au monde, et Hispaniola (Haïti ou Saint-Domingue). Au second (1493), il aborda à plusieurs des petites Antilles. Ce n'est qu'au troisième, en 1498, qu'il vit l'embouchure de l'Orénoque, et qu'il toucha le continent, sans le savoir; au quatrième enfin, en 1502, qu'il reconnut les côtes de la Colombie, depuis le cap Gracias-à-Dios jusqu'au havre de Puerto-Bello, et même jusqu'à l'entrée du golfe de Darien.

Mais déjà l'envie s'attaquait au grand homme. Au retour de son premier voyage, il n'y avait pas eu assez d'honneurs pour lui. Ferdinand et Isabelle l'avaient fait asseoir et couvrir en leur présence comme un grand d'Espagne; au second l'enthousiasme tomba. On avait compté sur une ample cargaison d'or : Colomb n'en rapportait que fort peu. Au troisième la persécution commença. Ce fut chargé de chaînes et sous l'imputation de trahison qu'il revint en Europe. Isabelle se hâta de réparer cet affront. Toutefois il ne put repartir qu'au bout de quatre années; et, quand il arriva devant Hispaniola, défense lui fut faite de descendre à terre. Il resta longtemps privé de tout secours sur la côte de la Jamaïque, où il avait échoué, et erra deux ans dans la mer des Antilles A son retour Ferdinand le Catholique le reçut froidement. Isabelle, sa protectrice, était mourante. Accablé de chagrins épuisé de fatigues, il ne lui survécut que deux ans (1506). Il voulut qu'on l'ensevelît avec les chaînes qu'il avait portées.

1. Cette île est appelée aujourd'hui *San-Salvador* et *Cat-Island*, à moins qu'il ne faille transporter à *Turk's Island*, comme le veulent un éditeur du *Journal* de Colomb, Navaretti, et quelques autres écrivains, l'honneur d'avoir été la première terre découverte par Christophe Colomb.

Son corps repose dans la cathédrale de la Havane, et ce n'est que sur le mausolée de son fils, à Séville, qu'on lit ces deux vers :

> A Castilla y á Léon
> Nuevo mundo dió Colon.

La postérité a consacré une autre injustice, celle qui a donné à l'Amérique le nom du Florentin Amérigo Vespucci, qui, en 1497 ou 1499, toucha au continent et publia la première relation répandue en Europe sur ces terres nouvelles [1].

La route une fois trouvée, les découvertes se succèdent rapidement. En 1513, Balbóa traverse l'isthme de Panama et aperçoit le premier le grand Océan, dont il prend possession au nom de la couronne d'Espagne, en entrant dans ses flots l'épée à la main. En 1518, Grijalva découvre le Mexique, et Fernand Côrtez en commence presque aussitôt la conquête.

Le Mexique était depuis cent trente années le plus puissant État de l'Amérique par le nombre de ses habitants, leur courage et même leur civilisation. Cortez n'avait que 700 soldats, 18 chevaux et 10 pièces de campagne. Mais la supériorité des armes et de la discipline, l'audace et le sang-froid du chef, sa politique impitoyable, et, plus que tout cela, l'étonnement presque superstitieux des indigènes à la vue des hommes blancs qui portent le tonnerre dans leurs mains, rendaient inévitable la victoire des Espagnols. Parti de Cuba, Cortez aborde, au mois d'avril 1519, non loin de Tabasco, et longe le golfe jusqu'au lieu qui fut appelé Saint-Jean-d'Ulloa, et qui devint le port de la Vera-Cruz que Cortez y fonda. Alors il brûle ses vaisseaux pour ne laisser aux siens d'autre espérance que la victoire, et attaque d'abord l'aristocratique république de Tlascala. Il en épouvante les guerriers avec ses canons, et après avoir forcé 6000 d'entre eux à le suivre comme auxiliaires, il s'avance sur Mexico, la capitale de l'empire, qui, située sur

---

[1]. M. de Humboldt prouve dans son *Cosmos* qu'Amerigo Vespucci, homme d'une haute science et d'une grande probité, n'a jamais cherché à donner son nom aux terres découvertes à l'ouest de l'Espagne ; comme Colomb, il est mort avec la conviction qu'il n'avait fait que toucher à la partie orientale de l'Asie et non à un nouveau monde.

un lac, défendue par plus de 300 000 habitants, n'était accessible que par une étroite chaussée. Il se dit l'ami de Montézuma, entre à ce titre dans la ville, et, un jour, suivi de 50 Espagnols seulement, pénètre dans le palais de l'empereur, s'empare de sa personne, et l'oblige à se reconnaître vassal et tributaire de Charles-Quint (1519).

Le gouverneur de Cuba, Vélasquez, jaloux de ses succès, envoie contre lui une armée de plus de 1000 Espagnols. Cortez les gagne et triple ses forces. A ce moment éclate une patriotique révolte des Mexicains : Montézuma est tué en voulant apaiser le peuple, et les Espagnols sont chassés de Mexico; mais la sanglante victoire d'Otumba les ramène sous les murs de cette ville, qu'ils prennent le 13 août 1521, et le nouvel empereur, Guatimozin, est placé, avec son premier ministre, sur des charbons ardents pour être contraint d'avouer où il a caché ses trésors. La douleur arrachait des plaintes au ministre : *Et moi*, dit Guatimozin, *suis-je sur un lit de roses?* Cortez souilla sa gloire par ses cruautés. Dans la seule province de Panuco, 60 caciques ou chefs et 400 nobles furent brûlés. D'autres courses conduisirent Cortez jusqu'à la Californie. Il eut le sort de Christophe Colomb : des calomnies jalouses le rappelèrent en Espagne; on le dépouilla de son commandement, et pour obtenir une audience, il fut obligé de fendre la presse qui entourait le carrosse de l'empereur. En le voyant debout sur le marchepied de la portière, Charles-Quint demanda quel était cet homme : « C'est, répondit Cortez, celui qui vous a donné plus d'États que vos pères ne vous ont laissé de villes. » Cette réponse acheva sa disgrâce; il mourut dans le délaissement.

Pendant que Fernand Cortez soumettait le Mexique, le Portugais Magellan, passé au service de Charles-Quint, entreprenait de faire par mer le tour du globe et d'atteindre par l'ouest ces îles innombrables de l'océan Pacifique où les Portugais arrivaient par l'est, afin d'en disputer à ceux-ci la conquête. Il partit d'Espagne le 20 septembre 1519, découvrit, le 21 octobre 1520, le détroit qui porte son nom, entre l'Amérique méridionale et la Terre de Feu, traversa l'océan Pacifique et aborda, en mars 1521, aux Philippines. Il périt dans en combat contre les naturels de ces îles ; mais son lieutenant, del Cano, acheva l'entreprise. L'escadre, continuant de cingler à l'ouest, aborda aux îles Moluques, au grand étonnement des Portugais, qui ne pouvaient comprendre qu'elle fût arrivée à Tidor par la mer orientale, et elle rentra en Espagne en doublant le cap de Bonne-Espérance, 1124 jours après qu'elle en était partie.

Au temps du prince Henri, les Portugais avaient obtenu du saint-siège la possession de tout ce qu'ils découvriraient : Colomb ayant trouvé l'Amérique, les Espagnols s'adressèrent au pape, qui divisa le globe entre les deux peuples par une ligne de *marcation* tracée à 270 lieues à l'ouest des Açores. Mais voici que la terre étant ronde, les deux nations se retrouvaient en présence dans l'autre hémisphère. On traça, à l'orient des Moluques, une nouvelle ligne qu'on appela la *démarcation* (1522).

La conquête du Pérou fut beaucoup plus facile que celle du Mexique, les indigènes étant moins belliqueux. Un jour que les Espagnols de l'isthme de Panama pesaient des parcelles d'or, un Indien renversa leurs balances en leur disant qu'à quatre soleils de marche, vers le midi, ils trouveraient un pays où l'or était si commun qu'on l'employait aux plus vils usages. Trois aventuriers, entendant ces paroles, Almagro, de Luque et Pizarre, se firent les chefs d'une nouvelle expédition. Un enfant trouvé, un maître d'école et un soldat de fortune se chargèrent de soumettre un empire de 500 lieues de long, et le soumirent en six ans (1529-1535). Au Pérou régnait la dynastie des Incas, qui se disaient les fils du soleil. Pizarre s'empara de Cuzco et, suivant l'exemple de Cortez, alla saisir le prince indien au milieu de sa cour, pour l'obliger à remplir d'or, pour sa rançon, une chambre de 22 pieds de haut, puis le fit étrangler. Pendant ce temps, un de ses officiers prenait Quito ; Almagro pénétrait dans le Chili. Mais le partage des richesses de l'Inca brouilla les associés. D'autres aventuriers, entre autres trois frères de Pizarre, accouraient d'Espagne et, pour multiplier les parts, compliquèrent les querelles. Cuzco, la capitale des Incas, devint le théâtre d'une lutte sanglante dont les Péruviens restèrent les spectateurs inertes. Almagro, fait prisonnier, eut la tête tranchée, mais ses partisans assassinèrent Pizarre dans son palais, à Lima, qu'il avait fondée (1541). Ce ne fut qu'après des guerres longues et atroces, dans lesquelles périrent la plupart des conquérants, que le pays respira enfin, pacifié par Pedro de la Gasca (1546), et que l'autorité de la couronne s'établit fermement au Pérou et au Chili. En 1535, d'autres Espagnols avaient fondé Buénos-Ayres, à l'embouchure de la Plata, sur la côte opposée de l'Amérique du Sud.

Le Vénitien Jean Cabot, au service du roi anglais Henri VII, découvrit Terre-Neuve en 1497 : son fils Sébastien, qui posa le problème, résolu seulement depuis quelques années, du *passage du nord-ouest*, reconnut la baie d'Hudson. En 1524, le Florentin Verozzani prit possession de Terre-Neuve au nom de la France, et en 1534 Jacques Cartier, de Saint-Malo, découvrit le Canada. Ainsi les deux peuples qui devaient se disputer avec tant d'acharnement l'Amérique du Nord y étaient arrivés au commencement du quinzième siècle, mais ne s'y établirent à demeure que vers la fin.

Les Portugais et les Espagnols ne suivirent pas le même système dans l'organisation de leurs colonies. L'empire portugais avait été fondé progressivement, par une succession d'efforts réguliers ; il se composait d'ailleurs d'éléments épars, et présentait une longue chaîne de places fortes et de comptoirs, depuis Annobon, en Afrique, jusqu'à Tidor, dans l'Océanie. Il avait donc fallu armer le gouverneur général d'une autorité absolue. Aussi les premiers vice-rois, comme Albuquerque et Jean de Castro, réunissaient-ils dans leurs mains le pouvoir civil et le commandement des troupes. Cette omnipotence, née de la force des choses, inquiéta de bonne heure les rois de Portugal, qui crurent y remédier en renouvelant de fond en comble, tous les trois ans, leur administration coloniale. Les gouverneurs n'eurent plus dès lors qu'un souci, celui de faire rapidement fortune, au grand détriment des colonies. De là une effrayante démoralisation qui envahit jusqu'à la métropole. Tout le monde se disputait les profits du commerce indien : le roi, par des monopoles qui réservaient au gouvernement l'exploitation exclusive de certains produits et obligeaient les négociants à emprunter, pour le transport des marchandises, les vaisseaux de l'État; les fonctionnaires, par la concussion; les particuliers, par la contrebande. Cela explique la décadence rapide, puis la ruine de ces établissements, où d'ailleurs ne se fixèrent jamais qu'un très-petit nombre de Portugais, et qui furent toujours moins des colonies que des comptoirs. En outre, les denrées de l'Inde étant généralement peu encombrantes, des épices, des étoffes de coton et de soie, des perles, de la poudre d'or, de l'ivoire, des pierres précieuses, ne rendaient pas nécessaire la création d'une marine considérable; et le Portugal recevant bien ces denrées, mais ne les distribuant point à l'Europe, c'est à d'autres que revenaient les profits les plus sûrs de ce commerce, aux Hollandais surtout. Ils viennent maintenant à Lisbonne chercher les denrées de l'Inde; avant un siècle, ils iront les chercher dans l'Inde même, et alors la fortune du Portugal tombera.

Les colonies espagnoles se proposèrent d'abord pour but l'exploitation des mines[1]; aussi, comme elles avaient besoin de beaucoup de bras, et que l'on crut n'avoir qu'à remuer un peu la terre dans les Indes occidentales, pour en retirer de l'or, l'Espagne se dépeupla pour peupler le nouveau monde. Elle eut donc, en Amérique, au lieu de la longue et fragile chaîne des comptoirs portugais, une domination compacte, sinon homogène, peu difficile à conserver, parce que les po-

---

[1]. Dès 1532, découvertes des riches mines d'argent de Zacatécas dans le Mexique, et en 1545, du Potosi, au Pérou; celle-ci donnait annuellement, 36 ans après, 250 000 à 300 000 kilogr. d'argent pur (1 kilogr. = 222 fr. 22 c.). Aussi le prix de toute chose augmentait rapidement. Au commencement du seizième siècle, à Paris, un hectolitre de blé s'échangeait contre 13 grammes d'argent; un siècle plus tard, contre 45, et depuis le commencement du dix-neuvième, contre 90; par conséquent, depuis la découverte de l'Amérique, la valeur de l'argent rapportée à celle du blé a baissé des $\frac{6}{7}$, ou, ce qui revient au même, le prix de toutes choses a sextuplé; mais il faut ajouter qu'en 1500, l'Europe n'avait que pour 300 millions d'or et 700 millions d'argent, et qu'elle en avait en 1800 vingt-cinq fois plus, soit 9 milliards d'or et 16 milliards d'argent. Elle avait donc alors, toute proportion gardée, trois fois et demie plus d'argent pour acheter les choses dont elle avait besoin. Le droit payé au roi d'Espagne sur le produit des mines était d'abord de 20 pour 100; il fut peu à peu réduit à 6. M. Michel Chevalier estime qu'au 1er janvier 1848, les seules mines de l'Amérique espagnole avaient versé dans la circulation 122 millions de kilog. d'argent et près de 3 millions de kilog. d'or (*Dictionnaire des économistes*, aux mots *Argent* et *Métaux précieux*).

pulations y étaient inoffensives, que de grandes villes permettaient de tenir avec peu de troupes tout le pays, et que l'Espagne était par elle-même assez forte pour faire pendant longtemps respecter son pouvoir à des États qui ne devaient grandir que lentement, comme tous ceux qui se livrent à l'exploitation des mines.

L'Espagne prit d'abord d'habiles mesures pour prévenir une séparation. Le roi fut déclaré, en vertu de la bulle du pape Alexandre VI, maître absolu du sol des régions découvertes. Toute possession n'y fut donc qu'une concession de sa part, comme unique propriétaire, et toute autorité y fut une délégation temporaire et illimitée de la sienne. On divisa l'ensemble des pays conquis en deux gouvernements, celui de Mexico ou de la Nouvelle-Espagne et celui de Lima ou du Pérou. Chaque gouvernement eût un *vice-roi*, commandant des forces militaires et chef de l'administration civile, avec une *audience*, tribunal indépendant du vice-roi dans les affaires judiciaires, quoique présidé par lui, lui servant de conseil dans les affaires non judiciaires, et pouvant lui faire des remontrances qu'il était libre au reste de ne pas prendre en considération. Plus tard, un troisième vice-roi fut établi à Santa-Fé de Bogota, un quatrième, en 1778, à Buénos-Ayres, et le nombre des audiences fut porté à onze. Ces diverses autorités coloniales relevaient du conseil des Indes, créé en 1511 par Ferdinand et organisé en 1524 par Charles-Quint. C'est de ce conseil qu'émanaient toutes les lois relatives au gouvernement et à la police des colonies; toute personne employée en Amérique depuis le vice-roi jusqu'au dernier officier lui était subordonnée. Comme le roi était toujours supposé présent au conseil, les séances n'avaient lieu que dans l'endroit où résidait la cour. Pour les affaires de commerce et pour les causes judiciaires, tant civiles que criminelles qui résultaient du négoce entre l'Espagne et les colonies, une cour spéciale avait été établie à Séville en 1501.

Les villes avaient leur municipalité [1], mais toute place dans

---

1. La première ville bâtie par les Espagnols dans l'Amérique du Sud fut Cumana, en 1520. On commença en 1532 les ports de Puerto-Bello et de

le gouvernement fut interdite aux Espagnols nés dans le pays; ainsi la métropole tenait les créoles à l'écart, comme ceux-ci se tenaient à l'écart des Indiens. De sorte que la population présenta comme une superposition de castes, les Espagnols d'Europe, fonctionnaires publics ou négociants, soldats ou aventuriers, les créoles, les métis de divers degrés, les Indiens, et plus tard les mulâtres et les nègres, tous séparés par des antipathies qui rassuraient le gouvernement métropolitain contre une coalition, et qui pourtant un jour se sont effacées devant le commun désir de l'indépendance.

L'Espagne, estimant que ses colonies ne devaient être qu'un immense atelier pour la production des métaux précieux, interdit aux colons de cultiver les produits d'Europe, le lin, le chanvre, la vigne, d'élever des manufactures, de construire des vaisseaux. Elle voulait qu'ils ne pussent rien acheter que chez elle, afin que le monopole fît vivre son industrie et son commerce. Les étrangers n'eurent pas licence de s'établir aux colonies. Ce n'est que plus tard que l'Amérique exporta en grande quantité ses produits naturels, la cochenille, l'indigo, le bois de Campêche pour la teinture, l'acajou pour l'ébénisterie, le cacao, le tabac, le quinquina. Tout ce commerce, concentré aux mains, non de compagnies, mais de quelques maisons opulentes, se fit exclusivement par Séville. Chaque année il partit de cette ville 12 gros navires ou galions pour Puerto Bello, dans la Nouvelle-Grenade, et 15 pour la Vera-Cruz au Mexique, qui portaient aux colonies les produits de l'industrie espagnole, et en rapportaient les denrées coloniales, et surtout les piastres frappées avec l'argent des mines.

Le Portugal se réserva aussi le monopole du commerce du Brésil. Tous les ans la flotte partait au mois de mars de Lisbonne pour Pernambouc, San-Salvador et Rio-Janeiro. Le résultat fut le même. L'industrie et le commerce, enchaînés dans les colonies par des prohibitions insensées, ne purent se

---

Carthagène; Valencia en 1555, Caracas en 1567. Le premier établissement espagnol au Mexique fut la Vera-Cruz, fondée par Cortez en 1519; ils bâtirent successivement Acapulco sur le Pacifique, Panama dans le Darien, Lima dans le Pérou (1535), la Conception, au Chili (1550).

développer, et, frappés de torpeur dans la métropole par le privilége qui éloignait d'eux la concurrence, arrivèrent bientôt à décroître. De mauvaises mesures économiques combinées avec la politique désastreuse de Charles-Quint et de Philippe II poussèrent l'Espagne à sa ruine et les colonies à la révolte. La guerre de l'indépendance mexicaine, en 1810, commença au village de Dolores dont le gouvernement ordonnait d'arracher les vignes, parce qu'il était interdit de faire du vin au Mexique.

Aux premiers jours de la conquête on s'était peu inquiété des Indiens : on les avait ou employés aux travaux des mines, sans ménagement pour leur faiblesse, ou répartis entre les propriétaires pour l'exploitation du sol. Les *repartimientos* commencèrent l'esclavage en Amérique. On en vit promptement les effets. L'île d'Hispaniola avait 1 million d'habitants en 1492 ; dix-neuf ans après, il en restait 14 000 !

Un homme de bien, Las Casas, évêque de Chiapa, au Mexique, protesta contre cet atroce abus de la force. Pendant cinquante années, il ne cessa de plaider la cause des Indiens. C'est dans son livre, intitulé *Recueil de la destruction des Indiens,* qu'il faut lire les atrocités commises par les Espagnols, et les travaux meurtriers, et les tortures, et la chasse aux Indiens avec des chiens nourris de chair humaine, pour qu'ils découvrissent mieux les pistes. Ses plaintes chrétiennes ne retentirent pas en vain. Charles-Quint promulgua de nombreuses lois dans l'intérêt des indigènes, dont la liberté personnelle fut garantie, et qui n'eurent à rendre au conquérant que certains devoirs ou services féodaux et à payer certains tributs. Mais ces avantages coûtèrent cher à une autre race. Las Casas lui-même conseilla de transporter en Amérique des nègres achetés à la côte d'Afrique, comme étant plus robustes et plus capables de supporter les fatigues du labeur colonial. En 1517, Charles-Quint donna le monopole du transport annuel de 4000 esclaves à un de ses favoris, qui vendit ce droit aux Génois. Ceux-ci achetèrent les nègres aux Portugais, maîtres des comptoirs d'Afrique, et l'horrible *traite* que notre siècle verra finir commença.

Les indigènes du Brésil furent traités par les Portugais

avec non moins de cruauté. Ici même tous ceux qui n'abritèrent pas leur liberté au fond des bois furent réduits en esclavage, et la culture, surtout celle de la canne à sucre qui fut apportée de Madère, y ayant pris de grands développements, on augmenta les bras, en achetant des nègres.

Il ne suffisait pas d'édicter des lois et de condamner une race à travailler à la place d'une autre, pour tirer de la barbarie ces innombrables peuplades de chasseurs errants. Comment les rattacher au sol sans les civiliser, et comment les civiliser sans les convertir? La puissance de l'Espagne tenait donc essentiellement au succès de ses missions. Les progrès de la croix furent plus lents que ceux de l'épée. Les premiers missionnaires, appartenant aux ordres mendiants, partageaient ou n'osaient ouvertement braver les préjugés des aventuriers grossiers et barbares qui avaient commencé la découverte et la colonisation du pays. Il fallait que l'Évangile fût pour ces pauvres indigènes une protection avant d'être une lumière. Pouvaient-ils voir des frères dans leurs bourreaux? « Laisse-toi baptiser, disait un franciscain à l'un d'eux, et tu iras au ciel. — Les Espagnols y vont-ils? — Oui, mais seulement ceux qui sont sages et bons. — Alors je ne veux point aller au ciel. » Mais le zèle des missionnaires grandit avec les difficultés de leur tâche; les jésuites se placèrent au premier rang dans ces glorieuses entreprises par leur hardiesse et surtout par la supériorité de leurs vues. Dans les colonies portugaises, un des trois fondateurs de la compagnie, l'ami et le compatriote d'Ignace de Loyola, saint François-Xavier, donna l'exemple du dévouement et du succès. En moins de dix ans, il couvrit d'églises, de colléges et de séminaires toute l'Inde portugaise, et entama le Japon, où il fit 3000 conversions. Dans son ardeur infatigable, ce conquérant pacifique, qui était allé plus loin qu'Alexandre, voulait porter l'Évangile en Chine, quand il mourut dans l'île de Sancian (1552).

Xavier fut célèbre sans le vouloir : la gloire de ses disciples et de ses imitateurs ne fut pas moins grande pour être restée anonyme. En 1556, la société de Jésus comptait au nombre de ses provinces toutes les colonies espagnoles et portugaises. Les Indiens se convertissaient en foule: les uns touchés des beaux récits ou frappés des grandes vérités de l'Évangile; les autres cédant à l'empire des pompeuses splendeurs du culte catholique. Pour beaucoup, le spectacle d'une civilisation supérieure et des avantages matériels qu'elle apporte était un motif de conversion; pour tous, l'ascendant instinctif de la vertu et principalement l'héroïque douceur des missionnaires. Ainsi s'élevèrent, création de la parole chrétienne, des milliers de villages, qui ordinairement bâtis sur le bord des principaux fleuves, servaient de lien entre les villes, et assuraient leur approvisionnement.

Les missionnaires étaient la milice active de l'Église; ils travaillaient au désert. Dans les anciens villages, dans les bourgs et les villes, furent les *instructeurs*, les *curés*; au-dessus, les *évêques* avec leurs chapitres; au sommet de la hiérarchie, les *archevêques* de Mexico et de Lima; plus tard, ceux de Caracas, de Santa Fé de Bogota et de Guatémala. Tout ce clergé, en vertu des priviléges concédés par Alexandre VI et Jules II, était entièrement dépendant, non du pape, qui n'avait que la confirmation des pasteurs choisis, mais du roi, qui avait la nomination à tous les bénéfices. De sorte que le lien religieux fortifia le lien politique qui attachait les colonies à la métropole. Pour recruter cette riche et puissante Église de l'Amérique espagnole, une multitude de cloîtres, de séminaires, de colléges furent fondés, et l'enseignement public eut son centre dans les deux grandes universités de Lima et de Mexico.

C'est ainsi que l'Église catholique consolida en Amérique la domination de l'Espagne, en même temps qu'elle adoucit les maux de la conquête; qu'elle consola les vaincus en les préparant par une civilisation meilleure, à leur futur affranchissement. Malheureusement elle ne s'arma point, pour ce grand labeur, du seul esprit de charité. Elle accepta le secours de l'inquisition, que Philippe II établit au Nouveau Monde, avec son cortége d'épouvantes et de tortures, comme un frein contre les passions de toutes sortes qui s'y agitaient. C'est surtout en Amérique que cette terrible institution eut un but essentiellement politique, et servit d'auxiliaire à l'autorité royale. Là elle put, avec une bien plus grande énergie que de l'autre côté de l'Océan, exercer sur les esprits sa puissance de mort. Depuis trois siècles et demi qu'est-il sorti du Mexique et du Pérou, dont la civilisation du monde puisse s'honorer?

Conséquences des nouvelles découvertes.

Ces découvertes eurent cependant des résultats considérables. Elles livrèrent à l'activité européenne l'antique Orient, qui depuis des siècles sommeillait, et un monde nouveau. L'Amérique, repeuplée de colons européens, et placée à égale distance des deux bords opposés de l'ancien continent, deviendra la demeure de puissantes sociétés, qui prendront leur part dans l'œuvre de la civilisation générale.

Elles changèrent complétement la marche et la forme du commerce du monde. Au commerce de terre, qui s'était maintenu jusqu'alors comme le plus conforme aux habitudes et aux besoins des peuples, fut substitué le commerce maritime. Les villes de l'intérieur des continents déclinèrent, celles des côtes grandirent et l'importance commerciale attribuée aux différents pays, en raison de leur situation géographique, se trouva distribuée d'une manière toute nouvelle. Elle passa, en Europe, des pays situés sur la Méditerranée aux pays situés sur l'Atlantique, des Italiens aux Espagnols et aux Portugais ; plus tard, de ceux-ci aux Hollandais, aux Anglais et aux Français. Plus les relations commerciales se multiplieront, plus l'empire de la mer semblera près de donner l'empire de la terre, et l'on verra une île perdue dans les brumes de l'Occident, devenir, grâce au négoce, une des puissances prépondérantes de l'Europe.

Elles développèrent la richesse mobilière, qui est devenue la grande puissance des sociétés modernes. Tandis, en effet, que les Portugais créaient le grand commerce maritime, les Espagnols découvraient les mines du Pérou et du Mexique, et jetaient dans la circulation européenne une masse énorme de numéraire : 122 millions de kilogrammes d'argent et 3 millions de kilogrammes d'or, entre les années 1532 et 1848. « De 1515 à 1568, dit Bodin, il y eut plus d'or en France qu'on n'eût pu en recueillir auparavant en deux cents ans. » Aussi le prix de toutes les choses, et en particulier celui des salaires, s'éleva. L'agriculture, l'industrie et le commerce eurent les capitaux dont ils ont besoin pour prospérer, et le protestantisme leur donna, dans les pays où il s'établit, par la diminution des jours fériés, par la fermeture des couvents, plus de travail et plus de bras pour produire. « La tierce partie du royaume, dit un contemporain, fut défrichée en douze ans; et pour un gros marchand qu'on trouvait à Paris, à Lyon ou à Rouen, on en trouva cinquante sous Louis XII qui faisaient moins de difficultés d'aller à Rome, à Naples, à Londres, qu'autrefois à Lyon ou à Genève. » C'est donc, encore comme de nos jours, les facilités de communication qui se multipliaient en même temps que s'accroissaient la production et le bien-être général.

Alors ce phénomène économique eut aussi des conséquences sociales, et ce qui s'achève aujourd'hui commença.

Le moyen âge n'avait connu que la richesse territoriale, placée tout entière entre les mains des seigneurs; l'industrie, le commerce, facilités par l'abondance des capitaux, protégés par l'ordre que les rois mettront dans l'État, vont créer dans l'Europe moderne la richesse mobilière, qui sera entre les mains des bourgeois. La première était immuable et ne sortait point des familles qui la détenaient; la seconde sera accessible à tous, et ne restera dans les mêmes maisons qu'à la condition qu'y restera aussi ce qui l'y a amenée: le travail, la bonne conduite, la probité et l'intelligence. L'insurmontable barrière qui jadis parquait chacun dans sa condition est donc tombée. Cela aussi était un signe des temps nouveaux.

Enfin, comme le système de colonisation des modernes différait beaucoup de celui des anciens, il produisit une politique coloniale particulière qui a régné trois siècles, et n'est pas tombée partout.

La colonie grecque, complètement libre, formait un peuple nouveau qui commençait par exploiter le sol et arrivait vite à exploiter aussi la mer, car c'est la fortune des colonies agricoles bien placées de grandir parfois avec lenteur, toujours avec force: quelques-unes de ces colonies grecques sont encore comptées parmi les grandes villes du monde. La colonie romaine, à la fois agricole et militaire, mais établie dans un but politique, comme moyen de domination, ne s'émancipa jamais, et resta la partie d'un tout, prospérant ou déclinant avec l'ensemble.

Les Portugais, qui ne songèrent qu'au commerce, eurent des commis plutôt que des colons, des comptoirs au lieu de cités, une prospérité rapide et brillante qui fut et devait être éphémère, parce que cette grandeur ne reposait point sur la large et solide base du sol fortement occupé par la culture. Les Espagnols ne demandèrent pas non plus l'exploitation agricole de la terre à leurs colons, mais un travail particulier qui rendait chaque jour nécessaire l'assistance de la métropole, et, par conséquent, leur étroite dépendance.

Les Anglais et les Français auront une autre espèce d'établissements coloniaux, ceux de planteurs, où un petit nombre de propriétaires exploiteront la terre par les bras d'une multitude d'esclaves, au milieu de dangers perpétuels qui les obligeront à s'appuyer aussi sur la mère patrie.

On voit que les colonies modernes furent, dès l'origine, considérées comme des moyens d'exploiter les pays découverts au seul profit de la métropole qui en accorda le commerce exclusif soit à une seule ville comme Lisbonne et Séville, soit à des compagnies privilégiées, comme celles de France, d'Angleterre et de Hollande, qui, le plus souvent, firent de mauvaises affaires, tout en empêchant les colonies d'en faire de bonnes.

Invention des postes et des canaux à point de partage.

Si la mer était alors sillonnée par plus de vaisseaux, la terre l'était par plus de voyageurs et de marchandises. L'Université de Paris, reprenant une idée fort ancienne, avait établi des relais sur toutes les routes du royaume, pour faciliter la correspondance de ses étudiants avec leurs familles. Louis XI comprit combien serait utile au gouvernement une pareille institution, et, en 1464, il créa les *postes* pour le service des dépêches du roi et du pape; plus tard elles se chargèrent des lettres des particuliers. L'institution parut bonne et on l'imita, d'abord en Allemagne, peu après dans les autres États.

« Les fleuves, a dit Pascal, sont des grands chemins qui marchent tout seuls. » C'est vrai, mais parfois ils marchent mal, sur des bas-fonds ou des rapides, et ils ne vont que dans certaines directions. Les canaux vont partout. Les anciens n'avaient construit que des canaux de dérivation, sur un terrain de même niveau; ils ne connaissaient point les écluses, au moyen desquelles on rachète la différence de niveau des rivières, et on fait passer les bateaux par-dessus les montagnes. Les écluses à sas et à réservoirs d'eau qui les alimentent furent imaginées, au quinzième siècle, par deux mécaniciens de Viterbe, dont le nom est resté inconnu. Cette invention conduisait à l'idée de réunir dans de vastes bassins, au point de partage de deux versants, les eaux des hauteurs voisines, afin d'alimenter les deux branches du canal descendant en sens contraire. Dès 1481, Venise construisait un canal à écluses; trente-cinq ans plus tard, François Ier appelait en France Léonard de Vinci, non moins célèbre comme ingénieur que comme peintre. Mais les guerres suscitées par l'ambition de la maison d'Autriche et par les querelles religieuses arrêtèrent pendant un siècle l'essor de cette utile découverte. Ce fut Henri IV qui fit construire le premier canal à point de partage, celui de Briare, entre la Seine et la Loire.

Par les postes, par les canaux, un moyen de communication plus rapide pour les affaires et pour les choses était trouvé. A l'aide des lettres de change, des banques de dépôt et de crédit, les capitaux circulèrent comme les denrées; et les assurances pratiquées d'abord à Barcelone et à Florence, plus tard à Bruges, commencèrent le grand système de garanties, qui, aujourd'hui, donne au commerce tant d'audace et de sécurité.

Par toutes ces choses, les relations entre les citoyens se multipliant, l'État deviendra plus fort; et, plus de liens unissant les peuples, l'Europe formera un grand corps de nations qui seront toutes solidaires, et plus tard, peut-être, une seule famille.

CHAPITRE XII.

RÉVOLUTION DANS LES LETTRES, LES ARTS ET LES SCIENCES, OU LA RENAISSANCE.

Découverte de l'imprimerie. — La renaissance des lettres. — La renaissance des arts. — La renaissance des sciences.

Découverte de l'imprimerie.

Cette ardeur des hommes d'action qui les poussait à sortir des sentiers battus pour se jeter en des voies non frayées était partagée par les hommes d'étude. Eux aussi ils aspiraient après un autre monde et ils le cherchaient, non en avant, mais en arrière. Comme Colomb, ils ne croyaient aller que vers la terre antique, et, sur leur route, ils trouvèrent une terre nouvelle.

Rassasié des vaines disputes de la scolastique et des arguties de l'école, qu'un latin barbare enveloppait encore d'ombres épaisses, fatigué de se mouvoir dans le vide et les ténèbres, on se précipitait vers les pures lumières de l'antiquité renaissante. La découverte d'un manuscrit latin ou d'une statue grecque causait la joie d'une victoire. On ne créait pas encore, on imitait toujours. L'esprit, trop faible pour marcher seul par sa propre force, ne secouait le joug d'Aristote et de l'art hiératique du moyen âge que pour se placer sous la discipline de maîtres nouveaux; empire plus doux, parce que c'était une domination divisée qui permettait de libres allures et préparait la complète émancipation des serfs de l'intelligence.

Cependant quelques hommes supérieurs eussent seuls vécu de l'esprit nouveau sans une invention admirable, grâce à laquelle les trésors qui auraient été réservés à un petit nombre purent devenir le domaine de tous.

En 1436, Jean Guttenberg, de Mayence, établi à Strasbourg, perfectionna les procédés de Laurent Coster, de Harlem, et créa l'art typographique en créant les caractères mobiles. Quatorze ans après, il s'associa avec le banquier mayençais Faust et avec Schœffer, habile calligraphe, qui ajouta de nouveaux perfectionnements à la fonte des caractères et inventa probablement le moule mobile à la main à peu près semblable à celui qui est encore en usage aujourd'hui. Dès lors l'imprimerie était trouvée; les *Lettres d'indulgence* et la *Bible* de 1454 en sont les plus anciens monuments. Cet art merveilleux se répandit avec rapidité en Allemagne, en Italie, en France, en Suisse, en Angleterre et bientôt dans toute l'Europe chrétienne[1]. Le prix des livres baissa subitement dans une proportion énorme[2]; et des imprimeurs, qui furent en même temps des érudits de premier ordre, les Alde Manuce en Italie, les Estienne en France, et les Froben en Suisse, popularisèrent par le bon marché les chefs-d'œuvre littéraires de l'antiquité, dont ils donnèrent des éditions aussi remarquables par la pureté du texte que par la perfection typographique. Il est facile d'apprécier les rapides progrès de l'imprimerie et l'influence soudaine qu'elle exerça sur la civilisation, par ce fait que le seul Josse Bade, à Paris, ne publia pas moins de 400 ouvrages, la plupart in-folio. En 1529, les *Colloquia* d'Érasme furent tirés à 24 000 exemplaires, tant les peuples étaient avides d'apprendre; « car ils commençaient à s'apercevoir, dit le docteur catholique Lingard, que leurs ancêtres avaient vécu dans l'esclavage de l'esprit comme dans la servitude du corps. »

Dès 650 on fabriquait à Samarcande et à Bouckara du papier

---

1. Nous donnons ici la date de l'introduction de l'imprimerie dans les diverses contrées : à Vienne, en 1462 ; à Rome, en 1465 ; à Venise et à Milan, en 1469 ; à Lucerne et à Paris, 1470 ; à Florence, Ferrare, Trévise, Bologne, Pavie et Naples, 1471 ; à Utrecht, à Parme et à Messine, 1473 ; à Gênes, en Belgique, en Angleterre et en Espagne, 1474 ; à Bâle, 1475 ; en Russie, 1486 ; en Suède, 1493 ; en Écosse, 1508 ; en Turquie, 1726 ; en Grèce, en 1821. La Bible entière publiée en 1462 se vendit 30 florins ; manuscrite, elle en coûtait de 400 à 500.

2. En 1500, Alde Manuce, à Venise, mettait en vente à 2 fr. 50 cent. (valeur actuelle), son *Virgile* in-8, et publiait au même prix toute une collections d'auteurs anciens ou nouveaux.

avec de la soie. En 706, Amrou, à la Mecque, substitua le coton à la soie. Ce papier de coton ou de Damas, comme on l'appelait, fut connu d'assez bonne heure en Europe. Les Grecs l'importèrent dans l'Italie méridionale, où les rois normands de Naples l'employèrent fréquemment dans leurs diplômes. Les Arabes l'avaient introduit en Espagne ; mais l'Espagne, ayant beaucoup de lin et de chanvre, préféra le papier de linge, qui, au treizième siècle, fut employé en Castille, et de là pénétra en France et dans le reste de l'Europe. Cependant le parchemin garda longtemps la prééminence, à cause de sa solidité. Il était interdit aux notaires d'employer toute autre substance pour leurs actes authentiques. C'est seulement à la fin du quatorzième siècle que le triomphe du papier fut décidé, quand l'imprimerie, prenant l'essor, eut besoin d'une matière d'un prix peu élevé pour recevoir l'empreinte des caractères.

La renaissance des lettres.

L'Italie s'empara avidement de l'invention nouvelle. Dès 1465, il y avait des imprimeurs à Rome ; il y en eut en 1469 à Venise et à Milan. C'est que nulle part le culte de l'antiquité n'était aussi ardent, la recherche des manuscrits aussi vive. L'Italie semblait vouloir échapper au spectacle de ses vices et de sa dégradation en revivant dans les temps anciens dont elle exhumait pieusement les restes. Dans toutes les villes on restaurait les écoles, on fondait des bibliothèques. A Rome, le pape Eugène IV rétablissait l'université romaine, et Nicolas V envoyait de tous côtés des savants à la découverte des manuscrits ; il fit traduire les historiens grecs, plusieurs Pères de l'Église, et fonda la bibliothèque du Vatican. A Naples, Alphonse le Magnanime protégeait Laurent Valla et Pontanus, les restaurateurs de l'Académie napolitaine, et il ne demandait à Laurent de Médicis pour se réconcilier avec lui qu'un manuscrit de Tite Live. A Florence et à Pise, Cosme et Laurent le Magnifique commençaient la bibliothèque Médicéo-Laurentienne si célèbre plus tard, et offraient un honorable asile aux savants de tous les pays. Cosme, le fondateur de l'Académie de la Crusca, chargea Marcile Ficin de traduire, d'expliquer Platon, et de commencer contre Aristote, l'oracle philosophique du moyen âge, une guerre qui devait aider à l'affranchissement de l'esprit humain. Gênes, appelée *la Superbe*, à cause de ses palais de marbre, restait, sous la domination étrangère, en dehors de ce grand travail; mais Venise y participait. A côté de l'ancienne université de Padoue s'éleva, dès 1470, celle de Venise.

Les descendants des turbulents barons changeaient leurs forteresses en cabinets d'étude, et oubliaient leurs armes pour leurs livres. Rome voyait le seigneur Pic de la Mirandole, devenu paladin de la science, soutenir contre tout venant des thèses en toutes langues et sur toutes choses. Le sombre Ludovic le More, lui-même, à Milan, protégeait les artistes et les savants. Il restaurait l'université de Pavie, il encourageait les débuts de Bramante, et le grand Léonard de Vinci, qu'il avait nommé directeur de l'Académie de peinture et d'architecture de Milan, sculptait pour lui une statue équestre que les soldats de Louis XII brisèrent, et peignit, dans un des couvents de la ville, cette *sainte Cène* qui est ou plutôt qui fut son chef-d'œuvre. Les États secondaires obéissaient à l'entraînement général : les Gonzague à Mantoue, les Montefeltri à Urbin et surtout l'illustre maison d'Este à Ferrare.

Mais, entre tous ces noms glorieux, il faut mettre dans une place à part ceux de Jules II et de Léon X. Le premier, au milieu de ses négociations et de ses guerres, trouva le temps d'attirer et de retenir à sa cour une foule d'hommes éminents par leur érudition, leur intelligence du beau et leur génie. Une chose suffit à sa renommée : il a commencé Saint-Pierre de Rome et chargé Michel-Ange d'en élever la coupole. « Les belles-lettres, disait-il, sont de l'argent aux roturiers, de l'or aux nobles et des diamants aux princes. » Le jour où l'on retrouva le Laocoon dans les Thermes de Titus, il fit sonner les cloches de toutes les églises de Rome. Le second, issu de la famille des Médicis, fut bien plus le prince des lettres et des artistes que le pontife des chrétiens. « Favoriser les progrès des lettres, disait-il lui-même, est une partie importante des devoirs pontificaux. » Raphaël peignit pour lui les fresques du Vaticau, Michel-Ange celles de la chapelle Sixtine, et il achetait 500 sequins un exemplaire manuscrit des cinq premiers livres de Tite Live, qu'il se hâtait de faire imprimer. On donne parfois son nom à ce siècle ; c'est une flatterie, mais ce n'est pas une injustice.

Ce réveil du goût pour l'érudition antique n'était malheureusement pas, chez les Italiens, le réveil des mâles vertus et des fortes pensées de Rome et d'Athènes. Aussi la littérature italienne, plus savante au seizième qu'au quatorzième siècle, fut-elle moins originale et moins virile. On secoua bien l'autorité d'Aristote, grâce à la lecture de son éternel rival Platon, dont les œuvres furent éditées à Venise, par les Aldes, en 1513 ; mais on ne créa point de philosophie. On emprunta aux historiens anciens l'art de grouper les faits et de couper le récit par des discours de convention ; mais l'Italie ne trouva ni un Hérodote ni un Tacite. On découvrit la géographie dans Ptolémée, la botanique dans Dioscoride, la médecine dans Galien et dans Hippocrate ; mais on ne fit faire à ces sciences aucun progrès. Rien ne naquit, en un mot, comme au siècle de Dante, des profondeurs de la nationalité et du génie italiens.

Sans parler de Sannazar et de ses *Idylles piscatoires*, de Vida qui chanta *les Échecs* et les *Vers à soie* en si beau latin, avant d'écrire sa *Christiade*, comment trouver une inspiration tant soit peut personnelle dans le cicéronien Bembo, ce cardinal favori de Léon X, qui n'allait pas aux sermons parce qu'on y parlait trop mal, et qui jurait *per deos immortales*, appelait la Vierge *Dea Lauretana*, et croyait que, l'homme ne pouvant désormais rien créer de neuf en littérature, il n'y avait plus qu'une chose à faire : pour le latin, imiter Cicéron ; pour l'italien, imiter Pétrarque[1]. Sadolet, du moins, ajoutait à ce culte pour Cicéron celui de la vertu et un esprit de tolérance qui recommande près de nous sa mémoire, bien plus que ses belles lettres latines.

1. Bembo, né à Venise en 1470, mourut en 1547. Sadolet, né à Modène en 1477, fut évêque de Carpentras et cardinal ; il mourut la même année que Bembo. Jules-César Scaliger de Padoue, autre latiniste fameux, vécut en érudit. Un autre Italien, Pierre-Martyr d'Anghiera, vécut en Espagne. Nous avons de lui 813 lettres qui ne sont pas toutes d'inutiles amplifications.

L'Italie n'eut à cette époque que deux grands écrivains, l'Arioste et Machiavel, et un historien célèbre, Guichardin[1]; nombre d'artistes en style et pas un seul ouvrage d'une puissante originalité, parce que l'imagination et l'esprit n'y furent jamais au service de grandes idées ni de sentiments élevés et purs. Le *Roland furieux* de l'Arioste fut publié en 1515, l'année même où François Ier gagnait aux dépens de l'Italie, la bataille de Marignan. Le comte Boiardo avait récemment écrit l'*Orlando Inamorato*, où la donnée des poëmes chevaleresques était encore gravement prise au sérieux. L'Arioste en fit la contre-partie. Son poëme héroï-comique, contraire à l'histoire et à la vérité morale, est un chef-d'œuvre d'imagination et de grâce; mais, en vérité, quand on pense au milieu de quelles circonstances l'Arioste imaginait toutes ses féeries, on est tenté de répéter les paroles du cardinal d'Este: « Eh! messire Arioste, où avez-vous pris tant de balivernes? » Un trait peint l'esprit de ce temps: Bembo, l'ami de l'Arioste eût voulu qu'il écrivît son poëme en vers latins. « J'aime mieux, répondit le poète, être le premier entre les poëtes toscans, qu'à peine le second parmi les latins[2]. » Et il a eu raison: ces « balivernes » ont vécu par ce qui fait vivre les livres, par le style.

Il est à noter comme trait de mœurs plutôt que de littérature que Boccace avait eu une nombreuse lignée de conteurs plus licencieux que lui-même. Cette immoralité gagna le théâtre et s'y accrut, car les yeux virent ce que les oreilles seules entendaient. Les deux premières comédies modernes, *la Calandra*, du cardinal Bibiena, et *la Mandragore*, de Machiavel, qui furent représentées à la cour pontificale, sont salies de ces obscénités qu'on retrouve encore dans l'épopée de l'Arioste; et l'Arétin fut fait par Jules III chevalier de Saint-Pierre, en attendant le cardinalat.

Les caractères les plus fortement trempés s'abandonnaient

---

1. Guichardin, né à Florence en 1482, mort en 1540, fut ambassadeur de Florence, puis du saint-siège, auprès de plusieurs princes; il écrivit l'histoire de l'Italie, de 1490 à 1534. Le Tasse est de la seconde moitié du siècle (1544-1595).

2. L'Arioste (Ludovico Ariosto), né en 1474 à Reggio, mort en 1534. Il passa presque toute sa vie à la cour des ducs de Ferrare.

eux-mêmes. Ainsi Machiavel compromit d'abord son vigoureux esprit dans les productions les plus légères, et, lorsque la souffrance personnelle eut réveillé en son âme le sentiment des douleurs de la patrie, il débuta dans ses œuvres politiques par un livre qu'on voudrait prendre pour un acte de désespoir : le livre du *Prince*. Il y réduit en théorie, dans un style froid et expéditif comme elle, cette politique d'égoïsme et de cruauté qui faisait de la perfidie un art, de l'assassinat un moyen, et qui immolait au but toutes les notions de l'honnête. Condamnons ce livre pervers « qui enseignait à ravir aux riches leurs biens, aux pauvres leur honneur, à tous la liberté, » mais en reconnaissant qu'il accuse autant le siècle pour lequel il fut composé que la main qui l'a écrit[1] : siècle de Léon X qui donne un sauf-conduit à un cardinal et le fait tuer à l'arrivée ; de César Borgia qui trompe et empoisonne les seigneurs de la Romagne ; de Ferdinand de Naples qui attire ses nobles à une fête et les y égorge ; de Ferdinand le Catholique qui s'honorait d'être perfide ; de ceux enfin qui organisèrent l'abominable guet-apens de la Saint-Barthélemy. Le succès était tout, la moralité rien. Notre Montaigne trouvait lui-même les vices nécessaires. « Le bien public, ose-t-il dire, requiert qu'on trahisse, qu'on mente et qu'on massacre. » Et il n'est pas sans estime pour « ces citoyens plus vigoureux et moins craintifs qui sacrifient leur honneur et leur conscience, comme ces autres anciens sacrifièrent leur vie pour le salut de leur pays. »

Voilà le monde tel qu'il sortait du moyen âge et que nous avons eu à purifier.

A cette époque trois pays seulement pensent et produisent : l'Italie est le premier, la France le second, l'Allemagne vient

---

1. Zeller, *Histoire d'Italie*, chap. xv, p. 365 et suiv. — Niccolo Macchiavelli naquit en 1469 et mourut en 1527. Il fut pendant quatorze ans secrétaire de la république de Florence. La restauration des Médicis à Florence, en 1513, lui fit perdre sa charge. Impliqué dans une conspiration contre eux, il fut mis à la torture, puis banni. Dans cet exil il composa le *Prince* en 1514, et les *Discours sur Tite Live* vers 1516. L'*Histoire de Florence* est de 1525. Du reste Fra Paolo Sarpi dans ses *Conseils à la seigneurie de Venise*, même Guichardin, pensent à peu près comme Machiavel en politique. Cette école sacrifie sans hésiter, comme les anciens, l'individu et la justice à l'État, au prince.

en suite. Pour l'Angleterre, elle cicatrise ses blessures de la guerre des Deux-Roses, et l'Espagne a les yeux bien moins sur l'antiquité que vers l'Amérique et ses mines, vers l'Italie et les Pays-Bas, avec leurs riches cités et leurs plantureuses campagnes où les bandes de Charles-Quint aiment tant à faire la guerre et le pillage.

La langue française avait de la naïveté, des tours vifs, mais elle manquait d'ampleur, d'élévation, de netteté. Si l'imagination, le bon sens, la gaieté gauloise perçaient dans les écrits en vers et en prose, la trivialité, la diffusion, le mauvais goût déparaient les meilleurs livres. Mais l'antiquité retrouvée, les écrivains allèrent puiser à cette source féconde, et le génie de la France s'y retrempant mieux que celui d'aucune autre nation moderne, acquit cette haute raison, cette mesure, cette limpide clarté qui lui ont valu l'empire pacifique de l'Europe.

François Ier, qu'on a appelé le *Père des lettres*, ne créa point le mouvement qui de lui-même se produisait, mais il y aida. La vieille Université de Paris, avec sa Faculté de théologie, la Sorbonne, ne pouvait changer d'esprit et de méthode. Sur le modèle des académies d'Italie, et par le conseil du savant Budé, le roi fonda, en 1530, un établissement tout laïque, le *Collége des trois Langues* ou *Collége de France*. L'hébreu, le grec, le latin, la médecine, les mathématiques, la philosophie, tout ce qui était nouveau, ou qui se frayait des voies nouvelles, y fut enseigné gratuitement. L'hébraïsant Vatable, l'helléniste Danès, le mathématicien et l'orientaliste Postel, le savant Turnèbe et le disert Lambin, virent accourir à leurs doctes leçons ces élèves à qui l'Université mesurait si parcimonieusement la science. François Ier ne créa pas l'*Imprimerie royale*, qui ne date que de Louis XIII, en 1640, mais il fit graver et fondre, d'après les belles formes des types vénitiens d'Alde Manuce, les caractères de Garamond, qui par son ordre les confiait aux imprimeurs les plus distingués, dits *imprimeurs royaux*, aux Estienne par exemple, pour servir aux belles éditions publiées par ces établissements particuliers. Il acheta des manuscrits d'auteurs anciens en Italie, en Grèce, en Asie, pour accroître la richesse naissante de la Bibliothèque royale et en fit éditer un grand nombre.

L'érudition française commença alors les grands travaux qui la mirent durant trois siècles à la tête de la science européenne. Avec Cujas, P. Pithou, Denis Godefroy, Doneau, Dumoulin, la jurisprudence brilla d'un éclat qui ne fut égalé nulle part ailleurs, et qui n'a pas encore été éclipsé. Dans les lettres savantes, Danès, Postel, le grand cicéronien Dolet, brûlé vif à trente-six ans, le premier helléniste de l'Europe, Budé, Lefebvre d'Étaples, les Estienne, dynastie d'imprimeurs plus doctes que les meilleurs érudits du temps, publièrent une foule de savants livres qui révélèrent la double antiquité, sacrée et profane, d'où notre civilisation est sortie.

Dans les lettres proprement dites, on peut distinguer pour ce siècle comme quatre groupes d'écrivains : au commencement, Marot et son élégant badinage, Rabelais avec sa verve avinée et audacieuse : à la fin, Mathurin Régnier, le satirique, tous trois héritiers du vieux génie gaulois; au milieu Ronsard et la pléiade des poëtes, « dont la muse en français parla grec et latin. » A côté de ceux-ci, durant les guerres de religion, Amyot et Montaigne, fervents adorateurs de l'antiquité, mais qui ne lui sacrifient point, comme l'école de Ronsard, la langue nationale; enfin entre le seizième siècle qui finit et le dix-septième qui commence, Malherbe, le poëte de Henri IV, qui régularise, comme son maître, le mouvement désordonné de l'âge précédent et prépare la calme grandeur de celui qui va suivre. En somme, deux livres qui sont restés et que les plus délicats lisent encore : les *Essais* et *Gargantua*; sans compter bien des pages d'Amyot, des pièces de Malherbe, des vers de Mathurin Régnier, et toute la *Satire Ménippée*. Calvin et d'Aubigné ont une place à part, celui-ci pour ses *Mémoires* et ses *Tragiques*; celui-là pour son *Institution chrétienne*.

L'Allemagne ne parlait pas encore sa langue. Du moins, c'est en latin que ses hommes de savoir, même d'esprit, comme Ulric Von Hutten, écrivaient. Le plus illustre était alors Érasme, de Rotterdam (1467-1536). Il eut cela de particulier, qu'au milieu de cette effervescence du seizième siècle, qui trempait si fortement les caractères, il fut un homme froid, railleur, qui un siècle plus tard eût été sceptique, s'il ne l'était déjà, et qui ne sacrifiait rien aux idées auxquelles alors on sacrifiait tout. Enfant de cœur à neuf ans, chanoine à dix-sept, et plus tard se faisant relever de ses vœux ; élève du collége de Montaigu, à Paris, où il fut obligé, pour vivre, de donner des leçons à un gentilhomme anglais, puis attiré en Angleterre par ce seigneur, bientôt à Bologne, où il reçut le bonnet de docteur en théologie, à Venise chez Alde Manuce, puis de nouveau en Angleterre chez le chancelier Thomas Morus ; recherché par les souverains, Henri VIII, Léon X, Adrien VI, François Ier, qui lui fit offrir, mais en vain, par le savant Budé, la direction du Collége de France récemment créé ; et, au milieu de cette cour de monarques, conservant une indépendance très-habilement calculée pour n'alarmer personne, tel fut Érasme. « Les gens de lettres, disait-il, sont comme les tapisseries de Flandre à grands personnages qui ne font leur effet que vues de loin. » Pour cette sorte de royauté de l'esprit et du bel esprit, on l'a appelé le Voltaire de son temps. Nul écrivain n'a exercé en effet, à cette époque, un empire plus étendu. Ses épigrammes contre l'ignorance, le libertinage et la gloutonnerie des moines, ses attaques contre l'indulgence [1] semblaient le désigner aux réformés comme un des leurs. Mais il était trop prudent pour s'engager dans une lutte aussi ardente. « Luther, dit-il, nous a donné une doctrine salutaire et de très-bons conseils ; je voudrais qu'il n'en eût pas détruit l'effet par des fautes impardonnables. Mais, quand il n'y aurait rien à reprendre dans ses écrits, je ne me suis jamais senti disposé à mourir pour la vérité. Tous les hommes n'ont pas reçu le courage nécessaire pour être martyrs ; et si j'eusse été mis à l'épreuve, je crains bien que je n'eusse fait comme saint Pierre. » Il resta donc en dehors des partis « et des vérités séditieuses, » tout entier à ses chers auteurs, amoureux du beau latin, du pur langage. « Érasme, s'écriait Luther, est Érasme et n'est point autre chose. » Ses principaux ouvrages sont l'*Éloge de la folie*, ses *Adages* et ses *Colloquia*,

---

1. « Que pensez-vous de ceux, dit-il dans ses *Colloquia*, qui avec des indulgences endorment les consciences et mesurent montre en main la durée du purgatoire dont ils calculent les siècles, les années, les jours et les heures. Il n'y a pas un marchand, un soldat, un juge qui ne croie, moyennant un écu, racheter tous les vols de sa vie. »

dialogues satiriques dans le genre de Lucien, où le clergé et les moines ont singulièrement à pâtir. Mais il a eu sur l'organisation des études une influence dominante. C'est lui qui a fait triompher le système actuel de prononciation pour le grec ancien, et qui a banni de l'enseignement les formes lourdes et barbares de la scolastique. Il s'attaquait aux nouveaux pédants comme aux anciens: dans son *Ciceronianus*, il tourne en dérision ces puristes si scrupuleux pour le mot et qui ne le sont jamais pour la pensée. Il avait donné en 1516 la première édition grecque du nouveau Testament.

Les Pays-Bas revendiquaient un autre personnage, l'Espagnol Vivès, qui professa à Louvain et à Bruges, et qu'on plaçait à côté de Budé et d'Érasme.

En Allemagne, la littérature du moyen âge continuait avec les écoles de Meistersänger, qui foisonnaient encore dans la Souabe et la Franconie. A Nuremberg, en 1558, il n'y avait pas moins de deux cent cinquante maîtres chanteurs qui se réunissaient dans le chœur même de la cathédrale, à l'issue du service divin. Le plus célèbre était le cordonnier Hans Sachs, qui écrivit 10 840 pièces de vers. Le *Narrenschiff* ou la *Barque des fous* du Strasbourgeois Sébastien Brandt, et la continuation par un de ses compatriotes, Thomas Murner, eurent un immense et durable succès, qui toutefois n'a pu dépasser le seizième siècle. Malgré la fécondité d'Hans Sachs, cette littérature populaire se mourait. Le culte, au contraire, des lettres savantes s'étendait rapidement, et la Renaissance compta un grand nombre de cicéroniens allemands: Reuchlin, qui introduisit dans ce pays l'étude de l'hébreu, et fut le maître de Melanchthon; Hégius celui d'Érasme; Celtès, Béatus Rhenanus, Dalberg, qui fonda à Heidelberg la première académie allemande et une bibliothèque demeurée, jusqu'à la guerre de Trente ans, la plus belle de l'Europe; Hutten, l'auteur des *Litteræ obscurorum virorum*, et le poëte lauréat de l'empereur Maximilien; une foule d'autres enfin qui, sans doute, auraient fait entrer l'Allemagne à pleines voiles dans le courant nouveau de la civilisation moderne, si l'un d'eux, Luther, n'avait déchaîné sur son pays les tempêtes théologiques qui arrêtèrent soudain l'élan des esprits et amenèrent ce que les historiens ont appelé le *siècle de fer* de la littérature allemande.

La renaissance des arts.

Inférieure, et de beaucoup, aux anciens dans les lettres, l'Italie du seizième siècle les égala ou les surpassa dans les arts. L'architecture ogivale n'avait plus la sévère grandeur qu'on admire dans les monuments du treizième siècle. Au quinzième régnait le gothique flamboyant, les lignes architecturales se tordaient en mille replis. C'était éblouissant; ce n'était ni simple ni grand. En France, on faisait effort pour rejeter l'ancien style; on le dénaturait; on n'en avait pas trouvé un autre. L'Italie, où l'architecture ogivale n'arriva jamais à la perfection qu'elle atteignit au delà des monts, demanda de bonne heure des inspirations architectoniques à l'antiquité; dès la fin du quatorzième siècle, on y fit des *temples* chrétiens pour lesquels on s'efforça de prendre aux Grecs l'exquise pureté de leurs lignes et aux artistes du moyen âge l'expression religieuse qu'ils avaient si bien trouvée.

Le Florentin Brunelleschi [1] fut le vrai créateur de cette architecture nouvelle. Il tira de l'oubli les anciens ordres grecs, à l'ogive substitua l'arcade, et aux lignes tourmentées du gothique fleuri la ligne droite des temples grecs ou la courbe élégante du dôme romain. Sa coupole de la cathédrale de Florence précède d'un siècle celle de Michel-Ange à Saint-Pierre de Rome et est aussi grande. Ses élèves conservèrent au nouveau système, en face de l'ornementation recherchée des artistes vénitiens, la sobriété sévère que Brunelleschi lui avait donnée. Mais il était réservé à Bramante, oncle de Raphaël, de porter au dernier degré de perfection l'architecture de la Renaissance [2]. Le palais de la chancellerie et la cour du Vati-

---

[1]. Né en 1375, mort en 1444. On lui doit le palais Pitti, à Florence et le dôme de *Santa Maria del Fiore*, dont le diamètre intérieur a 131 pieds, un pied de plus que le dôme de Saint-Pierre; ceux du Panthéon et des Invalides à Paris n'en ont l'un que 62, l'autre que 75. Jacques Barozzio, né à Vignole, dans le Modénais, et André Palladio, qui appartiennent au seizième siècle, sont plus fameux par leurs écrits théoriques que par leurs ouvrages.

[2]. Né à Castel-Durante, dans l'État d'Urbin, mort en 1514.

can sont des modèles. C'est Bramante que le pape Jules II chargea de dessiner le plan de Saint-Pierre de Rome. Arrêté par la mort, il eut pour successeur Michel-Ange, qui lui emprunta l'idée de la célèbre coupole.

Dès le treizième siècle, Nicolas et André de Pise avaient secoué le joug de l'art conventionnel, de la tradition byzantine, et créé la sculpture italienne (chaires de Pise et de Sienne, tombeau de saint Dominique à Bologne). Laurent Ghiberti, au quinzième (1378-1455), se mit au premier rang, par ses deux portes du baptistère de Florence, « dignes d'être placées à l'entrée du paradis, » disait Michel-Ange. A côté de ce grand artiste, Donatello (1383-1466), moins élevé de style, plus énergique d'expression, fonda l'école florentine de sculpture dont André Verocchio (1432-1488) et Alexandre Leopardi furent les illustres représentants, et qui a pour principal caractère l'imitation exacte et savante du modèle, le naturalisme, comme on l'a appelé. Le chef-d'œuvre de Donatello était une statue de saint Marc, d'une telle vérité, qu'après l'avoir contemplée longtemps, Michel-Ange s'écria : *Marco perchè non mi parli?* Leur contemporain, Lucia della Robbia, dont presque tous les ouvrages sont faits d'une terre cuite vernissée qui ressemble à de la faïence, conserva la naïveté de la sculpture du moyen âge, mais en lui donnant une pureté de style presque antique.

La sculpture d'ornement, enchaînée à la tradition avant la Renaissance, devint, avec les Lombardi et Benvenuto Cellini [1], le fameux ciseleur, un art admirable, en même temps qu'une industrie florissante.

La supériorité des Italiens sur les Grecs dans la sculpture et dans l'architecture est fort contestable; elle ne l'est pas dans la peinture. Dès le treizième siècle, Giotto (1276-1336), ami de Dante et de Cimabué, le dernier des peintres

---

[1]. Benvenuto Cellini, né à Florence en 1500, mort en 1570, orfèvre et sculpteur, qui travailla beaucoup pour François Ier. Il a laissé de curieux *Mémoires* dans lesquels il se vante d'avoir tiré le coup d'arquebuse qui tua le connétable de Bourbon à l'assaut de Rome. Le musée du Louvre possède de lui la *Nymphe de Fontainebleau*, bas-relief en bronze, dans la salle des Caryatides.

de l'école byzantine, créa un système nouveau. Plus de vérité dans l'expression et dans les draperies, plus de correction et d'exactitude dans le dessin, un commencement de modelé, la passion et la grandeur unies dans la composition à la grâce, telles sont les qualités qui firent de Giotto pendant un siècle le plus grand peintre de l'Italie.

La peinture *giottesque* domina jusqu'aux premières années du quinzième siècle. A cette époque, deux importantes modifications dans les procédés matériels amenèrent dans la pratique même de l'art une véritable révolution. D'une part, on appliqua les principes de la perspective linéaire enseignée par Ucello (mort en 1472) qu'aidait le mathématicien Manetti; d'un autre côté, les frères van Eyck de Bruges (1370-1450) perfectionnèrent à un tel point les procédés de la peinture à l'huile, que la peinture à la détrempe fut abandonnée, et que l'on ne conserva la fresque que pour décorer les murailles des grands monuments.

L'Italie compta alors trois grandes écoles : l'école naturaliste de Florence, fondée par Masaccio (1402-1443), qui cessa enfin d'observer les caractères typiques, le formalisme byzantin, que Giotto conservait encore; l'école ombrienne, religieuse et spiritualiste, qui eut à sa tête le Pérugin; enfin l'école coloriste de Venise, dont le chef fut Giovanni Bellini.

C'est à ce moment, quand l'étude de la nature et la science du dessin avaient déjà fait de grands progrès, mais lorsqu'il restait à donner au dessin la grâce, à la couleur l'harmonie, et surtout à la vérité des formes le beau idéal, que parurent six hommes d'un génie extraordinaire, les plus grands peintres de l'Italie et de tous les temps, Léonard de Vinci, Michel-Ange, le Corrége, Giorgione, le Titien et le *divin* Raphaël.

Si la puissance créatrice de la Renaissance et du seizième siècle fut quelque part, c'est en Michel-Ange Buonarotti. Il naquit en 1474, près d'Arezzo, d'une illustre famille patricienne, et montra dès le jeune âge pour le dessin une vocation tellement forte, qu'elle triompha des préjugés nobiliaires de sa famille. Les hommes de ce temps embrassaient tout. Il fut un sculpteur incomparable, un grand architecte, quoique fougueux et incorrect, un peintre de premier ordre et un ingénieur éminent : chargé de fortifier Florence assiégée, il la défendit un an. Il fut très-versé dans l'anatomie, et de sa main d'artiste, disséquant des cadavres, il acquit de la structure interne du corps humain, du jeu des muscles, cette connaissance profonde qui lui a permis de donner tant de relief à ses représentations de la forme humaine, et de replacer le beau dans le vrai, par l'alliance de l'art et de la science. La nature, si oubliée des artistes du moyen âge, reprit son empire. La puissante originalité de Michel-Ange vient de ce qu'il se mettait en face d'elle. Il sut, quand il voulut, contrefaire l'antique à s'y méprendre, mais ne s'en laissa pas dominer. C'est le Corneille de la sculpture par le caractère excessif de force et de grandeur qu'il donnait aux œuvres travaillées par ses mains.

Il eut pour maître Dominique Ghirlandajo, de Florence, dont il dépassa bientôt la peinture froide, maigre, scolastique, si j'ose dire. Protégé d'abord par les Médicis, il perdit cet appui lorsqu'une révolution les chassa de Florence. C'est alors qu'il vint à Rome, où Jules II le chargea de construire son mausolée. Il traça un plan colossal dont quelques figures seulement furent exécutées : l'une d'elles est son *Moïse* assis et tenant la table de la loi. Austère dans ses mœurs, sobre à l'extrême, stoïcien de caractère, la plupart du temps seul en présence de la nature vivante ou morte et de ses méditations puissantes, il quitta Rome par fierté, parce qu'un jour la porte du pontife lui fut fermée, et résista longtemps aux prières et aux menaces. Il revint pourtant, et fit de Jules II, conquérant de Bologne, cette statue qui semblait plutôt châtier que bénir la ville. Le soin de décorer de fresques la voûte de la chapelle Sixtine lui fut alors confié : c'était un piége de ses ennemis, surtout de Bramante, qui, jaloux, s'efforçait de lui opposer Raphaël, déjà célèbre Michel-Ange ignorait la fresque ; il appela des peintres en ce genre, les fit travailler devant lui, puis s'enferma dans la chapelle Sixtine, dont il portait sur lui les clefs, et y exécuta tout seul, en vingt mois, ces prodigieuses figures de prophètes et de sibylles, qui furent une révélation du grandiose dans l'art. Léon X, Clément VII. Paul III, le protégèrent tour à tour. Ses œuvres principales dans cette période furent le mausolée de Jules II, tel qu'on le voit aujourd'hui dans l'église de Saint-Pierre aux Liens : les tombeaux de Laurent et de Julien de Médicis, à Florence, où figurait la *Nuit*, si célèbre sous la figure d'une femme endormie; la grande fresque du *Jugement dernier*, où revit le génie de Dante, si digne d'inspirer Michel-Ange; enfin, cette immortelle basilique de Saint-Pierre qu'il acheva en se servant des plans du Bramante, mais tellement modifiés, qu'elle est demeurée un de ses plus grands titres de gloire. Ce fut aussi un de ses derniers ouvrages. Il mourut à quatre-vingt-dix ans, en 1564, comme un patriarche de l'art moderne. Notre musée de sculpture a de lui *Deux captifs*, mais son grand tableau, la *Résurrection de Lazare*, est à Londres.

Michel-Ange fut poëte aussi et grand poëte, comme s'il n'eût voulu laisser nulle partie de l'art où l'on ne retrouvât sa trace. Il fit beaucoup de sonnets, quelques-uns magnifiques. Strozzi avait écrit au-dessous de sa belle statue de la *Nuit* : « La nuit que tu vois dormir en si douce attitude a été sculptée par un ange dans cette pierre. Bien qu'elle dorme, elle vit. En doutes-tu? Éveille-la, elle parlera. » C'était après les grands désastres de l'Italie : l'âme patriotique de Michel-Ange était pleine de ces douloureux souvenirs. Il répondit à Strozzi, au nom de la Nuit : « Il me plaît de dormir; il me plairait davantage d'être de pierre, tant que dureront les jours de malheur et de honte. Ne pas voir, ne pas sentir, m'est grand avantage. C'est pourquoi ne m'éveille pas. De grâce, parle bas. »

Léonard de Vinci naquit en 1452 au château de Vinci, près de Florence. Son goût particulier pour la peinture, sans lui faire négliger les autres branches de connaissances, décida sa famille à le placer dans l'atelier d'André Vérocchio. Protégé par Ludovic Sforza, il le fut aussi, plus tard, par Louis XII devenu maître de Milan, par Léon X, et enfin par François Ier, qui l'attira (1515) en France, et le logea au château de Clou, près d'Amboise, où il mourut. Par la date, il précède donc Michel-Ange, et celui-ci débutait, que déjà Léonard était illustre. Son influence n'eut pas assurément une portée aussi grande; il ne fit pas, comme le peintre de la chapelle Sixtine, une révolution dans l'esprit de l'art : mais il pratiquait et recommandait comme lui l'observation de la nature. Un jour qu'il avait à peindre une scène joyeuse, il invita ses amis à un repas, et, par de plaisantes histoires, les fit rire à gorge déployée, recueillant à leur insu tous les traits de son tableau. La pratique de la peinture lui doit beaucoup. Un jour Léon X le trouva occupé à inventer un nouveau genre de vernis. Il porta à un haut degré l'art de la composition, la science du clair-obscur, celle de la couleur, et écrivit un traité de la peinture que tous les grands peintres ont médité. Son chef-d'œuvre, la *Sainte Cène (il Cenacolo)*, au couvent de Sainte-Marie des Grâces, à Milan, est, par malheur, complétement dégradé. La couleur de sa *Joconde*, au musée du Louvre, a été aussi fort maltraitée par le temps. Nous avons de lui un *Saint Jean-Baptiste*, une *Sainte Famille*, qui ne vaut peut-être pas celle du même peintre, qui se trouve à Madrid, et le portrait de la *Belle Féronnière*, qui est contesté. Ses Vierges sont encore éloignées de celles de Raphaël; mais, malgré la maigreur de son dessin et la fausseté de certains tons plombés, il a la gloire d'avoir précédé Sanzio dans la beauté, Michel-Ange dans la force, et le Corrége dans la grâce.

La peinture n'occupa que la plus petite partie du temps de Léonard; il a laissé d'admirables chevaux en relief, un beau modèle de Jésus-Christ dans sa jeunesse, et entreprit la colossale statue équestre de Sforza, qui ne fut jamais achevée; comme ingénieur, il joignit le canal de Marsetana à celui du Tessin par des travaux remarquables, et fortifia les places du Milanais; enfin, il fit de la mécanique avec succès. Un jour, à Milan, Louis XII s'étonna de voir un lion automate qui vint au-devant de lui, se dressa sur ses pattes, et s'ouvrit la poitrine pour laisser voir l'écusson de France. C'était l'œuvre de Leonardo.

Antonio Allegri, appelé le Corrége, parce qu'il était né à Correggio, dans le Modénais, en 1494, dut à Raphaël la révélation de son génie. « Et moi aussi je suis peintre, » s'écria-t-il en face d'un tableau du divin Sanzio, *Anch' io son pittore*. Il passa la plus grande partie de sa vie (40 ans), à Parme, où il décora la coupole de la cathédrale de fresques magnifiques. Ses tableaux, le *Sommeil d'Antiope*, du musée du Louvre, et le *Saint Jérôme* de Prague, sont peut-être supérieurs par l'éclat de la lumière et la perfection de l'effet, mais son style suave et gracieux conduisit à l'afféterie ceux qui marchèrent sur ses traces, sans avoir son génie. Le musée du Louvre possède aussi de lui un *Mariage de sainte Catherine*.

Giorgione Barbarelli (1448-1511) et Tiziano Vecellio, dit le Titien (1477-1511), tous deux élèves de Giovanni Bellini (1426-1516), appartiennent à l'école vénitienne. Tour à tour austères, charmants, héroïques et simples, ils furent toujours et en tout les princes de la couleur, le premier avec plus d'originalité peut-être et plus d'imprévu que le second. Beaucoup des fresques du Giorgione ont péri. Notre musée a de lui une *Sainte Famille* et un *Concert champêtre*. Le Titien, qui, poussa sa carrière jusqu'à quatre-ving-dix neuf ans, presque sans faiblir, fut le peintre de Charles-Quint. Ses portraits occupent le premier rang parmi ses ouvrages, et peut-être n'ont-ils jamais été surpassés. Nous possédons dix-huit de ses tableaux, le *Christ mis au tombeau*, les *Pèlerins d'Emmaüs*, le *Couronnement d'épines*, la *Vénus du Pardo*, un portrait de François Ier, et celui d'une femme, peinture d'une merveilleuse beauté.

Raphaël Sanzio naquit à Urbin, en 1483, d'une famille de peintres. Il mania le pinceau dès le jeune âge, et eut pour maître le Pérugin, qu'il imita d'abord docilement, qu'il égala, qu'il dépassa enfin. Sa croissance artistique n'eut pas la fougue et la soudaineté de celle de Michel-Ange. Trois époques et trois manières différentes se marquent sensiblement dans ses œuvres. Il vint à Florence en 1503, vécut alternativement dans cette ville et à Pérouse, et ne se fixa à Rome qu'en 1508, appelé par Bramante, son parent. Sa Vierge *Belle Jardinière*, avec d'autres œuvres, l'avait déjà illustré. Jules II le chargea de décorer les salles du Vatican; il y peignit ces magnifiques tableaux, dont nous avons plusieurs copies: la *Dispute du saint sacrement* ou la *Théologie*, l'*École d'Athènes* ou la *Philosophie*, le *Parnasse* ou la *Poésie*, la *Jurisprudence* et la *Justice*, ou Grégoire IX donnant les *Décrétales*, et Justinien les

Pandectes. Une grandeur plus calme et plus douce que celle de Michel-Ange indiqua une période nouvelle de la peinture. Tout ce qu'on peut imaginer de pureté de lignes et de composition harmonieuse, d'innocence virginale et de maternité chaste, respire dans ses *Vierges* et ses *Saintes Familles*, que l'œil ne peut se lasser de contempler. Notre musée possède de lui une *Sainte Famille* et un *Saint Michel terrassant le démon*. Rome admire de plus, dans les *loges* du Vatican, ce qu'on appelle sa *Bible*, 52 sujets de l'Ancien Testament, exécutés par ses élèves sur ses dessins : dans les *stanze* (chambres), les quatre magnifiques compositions citées plus haut, et la *Délivrance de saint Pierre*; dans la Pinacothèque, la *Transfiguration*, qui est peut-être son chef-d'œuvre, et la *Madonna di Foligno* ou *Vierge au donataire*; dans la salle dite *de Constantin*, la *Vision céleste* de cet empereur, sa *Victoire sur Maxence*, son *Baptême* et la *Donation faite par lui de Rome au pape*; dans les fresques de la *Farnesine* (villa Chigi), le gracieux poëme de Psyché en douze tableaux; à S. Agostino, le prophète *Isaïe*, et à S. M. della Pace, les *Sibylles*.

Raphaël fut aussi grand architecte; en 1514, succédant à Bramante, il construisit cette cour du Vatican dont il décora les loges. Chargé un instant de diriger la construction de Saint-Pierre, il traça un plan plus beau, assure-t-on, que ce qui a été fait. Certes, il est oiseux de disputer de la supériorité de Michel-Ange ou de Raphaël. Pourtant le second n'a plus, ni dans ses œuvres ni dans son caractère, cette grandeur un peu farouche mais si fière du premier. Raphaël vécut toujours en faveur, riche, menant un train de prince, aspirant même au cardinalat, enfin, comblé des dons de François Ier, qui lui acheta à haut prix son grand *Saint Michel*. Il savait même l'art, qui tient du courtisan, de tourner ses tableaux historiques en flatteries pour les puissants de son époque, par un anachronisme qui donnait les traits de François Ier à Charlemagne, comme il donna ceux de Jules II au grand prêtre Onias dans le tableau d'*Héliodore chassé du temple*, double allusion, car cet Héliodore c'était l'image des barbares que le fougueux pontife avait voulu chasser d'Italie. Il mourut jeune. en 1520; il avait à peine trente-sept ans.

« Léonard, par l'exécution et le caractère, Michel-Ange par l'invention et la science de la forme, Corrége, par la magie de l'effet, Giorgione et Titien, par la puissance de la couleur avaient atteint un degré de perfection qui ne pouvait guère être surpassé et qui ne le fut pas; Raphaël résuma toutes ces qualités, non pas au même degré de perfection, mais dans une mesure qui a fait de lui le premier des peintres, le peintre unique. Il posséda le charme ineffable de la grâce, ainsi que l'entendirent les Grecs, et il l'imprima à toutes ses œuvres, de telle sorte que ce fut pour ainsi dire sa signature[1]. »

Mais pourquoi ces grands hommes n'ont-ils pas eu de successeurs; pourquoi cette floraison splendide de l'art italien s'est-elle sitôt fanée? Est-ce, comme le dit une vaine rhétorique, parce que tout ici-bas n'est qu'heur et malheur, les ténèbres après la lumière, la mort après la vie? Il y a des écoles, comme celle de France, qui, une fois constituées, ont eu des intermittences, mais ont toujours vécu, tandis que celle d'Italie est restée trois siècles au tombeau. C'est que l'art italien manquait de la force morale qui fait vivre; il aimait le beau et n'aimait que cela. Ce n'est point assez. La patrie, la liberté, les sentiments et les idées qui font porter haut la tête et le cœur, on ne les connaissait plus. Le noble Michel-Ange excepté, tous disaient comme Cellini : « Je sers qui me paye. » Ce mal devenait général: les écrivains tendaient la main comme les artistes. Paul Jove avait deux plumes, une d'or pour les louanges bien payées, une d'argent pour celles qui l'étaient moins.

Pour les arts, l'Italie est au seizième siècle la grande institutrice des nations. La France entrait d'elle-même dans la voie nouvelle, et, sous Louis XII, élevait déjà de gracieux monuments à Rouen (le palais de justice), à Gaillon (le château), à Paris (l'hôtel de la Trémoille), etc.; mais il est vrai de dire que l'Italie de Raphaël et de Michel-Ange avait beaucoup à nous apprendre. François Ier lui emprunta à la fois des maîtres

---

[1]. Saint-Albin, *de la Peinture en Italie*. Jules Pippi, ou Jules Romain, est le plus fameux des élèves de Raphaël.

et des modèles. Il acheta plus de cent statues, acquit de Léonard de Vinci la *Joconde*; de Raphaël le *Saint Michel* et la *Sainte Famille*. Il attira par ses égards autant que par ses faveurs les artistes les plus distingués de l'Italie, le vieux Léonard de Vinci, le Rosso, le Primatice, André del Sarto, Benvenuto Cellini, pour lui bâtir des châteaux ou décorer ses palais de Fontainebleau, de Saint-Germain, de Madrid, de Chambord, de Chenonceaux. A l'exemple du roi, les grands remplacèrent leurs sombres demeures féodales par d'élégantes constructions. Ainsi Montmorency bâtissait Écouen et Chantilly, Duprat sa fastueuse habitation de Nantouillet, Samblançay le château du même nom, près de Tours.

Plusieurs de ces édifices, notamment Chambord, furent construits par des artistes français. Le génie de nos architectes et de nos sculpteurs grandit au contact de l'art italien, et ce siècle ne compte pas moins de cinq hommes de premier ordre, architectes, sculpteurs ou peintres. Pierre Lescot, de Paris, donna en 1541 le plan du Louvre et construisit une partie de la façade où se trouve le pavillon de l'Horloge. Philibert Delorme, né à Lyon, commença le château des Tuileries par ordre de la reine Catherine de Médicis, et dessina le plan du tombeau de François Ier à Saint-Denis. Les bas-reliefs sont l'œuvre d'un Français dont le nom est resté inconnu, mais qui a eu pour élève Jean Goujon, le *Phidias français* et le *Corrége de la sculpture*. Jean Goujon sut réunir la science de l'anatomie à la sûreté et au fini du ciseau, la force à la grâce. Les morceaux les plus remarquables qui nous restent de lui sont ses cariatides de la salle des Gardes au Louvre, les délicieuses figures de la fontaine des Innocents, et un groupe de la Diane chasseresse.

Germain Pilon, du Mans, se distingua par une extraordinaire facilité. On lui doit les sculptures du mausolée de Henri II, les tombeaux du chancelier Birague, de Guillaume du Bellay, et surtout le groupe des *trois Grâces*, taillé dans un seul bloc de marbre.

Jean Cousin, né à Soucy, près de Sens, en 1501, fut à la fois sculpteur et peintre. Sa statue de l'amiral Chabot le place à côté de Germain Pilon; mais il fut au seizième siècle sans rival en France pour les vitraux et la peinture à l'huile. Toutefois notre école de peinture ne commence qu'au siècle suivant avec Lesueur et Poussin.

L'Allemagne, au contraire de nous, possédait des peintres et n'avait pas de sculpteurs. Albert Dürer et Holbein sont encore aujourd'hui fameux, mais n'eurent pas de successeur. La réforme fut aussi fatale à l'art de l'Allemagne qu'à sa littérature.

L'Espagne et l'Angleterre, encore moins bien partagées, n'eurent au seizième siècle ni artistes, ni monuments. L'école hollandaise n'existait pas : elle date du siècle suivant. Celle de Flandre, fondée depuis longtemps et illustrée par Van Eyck, et Hemmelinck, attendait en sommeillant la venue de Rubens.

Vers le milieu du quinzième siècle, le Florentin Finiguerra, fort connu déjà par son habileté à nieller[1], parvint à tirer de belles épreuves des dessins qu'il avait gravés sur cuivre. De sorte qu'au même moment où Gutenberg trouvait le moyen de multiplier à l'infini les ouvrages des savants et des grands écrivains, Finiguerra donnait celui de populariser par tout le monde civilisé l'image au moins des chefs-d'œuvre des artistes immortels[2]. La gravure à l'eau-forte fut inventée peu de temps après, et deux grands artistes, l'Allemand Albert Dürer (1471-1528) et le Bolonais Marc-Antoine Raimondi, (1488-1546), portèrent aussitôt cet art à un grand degré de perfection. Leurs gravures sont encore recherchées aujourd'hui. Albert Dürer, qui était aussi un grand peintre, les composait lui-même. Marc-Antoine a reproduit les chefs-d'œuvre de Raphaël[3].

---

1. On appelle *nielles* les ornements faits avec un métal fondu ou en émail, qu'on a coulé dans les dessins tracés en creux ou sur un autre métal. Le moyen âge avait connu et fort bien pratiqué cet art qui devait conduire à la gravure, mais qui n'y conduisit qu'au commencement des temps modernes.

2. La plus ancienne gravure sur bois que l'on possède encore, le *Saint Christophe*, est de 1423, et la plus ancienne sur métal, la *Flagellation*, de 1446; toutes deux cependant sont allemandes. Les premières estampes de Finiguerra sont sans date.

3. La plus ancienne gravure à l'eau-forte qui soit connue est celle de Wenceslas d'Olmütz au British Museum; elle porte la date de 1496 et est, par conséquent, de dix-neuf ans antérieure à la plus ancienne d'Albert Dürer, qui porte la date de 1515.

Le moyen âge n'avait eu que des instruments fort imparfaits, le rebec, le monocorde, le clavicorde, l'épinette, qui offraient bien peu de ressources aux compositeurs. Mais au seizième siècle, le rebec des ménestrels devint, par l'addition d'une quatrième corde et par quelques changements de forme, le *violon*, c'est-à-dire l'instrument le plus important de l'orchestre. Il semble que ce soit en France que cette innovation ait eu lieu. Le clavecin, qui est pour le compositeur un orchestre tout entier, prit, vers 1500, une grande importance, quand un simple menuisier d'Anvers, Hans Buckers, porta l'étendue du clavier à quatre octaves et doubla les cordes de chaque note pour obtenir des effets plus variés et une sonorité plus grande. Les instruments ne faisant plus défaut, les compositeurs parurent et les écoles se fondèrent. En 1527, un autre Flamand, Adrien Willaert, maître de chapelle à Saint-Marc de Venise, fonda la première école véritable de musique. Au lieu de simples motets, on composa dès lors des messes et des psaumes à plusieurs chœurs, chacun de quatre parties. La musique dramatique ne prit naissance qu'à la fin du siècle, le premier opéra régulier ou drame lyrique, *la Mort d'Eurydice*, tragédie avec couplets et chœurs, ayant été représentée à Florence à l'occasion du mariage de Henri IV avec Marie de Médicis; mais la musique religieuse atteignait déjà à sa plus grande hauteur avec Palestrina (1529-1594), qui s'attacha à donner à ses mélodies un caractère en rapport avec le sens des paroles qu'elles accompagnaient. L'Église répète encore ses accents inspirés, son *Stabat* et son *Miserere*. Dès lors le goût musical s'étendit. Henri VIII, Élisabeth, Charles IX prétendront au titre de bons musiciens.

La renaissance des sciences.

La science hésitait encore entre les rêveries du moyen âge et la raison sévère qui la guide aujourd'hui. Ainsi le mathématicien Cardan (né à Pavie, 1501-1570), croyait à l'astrologie et surtout voulait y faire croire les autres; Paracelse, d'Einsiedeln en Suisse (1493-1541), était médecin et thaumaturge; Cornélius Agrippa, ingénieur, général, théologien, fut quinze ou vingt fois condamné à mort comme sectateur des sciences occultes. Que de gens tiennent au moyen âge ! que de gens, même parmi les esprits les plus fermes, comme Ambroise Paré et Jean Bodin, continuaient de croire au diable, aux incubes, aux sorcières. Celles-ci pullulaient depuis que l'inquisition les envoyait au bûcher, et il y eut, durant un siècle et demi, une de ces épidémies morales qui, de nos jours heureusement, ne durent que quelques mois. Des milliers de fous qu'il eût fallu traiter par l'ellébore, comme disait Alciat, périrent dans les flammes. En quelques années on fit 6500 procès de sorcellerie dans l'électorat de Trèves, 30 000 en Angleterre. Un conseiller du duc de Lorraine se vante d'avoir supplicié 900 sorciers en quinze années. Dans la seule ville de Wurtzbourg, 158 furent brûlés en 1627 et 1628. Peu de guerres ont été aussi sanglantes que les boucheries légales de l'inquisition contre ces malheureux. Un jésuite allemand, le P. Spé, eut le courage de s'élever contre ces procédures abominables[1]. Son nom mérite d'être tiré de l'oubli et placé à côté de celui de notre Malebranche, qui voulait qu'on ne poursuivît pas les prétendus sorciers.

Mais si les vaines imaginations du moyen âge gardaient un empire à peine ébranlé, la froide et sévère raison perçait çà et là ces ténèbres pesantes, comme les hautes montagnes portent leurs cimes en pleine lumière au-dessus des nuages qui roulent pesamment le long de leurs flancs et dans les vallées humides et sombres.

Aux temps modernes appartiennent, par leur esprit et le caractère de leurs travaux, Tartaglia (mort à Venise en 1557), qui résolut l'équation du troisième degré par de nouvelles formules, et qui appliqua les mathématiques à l'art de la guerre ; Vésale, de Bruxelles, médecin de Charles-Quint et de Philippe II, qui créa l'anatomie humaine et enseigna long-

---

[1]. *Cautio criminalis....* Rhintel, 1634, traduit en français sous le titre d'*Avis aux criminalistes*, Lyon, 1660, par un médecin de Besançon qui n'osa signer. Ce n'est qu'à la fin du dix-septième siècle que l'accusation de sorcellerie a été abandonnée par les tribunaux. Cf. Denisart, *Coll. de jurispr.*, aux mots *Sorciers* et *Devins*; Calmeil, *Sur la folie depuis la Renaissance*. On pendit encore, de ce chef, deux femmes en Angleterre en 1716 et on en brûla une à Wurtzbourg en 1742, une autre à Glaris en 1786.

temps en Italie ; Ferrari de Bologne (1522-1566), qui donna une ingénieuse méthode pour la solution des équations du quatrième degré ; et un peu plus tard le Français Viète (1540-1603), qui trouva l'application de l'algèbre à la géométrie et précéda Descartes et Newton dans la voie de l'analyse mathématique.

Les arts, les lettres mêmes, ne peuvent se développer que dans certains milieux. La science est plus indépendante des circonstances extérieures ; il ne faut donc pas s'étonner si le premier savant de ce siècle fut un Polonais : Copernic, né à Thorn en 1473, et qui fit ses études à Cracovie. Elles embrassèrent toutes les connaissances : il s'occupa de philosophie, fut reçu docteur en médecine, et étudia le dessin et la peinture pour mieux profiter d'un voyage qu'il fit en Italie. A Rome, il professa les mathématiques avec une grande distinction. De retour dans son pays et pourvu d'un canonicat, il s'occupa de son grand travail sur le système du monde. Il passa en revue toutes les idées de ses contemporains et des anciens : il vit les Égyptiens faire tourner Mercure et Vénus autour du soleil, mais le soleil lui-même, ainsi que Mars, Jupiter, Saturne autour de la terre ; il vit Apollonius de Perge donner le soleil pour centre à tous les mouvements planétaires, mais le faire tourner aussi autour de la terre ; dans tous ces systèmes la terre était le centre du monde. La faire déchoir de ce rang suprême, quelle audace ! Quelle atteinte portée aux préjugés vulgaires, à celui surtout qui fait que l'homme se croit le centre de toutes les choses ! Copernic l'osa ; il donna à la terre, outre le mouvement de rotation sur son axe, imaginé déjà par quelques philosophes anciens, un mouvement de gravitation, entrevu autrefois par Philolaos, autour du soleil, immobilisé désormais au centre du monde. Dès l'année 1507, Copernic était en possession de son nouveau système ; il passa le reste de sa vie, trente-six années, à le vérifier par l'observation et le calcul. Telle était la hauteur du génie de ce grand homme que plusieurs des conséquences qu'il avait tirées de ses principes, sans être lui-même à portée de les vérifier, furent plus tard reconnues vraies. En attendant, il était en butte aux sarcasmes et aux railleries de la foule. On le jouait sur le théâtre, comme on avait joué Socrate. « Que voulez-vous, disait-il à ses amis, je ne sais pas ce qui plaît au vulgaire, et le vulgaire ne comprend pas ce que je sais. » Du reste, son grand ouvrage *de Revolutionibus orbium cœlestium*, dédié au pape Paul III, ne parut que l'année de sa mort; la gloire commença pour lui au moment où finit sa vie (1543).

Ainsi, tandis que les navigateurs découvraient et livraient à l'activité humaine de nouveaux mondes, la science découvrait et livrait à leurs méditations les vraies lois de l'univers. Comment s'étonner que le siècle qui voyait ces grands résultats de l'audace et de l'intelligence se soit abandonné à la redoutable puissance de la pensée !

CHAPITRE XIII.

LA RÉVOLUTION DANS LES CROYANCES OU LA RÉFORME.

État du clergé au seizième siècle. — Luther : la réforme en Allemagne et dans les États scandinaves (1517-1555). — Zwingli et Calvin : la réforme en Suisse, en France, aux Pays-Bas et en Écosse (1517-1559.) — La réforme en Angleterre (1531-1562). — Principales différences entre les Églises protestantes.

État du clergé au seizième siècle.

Un des hommes d'État les plus distingués du seizième siècle, le cardinal Pole, écrivait au pape Léon X qu'il était dangereux de rendre les hommes trop savants. C'est en effet la renaissance des lettres qui causa en partie la réforme religieuse. L'étude des anciens ouvrit à la pensée des horizons inconnus. L'invention de l'imprimerie, la découverte de l'Amérique, les progrès de l'industrie, l'immense extension du commerce, éveillèrent dans les esprits des idées nouvelles. L'homme sentait grandir son intelligence en même temps qu'il voyait s'accroître son domaine.

Étonné de toutes ces nouveautés, il se mit à douter de beaucoup de choses anciennes. L'esprit de curiosité et d'examen se porta sur tout, il avait transformé les arts, les lettres, l'état social, il voulut transformer aussi les institutions religieuses.

Il se passa alors quelque chose d'analogue à ce que nos pères ont vu. La littérature du dix-huitième siècle, par son habitude de remonter en tout aux principes, prépara la révolution politique et sociale de 1789; celle du seizième par son culte pour les deux antiquités, sacrée et profane, qui venaient d'être comme retrouvées, mena à la réforme religieuse dont le vrai caractère est un mélange d'esprit rationaliste pris aux païens, et d'ardeur théologique empruntée à la Bible, à saint Paul, à saint Augustin.

Mais le premier auteur de cette révolution fut le clergé lui-même. L'esprit religieux se mourait. Qu'y avait-il de commun avec l'Église des premiers jours, pauvre, humble, ardente, et l'Église opulente, souveraine, oisive, de ce Léon X, qui vivait en gentilhomme de la Renaissance avec des veneurs, des artistes, des poëtes, bien plus qu'avec des théologiens, ou celle de ce cardinal Bembo, qui écrivait à Sadolet : « Ne lisez pas les épîtres de saint Paul, de peur que ce style barbare ne vous corrompe le goût. Laissez ces niaiseries, indignes d'un homme grave : *Omitte has nugas; non enim decent gravem virum tales ineptiæ.* » Et les moines, que n'en disait-on pas? On ne change pas les voies du monde avec des satires : Érasme, Hutten et tous les pamphlets n'auraient rien pu au treizième siècle. Ils pouvaient beaucoup au seizième, parce que des abus, qui alors n'existaient point, ou qui n'étaient que très-faibles encore, s'étaient produits, trois siècles plus tard, avec une redoutable intensité dans la discipline et les mœurs du clergé. Écoutons le dernier des Pères de l'Église. « Il y avait, dit Bossuet[1], plusieurs siècles qu'on désirait la réforme de la discipline ecclésiastique : « Qui me donnera, « disait saint Bernard, que je voie, avant que de mourir, « l'Église de Dieu comme elle était dans les premiers jours ? » Si ce saint homme a eu quelque chose à regretter en mourant, ç'a été de n'avoir pas vu un changement si heureux. Il a gémi toute sa vie des maux de l'Église. Il n'a cessé d'en avertir les peuples, le clergé, les évêques, les papes mêmes; il ne craignait pas d'en avertir aussi les religieux qui s'en affligeaient avec lui dans leur solitude et louaient d'autant plus la bonté

---

1. *Histoire des variations.* Édit. Didot, t. IV, p. 6 et 8. Jean de Médicis, qui fut pape sous le nom de Léon X, était dans sa jeunesse chanoine de trois cathédrales, curé de neuf églises, prieur de quinze abbayes. On en trouve la liste dans Fabroni, *Leonis X Vita*, 1797. Les évêques avaient de même plusieurs siéges épiscopaux. Ainsi le cardinal de Lorraine avait trois archevêchés, Reims, Lyon et Narbonne; quinze évêchés, dont Alby, Montauban, Mantes, Luçon, etc. Georges d'Amboise était, pour le moins, aussi bien renté.

divine de les y avoir attirés, que la corruption était plus grande dans le monde. Les désordres s'étaient encore augmentés depuis. L'église romaine, la mère des Églises, qui, durant neuf siècles entiers, en observant la première, avec une exactitude exemplaire, la discipline ecclésiastique, la maintenait de toute sa force par tout l'univers, n'était pas exempte de mal; et dès le temps du concile de Vienne, le grand évêque, chargé par le pape de préparer les matières qui devaient y être traitées, mit, pour fondement de l'ouvrage de cette sainte assemblée, qu'il y fallait *réformer l'Église dans le chef et dans les membres*. Le grand schisme, arrivé un peu après, mit plus que jamais cette parole à la bouche non-seulement des docteurs particuliers, d'un Gerson, d'un Pierre d'Ailli, les autres grands hommes de ce temps-là, mais encore des conciles; et tout en est plein dans le concile de Pise et dans le concile de Bâle, où la réformation fut malheureusement éludée et l'Église replongée dans de nouvelles divisions. Le cardinal Julien représentait à Eugène IV les désordres du clergé, principalement de celui d'Allemagne : « Ces désordres, « lui disait-il, excitent la haine du peuple contre tout l'ordre « ecclésiastique; et si on ne le corrige, on doit craindre que « les laïques ne se jettent sur le clergé, à la manière des hus- « sites, comme ils nous en menacent hautement. » Si on ne réformait promptement le clergé d'Allemagne, il prédisait qu'après l'hérésie de Bohême, et quand elle serait éteinte, il s'en élèverait bientôt une autre encore plus dangereuse; « car on dira, poursuivait-il, que le clergé est incorrigible et « ne veut point apporter de remède à ses désordres. On se « jettera sur nous, continuait ce grand cardinal, quand on « n'aura plus aucune espérance de notre correction. Les es- « prits des hommes sont en attente de ce qu'on fera, et ils « semblent bientôt devoir enfanter quelque chose de tragique. « Le venin qu'ils ont contre nous se déclare : bientôt ils croi- « ront faire à Dieu un sacrifice agréable en maltraitant ou « en dépouillant les ecclésiastiques comme des gens odieux « aux hommes et à Dieu et plongés dans la dernière extré- « mité du mal. Le peu qui reste de dévotion envers l'ordre « sacré achèvera de se perdre. On rejettera la faute de tous

« ces désordres sur la cour de Rome, qu'on regardera comme
« la cause de tous les maux, parce qu'elle aura négligé d'y
« apporter le remède nécessaire. » Il le prenait dans la suite
d'un ton plus haut : « Je vois, disait-il, que la cognée est à
« la racine, l'arbre penche, et au lieu de le soutenir pendant
« qu'on le pourrait encore, nous le précipitons à terre. » Il
voit une prompte désolation dans le clergé d'Allemagne. Les
biens temporels dont on voudrait le priver lui paraissent
comme l'endroit par où le mal commencera : « Les corps,
« dit-il, périront avec les âmes. Dieu nous ôte la vue de nos
« périls, comme il a coutume de faire à ceux qu'il veut punir :
« le feu est allumé devant nous, et nous y courons. »

« C'est ainsi que, dans le quinzième siècle, ce cardinal, le
plus grand homme de son temps, en déplorait les maux et en
prévoyait la suite funeste : par où il semble avoir prévu ceux
que Luther allait apporter à toute la chrétienté, en commençant par l'Allemagne ; et il ne s'est pas trompé lorsqu'il a
cru que la réformation méprisée et la haine redoublée contre
le clergé allaient enfanter une secte plus redoutable à l'Église
que celle des Bohémiens. »

Luther : la réforme en Allemagne et dans les États scandinaves (1517-1555).

Ainsi, Bossuet lui-même l'atteste, dans plusieurs parties de
la chrétienté, là surtout où le clergé possédait, comme en
Allemagne, presque un tiers, comme en Angleterre, presque
un cinquième des terres, et, au milieu de tant de richesses,
oubliait la discipline, les esprits étaient préparés à une révolution, lorsque Luther parut. Né à Eisleben, en 1483, ce fils
d'un pauvre mineur saxon devint le docteur le plus écouté de
l'université de Wittenberg. « Il avait de la force dans le génie, de la véhémence dans ses discours, une éloquence vive
et impétueuse qui entraînait les peuples et les ravissait, une
hardiesse extraordinaire quand il se vit soutenu et applaudi,
avec un air d'autorité qui faisait trembler devant lui ses disciples : de sorte qu'ils n'osaient le contredire ni dans les grandes
ni dans les petites choses. » (Bossuet.)

Les guerres de Jules II avaient épuisé le trésor pontifical. Vinrent ensuite les magnificences de Léon X, qui dépensa 100 000 ducats à son couronnement, et en donnait 500 pour un sonnet. Aussi fut-il réduit, pour vivre, à engager les joyaux de Saint-Pierre et à vendre des charges qui augmentèrent de 40 000 ducats les dépenses annuelles du gouvernement. Le temple splendide commencé par Jules II sur un plan qui devait en faire la plus grandiose basilique de la chrétienté, Saint-Pierre de Rome, menaçait de rester inachevé. Léon X accorda des *indulgences* à tous ceux qui contribueraient de leur argent à son achèvement. L'archevêque de Mayence, chargé de publier ces indulgences en Allemagne, les fit prêcher en Saxe par le dominicain Tetzel. Il y eut de grands abus commis, et dans les promesses exagérées faites aux fidèles qui achetaient de ces promesses de salut, et dans l'emploi qu'on fit, sous leurs yeux mêmes, d'une partie de leur argent. Les augustins jusqu'alors chargés de la vente des indulgences, s'irritèrent de voir cette lucrative mission passer aux dominicains. Le dépit leur dévoila les abus, et ces abus furent rudement attaqués par leur plus éminent docteur, Martin Luther, que ses études théologiques avaient fait entrer dans une voie toute contraire. Il s'était en effet arrêté déjà au principe qui resta le fondement des Églises protestantes, la justification par la foi seule, tandisque la doctrine des indulgences suppose aussi la justification par les œuvres. Tel fut le commencement de la réforme.

Luther ne s'en prit d'abord qu'à Tetzel. « Il attaqua premièrement les abus que plusieurs faisaient des indulgences et les excès qu'on en prêchait. Mais il était trop ardent pour se renfermer dans ces bornes; des abus il passa bientôt à la chose même. Il avançait par degrés; et encore qu'il allât toujours diminuant les indulgences et les réduisant presque à rien par la manière de les expliquer dans le fond, il faisait semblant d'être d'accord avec ses adversaires, puisque, lorsqu'il mit ses propositions par écrit, il y en eut une couchée en ces termes : « Si quelqu'un nie la vérité des indulgences du pape, qu'il soit anathème. » (Bossuet.)

Ce fut le jour de la Toussaint (1517) que Luther afficha à

la porte de la grande église de Wittenberg 95 propositions concernant les indulgences. Tetzel y répondit par 110 contre-propositions. La lutte était engagée. Forcé de se défendre, Luther porta les yeux sur des questions redoutables, et, entraîné par l'ardeur du combat, laissa bientôt là Tetzel et les indulgences pour s'en prendre au pape lui-même et aux dogmes catholiques; « peu à peu il s'échauffa contre l'Église, et s'enfonça dans le schisme. » (Bossuet.)

A la première nouvelle de ces disputes, « c'est une querelle de moines, » avait répondu Léon X à ceux qui pressentaient un novateur dans ce théologien si hardi, et il avait oublié Luther et Tetzel pour retourner entendre la *Calandra* de Bibiena ou la *Mandragore* de Machiavel. Cependant, le bruit croissant, il envoya à Augsbourg, en 1518, un légat, le cardinal Cajetano, qui essaya, par caresses et par menaces, d'ébranler le moine saxon; mais Luther s'était affermi dans ses doctrines : il récusa le cardinal comme juge et en appela du pape mal informé au pape mieux informé. C'était encore reconnaître l'autorité pontificale; l'année suivante, l'électeur de Saxe, Frédéric le Sage, son protecteur, étant devenu, par la mort de l'empereur Maximilien, vicaire de l'empire, il fit un pas de plus, il en appela du pape au concile général.

En formant cet appel, Luther ne dépassait pas encore les idées des Pères de Bâle et de Constance, qui avaient proclamé l'autorité des conciles généraux supérieure à celle du souverain pontife; mais, après avoir rejeté le pape, il fut conduit à rejeter les conciles ; après les conciles, les Pères, c'est-à-dire toute autorité humaine pour se placer face à face avec l'Écriture, pour n'écouter plus, comme il disait, que la parole de Dieu, ne voulant entre elle et lui aucun intermédiaire. Mais l'Écriture n'est point toujours si claire, si accessible à toutes les intelligences, qu'un interprète ne soit pas nécessaire, si l'on veut maintenir l'unité de croyance ; cet interprète, l'Église catholique le reconnaissait dans le pape. Luther le supprimant, chacun put interpréter à sa guise les livres saints : l'unité de l'Église fut détruite, « la tunique sans couture fut déchirée ; » les sectes se multiplièrent, et quelques esprits pervers, lisant dans l'Écriture ce que leurs passions mauvaises voulaient y trouver, donnèrent naissance à des doctrines monstrueuses qui épouvantèrent tous les partis.

Dès l'année 1519, Luther était allé fort loin sur cette pente, déjà il attaquait l'autorité des papes, les sacrements, les vœux monastiques, et il touchait aux redoutables questions de la grâce et du libre arbitre. En 1520, il adressa au pape son livre de la *Liberté chrétienne*, qui ne permit plus à Léon X de temporiser. Le 15 juin 1520, une bulle fut lancée contre lui, qui condamna 41 propositions extraites de ses livres, et le menaça de l'excommunication, s'il ne se rétractait dans les soixante jours. Mais que pouvait cette arme usée depuis qu'elle servait à tant de choses, même aux plus petites, comme à frapper ceux qui réimprimaient Tacite ou l'Arioste en concurrence avec l'éditeur pontifical. Luther rompant à jamais avec Rome, brûla à Vittenberg la bulle du pontife aux applaudissements d'une foule enthousiaste.

Ce qui lui donnait tant d'audace, c'est que le nombre de ses partisans croissait tous les jours. Le peuple était charmé qu'on l'appelât à lire lui-même les Écritures traduites par Luther en allemand, et qu'on dénonçât, comme une violation de l'Évangile, les richesses du clergé. Les princes, qui ne pouvaient plus suffire avec leurs ressources du moyen âge aux dépenses croissantes du luxe qui naissait, de l'administration qui se développait, des armées qu'il fallait solder, entendirent avec plaisir protester contre ces grands domaines de l'Église si fort à leur convenance. Beaucoup enfin étaient flattés qu'on fît descendre du sanctuaire sur la place publique ces grandes questions qui les troublaient, et cédaient à l'irrésistible attrait de la liberté religieuse, que Luther faisait briller à leurs yeux, sauf à en user contre lui-même, comme il s'en était servi contre le pape.

Cependant, quand l'interrègne cessa, Charles-Quint, qui avait besoin du pape contre François Ier, et qui tenait à remettre la paix religieuse dans l'empire, convoqua une grande diète à Worms (1521). Luther y vint avec un sauf-conduit, et refusa solennellement de rétracter aucune de ses opinions, à moins qu'on ne lui en montrât la fausseté par l'Écriture sainte. La diète mit le réformateur au ban de l'empire; mais telle avait été l'attitude du peuple et celle d'un grand nombre de princes, qu'on n'osa violer le sauf-conduit impérial. Plus heureux que ne l'avait été Jean Huss, Luther put sortir de Worms, et son protecteur le tint caché près d'un an dans le château de la Wartbourg en Thuringe.

De cette retraite où il termina sa traduction de la Bible en langue vulgaire, Luther répandit impunément ses doctrines dans toute l'Allemagne : l'imprimerie donnait à ses pamphlets une publicité sans bornes. Ils pénétraient dans les chaumières comme dans les palais. Le réformateur ménageait d'ailleurs les princes, si puissants depuis la chute des Hohenstaufen. La sécularisation des biens de l'Église était une prime offerte à leur convoitise : en 1525, le grand maître de l'ordre Teutonique se déclara duc héréditaire de Prusse, sous la suzeraineté de la Pologne. Une grande partie des domaines ecclésiastiques de la basse Allemagne furent envahis. Dès l'année 1525, l'électeur de Saxe, le landgrave de Hesse-Cassel, les ducs de Mecklembourg, de Poméranie, de Zell, et un grand nombre de villes impériales avaient embrassé la réforme, et en même temps sécularisé les biens de l'Eglise situés sur leur territoire.

Les grands se seraient bien chargés de la direction et des profits de la réforme ; mais quand le peuple les vit mettre la main sur les biens des clercs, il voulut, à sa manière, prendre part à la curée. D'ailleurs, il avait de longs ressentiments contre l'oppression féodale que les seigneurs ecclésiastiques comme les séculiers faisaient peser sur lui depuis des siècles. De vraies jacqueries avaient déjà éclaté en 1471 et 1492. En 1500, l'association du *Soulier* avait été une menace contre les nobles ; des soulèvements eurent encore lieu en 1505 et 1513. Les principaux foyers de cette démagogie étaient les Pays-Bas et la Souabe. Quand les prédications de Luther tombèrent sur ces esprits irrités, elles les enflammèrent d'une sauvage ardeur. Laissant de côté les questions théologiques, ils allèrent droit aux questions sociales, et traduisant l'esprit de charité de l'Evangile en un esprit d'égoïsme, ils demandèrent l'égalité absolue, la communauté des biens et le renversement de toute autorité religieuse ou civile. Ces terribles sectaires, qui entraînèrent tous les paysans, de la Souabe à la Thuringe, se donnaient le nom d'*anabaptistes*, parce qu'ils se régénéraient, disaient-ils, par un second baptême. Leur chef fut Thomas Munzer. Luther ne se contenta pas de les désavouer; il prêcha contre eux une guerre d'extermination. Dispersés à Frankenhausen, les paysans périrent par milliers (1525).

La guerre des paysans effraya tout le monde : les princes catholiques s'autorisèrent du danger qu'avait un instant couru l'ordre social pour se confédérer à Dessau (1525). Les princes réformés, par contre, signèrent l'union de Torgau (1526). L'Allemagne se trouva séparée en deux ligues, indépendantes du pouvoir impérial, et la guerre parut imminente. Mais Charles-Quint, occupé tour à tour par François Ier et par Soliman, temporisait pour ne se point créer un nouvel ennemi en Allemagne. On parlait bien de faire résoudre la question par une assemblée des docteurs de l'Église; mais des deux côtés on redoutait de voir se réunir un concile où les réformés savaient bien d'avance qu'ils seraient en minorité, où la cour de Rome craignait de retrouver les traditions des conciles de Bâle et de Constance.

En 1529, les Ottomans ravageaient la Hongrie; pour obtenir les secours de tous les princes allemands, Charles-Quint fit proclamer, à la diète de Spire, la liberté de conscience, mais en défendant la propagation des nouvelles doctrines sur la Cène (1529) : les réformés protestèrent contre cette exception. Le nom de *protestants* leur en est resté. L'année suivante, ils présentèrent à la diète d'Augsbourg une confession officielle de leurs croyances qui fut dès lors le symbole et le lien de tous les partisans de Luther (1530). Ils resserrèrent leur union à Smalkalde (1531), et l'empereur, menacé par Soliman II, leur accorda la paix ou intérim de Nuremberg (1532). Deux ans après, ils se trouvèrent assez forts pour rétablir le duc de Wurtemberg, Ulric, et imposer aux catholiques le traité de Cadan en Bohême, qui accordait aux luthériens le libre exercice de leur culte.

Cependant les anabaptistes reparurent à Munster, en Westphalie, sur les confins de la Hollande, mais cette fois avec une organisation plus régulière, plus effrayante. Jean Matthiesen, boulanger de Harlem, était leur prophète suprême. Ils chassèrent de la ville l'évêque, tous les riches, tous ceux qui ne voulurent pas se faire rebaptiser, et alors commencèrent d'affreuses saturnales de démagogie extatique. Ils pillèrent les églises et les couvents, brûlèrent tous les livres, excepté la Bible, et mirent les biens en commun. De cette démagogie biblique sortit un despotisme effréné. Un maréchal ferrant ayant mal parlé des prophètes, Matthiesen assembla la commune sur le marché et tua le malheureux d'un coup de feu. Puis il s'écria que le Père lui ordonnait de repousser l'ennemi, et il se précipita seul, une hallebarde à la main, hors de la ville ; il n'eut pas franchi la porte qu'il fut tué. Un garçon tailleur de Leyde, Jean Bocold, lui succéda comme prophète suprême, et quelque temps après comme roi, après qu'un des prédicateurs eut annoncé qu'il lui avait été révélé que Jean de Leyde devait régner sur toute la terre et occuper le trône de David, jusqu'au temps où Dieu le père voudrait lui redemander le gouvernement.

Le nouveau roi établit la pluralité des femmes et s'entoura d'une cour somptueuse, tandis que le peuple mourait de faim, car l'évêque de Munster tenait la ville étroitement assiégée. Une des reines, rapporte un récit contemporain, ayant dit un jour à ses compagnes qu'elle ne croyait pas conforme à la volonté de Dieu qu'on laissât tant de misères peser sur les pauvres gens, le roi la conduisit au marché avec ses autres femmes, lui ordonna de s'agenouiller au milieu de ses compagnes prosternées comme elle, et lui trancha la tête. Les autres reines chantaient : *Gloire à Dieu au haut des cieux!* et tout le peuple se mit à danser autour du cadavre de la victime. Cependant il n'avait plus à manger que du pain et du sel ! Vers la fin du siége la famine fut si grande que l'on distribuait régulièrement la chair des morts. La ville fut enfin emportée le jour de la Saint-Jean (1535). Jean de Leyde, pris vivant, fut déchiré avec des tenailles ardentes. La *nouvelle Sion*, soutenue par cette ivresse de fanatisme et de débauche, s'était défendue quinze mois contre toutes les forces de l'Allemagne du nord.

Les catholiques imputaient à la réforme la responsabilité des scandales de Munster, et le schisme politique de l'Allemagne prenait de jour en jour un caractère plus prononcé. L'empereur attendait, temporisait, s'efforçait d'éviter un conflit pour lequel il ne se sentait pas prêt. Il n'avait pas trop de toute son activité au milieu d'une telle complication d'affaires : il avait à défendre l'Autriche contre les incessantes attaques du sultan, et le royaume de Naples contre les corsaires barbaresques ; il était engagé avec le roi de France dans une lutte formidable. Seul, en face de Soliman II, de Barberousse et de François Ier, il lui fallait encore maîtriser l'indiscipline de ses armées et la turbulence des communes flamandes, organiser l'administration du nouveau monde, étendre sa pensée et son action d'un bout à l'autre du globe, de Bude à Mexico, de Gand à Tunis. C'est ce qui explique ses longs ménagements à l'égard de la réforme. D'ailleurs la haine des catholiques contre les protestants n'allait pas jusqu'à vouloir sacrifier à l'empereur les libertés de l'Allemagne, et comme le temps durait encore où les citoyens portaient eux-mêmes les armes, il n'y avait pas d'armée permanente avec laquelle l'empereur pût être certain de briser toute résistance.

Mais après la paix signée avec la France à Crespy (1544), il résolut d'agir. Abandonné par les confédérés de Smalkalde, François Ier les abandonnait à son tour. Soliman venait de tourner ses forces contre la Perse. Charles se trouvait donc sans ennemis au dehors. Le concile œcuménique, au jugement duquel en appelaient depuis si longtemps les deux partis, s'était enfin réuni à Trente (1545), et, dès les premières sessions, tout espoir de conciliation entre les doctrines opposées disparut. La guerre fut dès lors inévitable. Luther mourut, heureux de ne pas la voir, en 1546.

Comme il arrive toujours dans une confédération, le désordre se mit au sein du parti protestant. Les alliés de Smalkalde ne surent pas concerter leurs efforts et succombèrent isolément. Charles, au contraire, montra de la fermeté, de la décision, et, malgré la défection du pape, termina tout en deux campagnes.

La haute Allemagne était soumise dès 1546 ; la mort de

François Ier, au commencement de 1547, détermina l'empereur à pousser activement les hostilités. A la bataille de Mühlberg, l'infanterie espagnole culbuta du premier choc les milices saxonnes, et les deux chefs de la ligue tombèrent au pouvoir de Charles-Quint, l'électeur de Saxe qui fut pris sur le champ de bataille, le landgrave de Hesse, qui vint de lui-même se livrer (1547). L'empereur reprit à son compte, mais chrétiennement, la lettre de César: « Je suis venu, disait-il, j'ai vu, Dieu a vaincu. »

Charles-Quint put croire alors que le rêve tant de fois poursuivi de l'unité allemande allait se réaliser, que le pouvoir impérial était mis hors de page. Mais il fut vite détrompé. Il voulut trancher la question religieuse sans le pape; son *interim* d'Augsbourg, formulaire théologique destiné à rapprocher les deux partis religieux, mécontenta tout le monde (1548). Il réservait à son fils l'Espagne, les Pays-Bas, Naples et l'Amérique; il voulut lui assurer, en outre, la couronne impériale. Son frère, qu'il avait déjà fait élire roi des Romains, et la diète, s'y refusèrent. Il avait rempli de soldats les cités de l'Allemagne; il traînait orgueilleusement à sa suite les deux chefs des protestants captifs, et il faisait assiéger la seule ville qui résistât encore, Magdebourg; elle tomba après dix mois de siége; mais celui qui venait de l'abattre avait trouvé dans ce succès même le moyen de ruiner la fortune impériale. C'était Maurice de Saxe. Protestant, il avait, par haine et par ambition, combattu l'électeur de Saxe, son parent, et l'empereur lui avait donné en récompense la dignité électorale. Son ambition satisfaite, il commença à redouter la puissance de l'empereur. Il avait trahi ses coreligionnaires pour faire sa fortune, il trahit l'empereur pour la consolider. Il se fit charger d'attaquer Magdebourg afin d'avoir un prétexte de réunir des troupes, prolongea ce siége à dessein, et pendant qu'il durait, négocia avec les protestants, avec le roi de France Henri II (traité de Friedewald, 1551), conduisant out avec un si merveilleux secret, que Charles, le plus subtil politique de son temps, n'avait pas encore le premier soupçon, quand il apprit que Maurice avait déjà traversé l'Allemagne avec de grandes forces, qu'il marchait sur Inspruck, qu'il allait l'y surprendre. L'empereur malade n'eut que le temps de s'échapper au milieu de la nuit, et franchit, porté dans une litière, sous la pluie, sous la neige, les montagnes du Tyrol (1552). Il fallut remettre en liberté le landgrave et l'électeur, et par la convention de Passau accorder aux protestants une entière liberté de conscience (1552).

C'était donner au nouveau culte une existence légale. La paix d'Augsbourg (1555) rendit ses concessions définitives. Elle confirma, en outre, aux possesseurs actuels, la propriété des biens ecclésiastiques sécularisés antérieurement à la convention de Passau. Mais la clause du *réservat ecclésiastique*, qui empêchait pour l'avenir les sécularisations, en obligeant les ecclésiastiques à résigner leurs bénéfices avant de passer au nouveau culte, l'exclusion des calvinistes de la paix d'Augsbourg, enfin l'interdiction du culte réformé hors des terres des princes protestants, seront la source des discordes d'où la guerre de Trente ans sortira.

Dans le nord de l'Europe l'établissement de la réforme fut provoqué par des causes et décidé par des intérêts purement politiques. L'union de Calmar venait d'être rétablie après la bataille de Bogesund, en Westrogothie, où Stenon-Sture, le dernier des *administrateurs* suédois, avait été mortellement blessé (1520). Christian II, qui régnait sur le Danemark et la Norvége, depuis 1513, se fit proclamer monarque héréditaire de la Suède. Il crut assurer son pouvoir en se débarrassant des principaux citoyens du pays. En un seul jour, 94 sénateurs, prélats ou riches bourgeois, furent frappés de la hache : puis on égorgea 600 personnes, sans distinction d'âge ni de sexe; des gibets furent élevés dans toutes les villes, et des exactions sans pitié ruinèrent le pays.

La Suède n'attendit pas longtemps un vengeur. Dès l'année suivante, Gustave Vasa, de l'antique race des Folkungs, s'échappa de la prison où le retenait Christian, et après des aventures qui sont restées célèbres, souleva les intrépides mineurs de la Dalécarlie, tailla en pièces les Danois près d'Upsal, et assiégea Stockholm. La ville résista deux ans, malgré les secours que Gustave avait obtenus de Lubeck. Enfin le *Néron du Nord* fut déposé par l'aristocratie danoise qu'il avait irritée moins par ses crimes, que par sa prédilection pour les petites gens, et par ses édits en faveur des paysans (1523). A sa place, les nobles proclamèrent son oncle Frédéric, duc de Holstein, en lui faisant jurer une capitulation qui consacrait leurs priviléges, leur rendait le droit de vie et de mort sur leurs paysans, et reconnaissait que la couronne était élective. De leur côté, les États de Suède déférèrent le titre de roi à Gustave Vasa, et Stockholm lui ouvrit ses portes (1523). L'année suivante, Frédéric, soutenu par la puissante marine de Lubeck, entrait aussi à Copenhague.

Gustave ne possédait guère que le nom de roi : il trouvait le sol aux mains de la noblesse et du haut clergé, les paysans, les bourgeois et les prêtres inférieurs en proie au dénûment et à l'ignorance. Beaucoup dans le Nordland vivaient d'écorces d'arbre. Gustave résolut de renverser, à son profit, et dans l'intérêt du peuple, l'autorité des évêques. Leur alliance avec les Danois dans la dernière guerre les avait rendus odieux ; mais ils étaient tellement redoutables par leurs richesses que le roi n'osa les attaquer de front, et employa contre eux toutes les ressources d'une habileté peu scrupuleuse. D'abord il toléra les prédications de deux luthériens, Olaüs et Laurent Pétri ; ensuite il leur donna son appui moral en nommant l'un secrétaire d'État, l'autre professeur à l'Unive sité d Upsal. Enfin il les autorisa à publier leur traduction des livres saints en langue vulgaire. Cela servait de peu : le peuple ne savait pas lire.

Alors Gustave intéresse l'aristocratie laïque à ses projets. Il permet aux nobles de revendiquer les domaines usurpés par l'Église au détriment de leurs ancêtres, donne l'exemple lui-même en s'emparant d'une riche abbaye qui avait autrefois appartenu à sa famille, et, invoquant la détresse du trésor public, il attribue à l'État les deux tiers des dîmes, l'argenterie et les cloches des églises (1526). Aux États généraux de Westeras (1524), le prestige de ses victoires, l'ascendant de son autorité, la séduction de son éloquence, charment et entraînent les députés. Les États lui accordent le droit de conférer les différentes dignités ecclésiastiques, déclarent que les domaines du clergé appartiennent à l'État, demandent enfin que la religion soit ramenée à sa pureté primitive. Séparation de l'Église romaine, sécularisation des biens ecclésiastiques, adhésion aux principes de Luther, tout ce qu'enseignait ou pratiquait la réforme en Allemagne, se trouvait sanctionné et consacré en Suède par les représentants de la nation.

Gustave ne perdit pas un instant. Sa part du produit des dîmes lui avait permis d'organiser une armée régulière. Il parcourut le royaume avec 14 000 hommes, mettant partout à exécution les décrets de Westeras. 13 000 fermes furent confisquées au profit du roi et de la noblesse. Le roi pouvait maintenant rejeter tout masque, il fit ouvertement profession de luthéranisme, nomma Laurent Pétri archevêque d'Upsal et se fit sacrer par lui (1528). L'année suivante (1529), le concile d'Œrebro régla le dogme et la liturgie. Par ménagement pour les sentiments populaires, on maintint la hiérarchie et la plupart des cérémonies du culte catholique; mais dans tout le reste on adopta les doctrines des protestants d'Allemagne.

La réforme, en Suède, porta la royauté au pouvoir absolu. Gustave Vasa justifia cette révolution par ses services : l'agriculture, l'industrie, le commerce, la marine, prirent un rapide essor, et la Suède entra dans le système général de la politique européenne, par une alliance avec la France (1542), qui a duré presque sans interruption jusqu'à la Révolution française, et qui s'est renouée de nos jours.

Les prédications de Luther avaient de bonne heure retenti en Danemark. Dès l'année 1520, Christian II avait appelé à Copenhague un prédicateur réformé; sa chute n'arrêta point le mouvement. Son successeur Frédéric I*er*, gagné aux idées nouvelles avant même de monter sur le trône, proclama d'abord la tolérance religieuse, pour laisser libre carrière aux novateurs, et, dès l'année 1525, se déclara hautement pour la réforme ; deux ans après, la diète d'Odensée confirma la liberté de conscience, autorisa la rupture de vœux monastiques, le mariage des prêtres et soumit les prélats à la justice du roi. A la diète de Copenhague, Frédéric I*er* approuva la *confession de foi* des protestants danois (1530). Son fils, Christian III, alla plus loin. A peine sorti de la terrible *guerre du*

Comte, qui amena la ruine de la Hanse, il renversa la hiérarchie catholique. On déclara les évêques déchus de leur autorité temporelle et spirituelle; on confisqua leurs domaines pour les réunir au fisc, et à leur place on établit sept *surintendants* chargés du spirituel, et autant de grands baillis pour la gestion du temporel (1536). Mais le clergé luthérien ne conserva qu'une faible partie de l'ascendant moral et de l'influence politique qu'avaient possédés les pasteurs catholiques; et l'aristocratie danoise qui avait imposé à Christian III la capitulation que son frère avait jurée, ne trouva dès lors plus d'obstacles à ses volontés. Elle supprima les États généraux, s'arrogea le droit de contrôler les nominations à tous les emplois, tint la royauté en tutelle et courba le peuple sous le plus dur esclavage. Cela dura 120 années, jusqu'en 1660, où, avec le secours des bourgeois et du clergé réformé, la royauté danoise se rendit absolue et héréditaire.

Zwingli et Calvin : la réforme en Suisse, en France, aux Pays-Bas et en Écosse (1517-1559).

La réforme fut d'abord prêchée en Suisse par un curé de Zurich, Ulrich Zwingli, contemporain, mais non inspiré de Luther Dès 1517, il avait déclaré l'Évangile la seule règle de foi. Un jour que les vendeurs d'indulgences le priaient de ne pas entraver leur commerce, parce que cet argent servirait à édifier le plus beau temple de l'univers, il montra au peuple les cimes neigeuses des Alpes, dorées par les rayons du soleil couchant: « Voilà, s'écria-t-il, le trône de l'Éternel; contemplez ses œuvres, adorez-le dans ses magnificences; cela vaut mieux que les offrandes aux moines et que les pèlerinages aux ossements des morts. » La *religion évangélique* de Zwingli se répandit dans la plus grande partie de la Suisse allemande, dans les cantons commerçants de Zurich, de Berne, de Bâle, d'Appenzell, de Glaris et de Schaffhouse. Mais les cantons primitifs restèrent fidèles au culte catholique. Lucerne, Uri, Schwitz, Unterwalden, Zug, Fribourg et Soleure, formèrent, en 1528, avec le Valais, une ligue pour la défense de la foi catholique. Les réformés s'unirent de même à Berne l'année suivante et la guerre civile devint inévitable. Un moment contenues par les efforts de quelques hommes de bien, qui firent signer une paix de religion (1529), les haines religieuses amenèrent enfin de sanglantes collisions. Zwingli fut tué dès le commencement des hostilités. Vainqueurs à Cappel, et près du mont de Zug (1531), malgré l'infériorité du nombre, les catholiques imposèrent la paix à leurs ennemis. Chaque canton resta maître de régler souverainemen son culte; mais la doctrine évangélique fut expulsée des bailliages communs.

Les protestants trouvèrent une ample compensation à cette défaite. Genève se sépara de l'Église romaine. La réforme avait été indigène à Zurich: elle fut apportée à Genève par des étrangers, par des Français. Gouvernée par son évêque, sous le protectorat des ducs de Savoie, cette ville se trouva, vers le commencement du seizième siècle, divisée en deux camps. Les *mameluks* ou esclaves soutenaient les droits du duc Charles III, les *huguenots* (eidgenossen, confédérés par serment) défendaient les libertés de la ville. La réforme donna un nouvel aliment aux inimitiés politiques. Les mameluks se déclarèrent pour la vieille foi catholique, les huguenots embrassèrent la doctrine contraire. Grâce à l'appui de Berne, le parti huguenot l'emporta. La ville, protégée par François I*er*, maintint contre la Savoie son indépendance, et Berne enleva au duc le pays de Vaud (1536).

A ce moment arriva Calvin. C'était un Français, de Noyon, qui venait de publier le livre de l'*Institution chrétienne*, plus redoutable que les ouvrages de Luther, parce qu'il était plus systématique, plus audacieux; car tandis que le docteur de Wittenberg laissait subsister dans l'Église tout ce qui, selon lui, n'était pas condamné par la parole de Dieu, Calvin voulait abolir tout ce qu'il prétendait n'être pas prescrit par l'Évangile. Forcé de quitter la France, puis l'Italie, Calvin trouva un asile à Genève. Deux influences s'y disputaient le pouvoir celle des réformateurs politiques, qu'on appelait les libertins, et celle des réformateurs religieux. Calvin assura la prédominance aux rigoristes. Ce ne fut pourtant point sans combat. Les politiques réussirent à le chasser de la ville (1541); mais il fut rappelé et exerça jusqu'à sa mort un pouvoir absolu. Il organisa le gouvernement de Genève au profit presque exclusif des ministres du culte réformé. Par une singulière inconséquence, la secte qui, en acceptant la triste et dure doctrine de la prédestination, anéantissait toute responsabilité morale, s'imposa la loi d'une morale plus rigide. La cité changea d'aspect : à la facilité des mœurs succéda un puritanisme guindé. Plus de fêtes, de divertissements, de conversations. Plus de spectacles et de société ; l'inflexible niveau d'une règle austère pesa sur la vie. Un poëte fut décapité pour ses vers ; Calvin voulait que l'adultère fût puni de mort, comme l'hérésie, et il fit brûler Michel Servet, qui ne pensait pas de la même manière que lui sur le mystère de la Trinité. Ces hommes qui avaient tant besoin de tolérance ne la comprenaient pas mieux que leurs adversaires. Le plus fervent disciple de Calvin, Théodore de Bèze, demandait aussi la mort contre les hérétiques, et accusait le parlement de Paris d'incrédulité, parce qu'il ne brûlait pas assez de sorcières. A quoi un magistrat répondait : « Voyez plutôt nos registres. »

Si le despotisme théocratique de Calvin enleva aux Génevois jusqu'aux jouissances les plus innocentes de la liberté, il est juste de reconnaître que, sous cette vigoureuse impulsion, Genève acquit en Europe une importance considérable. Elle fut, pendant toute la durée du seizième siècle et au dix-septième, la citadelle et comme le sanctuaire de la réforme. Calvin donna lui-même l'exemple de la vie la plus austère et la plus active. Il prêchait tous les jours, faisait trois leçons de doctrine par semaine, traduisait la Bible en français, écrivait des traités de théologie, et répondait à tous ceux qui l'interrogeaient de tous les points de l'Europe. Sa correspondance remplirait trente volumes in-folio, et la bibliothèque de Genève garde de lui 2025 sermons manuscrits.

Lorsqu'il mourut, en 1564, ses disciples continuèrent son œuvre, Théodore de Bèze en France, et John Knox en Écosse.

Par suite du mariage de Maximilien avec l'héritière de Charles le Téméraire, les dix-sept provinces des Pays-Bas avaient passé de la maison de Bourgogne à celle d'Autriche. Elles formaient, sous la surveillance et la direction d'un gouverneur général nommé par le souverain, une sorte d'État fédéral ; chacune d'elles avait sa constitution et son assemblée représentative. Ainsi l'autorité du prince se trouvait limitée dans les Pays-Bas par des institutions libres et surtout par l'esprit indépendant de la population néerlandaise.

Les Pays-Bas étaient trop voisins de l'Allemagne pour que la réforme n'y pénétrât pas de bonne heure. Une traduction de la Bible en flamand y parut presque en même temps que la traduction allemande de Luther, et c'est en Hollande que se réfugièrent les débris de l'anabaptisme vaincu à Munster. Mais Charles-Quint, bien que gêné par les priviléges des cités, l'était moins cependant que dans l'empire pour empêcher les propagations des nouvelles doctrines. Il lança les édits les plus sévères, surtout celui de 1550, après sa victoire de Mühlberg sur les protestants allemands. Dès 1522 il avait établi une inquisition spéciale, et de nombreuses condamnations à mort furent prononcées. Mais ces rigueurs n'aboutirent qu'à changer la nature de l'hérésie. Le luthéranisme disparut des Pays-Bas ; le calvinisme prit sa place, descendu de la Suisse par l'Alsace, ou venu de la Grande-Bretagne pendant le règne d'Édouard VI, grâce à la multiplicité des relations commerciales qui unissaient les deux pays ; il se propagea surtout dans les provinces bataves. On verra plus loin la terrible lutte qu'il eut à soutenir contre Philippe II.

C'est aussi le calvinisme qui l'emporta en France. Les doctrines et les écrits de Luther y avaient eu peu de succès. De ce côté-ci du Rhin, la science théologique avait un centre, la Sorbonne ; la foi se trouvait par conséquent mieux défendue ; et la royauté n'avait pas besoin de la réforme pour mettre la main sur les domaines du clergé, puisque le concordat donnait au roi la disposition des bénéfices. Enfin on trouvait moins d'abus au sein du clergé gallican, parce qu'il avait moins de richesses et de pouvoir ; et, si beaucoup de nobles des provinces regrettaient les domaines jadis cédés par leurs pères à l'Église, si les doctrines indépendantes des novateurs plaisaient à leur esprit féodal, si des désirs d'affranchissement politique se mêlèrent pour eux à des désirs de liberté religieuse, le peuple des grandes villes resta profondément catholique. La réforme en France fut pour le plus grand nombre sans doute une question de conscience et de conviction ; elle fut pour beaucoup aussi, quelquefois même à leur insu, un réveil de l'esprit aristocratique, une réaction féodale contre l'ascendant de la royauté et de la cour.

La réforme ne fit que d'insignifiants progrès avant Calvin. C'est l'*Institution chrétienne*, publiée par lui en 1535, qui fixa les incertitudes des lettrés et donna une formule précise à leurs vagues aspirations. Le calvinisme s'empara rapidement d'une portion considérable de la petite noblesse, de quelques bourgeois et de plusieurs magistrats ; la plupart de nos grands jurisconsultes et de nos érudits y adhérèrent publiquement ou en secret ; mais, à l'exception des provinces méridionales, où le souvenir des doctrines et de la guerre des Albigeois, celui, plus récent, des scandales d'Avignon, entretenaient contre l'Église romaine de profondes rancunes, le peuple, surtout dans les grandes villes, ferma l'oreille au nouvel évangile.

François Ier ne lui était point favorable ; mais il avait à ménager contre Charles-Quint l'alliance des protestants d'Allemagne. Il était difficile qu'il tendît la main aux réformés d'outre-Rhin, et qu'en même temps il fît brûler les réformés de France. Telle est pourtant la continuelle et triste alternative que présente sa politique. Est-il en guerre avec l'empereur? il ferme les yeux sur les efforts des prêcheurs calvinistes, et il promulgue l'édit de Coucy qui suspend toute poursuite pour fait de religion (1535). La paix est-elle signée, et n'a-t-il plus besoin de la ligue de Smalkalde? il cherche à arrêter par des supplices la propagande protestante. A la fin de son règne, sur les instances de Montmorency et du cardinal de Tournon, il révoqua l'édit de tolérance de Coucy et ordonna le massacre des Vaudois, dont les croyances étaient vieilles de plus de trois cents ans.

Paisibles et payant régulièrement l'impôt, gens de mœurs pures et simples, les Vaudois habitaient deux petites villes, Mérindol et Cabrières, et une trentaine de villages des Alpes de Provence (département de Vaucluse) ; ils avaient déjà été condamnés, en 1540, comme hérétiques, à la requête du président d'Oppède et de l'avocat général au parlement d'Aix, Guérin : on avait sursis à l'exécution. Mais, en avril 1545, des ordres précis et rigoureux arrivèrent de la cour au parlement d'Aix. Le baron de la Garde, assisté du président d'Oppède et de l'avocat général Guérin, entrèrent inopinément avec des soldats sur le territoire de ces malheureux. L'arrêt portait que les hommes et les femmes devaient être brûlés vifs, les serviteurs et les enfants chassés, les lieux rendus inhabitables, les bois coupés et abattus. Il fut trop scrupuleusement exécuté : 3 000 Vaudois furent massacrés ou brûlés dans leurs habitations ; 550 condamnés aux galères ; les autres dispersés dans les bois et les montagnes où la plupart moururent de faim et de misère ; il ne demeura pas une maison, pas un arbre, quinze lieues à la ronde (1545).

Henri II poursuivit les nouvelles doctrines avec rigueur. L'édit de Châteaubriant (1551) ordonna de juger les protestants sans appel, ferma les écoles et les tribunaux à quiconque n'avait pas un billet d'orthodoxie, et, par un usage renouvelé des plus mauvais jours de l'empire romain, assura aux délateurs le tiers des biens de leurs victimes. Mais la persécution fut impuissante. En quelques années, le nombre des églises protestantes s'éleva de une à deux mille. « La moitié de la noblesse, une partie du clergé, et peut-être un dixième du peuple, dit avec exagération un contemporain, étaient attachés à la réforme. Malgré les édits, malgré les supplices, ils étaient si opiniâtres et si résolus en leur religion, que lors même qu'on était le plus décidé à les faire mourir, ils ne laissaient pour cela de s'assembler ; et, plus on faisait de punitions, plus ils se multipliaient. » (*Mémoires de Castelnau*.)

La persécution eût été certainement violente sans la mort prématurée de Henri II. A ce moment, la lutte s'engageait au sein même du parlement et l'effervescence arrivait à son comble. Sur la nouvelle que les huguenots avaient trouvé des défenseurs dans ce grand corps judiciaire, le roi s'était transporté, quelques jours avant le fatal tournoi, au milieu des magistrats, et avait ordonné de continuer en sa présence la délibération qui portait sur les édits lancés contre les hérétiques.

Deux membres, Dufaur et Anne Dubourg, ne cachèrent point leur sympathie pour les persécutés ; le second se fit même presque accusateur. « Je sais, dit-il, qu'il est certains crimes qu'on doit impitoyablement punir, tels que l'adultère, le blasphème et le parjure ; mais de quoi accuse-t-on ceux qu'on livre au bras du bourreau ? » Le roi se croyant insulté et bravé en face, les fit aussitôt saisir, et commanda qu'on instruisît leur procès. Sa mort n'arrêta pas l'affaire, qui fut suivie au milieu des plus terribles péripéties. Les ministres de l'Église réformée tinrent à Paris leur premier synode national, pour rédiger une pétition en faveur des prisonniers. Le 12 décembre, entre cinq et six heures du soir, le président Minard, violent ennemi de Dubourg, fut tué d'un coup de pistolet au sortir de l'audience. Ce coup tuait aussi Dubourg : il fut condamné au bûcher et brûlé en place de Grève. La persécution allait, comme aux Pays-Bas et partout, amener les complots et l'épouvantable guerre que nous aurons bientôt à raconter.

De France, le calvinisme était passé en Écosse, pays avec lequel nous avions d'étroites relations et où ses progrès furent facilités par les dispositions naturelles du peuple et la faiblesse du gouvernement.

Après la mort prématurée de Jacques V (1542, voy. p. 117), sa veuve, Marie de Guise, proclamée régente au nom de sa fille Marie Stuart, avait laissé la direction des affaires au cardinal Beaton, homme d'État habile, mais d'un caractère dur jusqu'à la cruauté. De nombreux supplices furent ordonnés par lui pour fait de religion. Aucun n'excita l'indignation générale à un plus haut degré que celui de George Wishart, brûlé vif sous les yeux du cardinal. Les réformés, pour venger la mort de leur coreligionnaire, assassinèrent Beaton, dont ils pendirent le cadavre aux créneaux du château Saint-André (1546).

La réforme se propagea dès lors en Écosse avec rapidité, bien que combattue par la régente, sœur des Guises. Les plus illustres et les plus puissantes familles du pays l'adoptèrent ; Jean Knox se mit à la tête du mouvement. Frappé de plusieurs condamnations, brûlé même en effigie, il s'enfuit en Angleterre, où il devint chapelain d'Édouard IV, et, après l'avénement de la catholique Marie Tudor, en Suisse, où il connut Calvin. Quand Élisabeth eut fait triompher le protestantisme en Angleterre, Knox fut rappelé de Genève. Disciple de Calvin, il organisa l'Église écossaise sur le modèle de l'Église génevoise. La hiérarchie fut abolie; dans le presbytéranisme, c'est le nom que prit l'Église d'Écosse, tous les ministres sont égaux. Knox aurait voulu consacrer les domaines du clergé catholique à l'entretien du nouveau culte; mais les nobles s'en étaient saisis, et ils les gardèrent. Il fut plus heureux dans ses efforts contre les monuments catholiques. Églises, bibliothèques, archives, tombeaux même, rien de ce qui sembla entaché d'idolâtrie ne trouva grâce devant ce furieux iconoclaste (1560). Ainsi la réforme écossaise prit dès le début un caractère de violence et de fanatisme particulier.

La réforme en Angleterre (1531-1562).

L'Angleterre avait toujours montré à l'égard du saint-siége un esprit d'indépendance qui allait souvent jusqu'à l'hérésie. Ainsi, au quatorzième siècle, Wiclef et les Lollards, ses disciples, avaient rencontré les plus vives sympathies; et la méfiance, sinon la haine contre Rome, était générale dans le clergé comme dans le peuple. Ce fut pourtant un incident vulgaire et coupable, l'amour du roi Henri VIII pour Anne de Boleyn, qui amena le schisme d'Angleterre.

Henri VIII était marié depuis 24 ans avec Catherine d'Aragon, quand il découvrit un jour, en 1527, qu'il était parent de sa femme à un degré prohibé par les canons de l'Église. Il demanda au pape de prononcer l'annulation du mariage. Clément VII était alors prisonnier de Charles-Quint, et Charles-Quint était l'oncle de Catherine. « Je me trouve, écrivait le pontife, entre l'enclume et le marteau. » Il négocia; mais le roi, impatient de ses lenteurs, se fit proclamer par son parlement protecteur et chef suprême de l'Église d'Angleterre (1531); l'année suivante il épousa Anne de Boleyn. Clément VII lança une sentence d'excommunication contre le roi (1534). Henri y répondit en s'enfonçant davantage dans le schisme. Le parlement, toujours docile, décréta la suppression des ordres monastiques, et le roi confisqua les biens des couvents (1536).

Henri VIII, en se séparant du saint-siége, prétendait pourtant rester orthodoxe : il se souvenait d'avoir écrit contre Luther ; et dans ses chartes ou protocoles diplomatiques il prenait avec la même fierté son titre de *défenseur de la foi*, et celui de *roi de France*. Malheur au catholique qui niait la suprématie religieuse du roi, il était décapité ! Malheur aussi au dissident qui niait la présence réelle, il était brûlé !

Dès 1531, les supplices commencèrent. Trois protestants furent brûlés afin que nul ne doutât de l'orthodoxie du roi ; en 1535, il fit décapiter le cardinal-évêque Fisher, qui réprouvait le divorce du roi, et le chancelier Thomas Morus, qui refusait de reconnaître sa suprématie religieuse : le dernier est un beau caractère et un des grands esprits du siècle. Depuis ce jour, le voluptueux et sanguinaire Henri VIII rappela pour l'Angleterre les plus affreux tyrans de Rome. Il épousa six femmes, en répudia deux, Catherine d'Aragon (1532) et Anne de Clèves (1540), et en envoya deux à l'échafaud, cette Anne de Boleyn, la cause du schisme (1536), et Catherine Howard, pour des désordres antérieurs à son union avec le roi (1542) ; une troisième, Catherine Parr, faillit y monter pour ses opinions religieuses. La sixième, Jeanne Seymour, qu'il avait épousée après Anne de Boleyn, était morte en donnant le jour au prince qui fut Édouard VI (1537). Quand le parlement, pour apprendre aux Anglais ce qu'ils devaient croire ou ne pas croire, eut adopté le bill des six articles, que les réformés appelèrent *bill de sang* (1539), une inquisition plus terrible que celle d'Espagne couvrit l'Angleterre de bûchers. Parmi les victimes, on compte 2 reines, 2 cardinaux, 3 archevêques, 18 évêques, 13 abbés, 500 prieurs ou moines, 14 archidiacres, 60 chanoines, plus de 50 docteurs, 12 ducs, marquis ou comtes, 29 barons, 335 nobles, 110 femmes de condition, etc. ; au total 72 000 condamnations capitales. Jamais révolution n'eut des sources plus impures, et ne s'établit par des voies plus sanglantes et plus honteuses. Au meurtre se joignait la spoliation. Tous les biens meubles et immeubles des couvents avaient été saisis par le roi. Ce n'était pas assez.

Il multiplia les amendes, les confiscations, les impôts, altéra les monnaies, et, malgré toutes ses extorsions, chargé de dettes, il fit banqueroute pour apurer ses comptes. Cette banqueroute se fit au reste légalement. Le parlement, par un vote spécial, dispensa le roi de rendre ce qu'il avait emprunté. Ce même parlement avait donné force de loi aux ordonnances royales. Ainsi les Anglais, qui n'avaient cru abandonner que leur liberté politique, quand, après la guerre des deux Roses, ils avaient laissé Henri VII saisir le pouvoir absolu, voyaient maintenant l'argent, le sang, les croyances mêmes de la nation, sacrifiés à un abominable tyran.

Mais en publiant une traduction des livres saints en langue vulgaire, Henri VIII devint, sans le vouloir, un propagateur d'hérésie. A côté de la réforme royale, bornée à quelques modifications insignifiantes dans la liturgie, et à la suppression de l'autorité du saint-siége, grandit une réforme populaire qui s'écarta profondément des dogmes et de la discipline catholiques. Poursuivis avec acharnement par les défenseurs du culte officiel, les *dissidents* voudront conquérir la liberté religieuse, et feront cause commune avec les promoteurs de la liberté politique. La chute des Stuarts et du despotisme en Angleterre n'aura pas d'autre cause. (Pour la politique étrangère de Henri VIII, voy. les chap. XI et XII.)

Schismatique, mais orthodoxe avec Henri VIII, l'Angleterre s'éloigna, sous Édouard VI, de la doctrine catholique. Le régent, Sommerset, très-zélé pour la réforme, proscrivit la messe, ordonna l'usage de la Bible en langue vulgaire, abolit les fêtes et permit aux laïques la communion sous les deux espèces (1548); Warwick, qui renversa Sommerset (1549), et le fit exécuter trois ans après, était catholique au fond du cœur; mais il avait besoin des protestants et s'appuya sur eux pour écarter du trône la princesse Marie, fille de Catherine d'Aragon. Et en effet, à peine Édouard VI eut-il expiré avant d'avoir atteint sa dix-septième année, que Warwick proclama Jeanne Gray, jeune femme intéressante par son savoir et ses vertus, mais qui n'avait que des droits éloignés à la couronne, étant arrière-petite-fille de Henri VII.

Telle était la vénération des Anglais pour le sang de leurs

rois qu'ils respectaient le principe d'hérédité, même lorsqu'il était en opposition avec leurs intérêts ou leurs passions. Warwick fut abandonné même par les protestants, et la malheureuse Jeanne Gray paya de sa vie le règne de dix jours que l'ambition d'un autre lui avait imposé (1553).

Marie se déclara hautement catholique, rétablit les évêques qui avaient refusé le serment de la suprématie, et punit ceux qui l'avaient prêté. Puis elle épousa le fils de Charles-Quint, son cousin Philippe II, malgré les prières des communes, et contre le vœu de toute la nation. Alors l'Angleterre fut solennellement réconciliée avec le saint-siége. Les détenteurs des biens des couvents s'étaient déclarés prêts à rentrer dans l'Église catholique, pourvu qu'on leur garantît la possession tranquille de ce qu'ils avaient pris (1554). Mais de ce moment aussi les supplices commencèrent : de février 1555 à septembre 1558, 400 réformés périrent, dont 290 par le feu. Les protestants ont flétri la reine Marie du surnom de *la sanglante*, titre qui conviendrait aussi bien à leur grande reine Élisabeth. Au reste, Marie fut toute sa vie malheureuse. Persécutée pendant sa jeunesse, elle se vit sur le trône dédaignée par l'ingrat Philippe II, à qui elle avait voué toute son affection. Il l'entraîna dans sa guerre contre la France : l'Angleterre y perdit Calais. Marie ne survécut que quelques mois à ce désastre. Elle répéta plusieurs fois avant d'expirer que, si l'on ouvrait son cœur, on y trouverait écrit le nom de Calais (1558).

La mort prématurée de Marie Tudor fit arriver au trône sa sœur Élisabeth, fille d'Anne de Boleyn et protestante. Elle avait jusque-là caché ses sentiments secrets, et elle parut d'abord hésiter sur la question religieuse. Elle se fit même sacrer selon le rite catholique, et elle chargea l'ambassadeur anglais près du saint-siége de notifier au pape, Paul IV, son avénement. Élisabeth se serait certainement prononcée pour la réforme, mais la hautaine et violente réponse du pontife précipita sa décision. Le 18 février 1557, la Chambre des lords déclara la reine gouvernante suprême de l'Église ainsi que de l'État. On annula toutes les lois religieuses de Marie. Un serment, impliquant la renaissance de la suprématie spirituelle de la couronne, fut imposé à quiconque avait le moindre rapport avec le gouvernement. Tous les évêques, a l'exception d'un seul, le refusèrent, et furent destitués ; mais sur 7386 ecclésiastiques du second ordre, 180 curés seulement, et 95 bénéficiers imitèrent ce désintéressement. L'organisation de l'Église anglicane ne fut réglée que trois ans plus tard par le bill de trente-neuf articles (1562). La religion nouvelle maintint la hiérarchie épiscopale, et son clergé est encore aujourd'hui de beaucoup le plus riche de toute la chrétienté. Née à la voix du pouvoir temporel, elle lui est restée constamment dévouée, et a soigneusement nourri dans le peuple anglais la haine du papisme.

Depuis l'année 1532, l'Angleterre, du moins la classe officielle de ce pays, avait changé quatre fois de religion, selon le caprice de ses princes : triste spectacle qui ne fut donné nulle part ailleurs, et qui montre la puissance acquise par la royauté sous les Tudors. Jusqu'à présent, ces changements n'avaient été qu'une affaire d'administration intérieure; mais la question religieuse va devenir une question nationale, et la réforme sera profondément enracinée dans le sol anglais par les efforts mêmes que feront les étrangers pour l'en extirper. A partir du règne d'Élisabeth, le protestantisme devint une partie du patriotisme anglais, à ce point qu'on ne fut plus éloigné de considérer comme traîtres ceux qui restèrent attachés à l'Église romaine et qui, en réalité, mettant leur conscience au-dessus de leur pays, vécurent longtemps en conspiration permanente contre l'ordre nouveau.

Principales différences entre les Églises protestantes.

Ainsi, en moins d'un demi-siècle, la Suisse, la Grande-Bretagne, la Suède, le Danemark, la moitié de l'Allemagne et une partie de la France, s'étaient séparés du catholicisme. La chrétienté, qui, au moyen âge, avait été si bien unie, se trouvait divisée. La religion romaine dominait dans le midi de l'Europe, le protestantisme dans le nord. Mais le principe protestant étant la libre interprétation des Écritures, il s'était produit déjà au sein de la réforme quantité de sectes dont le nombre devait s'accroître encore.

Cependant trois grands systèmes dominaient: le luthéranisme, le calvinisme et l'anglicanisme. Le premier était généralement adopté dans le nord de l'Allemagne et dans les États scandinaves ; le second en Suisse, en France, dans les Pays-Bas et en Écosse ; le troisième, comme son nom l'indique, en Angleterre.

Ils avaient un dogme commun qui est le vrai fond du protestantisme, la doctrine de la justification par la *grâce*. Luther le défendit contre Érasme dans son livre *de servo arbitrio*, où se trouvent de si étranges maximes touchant l'inutilité des œuvres pour le salut, même l'innocuité des œuvres mauvaises pour la damnation, la foi suffisant seule à la justification. Calvin poussa cette doctrine à ses dernières et monstrueuses conséquences, en enseignant la prédestination des élus et des damnés.

Des trois Églises réformées, la plus éloignée de l'orthodoxie était le calvinisme, la plus voisine l'anglicanisme. Les calvinistes, en effet, comme les sacramentaires, rejetaient entièrement le dogme de la présence réelle, et voyaient dans l'Eucharistie, non le sacrifice effectif de Jésus-Christ, mais une simple commémoration de la Cène. Les luthériens n'admettaient pas la transsubstantiation, c'est-à-dire le changement des espèces du pain et du vin en corps et en sang du Sauveur; ils croyaient pourtant que Jésus-Christ y était présent, comme le feu est dans un fer chaud, pour emprunter la comparaison de Luther lui-même. Ainsi, au lieu d'accepter le mystère comme les catholiques, ou de le nier comme les calvinistes, ils le remplaçaient par un autre plus compliqué, auquel ils donnaient les noms bizarres d'*impanation* et d'*invination*. Quant aux anglicans, ils n'étaient séparés des catholiques sur ce dogme fondamental que par des nuances équivoques, la confession de foi de l'Église anglicane, en 1562, ayant à dessein évité de se prononcer sur cette question, et déclarant à la fois que la Cène est la communion du corps et du sang de Jésus-Christ, mais que le communiant ne reçoit Jésus-Christ que spirituellement. Au fond, les anglicans sont des calvinistes par le dogme et des catholiques par la liturgie. Des sept sacrements de l'Église catholique, les calvinistes n'en reconnaissaient que deux, le baptême et la Cène : le premier considéré comme un simple engagement d'élever chrétiennement l'enfant, le second dépouillé de tout mystère, l'un et l'autre n'étant pas indispensables au salut ; les luthériens, deux aussi, le baptême et l'eucharistie, mais en transformant le dernier, reçu par les anglicans dans des termes qui rapprochaient leur Église de celle des catholiques. D'ailleurs les communions protestantes s'accordaient à rejeter les cinq autres sacrements, car la confirmation et l'ordination des prêtres, gardées par les anglicans, l'étaient non pas à titre de sacrements, mais seulement comme rites pieux ; et s'ils conseillaient la confession, au lit de mort, ils n'en faisaient pas une condition impérative.

C'est surtout par la discipline que différaient entre elles les Églises réformées. On ne doit pas s'en étonner, puisque la réforme avait eu pour occasion et pour cause principale les abus qui s'étaient introduits dans le clergé. Sous ce rapport, les cultes protestants se rattachaient à deux principaux modes d'organisation. Le luthéranisme admettait une certaine hiérarchie, l'anglicanisme une hiérarchie complète ; la discipline calviniste reposait sur le principe de l'égalité des ministres entre eux. C'est dans la Grande-Bretagne que les deux systèmes arrivèrent à leur développement le plus complet. Ainsi l'Église anglicane, avec ses archevêques, ses évêques, ses divers degrés dans le sacerdoce, sa liturgie, ses immenses revenus, ses colléges et ses établissements d'instruction et de charité, ne différait presque en rien de l'organisation extérieure des Églises catholiques, sauf la simplicité du costume, la froide austérité du culte, l'emploi de la langue vulgaire et le mariage des prêtres. Soumise à la suprématie royale, son existence se trouva intimement unie au maintien de la monarchie, et le clergé fut en Angleterre l'appui le plus sûr de la royauté.

Sa voisine, au contraire, l'Église presbytérienne d'Écosse, avait des tendances démocratiques. Là, point de distinction de grade ou de richesse entre les membres du clergé. A peine sont-ils séparés des fidèles par la nature de leurs fonctions. Encore les sectes puritaines ne tarderont-elles pas à supprimer toute délégation spéciale du sacerdoce. Tout chrétien sera propre au divin ministère, qui aura le talent ou l'inspiration. Dans les États scandinaves, les évêques avaient été conservés sous le nom de surintendants ; mais les évêques luthériens ne gardaient rien de la richesse et de l'influence politique de leurs prédécesseurs catholiques. Les princes ou les souverains avaient eu grand soin d'imposer à leur nouveau clergé les plus strictes limites de l'aisance, et de l'exclure entièrement du temporel. Mais si la confusion des deux pouvoirs avait eu au moyen âge de déplorables résultats, la subordination de l'Église à l'État dans les pays luthériens eut le fâcheux effet de priver les ministres de l'indépendance et de la dignité nécessaires à leurs fonctions

Les Églises calvinistes étaient plus pauvres encore ; mais comme elles ne devaient leur origine qu'à elles-mêmes, elles avaient une grande liberté et un empire moral considérable. A Genève, en France, en Écosse, magistrats et seigneurs furent plus d'une fois contraints d'écouter la voix énergique de leurs pasteurs.

En résumé, l'unité religieuse de l'Europe était brisée, et dans le camp de la réforme les sectes dissidentes pullulaient. Née de l'esprit de révolte, la réforme fut d'abord infidèle à son caractère. Les anglicans et les luthériens remirent à leurs princes le pouvoir spirituel qu'ils refusaient au pape, de sorte qu'on vit ceux qui tenaient le glaive, écrire de l'autre main des articles de foi, et les imposer sous peine de mort ou d'exil[1].

« Luther nous a mis sur la tête, disait le doux Mélanchhon, un joug de fer, au lieu d'un joug de bois. » Dans ces pays dont la révolution religieuse vint d'abord en aide à la

---

1. En 1558, les docteurs de Leipzig et de Wittemberg, anathématisèrent comme hérétiques les ministres d'Iéna et tous ceux qui admettaient, si petite qu'elle fût, une coopération de l'homme à la justification que le Saint-Esprit opère en lui ; ils excitèrent les ducs de Saxe comme évêques-nés de leur territoire, à sévir contre eux. Les théologiens qui refusèrent de signer le formulaire d'Iéna furent enlevés par des soldats, jetés en prison ou bannis. Plus tard, l'électeur Auguste fit périr son chancelier dans les tortures, condamna le gendre de Mélanchthon à une prison perpétuelle et chassa quiconque n'accepta pas une *formule de concorde* qu'il avait rédigée. La doctrine *synergiste*, ou de la coopération nécessaire de l'homme à sa justification, avait été enseignée par Mélanchthon et a été généralement adoptée par les luthériens.

révolution politique, puisqu'elle ajouta aux droits des princes celui plus nouveau encore de gouverner les consciences. C'était un emprunt de plus aux usages de Rome impériale, conséquence naturelle d'une réforme qui prétendait n'être qu'un retour aux temps apostoliques.

Les calvinistes, après la dure domination de Calvin, se souvinrent mieux de leur origine. Ils ne reconnurent le pouvoir spirituel qu'à l'assemblée des fidèles, c'est-à-dire à l'Église même. La constitution politique de la plupart des pays calvinistes, la Suisse, la Hollande, l'Écosse, préparait d'ailleurs cette solution.

C'est aussi dans la Suisse que le meilleur usage avait été fait des biens de l'Église pour fonder des hospices et des écoles. En général, le protestantisme, remplaçant presque tout le culte par la lecture et la méditation de la Bible, répandit largement dans le peuple l'instruction primaire.

On vient de voir qu'en politique, cette révolte contre l'autorité spirituelle aboutit, en beaucoup de lieux, à une servitude plus grande vis-à-vis du pouvoir temporel; il arriva de même, pour la civilisation générale, que cette insurrection de l'esprit d'examen ne profita point d'abord aux progrès de la raison publique. En Allemagne, toutes les intelligences se tournèrent vers la théologie. On délaissa les lettres antiques pour ne s'occuper plus, comme aux beaux jours de la scolastique, que de questions puériles, parce qu'elles étaient inextricables. La Renaissance en mourut, peintres et poëtes disparurent devant les fureurs iconoclastes des uns et les emportements théologiques des autres [1]; mais les *adiaphoristes*, les *synergistes*, les *accidentaires*, les *substantialistes*, les *crypto-calvinistes* pullulèrent et donnèrent le spectacle impie d'hommes qui prétendaient régler les choses du ciel, mesurer la puissance de Dieu, déterminer son action et rédiger ses décrets: ce qui ne les empêchait pas d'avoir sans cesse à la bouche des mots de haine et de mort, en parlant de Celui qui a jeté partout sur le monde la vie et l'amour.

---

[1]. Érasme disait en 1528 (Ep. MCI): *Ubicunque regnat lutherianismus ibi litterarum est interitus*.

On verra bientôt que le contre-coup de la Réforme produisit des conséquences semblables en Italie et en Espagne.

Luther et Calvin, le premier qui remit aux princes le pouvoir spirituel, le second qui brûla Michel Servet, ne sont donc à aucun point de vue ce qu'on a voulu les faire, les pères de la liberté moderne. Mais sur le champ où l'homme laboure et sème, bien souvent lève une moisson qu'il n'attendait pas. La négation de l'autorité dans l'ordre spirituel conduisait inévitablement à la négation de l'autorité dans l'ordre philosophique et social. Luther et Calvin, bien sans le vouloir, menaient à Bacon et à Descartes, comme Bacon et Descartes, à leur insu, menèrent à Locke et à Mirabeau ; de sorte qu'on peut dire que la révolution religieuse du seizième siècle, comme la révolution philosophique du dix-septième a péri dans ses affirmations, mais qu'elle a triomphé dans sa méthode. Le *serf-arbitre* de Luther, la *prédestination* de Calvin sont allés où se trouvent les *tourbillons* de Descartes ; mais l'esprit d'examen qui les animait a survécu, comme le doute cartésien, et il est l'âme de notre temps.

Il est curieux de voir que le grand travail de la civilisation moderne, arrêté dans les pays où les deux doctrines opposées arrivèrent à leur plus complète expression, fut continué par celui qui, repoussant à la fois Luther et l'Inquisition, proclama, dès le seizième siècle, par deux de ses grands hommes, l'Hôpital et Henri IV, la nécessité de la tolérance religieuse. La France de Jean Goujon et de Corneille, du Poussin et de Molière, ramassa le sceptre des arts et des lettres tombé des mains défaillantes de l'Italie, et le tient encore.

A un autre égard, la révolution religieuse se rattache aussi à la révolution économique. Dans les pays protestants, la diminution des fêtes augmenta les jours de travail, comme la fermeture des couvents accrut le nombre des travailleurs. La production en devint plus grande, par conséquent les produits à meilleur marché. Là est une des raisons de la supériorité industrielle et commerciale des pays protestants sur ceux qui restèrent sévèrement catholiques comme l'Italie, l'Espagne, la Bavière et l'Autriche.

LIVRE IV.

LA RESTAURATION CATHOLIQUE ET LES GUERRES DE RELIGION; PRÉPONDÉRANCE DE L'ESPAGNE.

CHAPITRE XIV.

LE CONCILE DE TRENTE ET LA RESTAURATION CATHOLIQUE.

Réformes à la cour pontificale et tentatives de conciliation avec les protestants. — Mesures défensives : l'Inquisition (1542), l'Index, les Jésuites. — Concile de Trente (1545-1563).

Réformes à la cour pontificale et tentatives de conciliation avec les protestants.

La papauté, prise au dépourvu, avait en quelques années perdu la moitié de son empire. La nécessité d'une réforme de l'Église dans ses mœurs et dans sa discipline avait d'abord été le texte développé par tous les ennemis du saint-siége. Il fallait leur ôter cette arme. Les successeurs de Clément VII le comprirent, et alors commença, à la cour pontificale et dans toute l'Église catholique, un admirable travail. Réformer la discipline ecclésiastique, imposer au clergé la pureté des mœurs, réveiller la foi des peuples, voilà quelle fut l'œuvre entreprise par cinq pontifes qui gouvernèrent l'Église pendant la seconde moitié du seizième siècle, Paul III, Paul IV, Pie IV, Pie V et Sixte-Quint.

Paul III, qui à certains égards tenait encore de l'âge antérieur, inaugura cette nouvelle politique, en n'élevant au cardinalat que des hommes distingués par leurs talents et leurs vertus. Les protestants eux-mêmes ne purent qu'applaudir à la promotion de prélats tels que Contarini, Sadolet, Caraffa et Ghiberti. La rote[1], la pénitencerie, la chancellerie romaine reçurent une meilleure organisation. L'abus des dispenses, la simonie furent poursuivis, et il y eut un moment où ce travail parut conduire à la fin souhaitée, à une réconciliation avec les protestants; car les conseillers les plus écoutés du pape, surtout Contarini, admettaient le dogme fondamental des protestants, la justification par la grâce, et montraient un ardent désir d'introduire des réformes dans les mœurs et dans la discipline.

Au colloque de Ratisbonne, en 1541, où le sage Contarini était venu comme légat du pape, on put croire la paix enfin conclue. L'empereur, qui se préparait à une grande guerre contre la France, désirait vivement arriver à un compromis; Luther lui-même, bien fatigué de ses luttes contre les anabaptistes et contre les sacramentaires, bien désabusé en voyant les princes s'emparer de sa réforme pour en tirer profit, ne semble pas y avoir été très-opposé. Les protestants envoyèrent à la conférence leurs plus pacifiques théologiens, Bucer et Mélanchthon. Mais les princes réformés furent moins dociles que les docteurs. Ils intervinrent dans la discussion; ils rédigèrent les articles « à leur façon, » dit Luther lui-même; « Notre excellent prince, ajoute-t-il, m'a donné à lire les conditions qu'il veut proposer pour avoir la paix avec l'empereur et nos adversaires. Je vois qu'ils regardent toute cette affaire comme une comédie qui se joue entre eux,

---

1. *Rote*, tribunal de onze docteurs ecclésiastiques nommés *auditeurs de la rote*, et pris dans les quatre grandes nations catholiques d'Italie, de France, d'Allemagne et d'Espagne, parce que ce tribunal est chargé de juger toutes les questions relatives aux bénéfices ecclésiastiques dans toute la catholicité. Le nom de *rote*, qui signifie roue, vient sans doute de la mosaïque circulaire qui décore la salle où ils se réunissent.

tandis que c'est une tragédie entre Dieu et Satan, où Satan triomphe et Dieu est immolé. Mais viendra la catastrophe... » (Lettre du 5 avril 1541). Les princes, en effet, qui s'étaient emparés des biens de l'Église, ne pouvaient vouloir d'une paix qui les eût condamnés à restitution, ou qui tout au moins eût arrêté leurs empiétements.

Il y eut même une sourde opposition de la part de quelques catholiques. François Ier redoutait l'influence que cette pacification donnerait à l'empereur dans l'empire. Une Allemagne unie lui semblait à craindre. D'autres, comme l'archevêque de Mayence, craignaient le prix dont la paix serait achetée. « On serait forcé, écrivait-il au pape, de faire trop de concessions. » Contarini fut désavoué par le saint-siége, comme l'avaient été les docteurs protestants par leurs princes.

L'espoir d'une réconciliation étant perdu, l'Église s'arma pour le combat.

Mesures défensives : l'Inquisition (1542), l'Index, les Jésuites.

En 1542, une nouvelle *Inquisition*, dont le tribunal supérieur siégea à Rome, fut instituée. Six inquisiteurs généraux eurent mission de rechercher et de punir, en deçà comme au delà des monts, toute atteinte à la foi. Ni rang ni dignité ne pouvaient soustraire à leur juridiction. Ils avaient droit de faire incarcérer les suspects, de frapper même de la peine capitale les coupables et de vendre leurs biens. Il leur était enjoint, en un mot, de tout faire pour étouffer et extirper les hérésies qui avaient éclaté dans la communauté chrétienne. L'Inquisition se mit aussitôt à l'œuvre, avec une telle énergie, que les routes qui conduisaient d'Italie en Suisse et en Allemagne se couvrirent de fugitifs. La crainte régna d'un bout de la Péninsule à l'autre. Même la duchesse de Ferrare, toute fille de France qu'elle était, fut inquiétée[1] « Elle mêle les larmes à son vin, » disait Marot. Les académies furent dissoutes à Modène, à Naples. Tout examen des choses

---

1. Madame Renée, seconde fille de Louis XII et d'Anne de Bretagne.

de la foi fut interdit; tout ce qui sentait la nouveauté fut surveillé, proscrit. On établit la congrégation de l'*Index* et les listes des livres prohibés se multiplièrent; aucun ouvrage ancien ou moderne ne put être imprimé qu'avec permission des inquisiteurs. Dans toute l'Italie, Venise seule subordonna l'inquisiteur à l'autorité civile. Un cardinal, des évêques furent jetés en prison, des individus de moindre condition noyés ou brûlés. Ces moyens réussirent, et l'unité catholique, l'orthodoxie furent sauvées dans la Péninsule; mais à quel prix! L'asservissement des Italiens à la maison d'Autriche avait tué la vie politique; les mesures pour extirper ou prévenir l'hérésie tuèrent la vie littéraire. On cessa de penser; l'art tomba comme les lettres [1]; et l'Italie devint pour trois siècles la

[1] De la *Jérusalem* du Tasse on tomba à la *Secchia rapita* de Tassoni; de Raphaël et de Michel-Ange au Bernin. Le grand art devint celui des Arlequins et des Pantalons. L'empereur Mathias donna la noblesse à l'arlequin Cecchini. En 1806, Masséna ne trouva pas une seule imprimerie dans les Calabres, et bien peu de gens aujourd'hui même y savent lire. Le réveil commença au dix-huitième siècle, par la musique et les sciences, deux choses dont on pensait bien n'avoir rien à craindre. Je lis dans un livre récent de M. Ph. Chasles, *Galileo Galilei, sa vie, son procès et ses contemporains*, les lignes suivantes : « S'il est triste de reconnaître qu'un aussi grand esprit que Galilée ait mal soutenu le choc de ses ennemis, il est utile de savoir d'où lui venait cette faiblesse. C'est que nulle force vive ne subsistait plus dans les âmes. L'éducation des siècles et le joug étranger les avaient faites telles, que chacun, même parmi les plus grands, privé de valeur personnelle, courbé sous l'autorité, se prosternait ou rampait. En vain les lumières abondaient alors; les conduites étaient basses. Le sentiment du devoir était aboli. Le christianisme, qui n'avait pas relevé Byzance, ne pouvait relever l'Italie. Les efforts et les exemples sublimes de Borromée et de leurs émules étaient impuissants; le catholicisme cessait d'être une doctrine vivante pour des âmes mortes. Le culte de la tradition exagérée faussait la théologie chrétienne, dont le premier dogme est la responsabilité personnelle; la fortune tuait l'esprit. Aucune discussion, aucune variété, aucune vie. Point d'espoir; nul avenir. Les diversités de caractère et d'idée, les contrastes entre les forces sociales n'ayant point de développement pour leur lutte légitime, refoulaient l'homme sur lui même : et comme il ne lui restait plus que des appétits et des passions, il abritait sous l'hypocrisie l'envie, la haine, la licence, la sensualité, la fraude, qui, systématisés, organisés, polis, n'en devenaient que plus hideux. On ne se renouvelait moralement ni par les grandes actions ni par les grandes œuvres; le développement du *moi* s'opérait dans le sens du mal. La littérature aussi se faisait de pratique, par imitation, arrangement de phrases et métaphores recherchées. La sincérité, bannie de partout, manquait aux arts comme à la vie. On substituait de vaines recettes à l'étude de la nature et à la recherche de l'idéal ; l'architecture elle-même devenait mensonge, et le genre *colossal* prêtait à des constructions mesquines un simulacre de grandeur. C'est au milieu de cette immense détresse morale que Galilée naquit. »

terre des morts. Les mœurs y gagnèrent-elles? Les Sigisbés et les bandits répondent pour la moralité privée et publique. Là où l'on ne trouve ni citoyens, ni soldats, ni artistes, ni poëtes, ni écrivains, où pourrait-on trouver des hommes?

L'Inquisition n'était qu'une mesure de défense : il fallait maintenant attaquer la réforme jusque chez elle. Assez longtemps le catholicisme avait reculé : il s'agissait de marcher en avant. Le saint-siége multiplia la pieuse milice qui combattait pour lui.

Toutes les grandes époques de l'Église sont marquées par la création de nouveaux ordres monastiques ou la réforme des ordres anciens : ainsi la réforme des couvents sous les Carlovingiens, celle de la règle de saint Benoît aux dixième et onzième siècles, la création des ordres mendiants au treizième. En 1522, on vit encore la réforme des camaldules; en 1525, celle des franciscains qui donna naissance aux capucins; vers 1530, la création des barnabites, qui avait été précédée six ans auparavant de celle des théatins par Caraffa (le pape Paul VI). Les membres de ce dernier ordre faisaient vœu de chasteté, d'obéissance et de pauvreté; mais ils ne mendiaient pas, attendaient les aumônes sans aller les chercher, ce qui avait donné lieu à de graves abus, et se mêlaient à la vie active, à la société, par la prédication et l'administration des sacrements, par des visites aux malades et aux prisonniers. Ce nouvel ordre attira bientôt l'attention sur lui par les vertus de ses membres, et ce fut dans son sein que se recruta le haut clergé de l'Italie.

Mais celui qui jeta le plus d'éclat fut l'ordre des jésuites. Cette grande société s'est étendue partout, et partout elle a eu des ennemis. Le monde s'est épuisé à en dire du bien et du mal. Son fondateur, Ignace de Loyola, gentilhomme biscaïen, d'un esprit romanesque, traversa l'ascétisme pour arriver à une des plus fortes conceptions politiques qui fut jamais. Il eut l'idée de faire, outre les vœux ordinaires, un quatrième vœu particulier d'obéissance au pape. Ainsi, contre le protestantisme qui s'appuyait sur le libre examen, et qui poussait l'esprit à la révolte, Ignace de Loyola faisait appel à la soumission absolue. La réforme, qu'elle le voulût ou non, quand elle n'était pas confisquée par les princes, établissait la liberté; les jésuites firent équilibre à cette tendance en se rejetant vers l'extrémité contraire; ils travaillèrent à restaurer l'autorité. Les autres ordres se séparaient du monde pour vivre dans le silence et la prière, dans l'ombre et la solitude du cloître; les jésuites se dispensèrent des pratiques de dévotion faites au chœur en commun, et qui, dans les couvents des autres ordres, prenaient un temps si considérable; ils ne voulurent même pas s'astreindre à porter un costume monacal; ils n'eurent que l'habit ecclésiastique ordinaire; souvent même ils le déposaient pour prendre celui de marchands dans l'Inde, et à la Chine celui de mandarins. Ils faisaient vœu de pauvreté, mais pour l'individu seulement, non pour la corporation; ce qui permettait à celle-ci d'acquérir. Politique, science, littérature, ils ne négligèrent aucun moyen d'influence, aucune source de pouvoir, rapportant tout à la religion et à l'autorité du souverain pontife. Confesseurs des princes en Europe, et apôtres de la foi en Amérique et aux Indes, ils eurent des savants, des diplomates, des martyrs; ils eurent aussi d'habiles professeurs, car un de leurs principaux buts fut de conquérir le droit d'élever la jeunesse, et ils se montrèrent souvent dignes de cette mission par leur savoir et par leurs vertus.

Nous parlons ici des premiers temps de l'ordre des jésuites, de l'âge héroïque, quand ils n'ont encore que l'ambition d'une légitime influence avec les talents et les vertus qui y conduisent. Mais lorsqu'ils en auront la possession incontestée et la jouissance, alors, l'institut s'écartera dans sa conduite des règles austères établies par son fondateur. On travaillera moins pour l'Église que pour la corporation; on ne confondra plus les intérêts du saint-siége et ceux de l'ordre. A l'austérité d'une vie pure, on substituera une mollesse de principes plus propre à gagner des partisans qu'à faire des chrétiens véritables. Après avoir justement combattu la doctrine protestante de la justification par la grâce, en faisant une large part au libre arbitre, on arrivera à présenter presque toutes les œuvres comme excusables, ce qui rendra la morale inutile; et, après avoir soutenu en politique la souveraineté du peuple jusqu'à enseigner qu'il est permis de tuer un tyran, on se jettera violemment du côté opposé. Mais nous sommes loin encore de l'époque où les confesseurs deviendront courtisans, où quelques-uns des successeurs de l'héroïque saint François-Xavier changeront les missions en entreprises de commerce.

L'organisation de la société de Jésus était admirablement combinée. D'abord son général est élu à vie, pour que la même direction préside toujours au gouvernement de la société. Au-dessous de lui sont les *profès*, qui ont fait vœu de chasteté, de pauvreté, d'obéissance absolue, et qui sont chargés des missions partout où elles seront nécessaires, au milieu des hérétiques comme au milieu des barbares; après eux viennent les *coadjuteurs spirituels*, revêtus du caractère de prêtre, mais voués spécialement à l'instruction publique. Tandis que les profès parcouraient sans cesse le monde pour prêcher, confesser et convertir, les coadjuteurs, fixés dans les localités avec les *scolastiques*, qui formaient la troisième et dernière classe, y gagnaient de l'influence et s'emparaient de l'éducation de la jeunesse. Jusqu'alors cette éducation était restée entre les mains des littérateurs, dont les habitudes profanes et païennes étaient devenues singulièrement suspectes depuis la réforme. Les jésuites se chargèrent de les remplacer, et ils réussirent par une méthode d'enseignement plus juste et une meilleure division des études. D'ailleurs l'instruction dans leurs colléges était gratuite, comme la messe dans leurs églises. Enfin, pour qu'aucun soin ne vînt distraire les coadjuteurs et les scolastiques de leurs travaux, les colléges purent avoir des revenus dont l'administration fut confiée à des *coadjuteurs laïques*.

Des lois sévères assurèrent la discipline de l'ordre et le maintien de sa hiérarchie. Les vœux ne pouvaient être prononcés qu'à trente ans, afin que l'ordre ne fût pas exposé aux repentirs dangereux, et que les chefs eussent le temps, durant un long noviciat, de connaître les qualités propres à chacun, pour décider ensuite où il servirait le mieux. Aucun membre, disent les *Constitutions*, ne peut recevoir de lettres ou en écrire sans qu'elles soient lues par un supérieur. — En entrant dans la société, le novice doit faire une confession générale, et dire ses qualités aussi bien que ses défauts. C'est le supérieur qui lui donne un confesseur et se réserve l'absolution pour les cas qu'il lui est utile de savoir. — Personne ne doit désirer un grade plus élevé que le sien, et défense est faite à tous les membres de rechercher une dignité ecclésiastique.— Si le coadjuteur laïque ne sait ni lire ni écrire, il ne peut l'apprendre qu'avec la permission des supérieurs. — On doit se laisser gouverner par ses supérieurs avec une complète abnégation et une soumission aveugle, comme le bâton qui sert suivant la volonté de celui qui le porte. L'obéissance la plus absolue prend la place de tous les autres mobiles de l'activité humaine.

L'ordre nouveau fit les plus rapides progrès. C'était en 1540 que le pape avait approuvé sa création, sous conditions; en 1543, qu'il l'avait confirmée pleinement. Lorsque Ignace mourut en 1556, la société comptait déjà 14 provinces, 100 colléges, 1000 membres. L'Espagne et l'Italie étaient conquises, l'Autriche et la Bavière occupées, la France, les Pays-Bas entamés, et de hardis missionnaires parcouraient le Levant, le Brésil, l'Inde, le Japon et l'Éthiopie. Aussi les papes reconnaissants accordèrent-ils à cette milice dévouée tous les priviléges des autres ordres, et en outre le pouvoir de conférer les grades académiques, d'exercer le ministère sacré dans toutes les églises, même pendant l'interdit, de donner l'absolution dans les cas réservés au saint-siége; enfin, d'être affranchis de toute juridiction locale.

Concile de Trente (1545-1563).

Ainsi, au sein de l'Église catholique, on réformait des abus, on s'animait d'une piété ardente, et on s'armait de discipline et d'obéissance pour le grand combat des doctrines. Afin de resserrer son unité, l'Église eut un grand concile œcuménique. Paul III le convoqua à Trente. Il était réclamé depuis longtemps par tous les partis; mais tous les partis le craignaient également, parce qu'aucun d'eux n'était assuré d'y faire prévaloir ses intérêts personnels. Quand il se réunit enfin en 1545, la rupture était définitive; les protestants ne s'y firent point représenter. Toutes les puissances catholiques envoyèrent à Trente leurs ambassadeurs et leurs prélats. Le concile fut souscrit par 4 légats, 11 cardinaux, 25 archevêques, 168 évêques, 39 procureurs d'évêques absents, et 7 généraux d'ordre [1]. Ainsi, par le nombre, aussi bien que par les talents, et la renommée de ses membres, le concile de Trente ne resta inférieur à aucun des dix-huit conciles œcuméniques qui l'avaient précédé.

Dès les premières sessions, l'influence pontificale domina. L'inquisiteur Caraffa et le jésuite Lainez dirigeaient les débats, emportaient toutes les décisions. Aussi plus de ménagements, toujours stériles; plus de concessions, désormais dangereuses. Le dogme catholique fut affirmé avec une inexorable franchise et la théologie dégagée des nuages amassés sur elle par la dialectique. On déclara que l'interprétation des livres saints n'appartenait qu'à l'Église. Toutes les doctrines protestantes sur la grâce et sur la justification furent condamnées, l'indispensabilité des sept sacrements maintenue, et, pour fonder énergiquement l'unité en rendant les dissidences impossibles, on décida qu'il serait fait, pour l'enseignement, un cathéchisme, que saint Charles Borromée se chargea de rédiger (le *Catéchisme romain*); pour le culte, un bréviaire et un missel (*Bréviaire romain*), que Pie V publia; pour les études théologiques, une édition nouvelle de la *Vulgate*, que Sixte-Quint et Clément VIII donnèrent.

Fermes et unis en tout ce qui ne regardait que la foi, les Pères du concile se divisèrent sur certaines questions de discipline ecclésiastique. Ainsi, les prélats qui n'étaient pas italiens et comme tels particulièrement attachés au pape, s'obstinaient à vouloir qu'on décidât que leur institution était divine. Mais, en recevant leurs bulles du pape, comment pouvaient-ils être établis purement de droit divin? Si le concile constatait ce droit, le pape n'était plus qu'un évê-

---

1. Ces nombres varièrent, bien entendu. Ce qui ne changea pas, ce fut la majorité de prélats italiens qu'on eut soin de maintenir toujours : dans les derniers temps on en compta 187 contre 83 étrangers. Les légats avaient fait décider qu'on voterait par tête et non par nation, ce qui mettait le concile à la discrétion des Italiens et par conséquent de Rome.

que comme eux. Sa chaire était la première dans l'Église latine, mais non le principe des autres chaires : elle perdait son autorité; et cette question, qui d'abord semblait purement théologique, tenait en effet à la politique la plus délicate. Transféré de Trente à Bologne en 1546 par Paul III, rétabli à Trente par Jules III en 1551, le concile fut obligé de se disperser en 1552, à l'approche des luthériens, commandés par Maurice de Saxe, et resta dix ans interrompu.

Cette longue interruption doit être attribuée surtout aux embarras politiques où se trouva jeté le saint-siége après l'assassinat de Pierre-Louis Farnèse, en 1547, par un agent du gouverneur espagnol de Milan. Paul III voulut un instant rompre avec l'empereur et se jeter dans les bras de la France; sa mort, en 1549, et l'avénement du pacifique Jules III prévinrent cette rupture. Elle éclata sous Caraffa, devenu pape sous le nom de Paul IV, en 1555. Cet énergique pontife eût voulu rendre la liberté à l'Italie : « Quel que puisse être le sentiment des autres, je veux servir mon pays. Si ma voix n'est pas entendue, j'aurai du moins la consolation de l'avoir élevée pour défendre une cause aussi grande, et je penserai qu'un jour on pourra dire qu'un Italien, un vieillard, penché sur le bord de la tombe et que l'on n'eût pensé n'avoir plus qu'à se reposer et à pleurer sur ses fautes, avait l'âme remplie de ce glorieux dessein. » Il entendait toutefois ne se relâcher en rien de sa sévérité contre les hérétiques, de son zèle ardent pour la réforme catholique; mais la lutte dans laquelle il osa s'engager contre l'Espagne (v. p. 123) divisa trop profondément les puissances catholiques pour qu'on pût rappeler le concile.

Lorsque l'épée du duc d'Albe eut anéanti les derniers restes de l'indépendance italienne, le saint-siége regagna largement au spirituel ce qu'il venait de perdre au temporel. Dans les dernières sessions du concile de Trente, qu'il rouvrit en 1562, le pape Pie IV, par les concessions politiques qu'il avait faites à Philippe II, conjura les réformes religieuses qu'on paraissait disposé à lui arracher. En cessant d'invoquer ses droits sur les couronnes, il obtint qu'on ne parlât plus de réformer l'Église dans son chef. Le concile, au lieu de s'élever au-dessus de lui, à l'exemple des Pères de Constance et de

Bâle, s'abaissa devant son autorité. Le pouvoir spirituel du saint-siége fut affermi sur toute la catholicité. Le pape resta seul juge des changements à opérer dans la discipline, infaillible dans les choses de la foi ; interprète suprême des canons, chef incontesté des évêques ; et Rome put se consoler de la perte définitive d'une partie de l'Europe, en voyant sa puissance doublée dans les nations catholiques du Midi, qui se serrèrent religieusement autour d'elle.

La réforme ecclésiastique s'acheva sous le pape Pie V (1566-1572). L'inflexible vieillard fit admettre dans la plupart des États italiens l'inquisition romaine, et surveilla sévèrement la foi et les mœurs. Les évêques furent astreints à la résidence, les moines à la reclusion, les laïques à l'observation des cérémonies du culte. Celui qui violait le repos du dimanche avait, la troisième fois, la langue percée et était envoyé aux galères ; le médecin ne pouvait visiter trois fois un malade qui ne s'était point confessé. Le *Collége germanique*, fondé par les jésuites, devint une pépinière de prêtres pour l'Italie et l'Allemagne. Enfin, pour compléter ce retour vers les temps de la grande activité pontificale, Pie V se fit l'âme de la croisade qui se termina par la glorieuse victoire de Lépante.

Grégoire XIII suivit dans le gouvernement spirituel l'impulsion vigoureuse qui avait été donnée par Pie V. Il mérita bien de toutes les nations par sa réforme du calendrier Julien[1] (1582). Mais sa charité ne sut pas connaître de bornes et tomba dans la profusion. Comme souverain temporel, il manqua d'ordre et d'énergie ; il laissa le brigandage s'organiser sur une grande échelle dans les États romains.

Heureusement il eut pour successeur Sixte-Quint (1585-1590). Cet ancien gardeur de pourceaux, nourri par charité

---

[1]. L'année solaire est de 365 jours 5 heures 48′ 51″ 6‴. Les astronomes de Jules César lui avaient donné près de 11′ 9″ de trop, parce qu'ils la faisaient de 365 jours et 6 heures. Ils ne comptaient même l'année civile que pour 365 jours ; mais ils lui ajoutaient tous les quatre ans un jour complémentaire, afin de compenser les 6 heures retranchées chaque année. Le *calendrier Julien* fut suivi jusqu'à l'année 1582. A cette époque, les 11′ 9′ accordées en trop à l'année civile, avaient formé dix jours dont l'année civile était plus longue que l'année solaire. Pour rétablir le rapport exact, Grégoire XIII retrancha ces dix jours et décida que le 5 octobre de l'année 1582 serait pris pour le 15. En outre, il établit qu'à l'avenir on retrancherait trois

dans un couvent, était âgé de 64 ans lorsqu'il fut élevé à la papauté. Cet honneur sembla l'avoir rajeuni ; de là le conte qu'au moment de son exaltation il jeta loin de lui ses béquilles. D'abord il s'attaqua aux brigands, mit à prix la tête de leurs chefs et rendit leurs parents responsables. « Tant que je vivrai, dit-il le jour même de son couronnement, tout criminel subira la peine capitale ; » et il tint parole. Les gouverneurs et les juges qui marquaient des dispositions à une clémence hors de saison furent remplacés par d'autres plus sévères ; les cardinaux chargés de faire exécuter ses édits dans les provinces suivirent ponctuellement ses intentions rigoureuses, et à Bologne il en coûta la vie à un noble, le comte Pepoli, pour avoir donné retraite à des bandits. A la nouvelle de quelque assassinat, le bon Grégoire XIII se contentait de lever les mains au ciel en gémissant ; Sixte-Quint disait : « On pourra m'appeler féroce et sanguinaire ; mais j'ai vu dans l'Écriture que le meilleur sacrifice que l'on puisse faire à Dieu, est de punir le crime et de foudroyer les scélérats et les perturbateurs du repos public. » — « Cependant, dit Duclos, je maintiens qu'il y a eu moins d'exécutions sous son règne qu'il n'y avait auparavant de meurtres dans un mois. » C'est par cette sévérité que disparut une race d'assassins et de voleurs, si fortement établis qu'on traitait avec eux pour faire assassiner, mutiler un ennemi, saccager une propriété, et qu'après avoir commis toute sorte d'horreurs, on trouvait dans les palais des cardinaux et des princes un asile assuré contre les poursuites des gens de justice. Au bout de deux ans les ambassadeurs le félicitèrent solennellement sur la sécurité des routes du domaine pontifical.

Les finances étaient dans le plus grand désordre. Le règne pré-

---

bissextiles dans l'aspace de 400 ans, et que cette suppression tomberait sur les années séculaires dont le chiffre ne serait pas divisible par 400. Ainsi, l'an 1600 fut bissextile ; 1700 et 1800 ne le furent pas ; 1900 ne le sera point, mais l'année 2000 aura 366 jours. La réforme grégorienne fut adoptée aussitôt dans tous les pays catholiques, plus tard chez les protestants : en Angleterre, seulement en 1752 ; de là, la distinction entre *l'ancien* et le *nouveau style*, qui diffèrent de 10 à 11 jours. Les Russes et les chrétiens du rite grec gardent encore le calendrier Julien, et la différence entre eux et nous est aujourd'hui de 12 jours. Quand nous comptons le 1er janvier, ils marquent le 20 décembre.

cédent, au dire de Sixte-Quint, avait dévoré les revenus de trois pontificats. Il eut recours, pour les rétablir, à une économie aussi intraitable que sa justice, et à l'établissement de nouvelles taxes de consommation. Il put ainsi former une réserve de 4 millions et demi de scudi, et fournir aux dépenses de travaux utiles. Il agrandit Rome et l'orna. C'est lui qui a fait venir de 22 milles, sur le Capitolin et le Quirinal, l'*aqua felice* qui entretient 27 fontaines. La population s'éleva à plus de 100 000 âmes, chiffre qu'elle n'avait pas atteint depuis des siècles.

Il fit ériger par l'architecte Fontana l'obélisque de Caligula, entreprise dans laquelle Jules III et Paul III avaient échoué. Il bâtit la bibliothèque du Vatican, et y annexa une imprimerie destinée à faire des éditions correctes et exactes, en toute sorte de langues, de l'Écriture, des Pères de l'Église et des ouvrages de liturgie, corrompus et altérés par le temps, la négligence des hommes ou la mauvaise foi des éditeurs.

Comme chef spirituel de la chrétienté, il suivit les traditions austères de ses prédécesseurs, publia une infinité de bulles pour réformer la discipline des ordres religieux, fixa le nombre des cardinaux à 70 et les divisa en trois ordres, 6 évêques, 50 prêtres et 14 diacres, ayant chacun pour titre le nom d'une église de Rome : on ne s'est point écarté, depuis, de cet arrangement.

Ainsi, réforme dans l'administration temporelle des États pontificaux et réforme dans le sein de l'Église, voilà le résultat des efforts faits par la papauté et par le catholicisme dans la seconde moitié du seizième siècle. La première de ces deux réformes fut abandonnée, et cet abandon a produit la ruine du temporel du saint-siège; mais la seconde fit la grandeur du clergé catholique dans le siècle suivant.

La discipline, en effet, étant raffermie, les mœurs purifiées, le scandale des immenses richesses et de la vie mondaine des évêques restreint, l'esprit religieux se ranima. L'ascétisme et l'exaltation reparurent. On revit des miracles, des saints, des martyrs, ceux que la *Propagande* envoya dans les dangereuses missions des Deux-Mondes. La réforme des ordres religieux continua; des ordres nouveaux se fondèrent, d'où l'on exclut le plus habituellement la dévotion tout extérieure des anciens moines, en remplaçant les longues psalmodies et les macérations brutales par le travail de l'esprit, les élans du cœur, surtout, par la charité. Ces trois tendances seront admirablement représentées : l'une, par les bénédictins de Saint-Maure, les prêtres de l'Oratoire et les solitaires de Port-Royal; l'autre, par sainte Thérèse et saint François de Salles; la troisième, par saint Jean de Dieu et notre saint Vincent de Paul.

Mais à Trente et à Rome on avait espéré autre chose encore de cette restauration du catholicisme. L'image de Grégoire VII avait passé devant les yeux de ses successeurs, et l'Église régénérée avait repris nécessairement l'ambition de ses grands pontifes. Par malheur pour elle, cette constitution de la monarchie pontificale avait lieu au moment où les autres monarchies européennes arrivées, elles aussi, au pouvoir absolu, ne pouvaient s'abaisser sous quelque autorité que ce fût, ni admettre qu'un prince étranger eût action directe dans leurs États. Si donc les décisions du concile de Trente en matière de foi furent acceptées par les puissances catholiques, il n'en fut pas de même de ses décisions en matière de discipline. La Pologne et le Portugal, seuls aux deux extrémités de l'Europe catholique, n'élevèrent aucune objection contre elles. Mais nos parlements les repoussèrent comme contraires aux libertés de l'Église gallicane, de sorte que le concile de Trente n'a jamais été formellement reçu en France. L'Empire, la Hongrie suivirent cet exemple, et les Allemands gardèrent, comme les Français, la doctrine de Constance et de Bâle, la supériorité des conciles sur le pape, que Bossuet et toute notre Église proclamèrent en 1682. Philippe II lui-même n'admit les actes de Trente qu'avec certaines restrictions ; le gouvernement de Venise empêcha les communications directes de son clergé avec le saint-siège et peu à peu les souverains catholiques s'attribuèrent une partie des prérogatives que les princes protestants avaient prises de vive force. C'est contre ces droits de l'autorité civile que l'Église lutte depuis 50 ans avec une énergie croissante. L'ultramontanisme a repris au dix-neuvième siècle l'œuvre du seizième : c'est bien tard; car, s'il y a plus d'ensemble, il se trouve moins de force, et l'esprit du monde est dans d'autres voies.

CHAPITRE XV.

LES GUERRES DE RELIGION (1559-1598).

Les chefs catholiques et les chefs protestants. — Lutte des deux religions aux Pays-Bas : formation de la république des Provinces-Unies (1566-1609). — Lutte des deux religions en Angleterre : Elisabeth et Marie-Stuart; la grande Armada (1559-1588). — Les guerres religieuses en France (1562-1598).

Les chefs catholiques et les chefs protestants.

L'Église restaurée pouvait maintenant combattre par la parole, il lui fallait un bras pour combattre aussi par l'épée. A peu de distance de Madrid, dans une solitude affreuse, sur le versant du Guadarrama, que balayent des vents d'une violence extrême, s'élève un immense monument de granit : ce sont dix-sept corps de bâtiments se coupant à angle droit, et renfermant vingt-deux cours; aux quatre coins s'élèvent quatre grandes tours : le tout simule un gril renversé, en mémoire de l'instrument de torture qui servit à supplicier saint Laurent[1]. La porte de la grande entrée de ce sombre édifice, où la cour vint pourtant passer chaque année l'arrière-saison, ne s'ouvre que deux fois pour les princes, à leur naissance et à leur mort. C'est à la fois un monastère et un palais, le Versailles et le Saint-Denis de l'Espagne : on l'appelle l'Escurial. Là, dans cette triste demeure, vécut un homme qui régna 42 ans sur le plus vaste empire du monde, et que les écrivains protestants ont nommé le démon du Midi.

---

1. C'est le jour de la fête de ce saint, le 10 août, que Philippe II avait gagné la bataille de Saint-Quentin, et ce fut en commémoration de cette victoire qu'il fit construire l'Escurial, à 35 kilomètres nord-ouest de Madrid.

LES GUERRES DE RELIGION.

En Espagne, il portait quatre couronnes : celles de Castille, de Navarre et d'Aragon, plus tard celle de Portugal. Il était maître de la Sicile et de la Sardaigne, de Naples et de Milan, en Italie; du Roussillon, de la Franche-Comté, du Charolais, de l'Artois et de la Flandre, en France; des Pays-Bas aux bouches de l'Escaut, de la Meuse et du Rhin; de Tunis et d'Oran, sur la côte septentrionale de l'Afrique; du cap Vert, des Canaries, des îles Fernando-Po, Annobon et Sainte-Hélène, c'est-à-dire de l'Atlantique; du Mexique, du Pérou, du Chili, c'est-à-dire de l'Amérique; de Cuba, Saint-Domingue, la Martinique, la Guadeloupe, la Jamaïque, c'est-à-dire du golfe du Mexique. Enfin il avait dans l'Océanie, les Philippines, et il héritera des colonies portugaises sur les côtes de l'Afrique, de l'Inde et de l'Océanie. Le soleil ne se couchait pas sur ses États, et on disait alors : « Quand l'Espagne remue, le monde tremble. »

Pour défendre tant de royaumes, il avait les moissons d'or du nouveau monde, dont Charles-Quint n'avait eu que les prémices, les troupes les mieux disciplinées, les généraux les plus habiles de l'Europe : Philibert Emmanuel, le vainqueur de Saint-Quentin; le duc d'Albe, le vainqueur de Mühlberg; son frère naturel don Juan d'Autriche, qui remportera la grande victoire de Lépante; le duc de Parme, le plus habile tacticien de ce siècle. Dans ses ports de guerre on comptait 100 vaisseaux de ligne; dans ses ports de commerce 1000 navires au long cours; dans tous ses États enfin il avait le pouvoir absolu, et en Espagne le dévouement de tout un peuple. « Les Espagnols ne sont pas à l'aimer, disait Contarini; ils l'adorent, et ils craindraient d'offenser Dieu lui-même en transgressant ses ordres vénérés. » A toutes ces forces il faut joindre celle que Philippe II tirait de lui-même.

On l'a vu (p. 123) après l'abdication de son père, Charles-Quint, poursuivre contre la France une première guerre que le traité de Cateau-Cambrésis termina (1559). Il était alors rentré en Espagne pour n'en plus sortir. Désormais, ce fut du fond de son cabinet qu'il gouverna, par l'éloquence de ses diplomates qu'il négocia, par l'épée de ses généraux qu'il combattit. Mais Philippe avait au plus haut point la passion du pouvoir, une grande assiduité au travail, les yeux toujours ouverts sur le monde, depuis le Mexique jusqu'au fond de la Sicile pour surveiller ses ministres et son empire; enfin il savait conserver une âme impassible, un front sévère et froid au milieu des chagrins de la politique et du trouble des passions. Quand on lui apprit que sa flotte invincible était anéantie, il se contenta de dire : « Je ne l'avais pas envoyée pour combattre les éléments. »

Mais qu'allait faire cet homme qui commandait déjà à tant de nations? Charles-Quint avait rêvé la prépondérance, sinon la domination universelle, et était mort à la peine; le fils reprit l'idée du père avec une exaltation politique et religieuse que le vainqueur de Pavie n'avait point connue. Aux yeux de Philippe II, les protestants n'étaient pas seulement les ennemis de l'autel, mais du trône. Aussi se fit-il le champion armé du catholicisme, autant par politique que par conviction; car il comprenait bien que l'Église, avec son unité et sa forte discipline, était le plus ferme appui des couronnes absolues, et il détruisit les réformés non-seulement dans ses États où il étouffa jusqu'aux moindres germes d'hérésie, mais par toute la terre. Comme il haïssait le protestantisme autant qu'il le craignait, il ne recula devant aucun moyen pour écraser ce principe ennemi. Ce fut la pensée de toute sa vie. Il y consacra de rares talents, il y dépensa toutes ses forces militaires, tout son or qu'il jeta à pleines mains pour soudoyer en Hollande l'assassinat, en Angleterre les conspirations, en France la guerre civile. Nous verrons avec quel succès et aussi avec quels résultats.

Lorsque les deux rois de France et d'Espagne avaient signé si rapidement la paix de Cateau-Cambrésis, c'était pour porter dans le gouvernement l'esprit nouveau qui animait l'Église et livrer à l'hérésie un combat sans pitié. L'un se chargea de l'étouffer en France, l'autre de l'empêcher de naître en Italie et en Espagne, puis de l'écraser aux Pays-Bas et en Angleterre. Henri II mort, ses fils, les derniers Valois, continuèrent son dessein et n'eurent d'abord besoin que des conseils de l'Espagne.

Le premier, François II, régna moins d'un an et demi (1559-1560); le second, Charles IX, en avait vingt-quatre quand il mourut (1574); le troisième, qui seul arriva à l'âge d'homme, resta toujours, par certains côtés de son caractère, dans une sorte de minorité ou de tutelle d'où il ne sortait que par des emportements furieux. Cette lignée des Valois était donc incapable de conduire en France la grande bataille des croyances; mais à côté d'elle se trouvaient d'autres esprits énergiquement trempés, par malheur, bien plus pour le mal que pour le bien.

Et d'abord leur mère, l'Italienne Catherine de Médicis, esprit sans conviction, caractère sans scrupules, qui voulait avoir sous ses fils le pouvoir qu'elle n'avait pas eu sous son époux, et qui n'essaya jamais de gouverner qu'en prenant les hommes par leurs vices et leurs passions mauvaises. Ce pouvoir, deux familles le lui disputaient : l'une étrangère, celle des Guises; l'autre très-nationale, celle des Bourbons que leur naissance rapprochait du trône, mais que le souvenir de la grande trahison du connétable en éloignait.

Cadets de la maison ducale de Lorraine, les Guises étaient venus fort pauvres en France et s'y étaient rapidement élevés par leurs services. Ils avaient eu de bonne heure d'étroites relations avec Rome et une grande ambition. Ils se disaient héritiers de la maison d'Anjou et avaient revendiqué la couronne de Naples, ce qui avait resserré leurs liens avec le saint-siége. Leur nièce, Marie Stuart, était reine d'Écosse : ils la firent reine de France en lui donnant François II pour époux. A la cour ils prétendaient au titre et aux honneurs de princes étrangers; ils mécontentaient la noblesse en prenant le pas sur elle, et le premier prince du sang, le chef de la maison de Bourbon, en se faisant donner par le roi devenu leur neveu toute l'administration du pays. Hommes d'ambition bien plus que de foi, ils organisèrent les catholiques en parti, quand ils virent les protestants former une faction autour des Bourbons leurs rivaux; de sorte que les guerres de religion furent chez nous, du moins pour la plupart des chefs, une lutte de politique tout autant que de croyance, et, à de certains égards, le dernier grand combat de la féodalité contre l'autorité royale triomphante. Pour la soutenir, les Guises, naturellement, se rapprochèrent plus encore de Rome, et, après avoir pris longtemps les conseils de Philippe II, prirent son or, ses soldats et furent sur le point de mettre la France à ses pieds.

En face de ces défenseurs de la catholicité, les chefs du protestantisme étaient : Condé, de la maison de Bourbon, le Taciturne ou prince d'Orange, et Élisabeth d'Angleterre, qui n'arrivèrent probablement à la conviction religieuse que par l'intérêt politique ; enfin un homme qui au point de vue moral leur est supérieur à tous, Coligny : quant au Béarnais, il n'était encore qu'un enfant.

Voilà les acteurs, voyons le drame qui se déroule sur trois scènes principales, en France, en Angleterre et aux Pays-Bas. Le spectacle semble manquer d'unité par cette diversité des théâtres, qui ont chacun leur action indépendante, et aussi par la diversité des intérêts engagés. Les sept provinces des Pays-Bas veulent faire respecter leurs vieilles libertés, et l'Angleterre son indépendance. En France le débat va même plus loin, et, au fond de la lutte, finit par se trouver une question de gouvernement et d'ordre social : c'est le moyen âge qui veut renaître avec ses priviléges de villes, de châteaux et de provinces. Mais chaque siècle imprime aux choses sa physionomie particulière, parce qu'il y a des épidémies morales comme des épidémies physiques, et tout aussi contagieuses. Dans la seconde moitié du seizième siècle toute question prend la forme religieuse, et, à regarder l'Europe du haut du Vatican ou de l'Escurial, on verra un même but poursuivi : le triomphe de l'Église telle que le concile de Trente venait de la constituer, et la domination ou la prépondérance de Philippe II, son chef militaire.

Il serait intéressant de suivre ce grand drame dans son ensemble :

A la déclaration de guerre faite par les rois de France et d'Espagne à l'hérésie [2], dès l'année 1559, répondent les actes du parlement qui établissent Élisabeth chef suprême de l'É-

---

1. En France : arrestation d'Anne Dubourg, et édit d'Écouen qui menace de mort les protestants ; en Espagne auto-da-fé même en présence du roi, persécutions contre l'archevêque de Tolède ; aux Pays-Bas : édits sanglants et

glise anglicane (1559), la conspiration d'Amboise (1560), la sécularisation de tous les évêchés du Brandebourg et la suppression de l'ordre religieux et militaire de Livonie.

La mort de François II (1560) suspend la crise en France; mais elle éclate par le massacre de Vassy (1562). Élisabeth secourt les réformés de France; la mort du duc de Guise devant Orléans arrête la guerre, que Philippe II et Catherine de Médicis continuent sourdement.

En 1564, le pape confirme par une bulle les décrets du concile de Trente, et l'an d'après, les conférences de Bayonne signalent la bonne entente des deux gouvernements de France et d'Espagne pour l'extirpation de l'hérésie.

La persécution redoublant, le feu éclate aux Pays-Bas et gagne la France : 1566, compromis de Bréda; 1567 et 1568, seconde et troisième guerre de religion.

En 1568, Philippe II pousse son fils au suicide, sa femme à la mort et les Mauresques à la révolte. Il établit l'inquisition dans les colonies espagnoles, et fait décapiter, aux Pays-Bas, d'Egmont et de Horn. Mais en Écosse les fautes et la chute de Marie Stuart assurent la victoire aux réformés.

Comme les forces de l'Espagne sont employées dans l'Andalousie contre les Maures, sur la Méditerranée contre les Turcs, aux Pays-Bas contre les gueux, il ne reste pour la France et l'Angleterre que la ressource des conspirations. La victoire de Lépante (1571) les encourage, et Norfolk essaye de renverser Élisabeth au profit de Marie Stuart; Catherine de Médicis cherche à en finir avec le parti calviniste par le massacre de la Saint-Barthélemy. Le catholicisme triomphe !

Mais le protestantisme mutilé et sanglant se relève plus fort; les Belges s'unissent aux Bataves (1576) et Élisabeth les prend sous sa protection (1578). Les Turcs eux-mêmes ont chassé les Espagnols de Tunis (1574). L'acquisition du Portugal n'est point pour Philippe II un accroissement de force, parce qu'il use mal de cet avantage (1580), et l'assassinat du Taciturne irrite les Hollandais et toutes les populations protestantes, au lieu de

création de nouveaux évêchés; en Écosse : édit sévère de Marie de Guise contre les réformés; en Italie : nombreuses victimes à Naples, à Rome et en Lombardie.

les abattre. Les Anglais ravagent impunément les colonies espagnoles, les Hollandais celles du Portugal. En 1585, le duc d'Anjou meurt, le roi de Navarre devient l'héritier de la couronne de France, et l'année suivante Élisabeth fait commencer le procès de Marie Stuart, dont la tête tombe quelques mois après sur l'échafaud. Partout le protestantisme redevient menaçant; il faut un effort suprême : les Guises traitent avec Philippe II (1586), la Ligue s'apprête à lui ouvrir la France, tous les États du roi catholique s'épuisent à lui donner la flotte et l'armée qui ramèneront les Pays-Bas et l'Angleterre, ensuite la France sous la foi catholique et sous la loi de l'Espagne.

Mais l'invincible Armada est détruite (1588), les Guises sont assassinés (1589), la Ligue vaincue (1593). Élisabeth et Henri IV triomphent. L'édit de Nantes et la paix de Vervins sont signés à trois semaines de distance, et Philippe II meurt quatre mois après (1598). L'indépendance de l'Europe est sauvée, la tolérance a gagné sa première victoire, et la liberté de l'esprit commence. Un État nouveau, les Provinces-Unies, vient s'asseoir parmi les nations; un État ancien, l'Angleterre, a la révélation de sa puissance future, et la France est placée par un grand prince à la tête de l'Europe. Mais si puissant avait été l'effort contraire, que l'Espagne en resta comme brisée pour plus de deux siècles.

Voilà le dessin général de ce grand tableau; pour le peindre, il faudrait une place dont je ne dispose point ici, et je suis réduit à présenter successivement ces trois histoires qu'il eût mieux valu montrer d'ensemble

Lutte des deux religions aux Pays-Bas : formation de la république des Provinces-Unies (1566-1609).

Les Pays-Bas étaient, au seizième siècle, le plus riche pays de l'Europe; dans la seule année 1566 ils avaient reçu de Lisbonne, d'Italie et d'Angleterre pour 80 millions de denrées. Bruges seule avait acheté, cette année, pour près de 10 millions de laine d'Espagne. Anvers faisait, disait-on, plus d'affaires en un mois que Venise en deux ans. Elle avait, en

1566, mille maisons de commerce. Chaque jour 300 vaisseaux entraient dans son port, et chaque semaine 2000 chariots lui arrivaient d'Allemagne, de France ou de Lorraine. Lille, Courtrai, Valenciennes, Douai, Bruxelles étaient presque aussi riches et actives. La Flandre, dit un écrivain espagnol, semblait alors ne faire qu'une seule ville, tant les cités populeuses s'y pressaient! *Flandriam continuam urbem.* Il n'y a pas à s'étonner si l'impôt des Pays-Bas rapportait plus que celui de la Castille, si Philippe II put tirer de ce pays, en 1558, jusqu'à 35 millions.

Charles-Quint, son père, avait cruellement persécuté les réformés des Pays-Bas : on parle de 50 000 victimes ; mais, Flamand de cœur comme de naissance, son administration, ce qui touche à l'hérésie mis à part, avait été en général bienveillante et habile. Il avait favorisé le commerce des Flamands en lui ouvrant des débouchés ; il les aimait comme ses compatriotes, s'entourait d'eux et leur confiait les principales charges de son empire. Tout changea sous Philippe II. La noblesse flamande perdit son crédit à la cour, au profit de la grandesse espagnole. Des hommes habitués à l'éclat des grandes affaires, au mouvement de la guerre et de la politique, se virent condamnés à l'inaction.

Le peuple n'était pas mieux traité. Il avait prêté l'oreille aux prédications des réformés qui retentissaient autour de lui. Philippe II, pour arrêter les progrès de l'hérésie, érigea quatorze nouveaux évêchés dans les Pays-Bas, qu'il dota aux dépens des abbayes du pays; il introduisit les décrets du concile de Trente, et, pour assurer l'exécution de ces mesures, il mit des troupes espagnoles en garnison dans les principales villes, et des étrangers dans les principales fonctions. C'était comme une invasion des Pays-Bas par les Espagnols. Ce petit pays, qui ne demandait qu'à être libre de fabriquer et de vendre, se voyait enchaîné à une monarchie qui épuisait ses ressources à des plans impossibles, qui demandait chaque jour davantage, et chaque jour donnait moins de repos et de sécurité.

Atteints dans leur amour-propre national et dans leurs intérêts, menacés dans leur liberté religieuse comme dans leurs libertés politiques, les Néerlandais, nobles ou bourgeois, grands ou petits, catholiques ou réformés, se plaignirent. L'opposition était vive surtout contre le cardinal Granvelle, qui s'était chargé d'établir aux Pays-Bas le pouvoir absolu et l'unité religieuse. La gouvernante Marguerite de Parme essaya de conjurer par des concessions le mécontentement public. Les troupes espagnoles furent rappelées, Granvelle fut destitué, mais les édits qu'il avait promulgués restèrent; et la noblesse donnant, en 1566, l'exemple de la résistance, signa le compromis de Bréda, par lequel la plupart des gentilshommes flamands se promirent une mutuelle assistance. Ils demandèrent ensuite à la gouvernante le redressement de leurs griefs.

Marguerite répondit qu'elle appuierait leurs réclamations auprès du roi. Philippe II lui-même avait paru disposé à se départir de sa sévérité : il en avait du moins donné l'assurance au comte d'Egmont. Une transaction était encore possible. Mais le peuple, moins patient que la noblesse, courut aux armes, brisa partout les images des saints, renversa les autels, brûla les chaires, montrant, dans ses représailles, autant de violence que ses ennemis avaient montré de cruauté dans leurs persécutions. Les nobles, effrayés, se rallièrent autour de la gouvernante, et l'insurrection, isolée par ses excès mêmes, fut vaincue partout.

Il appartenait à la clémence de rendre cette victoire féconde. Mais Philippe II ne vit dans ces troubles que la justification de ses mesures antérieures. Il écrivait au pape « qu'il perdrait les provinces, ou qu'il y maintiendrait la religion catholique; » il envoya dans les Pays-Bas sa meilleure armée et son meilleur général, le duc d'Albe (1567). Nul n'était plus capable de comprendre et d'exécuter les intentions de Philippe II. D'autant plus cruel qu'il l'était par système, et non par passion, ce qui tranquillisait sa conscience, il regardait la force comme le seul moyen de gouvernement. Un tribunal exceptionnel, composé d'étrangers et qui reçut le nom trop bien mérité de *tribunal de sang*, entra aussitôt en fonctions. 18 000 personnes furent exécutées, parmi lesquelles les comtes de Horn et d'Egmont, 30 000 dépouillées de leurs biens; 100 000 sortirent du pays. Le duc d'Albe se fit représenter sur la place publique d'Anvers, foulant aux pieds les Flamands abattus. Pour les mieux tenir dans la dépendance, il se proposa de les ruiner en les soumettant à l'impôt désastreux de l'Alcavala, ou au dixième du prix des marchandises vendues. Cet impôt fut levé de telle sorte, qu'il emporta les sept dixièmes de la valeur de certaines marchandises, du drap par exemple. C'était la destruction de la fabrique flamande. Les bourgeois de Bruxelles se soulevèrent. Dix-sept d'entre eux allaient être pendus, quand arriva la nouvelle de la prise de Briel par les *gueux*.

Lorsque les 200 députés étaient venus demander à Marguerite de Parme le redressement de leurs griefs, un seigneur, pour rassurer la gouvernante qui se montrait fort effrayée, lui avait dit : « Ce ne sont que des gueux. » Les rebelles se firent honneur de ce nom de mépris, et le prirent pour désigner leur parti. Les rigueurs barbares du duc d'Albe leur donnèrent de nombreuses recrues. Après avoir longtemps fait la guerre de pirates qui ne finissait rien, ils entreprirent la guerre sur terre, qui pouvait commencer quelque chose; ils s'emparèrent de Briel, et aussitôt la Hollande et la Zélande prirent les armes (1572).

Ce fut le signal d'une lutte de trente-sept ans, à la suite de laquelle les provinces du nord se constituèrent en république. Au début de la guerre, les insurgés ne demandaient que la liberté religieuse, et nul doute qu'ayant à lutter contre un ennemi aussi redoutable que le roi d'Espagne, les Bataves n'eussent succombé, malgré leur héroïque courage, s'ils fussent restés sans appui; mais ils furent soutenus par les protestants d'Allemagne, d'Angleterre et de France, servis par la nature de leur pays entrecoupé de canaux, et par l'ambition même de Philippe II, qui poursuivait trop de grandes affaires à la fois pour en pouvoir mener une seule à bonne fin.

Surtout ils eurent la bonne fortune de trouver pour chef Guillaume de Nassau, prince d'Orange. Grand dans les revers, comme Coligny, dont il épousa la fille, nul ne sut mieux profiter des moindres succès. Il concentra dans sa main toutes les opérations de la guerre ou de la politique, et fit un État puissant de quelques petites villes révoltées. On sait le mot de Granvelle, lorsqu'on lui annonça que le duc d'Albe avait détruit l'armée du prince d'Orange. « Le *Taciturne* est-il pris? — Non. — Eh bien, le duc n'a rien fait. »

La violence ayant échoué, Philippe remplaça d'Albe par don Luis de Requesens (1573). Ce nouveau gouverneur ne put prendre Leyde, ce qui délivra la Hollande, ni sauver Middelbourg, ce qui lui fit perdre la Zélande. Après sa mort, l'armée laissée depuis trois ans sans solde et sans vivres, se paya de ses propres mains, en mettant à sac les principales villes, entre autres Maëstricht et Anvers. Il en résulta que les catholiques s'unirent aux protestants, les provinces wallonnes aux provinces bataves, et que la confédération de Gand fut conclue (1576).

Philippe II envoya alors aux Pays-Bas le vainqueur de Lépante. Don Juan d'Autriche s'efforça de faire croire à sa modération et à son désir de la paix. Il échoua contre les défiances des protestants. Il réussit au moins à jeter des germes de discorde entre les Bataves et les Wallons. Ceux-ci, par défiance contre le calviniste Guillaume d'Orange, appelèrent en 1577, pour diriger la guerre contre l'Espagne, le catholique Mathias, archiduc d'Autriche (1577), puis le duc d'Anjou, frère du roi de France Henri III (1578). Don Juan mourut à 31 ans; son successeur, le duc de Parme Alexandre Farnèse, profita de ces divisions : mêlant habilement la diplomatie à la guerre, il parvint à rompre l'union de Gand, et les dix provinces wallonnes étant manufacturières et catholiques, les sept provinces bataves étant commerçantes et calvinistes, l'opposition des intérêts et des croyances amena l'opposition des vues politiques. Les Wallons reconnurent pour roi Philippe II, par le traité de Maëstricht (1579).

Mais déjà les sept provinces du nord (Hollande, Zélande, Gueldre, Utrecht, Frise, Over-Yssel et Groningue), avaient resserré leur union à Utrecht, et s'étaient constituées en république fédérative, chacune gardant son administration distincte, mais toutes soumises à l'assemblée des États généraux et ayant un stathouder ou gouverneur général qui fut Guillaume d'Orange (23 janvier 1579). Deux ans plus tard, les États généraux de la Haye capitale fédérale des Provinces-

Unies, se séparèrent solennellement de la couronne d'Espagne, rompirent le sceau de Philippe II, et le déclarèrent déchu de toute autorité dans les Pays-Bas. Cette déclaration fut le titre fondamental de la nouvelle république (1581).

Le résultat définitif de la guerre était atteint. Avec tout son génie, et malgré l'assassinat du prince d'Orange par un agent de l'Espagne (1584)[1], Farnèse ne put réduire les provinces du nord. Celles du midi (Brabant, Limbourg, Luxembourg, Flandre, Artois, Hainaut, Namur, Zutphen, Anvers et Malines) essayèrent même un instant de se constituer aussi en État indépendant sous le duc d'Anjou (1581); mais ce prince ne fit que des fautes et sortit des Pays-Bas avec honte. Leicester, qu'Élisabeth envoya pour les soutenir, ne réussit pas davantage (1585). La reine secourut mieux la république en détruisant l'invincible Armada (1588). Épuisé par ce grand effort, distrait par les affaires de France, où il envoya plusieurs fois Farnèse et les successeurs de cet habile général, Philippe II sembla renoncer aux Pays-Bas, en les donnant pour dot à sa fille Isabelle qui devait épouser un archiduc d'Autriche (1598). En 1609, Philippe III consentait à une trêve de douze ans avec les États généraux de la Haye. L'indépendance de la république des Sept-Provinces ne fut pourtant officiellement reconnue par l'Espagne qu'au traité de Westphalie, en 1648.

Lutte des deux religions en Angleterre : Élisabeth et Marie Stuart ; la grande Armada (1559-1588).

Dans la Grande-Bretagne, la lutte du catholicisme et de la réforme se personnifia en deux femmes, Élisabeth et Marie Stuart.

---

[1]. Philippe II avait pris, dès l'année 1573, la résolution de se défaire du Taciturne. Louis de Requesens reçut cette commission, mais ne trouva pas jour à l'exécuter. Don Juan d'Autriche et Alex. Farnèse eurent plus de scrupule. La mise à prix est du 15 mars 1580. Quant à Élisabeth de Valois et à don Carlos, dont on a reproché la mort à Philippe II, il n'y eut pas assassinat. Le fils de Philippe II s'est tué lui-même, mais ce fut un suicide désiré, prévu et secondé par le père. Voyez sur ces questions les Mémoires lus à l'Académie de Bruxelles par M. Gachard en 1858 et 1859.

D'un esprit élevé, d'un caractère impérieux, d'un orgueil extrême, ayant beaucoup d'énergie, d'astuce et d'intelligence, la fille d'Anne de Boleyn, Élisabeth, avait été longtemps contrainte de dissimuler ses sentiments et sa foi sous le règne terrible de sa sœur, qui la fit un moment enfermer à la Tour, et l'eût proscrite sans l'appui intéressé que lui prêta Philippe II. Marie n'avait pas donné d'enfant à ce prince, et si Élisabeth disparaissait, la couronne d'Angleterre revenait à la jeune reine d'Écosse, Marie Stuart, par conséquent à son époux le dauphin, qui fut le roi François II. Philippe aimait mieux courir le risque de voir l'Angleterre dans l'hérésie qu'étroitement unie à la France. Élisabeth avait donc vécu suspecte et surveillée, loin de la cour, « et avait pris cette habitude de fausseté qui s'allia chez elle aux altières et violentes passions qu'elle tenait de son père. Le jour de son avénement (17 novembre 1558), elle se montra ce qu'elle fut tout le reste de sa vie. Elle prit possession du trône avec aisance, et passa de l'oppression au commandement sans surprise et sans gêne. Elle s'entoura sur-le-champ d'hommes dévoués et habiles. Les deux principaux furent lord Robert Dudley, qu'elle nomma comte de Leicester, et qui resta son favori tant qu'il vécut, et Guillaume Cecil, qui fut 40 ans son premier ministre. Sachant garder ceux qu'elle avait su choisir, elle fut toujours bien servie. Elle ne permit pas à ses favoris de devenir un seul moment ses maîtres, et ses ministres les plus expérimentés ne furent jamais que ses utiles instruments. En toute rencontre, elle rechercha les conseils et se réserva les décisions. Sa volonté, uniquement dirigée par le calcul et par l'intérêt, fut quelquefois lente, souvent audacieuse, toujours souveraine [1]. »

Philippe aurait voulu renouer avec elle ou plutôt avec l'Angleterre les liens qui l'avaient uni à Marie Tudor. Il lui fit offrir sa main. Élisabeth se garda bien de se donner un tel maître. Lorsqu'elle se fut déclarée ouvertement protestante, le roi lui adressa d'abord des remontrances, puis commença une sourde guerre de menées ténébreuses et d'intrigues qui

---

[1]. Mignet, *Histoire de Marie Stuart*.

précéda de 25 ans la rupture ouverte. Dès 1563, l'ambassadeur espagnol distribuait 60 000 écus aux prêtres catholiques persécutés par Élisabeth, et la reine le faisait arrêter dans son palais, comme fauteur de complots, tandis que son ministre Cecil déclarait en plein parlement que Philippe II allait ordonner une descente. Il faisait en effet de grands préparatifs dans les ports des Pays-Bas. En 1564, les courses de corsaires commencèrent entre les deux nations, et Élisabeth ayant fait saisir (1567) cinq vaisseaux qui portaient la solde de l'armée de Flandre, le duc d'Albe, par représailles, s'empara des biens des Anglais en Flandre.

Philippe comptait sur une diversion puissante au cœur même de la Grande-Bretagne; il offrait à la reine d'Écosse de l'or, des vaisseaux, des soldats et ses conseils.

Nièce des Guises, élevée à la cour brillante du roi de France Henri II, la catholique Marie-Stuart, après la mort de son jeune époux, François II, se trouva jetée, à 18 ans, au milieu d'un pays sauvage et fanatique. L'Écosse, dont elle devenait la reine nominale, obéissait bien plutôt au farouche John Knox. Ce réformateur avait eu pour maître Calvin, qu'il surpassait peut-être en énergie. Arrêté, après l'assassinat du primat Beaton (1546), il avait passé plusieurs années, enchaîné sur les galères de France, était revenu en Écosse en 1555, et, par son éloquence, la pureté de ses mœurs, son ardeur infatigable, son exaltation habilement tempérée par la prudence, il avait réussi à introduire les doctrines calvinistes dans sa patrie. Dès l'année 1557, les seigneurs protestants s'étaient unis par un *covenant* public (ligue), et, grâce aux secours d'Élisabeth, avaient obtenu, par le traité d'Édimbourg, le renvoi des troupes françaises, ce qui les rendit maîtres du gouvernement (1560). La mort de la régente, Marie de Lorraine, en cette même année, précipita la ruine du catholicisme en Écosse. La confession de Knox fut solennellement adoptée par le parlement (7 août 1560). Les ministres de la nouvelle Église dressèrent le *Livre de discipline*, destiné à régler parmi eux le gouvernement chrétien. Ils désapprouvaient la hiérarchie anglicane presque autant que la hiérarchie romaine. La souveraineté religieuse appartint donc au peuple qui, reconnu comme la source de l'autorité ecclésiastique, élut seul les ministres. Le royaume fut divisé en 10 diocèses, à la tête desquels durent être placés 10 ministres investis du titre de surintendants. Une école fut fondée dans chaque paroisse, « afin de pourvoir à l'éducation vertueuse et pieuse de la jeunesse. » Et l'Écosse se trouva être alors une sorte de république protestante, dirigée par des seigneurs et des ministres, sous le protectorat de l'Angleterre.

Tout cela s'accomplit avant que la jeune et brillante veuve de François II fût revenue de France. Marie ne quitta ce pays qu'à regret. « La galère étant sortie du port (de Calais), et s'étant élevé un petit vent frais, on commença à faire voile. Elle, les deux bras sur la poupe de la galère du côté du timon, se mit à fondre à grosses larmes, jetant toujours ses beaux yeux sur le port et lieu d'où elle était partie, prononçant toujours ces tristes paroles : « Adieu, France !... » jusqu'à ce qu'il commença à faire nuit.... Elle voulut se coucher sans avoir mangé et ne voulut descendre dans la chambre de poupe, et lui dressa-t-on là son lit. Elle commanda au timonier, sitôt qu'il serait jour, s'il voyait et découvrait encore le terrain de la France, qu'il l'éveillât et ne craignît de l'appeler : à quoi la fortune la favorisa ; car, le vent s'étant cessé et ayant eu recours aux rames, on ne fit guère de chemin cette nuit ; si bien que, le jour paraissant, parut encore le terrain de France et n'ayant failli le timonier au commandement qu'elle lui avait fait, elle se leva sur son lit et se mit à contempler la France encore et tant qu'elle put.... adonc redoubla encore ces mots : « Adieu, France ! Adieu, France ! je pense « ne vous voir jamais plus[1]. » Elle arriva à Édimbourg le 21 août 1561, ayant échappé avec peine aux croisières anglaises[2].

Cependant, à force d'adresse et de douceur, elle gagna les sympathies des grands et l'affection du peuple, et les premières années de son règne s'écoulèrent sans de grandes difficul-

---

[1]. Brantôme.
[2]. Marie Stuart, qui descendait d'une fille de Henri VII, s'était dite légitime héritière de la couronne d'Angleterre après la mort de Marie Tudor et en avait pris le nom et les armes, avec son époux François II.

tés, parce qu'elle s'appuya sur son frère naturel, lord James Stuart, qu'elle créa comte de Murray. Mais il fallait assurer la succession au trône : l'Écosse, qui avait tant de fois souffert de la minorité de ses souverains, désirait que la reine contractât un second mariage. Marie, recherchée par une foule de princes, ne voulut faire aucun choix sans consulter Élisabeth, dont elle se trouvait l'héritière; car la reine d'Angleterre avait déjà annoncé l'intention de ne jamais prendre d'époux, craignant de se donner un maître. Élisabeth, jalouse de Marie-Stuart, que l'Europe proclamait la plus gracieuse et la plus belle des femmes de ce siècle, montra tant de mauvais vouloir, que Marie finit par se passer de son aveu. Elle épousa son cousin Henri Darnley (1565).

Ce fatal mariage fut l'origine de ses fautes et de ses malheurs. D'abord il la brouilla avec l'ambitieux Murray; ensuite, sous les dehors les plus séduisants, Darnley cachait une âme basse et des goûts crapuleux. Il aimait à boire, passait une partie de son temps à la chasse, et se montrait hautain, dur, exigeant. Marie, élevée dans une cour pleine d'esprit et d'élégance, le prit bientôt en dégoût. On sait les tragiques événements qui suivirent. Un musicien piémontais, Rizzio, le favori de la reine, est tué à coups d'épée sous ses yeux. Elle force les meurtriers à s'exiler, et laisse, par représailles, le comte de Bothwell assassiner Darnley. On étrangla le malheureux pendant qu'il dormait, et on fit sauter la maison (1567).

Trois mois après, Marie-Stuart épousa l'assassin. Mais toute l'Écosse protestante se souleva. Bothwel dut s'enfuir, se faire pirate, fut pris et enfermé à Malmoë sur le Sund, où il mourut en 1576. Marie, traînée à Édimbourg, au milieu des cris et des outrages de la populace, fut conduite au château de Lochleven. On la contraignit à abdiquer en faveur de Jacques VI, son fils unique, et à reconnaître pour régent d'Écosse lord Murray, son frère naturel. Elle s'échappa, grâce au dévouement d'un Douglas, et se mit à la tête de l'armée qu'avaient réunie les Seaton et les Hamilton. Mais ces troupes, levées à la hâte, furent mises en déroute près de Langside. Au lieu de se réfugier en France, Marie s'alla remettre, malgré les supplications de tous ses amis entre les mains d'Élisabeth (1568).

Elle croyait trouver en Angleterre un asile : elle y trouva une prison. Pour se donner le droit de traiter Marie en criminelle, Élisabeth la fit traduire devant un tribunal composé de seigneurs anglais, où comparurent Murray et les principaux de ses adhérents. Après cinq mois d'enquête, la reine d'Angleterre déclara aux deux parties que, d'un côté, elle n'avait rien découvert qui pût faire douter de l'honneur du comte de Murray ; de l'autre, qu'il n'avait prouvé aucun des crimes dont il accusait sa souveraine. En conséquence, Murray repartit pour l'Écosse, chargé d'une somme considérable que lui prêtait Élisabeth, et Marie fut retenue dans une captivité perpétuelle. On ne pouvait insulter plus ouvertement à la justice.

Mais aussi les *jours alcyoniens* furent dès ce moment finis pour Élisabeth, et l'expiation de l'injustice commença. Marie Stuart, prisonnière, fut plus dangereuse qu'elle ne l'avait jamais été sur le trône, car elle devint le drapeau du catholicisme ; et, par sa beauté, par ses infortunes, elle fut cause d'une longue suite de complots intérieurs et de menaces étrangères. Philippe II pensionna les Anglais réfugiés près de lui et ouvrit à leurs prêtres catholiques des séminaires en Flandre, pour tenir la côte anglaise sous la menace perpétuelle d'une invasion plus redoutable que celle d'une armée de soldats. En 1570, le pape Pie V excommunia la reine d'Angleterre et délia tous ses sujets de leur serment d'allégeance. La même année, conspiration du duc de Norfolk, prise d'armes des comtes de Northumberland et de Westmoreland. Le mouvement fut surtout catholique. Les insurgés avaient, sur leur bannière, peint Jésus-Christ crucifié, avec les cinq plaies sanglantes. Ils formèrent une armée de 1000 cavaliers et de 5 à 6000 hommes de pied ; mais n'osèrent s'enfoncer dans le sud et se dispersèrent sans combat. En 1571, nouvelle révolte qui fut également comprimée. En 1572, Norfolk recommença ses menées. Marie Stuart lui promettait sa main. Le complot fut découvert, Norfolk arrêté, condamné à mort et exécuté.

Cependant la lutte entre le catholicisme et la réforme pronaît un caractère d'atroce acharnement. En France, c'était la Saint-Barthélemy; en Espagne, les autodafés; aux Pays-Bas, les exécutions du duc d'Albe. Menacée par Philippe II, Élisabeth secourut tous ses ennemis. « Le dernier jour de la France, disait-elle, sera la veille du dernier jour de l'Angleterre »; et elle envoya aux huguenots de France, aux Flamands révoltés, aux Maures des Alpujarras, de l'argent, des armes, des soldats. Ses corsaires faisaient une guerre de course bien plus favorable aux Anglais qu'aux Espagnols, les premiers n'ayant ni grand commerce, ni colonies, ni points vulnérables. En cinq ans, leurs prises montèrent à 25 millions. En 1577, Drake rançonna toutes les villes de la côte du Chili et du Pérou, captura nombre de navires, et, après avoir fait le tour du monde, revint, au bout de trois ans, avec un butin de 800 000 livres (1580). Cavendish, en 1585, dévasta une seconde fois les colonies espagnoles des Indes occidentales. La même année, Élisabeth signait un traité d'alliance avec les Flamands et leur envoyait 6000 hommes, avec son favori, le comte de Leicester.

Philippe II faisait une autre guerre. Avant d'attaquer ouvertement la reine, il chercha à la renverser au moyen des catholiques anglais, que la reine tenait dans la plus cruelle oppression. Quiconque célébrait la messe ou seulement l'entendait, était condamné à un an d'emprisonnement et à une amende de 100 marcs. Ce n'étaient que visites domiciliaires, incarcérations préventives, exécutions. Pour de mauvais propos tenus contre la reine, on était envoyé la première fois au pilori, la seconde fois on perdait les oreilles, la troisième fois la tête. Rien d'étonnant à ce que les catholiques voulussent secouer un joug odieux. De nombreux complots se tramèrent : un prêtre et un jésuite anglais, William Allen et Parsons, en étaient l'âme : près de 200 personnes appartenant à tous les rangs de la société montèrent sur l'échafaud. Les protestants voyaient dans tout catholique un conspirateur, et il se forma une association dont les adhérents s'engageaient à poursuivre jusqu'à la mort, non-seulement les personnes qui attenteraient à la vie de la reine, mais encore celles en faveur desquelles on ferait de pareilles tentatives. Cette dernière clause était dirigée contre Marie Stuart (1584). Un nouveau complot mit directement en cause la reine d'Écosse. Antony Babington, jeune catholique anglais d'un caractère enthousiaste, avait résolu d'assassiner Élisabeth et de délivrer Marie. Il fut exécuté avec deux de ses complices. On les éventra vivants (1586).

Cette fois Marie fut traduite devant une commission anglaise choisie parmi ses plus ardents persécuteurs. Elle refusa d'abord de reconnaître la juridiction à laquelle on prétendait la soumettre. Quand on lui lut la lettre par laquelle Élisabeth lui annonçait sa mise en jugement, elle répondit avec indignation : « Comment! votre maîtresse croit-elle donc que je dégraderai mon rang, mon État, la race de qui je descends : le fils qui me succédera, les rois et les princes étrangers, dont les droits sont lésés dans ma personne? Jamais. » Elle consentit pourtant à comparaître devant ses juges. Sa défense fut habile, souvent éloquente, toujours digne. Introduite au mépris du droit, la procédure se continua au mépris des formes. Marie ne fut pas confrontée avec les témoins : on refusa de produire les originaux de ses lettres. Elle n'en fut pas moins condamnée à mort par tous les commissaires (25 octobre 1586). Le parlement sanctionna la sentence. Élisabeth hésita quatre mois à faire exécuter l'injuste arrêt, non qu'elle eût aucun sentiment de pitié, mais par crainte pour sa réputation. Elle essaya de faire empoisonner Marie. Le geôlier ayant été incorruptible, elle livra au bourreau la pauvre reine réfugiée. Marie Stuart montra sur l'échafaud le courage le plus héroïque. « Porte ces nouvelles, dit-elle à son fidèle serviteur André Melvil, que je meurs ferme en ma religion, vraie Écossaise, vraie Française. » Elle donna sa bénédiction à tous ses serviteurs qui fondaient en larmes. Le bourreau même lui demanda pardon à genoux (18 février 1587).

Cette odieuse exécution mit fin aux complots des catholiques contre Élisabeth. Jacques VI lui-même se rapprocha de celle qui avait tué sa mère, mais qui pouvait lui léguer ou lui retirer une couronne.

Philippe II s'occupa seul de venger Marie Stuart; il voulait bien plutôt abattre cette Angleterre protestante, le prin cipal boulevard de l'hérésie. Le 3 juin 1588, sortit de l'embouchure du Tage, le plus formidable armement qu'eût jamais vu la chrétienté : 135 gros vaisseaux, 8000 matelots, 19 000 soldats, la fleur de la noblesse espagnole, et Lope de Véga sur la flotte pour chanter la victoire. Les Espagnols, ivres de ce spectacle, décorèrent cette flotte du nom d'*Invincible Armada*. Elle devait rejoindre aux Pays-Bas le prince de Parme et protéger le passage de 33 000 vieux soldats; la forêt de Vaës, en Flandre, s'était changée en bâtiments de transport.

L'alarme était extrême en Angleterre : on montrait aux portes des églises les instruments de torture que les inquisiteurs apportaient sur la flotte espagnole. La haine de l'étranger fit même oublier les haines religieuses : les catholiques accoururent en foule, dans chaque comté, sous l'étendard du lord lieutenant. Un d'eux, lord Montague, vint offrir à la reine un régiment de cavalerie commandé par lui-même, par son fils et par son petit-fils. La reine parut à cheval devant les milices assemblées à Tilbury, et promit de mourir pour son peuple.

Mais la force de l'Angleterre était dans sa marine. La cité de Londres équipa seule 38 vaisseaux, et la flotte entière s'éleva à 191 navires portant 15 272 hommes. Sous l'amiral Howard servaient les plus grands hommes de mer du siècle, Drake, Hawkins, Forbiser. Les petits vaisseaux anglais harcelèrent la flotte espagnole quand elle parut, le 31 juillet, en vue des côtes d'Angleterre. L'Armada s'éleva au nord jusqu'à Calais pour prendre à bord les troupes de Flandre bloquées par les Hollandais; mais maltraitée par les éléments, assaillie sans relâche par les Anglais et leurs brûlots, la flotte espagnole ne put embarquer les troupes; et les restes de cet armement formidable, poursuivis par la tempête sur les rivages de l'Écosse et de l'Irlande, qu'ils tournèrent pour éviter de rencontrer l'ennemi dans la Manche, vinrent cacher dans les ports de l'Espagne la honte et l'impuissance de Philippe II. L'expédition avait coûté 120 millions de ducats; 46 navires avaient seuls échappé au désastre, et 14 000 soldats avaient péri. Ainsi, un dessein auquel Philippe II avait travaillé cinq ans et réfléchi dix-huit échoua en quelques jours.

Le reste de la vie d'Élisabeth ne fut au dehors qu'une suite non interrompue de succès. Elle rendit inutiles les efforts de Philippe II pour soulever les catholiques d'Irlande. Une flotte anglaise pénétra même impunément dans le Tage, et une autre saccagea Cadix (1596). Le roi d'Espagne épuisa ses arsenaux et ses trésors pour équiper une nouvelle Armada : la tempête la détruisit encore ; cette dernière tentative acheva la destruction de la marine espagnole. Celle du Portugal était tombée en même temps et du même coup. Quand on avait appris à Philippe II le désastre de la grande Armada et cette fin douloureuse de ses plus chères espérances il était resté impassible et menaçant. « Une branche a été coupée, dit-il, mais l'arbre est encore florissant. » Non, l'arbre était épuisé de séve et desséché. La guerre avec l'Angleterre avait ruiné la marine et le commerce de l'Espagne, comme l'intervention en France l'épuisa d'or et abattit sa renommée militaire.

Les guerres de religion en France (1562-1598).

La lutte entre les deux religions commença en France par un complot. Les réformés qui venaient d'être persécutés par Henri II, et qui, sous François II, l'époux de Marie Stuart, étaient encore menacés par les Guises, s'unirent aux mécontents de toute sorte que la faveur des princes lorrains avait suscités et se crurent assez forts pour s'emparer du gouvernement. Tel est le sens de la conspiration d'Amboise, dont le chef réel fut le prince de Condé, et un chef apparent un gentilhomme nommé de la Renaudie (1560). Mais le gouvernement était alors dans des mains viriles. Les Guises, avertis à temps, se mirent sur leurs gardes, et les conjurés se trouvèrent comme pris au piège. Les Guises déshonorèrent leur victoire par d'atroces vengeances : ils songeaient même à faire tomber la tête d'un prince du sang, Louis de Bourbon, lorsque François II mourut à 17 ans. Catherine de Médicis, devenue régente de son fils, Charles IX (1560), se sépara pour quelque temps de cette politique impitoyable et écouta les avis de Michel de L'Hôpital, qu'elle avait nommé chancelier. Ce grand magistrat voulait imposer aux partis la tolérance. C'était « une de ces belles âmes frappées à l'antique marque, un autre Caton le Censeur; il en avait du tout l'apparence avec sa grande barbe blanche, son visage pâle, sa façon grave. » Lorsque, après la défaite des conjurés d'Amboise, les Guises, exaltés par le succès et pensant qu'il fallait en finir, demandèrent l'établissement de l'inquisition espagnole, L'Hôpital avait répondu : « Qu'est-il besoin de tant de bûchers et de tortures ? Garnis de vertus et munis de bonnes mœurs, résistez à l'hérésie. » Il disait encore : « Otons ces mots diaboliques, noms de partis et de sédition, luthériens, huguenots, papistes ; ne changeons pas le nom de chrétiens ! » Du vivant du dernier roi, il avait déjà fait rendre l'édit de Romorantin qui, en attribuant aux évêques la connaissance du crime d'hérésie, empêchait du moins l'introduction en France de l'inquisition. Par l'édit de juillet 1561, tout en déclarant les prêches illicites, il accorda une amnistie générale, et suspendit l'exécution des sentences pour fait de religion; par celui de janvier 1562, il fit un pas de plus. Se croyant assez fort pour mettre en pratique ses idées de tolérance, il autorisa le culte calviniste dans les campagnes et dans les villes non fermées de murs, mais en défendant aux protestants de tenir des assemblées et de réunir des soldats.

Les passions étaient trop ardentes pour écouter le langage d'un honnête homme et d'un vrai chrétien. Les concessions faites aux protestants ne firent qu'irriter les catholiques exaltés et rendre les Guises populaires. Catherine espéra qu'une conférence entre les théologiens des deux croyances ramènerait l'accord. Le colloque de Poissy, troublé par de mutuelles invectives, rendit la scission plus irrémédiable (1561). Le duc de Guise s'allia étroitement avec Montmorency et Saint-André. Les protestants crièrent au triumvirat et se préparèrent à « défendre la cause à coups d'arquebuse, » comme le conseillait Théodore de Bèze.

Le massacre de Vassy fut le signal des hostilités, qui, sept fois suspendues, en trente-deux ans, par des traités précaires et mal observés, sept fois recommencèrent.

Le 1er mars 1562, le duc de Guise passait par Vassy en

Champagne. C'était un dimanche, il s'y arrêta pour entendre la messe. Les chants d'un millier de protestants réunis dans une grange voisine arrivèrent jusqu'à lui. Quelques-uns de ses gens voulurent faire cesser ce qu'ils appelaient une injure et une bravade contre leur duc, et, sur le refus des protestants, mirent l'épée à la main. Ceux-ci se défendirent à coups de pierres ; le duc de Guise, accouru à l'aide des siens, fut atteint à la joue : alors toute sa suite se jeta sur ces malheureux sans armes, en tua 60 et en blessa plus de 200, sans distinction d'âge ni de sexe.

Ce massacre fit courir les protestants aux armes; Philippe II et Élisabeth se mêlèrent à cette première lutte. Dès le temps de la conjuration d'Amboise, le roi d'Espagne avait fait dire aux Guises : « Si vous voulez châtier les rebelles, je suis à votre disposition. » Lors du colloque de Poissy, le cardinal de Lorraine, au nom du clergé français, réclama son intervention, et sitôt qu'il sut que l'épée avait été tirée, il envoya à Montluc le *boucher catholique*, 3000 hommes de ces vieilles bandes espagnoles, d'une bravoure à fois si froide et si féroce. La reine d'Angleterre, de son côté, donna autant de soldats à Condé et de l'argent, à condition qu'on lui livrerait le Havre, en gage des sommes qu'elle avançait. Guise prit Rouen et la guerre commença. Ce ne fut pas seulement une lutte ouverte et loyale entre des armées, on s'attaqua de ville à ville, de château à château, de maison à maison. Les protestants tuaient comme les catholiques ; mais de plus, ils dévastaient les églises, violaient les tombeaux, brisaient les statues. Que de chefs-d'œuvre périrent alors ! Nos églises portent encore la marque de ces dévastations. Condé, avec 7000 hommes de renfort qu'il reçut des protestants d'Allemagne, vint attaquer les faubourgs de Paris. Repoussé par les Espagnols, il se replia vers le Havre, recueillit les Anglais pour revenir en plus grande force, mais fut arrêté au retour par le duc de Guise, près de Dreux (19 décembre). 15000 à 16000 hommes s'y trouvèrent en présence de chaque côté. Condé, dans une première charge, où il blessa et fit prisonnier le duc de Montmorency, enfonça le centre des catholiques; mais les Suisses royaux rétablirent le combat, et le duc de Guise acheva la victoire par un mouvement de flanc : le prince de Condé fut pris.

C'était un grand succès pour Guise. De ses deux rivaux d'influence, l'un, le maréchal Saint-André, était tué ; l'autre, Montmorency, était captif ; et il tenait le chef même de l'armée huguenote. Il le traita chevaleresquement, voulut qu'il partageât son lit et dormit bien à côté de cet ennemi mortel, qui avoua n'avoir pu fermer les yeux. On avait d'abord annoncé à Catherine de Médicis que la bataille était perdue. « Eh bien ! avait-elle tranquillement répondu, nous prierons Dieu en français. » Les Guises l'effrayaient ; et, quand elle sut la vérité, ils l'effrayèrent bien davantage, malgré la joie qu'elle affecta pour leur succès ; elle parla de négocier et fit rendre un décret d'amnistie pour tous ceux qui poseraient les armes. Mais Guise n'entendait pas qu'on relevât ceux qu'il avait abattus ; il poussa vivement sa victoire et vint assiéger Orléans afin de couper les communications entre les protestants du nord et ceux du midi. La ville n'eût pas résisté longtemps sans un crime du fanatisme. Un protestant, Poltrot de Méré, exalté par les exemples de Judith et de Débora, d'Aod et de Jahel, passa dans le camp du duc de Guise comme transfuge, et, le trouvant seul un soir, lui tira un coup de pistolet qui le blessa mortellement (18 février 1563).

Guise mort, Condé et Montmorency captifs, la reine mère restait maîtresse du gouvernement. Elle voyait bien ce qu'au fond voulaient ces ambitieux, le triomphe de leur croyance sans doute, mais aussi celui de leur pouvoir ; elle voyait la guerre civile ébranler le respect pour l'autorité royale. « Quel roi ? disaient les huguenots, au rapport de Montluc, quand on leur parlait de Charles IX, nous sommes les rois. Celui que vous dites est un petit royot de rien ; nous lui donnerons des verges et lui baillerons un métier pour lui faire apprendre à gagner sa vie comme les autres. » Et les paysans, à leur tour, refusaient les anciens droits aux gentilshommes. « Qu'on nous montre dans la Bible, disaient-ils, si nous devons payer, ou non. Si nos prédécesseurs ont été sots et bêtes, nous n'en voulons point être. » Tout le vieil édifice social était ébranlé. Catherine de Médicis, pour arrêter cette agitation, offrait la paix à Condé ; il la signa à Amboise en retour d'un édit qui autorisait le culte des protestants dans les maisons des nobles, dans l'étendue des domaines des seigneurs justiciers et dans une ville par bailliage (12 mars 1563).

Pour montrer leur bonne union, catholiques et protestants firent en commun une expédition contre le Havre, que les Anglais voulaient garder et qui leur eût valu mieux que Calais.

L'édit d'Amboise s'exécuta d'abord avec loyauté de la part du gouvernement. Mais les haines politiques et religieuses étaient trop fortes pour s'apaiser au gré de la cour : au lieu de la guerre civile, on eut des assassinats. Pour amollir les gentilshommes, Catherine multiplia autour d'elle les fêtes et les plaisirs : les mœurs en devinrent plus mauvaises et la paix n'en fut pas meilleure. La reine trouvait d'ailleurs les Bourbons trop puissants. Comme naguère, en face du grand Guise, elle avait incliné vers les réformés : en face de Condé, elle pencha vers les catholiques. Elle restreignit peu à peu les garanties accordées aux protestants. Les crimes commis contre eux ne furent point recherchés. Dès que le roi se trouva majeur, sa mère le conduisit à travers les provinces du midi pour le montrer aux populations, changeant les gouverneurs suspects de calvinisme, faisant détruire les fortifications des villes protestantes. Enfin elle eut à Bayonne avec le duc d'Albe de longues conférences. Cette entrevue avec un tel homme devait exciter les inquiétudes des huguenots. On répandit que le général de Philippe II avait conseillé à la reine le massacre des chefs hérétiques, disant que « la tête d'un saumon valait mieux que celle de 10 000 grenouilles. »

Les deux partis cherchaient à se surprendre : les protestants amassaient de l'argent et préparaient leurs armes ; Catherine réorganisait l'armée royale et levait en Suisse 6000 hommes. Condé tenta un coup hardi ; il essaya de surprendre la cour à Monceaux. Catherine n'eut que le temps de se sauver à Meaux, d'où la cour gagna Paris sous la protection de l'infanterie suisse. Condé, avec 4000 hommes, osa bloquer la capitale. Les habitants forcèrent le vieux Montmorency à sortir pour livrer bataille. L'action s'engagea près de

Saint-Denis; mais le connétable prit de mauvaises dispositions et fut tué. Il n'y eut d'ailleurs ni vaincus ni vainqueurs. Si le champ de bataille resta aux catholiques, les huguenots y vinrent le lendemain offrir un nouveau combat que l'armée royale n'accepta pas (1567).

Condé reçut, quelque temps après, 9000 lansquenets ou reîtres allemands. Dès les premiers jours, ces étrangers réclamèrent leur solde. Toute l'armée huguenote, chefs et soldats, se cotisa pour la fournir. On se dirigea alors sur Chartres afin d'intercepter les arrivages de la Beauce à Paris. La reine mère, qui n'avait pas voulu, par jalousie de pouvoir, donner de successeur au connétable, n'avait point d'homme de guerre à opposer aux réformés. L'Hôpital reprit l'avantage et parla de paix; on la fit à Longjumeau le 23 mars, à condition que les protestants restitueraient les places qu'ils occupaient, mais que l'édit d'Amboise serait rétabli sans restriction.

C'était, comme on le dit de la suivante, une paix *boiteuse et mal assise*. Catherine de Médicis ne l'avait signée que pour faire une autre guerre. Elle se proposait d'enlever le même jour Condé et Coligny en Bourgogne, et la veuve d'Antoine de Bourbon, Jeanne d'Albret en Béarn, pour leur faire subir le sort des comtes de Horn et d'Egmont. Ils échappèrent tous trois. Condé et Coligny, après une course de cent lieues, arrivèrent à la Rochelle, où Jeanne d'Albret les rejoignit avec son fils, Henri de Béarn.

Catherine avait donc manqué son coup, mais elle se croyait prête pour la guerre. Elle la déclara, en lançant un édit qui défendait sous peine de mort l'exercice de la religion prétendue réformée et ordonnait aux ministres protestants de sortir du royaume sous quinze jours. Tous les membres du parlement et des universités furent astreints à prêter serment de catholicisme. Pour soutenir de pareils édits, il eût fallu de grandes forces; la cour n'avait qu'une armée de 18 000 fantassins et de 4000 chevaux. Elle fut placée sous le commandement du jeune duc d'Anjou, que Catherine voulait mettre en avant, afin de pouvoir, au besoin, l'opposer à son frère Charles IX; Tavannes et Biron devaient le diriger.

Une première campagne durant l'hiver fut sans résultat ; au printemps suivant, le maréchal de Tavannes voulut isoler dans le midi l'armée protestante des secours allemands qu'elle attendait du nord et la battre avant leur arrivée. On manœuvra quelque temps sur la Charente; enfin Tavannes surprit l'arrière-garde des protestants près de Jarnac (13 mars 1569). Condé y fut pris et assassiné après l'action. C'était une grande perte que celle de ce prince énergique et brave, depuis neuf ans la tête et le bras du parti. Les protestants se décourageaient ; une femme de cœur les releva. Jeanne d'Albret amena au milieu de l'armée son fils, Henri de Béarn et le jeune prince de Condé. « Mes amis, dit-elle, voilà deux nouveaux chefs que Dieu vous donne et deux orphelins que je vous confie. » Le prince de Béarn, né à Pau, sévèrement élevé comme un gentilhomme campagnard, n'avait alors que 15 ans. Simple, brave et spirituel, sachant trouver de ces mots qui enlèvent, il plut à tous; on le nomma généralissime, avec Coligny pour conseiller et pour lieutenant.

Coligny avait beaucoup des qualités nécessaires à un chef de parti dans une telle guerre. Protestant convaincu et austère, il était aimé, respecté des ministres comme des soldats; ce n'était peut-être pas un très-grand général ni un politique bien profond, mais il ne se laissait jamais abattre, ce qui est une grande force; il voyait juste, ce qui en est une autre; il savait faire ressource de tout; et s'il n'y avait pas à espérer avec lui de décisive victoire, il n'y avait pas non plus à craindre d'irrémédiable défaite.

Jarnac n'avait été qu'un combat d'arrière-garde, et les protestants n'y avaient perdu que 400 hommes. Coligny restait donc assez fort pour défendre Cognac et Angoulême. Rejoint par 13 000 Allemands, il prit même l'offensive et fit essuyer un échec à l'armée catholique près de la Roche-Abeille. Mais Tavannes répara le mal. Des Allemands catholiques, des Espagnols, envoyés par le duc d'Albe, des Italiens, envoyés par le pape Pie V, augmentèrent les forces du duc d'Anjou. Acculé déjà à la Loire, le duc retourna sur ses pas, dégagea, par une diversion, Poitiers, que Coligny assiégeait depuis six semaines, et parvint à prendre l'armée protestante entre la

Dive et le Thoué, près de Montcontour. La position était détestable; 6000 soldats huguenots restèrent sur le champ de bataille (3 octobre).

La victoire de Montcontour fut cependant inutile, comme celle de Jarnac. Charles IX, jaloux des lauriers que l'on cueillait pour son frère, vint à l'armée, et au lieu de poursuivre les protestants jusqu'aux Pyrénées, perdit son temps à assiéger Niort et Saint-Jean-d'Angély. Coligny traversa le midi dans toute sa largeur, refaisant au fur et à mesure son armée; et il apparut tout à coup en Bourgogne, à la tête de toute la noblesse protestante du Dauphiné et de la Provence. Une armée catholique de 12000 hommes voulut l'arrêter à Arnay-le-Duc; il la battit et arriva sur le Loing, à peu de distance de Paris.

L'événement le montrait bien: on ne pouvait venir à bout, par la guerre, de ce parti toujours vaincu, jamais détruit; il fallait autre chose. Pour désarmer les protestants, Catherine de Médicis leur fit accorder la paix de Saint-Germain avec des conditions très-favorables: le libre exercice du culte dans deux villes par province et dans toutes celles où il était établi; l'admission des calvinistes à tous les emplois, et quatre villes de sûreté, la Rochelle, Cognac, Montauban, la Charité, où les réformés pourraient tenir garnison (8 août 1570). « Paix mauvaise et manquée, véritable coupe-gorge. »

A la nouvelle de ce traité, il n'y eut qu'un cri d'indignation parmi les catholiques étrangers et français. Catherine de Médicis ne s'en émut point, et suivit sa politique toute nouvelle. Le mariage du jeune prince de Béarn avec Marguerite, sœur de Charles IX, pouvait cimenter à jamais la paix; elle le mit en avant. Il était de l'intérêt de la France d'employer au dehors l'esprit belliqueux et mutin de la noblesse protestante: elle accepta les propositions que lui faisait Coligny, de conduire ses coreligionnaires dans les Pays-Bas, où le duc d'Albe venait de faire périr, dans les supplices, 18000 personnes. Une pareille entreprise plaisait aux huguenots, et semblait un retour à la vieille politique étrangère, oubliée depuis la mort de Henri II. Coligny voyait, dans une guerre avec l'Espagne, un moyen de maintenir glorieusement et sûrement la paix en France.

Charles IX avait alors 21 ans. Esprit assez heureux, mais caractère à la fois faible et violent, gâté par le pouvoir absolu, entouré de favoris italiens qui lui pervertissaient le cœur, il joua fort bien, et quelque temps à son insu, le rôle que lui réservait sa mère. Il avait trouvé plus d'une fois que les chefs huguenots portaient trop haut la tête, et n'avait pas oublié les conseils homicides que le duc d'Albe lui donnait à Bayonne. Mais alors il était impatient du joug de sa mère, envieux des victoires qu'on attribuait à son frère. Mobile et passionné, il entra avec ardeur dans ces nouveaux projets, écrivit à Coligny, à Jeanne d'Albret, et poussa à la prompte conclusion du mariage de Henri de Béarn avec sa sœur. La reine de Navarre se décida à venir à Paris, puis l'amiral. « Enfin nous vous tenons, mon père, lui dit le jeune roi en l'embrassant, et vous ne nous échapperez pas quand vous voudrez. » Après le chef, nombre de gentilshommes huguenots accoururent pour avoir leur part des fêtes et des bonnes grâces du roi.

Catherine elle-même fut effrayée ; elle avait trop bien réussi. Le roi ne voyait plus que par les yeux de Coligny ; il pressait l'arrivée des dispenses pour le mariage, que le pape voulait refuser ; il faisait lever des troupes pour Coligny et rassemblait une flotte contre la Flandre. Le protestants, encouragés, rédigeaient en synode, à la Rochelle, la confession qui leur sert encore de règle aujourd'hui. Catherine fit des remontrances à son fils, qui les reçut fort mal : il semblait alors décidé à acquérir « gloire et réputation par la guerre espagnole, » et il répondit à sa mère qu'il n'avait pas de plus grands ennemis qu'elle et son fils le duc d'Anjou. Mais les passions travaillaient pour Catherine. Le duc d'Anjou, les Guises, Tavannes, tous les seigneurs catholiques qui avaient combattu la réforme, voyaient avec colère l'influence passer à leurs ennemis. Philippe II, menacé d'une guerre aux Pays-Bas qu'il n'était point en état de soutenir, fit parler la religion et la peur. Il remontra à Charles IX les dangers auxquels l'hérésie exposait les rois, proposa une alliance offensive et défensive contre cet ennemi commun des couronnes. Tous les moyens étant bons, il répandit de l'argent dans le peuple pour exciter des troubles. Quand la cour vint à Paris, avec son cortége de gentilshommes huguenots et de ministres protestants, « le sang mua » aux Parisiens restés tous catholiques. Un premier événement jeta le trouble dans les esprits, Jeanne d'Albret mourut subitement le 9 juin. On crut à un empoisonnement. Quand le mariage fut célébré, le 18 août, à la porte de Notre-Dame, on eut grand'peine à empêcher une émeute ; les chaires retentissaient dans toutes les églises de malédictions contre les huguenots, et ceux-ci ne se faisaient point faute de bravades dans les rues.

Catherine arrêta alors le plan le plus machiavélique : c'était de faire assassiner Coligny par les Guises ; les huguenots vengeraient leur chef sur ceux-ci, puis les troupes royales surviendraient pour tomber sur les uns et sur les autres comme violateurs de la paix publique. Le 22 août, Coligny reçut, en sortant du Louvre, un coup de feu tiré par Maurevel, assassin de profession aux gages du duc de Guise. A la première nouvelle de l'attentat, Charles IX courut auprès de l'amiral : « La douleur est pour vous, dit-il, l'injure et l'outrage sont pour moi, » et il jura de le venger.

Le lendemain, le roi semblait dans les mêmes sentiments ; mais la reine vint l'assaillir avec le duc d'Anjou, le duc d'Angoulême, Tavannes, le chancelier Birague, le maréchal de Retz, le duc de Nevers, les trois derniers, Italiens ; elle représenta que les deux partis étaient prêts à en venir aux mains ; que chacun d'eux élirait un chef, et qu'il ne resterait plus au roi que son titre, si encore il lui restait. « La guerre est inévitable, dit Tavannes, il vaut mieux la gagner à Paris que la mettre en doute en rase campagne. » On hésitait encore sur le nombre des victimes. « Il faut tout tuer, dit un des conseillers italiens, le péché étant aussi grand pour peu que pour beaucoup. » Charles, jusqu'alors immobile et sombre, s'écria tout à coup que, puisqu'on trouvait bon de tuer l'amiral, il vaulait qu'on tuât tous les huguenots de France, « afin qu'il n'en restât plus un pour le lui reprocher après. »

Le duc de Guise se chargea de l'exécution. On en connaît les horribles détails. On sait aussi que Charles reçut les bruyantes et enthousiastes félicitations des cours de Rome et d'Espagne pour la « si sage et si sainte résolution » qu'il avait prise, et pour se réjouir avec lui d'un « si glorieux succès. » — « soyez bien persuadé, lui écrivait Philippe II, qu'en faisant les affaires de Dieu, vous ferez encore mieux les vôtres. » Voilà le mot odieux de cette politique atroce. Et, en cas de guerre, il promettait tout, hommes et argent; il ajoutait: « Je voudrais pouvoir venir en personne combattre près de vous. A mon défaut, le duc d'Albe agira avec tout le zèle nécessaire. » Et il le suppliait, « avec toute l'ardeur de sa tendresse, de continuer et de parfaire ce qu'il avait si bien commencé. » Un trait abominable de ces boucheries, c'est que la haine personnelle, la rivalité de profession, même l'avidité au gain en furent aussi les mobiles. Le philosophe Ramus fut tué par un rival; à Angers, le duc d'Anjou fit mettre soigneusement sous les scellés la succession des morts, même des vivants, et la Saint-Barthélemy ne fut pas pour lui seul un moyen d'apurer ses comptes et de remplir sa caisse [1].

Ce grand crime fut inutile, comme les crimes le sont toujours. Les protestants avaient perdu leurs chefs; le premier moment de stupeur passé, ils reprirent les armes dans plusieurs villes avec une rage désespérée. L'armée royale s'en aperçut aux sièges de Sancerre et de la Rochelle. Le duc d'Anjou commandait devant cette dernière place et ne sut pas la prendre. Nîmes, Montauban, cent autres villes où les protestants dominaient, avaient fermé leurs portes; et en même temps la reine voyait se former au sein même des catholiques, un parti nombreux favorable, sinon aux calvinistes, tout au moins aux idées de tolérance. Charles IX, rassasié de sang, y venait de lui-même, échappant à sa mère, à Rome et à l'Espagne. Il écrivait, le 13 février, au duc d'Anjou, alors devant la Rochelle: « Je vous prie de préférer la douceur et la clémence.... de tenter l'amiable jusqu'à l'extrémité sans en

---

[1]. La femme de Philippe II, en félicitant son frère au sujet de la victoire de Saint-Denys, en 1567, lui recommandait de n'oublier pas la confiscation des biens du prince de Condé, « comme c'est raisonnable. » L'original de la lettre déchiré en cet endroit, ne nous permet pas de constater si la reine d'Espagne ne demandait pas pour elle-même une partie de ces biens.

perdre jamais l'espérance.... la force, pour heureuse qu'elle puisse être, me sera toujours dommageable, d'autant que de la ruine de ma ville et sujets il ne me peut revenir que perte. » La paix de la Rochelle accorda aux réformés la liberté de conscience. Ils sortirent donc victorieux d'une lutte commencée pour leur extermination.

Les divisions de leurs adversaires avaient favorisé leurs héroïques efforts. La Saint-Barthélemy avait désuni les catholiques. Beaucoup d'âmes honnêtes furent révoltées, et l'ambition du duc d'Alençon, frère du roi, exploitant ces nobles sentiments, il se forma un troisième parti que les deux opinions extrêmes s'accordèrent à flétrir, ce qui ne le déshonore pas du tout, du nom de *politique*. Mélange de mécontents, d'ambitieux et d'honnêtes gens, ce nouveau parti, faible à l'origine par le petit nombre de ses adeptes et l'incohérence de ses éléments, grandira grâce au progrès des idées de tolérance. C'est à lui que Henri IV devra son triomphe.

A Charles IX, mort en 1574, succéda son frère, Henri III, élu quelque temps auparavant roi de Pologne. Ce prince, distingué par son esprit, mais à qui ses vices ont attiré la haine des contemporains et le mépris de la postérité, essaya de mettre en pratique les maximes de Machiavel, son auteur favori, et les leçons de Catherine de Médicis en opposant les deux partis l'un à l'autre pour qu'ils se détruisissent mutuellement.

Les politiques s'étaient unis aux protestants, François d'Alençon à Henri de Navarre, qui, retenu captif depuis la Saint-Barthélemy, venait de s'échapper. Après une guerre mal conduite, qui valut pourtant au fils du grand Guise, au Balafré, un triomphe, la victoire de Dormans, qu'il gagna sur les Allemands venus au secours des réformés, le roi mit fin, par le traité de Beaulieu, à la cinquième guerre civile, en donnant au prince de Condé le gouvernement de la Picardie.

Jacques d'Humières, gouverneur de Péronne, protesta contre cette nomination, et réunit plus de 500 gentilshommes de cette province catholique en une association pour la défense de la foi. Cet exemple fut bientôt imité; en peu de temps, chaque province eut sa ligue. Henri de Guise s'empara habilement de cette force dispersée, la concentra en formant une seule association de toutes les ligues particulières et s'en fit le chef. Dès ce moment il y eut deux rois en France.

La Ligue, en effet, activement servie par le clergé, surtout par les moines et par les jésuites, se rendit maîtresse des élections lorsque Henri III convoqua les États généraux à Blois, et domina dans l'assemblée (1674). On contraignit le roi à rétracter l'édit de Beaulieu. On accorda six mois aux protestants pour abjurer. Mais, en même temps qu'on forçait le roi à leur déclarer la guerre, on lui refusait les moyens de la faire.

Faute d'argent, elle languit; les protestants perdirent Issoire, la Charité et Brouage. Henri, débarrassé de la surveillance des États, profita de ces légers succès pour signer un nouvel édit de pacification ou paix de Bergerac, qui accordait aux protestants une liberté de conscience plus étendue et mieux spécifiée que dans les édits précédents, des juges particuliers dans les huit parlements de province, neuf places de sûreté et des troupes; mais elle assurait la prééminence à la religion romaine, et prononçait l'abolition de toute confédération, tant des catholiques que des réformés (1577). En 1580 eut lieu une septième prise d'armes, sans importance, et marquée seulement par la prise de Cahors, que le roi de Navarre emporta; la paix de Fleix y mit un terme.

Henri III n'avait point d'enfant. Son frère, le duc d'Alençon, mourut en 1584, et le chef des protestants, Henri de Navarre, se trouva l'héritier présomptif de la couronne. Les catholiques, c'est-à-dire la majorité de la population du pays, se voyaient menacés d'avoir pour roi un calviniste : aussi la Ligue se ranima-t-elle avec la plus vive ardeur.

Henri de Guise vit bien que le moment de frapper les grands coups était venu; et sans hésiter, il signa, le 31 décembre 1584, avec Philippe II, le traité de Joinville, par lequel les parties contractantes s'engageaient « à extirper les sectes et hérésies, à exclure du trône de France les princes hérétiques et à assurer la succession des Valois à Charles, cardinal de Bourbon. Ce Charles de Bourbon, vieillard sans enfant, était mis en avant pour cacher les prétentions des Guises jusqu'à ce qu'ils pussent les montrer à découvert. Déjà couraient par les provinces de nouvelles généalogies qui rattachaient les Guises à Charlemagne, ce qui leur attribuait un droit supérieur à celui des Valois, et le pape Sixte-Quint déclarait les deux Bourbons, Henri et Condé, déchus de leurs droits de princes du sang, indignes de succéder à la couronne. Le parlement protesta en vain en de mémorables remontrances, contre cette violence faite aux consciences, « lesquelles sont exemptes de la puissance du fer et du feu, » et contre la bulle du pape qu'il appelait un attentat à l'indépendance de la couronne.

Alors commença la guerre des trois Henri (1586-1589), Henri de Navarre, Henri de France et Henri de Guise. Le premier débuta par une grande victoire, la seule que les huguenots eussent encore remportée en bataille rangée. L'armée royale fut presque entièrement détruite à Coutras, et son chef, Joyeuse, un des mignons du roi, fut tué (1587). Mais au nord, une armée que les princes réformés d'Allemagne envoyaient au secours de leurs coreligionnaires de France fut vaincue par le duc de Guise, à Vimory et à Auneau. Henri III deux fois battu, et par la défaite de son favori et par les succès de son rival, essaya d'intimider la population parisienne, toute dévouée à la Ligue et au duc; on lui répondit par une insurrection. La ville se couvrit de barricades. Les quelques milliers de Suisses, dont il s'était entouré, furent enveloppés et désarmés. Lui-même ne s'échappa qu'à grand'peine de la ville.

Au moment où Guise entrait triomphant à Paris (mars 1588), la grande Armada quittait les ports d'Espagne. Tout semblait donc promettre à Philippe II et au catholicisme romain une prochaine et éclatante victoire. Mais en juillet, les Anglais et la tempête détruisent l'Armada : Henri III se reprend à espérer. Il se fait humble et doux avec ses ennemis, accorde toutes leurs demandes, nomme le duc de Guise lieutenant général du royaume, promet de faire une guerre implacable aux huguenots, et convoque les États à Blois. Quand il eut, par ce moyen, attiré le duc dans cette ville, il l'y fit assassiner (23 décembre). Le lendemain, on tua le cardinal de Lorraine à coups de hallebardes.

Mais Guise tirait sa force de la Ligue, et non la Ligue de lui. A la nouvelle du meurtre, les Parisiens se soulèvent ; le duc de Mayenne, frère de la victime, est nommé lieutenant général du royaume ; les plus grandes villes adhèrent au mouvement ; et le roi, abandonné de tous, est réduit à se jeter dans les bras du roi de Navarre. Henri de Bourbon conclut avec joie une alliance qui donne à ses armes la légalité. Les deux rois viennent assiéger Paris avec 40 000 hommes ; mais Henri III est tué d'un coup de couteau par le jacobin Jacques Clément (1589).

Le roi de Navarre fut aussitôt proclamé roi de France, mais beaucoup de catholiques, même de protestants, le quittèrent. Il fallut lever le siége de Paris et courir à Dieppe au-devant des secours qu'Élisabeth lui envoyait. Les combats d'Arques (1580) rétablirent sa fortune et sa renommée, que la victoire d'Ivry (1590) consacra. Paris fut de nouveau assiégé, et cette fois eût été pris si Philippe II ne se fût décidé à une intervention active.

Bravé jusque sur les côtes d'Espagne par les navires anglais qui venaient insulter Cadix et Lisbonne et enlever ses galions d'Amérique, il soutenait encore une guerre pénible aux Pays-Bas contre l'habile Maurice de Nassau, le fils de sa grande victime, le Taciturne. En 1590, il était même menacé de perdre ses provinces wallones ; cependant il donna l'ordre à son général, Alexandre Farnèse, de secourir à tout prix les Parisiens. Parti de Valenciennes le 4 août, le duc arriva à Meaux le 23, fort à temps, car le siége durait depuis quatre mois. « Deux jours encore, et ceux de Paris, dit une relation, eussent été obligés d'ouvrir leurs portes. » Henri alla au-devant des Espagnols pour les combattre dans les plaines de Chelles. Le duc de Parme, habile tacticien, escarmoucha avec les Français, les occupa pendant quatre jours, et le cinquième, à la faveur d'un épais brouillard, surprit Lagny sur la Marne, d'où il lança une flottille de bateaux avec des soldats et des vivres, pour ravitailler Paris. Tout l'effort d'une laborieuse campagne était perdu.

Si les catholiques espagnols et italiens soutenaient les ligueurs, les protestants n'abandonnaient pas Henri IV. Il lui vint 7000 Anglais, 2000 Hollandais ; et le vicomte de Turenne lui amena 12000 Allemands. La France était le champ de bataille des deux religions.

La campagne de 1591 ne fut pourtant point décisive. Henri prit Chartres, un des greniers de Paris (19 avril), et en novembre essaya, pour dominer la Normandie et la basse Seine, d'emporter Rouen. Farnèse vint encore lui arracher une conquête certaine; mais, à la prise de Caudebec, il reçut une blessure grave, et, pendant qu'il était sur son lit de souffrance, Henri IV attaqua son armée à Yvetot, lui tua 3000 hommes, et l'enferma dans une position désespérée, entre la Seine et la mer. Le duc de Parme se tira cependant de ce mauvais pas et franchit le fleuve, mais mourut en reprenant la route des Pays-Bas. Henri se trouva délivré de son plus redoutable adversaire.

En ce temps-là, la Ligue était pleine de divisions, inévitable suite des revers. Les Seize se vengeaient d'Arques et d'Ivry sur les catholiques modérés, et envoyaient à la potence le président du parlement, Brisson (novembre 1591). Mayenne, effrayé, proscrivit ces chefs du mouvement populaire, fit saisir et décapiter quatre des Seize, cassa leur conseil et confia les fonctions municipales à des *politiques* déclarés (février 1592). C'était supprimer la portion turbulente, mais aussi la plus énergique du parti. Dès lors une sourde opposition, secrètement encouragée par l'Espagne, entrava les projets de Mayenne.

Cependant le cri public réclamait un pouvoir définitif Mayenne convoqua un simulacre d'États généraux. Les députés se réunirent à Paris (janvier 1593). Alors parurent au grand jour les ambitions rivales. Mayenne, le jeune duc de Guise, fils du Balafré, et Philippe II, voulaient chacun la couronne. Le dernier la demandait au moins pour sa fille Isabelle. « Quel époux, dit un député, le roi Philippe destine-t-il à sa fille? » On attendait le nom du duc de Guise. « L'archiduc Ernest d'Autriche, » répondit l'ambassadeur espagnol. Ce fut une explosion de murmures. L'ambassadeur eut beau atténuer cette faute en offrant de donner pour époux à la princesse le jeune duc de Guise. Il était trop tard : le parlement intervint et rendit un arrêt contre les prétentions du roi d'Espagne. Mayenne y était supplié « d'empêcher que, sous prétexte de religion, la couronne ne fût transférée en des mains étrangères. »

Ainsi, après trente ans de guerres, les catholiques et les protestants étaient également arrivés à la plus manifeste impuissance. Ni les uns ni les autres, pas plus la Ligue, malgré l'or et les soldats de Philippe II, que le roi de Navarre, malgré la gloire de Coutras, d'Arques et d'Ivry, ne pouvaient fonder un gouvernement national. La France repoussait les ligueurs comme instruments et complices de l'étranger, Henri IV comme hérétique. Il n'y avait qu'un moyen d'en finir, et il fallait se hâter, car le royaume tombait en dissolution; le roi de Navarre devait sacrifier ses croyances à la nation, puisqu'elle ne voulait pas lui sacrifier les siennes. La conversion de Henri était nécessaire. Le pape lui-même, Sixte-Quint, l'avait indiquée comme le seul dénoûment possible de la crise inextricable où se trouvaient l'Europe et la France : « Si le roi de Navarre était présent, avait-il dit, je le supplierais à genoux de se faire catholique. »

Il coûtait beaucoup au fils de Jeanne d'Albert, à l'élève de Coligny, de rompre avec ces huguenots, « qui l'avaient apporté sur leurs épaules de deçà la rivière de Loire. » Mais c'était l'avis même des plus sages d'entre eux. Le 25 juillet, il fit abjuration à Saint-Denis.

La Ligue n'avait plus de raison d'être. Elle retarda, mais ne put empêcher le triomphe du Béarnais. Brissac lui livra Paris (12 mars 1594), et l'année suivante (sept. 1595), il reçut l'absolution pontificale. Les ligueurs ne pouvaient être plus exigeants que le Pape. Le duc de Guise avait cédé déjà (novembre 1593); Mayenne fit sa soumission au commencement de 1596. Mais tous aussi, comme Brissac, se firent chèrement acheter leur obéissance. Une courte guerre avec l'Espagne, illustrée par le combat de Fontaine Française (1595) et la reprise d'Amiens (1597), amena la paix de Vervins. Les limites des deux royaumes furent rétablies sur le pied du traité de Cateau-Cambrésis (mai 1598). Trois semaines auparavant, Henri avait affermi la paix intérieure en signant le célèbre édit de Nantes (avril 1598). Rédigé sur les bases de l'édit de Bergerac, l'édit de Nantes assurait aux protestants la liberté de conscience partout, la liberté du culte dans l'intérieur des châteaux et dans un grand nombre de villes; des chambres mi-parties, dans les parlements, pour juger les procès des protestants avec les catholiques; des places de sûreté; enfin, ce qui les constituait comme un État dans l'État, le droit de s'assembler par députés tous les trois ans, pour présenter au gouvernement leurs réclamations.

CHAPITRE XVI.

SUITES DES GUERRES DE RELIGION POUR LA FRANCE, L'ESPAGNE, L'ANGLETERRE ET LA HOLLANDE.

Décadence et ruine de l'Espagne. — Prospérité de l'Angleterre et de la Hollande. — Réorganisation de la France par Henri IV (1508-1610).

Décadence et ruine de l'Espagne.

Lorsque Philippe II mourut, quatre mois après le traité de Vervins et l'édit de Nantes, il n'avait pas seulement vu l'avortement de ses ambitieux desseins sur l'Europe occidentale, il avait pu contempler encore la ruine de ses États héréditaires. Le *démon du midi* avait été aussi funeste aux siens qu'à ses ennemis. Il avait perdu la moitié des Pays-Bas, et, des trois couronnes qu'il avait voulu saisir, une seule lui restait, mais privée déjà de ses plus beaux fleurons, et l'Espagne n'était plus qu'un cadavre vivant.

Afin de conserver son unité au grand drame des guerres de religion, je n'ai point encore parlé de faits qui, malgré leur importance, ne sont qu'épisodiques; je les reprends ici dans le but d'achever le tableau de ce règne et de montrer quelles furent pour l'Espagne les suites de cette insatiable ambition. Il n'y a pas dans l'histoire de plus grande leçon morale.

Ces faits épisodiques sont la conquête du Portugal, la lutte que Philippe II soutint contre les Turcs sur la Méditerranée, enfin ses intrigues pour dominer la mer du Nord et la Baltique en s'emparant du Danemark.

La mort du roi don Sébastien à Alcazarquivir, au sud de Tanger, dans une aventureuse expédition en Afrique, avait fait passer la couronne de Portugal à un vieillard infirme, le cardinal don Henri, son oncle, âgé de 67 ans. Le nouveau roi mourut en 1580. Le fils naturel d'un de ses frères, don Antoine, grand prieur de Crato, se fit proclamer à sa place ; mais Philippe II s'était déjà porté comme héritier de cette couronne. Il acheta la noblesse ; et le duc d'Albe, entrant en Portugal avec 30 000 hommes, vainquit à Alcantara don Antoine, qui se réfugia en France. En deux mois le royaume fut conquis, et les cortès de Thomar reconnurent solennellement Philippe II, à condition que le Portugal resterait un royaume séparé et indépendant, avec ses tribunaux propres et sa capitale (2 sept. 1580). Toute la Péninsule se trouva réunie sous ses lois, et, de plus, les Indes orientales et les colonies portugaises, c'est-à-dire le Brésil en Amérique ; la Guinée, l'Angola, le Benguéla, les côtes de Zanguebar, de Quiloa, de Mozambique, et l'île de Socotora en Afrique ; Ormuz, les royaumes de Cambaye, de Diu, le Malabar, Ceylan, Malacca et Macao en Asie ; les Moluques en Océanie.

Quel avenir de prospérité et de grandeur s'ouvrait pour l'Espagne, si, quittant Madrid, cette capitale sans eau, sans débouchés, qui alors était à peine une ville, Philippe II eût établi à Lisbonne, sur le plus grand fleuve de la Péninsule, le siége de son gouvernement! Lisbonne était le vrai centre du vaste empire colonial des Espagnols. Si le roi castillan méconnut en cette circonstance les intérêts de sa grandeur, il y fut peut-être contraint par ses préjugés et par ceux de son peuple ; mais il sembla moins le roi que le fléau du Portugal. Malgré une amnistie, il versa des flots de sang ; 2000 prêtres ou moines, dit-on, périrent par ses ordres. Toutes les places furent vendues, les plus riches bénéfices donnés aux Espagnols, les anciens domaines de la couronne aliénés, la noblesse écartée des emplois et reléguée dans ses terres. En dix-huit ans, il n'y eut que trois gentilshommes portugais qui reçurent des titres honorifiques. Tout était réservé aux Castillans.

En outre, les ministres espagnols semblèrent travailler systématiquement à la ruine de ce malheureux pays. Le monopole du commerce d'Amérique fut réservé aux seuls Castillans, tandis que les charges imposées à l'Espagne le furent aussi au Portugal, une seule exceptée, celle du service militaire. Les Portugais étant peu employés, parce que leur fidélité était suspecte, les Castillans presque seuls remplirent les cadres de l'armée, et ce furent eux qui s'épuisèrent à défendre les colonies portugaises contre les attaques des Anglais et des Hollandais. Philippe II possédait encore le Portugal à sa mort ; mais le sentiment national qu'il avait si violemment froissé n'attendait qu'une occasion pour éclater. La rupture aura lieu en 1640.

Si donc d'heureuses circonstances avaient livré à Philippe II un royaume, et lui avaient permis de résoudre le grand problème de l'unité de la Péninsule, il avait tout remis en question par son administration injuste et inhabile, tandis que l'obligation de défendre les colonies portugaises contribua à épuiser la population de la Castille, et que la possibilité de les attaquer fit la fortune maritime de la Hollande.

Dans la Méditerranée, il possédait Naples, la Sicile, la Sardaigne, les Baléares, et il était protecteur des chevaliers de Malte; il pouvait donc dominer aisément cette mer, et il avait la charge d'en faire la police pour le commerce européen. En 1558, après la bataille de Saint-Quentin, l'ancien allié de François I*, Soliman II, avait fait une diversion utile à la France, en lançant sa flotte sur l'Italie et les Baléares, qu'elle ravagea. Six ans plus tôt, les Turcs, maîtres d'Alger depuis 1517, avaient enlevé Tripoli aux chevaliers de Malte, et Dragut, successeur de Barberousse, envoyait chaque année ses corsaires piller les côtes d'Espagne. Philippe II, provoqué, ordonna, en 1558, une expédition par terre et par mer d'Oran sur Tlemcen : marins et soldats périrent. Une grande expédition, dirigée l'année suivante contre Tripoli, et qui comptait 15 000 soldats montés sur 200 vaisseaux, éprouva un affreux désastre. En 1563, ce fut la flotte de Naples qui fut détruite par une tempête ; et, deux ans après, Malte fut enveloppée par un armement immense qui portait 40 000 soldats, le dernier effort de Soliman. Il voulait finir son règne comme il l'avait commencé, par un grand succès sur les chrétiens. Il avait pris Rhodes aux chevaliers en 1526; il comptait leur enlever Malte en 1565. Le grand maître, La Valette, plus heureux que Villiers de L'Isle-Adam, résista pendant quatre mois à toutes les attaques. Si Malte tombait aux mains des Turcs, la Méditerranée leur appartenait ; mais ils ne purent s'en emparer. Ils se dédommagèrent en 1570, sous Sélim II, en enlevant Chypre aux Vénitiens et Tunis aux Espagnols.

La chrétienté s'émut cette fois. Une coalition se forma entre Venise, le pape et le roi d'Espagne. Plus de 300 navires, portant 80 000 soldats ou rameurs furent réunis. Le commandant était don Juan, frère naturel de Philippe II, qui venait de se signaler en réprimant une révolte des Maures dans les Alpujarras. Il rencontra la flotte turque dans le golfe de Lépante (7 octobre 1571), et lui infligea un épouvantable désastre. 30 000 Turcs furent tués ou captifs, 170 de leurs galères furent prises, 80 détruites, 40 à peine se sauvèrent. Le célèbre écrivain Cervantes, qui se trouva à cette bataille, y eut un bras emporté, 13 000 chrétiens prisonniers furent rendus à la liberté.

Quand le pape Pie V apprit cette victoire, il entonna le verset fameux : « Il fut un homme envoyé de Dieu qui s'appelait Jean. » La chrétienté était dans l'attente ; toute la Grèce s'agitait, espérant sa délivrance, et le sultan craignait pour Constantinople ; mais Philippe II empêcha son frère de se faire roi d'Albanie et de Macédoine, et ce grand succès n'eut que de minces résultats. « Allah, s'écria Sélim en apprenant cette défaite, a donné la mer aux infidèles ! » Mais il disait à l'ambassadeur de Venise : « Quand nous vous prenons un royaume, nous vous arrachons un bras ; quand vous dispersez notre flotte, vous nous rasez la barbe, ce qui ne l'empêche pas de repousser. » Il arma, en effet, presque aussitôt 250 vaisseaux, et Venise effrayée se hâta de traiter. Philippe lui-même convint, en 1578, avec Amurath III, d'une trêve qui dura autant que son règne. Tripoli, Tunis et Alger restaient aux Turcs, qui, par leur esprit de discipline et de courage, prirent sur cette population de Maures avides et d'Arabes désorganisés un ascendant qui dure encore là où la France ne s'est pas mise à leur place. Mais ils organisèrent dans ces trois États un brigandage régulier qui dépeupla les côtes de Sicile, d'Italie et d'Espagne, qui même imposa aux États Européens la honteuse obligation de payer un tribut à ces pirates pour donner quelque sécurité à leur commerce. De ce côté encore, Philippe II avait complétement échoué, parce que poursuivant tant de buts divers, il dissémina ses forces sur toutes les routes qui y conduisaient, au lieu de les réunir sur une seule.

Il ne fut pas plus heureux en Suède et en Danemark, Charles-Quint avait fait du roi de Danemark, Christian II, son beau-frère et son allié, et l'avait soutenu pour avoir un appui dans le nord, sur les derrières des protestants de la Saxe et de la Hesse. A une offre de Christian II de soumettre ses trois royaumes à la suzeraineté de l'Empire, il avait même répondu par la demande de reconnaître la suzeraineté du chef de la maison d'Autriche, de telle sorte que si les enfants du roi ne laissaient pas d'héritier la maison d'Autriche succédât aux trois couronnes du nord[1].

Philippe suivit le même dessein sans avoir les mêmes raisons d'y dépenser ses ressources, puisque l'Allemagne ne lui appartenait point. En 1564, il envoya un subside à Éric XIV, successeur de Gustave Vasa, pour l'aider à continuer la guerre contre le roi danois Frédéric II, qu'il voulait renverser au profit de la duchesse de Lorraine, sa parente et catholique. Voilà aux extrémités du nord la même ambition et les mêmes alliances. Ce plan ne réussit pas. Mais Éric XIV ayant été dépossédé du trône en 1568 par son frère Jean III, époux docile de la catholique Catherine Jagellon, Philippe II tourna ses batteries de ce côté. Il poussa le nouveau roi à ramener son peuple dans le sein de l'Église romaine, lui fit envoyer des députés au pape, proscrire les livres de Luther, et appeler des jésuites auxquels toutes les chaires furent livrées. Alors derrière l'intérêt religieux parut l'intérêt politique. Philippe II forma une ligue avec les rois de Suède et de Pologne. On se proposait le partage du Danemark. Le roi d'Espagne aurait eu pour sa part le Sund, la Seeland avec Copenhague, la Fionie et le Jutland (1578). Mais Catherine Jagellon mourut (1583); avec elle l'influence catholique

---

[1] Lettre de l'ambassadeur de Christian II auprès de Ch. V, écrite de Madrid le 19 décembre 1528, aux *Arch. des miss.*, t. V, p. 473

tomba; les jésuites furent chassés, et les projets de Philippe II sur la Baltique avortèrent.

Le fils de Charles-Quint aurait donc pu abdiquer comme son père et aller comme lui cacher au fond d'un cloître la ruine de ses espérances. Charles, du moins, avait combattu pour une cause, à certains égards, légitime. Il avait brisé en Italie la prépondérance de la France, mauvaise pour nous, comme elle le fut pour lui, et surtout pour l'Italie même. Il avait arrêté le flot montant de la domination musulmane et tenté de faire de l'Allemagne une nation en lui donnant l'unité et la paix. Si les moyens qu'il employa furent désastreux : licence de la soldatesque, ruineuses extorsions, entraves de toute sorte à l'industrie et au commerce, il poursuivit du moins des desseins vraiment grands et il descendit noblement du trône pour ne pas épuiser ses peuples à une œuvre impossible. Son fils, au contraire, s'opiniâtra et mourut roi, mais roi d'une nation perdue.

Charles-Quint avait pris son point d'appui partout, en Espagne, en Italie, dans l'Empire et aux Pays-Bas, de sorte qu'aucun de ses peuples ne porta seul le poids de toutes ses entreprises. Philippe II demanda à peu près tout à l'Espagne et l'épuisa d'hommes, d'argent et de liberté.

L'Aragon avait gardé quelques priviléges, il les lui arracha à l'occasion du procès d'Antonio Perez. Dans toute la Péninsule, les provinces basques conservèrent seules leurs *fueros*.

L'hérésie lui semblait une révolte contre le roi autant que contre le ciel; il laissa libre carrière au zèle farouche de l'inquisition, et la chargea d'extirper jusqu'au moindre germe de la pernicieuse semence.

Pour assurer l'unité religieuse, il persécuta avec violence les Maures de l'ancien royaume de Grenade et la persécution engendra la révolte. Sous Ferdinand le Catholique, on les avait contraints, au mépris du traité de Grenade, à abjurer leurs croyances; Philippe II, en 1568, les obligea à changer de nom, à abandonner la langue et le costume de leurs ancêtres. Défense leur fut faite de quitter leur résidence, sans la permission du magistrat, de posséder une arme, pas même un bâton ferré. Un soulèvement général éclata le même jour;

des feux allumés sur les hauteurs transmirent de montagne en montagne le signal de l'indépendance; les femmes mêmes s'armèrent de longues aiguilles d'emballeurs pour percer le ventre des chevaux. Retranchés dans les gorges des Alpujarras, les Maures auraient pu tenir longtemps s'ils eussent été soutenus par leurs frères de Tunis et d'Alger. Mais le sultan Sélim les laissa sans secours. L'infanterie espagnole et son chef, l'héroïque don Juan d'Autriche, eurent bon marché de ces bandes sans discipline et mal armées. Les Maures se soumirent. Philippe II les fit transporter en Castille. Au-dessus de dix ans, tous devinrent esclaves (1569-1570). Ce n'était pas le moyen de rendre la vie à la Péninsule.

Tout y dépérissait; l'activité du gouvernement, absorbée par les vastes soins de la guerre universelle entreprise contre l'hérésie, ne se portait plus sur le développement de la richesse nationale. Le commerce et l'industrie, cruellement atteints par l'expulsion des juifs et la révolte des Maures, souffraient plus encore du monopole que le gouvernement avait constitué (voy. p. 144). De tout ce qu'on importait en Amérique, les manufactures espagnoles en fournissaient à peine un dixième; la contrebande donnait le reste. Les milliers de métiers qui travaillaient jadis à Séville la laine et la soie, étaient réduits à quelques centaines. L'agriculture succombait sous les ravages périodiques des troupeaux de la *mesta*, qui l'hiver descendaient dans les plaines chaudes de l'Andalousie, et l'été remontaient, en dévorant tout sur leur chemin, vers les montagnes de la Galice. La population décimée par la continuité des guerres, par l'émigration aux colonies, était encore appauvrie dans sa source par la multiplication excessive des monastères. On comptait près d'un million d'ecclésiastiques dans les États de Philippe II.

Les uns allant chercher fortune au delà des mers, les autres courant les aventures de la vie du soldat ou demandant aux monastères une tranquille oisiveté, le travail national se trouva comme suspendu. L'Espagne cessa de produire ce qui lui était nécessaire et dut le demander aux nations voisines. En vain, les galions d'Amérique échappés aux croiseurs anglais et bataves, arrivaient à Cadix; l'or qu'ils apportaient ne faisait que traverser l'Espagne sans la féconder, et s'écoulait rapidement vers les pays producteurs. Ainsi s'explique ce fait qui surprit tant de contemporains, que le roi d'Espagne, le maître des deux Indes, le possesseur des plus riches dépôts métalliques du monde, se vit obligé, deux fois (1575 et 1596), de suspendre ses payements, comme un négociant insolvable, et laissa à sa mort une dette de plus d'un milliard. On ne savait pas encore que la vraie richesse n'est point l'or qui la représente, mais le travail qui la crée.

Philippe II mourut en 1598, d'un mal hideux, la maladie pédiculaire. Il laissa après lui un des plus terribles exemples de l'influence fatale du despotisme sur la vie des nations. Un siècle après, le marquis de Torcy disait de l'Espagne: « C'est un corps sans âme. » Philippe II avait fait d'elle ce que nous disions plus haut: un cadavre vivant. Aujourd'hui, ce cadavre se ranime, mais si profonde avait été la funeste empreinte que d'honnêtes gens y étaient naguère encore condamnés aux galères, pour avoir lu une Bible protestante [1].

Prospérité de l'Angleterre et de la Hollande.

L'Angleterre venait de passer par une épouvantable crise. Mais les menaces de Philippe II et les complots des catholiques avaient eu pour conséquences d'exalter le patriotisme anglais, la popularité et le pouvoir de la reine, l'ardeur enfin de la foi anglicane; et comme l'Angleterre était sortie victorieuse de la lutte, elle se trouva élevée dans l'opinion de ses enfants et dans celle de l'Europe de toute la hauteur dont l'Espagne descendit. Pour conjurer les périls, une dictature avait été nécessaire; elle subsista, après le péril écarté, et l'autorité royale resta si absolue, que l'historien Hume a pu dire que le gouvernement anglais ressemblait alors au despotisme oriental. Il lui ressemblait par sa force, il lui ressemblait aussi par ses actes. Élisabeth persécuta non-seulement

---

[1]. Manuel Matamoras a été condamné, le 30 décembre 1861, à sept ans de galères avec incapacité perpétuelle et aux dépens, c'est-à-dire à la confiscation des biens pour avoir colporté une traduction de la Bible en langue vulgaire. D'autres ont été condamnés en 1863.

les catholiques, mais aussi les non-conformistes, puritains ou indépendants, qui, dépassant le point où la reine voulait arrêter la réforme, rejetaient la hiérarchie épiscopale, la juridiction des cours spirituelles et les cérémonies du culte. Contre les uns et contre les autres, c'est-à-dire contre le sanctuaire de la conscience, qui doit toujours rester libre, Élisabeth promulgua un effrayant ensemble de lois qui forment un code odieux et qui se justifiaient par l'excuse banale de toutes les tyrannies, la nécessité politique. Et quel fut le résultat de cet arbitraire et de ces violences? Voici le témoignage d'un protestant : « L'Église ne fut pas laissée par Élisabeth dans un état qui pût valoir des éloges à la politique de ses chefs. Après quarante ans de vexations constamment aggravées contre les non-conformistes, leur nombre se trouva augmenté, leur popularité avait poussé de plus profondes racines, leur inimitié pour l'ordre établi était plus irréconciliable. » Une révolution était là en germe ; le second successeur d'Élisabeth la verra s'accomplir contre lui-même.

Cette tyrannie religieuse servit le despotisme politique ; car pour mieux atteindre les catholiques, leurs communs adversaires, les fanatiques des deux partis, anglican et puritain, laissèrent toute latitude à la couronne de violer les lois. Grâce à la Chambre Étoilée, qui citait devant elle les jurés, lorsqu'ils acquittaient un accusé que la cour voulait perdre, et les condamnait à d'énormes amendes ou à une prison sans terme fixe, la plus précieuse des garanties anglaises, le jury, n'existait plus. Aussi l'écrivain que nous citions tout à l'heure a pu dire, sans dépasser la mesure de la vérité : « Dans les procès de haute trahison, nos cours de justice différaient peu des vraies cavernes d'assassins. » Le conseil privé, quelquefois un seul de ses membres, prononçait de son chef des emprisonnements arbitraires ; et les ministres employaient toutes les rigueurs de la loi martiale avec la plus extrême facilité, même, comme il arriva une fois, pour les désordres sans gravité de quelques apprentis tapageurs.

Le jury à peu près supprimé, restait le parlement. Élisabeth ne souffrit de sa part aucune remontrance. En 1581, les communes ayant d'elles-mêmes ordonné un jeûne et des prières publiques, on les força de demander pardon. Quiconque élevait la voix librement, dans l'une ou l'autre chambre, était aussitôt jeté en prison. Élisabeth, d'ailleurs, malgré son luxe attesté par les 3000 robes trouvées à sa mort, administra avec une économie qui la dispensa souvent de demander des subsides. Elle ménagea la bourse de ses sujets au grand profit de son pouvoir. Ajoutons que, parfois, elle sut céder à propos. En 1601, elle avait concédé une foule de monopoles commerciaux. Le prix de toutes choses s'élève ; une émeute formidable se prépare. La reine retire ce qu'elle a donné et remercie les communes de l'avoir avertie à temps.

D'ailleurs la postérité oublie le parlement et ses droits, lorsque la reine nous apparaît entre Shakspeare et Bacon, entourée d'hommes d'État, tels que Burleigh, de marins tels que Drake, Hawkins, Forbisher, Raleigh et Davis. Drake est le premier capitaine qui ait fait le tour du monde, Magellan étant mort en route, et le premier qui ait doublé le cap Horn, découverte qui aurait dû lui rester. Quand il entra en Angleterre, Élisabeth se rendit sur son vaisseau pour l'armer elle-même chevalier. Hawkins, parent de Drake, est célèbre notamment par le développement qu'il fit prendre à la traite des nègres, commerce qui n'emportait pas alors le déshonneur qu'on y a justement attaché depuis. Forbisher fut le premier des marins anglais qui, après Sébastien Cabot, chercha, pour aller en Chine, ce passage du N.-O. qu'on vient enfin de trouver au bout de trois siècles d'efforts et d'héroïsme ; et Davis découvrit le détroit qui garde encore son nom. Gilbert établit quelques colons à Terre-Neuve. Raleigh en conduisit d'autres dans cette partie de l'Amérique septentrionale à laquelle il donna, en l'honneur de la reine vierge, le nom de Virginie, et importa en Europe la pomme de terre, certainement la plus précieuse de toutes ses découvertes. Ce fut aussi lui qui, le premier, transporta le cerisier en Irlande. Les colons qu'il avait laissés dans la Virginie adoptèrent l'usage qui de là passa en Angleterre, de fumer le tabac.

L'industrie prit également, sous Élisabeth, un grand essor. De nombreux émigrés flamands, fuyant le joug espagnol, vinrent se fixer sur divers points du territoire, notamment dans le

Lancashire, s'y marièrent, et, mettant leur industrie au service du pays qui leur avait donné asile, accrurent l'activité déjà considérable du travail de la laine. Ce sont encore des Flamands qui, à cette époque, remplacèrent à Londres les humbles échoppes où l'on n'avait vendu jusque-là que de la poterie et des brosses, par de vastes magasins où s'étalaient les produits du monde entier. N'oublions pas non plus qu'Élisabeth inaugura en personne, le 25 janvier 1571, sous le nom de Royal Échange, la Bourse de Londres, fondée par la munificence de son banquier Thomas Gresham, et que le précieux système des assurances commerciales commençait.

Élisabeth acheva pourtant ce grand règne dans la tristesse. Le présomptueux comte d'Essex, qui avait succédé dans son affection au comte de Leicester, ayant fini par lasser la patience de la reine, fut disgracié. Parce qu'il avait vu la cour à ses pieds, il se crut assez fort pour chasser les ministres, et, le 8 février 1601, il parut dans les rues de Londres l'épée à la main, suivi de deux ou trois cents partisans, et appela le peuple à la révolte. Le peuple ne bougea point. Le comte fut pris, condamné à mort, et, comme il s'obstina à ne point demander grâce, exécuté. Mais, à partir de ce jour, Élisabeth ne fit plus que languir. Elle mourut le 3 avril 1603, âgée de 70 ans. Elle avait fait deux choses qui contribuèrent beaucoup à la grandeur de l'Angleterre. Elle l'avait jetée irrévocablement dans les voies du protestantisme, en même temps qu'elle lui avait montré le sceptre de l'Océan à saisir; et, en reconnaissant le roi d'Écosse pour son héritier, elle avait préparé l'union de ce pays avec l'Angleterre.

Sous Élisabeth vécurent deux grands hommes qui appartiennent encore plus à l'humanité qu'à leur patrie, Shakspeare et Bacon. Nul poète pourtant ne fut plus national que Shakspeare : c'est le génie anglais personnifié, dans son allure fière et libre, sa rudesse, sa profondeur et sa mélancolie. Le théâtre entier de Shakspeare forme un monument unique dans la littérature moderne. Aujourd'hui encore, c'est lui que l'Angleterre peut opposer avec orgueil à tout ce que les anciens et les modernes ont produit d'admirable dans l'art dramatique. Né en 1564, il mourut en 1616, à 52 ans.

Ses principaux ouvrages sont : *Othello, Hamlet, Macbeth, le Roi Léar, Richard III, Roméo et Juliette, le Marchand de Venise, César* et *la Tempête*. Bien au-dessous de lui, mais à un rang honorable encore, se placent Philippe Sidney, grand seigneur, qui fut poëte et diplomate, Spencer, l'auteur de *la Reine des Fées*, et Ben Johnson, poëte comique et satirique qui fut l'ami de Shakspeare.

François Bacon, né en 1561, est un des fondateurs de la philosophie moderne. Il a, dans son *De augmentis scientiarum*, publié en 1605, et dans son *Novum organum*, publié en 1626, ouvert aux sciences une voie nouvelle, en les affranchissant à la fois de la routine et des hypothèses aventureuses pour leur substituer l'observation patiente et les expériences répétées ; malheureusement il dégrada son caractère par une cupidité effrénée. Il fut nommé en 1619 grand chancelier d'Angleterre ; et il fallut envoyer en prison comme concussionnaire cet homme d'un si beau génie.

La république des Provinces-Unies n'avait, elle, ni poëte ni philosophe ; elle n'était pas encore arrivée à ce luxe des grandes sociétés assises et tranquilles ; mais la lutte terrible qu'elle venait de soutenir avait accru ses forces, au lieu de les épuiser. Ce sol à demi noyé, que la nature défend déjà si bien, était devenu le champ de bataille de la liberté religieuse contre l'intolérance. Tous ceux en Europe qui fuyaient le bûcher ou la persécution accouraient sous le drapeau des Provinces-Unies. Voilà comment son armée fut toujours au complet, sans que l'agriculture et la marine manquassent jamais des bras qui leur étaient nécessaires. Les seules provinces de Hollande et de Zélande comptaient 70 000 matelots ; et tandis qu'Ostende soutenait un siége de 39 mois (1601-1604) qui coûta la vie à 60 000 soldats confédérés, mais aussi à 80 000 Espagnols, les Bataves couvraient la mer de leurs vaisseaux. Dans la même année où l'héroïque cité livrait à Spinola ses remparts écroulés, les pêcheurs versèrent dans le trésor public, par le seul impôt placé sur leur industrie, la somme énorme de 5 millions de florins, et une flotte hollandaise jetait aux extrémités du monde, par la conquête des Moluques, les fondements d'un nouvel empire colonial.

Les Hollandais, n'ayant à peu près rien à demander à leur sol pour l'exportation, se firent les rouliers de l'Océan et les moissonneurs des mers. Leurs hardis pêcheurs, sans cesse à la chasse de ce butin que la mer féconde leur livrait, approvisionnaient de salaisons presque toute l'Europe, même les pays catholiques où la pratique du maigre en faisait une nécessité. On a eu raison de dire que la Hollande avait changé ses tonnes de harengs contre des tonnes d'or. En outre, leurs marchands faisaient la *commission*; ils allaient, avec leurs navires, prendre les denrées où elles abondaient, à vil prix, pour les porter où elles manquaient. Chaque année 2 ou 3000 navires hollandais entraient dans nos ports pour y enlever nos blés, nos vins, nos eaux-de-vie, et plus de 400 entraient sous pavillon étranger dans les ports mêmes de l'Espagne qui payait à ces rebelles, avec les trésors du Nouveau Monde, les grains de la Pologne et les denrées du Nord dont elle manquait.

Philippe II leur avait fermé Lisbonne en 1594. Dès l'année suivante, ils formaient la *Compagnie des pays lointains*, pour aller chercher les épices aux lieux mêmes de production, et les succès rapides de cette Société amenèrent la création, en 1602, de la Compagnie des grandes Indes qui, profitant de la haine excitée par la dureté des Portugais, établit des comptoirs et des forteresses à Java, à Amboine, à Tidor, à Formose, dans l'île de Ceylan, à Malacca. En treize années elle arma 800 navires, en prit à l'ennemi 545 dont la coque et la cargaison lui rapportèrent 180 millions de livres. Les dividendes des actionnaires ne furent jamais au-dessous de 20 pour 100 et s'élevèrent parfois jusqu'à 50. Ces beaux jours sont passés, mais ils avaient réuni tant de richesses dans les mains des fils des *gueux*, que la Hollande est encore aujourd'hui un des pays où les capitaux abondent le plus, et Amsterdam un des grands marchés du monde pour l'argent.

Réorganisation de la France par Henri IV (1595-1610).

Henri avait chèrement payé la soumission des chefs de la Ligue; il laissait aux protestants, par l'édit de Nantes, une existence politique considérable. Il entendait bien pourtant qu'il n'y eût en France qu'une seule volonté, la sienne. Au sortir de guerres si terribles, le pays avait besoin de repos, d'ordre et de sécurité. Henri IV voulut lui donner ces premières conditions de l'existence sociale. Ligueurs ou protestants ne cherchaient qu'à fonder l'exploitation de la société par un parti. Le roi établit au-dessus de toutes les passions individuelles la force et l'intelligence d'un gouvernement absolu, mais étranger aux rancunes du passé, et soucieux des intérêts et de la grandeur nationale.

Le désordre était extrême dans les finances. La dette publique était évaluée à 345 millions (près de 1300 d'aujourd'hui). La France payait annuellement 170 millions (valeur actuelle 622), sans compter les droits seigneuriaux et les corvées féodales. Le revenu net s'élevait à peine à 30 millions, dont 19 devaient être déduits pour faire honneur aux engagements de l'État. Presque tout le domaine royal était aliéné. Du haut en bas de l'administration financière, à tous les degrés, on volait. L'État ne savait pas au juste ce qu'il devait recevoir, pas même ce qu'il recevait, tant il s'égarait de recettes en route. Henri IV nomma, en 1599, surintendant des finances un de ses anciens compagnons d'armes, Sully. Le nouveau ministre voulut se rendre compte de tout. Une chambre de justice poursuivit les agents prévaricateurs; les percepteurs furent tenus d'avoir des comptes exacts, avec pièces justificatives à l'appui. Il interdit aux gouverneurs de lever arbitrairement des impôts sur les provinces, revisa toutes les créances, en annula beaucoup, et haussa les baux des fermes publiques. Nombre d'offices inutiles, de rentes frauduleuses, d'immunités illégales furent supprimés, d'autres diminués. Beaucoup de gens qui s'étaient faits nobles d'eux-mêmes rentrèrent dans la classe des taillables. L'hérédité des offices, constituée officiellement, en 1604, par le droit annuel de la *paulette*, fut une mesure moins honorable que les précédentes, mais vint aussi en aide au trésor royal. A la vérité dans les recettes répondit une sage économie dans les dépenses. Aussi, à la fin du règne de Henri IV, son gouvernement avait acquitté pour 147 millions de dettes, racheté pour 80 millions de domaines, éteint 8 millions de rentes, réduit l'impôt de 30 à 26 millions, dont 22 entraient nets à l'épargne, employé 40 millions aux fortifications ou aux travaux publics, assuré le service de l'année courante, et amassé une réserve de 20 millions.

L'économie ménage la richesse et ne la crée pas. Henri IV et Sully la demandèrent à l'agriculture, au commerce, à l'industrie. Henri IV portait également ses vues sur ces trois sources de la fortune publique ; Sully était plus exclusif en faveur de l'agriculture : « Labourage et pâturage, a-t-il écrit dans ses *Économies royales*, sont les deux mamelles qui nourrissent la France. » Il parcourut deux fois les provinces (1596 et 1598), afin d'étudier par lui-même les besoins du pays, et il fit rendre la grande ordonnance de 1600, qui remit au peuple l'arriéré des tailles, 20 millions (aujourd'hui 73), et réduisit l'impôt foncier de 1 800 000 livres. En 1596, il avait renouvelé l'ancienne défense de saisir pour dettes publiques ou privées la personne des laboureurs, leurs instruments ou bestiaux de labour ; de sévères ordonnances portèrent la peine de mort contre tous gens de guerre qui couraient les champs, contre quiconque serait trouvé muni d'armes sans être employé au service du roi ou gentilhomme. Enfin, en 1601, Sully permit l'exportation des grains, mesure hardie pour l'époque et bien entendue qui devait enrichir le pays loin de l'affamer. Il favorisa le desséchement des marais. Toute terre conquise sur les eaux devint terre noble, c'est-à-dire non taillable. On vit se former ainsi tout un canton du Médoc appelé *Petite Flandre*, à cause du grand nombre d'ouvriers flamands qui furent chargés de ces travaux sous la direction du Brabançon Bradley, le *maître des digues*. Un gentilhomme protestant du Languedoc, Olivier de Serre, a mérité d'être appelé le *père de l'agriculture française*, par les préceptes qu'il traça dans son *Théâtre de l'agriculture* et son *Ménage des champs*, qu'il pratiquait lui-même dans une espèce de ferme-modèle.

Sully disait, comme Pline, que les travaux des champs font les bons soldats, *ex agricultura strenuissimi milites*. Le brave gentilhomme craignait que l'industrie ne *désaccoutumât* les Français de cette vie active, au grand air, qui donne force et santé, et qu'à vivre enfermée dans les manufactures la population ne dégénérât. Il s'opposait aussi à l'importation des cultures et des industries étrangères, dans l'idée que Dieu avait donné à chaque pays abondance et disette de certaines choses « afin que, par le commerce et trafic de ces choses..., la fréquentation, conversation et société humaine soient entretenues entre les nations. » Henri IV pensait autrement : il s'efforça de propager en France la culture du mûrier et l'élève des vers à soie. Les Tuileries, l'emplacement des Tournelles (place Royale) furent plantés de mûriers ; il voulait qu'il y en eût une pépinière dans chaque *élection*, et il commença par les *généralités* de Paris, d'Orléans et de Tours, où de nombreuses magnaneries s'élevèrent, pour affranchir la France du tribut qu'elle payait depuis longtemps à l'Italie en achat de soies. Semblable intention se révèle dans la fondation de manufactures de crêpe fin de Bologne, de fil d'or, façon de Milan, dont il entrait en France chaque année pour 1 200 000 écus ; de tapisseries de haute lisse, de cuir doré, de verreries, de cristaux, de glaces, de toiles façon de Hollande, etc. C'était un meilleur moyen de retenir l'or dans le royaume que les prohibitions par lesquelles Sully voulait en arrêter la sortie. En 1604, le roi convoqua une *assemblée de commerce*. On y proposa entre autres choses une réformation générale des corps de métiers, et la fondation de haras pour éviter à la France la nécessité d'acheter des chevaux de guerre à l'Allemagne, à l'Espagne, à la Turquie, à l'Angleterre.

La marine militaire, développée par François Ier, était retombée si bas que le cardinal d'Ossat écrivait en 1596, à Villeroy : « Les plus petits princes d'Italie encore que la plupart d'eux n'aient qu'un poulce de mer chacun, ont néantmoins chacun des galères en son arsenal naval ; et un grand royaume flanqué de deux mers quasi tout de son long n'a pas de quoy se défendre par mer contre les pirates et corsaires, tant s'en faut contre les princes. » D'Ossat révélait en même temps l'importance du port de Toulon. Sully n'avait point de répugnance pour la marine, mais les colonies lointaines l'effrayaient. Les vues de Henri IV allaient plus loin que celles de son ministre ; pour encourager le commerce avec l'Amérique du Nord qui s'accroissait à ce point que, en 1578, il était venu, à Terre-Neuve seulement, 150 navires français, il envoya Champlain, gentilhomme de Saintonge, fonder, au Canada, en 1604, Port-Royal (aujourd'hui Annapolis), et plus tard (1608) Québec, sur le fleuve Saint-Laurent. Le nom de ce marin est resté à un des grands lacs du pays; mais le pays lui-même n'est plus à nous, quoiqu'il ait gardé notre langue et les *douces souvenances* de la mère-patrie. Henri songea même à créer une compagnie des Indes, capable de rivaliser avec celles qui se formaient en Angleterre et en Hollande : il n'eut pas le temps de réaliser ce projet; mais il signa avec la Turquie un traité où il était dit que toutes les nations chrétiennes pourraient commercer librement dans le Levant sous la bannière et la protection de la France et sous les ordres des consuls français. Ce pavillon était le seul qui fût respecté sur les côtes barbaresques.

On voit encore çà et là, sur nos collines, quelques vieux ormes que les paysans appellent *Rosnis*. Ce sont les vestiges des routes tracées par Sully, qui savait bien que le pays le plus fertile reste pauvre si la viabilité y est mauvaise. Les plans de tous les grands canaux dont la France a été plus tard sillonnée furent conçus alors. Un seul put être exécuté, celui de Briare qui part de la Loire à Briare et joint la Seine à Moret, à 9 kilomètres de Fontainebleau. C'est l'exemple le plus ancien d'un canal avec écluses réunissant deux versants différents. Sa longueur est de 55 kilomètres, sa pente de 117 mètres rachetés par 40 écluses.

Les légions provinciales de François Ier et de Henri II n'avaient pas été complètement détruites; il en était resté des compagnies dont on fit des régiments. Il n'y avait que 4 de ces régiments en 1595, commandés par des mestres de camp; Henri les porta à 11, Louis XIII à 30. Mais l'habitude de solder des troupes étrangères subsista. La cavalerie continuait d'être dans une proportion exagérée, la noblesse ne voulant servir que là. La maison militaire du roi formait un corps d'élite. L'artillerie, entre les mains de Sully, prit une telle importance, que son grand maître fut compris au nombre des grands officiers de la couronne. Depuis 1572, défense était faite à tout seigneur d'avoir du canon en son château, sans permission expresse du roi. Sully établit le payement mensuel de la solde qui n'était auparavant délivrée que deux ou quatre fois par an. Le surintendant des fortifications date de 1598, celui des vivres de 1597. C'étaient deux grands services qui jusqu'alors allaient à l'aventure et qu'on régularisait. Sully veillait de près sur eux ; il fit réparer nombre de forteresses et remplir les arsenaux que la guerre civile avait vidés. Enfin Henri IV eut l'idée, que Louis XIV réalisa si magnifiquement, d'assurer un asile aux vieux soldats, mais son hôpital de la Charité, rue de Lourcine, ne lui survécut pas.

La sollicitude de Henri IV pour la prospérité de la France lui avait acquis une légitime popularité. On oubliait ses faiblesses, pour ne voir que le roi qui promettait au soldat invalide un asile, au paysan *la poule au pot tous les dimanches*. Mais si le peuple le bénissait, il n'en était pas de même de certains partis et de certains hommes que sa grande politique blessait profondément. La faveur de Gabrielle d'Estrées, qu'il fit duchesse de Beaufort, celle de Henriette d'Entraigues, qu'il créa marquise de Verneuil, des promesses oubliées, des services rendus au roi de Navarre et que le roi de France ne pouvait pas payer, faisaient murmurer les uns et poussaient les autres jusqu'aux complots.

La plus célèbre de ces conspirations fut celle du maréchal de Biron. L'étranger y mit aussi la main. Le duc de Savoie ne se consolait pas d'avoir perdu la Bresse ; l'Espagne, d'avoir subi tant d'humiliations. Ils essayèrent de se venger en poussant à la révolte les seigneurs français qui, ayant vu le roi si pauvre gentilhomme, n'obéissaient qu'à regret. L'habile mais orgueilleux Biron était au premier rang de ceux qui trouvaient trop lourd le joug du roi et de la loi. Une première fois, en 1600, Henri pardonna, et il eût pardonné une seconde, si Biron eût consenti à faire les aveux qu'il lui demandait. Irrité de son obstination et voulant donner à la noblesse un de ces exemples que Richelieu multipliera, il laissa exécuter la sentence. Biron fut décapité (1602). Un autre ancien ami du roi, le duc de Bouillon, était impliqué dans ce complot, mais il s'enfuit à temps. Le père et le frère de la marquise de Verneuil intriguèrent encore, en 1604, avec l'Espagne et furent condamnés à mort. La marquise obtint une commutation de peine.

Ainsi l'Espagne ne pouvant plus faire de guerre, tramait des complots. Elle avait raison de craindre, car la puissance de cette maison d'Autriche, maîtresse de tant de pays et si fortement appuyée sur l'Europe catholique, était l'objet continuel des méditations de Henri IV. La détruire était un rêve ; mais ce rêve s'ennoblissait par son but, l'établissement dans l'Europe d'un système politique qui mît sous la garantie de toutes les puissances et l'indépendance des religions et celle des nationalités. Il voulait chasser la maison d'Autriche des Pays-Bas, de l'Italie et de l'Allemagne ; faire de la Hongrie, accrue des provinces autrichiennes, un puissant royaume capable de tenir tête aux Turcs, si on ne venait pas à bout de les reléguer en Asie, donner la Lombardie au duc de Savoie, la Sicile à Venise ; constituer la partie péninsulaire de l'Italie en un seul État ayant le pape pour chef; Gênes et Florence, avec les petites seigneuries voisines, en une république; en former une autre aux Pays-Bas, étendre la confédération suisse au Tyrol, et laisser l'Allemagne en empire électif. L'Europe alors avec ses six royaumes héréditaires : France, Espagne, Angleterre, Suède, Danemark et Lombardie ; avec ses cinq dominations électives : Pologne, Hongrie, Bohême, Empire et papauté ; avec ses quatre républiques : Venise, Gênes et Florence, Suisse, Pays-Bas, eût composé elle-même une grande république ayant un conseil suprême de députés de tous les États, qui aurait été chargé de prévenir les injustices et les collisions. Le règne du droit aurait remplacé celui de la force. Ce projet était l'application d'un grand principe, le respect des nationalités ; en preuve du désintéressement de ses vues, Henri, dans ce grand remaniement de l'Europe, ne demandait rien pour la France, rien du moins qu'il ne parût légitime de lui accorder. « Je veux bien, disait-il, que la langue espagnole demeure à l'Espagnol, l'allemande à l'Allemand, mais toute la française doit être à moi. » Et il avait jeté les yeux sur la Savoie que son duc laisserait en prenant la Lombardie, sur la Lorraine dont il voulait fiancer l'héritière au dauphin, sur la Belgique et la Franche-Comté qui n'avaient nulle raison d'être à l'Espagne.

Il n'espérait sans doute pas accomplir toutes ces choses; mais, pour en exécuter une partie, il comptait sur l'alliance de l'Angleterre, dont la reine Élisabeth vécut, jusqu'à sa mort (1603), dans la meilleure intelligence avec la France; sur le duc de Savoie à qui il offrait les 15 000 hommes de Lesdiguières, déjà campés dans le Dauphiné, ne lui demandant, en retour, que de se tailler un royaume dans la Lombardie espagnole; sur les protestants des Pays-Bas qu'il soutenait contre les Espagnols; sur ceux d'Allemagne, qui formaient alors l'*Union évangélique*, et dont un des principaux chefs, Maurice, landgrave de Hesse, vint conférer avec lui. Il avait des intelligences jusque parmi les populations mauresques de l'Espagne, alors sous la terreur de l'inquisition. Le duc de Clèves et Juliers venait de mourir « laissant tout le monde son héritier. » Protestants et catholiques se disputaient déjà cette riche succession; c'était un prétexte pour intervenir et commencer la guerre, que la haine croissante des deux partis religieux dans l'Empire rendait inévitable. Les préparatifs les plus redoutables étaient faits, et 40 000 hommes s'avançaient vers les frontières de la Champagne, avec une artillerie formidable, lorsque le héros que tous attendaient fut assassiné par un fanatique, Ravaillac, le 14 mai 1610.

Sans aimer les arts comme François Ier, Henri II et Charles IX, Henri IV comprenait ce qu'ils jettent d'éclat sur un règne. Il ajouta deux pavillons aux Tuileries, et voulut continuer jusqu'à ce château la grande galerie du Louvre, en passant au travers des remparts de la ville, pour ne point se trouver enfermé dans son palais, un jour d'émeute, comme Henri III avait failli l'être. Il n'eut pas le temps d'achever ce magnifique travail. Son architecte Androuet Ducerceau fut assez bien inspiré cette fois pour suivre les premiers plans. Il termina aussi la façade de l'hôtel de ville, dont les fondements avaient été jetés sous François Ier, et le Pont-Neuf commencé sous Henri III. En 1604 fut posée la première pierre de la place Royale où apparaît le mélange de la brique, de la pierre et de l'ardoise, genre renouvelé de l'ancienne architecture italienne. Déjà la lourde et basse arcade remplace les portes carrées aux angles arrondis des châteaux de la Renaissance; la croix de pierre déserte les croisées qui s'ouvrent vides et nues, froides d'aspect, avec leur grand vitrage. La Renaissance est déjà en décadence dans les arts, mais pour les lettres une ère nouvelle va commencer: Montaigne était mort trois ans après l'avénement de Henri IV, et Malherbe « le pensionnaire du roi, » créait le style et la langue poétique dont Corneille, Racine et Boileau allaient se servir.

LIVRE V.

PRÉPONDÉRANCE DE LA FRANCE SOUS LOUIS XIII ET LOUIS XIV (1610-1715.

CHAPITRE XVII.

LOUIS XIII ET RICHELIEU; PACIFICATION INTÉRIEURE (1610-1643).

Minorité de Louis XIII et régence de Marie de Médicis (1610-1617). — Richelieu abaisse les protestants et la haute noblesse (1624-1642).

Minorité de Louis XIII et régence de Marie de Médicis (1610-1617).

Pendant que l'autorité royale recevait en Angleterre de profondes atteintes, elle conservait en France l'avantage, et, grâce au génie de Richelieu (1624-1642), devenait complétement absolue. Mais le ministère du cardinal fut précédé par quatorze années de troubles et de guerres civiles, qui faillirent mettre en péril l'œuvre de Henri IV. Le successeur de ce prince, son fils Louis XIII, n'avait que 9 ans. Il fallait pourvoir au gouvernement pendant la minorité de cet enfant. L'usage attribuait la régence à la mère du roi: Blanche de Castille avait gouverné pendant la minorité de Louis IX; Catherine de Médicis pendant celle de Charles IX; Marie de Médicis, qui était toujours restée sans influence et presque comme une étrangère, crut nécessaire de donner à son autorité une sorte de sanction légale. Elle s'adressa au parlement de Paris. Le roi était mort le 14 mai ; dès le lendemain, le parlement, sur la sommation menaçante du duc d'Épernon, déféra la régence à Marie de Médicis (1610). Bornée de cœur et d'esprit, la veuve de Henri IV était complétement incapable de continuer l'œuvre que ce grand roi avait entreprise : au dehors après quelques instants d'hésitation qui valurent aux protestants d'Allemagne le secours d'une armée française pour prendre Juliers, elle abandonna tous les projets de son mari; au dedans, elle renvoya l'intègre Sully dans ses terres et accorda toute sa faveur à un aventurier florentin, Concini, qui se fit marquis d'Ancre, puis maréchal de France. En quelques années, il amassa une fortune de 8 millions.

Henri IV avait ramené les grands à l'obéissance par son énergie et surtout par son habileté. Il s'était tenu au-dessus des partis pour les dominer. Lui mort, ils reparurent avec leurs intérêts et leurs passions. Les protestants étaient mécontents de la disgrâce de Sully; mais, tout en prenant à Saumur des mesures de défense, ils disaient: « Nous avons pour notre conscience toute la liberté que nous devons désirer, et nous ne voulons pas, à l'appétit de quelques factieux, abandonner nos femmes et nos maisons. » Pour le moment, ils laissaient donc les chefs de l'aristocratie, Condé, les deux Vendôme, Longueville, Mayenne et l'intrigant duc de Bouillon, prendre les armes contre la cour, publier des manifestes où ils réclamaient le soulagement des misères du peuple. Ce mouvement, sans but et sans motif, n'avait d'autre cause que la faiblesse du gouvernement. Concini servit de prétexte. Il fut accepté par les grands dès qu'il paya leur adhésion. Par le traité de Sainte-Menehould, il donna à tous de l'argent, des dignités. Le prince de Condé reçut 450 000 livres en espèces; le duc de Mayenne 300 000, *pour se marier*; M. de Longueville 100 000 livres de pension, etc. L'épargne que Henri IV avait laissée dans les caves de la Bastille fut entamée. De 3 millions, le chiffre des pensions s'éleva à près de 6. Mais la cour ne paya pas cette année les rentiers de l'hôtel de ville (1614).

Pour colorer leur rébellion et déguiser leur cupidité, les grands avaient demandé la convocation des États généraux. L'assemblée se réunit cinq mois après la paix de Sainte-Menehould (27 mai 1614). Le tiers état fut remarquable par son intelligence des besoins du pays, et trouva dans Robert Miron un éloquent interprète. Unissant le patriotisme au bon sens et à l'amour de l'ordre, le tiers voulait que l'inviolabilité de la personne royale et l'indépendance de la couronne vis-à-vis du saint-siége fussent proclamées; il demandait en même temps la publicité des affaires de finances, l'abolition des pensions que le trésor payait aux deux autres ordres, une plus juste répartition des charges publiques entre les citoyens, l'extension de la taille aux ordres privilégiés, l'égalité de tous devant la loi, la liberté du commerce et de l'industrie, la convocation périodique des États généraux, etc. On rejeta la première proposition comme téméraire, la seconde « parce que les finances sont le nerf de l'État, et que les nerfs sont cachés sous la peau...; » les autres comme autant d'attentats contre la noblesse et le clergé. En vain Robert Miron présenta au roi le tableau des misères publiques et les moyens d'y remédier. « Si votre Majesté n'y pourvoit, dit-il, il est à craindre que le désespoir ne fasse connaître au peuple que le soldat n'est autre chose qu'un paysan portant les armes, et que, quand le vigneron aura pris l'arquebuse, d'enclume il ne devienne marteau. » Mais la noblesse montra les dispositions les plus hautaines; de vives et tristes altercations eurent lieu entre les ordres. La cour profita de ces rivalités pour ne rien accorder, et après avoir fatigué les députés par des lenteurs calculées, on prétendit avoir besoin de la salle des séances pour donner un ballet, et on ferma leur lieu de réunion (24 mars 1615). Les députés, du reste, avaient plutôt l'instinct que le sentiment de leur rôle. Aucune protestation ne s'éleva. Ce furent les derniers États généraux avant ceux de 1789.

Le prince de Condé s'était trop bien trouvé de sa première révolte pour ne pas en tenter une seconde (1616). Il réussit à obtenir, par le traité de Loudun, pour lui-même, 1 500 000 livres, pour ses amis à proportion (1616). Toute la cour se pressait autour de lui ; il sembla un instant le véritable roi de France. Concini poussé à bout, et conseillé depuis quelque temps par Richelieu, alors évêque de Luçon et aumônier de la reine, eut enfin le courage de faire mettre le prince à la Bastille. Cette mesure provoqua de la part des grands une révolte : il leur opposa trois armées ; mais le roi se mit du côté des mécontents, et conspira avec son favori, Albert de Luynes, contre le favori de sa mère.

Ce nouveau venu, déjà âgé de 38 ans, était fils d'un officier de fortune ; il avait acquis par son habileté à dresser des pies-grièches les bonnes grâces du prince qui le prit pour confident ; de Luynes représenta au roi qu'il était en âge de régner, et qu'il était honteux, à 15 ans, de se laisser mener comme un enfant. Louis fit appeler le capitaine des gardes, Vitry, et lui donna l'ordre d'arrêter le maréchal d'Ancre, en recommandant de le tuer s'il résistait. Vitry s'empressa d'obéir, et, comme Concini tirait son épée pour la rendre, il le renversa mort d'un coup de pistolet. Le corps du malheureux servit de jouet à une populace furieuse. Sa femme, Léonora Galigaï, fut accusée de sorcellerie. On lui demandait par quels sortiléges elle avait acquis tant d'empire sur la reine-mère. « Par l'ascendant, répondit-elle, qu'un esprit supérieur a sur une âme faible ! » On ne la condamna pas moins à être brûlée vive (1617).

Louis XIII croyait sortir de sa tutelle ; mais de Luynes remplaça Concini. Marie de Médicis, avec l'aide des seigneurs que naguère elle combattait, essaya de le renverser, et se trouva heureuse, après une courte guerre, d'obtenir le gouvernement d'Angers (1619). Une seconde tentative faite l'année suivante ne réussit pas mieux. Richelieu, son premier aumônier, obtint cependant la confirmation du précédent traité (1620).

Les protestants étaient restés en dehors de toutes ces intrigues, grâce aux conseils patriotiques de Duplessis-Mornay et à la prudence de Sully. Mais, à côté de ces illustres chefs, s'élevait l'influence rivale d'un jeune homme aussi brave qu'éloquent et actif, le duc de Rohan. Le rétablissement de la religion catholique en Béarn, et surtout l'injonction faite aux réformés béarnais de rendre les biens ecclésiastiques dont ils s'étaient emparés, excitèrent l'indignation du parti huguenot. La voix de Sully et de Mornay fut méconnue, et, dans l'assemblée de la Rochelle, on décréta une prise d'armes générale. Les protestants songeaient à fonder, dans les marais de l'Aunis, une Hollande française, dont la Rochelle serait l'Amsterdam. Leurs 806 églises formaient 16 provinces. Sur le refus du duc de Bouillon, Rohan obtint le commandement suprême.

De Luynes qui s'était créé connétable, vint mettre le siége devant Montauban ; mais il échoua et fut enlevé par une fièvre maligne (1621). Le roi réussit l'année suivante à chasser Soubise de l'île de Ré et à prendre Sainte-Foi. Les protestants demandèrent la paix. Le traité de Montpellier, confirmatif de l'édit de Nantes, leur accorda pour villes de sûreté la Rochelle et Montauban, mais leur interdit de tenir aucune réunion politique sans l'autorisation du roi (1622).

Richelieu abaisse les protestants et la haute noblesse. (1624-1642).

Marie de Médicis avait repris son ancienne influence : elle fit entrer dans le ministère son conseiller habituel, l'évêque de Luçon, pour qui elle avait obtenu, en 1622, le chapeau de cardinal. Dès qu'il parut au conseil, il effaça tous ses collègues. Sa volonté ne connaissait pas plus d'obstacles que son esprit ne connaissait de limites. Avide de pouvoir, mais pour accomplir de grandes choses, il prit immédiatement sur le roi un ascendant extraordinaire. Louis XIII avait assez d'intelligence pour concevoir la politique la plus haute, assez de vertu pour aimer le bien, et trop de paresse pour le réaliser. Il laissa faire Richelieu, et, sauf quelques instants de défaillance, le soutint, pendant 18 années, contre la haine des courtisans.

Le plan de Richelieu était grand et simple : à l'intérieur, abaisser la haute noblesse et imposer à tous la loi du roi ; réduire les protestants à n'être plus qu'une communion religieuse dissidente ; au dehors, renverser la prépondérance de la maison d'Autriche, voilà le triple but qu'il poursuivit durant son glorieux ministère.

Au commencement, Richelieu s'avança trop. Il voulait exécuter à la fois tous ses projets. Il attaqua les Espagnols et les protestants. La Valteline est une petite vallée qui établissait la communication entre le Milanais, domaine de la branche espagnole, et le Tyrol, possession de la branche allemande de la maison d'Autriche. Les habitants, sujets de la république protestante des Grisons, mais catholiques, s'étaient révoltés à l'instigation de la cour de Madrid, qui fit bâtir chez eux plusieurs forts, afin de les protéger, disait-on, contre les hérétiques. Les Grisons réclamèrent, et le pape fut choisi pour médiateur. Il hésita longtemps et allait donner raison aux Espagnols, quand Richelieu arriva aux affaires. Il écrivit aussitôt à l'ambassadeur français à Rome : « Le roi a changé de ministère, et le ministère de maxime ; on enverra une armée dans la Valteline, qui rendra le pape moins incertain et les Espagnols plus traitables. » En effet, le marquis de Cœuvres arriva avec 8000 hommes et restitua la Valteline aux Grisons (1624).

En même temps, Richelieu, croyant avoir enlevé aux protestants l'appui de l'Angleterre, par le mariage de Henriette de France avec Charles Ier, dirigea contre eux une attaque vigoureuse : la flotte rocheloise fut détruite. Mais le cardinal se vit arrêté, au milieu de ses succès, par un complot qui n'allait à rien moins qu'à l'assassinat du ministre, peut-être même à la déposition du roi. Entraîné par quelques courtisans, Gaston, l'héritier présomptif de la couronne, refusait d'épouser Mlle de Montpensier : les ennemis de Richelieu auraient mieux aimé que le prince se créât hors de France une puissante alliance. L'emprisonnement du maréchal d'Ornano n'effraya pas plus le comte de Chalais que les avertissements du cardinal ne le ramenèrent. Richelieu alors accorde la paix aux huguenots et signe avec l'Espagne le traité de Monçon (1626), pour ne laisser aucun point d'appui aux intrigues, puis fait arrêter Chalais ; une commission le condamne, et il a la tête tranchée (1626). C'était donner aux grands une terrible leçon. Ils en reçurent une seconde. deux gentilshommes de la plus haute naissance, Bouteville-Montmorency et le marquis de Beuvron montèrent sur l'échafaud pour avoir enfreint l'édit contre les duels. « C'est chose inique, disait Richelieu au roi, que de vouloir donner exemple par la punition des petits, qui sont arbres qui ne portent point d'ombre ; et ainsi qu'il faut bien traiter les grands faisant bien, c'est eux aussi qu'il faut plutôt tenir en discipline. » Mais si le cardinal avait le droit de punir les coupables, il faut regretter qu'il ait quelquefois, comme Louis XI, donné à la justice l'apparence de la vengeance et fait de l'échafaud un moyen de gouvernement (1627).

Richelieu avait par ces mesures recouvré sa liberté d'action, il en profita pour préparer une attaque décisive contre les réformés. Il réorganise l'armée, la marine et les finances ; il supprime la charge de connétable après la mort de Lesdiguières, achète un million celle de grand amiral à Montmorency, et fait prendre par une assemblée des notables des mesures vigoureuses contre les *traitants* ou fermiers de l'État qui n'avaient pas rendu de comptes depuis cinq ans. En même temps il s'allie avec les Hollandais qui lui prêtent des vaisseaux contre Gênes et il les emploie contre la Rochelle.

Charles Ier ne pouvait laisser succomber cette ville sans tenter quelque chose pour elle. Il envoie son favori Buckingham avec une flotte. Les Anglais débarquent dans l'île de Ré ; mais ils sont repoussés par Toiras et Schomberg. L'armée royale investit la Rochelle par terre. Pour isoler la ville de la mer et arrêter les secours anglais, Richelieu fait construire une digue immense et la garnit de canons. Par sa vigilance et sa fermeté il rend inutile la mauvaise volonté des généraux et des grands : « Nous serons assez fous, s'écriait Bassompierre, pour prendre la Rochelle. »

La défense fut héroïque ; mais la flotte anglaise, qui se présenta deux fois devant la digue, ou n'osa, ou ne put la percer. La Rochelle capitula (1628) : de 30 000 habitants, il en restait 5000.

Le duc de Rohan, qui luttait péniblement dans le Languedoc contre des forces trop supérieures, dut poser les armes. La paix d'Alais ou *édit de grâce* laissa aux protestants les garanties civiles et la liberté religieuse, que leur avait données l'édit de Nantes; mais leurs places de sûreté furent démantelées. Ils cessèrent de former un État dans l'État (1629).

L'unité politique de la France était rétablie, la trace des guerres religieuses effacée. Les ennemis de Richelieu n'en furent que plus acharnés à le perdre. Marie de Médicis s'étonnait de trouver dans son ancien aumônier un homme d'État sérieux, et non un instrument servile. Elle fut sur le point d'arracher au roi malade un ordre d'exil. Le cardinal allait s'éloigner, quand La Valette et Saint-Simon, le père du célèbre écrivain, lui remontrèrent que tout n'était pas encore perdu. Il vit le roi : quelques heures de conversation lui suffirent pour reprendre tout son ascendant. Marie de Médicis, qui recevait déjà les compliments de la cour, fut désabusée par le désert qui se fit autour d'elle. C'est ce qu'on appela la *journée des Dupes* (1630). Elle fit aussi des victimes. Les deux Marillac, l'un garde des sceaux, l'autre maréchal de France, s'étaient déclarés pour la reine mère. Le dernier, accusé de concussions, fut jugé par une commission extraordinaire, dans le palais même de Richelieu, à Ruel, condamné et exécuté. Son frère mourut dans une forteresse. Quant à Marie de Médicis, on lui donna pour prison le château de Compiègne : elle s'échappa six mois après et se retira à Bruxelles (1631).

Gaston avait quitté la cour, trouvé asile chez le duc de Lorraine, et pris pour femme la sœur de ce prince étranger. Forcé de se réfugier en Belgique, il parvint à gagner le duc de Montmorency, gouverneur du Languedoc, et rassembla quelques milliers d'aventuriers. Mais il ne trouva sur son passage aucun appui. Les villes lui fermèrent leurs portes. Il rejoignit pourtant Montmorency en Languedoc, et se trouva alors à la tête d'une petite armée. Quand les troupes royales parurent, Montmorency attaqua tête baissée, et fut pris malgré une résistance héroïque. Gaston ne tenta rien pour le délivrer. Le dernier rejeton de la branche aînée des Montmorency, contemporaine des premiers Capétiens, mourut sur l'échafaud (1632). Le duc de Lorraine paya les frais de la guerre. Louis XIII occupa militairement son duché, qui resta jusqu'à la fin du siècle aux mains de la France (1633).

Cette exécution jeta la terreur parmi les grands, sans empêcher de nouvelles conspirations. En dépit de sa lâcheté, Gaston trouva encore des complices; mais son favori, Puylaurens, fut mis à la Bastille et y mourut (1635). Trois ans après, la naissance d'un dauphin, qui fut Louis XIV, enleva à Gaston le titre et le rang d'héritier du trône (1638). Une humiliation infligée au duc d'Épernon, le plus fier des grands seigneurs, la condamnation à mort du duc de La Valette pour une faute militaire, montrèrent à tous que des temps nouveaux étaient venus, ceux de l'obéissance militaire. Pourtant le comte de Soissons, de la maison de Condé, tenta encore de renverser le terrible cardinal; vainqueur à la Marfée, il fut tué dans le combat (1641).

Richelieu eut à lutter jusqu'à la fin de sa vie. Le jeune Cinq-Mars, qu'il avait placé auprès du roi, complota sa perte. Louis XIII lui-même entra dans la conjuration. Mais Cinq-Mars se perdit en signant un traité d'alliance avec le comte Olivarès, ministre dirigeant d'Espagne. Cette intrigue finit comme toutes les autres, par des supplices : Cinq-Mars eut la tête tranchée, ainsi que son ami de Thou (1642), et le duc de Bouillon, son complice, fut contraint de céder au roi ses deux places fortes de Sedan et de Raucourt.

Dès l'année 1626, Richelieu avait ordonné la démolition des forteresses féodales qui ne pouvaient servir à la défense des frontières. Il avait aussi aboli les grandes charges militaires de connétable et de grand amiral, lesquelles donnaient trop de pouvoir à ceux qui en étaient revêtus; enfin pour être partout le maître, il avait imposé au parlement le silence sur les affaires publiques et évité de réunir les États généraux.

Ainsi Richelieu avait fait tout plier sous son autorité! Mais d'un péril on était tombé dans un autre : de la licence aristocratique on arrivait à l'arbitraire du despotisme royal, qui, se regardant comme au-dessus de toute loi, se mettait quelquefois au-dessus de la justice et disposait à son gré de la fortune, de la liberté et de la vie des citoyens. On vit sous Richelieu, non-seulement des confiscations et des emprisonnements arbitraires, mais des condamnations capitales prononcées par lettres patentes adressées au parlement.

Le ministère du cardinal de Richelieu n'a pas eu pour seuls résultats, à l'intérieur du royaume, la ruine des protestants comme parti politique, et l'assujettissement des grands; d'importantes réformes furent aussi accomplies ou préparées.

Il ne porta pas, dans la gestion des finances, la patiente application et l'économie sévère d'un bon administrateur qui n'a que son budget à régler. Les nécessités de la guerre élevèrent les dépenses si haut, qu'il employa, pour y faire face, les moyens non pas les meilleurs, mais les plus prompts et les plus énergiques, tels que la création de nouveaux offices, l'accroissement des impôts, et des emprunts souvent répétés, à des taux onéreux. A sa mort, sur 80 millions que le pays donnait, le trésor n'en recevait pas 83, et la dépense était de 89, le déficit s'élevait à 56; le revenu de trois années était mangé d'avance. Cependant, l'esprit d'ordre dont il était animé lui fit trouver un premier remède, qui devait aider plus tard à sortir du chaos où l'organisation financière du royaume était encore, même après Sully. Ce fut la création des intendants (1635). Ces nouveaux magistrats, hommes obscurs et révocables à la volonté du ministre, avaient à la fois autorité sur la justice, sur la police et sur les finances. Agents dociles du gouvernement, ils furent chargés d'arrêter les empiétements des parlements sur l'administration provinciale et de contre-balancer l'autorité trop grande des gouverneurs, qui, étant tous de haute noblesse, s'étaient rendus à peu près indépendants dans leurs provinces, et les regardaient comme un patrimoine qui devait passer à leurs enfants; et, en effet, par la faiblesse des princes, ils avaient rendu ces charges à peu près héréditaires dans leurs familles. Richelieu réussit à les dominer à l'aide des intendants qui exercèrent, au nom de la royauté, une surveillance active sur toutes les parties du royaume, concentrèrent peu à peu entre leurs mains tous les pouvoirs civils de la province, et finirent, sous Louis XIV, par ne laisser au gouverneur que l'autorité militaire et la représentation. La monarchie y gagna et avec elle l'unité nationale. Depuis la création d'une armée permanente, sous Charles VII, aucune mesure n'avait frappé plus profondément la nouvelle féodalité.

Une des suites du siège de la Rochelle avait été un premier essai d'organisation de notre marine. Richelieu désigna Brest, le Havre et Brouage pour servir d'arsenaux : il s'était trompé pour le dernier, mais pour Brest, il avait bien choisi. Avant lui nous n'avions vraiment pas de marine. De nombreux vaisseaux furent armés, et dans la guerre de Trente ans, les flottes de France dominèrent sur l'Océan et la Méditerranée.

« Jusqu'où allait la Gaule, disait Richelieu, jusque-là doit aller la France. » Mais les Espagnols, maîtres des Pays-Bas, de la Franche-Comté et du Roussillon, enveloppaient encore de trois côtés la France amoindrie, et tenaient l'Italie par Naples et Milan. Il commença par eux. On l'a vu, dès les premiers jours de son ministère, chasser les Espagnols de la Valteline. Quelques années plus tard, il intervint en Italie, en faveur d'un prince français, le duc de Nevers, qui venait d'hériter du Mantouan et du Montferrat que les Espagnols et le duc de Savoie lui disputaient. Richelieu marcha lui-même vers les Alpes avec une armée de 36 000 hommes, et Louis XIII força le pas de Suze. Le duc de Savoie se hâta de signer le traité de Suze, qui fit rentrer les Espagnols dans le Milanais. Mais l'année n'était pas écoulée que le cardinal était forcé de revenir sur les Alpes avec 40 000 hommes. Les Impériaux victorieux en Allemagne étaient entrés chez les Grisons, les Espagnols dans le Montferrat et le duc de Savoie négociait avec tout le monde. La Savoie fut conquise, Pignerol pris (mars 1629). La paix de Cherasco, dont Mazarin fut le négociateur, rétablit le duc de Mantoue dans ses États, et obligea Victor-Amédée à livrer à Louis XIII, avec Pignerol, le libre passage des Alpes (avril 1631).

Ainsi, en 1631, Richelieu avait séparé en Italie les domaines des deux branches de la maison d'Autriche qui faisaient effort pour se rejoindre, et ouvert la Péninsule à la France, mais sans l'y engager. Il fit bientôt à ces ennemis séparés une rude guerre. C'est la période française de la guerre de Trente ans que nous racontons plus loin. Elle commença en 1635. Richelieu conduisit les opérations avec un tel succès, que lorsqu'il mourut, le 1ᵉʳ décembre 1642, à l'âge de cinquante-sept ans, il laissa le royaume agrandi de quatre provinces : Lorraine, Alsace, Artois et Roussillon; la Catalogne et le Portugal soulevés contre l'Espagne; les Suédois et nos soldats presque aux portes de Vienne.

Il avait donc tenu la promesse qu'il avait faite à Louis XIII, en entrant au ministère : il avait relevé le nom du roi au point où il devait être parmi les nations étrangères. « On commençoit à connoître, dit un contemporain, que la puissance du roi d'Espagne, jusque-là si formidable et qui devoit le porter à la monarchie universelle, n'étoit pas telle qu'elle paroissoit, et que la France avoit, tout au contraire, des ressources inépuisables et qu'on ne croyoit point, provenant de l'union de toutes ses parties, de sa grande fertilité et du nombre infini de soldats qui s'y trouvent toujours; de sorte qu'on peut dire sans exagération que la France, bien gouvernée, peut faire de plus grandes choses que tout autre royaume du monde. »

Le terrible ministre n'avait pas que le goût du pouvoir; il avait aussi celui des lettres et des arts; plusieurs établissements utiles datent de son ministère. Il institua l'Académie française en 1635, et la destina à gouverner la langue et à régler le goût; il agrandit la Sorbonne, la Bibliothèque et l'Imprimerie royales; il construisit le Palais-Cardinal (Palais-Royal), le collége du Plessis, et créa le jardin des Plantes, aujourd'hui le Muséum d'histoire naturelle. Il montra aux écrivains une déférence à laquelle ceux-ci n'étaient pas habitués; il pensionna des savants et des poëtes, entre autres Corneille; il encouragea le peintre Vouët, et il rappela de Rome le Poussin; enfin il vit naître le grand siècle littéraire de la France, comme il a commencé le grand siècle politique; car le *Cid* est de l'année 1635, et le *Discours de la Méthode* de 1637. Il était lui-même un écrivain remarquable. S'il eut tort de vouloir faire des tragédies et de se croire l'égal de Corneille, il composa une foule d'ouvrages théologiques fort estimés de son temps et des *Mémoires*, un *Testament politique*, qui le sont beaucoup du nôtre. On y trouve souvent de l'emphase et le style prétentieux de l'époque, mais quelquefois aussi une énergie toute cornélienne.

Louis XIII ne changea rien à la politique du cardinal, et appela au conseil celui qui pouvait la continuer, Jules Mazarin, l'ami et le dépositaire des pensées du grand ministre. Louis ne survécut à Richelieu que six mois (14 mai 1643).

CHAPITRE XVIII.

LA GUERRE DE TRENTE ANS

Les pays du Nord et l'Allemagne à l'époque de la guerre de Trente ans. — Guerre de Trente ans : Périodes palatine et danoise (1618-1626). — Périodes suédoise et française (1630-1648).

Les Pays du Nord et l'Allemagne à l'époque de la guerre de Trente ans.

Au seizième siècle la balance politique ne changeait pas encore dans le Nord, quoique a de certains signes on pût déjà prévoir que la Russie allait monter et la Pologne descendre. L'une, en effet, se rassemblait peu à peu sous la main des ducs de Moscou et sous leur autorité absolue; l'autre, à l'extinction des Jagellons, en 1572, devenait un royaume électif ou plutôt une république aristocratique et turbulente qui conférait le titre de roi au prince étranger dont elle concevait le moins d'ombrage. C'est ainsi qu'en 1573 elle avait élu le duc d'Anjou, qui fut notre triste Henri III, et après qu'il se fut sauvé de Varsovie, Etienne Battory, prince de Transylvanie (1575); enfin en 1587, Sigismond, fils du roi de Suède Jean III. Sigismond, privé, par son oncle Charles IX, de sa couronne patrimoniale, s'appuya contre lui pour la ressaisir sur l'Autriche et commença en 1598, entre la Pologne et la Suède, une guerre qui durait encore en 1629, quand Richelieu s'interposa pour la faire cesser. Elle eut pour principal théâtre la Livonie et la Prusse, et la Russie y fut mêlée. La noblesse polonaise conservait une séve militaire qui la fit paraître avec honneur dans ces longs débats. La Russie, au contraire, troublée par les divisions intestines qui l'affaiblirent, entre l'extinction de la descendance mâle de Rurick (1598) et l'avénement des Romanoff (1613), perdit les avantages qu'elle devait à Ivan IV. A la paix de Stolbova (1617), elle céda à la Suède la Carélie et l'Ingrie, c'est-à-dire qu'elle s'interdit la Baltique ; à celle de Divilina, en 1618, elle restitua à la Pologne Smolensk et Tchernigov, ce qui la refoulait dans ces déserts d'où elle tentait déjà de sortir. A ce moment donc où la guerre de Trente ans éclatait en Allemagne, Sigismond avait glorieusement défendu sa couronne de Pologne, mais il n'avait pas recouvré celle de Suède que portait depuis 1611 son cousin, Gustave-Adolphe, petit-fils du glorieux fondateur de la maison de Wasa.

Gustave Wasa avait établi en Suède l'autorité à peu près absolue du roi et la réforme luthérienne. Celle-ci, menacée par son fils Jean III, par les menées du roi d'Espagne, Philippe II, et par les attaques du roi de Pologne Sigismond, s'enracina dans le pays et prit ce caractère d'intolérance fanatique dont elle donne maintenant encore des preuves si déplorables. Un autre résultat des hostilités entre la Suède et la Pologne fut que celle-ci ayant été secourue par l'Autriche, celle-là se trouva naturellement amenée à prendre les armes contre la maison de Habsbourg, quand les troupes impériales arrivèrent sur les bords de la Baltique. La force que la royauté a prise en Suède, l'énergie du sentiment luthérien dont les Suédois sont animés nous expliqueront, avec les talents de Gustave et les fautes de ses adversaires, le rôle brillant que la Suède jouera bientôt sur le continent germanique.

Le Danemark n'a pas ces avantages. En 1618, son roi Charles IV, n'est point un prince remarquable, et le gouvernement est faible parce qu'il est soumis à une sorte d'oligarchie formée par la haute noblesse. En outre, si la marine danoise est respectable, ses troupes de terre le sont peu, parce que ce sont encore des levées féodales, dont les seigneurs bien plus que les rois disposent. Quoiqu'il possède la Norvége et les provinces méridionales de la Suède, le Danemark ne paraîtra pas avec honneur dans le grand conflit qui se prépare.

Quand Charles-Quint, tombé du haut de ses espérances, avait résolu, au milieu du siècle précédent, d'abdiquer ses couronnes, il avait auparavant promulgué la paix d'Augsbourg pour mettre un terme aux guerres de religion en Allemagne (1555). Cette paix ne pouvait être qu'une trêve ; car les grandes questions n'y avaient pas été résolues. La lenteur allemande fit durer cette trêve soixante-trois ans.

La clause d'où une guerre nouvelle devait sortir était le *réservat ecclésiastique*. Elle interdisait aux bénéficiers ecclésiastiques qui passaient dans le parti protestant d'y porter avec eux les grands biens dont l'Église leur avait donné l'administration temporaire. Cela était juste ; mais les *sécularisations*, qui faisaient de domaines tenus en usufruit une propriété héréditaire, avait valu, parmi les grands, plus de prosélytes à Luther que ses plus vifs traités contre la cour de Rome. Avant lui, l'Église catholique possédait en biens-fonds un tiers de l'Allemagne ; des abbés, des évêques y étaient princes. Quelle tentation n'éprouvaient-ils pas de garder pour eux-mêmes ces immenses domaines que l'Église leur avait confiés pour subvenir aux frais du culte et secourir les pauvres ! Quelle tentation aussi n'avaient pas les princes temporels de mettre la main sur cette riche proie, en réduisant le clergé à la pauvreté des temps apostoliques !

Dans le nord de l'Allemagne, les protestants envahirent ainsi les archevêchés de Magdebourg et de Brême, les évêchés de Minden, d'Halberstadt, de Verden, de Lubeck, etc. Mais dans l'ouest et le sud, l'opposition catholique fut plus forte. En 1582, Gebhard de Truchsess, archevêque de Cologne, et comme tel un des sept électeurs de l'Empire et duc de Westphalie, abjura le catholicisme, se maria et prétendit conserver l'électorat. Le pape le déclara déchu et institua un nouvel archevêque qui fut mis en possession de Cologne par un corps de troupes espagnoles. Gebhard avait compté sur les protestants ; mais c'était le calvinisme qu'il avait embrassé, les luthériens l'abandonnèrent et il perdit son duché (1584).

Ici les réformés étaient battus ; ils le furent encore en 1589 à Aix-la-Chapelle, d'où leurs ministres furent chassés ; à Strasbourg, où ils essayèrent inutilement de faire arriver un des leurs à l'évêché (1592) ; à Donauwerth (1607), d'où les protestants furent expulsés, et qui descendit du rang de ville libre à celui de simple municipalité du duché de Bavière.

Ainsi s'accomplissait le projet de restauration catholique entrepris en Allemagne par le Saint-Siége. Les protestants, effrayés de tous les coups qui les frappaient, songèrent enfin à se défendre en s'organisant. Ils conclurent en 1608 l'*Union évangélique*. Leurs adversaires ne voulurent pas rester désarmés en face de cette menace, et formèrent de leur côté, l'année suivante, la *Ligue catholique*, sous la direction du duc Maximilien de Bavièr

Ce prince avait montré de bonne heure une haine implacable et farouche contre la Réforme. Dès l'âge de seize ans, il écrivait à sa mère lors du meurtre de Henri III par Jacques Clément : « J'ai appris avec un plaisir indicible que le roi de France avait été assassiné. J'attends avec impatience la confirmation de cette nouvelle. » Le membre le plus influent de la ligue, après lui, était l'archiduc Ferdinand de Styrie, plus tard empereur, qui déclarait aimer mieux mendier son pain que de tolérer l'hérésie dans ses États. Il avait chassé les pasteurs protestants; il fit sauter leurs églises avec de la poudre et brûler en une seule fois 10 000 bibles. Puis, sur le lieu de l'exécution, il avait posé la première pierre d'un couvent de capucins. En face de tels hommes, le parti protestant, affaibli déjà par les haines religieuses de luthériens à calvinistes et des luthériens entre eux, n'avait aucun prince remarquable. Les chefs donnaient à l'Allemagne le spectacle des plus scandaleuses rivalités. Le duc de Neubourg s'était fait catholique pour acquérir Clèves et Juliers, après l'ouverture de cette riche succession (1609) ; l'électeur de Brandebourg se fit calviniste pour le même motif. L'un appela les Espagnols, l'autre les Hollandais. Henri IV allait intervenir quand il fut assassiné.

La maison d'Autriche n'était pas en état de profiter de ces divisions de l'Allemagne et de celles de la Réforme. Ce n'était même pas, on vient de le voir, dans ses États héréditaires que le catholicisme, reprenant l'offensive, avait placé son point d'appui, mais en Bavière. Depuis la mort de Ferdinand Ier (1564), frère de Charles-Quint et son successeur dans l'Empire, la branche allemande de cette maison avait laissé à la branche espagnole le grand rôle en Europe. Les attaques des Turcs, la turbulence des Hongrois et des Bohémiens, enfin le partage des États de Ferdinand I*er* entre ses fils, avaient rejeté cette maison dans la situation d'où Charles-Quint l'avait fait sortir. La couronne impériale lui restait, mais elle n'en tirait pas plus de force qu'elle ne lui en prêtait. Maximilien II (1564-1576), prince éclairé et sage, avait été fort occupé par les Turcs, les Transylvains et les affaires de Pologne, où il voulut se faire nommer roi après la fuite de Henri III; il le fut fort peu par l'Allemagne où il prêchait pourtant aux réformés, sans en être écouté, la tolérance qu'il pratiquait lui-même. Son fils, Rodolphe II (1576-1612), fut au contraire faible, incapable et superstitieux. Il passa sa vie avec des alchimistes et des astronomes qui étaient encore des astrologues, quoique parmi eux fût Ticho-Brahé. Pendant qu'il observait les astres et faisait dresser les *tables Rodolphines*, ses armées étaient battues par les Turcs et il perdait ses couronnes. Son frère Mathias, sous prétexte qu'il mettait en péril la fortune de leur maison, prit les armes et l'obligea, en 1608, à lui céder la Hongrie, l'Autriche et la Moravie, avec le titre de roi désigné de Bohême.

Cette querelle domestique rendit les protestants plus hardis dans les provinces héréditaires. Mathias leur accorda en Autriche la liberté du culte et Rodolphe fut contraint par un soulèvement formidable des Bohémiens de signer les fameuses *lettres de majesté* par lesquelles il reconnaissait l'existence légale d'une confession signée en 1575 par les Bohémiens, accordait aux protestants le droit d'ouvrir des écoles, de bâtir des églises, et, chose plus grave, leur permettait de se donner des chefs permanents chargés, sous le nom de *défenseurs de la foi*, de veiller à l'exécution des *lettres de majesté* (11 juillet 1609). En 1611, Mathias força son frère à résigner entre ses mains la couronne de Bohême. Il ne restait à Rodolphe que celle de l'empire, les électeurs allaient la lui reprendre lorsqu'il mourut.

Mathias ne se trouva ni plus habile ni plus fort. On fit contre lui ce qu'il avait fait contre Rodolphe. On lui imposa pour coadjuteur et pour héritier cet archiduc Ferdinand de

Styrie, dont on a vu plus haut l'énergie. La tolérance dont les protestants avaient joui un moment, dans les États héréditaires, fut remplacée par la persécution. Ils furent chassés de leurs emplois, privés de leurs églises, et, l'Autriche délivrée de l'hérésie, Ferdinand annonça ouvertement le dessein d'anéantir les libertés religieuses de la Bohême.

Guerre de Trente ans : Périodes palatine et danoise (1618-1626).

En 1618, des utraquistes (ceux qui communient sous les deux espèces), ayant voulu bâtir des églises pour leur culte, en furent empêchés. Les *défenseurs*, ayant à leur tête le comte de Thurn, homme impétueux et violent, invoquèrent les *lettres de majesté*. Sur une réponse dérisoire, l'émeute éclata. Ils se rendirent à l'hôtel de ville de Prague, et, « selon un vieil usage de Bohême, » jetèrent les gouverneurs par les fenêtres (23 mai 1618).

Cet événement marque le commencement de la guerre mémorable dite de Trente ans, qui étendit ses ravages du Danube à l'Escaut, des rives du Pô à celles de la Baltique, ruina les villes, dévasta les campagnes, décimant la population, et ramenant la barbarie. Préparée par une foule d'accidents, elle commença par une question religieuse, la lutte des deux religions, et elle finit par une question politique, l'abaissement de la maison d'Autriche, la grandeur de la maison de France.

Les Bohémiens, après la défénestration de Prague, organisent la défense et élisent pour roi l'électeur palatin, chef de l'Union évangélique, gendre du roi d'Angleterre, neveu du stathouder de Hollande (1619). Mais Frédéric V ne songe qu'aux fêtes, tandis que Ferdinand II, devenu empereur par la mort de Mathias (1619), déploie la plus grande activité ; il traite avec le roi de Pologne qui lui envoie des secours, avec l'électeur de Saxe, qui n'en donne pas aux Bohémiens ; il obtient du pape des subsides, de la ligue catholique et du roi d'Espagne, chef de sa maison, des soldats. Assiégé dans Vienne par les Bohémiens du comte de Thurn et les Hongrois de

Bethlen Gabor, menacé jusque dans son cabinet par les membres des États d'Autriche qui veulent le forcer à capituler, il résiste à toutes les obsessions, et sa fermeté donne aux secours de la ligue le temps d'accourir. Leur arrivée change la face des choses : les bourgeois s'arment, la confiance renaît, et le comte de Thurn, rappelé en Bohême par une défaite de son collègue, Ernest de Mansfeld, lève le siége de Vienne.

Une ambassade française envoyée par de Luynes avait, dans le même temps, décidé Gabor à signer une trêve ; elle rendait un autre service à l'empereur en persuadant aux princes de l'Union évangélique d'abandonner l'électeur palatin. Voilà comment de Luynes faisait au dehors les affaires de la France.

L'empereur peut prendre alors l'offensive contre le seul ennemi qui lui reste. Tandis que les Espagnols entrent dans le Palatinat et les Saxons dans la Lusace, l'armée de la Ligue triomphe des Bohémiens à la bataille de la Montagne-Blanche, près de Prague (1620). Réduite à demander grâce, dépouillée de ses priviléges, la Bohême assiste avec terreur au supplice des chefs de l'insurrection : 27 sont décapités, 29 n'échappent au même sort que par la fuite ; 928 seigneurs sont dépouillés de leurs biens ; 38 000 familles sortent du pays où la Réforme est proscrite. Deux siècles après, la Bohême se ressentait encore de cette cruelle restauration du catholicisme.

Cependant le malheureux électeur, mis au ban de l'empire (1621), fuyait jusqu'en Hollande, n'osant défendre même son patrimoine héréditaire, où les Espagnols de Spinola s'établirent. Ce succès ranime l'ambition des cours de Vienne et de Madrid. On reprend les anciens projets de Charles-Quint et de Philippe II ; on rêve la réduction de la Hollande, celle du protestantisme ; bientôt on rêvera jusqu'à la ruine des libertés allemandes.

Mais un homme qui n'a pour lui que son épée relève la cause de Frédéric V. Les violences commises par Ferdinand en Bohême donnent au comte de Mansfeld une armée. Tant de gens se trouvent ruinés que la guerre leur paraît une ressource. A la tête de 20 000 aventuriers qui ont pour solde le pillage, Mansfeld échappe aux poursuites du général bavarois, Tilly, à travers la Bohême et le haut Palatinat, traverse toute la Franconie, pénètre dans le Palatinat du Rhin, où l'électeur accourt le rejoindre; il y bat les Espagnols et Tilly lui-même à Mingelsheim (1622). Mais les Espagnols et Tilly se réunissent, tandis que Mansfeld et le burgrave de Bade-Dourlach se séparent. Le dernier est battu à Wimpfen, dans la Hesse; Christian de Brunswick, autre aventurier qui pille les églises, et avec les châsses des saints fait frapper une monnaie où il grave ces mots pour légende : « Ami de Dieu, ennemi des prêtres, » lève 20 000 hommes dans le nord de l'Allemagne; il veut rejoindre Mansfeld; l'armée combinée l'arrête et le bat à Hochst sur le Mein; le Palatinat est de nouveau perdu, Mansfeld s'ouvre un passage jusqu'aux frontières de Champagne qu'il n'ose franchir, puis jusqu'aux Pays-Bas. Il y rejoint Brunswick, qui livre aux Espagnols le combat sanglant de Fleurus, où il est grièvement blessé, et qui se fait couper le bras devant son armée, au son des tambours et des trompettes. Aidés par les Hollandais, ils forcent les Espagnols à lever le siége de Berg-op-Zoom. Mansfeld entre alors dans la Westphalie, qu'il ravage, et dans l'Ost-Frise, où il s'établit si fortement que Tilly renonce à l'y forcer; puis il passe en France et en Angleterre, cherchant partout des ennemis à l'Autriche et les moyens de la combattre.

Cependant la diète de Ratisbonne sanctionnait la spoliation de Frédéric V. Le haut Palatinat, entre le Danube et les montagnes de Bohême, était transféré avec la dignité d'électeur à Maximilien de Bavière, et les troupes espagnoles restaient en possession du bas Palatinat, sur le Rhin (1623). Christian de Brunswick, qui essaya de tenir la campagne, fut encore battu à Stadt-Lœn, dans l'évêché de Munster et rejeté en Hollande.

Grâce aux mésintelligences des princes allemands et aux hésitations des électeurs de Saxe et de Brandebourg, la Réforme était en péril. Les protestants, qui avaient abandonné l'électeur palatin, commençaient cependant à comprendre que sa cause était la leur et que leur ruine pourrait suivre la sienne. L'électeur de Brandebourg ouvrit des négociations avec la Suède; avant qu'elles eussent abouti, le roi de Danemark entra dans l'Empire pour ne pas laisser à Gustave-Adolphe le grand rôle de protecteur de la Réforme allemande. La Hollande, l'Angleterre lui promettaient l'appui de leurs flottes et des subsides. Richelieu lui envoyait en secret quelque argent. Christian IV, appelé par les États de la basse Saxe, franchit l'Elbe à Stade (1625) et tint pendant une première campagne le pays entre ce fleuve et le Weser sans que Tilly osât l'y attaquer. L'année suivante un autre ennemi se leva sur ses derrières.

Un noble de Bohême, Waldstein, perfectionnant le procédé imaginé par Mansfeld, d'entretenir une armée sans solde, avait équipé au nom de l'empereur 50 000 hommes. Ferdinand n'avait jusqu'alors soutenu la guerre qu'avec les troupes de la ligue catholique : Tilly commandait au nom du duc de Bavière; les ordres pour les opérations militaires émanaient de la cour de Munich, et la conduite des affaires était subordonnée aux intérêts de Maximilien et de ses alliés, non aux vues de la maison d'Autriche. Or, la guerre commencée pour des intérêts religieux prenait maintenant un caractère politique. Ferdinand II semblait n'avoir d'abord combattu que l'hérésie; il songeait à profiter des victoires gagnées au nom de la religion pour reprendre dans l'empire l'autorité que Charles-Quint avait un moment saisie. Waldstein lui en offrait le moyen. Tandis que Tilly attaquait les Danois par l'ouest et détruisait en partie l'armée royale à Lutter, dans le duché de Brunswick, Waldstein battit Mansfeld à Dessau, près du confluent de la Mulde et de l'Elbe, le poursuivit à travers la Silésie, et le rejeta en Hongrie. Reçu froidement par Bethlen Gabor, prince de Transylvanie, qu'il croyait trouver en armes prêt à se joindre à lui, l'aventurier, brisé par la fatigue et la maladie, alla mourir dans un village de la Bosnie, mais voulut mourir debout (1626). Waldstein revint alors contre les Danois; il battit le margrave de Bade-Dourlach à Hilligenhagen, en Wagrie, et s'empara de presque tout le Holstein; mais il attaqua vainement la ville hanséatique de Stralsund, dont la prise lui eût livré la domination de la Baltique. Christian profita de quelques avantages partiels pour conclure la paix à Lubeck et conjurer sa ruine par l'abandon de ses alliés (22 mai 1626).

Jamais la puissance impériale n'avait été plus menaçante. Waldstein, investi du duché de Mecklenbourg et du titre d'amiral de la Baltique, occupait le nord de l'Allemagne avec 100 000 hommes, et faisait exécuter l'édit de *restitution* par la force. C'est le 6 mars 1629 que Ferdinand avait promulgué cet acte célèbre par lequel tous les couvents et tous les biens ecclésiastiques sécularisés depuis la paix d'Augsbourg, ou appropriés au culte protestant, devaient être rendus à leur destination primitive. Cet acte était une grande faute; en dévoilant trop vite les secrets desseins de la maison d'Autriche, il devint pour elle la cause de longs malheurs. Les catholiques, que cette mesure avait d'abord comblés de joie, ne tardèrent pas, en effet, à en comprendre la portée, lorsqu'ils virent l'empereur donner à un de ses fils quatre évêchés à la fois, et livrer aux jésuites une grande partie des biens restitués, au lieu de les rendre à leurs anciens possesseurs. Waldstein disait tout haut « qu'il ne fallait plus d'électeurs et de princes, et que tout devait être soumis à un seul roi, comme en France et en Espagne. »

Mais Richelieu veille sur un dessein qui l'alarme pour la France. Déjà il a fait échouer en Italie les prétentions de la maison d'Espagne sur la Valteline et sur Mantoue (voy. p. 293). Lors même qu'on croirait toute son attention absorbée par les affaires de l'intérieur, il ne cesse d'agir par la diplomatie, prodiguant l'or de la France, en attendant qu'il puisse tirer l'épée. A la diète de Ratisbonne (1640), il obtient, par l'habileté du P. Joseph, son émissaire, le renvoi de Waldstein, contre lequel s'élèvent les clameurs de l'Allemagne entière, et n'en fait pas moins refuser au fils de l'empereur le titre de roi des Romains, qui était le prix tacite de cette destitution. Il fait plus encore. Au moment où Ferdinand se prive de son meilleur général, et réduit son armée à moins de 40 000 hommes, le roi de Suède, appelé par Richelieu, débarque en Poméranie (1630).

Le roi de Pologne, Sigismond, fier de ses succès sur les Russes et du rôle qu'il avait pris, en 1619, de protecteur de la maison d'Autriche, avait recommencé les hostilités contre son jeune parent, qu'il qualifiait d'usurpateur. Il ne connaissait pas la force de celui qui allait être le héros de la guerre de Trente ans. Gustave prit Riga en 1621, toute la Livonie en 1625, et une partie de la Prusse l'année suivante. Mais en 1626, Sigismond obtint que Ferdinand lui rendît l'assistance qu'il avait reçue de lui. Les troupes autrichiennes vinrent aider les Polonais, et Gustave battu (1629) se trouvait dans une position difficile, quand Richelieu, aidé de l'Angleterre et du Brandebourg, lui persuada de laisser là cette guerre stérile. Par la trêve d'Altmark qu'il ménagea, les hostilités furent suspendues pendant six ans; la Livonie et les côtes de la Prusse restaient aux Suédois (sept. 1629).

Gustave était libre maintenant; Richelieu le jette sur l'Allemagne, en lui accordant un subside annuel de 1 200 000 livres, et en lui montrant, pour exciter son ardeur, d'immenses dépouilles à saisir, ses coreligionnaires à venger, et un grand rôle à jouer sur un théâtre retentissant (traité de Berwald, janvier 1631).

Périodes suédoise et française (1630-1648).

Gustave-Adolphe apparaît dans l'Empire comme un foudre de guerre; il invente une tactique nouvelle qui déconcerte ses adversaires; en quelques mois, il s'empare de toute la Poméranie (1630). Les électeurs protestants de Brandebourg et de Saxe voudraient arracher des concessions à Ferdinand II, sans les devoir à un prince étranger : ils refusent d'ouvrir à Gustave leurs États et leurs forteresses dont il a besoin pour appuyer ses opérations offensives et assurer ses communications avec la Suède. Magdebourg, que les Impériaux assiégent, est perdue par ces hésitations, car Gustave-Adolphe ne peut la sauver, et Tilly la traite avec une épouvantable férocité (mai 1631). Ce grand désastre décide enfin les électeurs; Gustave-Adolphe, libre de courir aux Impériaux, les bat à Breitenfeld, près de Leipzig (septembre). Tandis que les Saxons marchent sur Vienne par la Bohême, lui-même soulève ou soumet les provinces de l'ouest, les électorats ecclésiastiques, la Franconie et le Palatinat. Quand il a ainsi séparé les Espagnols des Impériaux, il se retourne contre ceux-ci, pour les attaquer au cœur même de leur puissance. Il s'empare de Donauwœrth, qui lui ouvre l'entrée de la Bavière ; il force le passage du Lech dans un combat d'artillerie où Tilly est blessé mortellement, et entre dans Munich (avril 1632); le duc Maximilien, caché dans ses châteaux, attend, sans espérance, le sort qu'il a fait subir au comte palatin.

Ferdinand II, menacé de voir les Suédois et les Saxons se réunir sous les murs de Vienne, se soumet à l'humiliation de recourir au général qu'il a chassé ; mais il ne triomphe des hésitations calculées de Waldstein qu'en lui cédant un commandement absolu. Grâce à sa réputation, qui a grandi encore dans la retraite, le célèbre général retrouve bientôt une armée : il chasse sans peine les Saxons de la Bohême, et marche ensuite à Gustave-Adolphe par Egra, où le duc Maximilien vient lui amener les débris de son armée. Les deux adversaires, sur qui l'Europe entière a les yeux, se rencontrent enfin à Nuremberg; ils restent six semaines en présence. Waldstein se lasse le premier et se retire sur la Saxe: Gustave l'y suit. A Lutzen ils en viennent aux mains. Dès le commencement de l'action, le roi est frappé à mort; son meilleur élève, le duc Bernard de Saxe-Weimar, achève cependant la victoire (novembre 1632).

Les divisions qui éclatent entre les protestants et les Suédois la rendent inutile : les Impériaux reprennent partout l'offensive, et Ferdinand II croit n'avoir plus besoin du général auquel il doit son trône, mais dont il redoute l'ambition : Waldstein est assassiné à Egra au moment où son astrologue lui promettait la couronne de Bohême (fév. 1634). Ses successeurs, Piccolomini, Galas, Jean de Werth, triomphent avec son armée des Suédois et de Bernard, à Nordlingen (sept.). Ils leur tuent 12 000 hommes, leur en prennent 6000 avec le comte de Horn, un de leurs meilleurs généraux, et les rejettent partie sur le Rhin, partie vers la Poméranie. Les princes allemands renoncent encore une fois à la lutte; le traité de Prague, accepté par l'électeur de Saxe, consacre avec quelques réserves *l'édit de restitution* (mai 1635).

Alors la France intervient elle-même dans la guerre de Trente ans. « A d'autres le monde ! » s'était écrié Gustave-Adolphe en tombant à Lutzen. Richelieu ramasse l'espérance et la fortune du jeune héros. Il est libre maintenant de ses plus grands soucis à l'intérieur, il peut porter son attention et ses forces au dehors. Il substitue hardiment, dans la lutte contre la maison d'Autriche, au Danemark épuisé, à la Suède veuve de son roi, la France pleine de jeunesse et d'ardeur. Contre l'Autriche et l'Espagne plus étroitement unies, il noue d'abord un solide faisceau d'alliances. Par la convention de Paris il promet 12 000 hommes aux confédérés allemands qui lui remettent l'Alsace en dépôt (nov. 1634), et par celle de Saint-Germain il achète Bernard de Saxe-Weimar et son armée (oct. 1635); il traite à Compiègne avec le chancelier de Suède, Oxenstiern, autre grand ministre (avril 1635), à Wesel, avec le landgrave de Hesse-Cassel, qui promet des troupes en retour d'un subside (oct. 1636); à Paris, avec les Hollandais, pour le partage des Pas-Bas (fév. 1635); à Rivoli, avec les Suisses, et les ducs de Savoie, de Mantoue et de Parme (juillet).

Ces nombreux traités annoncent l'extension que la guerre va prendre. Richelieu la portera sur toutes nos frontières : aux Pays-Bas, pour les partager avec la Hollande; sur le Rhin, pour couvrir la Champagne et la Lorraine et saisir l'Alsace; en Allemagne, pour tendre la main aux Suédois et briser l'omnipotence de l'Autriche; en Italie, pour maintenir l'autorité des Grisons dans la Valteline, et l'influence de la France dans le Piémont; vers les Pyrénées, pour y conquérir le Roussillon; sur l'Océan et la Méditerrannée, pour y détruire les flottes espagnoles, soutenir les révoltes du Portugal et de la Catalogne et menacer les côtes d'Italie.

Le prétexte de la rupture fut l'enlèvement par les Espagnols de l'archevêque de Trèves, qui s'était mis sous la protection de la France. La guerre commença heureusement. Châtillon et Brézé remportèrent dans les Pays-Bas la victoire d'Avein, près de Liége (5 mai 1635). Mais les Hollandais s'effarouchèrent de voir les Français si près d'eux; ils aimaient bien mieux pour voisine l'Espagne affaiblie que la France régénérée, et ils secondèrent mal nos opérations. Les Espagnols profitèrent de cette mésintelligence. Renforcés par 10 000 Impériaux et Piccolomini, ils pénétrèrent en Picardie pendant que notre armée était encore en Hollande, franchirent la Somme et s'emparèrent de Corbie (1636). Un instant la cour et Paris s'épouvantèrent; mais le cœur revint vite à la grande ville. Les ouvriers et les gens du peuple s'enrôlèrent en foule, les bourgeois donnèrent au roi les moyens de lever et d'entretenir durant trois mois 12 000 fantassins et 3000 chevaux. Louis XIII, plus hardi cette fois que Richelieu, avait refusé de se retirer sur la Loire; à la tête de 40 000 hommes, il alla rejeter les Espagnols hors des frontières et reprendre Corbie, où le cardinal n'échappa au plus grand péril qu'il ait couru de sa vie que parce qu'au moment de donner le signal de l'assassinat, le cœur manqua au frère du roi (1636). Une autre invasion, tentée en Bourgogne, tourna aussi mal. Galas et le duc de Lorraine s'étaient avancés jusqu'à Saint-Jean-de-Losne qui résista héroïquement : le comte de Rantzau les força à la retraite, et le duc de Saxe-Weimar les repoussa en désordre dans la Comté.

L'année suivante, 1637, le cardinal de La Valette prit les villes de la haute Sambre, Cateau-Cambrésis, Landrecies et Maubeuge. Richelieu aimait à confier des commandements aux prêtres, plus habitués à l'obéissance. Son amiral ordinaire était Sourdis, archevêque de Bordeaux, qui détruisit, en 1638, une flotte espagnole, à la hauteur de Fontarabie, et ravagea plus d'une fois les côtes du royaume de Naples et de l'Espagne. Mais en cette année (1638), les grands succès furent sur le Rhin; Bernard de Saxe-Weimar battit les Impériaux à Rhinfeld, prit leur général, Jean de Werth, et emporta d'assaut Vieux-Brisach après trois victoires. Il songeait à se faire souverain de l'Alsace et du Brisgau, quand il mourut, fort à propos pour la France, qui hérita de sa conquête et de son armée (1639).

L'Alsace était une province autrichienne : l'Artois, qui appartenait aux Espagnols, fut envahi dans la campagne suivante. Trois maréchaux, La Meilleraye, Châtillon et Chaulnes, assiégèrent Arras. Une armée de 30 000 hommes, commandée par Beck et Lamboi, accourt pour la délivrer. Les maréchaux sont d'avis contraire: l'un veut se tenir dans les retranchements, l'autre sortir des lignes pour livrer bataille; on en réfère à Richelieu : « Lorsque le roi, leur répond-il, vous a confié le commandement, il vous a crus capables; sortez ou ne sortez pas de vos lignes, mais vous répondez sur vos têtes de la prise de la ville. » Quelques jours après, les Espagnols sont battus, et Arras est forcé (août 1640). C'était une seconde province enlevée à la maison d'Autriche.

La France combattait en même temps dans le nord de l'Italie. Après la mort de Victor-Amédée (1637), ses frères, le prince Thomas de Carignan et le cardinal Maurice, avaient disputé la régence à sa veuve, Christine, fille de Henri IV, et avaient obtenu l'appui d'une armée espagnole. Richelieu envoya dans le Piémont le comte d'Harcourt, qui remporta trois brillantes victoires à Casal, à Turin et à Ivrée, rétablit l'autorité de la régente, et par un traité habile fit rentrer les princes de Savoie dans l'alliance française (1640-1642). Le duc de Rohan avait, en 1635, chassé de nouveau les Espagnols de la Valteline.

L'Espagne n'attaquait plus alors; elle avait assez à faire de se défendre contre les Catalans et les Portugais qui venaient de se soulever (1640). Le cardinal n'était pas étranger à ces révoltes; il fournit des secours au nouveau roi de Portugal, Jean de Bragance, et décida les Catalans à reconnaître Louis XIII comme comte de Barcelone et de Roussillon (1641). Une armée française, commandée par La Mothe-Houdancourt, entra dans la Catalogne et en chassa les Espagnols; une autre, que le roi conduisait en personne, prit Perpignan, et ajouta le Roussillon à la France, qui depuis ne l'a pas perdu (sept. 1642).

L'Espagne occupée chez elle, l'Autriche était plus facile à vaincre en Allemagne. Après la défection de l'électeur de Saxe, en 1635, les Suédois avaient reculé jusqu'en Poméranie. Fortifié par quelques troupes que la diète de Stockholm retira de Pologne, et dégagé par la puissante diversion de la France, Banner, le *second Gustave*, reprit l'offensive; il battit les Impériaux à Wittstock dans le Brandebourg (1636), à Chemnitz en Saxe (1639), pénétra en Bohême, et, aidé du comte de Guébriant, un des plus habiles tacticiens de cette époque, faillit enlever, en 1641, dans Ratisbonne, la diète de l'Empire et l'empereur, après avoir passé le Danube sur la glace. Un brusque dégel sauva Ferdinand III, et une maladie le délivra, quelques mois plus tard, de son redoutable adversaire. Tandis que le successeur de Banner, le paralytique Torstenson, étonnait l'Europe par la rapidité de ses opérations et une suite de glorieuses victoires, à Glogau et à Schweidnitz, dans la Silésie, à Breitenfeld en Saxe (1642), Guébriant s'avançait audacieusement avec l'armée weimarienne dans l'ouest de l'Empire, que les Suédois attaquaient par le nord-est : il triomphait de Piccolomini à Wolfenbuttel (1631), de Lamboi à Kempen dans l'électorat de Cologne (1642, et il donnait la main à tous les mécontents de l'Allemagne.

La mort de Richelieu enhardit les Espagnols ; ils reprirent l'offensive du côté de la Champagne, et ils assiégèrent Rocroy, sous la conduite d'un vieux capitaine, don Francisco de Mellos, espérant, cette ville prise, arriver à Paris sans obstacle : car ils n'avaient devant eux qu'une armée inférieure en nombre, et un général de vingt et un ans, Louis de Bourbon, alors le duc d'Enghien, plus tard le grand Condé. Ce fut le 19 mai 1643 que les armées se rencontrèrent. Les deux ailes formées de cavalerie s'abordèrent bien avant que le centre pût combattre. Condé, à la tête de sa droite, renversa la cavalerie qui lui était opposée, et, apprenant que sa gauche était battue par Mellos, il passa audacieusement derrière la ligne espagnole, pour prendre à dos la droite de l'ennemi victorieuse, et la dispersa. L'infanterie espagnole restait immobile. Il revint sur elle, l'entoura, l'attaqua trois fois et la rompit. Le vieux comte de Fuentès, qui la commandait, fut jeté mort à terre. Condé reçut lui-même cinq coups de mousquet dans ses armes.

Le duc d'Enghien poursuivit son succès avec cette fougue, cette audace heureuse qui était le caractère de cet autre Alexandre. Chaque année fut marquée par une victoire. Les Espagnols chassés de France, il s'empare en courant de Thionville (août 1643) et se tourne contre l'Autriche et ses alliés d'Allemagne. L'armée weimarienne venait de perdre devant Rothweil, qu'elle avait pourtant enlevée (12 nov. 1643), son habile général Guébriant, et, obéissant mal à plusieurs chefs, s'était laissé surprendre par les Impériaux à Duttlingen, dans des cantonnements trop séparés (24 nov.). Turenne, nommé maréchal, assemble ses débris et la recompose. Condé lui amène 10 000 hommes. Ils attaquent le général bavarois, Mercy, sous les murs de Fribourg, en Brisgau : le combat recommence deux fois, à deux journées différentes, et chaque fois Condé y montre la plus brillante valeur, entraînant à sa suite les Français électrisés (16 août 1644). Cependant ce fut plutôt un affreux massacre qu'une victoire. Mercy s'éloigna sans être inquiété, mais il s'avoua vaincu, en laissant les deux généraux enlever Philippsbourg, Worms et Mayence et ainsi nettoyer d'ennemis les bords du Rhin.

Tandis que Condé retournait à Paris jouir des acclamations populaires, Turenne se préparait à répondre à l'appel de Torstenson, qui lui avait donné rendez-vous sous les murs de Vienne. Ce hardi général venait de traverser toute l'Allemagne, du fond de la Moravie jusqu'à l'extrémité du Jutland, traînant avec lui l'armée impériale de Galas, qui ne put rien prévoir ni rien empêcher. Le Danemark châtié, Torstenson s'était retourné contre Galas, qui avait espéré l'enfermer dans la presqu'île, l'avait battu à Juterbock, dans le Brandebourg (nov. 1644), avait ruiné ses troupes et détruit une autre armée impériale à Jankowitz, en Bohême (fév. 1645). C'est alors que, rentré en Moravie, il assiégeait Brunn, menaçait Vienne et invitait Turenne à venir le joindre par la vallée du Danube.

Turenne s'engage avec trop de confiance dans l'Empire et est vaincu à Marienthal par Mercy (mai 1645). Mais le duc d'Enghien accourt avec des renforts, fait reculer l'ennemi pénètre jusqu'en Bavière, et achève la déroute de l'armée impériale dans la sanglante affaire de Nordlingen, où Mercy est tué (août 1645). En 1646, il passe en Flandre : il assiége Dunkerque à la vue des Espagnols, et donne le premier cette place à la France. L'année suivante il est en Catalogne, où il y a des revers à réparer ; il assiége Lérida, que deux maréchaux avaient attaquée vainement; il est repoussé (1647). C'était sa première défaite; il la répare sur un autre théâtre. Son absence avait rendu le courage aux Espagnols dans le nord, et l'archiduc Léopold, frère de l'empereur, s'étai avancé jusqu'à Lens, en Artois. Condé les attaque. En deux heures la bataille était gagnée (10 août 1648).

Pendant ces triomphes, Turenne opérait en Allemagne, et, par sa tactique à la fois savante et hardie, jetait les fondements d'une réputation que le temps n'a fait qu'accroître. Réuni au Suédois Wrangel, successeur de Torstenson, il gagna les batailles de Lawingen (nov. 1647) et de Susmarshausen, non loin d'Augsbourg (mai 1648), força le passage du Lech à Rain et contraignit l'électeur de Bavière à sortir de ses États à l'âge de soixante-seize ans. Sans une pluie torrentielle qui grossit tout à coup les eaux de l'Inn, il marchait sur Vienne. On agita un instant, au conseil de l'empereur, si Ferdinand III ne fuirait pas de sa capitale.

Il y avait longtemps que l'on négociait. Proposées dès 1641, les conférences étaient ouvertes, le 10 avril 1643, dans deux villes de la Westphalie : à Munster, entre les plénipotentiaires des princes protestants et ceux de l'empereur. Il s'agissait de remanier la carte de l'Europe après une guerre qui avait duré trente ans, de donner à l'empire une constitution nouvelle, et de régler le droit public et religieux des nations chrétiennes. La France fut représentée à ce congrès par d'habiles négociateurs, le comte d'Avaux et Abel Servien; mais ses meilleurs diplomates, c'étaient Condé et Turenne, dont l'épée avait simplifié les négociations en rendant la paix nécessaire; la surprise du château de Prague par les Suédois décida l'empereur à la paix. Au dernier moment l'Espagne se retira, espérant profiter des troubles de la Fronde qui commençaient alors en France. Les autres États, pressés d'en finir, signèrent le traité (24 octobre 1648).

Dans la guerre de Trente ans, l'Autriche avait essayé d'étouffer les libertés religieuses et politiques de l'Allemagne; puisqu'elle était vaincue, ce qu'elle avait voulu abattre subsista et grandit. Les protestants eurent grande liberté de conscience. La paix de religion, signée à Augsbourg en

1555, fut confirmée. Les trois religions, catholique, luthérienne et calviniste, obtinrent égalité de droits ; et, pour la possession des biens ecclésiastiques, pour l'exercice du culte, tout fut ramené à l'état de l'Allemagne en 1624, excepté dans le Palatinat, pour lequel *l'année normale* fut l'an 1618. Beaucoup d'évêchés et d'abbayes furent sécularisés pour fournir des indemnités aux princes protestants. Ainsi, l'électeur de Brandebourg eut les évêchés de Magdebourg, d'Halberstadt, de Camin et de Minden ; le duc de Mecklenbourg, ceux de Schwérin et de Ratzbourg ; le landgrave de Hesse-Cassel, l'abbaye de Hirchsfeld avec 600 000 écus ; l'électeur de Saxe, la Lusace avec plusieurs domaines ecclésiastiques. Un huitième électorat fut créé en faveur de la maison palatine ; mais la Bavière garda le haut Palatinat. L'autorité impériale, naguère menaçante, fut annulée ; le droit de suffrage fut assuré, dans la diète, à tous les princes et États allemands, sur toutes les questions d'alliance, de guerre, de traité, de loi nouvelle ; ils furent confirmés dans l'exercice plein et entier de la souveraineté sur leur territoire ; et ils eurent le droit de s'allier à des puissances étrangères, pourvu que ce ne fût, disait une restriction vaine « ni contre l'empereur ni contre l'empire. » Depuis bien longtemps la Suisse et la Hollande étaient étrangères à l'Allemagne ; cette séparation de fait reçut la sanction du droit.

Les deux puissances qui avaient amené cette défaite de l'Autriche avaient stipulé pour elles-mêmes d'importantes indemnités. La Suède eut les îles de Rugen, Wollin et Usedom, Wismar, la Poméranie occidentale avec Stettin, l'archevêché de Brême et l'évêché de Verden, c'est-à-dire les bouches de trois grands fleuves allemands, l'Oder, l'Elbe et le Weser, avec 5 millions d'écus et trois voix à la diète.

La France continua d'occuper la Lorraine tout en promettant de la restituer à son duc, quand il aurait accepté nos conditions. Elle obtint la renonciation de l'Empire à tout droit sur les Trois-Évêchés, Metz, Toul et Verdun, qu'elle possédait depuis un siècle ; sur la ville de Pignerol, cédée par le duc de Savoie, en 1631 ; sur l'Alsace qui lui fut abandonnée,

Original en couleur
NF Z 43-120-8

à l'exception de Strasbourg, ce qui portait sa frontière, en avant des Vosges, jusqu'au Rhin. Elle eut encore, sur la droite de ce fleuve, Vieux-Brisach, et se fit reconnaître le droit de mettre garnison dans Philippsbourg. La liberté de la navigation du Rhin fut garantie.

C'étaient de grands avantages, car, en conquérant l'Alsace, la France se plaçait d'une part entre la Lorraine et l'Allemagne, de l'autre au nord de la Franche-Comté, que depuis Henri IV elle enveloppait par le sud; de sorte que ces deux provinces se trouveront désormais à notre discrétion et que leur réunion à la France ne sera plus qu'une question de temps.

Ainsi la France dessinait mieux ses frontières pour sa défense; elle prenait même une position offensive. Par Pignerol, elle avait un pied au delà des Alpes, en Italie; par Vieux-Brisach et Philippsbourg, elle avait un pied au delà du Rhin, en Allemagne. De plus, en faisant reconnaître aux États allemands le droit de contracter alliance avec des puissances étrangères, elle eut le moyen d'acheter toujours quelques-uns de ces princes indigents; et, en garantissant l'exécution du traité, elle se donna le droit d'intervenir à toute occasion dans les affaires de l'Allemagne. L'empire, n'étant plus qu'une sorte de confédération de quatre ou cinq cents États luthériens et catholiques, monarchiques et républicains, laïques et ecclésiastiques, deviendra nécessairement le théâtre de toutes les intrigues, le champ de bataille de l'Europe, comme l'Italie l'avait été au commencement des temps modernes, et pour les mêmes raisons : les divisions et l'anarchie.

Les traités de Westphalie, qui sont la base de toutes les conventions diplomatiques depuis le milieu du dix-huitième siècle jusqu'à la révolution française, mettaient fin à la suprématie de la maison d'Autriche en Europe, et préparaient celle de la maison de Bourbon.

CHAPITRE XIX.

L'ANGLETERRE SOUS LES STUARTS ET CROMWELL.

Les Stuarts : Le roi Jacques Ier (1603-1625). — Charles Ier (1625-1640). — Le long parlement (1640-1649). — La république d'Angleterre (1649-1660).

Les Stuarts : Le roi Jacques Ier (1603-1625).

Si la maison de Bourbon arriva à un tel point de grandeur sous Louis XIV, ce ne fut pas seulement parce que la guerre de Trente ans avait humilié, devant la France, la maison d'Autriche dans ses deux branches d'Allemagne et d'Espagne ; ce fut aussi parce que l'incapacité des Stuarts fit dans le même temps descendre l'Angleterre du haut rang où Élisabeth l'avait élevée.

Après la mort d'Élisabeth, le roi d'Écosse Jacques VI, fils de Marie Stuart et arrière-petit-fils, par les femmes, du roi anglais Henri VII, fut reconnu sans opposition en Angleterre et en Irlande sous le nom de Jacques Ier. Le premier des Stuarts avait un air gauche et emprunté, une tournure ridicule. Il avait des vices et pas une vertu pure et franche. Sa libéralité n'était que profusion, son savoir que pédanterie, son amour pour la paix que pusillanimité, sa politique qu'astuce, son amitié qu'un frivole caprice. Henri IV l'appelait *maître Jacques*, et Sully disait de lui que c'était le plus sage fou qu'il eût jamais connu.

Au dehors, Jacques Ier abandonna la politique protestante qui avait fait la grandeur de l'Angleterre sous Élisabeth. Il refusa de coopérer aux grands projets de Henri IV ; il rechercha l'amitié, l'alliance même de l'Espagne, et resta presque indifférent à la ruine de son gendre Frédéric V, l'électeur palatin.

Au dedans, il s'efforça de rendre son autorité absolue, et voulut faire triompher la doctrine du droit divin des rois. Ce fut le mobile de toute sa conduite, le principe fondamental de sa politique. Les catholiques, si cruellement persécutés par Élisabeth, comptaient sinon sur une revanche, au moins sur un adoucissement de leur sort, avec le fils de Marie-Stuart. Jacques Ier maintint les *lois pénales*. Dès l'année 1603 ils essayèrent de se venger par deux complots, *the main, and the bye*, qui coûtèrent la liberté à plusieurs personnages de marque, entre autres à Walter Raleigh, un des anciens favoris et ministres d'Élisabeth, et la vie à deux prêtres. En 1605, de plus fougueux formèrent l'abominable *conspiration des poudres*.

Quelques heures avant l'ouverture du parlement, un pair catholique reçut une lettre anonyme, dans laquelle on lui disait : « Je vous conseille, si vous faites cas de la vie, de trouver quelque excuse pour différer votre présence au parlement; car Dieu et les hommes se disposent à punir la perversité du siècle. Le danger sera passé dès que vous aurez brûlé cette lettre. » Le billet fut porté aux ministres, qui voulaient mépriser cet avis anonyme. Le roi vit mieux cette fois que ses conseillers, et devina qu'il s'agissait d'une explosion soudaine. On visita les caves placées au-dessous de la chambre haute, et on y trouva trente-six barils de poudre destinés à faire sauter du même coup le roi, sa famille, les lords et les communes, réunis pour la séance royale : un des conjurés se tenait auprès ; il fut pris, mis à la torture et nomma ses complices. Ils étaient tous catholiques. Ils périrent dans les supplices, et parmi eux un provincial des Jésuites, le père Garnet, dont les uns affirmèrent, les autres nièrent la culpabilité.

Aujourd'hui encore, l'Angleterre célèbre, le 5 novembre, l'anniversaire de la conspiration des poudres. La découverte de cette machination infernale amena une véritable persécution contre les catholiques. Ils ne purent paraître à la cour ni à Londres ; leur demeure dut être à 15 kilomètres au moins de la capitale, et défense leur fut faite de s'en éloigner de plus de 7 kilomètres sans une permission spéciale signée de quatre magistrats. Les professions libérales ou les fonctions publiques leur furent interdites, comme Louis XIV les interdit en France aux protestants. Un catholique ne put être ni médecin, ni chirurgien, ni avocat, ni juge, ni officier municipal. Dans les mariages mixtes, celui des conjoints qui était de l'ancien culte n'avait rien à prétendre sur les biens de l'autre époux. Pour un domestique catholique on payait 10 livres sterling par mois; pour un convive catholique, l'amphitryon devait payer autant. On avait droit de visiter leurs maisons à toute heure, contrairement à la loi anglaise qui protége la liberté individuelle des citoyens et le sanctuaire du foyer domestique. Enfin on leur imposa, en 1605, le serment d'allégeance par lequel ils s'engageaient à défendre le roi contre tout complot, et reconnaissaient, comme impie et damnable, la doctrine qu'un prince excommunié par le pape peut être déposé par ses sujets. Ce n'est que de nos jours que les catholiques anglais ont été formellement délivrés d'une législation qui les mettait en dehors du droit commun.

Les non-conformistes avaient mieux à espérer d'un prince qui, en Écosse, avait été nourri dans leurs doctrines; Jacques les poursuivit sans pitié. Le puritanisme lui était encore plus odieux que la religion romaine; car les puritains supprimaient la hiérarchie ecclésiastique, et Jacques I*er* disait avec raison : *Point d'évêques, point de roi.* Le premier des Stuarts se tint donc toute sa vie étroitement attaché à l'anglicanisme, persécutant les catholiques qui niaient sa suprématie religieuse, persécutant les non-conformistes, dont il redoutait les tendances républicaines. Il échoua dans sa tentative pour établir la religion anglicane en Écosse (1617), et les puritains, pour échapper à ses bourreaux, allèrent en 1618, chercher en Amérique, vers le cap God, dans le Massachusetts, une terre où ils pussent prier Dieu à leur guise. D'autres les y suivront. Les États-Unis d'Amérique sortiront de là. Voilà comme la persécution réussit.

L'esprit de liberté renaissait pourtant sous un prince faible et prodigue, qui usait comme un parvenu du riche héritage que lui avait valu sa naissance. Élisabeth, grâce à son économie, avait pu ne convoquer que rarement les députés du pays. Jacques Ier se trouva, dès son avénement, obéré par ses profusions. Il réunit trois fois le parlement; trois fois il le prorogea presque aussitôt. Les chambres ne voulaient accorder de subsides que si le roi cédait de sa prérogative; le roi ne promettait de garantie pour la liberté que si les chambres votaient d'abord les subsides. L'obstination fut égale des deux côtés. Jacques eut beau, en 1614, envoyer à la Tour cinq députés : il ne put vaincre la résistance des Communes. Il ne fut pas plus heureux en 1617, et dut prononcer la dissolution du parlement.

Rien n'était mieux fait pour irriter à la fois et pour enhardir l'opposition parlementaire que le singulier mélange de hauteur et de faiblesse qui caractérisait Jacques Ier. Il écrivait que le Tout-Puissant a placé les rois au-dessus de la loi; et il se laissait gouverner par des ministres prévaricateurs, ou abandonnait le pouvoir à d'indignes favoris. Il avait d'abord continué ses fonctions à Robert Cecil, fils de lord Burleigh, qu'il avait trouvé ministre à la mort d'Élisabeth, et l'avait fait comte de Salisbury. Avide et peu scrupuleux, Cecil était du moins habile. Il fut en 1612 remplacé par un jeune Écossais, Robert Carr, que Jacques nomma successivement vicomte de Rochester et comte de Somerset, et qui, convaincu d'avoir empoisonné un de ses anciens amis, céda la place à un autre favori de vingt-deux ans qui avait toutes les grâces du corps et de l'esprit, mais non la sagesse, George Villiers. En deux années, il fut fait chevalier, gentilhomme de la chambre, baron, vicomte, marquis de Buckingham, grand-amiral, gardien des Cinq-Ports, enfin dispensateur absolu de tous les honneurs, offices et revenus des trois royaumes (1615).

Buckingham usa de son pouvoir avec une scandaleuse avidité, et amassa en peu de temps d'immenses richesses qu'il dissipait par un luxe insensé. Le roi le laissait faire, car il faisait comme lui. Ne pouvant obtenir du parlement des subsides, il avait recours aux plus honteux trafics. On mit aux enchères les charges de la cour, les fonctions de juge; on créa de nouveaux titres qui furent vendus à beaux deniers comptants ; on fit d'iniques procès politiques pour confisquer les biens des prévenus, et cet exemple devint si contagieux, que le grand Bacon, alors chancelier, se laissa aller à des concussions qui attirèrent sur lui une condamnation, de la part de la cour des pairs, à la prison et à l'énorme amende de 40 000 livres sterling (1621) (v. p. 273). Le roi de son côté vendit en 1616 aux États généraux pour 2 728 000 florins, les villes de Brielle, Flessingue et Rammekens, données à Élisabeth en gage des sommes avancées ou dépensées par elle pour le compte des Provinces-Unies. La meilleure part de cet argent passa bien vite dans la maison du favori, et la nation s'indigna qu'on eût fait trafic de son influence.

En dépit de ces expédients, le trésor restait vide. Jacques profita des périls que le protestantisme courait en Allemagne pour convoquer un nouveau parlement. Mais les Communes n'accordèrent de subsides qu'à la condition qu'il serait fait droit aux griefs de la nation. Le roi cassa encore l'assemblée (1622). Attiré par l'appât d'une riche dot, il résolut de marier son fils à une infante d'Espagne. Mais le projet échoua grâce aux scandaleuses folies de Buckingham, et amena au contraire une guerre contre l'Espagne (1623). Pour avoir de l'argent, il fallut accorder aux commissaires du parlement le droit de percevoir l'impôt et d'en surveiller l'emploi ; abolir les monopoles, et reconnaître solennellement la liberté individuelle. Jacques mourut peu de temps après (1er avril 1625). Il venait à peine de décider le mariage de son fils avec Henriette de France, sœur de Louis XIII.

Jacques Ier, ou maître Jacques, comme disait Henri IV, discutait beaucoup, il n'écrivait pas moins ; ses principaux ouvrages furent le *Basilicon Doron* et la *Vraie loi des monarchies libres*. Les Tudors avaient fondé, en fait, le pouvoir absolu ; le premier des Stuarts voulut le fonder en droit, et le second des ouvrages qu'on vient de citer est l'exposé dogmatique de cette théorie. Jacques y déclare que le roi commande et que le sujet obéit ; que les rois règnent en vertu du droit divin, et que le Tout-Puissant, dont ils sont l'image, les a placés au-dessus de la loi ; que, par conséquent, un prince peut faire des statuts et punir sans l'intervention d'un parlement, et qu'il n'est pas lié à la stricte observation des lois de l'État. Ce que le roi écrivait, le clergé anglican l'érigeait en dogme et, dans ses canons de 1606, il recommandait expressément l'obéissance absolue envers le monarque.

Cette double affirmation était une double imprudence. Le despotisme peut vivre longtemps dans les faits, il ne peut se laisser discuter longtemps. Jacques Ier voulait être despote et ne savait pas l'être. Il lui manquait pour cela trois choses nécessaires: l'argent, dont le parlement était le dispensateur jaloux; l'armée, qui dans cette île n'existait pas; l'opinion publique, qu'il s'était aliénée. Pendant qu'il écrivait la théorie de l'obéissance passive, la nation s'habituait par la discussion à la liberté, et y arrivera bientôt par une révolution [1]

Charles Ier (1625-1649).

L'Angleterre attendait beaucoup de son nouveau roi. C'était un prince de mœurs graves et pures, appliqué, instruit, qui maintenait dans sa maison la règle et la décence. Ses manières et son air imposaient aux courtisans et plaisaient au peuple. Ses vertus lui auraient valu l'estime des gens de bien, si la bonne foi y avait été jointe. Son avènement excita des sentiments unanimes de joie et d'espérance. Mais cette joie diminua quand on vit le roi donner toute sa confiance à Buckingham, et la nouvelle reine ne s'entourer que de catholiques. L'esprit défiant des réformés soupçonna un péril sérieux dans les intrigues bruyantes, mais sans portée, d'une femme imprudente.

Compromis par son entourage, Charles Ier était d'ailleurs en dissentiment avec la nation sur les questions fondamentales du droit politique. Son père l'avait imbu des doctrines de l'absolutisme. Il voyait dans le reste de l'Europe les libertés communales vaincues, les prérogatives aristocratiques

---

[1]. Sous Jacques Ier, découvertes faites dans le nord de l'Amérique par Davis (1607); Hudson (1610); et Baffin (1616); prise de possession des Bermudes (1609) ; mort de Shakspeare à 53 ans (1615 ou 1616); apparition du premier journal régulier en Angleterre (1622).

anéanties, et le pouvoir des rois élevé au-dessus de toute contradiction et de toute entrave. Charles Ier aimait ses sujets ; mais pour assurer leur bonheur, il entendait, comme les Tudors, garder sous clef leur liberté. Il oubliait ce qui avait amené, non la perte, mais l'éclipse des libertés publiques : la fatigue de trente années de guerre, durant la lutte des deux Roses ; puis la question de la réforme qui, pendant trente autres années, avait occupé tous les esprits ; enfin la guerre avec Philippe II, où il s'était agi de l'existence même de l'Angleterre. En face de tels périls, le pays avait bien pu laisser ses rois prendre le pouvoir absolu ; mais maintenant que l'Espagne était mourante, que la France ne menaçait pas encore, et que la question religieuse était décidément vidée, l'Angleterre voulait rentrer dans ses anciennes voies, et reprendre son ancien gouvernement représentatif, momentanément suspendu.

L'amour pour les libertés publiques se réveillait, en effet, au sein de la bourgeoisie qui, enrichie sous Élisabeth et Jacques Ier par le commerce et par l'industrie, avait profité des prodigalités du roi et de ses courtisans pour devenir créancière de la noblesse et de la couronne. Elle sentait l'importance qu'elle avait dans l'État. Elle formait la majorité dans la chambre des Communes ; elle exerçait toutes les professions libérales ; elle était maîtresse des capitaux. Rien d'étonnant à ce qu'elle voulût maintenant prendre part au pouvoir et contrôler les actes d'un gouvernement malhabile.

Une autre force poussait l'Angleterre dans cette voie. Le roi et les grands avaient bien fait, au seizième siècle, dans la religion, leur réforme tout aristocratique ; le peuple n'avait pas fait la sienne, et cette réforme populaire, démocratique, radicale, commençait à poindre : c'était celle des puritains. Henri VIII et Élisabeth avaient constitué une Église officielle, très-richement dotée, et plus docile envers le pouvoir que ne l'avait jamais été l'Église catholique. Mais ce clergé, qui vivait dans la splendeur, prêchait l'obéissance absolue envers les princes, et se déclarait lui-même d'institution divine, ne satisfaisait point ceux à qui on avait mis la Bible à la main, et qui ne voulaient plus y lire que le dévouement et la pauvreté des premiers lévites, que les imprécations des prophètes contre les tyrans, que la réprobation contre les habitudes idolâtriques de l'Église établie, contre sa hiérarchie, son culte, sa liturgie et ses formules consacrées. Ceux qui demandent des libertés politiques, ceux qui demandent des libertés religieuses se rencontreront bientôt, et réunis, feront une révolution dont ils se disputeront ensuite les résultats.

Le règne de Charles Ier se partage en trois périodes :

Dans la première (1625-1629), il essaye de gouverner avec le parlement;

Dans la seconde (1629-1640), il gouverne sans le parlement;

Dans la troisième (1640-1648), il est obligé de le subir; il le combat et est vaincu.

On vient de voir qu'à l'avénement de Charles Ier, le gouvernement et le pays ne s'entendaient plus : le roi en restant aux théories absolutistes de son père, et la nation voulant en revenir à ses vieilles libertés. L'inévitable lutte éclata dès les premiers jours.

L'habitude était de voter les droits de douane pour toute la durée du règne : la chambre basse ne le vota que pour un an. C'était déclarer qu'elle se défiait, non pas du roi, sans doute, mais de son gouvernement. Charles, irrité, prononça la dissolution de l'assemblée.

Le parlement de 1626 alla plus loin : à une demande de subsides, il répondit par une exposition de griefs, et il mit en accusation Buckingham. Le roi, pour sauver son favori, fut encore obligé de renvoyer le parlement, comptant sur les emprunts forcés pour tenir lieu des impôts que la nation refusait, et enrôlant des soldats pour intimider les citoyens, proclamant en maint lieu la loi martiale pour suspendre la justice ordinaire.

Dans l'espoir d'acquérir quelque popularité, Buckingham décida Charles Ier, déjà aux prises avec l'Espagne, à entrer en guerre avec la France, et mena une flotte au secours des protestants de la Rochelle. Mais l'expédition échoua à l'attaque de l'île de Ré par l'impéritie du général (1627), comme avait échoué, en 1625, une tentative sur Cadix. Pour conjurer l'explosion du mécontentement public, Charles convoqua un troisième parlement. Mais l'échec de Buckingham avait enhardi les Communes. Elles arrivaient avec la résolution de renverser le favori et de réformer les abus. Elles adressèrent deux remontrances au roi, l'une contre la perception illégale des droits de douane, l'autre contre Buckingham, que l'on qualifiait d'entrepreneur de la misère publique. Charles perdit patience et prorogea le parlement ; le fanatisme réformé trouva alors son Ravaillac. John Felton assassina Buckingham (1628), et l'année suivante le parlement formula la *pétition des droits* de la nation. C'était comme la seconde Grande Charte de l'Angleterre. Le roi l'accepta : il s'engageait donc à ne lever jamais d'impôt sans le consentement des chambres, à ne jamais emprisonner personne que selon les formes de la loi, à ne jamais établir de cours martiales. Mais quelques semaines étaient à peine écoulées, qu'il oubliait sa parole, renvoyait le parlement et jetait en prison les plus ardents des députés. Un d'eux, sir John Eliot, y mourut après plusieurs années de souffrances. Charles prit alors pour ministres deux hommes résolus, l'archevêque Laud et sir Thomas Wentworth, plus tard comte de Strafford, un des chefs de l'opposition dans le parlement et l'auteur du bill des droits, mais qui, dévoré d'ambition, ne recula point devant une apostasie, et se proposa de jouer en Angleterre le rôle que jouait en ce moment Richelieu en France.

Charles resta onze années, espace plus long qu'il ne s'était jamais vu, sans réunir le parlement (mars 1629-avril 1640). Se passer des chambres, c'était se condamner à l'économie et à l'inaction. Le roi se hâta de conclure la paix avec la France et l'Espagne, et se tint à l'écart de la grande lutte engagée sur le continent entre les deux principes religieux qui se disputaient l'empire du monde. L'Angleterre, qu'Élisabeth avait mise à la tête du protestantisme, resta sous Charles Ier étrangère à la guerre de Trente ans !

Méprisé au dehors, le roi n'en fut pas beaucoup plus fort au dedans. Il avait cru trouver le repos au sein du pouvoir absolu ; mais, dans son propre palais, deux partis se disputaient déjà le despotisme naissant : la reine, autour de laquelle s'agitaient bien des intrigues; les ministres, qui ne voulaient ni du papisme, ni des dilapidations de Henriette. Le malheureux prince avait fort à faire pour concilier ces rivalités domestiques.

Ce gouvernement si faible n'en était pas moins tyrannique. Des impôts non votés, comme le *ship-money* (1634), et par conséquent illégaux, étaient établis; les adversaires de la cour étaient emprisonnés sans jugement et condamnés par la *chambre étoilée* ou par le conseil d'York que Strafford présidait. Laud et sa haute commission, vrai tribunal du Saint-office, poursuivaient les dissidents avec une incroyable barbarie. Ainsi le docteur Leighton était, pour une brochure, condamné au pilori, au fouet, à la mutilation des oreilles : après quoi, le bourreau lui fendit le nez, lui marqua la figure d'un fer rouge. Mêmes peines contre l'avocat Prynne, contre Bastwick, contre le ministre Burton. Même héroïsme aussi chez ces nouveaux martyrs, et la persécution doublait chaque jour le nombre de leurs adhérents. « Chrétiens, disait Prynne mis sur le pilori, si nous avions fait cas de notre liberté, nous ne serions pas ici : c'est pour votre liberté à tous que nous avons compromis la nôtre : gardez-la bien, je vous en conjure, tenez ferme, soyez fidèles à la cause de Dieu et du pays; autrement vous tomberez, vous et vos enfants dans une éternelle servitude. » Les sectes puritaines se multipliaient malgré l'ardeur inquisitoriale du primat Laud, et d'intrépides soldats se préparaient pour la lutte prochaine.

C'est aussi vers cette époque que les émigrations en Amérique s'accrurent au point qu'on estime à plus de 12 millions de francs les valeurs sorties du pays. A des titres divers le gouvernement était si odieux, que des milliers d'hommes se détachaient de la patrie. En 1627, des puritains allèrent rejoindre autour de la baie de Massachusetts les émigrés de 1618; trois ans plus tard, les colonies du New-Hampshire et du Maine étaient fondées. Le gouvernement s'alarma de ce déplacement de populations désaffectionnées. Un ordre du conseil interdit les émigrations aux dissidents. A ce moment, huit navires prêts à partir étaient à l'ancre dans la Tamise :

sur l'un d'eux était déjà monté Cromwell. Il obéit, mais d'autres continuèrent à chercher un sol plus hospitalier. De 1635 à 1637 se formèrent les colonies de Connecticut, de Rhode-Island et de la Providence.

Le procès de Hampden aurait dû pourtant éclairer le roi et ses ministres (1636). L'immense popularité qui entoura aussitôt ce grand citoyen, parce qu'il avait su opposer à l'impôt du ship-money ou taxe des vaisseaux un refus calme et une résistance légale, indiquait assez au pouvoir que sa politique était contraire au sentiment de la nation. Les ministres s'obstinèrent dans leur aveuglement. Strafford, vice roi d'Irlande, y avait organisé une armée permanente, grâce à laquelle il pouvait se vanter d'avoir rendu dans l'île le roi aussi absolu que quelque prince qu'il y eut au monde. Laud de son côté, traquait les non-conformistes et les punissait avec une telle rigueur, que toute l'Angleterre prit le masque de la soumission religieuse. A la veille même de la révolution, les évêques lui écrivaient qu'ils ne pouvaient plus trouver un dissident dans leurs diocèses, comme les ministres de Louis XIV lui annonçaient, après la révocation de l'édit de Nantes, qu'il n'y avait plus de protestants dans le royaume. Laud voulut étendre sa victoire sur la presbytérienne Écosse et lui imposer une liturgie nouvelle qui se rapprochait de la liturgie catholique. Une émeute éclata à Édimbourg (1637). Le roi refusa de céder. Alors les presbytériens formèrent, sous le nom de *Covenant*, une association à la fois politique et religieuse qui compta bientôt pour adhérents la population écossaise tout entière (1638). Charles marcha avec 20 000 hommes contre les covenantaires; mais il n'osa livrer bataille et accorda aux rebelles l'abolition de la liturgie de Laud (1639).

C'était un échec grave : Charles, à bout de ressources, convoqua un quatrième parlement. Cette assemblée refusa d'accorder le moindre subside avant qu'il eût été fait droit aux griefs de la nation; elle demandait que le roi fût tenu de convoquer le parlement tous les trois ans, que l'indépendance des élections et des débats fût assurée, que la liberté politique fût fermement garantie. « Il faut, dit Strafford, que Charles avait rappelé d'Irlande, faire rentrer à coups de fouet ces gens-là dans leur bon sens, » et le *petit parlement* fut dissous. Mais l'armée anglaise, pleine de sympathie pour ses frères d'Écosse, se dispersa plutôt que de combattre, et Strafford fut contraint de se replier sur York (1640). La royauté était acculée à une impasse. Elle avait tiré l'épée, et pour soutenir la guerre elle n'avait pas un écu. Le système des confiscations, des amendes, des taxes arbitraires était épuisé, Charles s'avouant vaincu recourut à un cinquième parlement. « Ce fut cette assemblée fameuse qui, en dépit de bien des fautes et de bien des malheurs, a de justes titres à la reconnaissance de tous ceux qui, dans toutes les parties du monde, jouissent des bienfaits du gouvernement constitutionnel (lord Macaulay). »

Le long parlement (1640-1649).

Après onze ans de despotisme, Charles Ier, en faisant appel au pays, donnait un démenti éclatant au système qu'il avait suivi jusqu'alors. Le roi reconnaissait son impuissance à gouverner seul l'Angleterre. Il appartenait aux Communes de se faire leur part légitime; mais la liberté, trop longtemps opprimée, voulut prendre une revanche, et, comme il arrive toujours, dépassa le but. Le parlement s'empara de l'autorité. Perception et administration de l'impôt, emprunts, jugements même, il envahit toutes les fonctions, tous les droits du pouvoir exécutif. Il abolit les tribunaux exceptionnels, proclama sa périodicité, enfin décréta d'accusation le comte de Strafford, en qui se personnifiait toute la politique royale depuis onze ans.

Ce procès excita un intérêt immense. Au fond, c'était le procès de la royauté, avant le procès du roi. Habile, éloquent, courageux, l'accusé montra en face du péril une grandeur d'âme qui a fait oublier ses fautes. « Pendant dix-sept jours il discuta, seul contre treize accusateurs qui se relevaient tour à tour, les faits qui lui étaient imputés. Un grand nombre furent prouvés pleins d'iniquité et de tyrannie; mais d'autres exagérés, ou accueillis par la haine, furent faciles à repousser, et aucun ne rentrait, à vrai dire, dans la définition légale de la haute trahison. Strafford mit tous ses soins à les dépouiller de ce caractère, parlant noblement de ses imperfections, de ses faiblesses, opposant à la violence de ses adversaires une dignité modeste, faisant ressortir, sans injures, l'illégalité passionnée de leurs procédés. D'odieuses entraves gênaient sa défense; ses conseils, obtenus à grand'peine et malgré les Communes, n'étaient point admis à parler sur les faits ni à interroger les témoins; la permission de citer des témoins à décharge ne lui avait été accordée que trois jours avant l'ouverture des débats, et la plupart étaient en Irlande. Dans chaque occasion, il réclamait son droit, remerciait ses juges, s'ils consentaient à le reconnaître, ne se plaignait point de leur refus, et répondait simplement à ses ennemis qui se courrouçaient des lenteurs suscitées par son habile résistance: « Il m'appartient, je crois, de défendre ma vie aussi bien qu'à tout autre de l'attaquer [1]. »

La chambre des lords allait l'absoudre; les Communes, par un bill d'*attainder* [2], le mirent hors la loi. Charles seul pouvait le sauver en refusant de sanctionner le bill. Strafford se sacrifia dans une lettre sublime. Le roi eut la faiblesse d'accepter ce sacrifice et signa l'arrêt de mort de son ministre. Strafford, pour toute réponse leva les mains au ciel et murmura: *Nolite confidere principibus et filiis hominum, quia non est salus in illis.* Le gouverneur de la Tour l'engageait à prendre une voiture pour échapper aux violences du peuple; il refusa et sortit à pied, précédant les gardes et promenant de tous côtés ses regards, comme s'il eût marché à la tête de ses soldats. Arrivé sur l'échafaud: « Je souhaite, dit-il, à ce royaume toutes les prospérités de la terre; vivant, je l'ai tou-

1. Guizot, *Histoire de la révolution d'Angleterre*, t. I, p. 175.
2. Un bill d'*attainder* est une loi votée contre un particulier. En Angleterre, pour condamner un accusé, il faut non-seulement que les juges soient convaincus de sa culpabilité, mais qu'il y ait une preuve légale, que deux témoins au moins déposent contre l'accusé. Or, pour atteindre un homme présumé coupable de haute trahison, et qu'il ne serait pas possible de faire condamner par la loi, on porte contre lui un bill d'*attainder*, qui est discuté dans les chambres comme une loi générale. Strafford fut ainsi déclaré coupable et condamné, non par un jugement légal, mais par un acte législatif du parlement. Par le bill d'attainder les enfants eux-mêmes de la victime sont frappés. Ils ne peuvent hériter de ses biens, titres et honneurs.

jours fait ; mourant, c'est mon seul vœu. Mais je supplie chacun de ceux qui m'écoutent d'examiner sérieusement, et la main sur le cœur, si le début de la réformation d'un royaume doit être écrit en caractères de sang ; pensez-y bien en rentrant chez vous. » Puis il posa sa tête sur le billot et donna lui-même le signal (27 mai 1641). Laud, mis en prison en même temps que Strafford, ne fut condamné et exécuté que quatre ans après.

Le supplice du comte de Strafford, du *grand délinquant*, comme on l'appelait, frappa de terreur tous les agents du pouvoir, et livra entièrement aux deux chambres l'autorité royale. Sur ces entrefaites, les Irlandais se révoltèrent et massacrèrent 40 000 protestants anglais. Les intrigues catholiques de la reine rendaient le roi suspect, et lui-même, en essayant de surprendre en Écosse les chefs covenantaires Argyle et Hamilton, autorisait la croyance à un vaste complot formé par la cour contre les meneurs populaires. Lorsqu'il demanda les moyens de réduire l'Irlande, le parlement répondit par une amère remontrance, où se trouvaient énumérés tous les griefs de la nation depuis le commencement du règne. En même temps on accordait aux Écossais 300 000 livres sterling, à titre d'indemnité et de récompense, et l'on votait le bill de la milice, par lequel le parlement devait intervenir dans l'organisation de l'armée et la nomination de ses chefs.

Charles tenta un coup d'État pour ressaisir le pouvoir : il vint en personne au parlement arrêter les chefs de l'opposition. Mais la chambre refusa de livrer les députés, et devant l'attitude menaçante du peuple le roi n'osa employer la force. Il quitta Londres, pour commencer la guerre civile (1642).

Le parti du parlement avait la capitale, les grandes villes, les ports, la flotte. Le roi avait la plus grande partie de la noblesse, plus exercée aux armes que les troupes parlementaires. Dans les comtés du nord et de l'ouest, les royalistes ou *cavaliers* dominaient ; les parlementaires ou *têtes rondes* dans ceux de l'est, du centre et du sud-est, les plus peuplés, les plus riches, et qui, contigus d'ailleurs, formaient comme une ceinture autour de Londres.

Le roi eut d'abord l'avantage. De Nottingham, où il avait arboré son étendard, il marcha vers les comtés de l'ouest, plus favorables à sa cause, pour y recruter des volontaires, rencontra à Worcester l'armée du parlement, mais sans engager avec elle un choc à fond, et prit la route de Londres. Essex, pour l'arrêter, livra la sanglante et indécise bataille d'Edgehill (24 octobre 1642). Charles, n'espérant plus emporter sa capitale par surprise, se retira sur Oxford, où il prit ses quartiers d'hiver, attendant les secours que la reine devait lui amener de Hollande. La campagne suivante s'ouvrit bien pour lui; partout les troupes parlementaires furent battues, et nombre de villes dans le nord et le sud-ouest furent prises. Mais le parlement redoubla d'énergie : plusieurs membres des Communes prirent les armes. Hampden leva parmi ses propres tenanciers, ses amis et ses voisins, un régiment d'infanterie qui fut bientôt renommé par sa discipline et son courage. Olivier Cromwell, qui commençait alors à sortir de l'obscurité, forma dans les comtés de l'est, avec les fils de fermiers et les petits propriétaires, des escadrons d'élite qui opposèrent l'enthousiasme religieux aux sentiments d'honneur qui animaient les cavaliers. Le roi assiégea Glocester la seule ville qui gênât encore ses mouvements dans l'ouest. Elle fit une résistance héroïque qui donna le temps au parlement de rassembler ses forces. A l'approche d'Essex, Charles se retira, mais manœuvra de manière à couper au comte la route de Londres, et se posta à Newbury; les parlementaires passèrent sur le corps de son armée, après une lutte acharnée, où périt lord Falkland, l'honneur du parti royaliste. Cette victoire décida le parlement à s'unir aux Écossais: un Covenant solennel fut juré entre les deux peuples. De son côté, le roi essaya de soulever les Highlanders, et traita avec les catholiques d'Irlande qui étaient toujours en armes depuis le grand massacre. Il rappela auprès de lui les troupes chargées de les combattre (1643).

Le parlement n'était qu'une coalition de partis opposés. Unis contre les prétentions absolutistes du roi, ils ne s'accordaient plus sur les conditions du gouvernement. Les *presbytériens*, qui abolissaient la hiérarchie dans l'Église, voulaient la conserver dans l'État; les *indépendants* repoussaient la pairie comme l'épiscopat, la souveraineté politique du roi comme sa suprématie religieuse. Plus hardis que leurs rivaux et plus conséquents, ils faisaient appel aux sentiments les plus énergiques du cœur humain, l'amour de la liberté et le besoin de l'égalité. Autour d'eux se groupaient les mille sectes issues du puritanisme : niveleurs, anabaptistes, millénaires. Enfin ils avaient à leur tête des hommes d'une habileté profonde : Ludlow, Vane, Haslerig, et surtout Olivier Cromwell. Tout en ce dernier leur avait plu d'abord : son exaltation religieuse, son empressement à se faire l'égal et le compagnon de ses plus grossiers amis, son langage mystique et familier, ses manières tour à tour triviales et enthousiastes qui lui donnaient l'air, tantôt de l'inspiration, tantôt de la franchise, même ce libre et souple génie qui semblait mettre au service d'une cause sainte toutes les ressources de l'habileté mondaine. Aussi avait-il bientôt acquis sur eux un puissant empire.

Si la discorde régnait parmi les parlementaires, elle existait aussi dans le parti royaliste. A Oxford, comme à Whitehall, la cour était divisée par de misérables intrigues. Un parlement que Charles composa avec ses fidèles fut inutile, et, malgré sa docile complaisance, irrita le roi, qui l'ajourna pour se délivrer de ce qu'il appelait de lâches et séditieuses motions, tant l'ombre même d'une libre discussion lui était importune.

La campagne de 1644 fut remarquable par un grand déploiement de forces des deux côtés. L'armée royale du nord, commandée par le prince Robert, fut complétement battue à Marston-Moor, près d'York (2 juillet). Ce grand succès était dû au génie de Cromwell et à l'invincible ténacité de ses escadrons. Ils gagnèrent sur le champ de bataille le surnom de *côtes de fer*. Dans le sud, Essex et Waller, les généraux presbytériens éprouvaient défaite sur défaite; le premier était réduit à capituler. En Écosse, le vaillant comte de Montrose avait débarqué avec des bandes irlandaises, soulevé les Highlanders et remporté coup sur coup deux victoires. Le roi pour la troisième fois marchait sur Londres; le peuple fermait les boutiques, priait et jeûnait, lorsqu'on apprit que

Charles venait d'être battu à Newbury par Cromwell et Manchester. Les parlementaires avaient fait des prodiges : à la vue des canons qu'ils avaient perdus naguère dans le comté de Cornouailles, ils s'étaient précipités sur les batteries royales, avaient ressaisi leurs pièces, et les avaient ramenées en les embrassant.

Les succès de Cromwell rendirent plus audacieux le parti des indépendants. En minorité dans le parlement, ils s'emparèrent de la guerre par le bill célèbre du *renoncement* qui exclut les députés, c'est-à-dire la première génération parlementaire des fonctions publiques, faute qui fut renouvelée par notre première Assemblée constituante (1745). Le comte d'Essex, général des presbytériens, donna sa démission : un indépendant lui succéda, Fairfax, sur qui Cromwell exerçait un empire absolu.

Les indépendants, maîtres de l'armée, agirent d'ailleurs avec promptitude : ils écrasèrent à Naseby la dernière armée du roi (1645). On trouva dans les bagages de Charles la preuve qu'en dépit de ses protestations il avait invoqué l'appui des étrangers et particulièrement celui des Irlandais. En même temps, Montrose était surpris et battu par les covenantaires écossais. Le prince Robert rendait Bristol sans coup férir. Le roi, désespéré, se retira par lassitude plutôt que par choix dans le camp des Écossais, où le résident de France lui faisait espérer un asile, et où il s'aperçut bientôt qu'il était prisonnier (1646). Les Écossais le livrèrent au parlement pour 400 000 livres sterling (1647).

Les presbytériens et les indépendants avaient eu peine à s'entendre pendant la lutte, en face du péril : ce fut bien pis après la victoire. Comme les presbytériens dominaient dans le parlement et leurs adversaires dans l'armée, l'antagonisme éclata entre ces deux corps. Le parlement, sous prétexte que la guerre était finie, voulut licencier une partie des troupes. Alors une fermentation menaçante se manifesta parmi les soldats. L'armée adressa aux communes des suppliques qui pouvaient passer pour des ordres. La chambre les repoussa avec énergie. « Ces gens-là, dit Cromwell, n'auront pas de repos que l'armée ne les ait mis dehors par les oreilles. » Il allait se charger lui-même d'accomplir la prédiction.

Peu s'en fallut que ces dissensions ne fissent regagner à Charles Ier tout le terrain qu'il avait perdu. Les deux partis se disputèrent le roi. Un détachement de l'armée l'enleva d'Homlby, où il était à la discrétion du parlement. Cromwell et les généraux indépendants négocièrent avec lui. Mais Charles n'était pas sincère. « Sois tranquille sur les concessions que je pourrai faire, écrivait-il à la reine. Je saurai bien, quand il en sera temps, comment il faut se conduire avec ces drôles-là, et au lieu d'une jarretière de soie, je les accommoderai d'une jarretière de chanvre. » Cromwell intercepta la lettre et résolut dès lors la ruine du roi. Charles, auquel il fit passer des avis menaçants, s'échappa et se réfugia dans l'île de Wight, dont le gouverneur était une créature de Cromwell (1648).

Cette fuite du roi fut pour les cavaliers le signal d'une nouvelle prise d'armes et d'une seconde guerre civile. Mais Cromwell, qui venait de rétablir la discipline parmi ses soldats, en intimidant les niveleurs, saisit avec joie l'occasion de recouvrer son influence par la guerre. Il vainquit les royalistes dans le pays de Galles, tandis que Fairfax les battait autour de Londres, et les Écossais ayant envahi l'Angleterre, il courut à leur rencontre et les écrasa à Preston.

Cependant les presbytériens, plus hardis en son absence, ouvrirent avec Charles Ier une nouvelle négociation, et, après quelques conférences, firent déclarer par la chambre des Communes que les concessions du roi offraient des bases suffisantes pour traiter de la paix. Aussitôt Cromwell fit enlever le prince de l'île de Wight, et *purgea* le parlement. Tous les presbytériens furent expulsés ; l'assemblée se trouva réduite à quatre-vingts membres, et aucune voix ne vint plus troubler le parti des indépendants dans sa victoire. Le procès du roi commença. Charles comparut devant une haute cour de justice présidée par John Bradslaw, cousin de Milton, et dirigée par Cromwell. Il refusa de les reconnaître pour juges, mais n'en fut pas moins condamné et, malgré l'intervention des ambassadeurs hollandais, exécuté. Il montra sur l'échafaud un admirable sang-froid, ne regrettant de tous ses actes que sa faiblesse lors du procès de Strafford. « Que Dieu me préserve, dit-il, de me plaindre ! L'injuste sentence dont j'ai permis l'exécution à l'égard de Strafford est punie maintenant par une autre sentence injuste. » (9 février 1649.)

« Il s'écoula peu de temps avant qu'il fût manifeste que les fanatiques religieux et politiques, auxquels on doit attribuer cet acte, avaient commis non-seulement un crime, mais encore une erreur. Ils avaient donné à un prince, connu jusqu'alors de son peuple surtout par ses défauts, l'occasion de déployer sur un grand théâtre, aux yeux de toutes les nations et de tous les siècles, quelques-unes des qualités qui attirent irrésistiblement l'admiration et l'amour du genre humain, le courage élevé d'un brave gentilhomme, la patience et la douceur d'un chrétien pénitent. Bien plus, ils avaient exécuté leur vengeance de telle sorte que cet homme, dont toute la vie se composait d'une succession d'attaques contre les libertés de l'Angleterre, semblait maintenant mourir martyr de ces mêmes libertés. Jamais démagogue ne fit autant d'impression sur l'esprit public que ce roi captif qui, gardant dans cette extrémité toute sa dignité royale et affrontant la mort avec un courage indomptable, exprima lui-même les sentiments de son peuple opprimé, refusa virilement de se justifier devant une cour illégalement formée, en appela de la violence militaire aux principes de la constitution, demanda de quel droit la chambre des Communes avait été diminuée de ses membres les plus respectables, de quel droit la chambre des lords avait été privée de ses fonctions législatives, et avertit ses auditeurs, fondant en larmes, qu'il ne défendait pas seulement sa cause, mais la leur. Les longues exactions de son mauvais gouvernement, ses innombrables perfidies, furent oubliées. Sa mémoire s'associa dans l'esprit de la grande majorité de ses sujets avec ces institutions libres que pendant tant d'années il avait travaillé à détruire, car ces institutions libres avaient péri avec lui et n'avaient été défendues que par sa voix seule, au milieu du morne silence d'une société comprimée par les armes. Dès ce jour commença une réaction en faveur de la monarchie et de la maison royale exilée, réaction qui ne s'arrêta que lorsque le trône eut été rétabli dans son ancienne splendeur. » (Macaulay.)

La république d'Angleterre (1649-1660).

Les indépendants avaient proclamé la république. Mais l'Écosse protesta. Elle se souvenait maintenant que les Stuarts étaient de race écossaise, et le sentiment national se réveilla si vif, à la nouvelle du supplice de Charles, que le duc d'Argyle, gouverneur au nom du parlement, se laissa entraîner : Charles II, fils aîné du feu roi, fut proclamé roi d'Écosse, d'Angleterre, de France et d'Irlande, à condition qu'il reconnaîtrait le Covenant. Charles retiré à la Haye en Hollande, refusa de souscrire aux clauses qu'on lui voulait imposer, et, dédaignant les presbytériens d'Écosse, se rendit en France auprès de sa mère Henriette, pour aller de là rejoindre les royalistes irlandais.

C'en était fait de la domination anglaise et de l'oppression protestante en Irlande, si l'union du prétendant et des rebelles se consommait. Le parlement d'Angleterre se hâta de nommer Cromwell lord lieutenant d'Irlande. Il ne voulut partir qu'avec des forces immenses. Outre l'armée ordinaire de 45 000 hommes, il obtint un corps de 12 000 vétérans, et rien de ce qu'il demanda en argent, vivres ou munitions ne lui fut refusé. Déjà les royalistes venaient d'être mis en pleine déroute près de Dublin, à la journée de Rathmines. Cromwell alla recueillir les fruits de cette grande victoire, et ouvrit la campagne par le siége de Drogheda. La ville fut prise d'assaut : on égorgea toute la garnison ; plus de 1000 habitants, qui s'étaient réfugiés dans la cathédrale, eurent le même sort. Ces scènes horribles se renouvelèrent un mois après à Wexford. Habitants, soldats, tout fut passé au fil de l'épée. On tua jusqu'aux femmes (1649). Une telle barbarie poussa les Irlandais au désespoir : Kilkenny et Clonmell se défendirent avec tant d'énergie, que le lord lieutenant dut leur accorder une capitulation honorable (1650). Au milieu de ses succès dont la gloire était tachée de sang, Cromwell fut rappelé en Angleterre par les progrès menaçants des Écossais.

Le désastre de Rathmines avait empêché Charles II d'aborder en Irlande, et l'avait réduit à renouer des négociations avec les presbytériens d'Écosse. Avant d'accepter les conditions si dures au prix desquelles ils lui offraient la couronne, il tenta de la conquérir par l'épée du vaillant comte de Montrose. Cet homme héroïque était débarqué en Écosse avec 1200 hommes; mais les montagnards refusèrent de se joindre à lui, et il fut écrasé par les presbytériens à Corbiesdale. On le condamna à être pendu à une potence de trente pieds de haut. Sa tête devait être exposée sur une pique à Édimbourg, ses bras sur les portes de Perth et de Stirling, ses jambes sur celles de Glascow et d'Aberdeen. Il répondit qu'il se glorifiait de son sort, et regrettait seulement de n'avoir pas assez de membres pour fournir à toutes les villes du royaume une preuve de sa loyauté. Comme dernière ignominie, l'exécuteur lui suspendit au cou sa récente proclamation avec l'histoire de ses premiers exploits. Il sourit en disant que ses ennemis lui donnaient une décoration plus brillante que l'ordre de la Jarretière dont son souverain l'avait honoré. Charles II s'empressa de désavouer Montrose, accepta sans réserve toutes les demandes des commissaires écossais, jura de ne jamais permettre le libre exercice de la religion catholique en Écosse, ni en aucune partie de ses États, et quitta aussitôt la Hollande pour venir prendre possession du trône qui lui était offert.

Ainsi l'alliance du roi et des presbytériens se trouvait enfin conclue et signée sur le cadavre du plus héroïque des chefs royalistes. Les indépendants comprirent la gravité du péril et rappelèrent Cromwell. Il passa la Tweed avec 16 000 vieux soldats. Le général écossais, David Leslie, malgré la supériorité numérique de ses troupes, se garda bien de hasarder une bataille, et se tint obstinément un mois dans ses retranchements. Il voulait user l'armée anglaise; mais l'ardeur insensée des ministres presbytériens l'emporta. Ils contraignirent Leslie à attaquer. L'action s'engagea près de Dunbar. Au premier choc, les indépendants furent culbutés; Cromwell avec son régiment de piqueurs rétablit le combat, mit les Écossais en pleine déroute, leur tua 3000 hommes, en prit

10 000 avec l'artillerie, les munitions et le bagage. Edimbourg et Leith se rendirent sans résistance (1650).

La défaite de Dunbar fut pour Charles II plus avantageuse qu'une victoire. Elle diminua le rigorisme aveugle des ministres, et donna au roi de la circonspection. En affectant d'aimer le Covenant, il se concilia les presbytériens; en donnant la préférence aux Hamilton sur les Campbell, il gagna les royalistes. Ainsi les deux partis qui divisaient l'Écosse depuis un siècle se réunirent sous la bannière de Charles II, les presbytériens parce qu'ils croyaient à sa sincérité, les royalistes parce qu'ils n'y croyaient pas. Il fut solennellement couronné à Scone le 1er janvier 1651.

Devenu vraiment roi d'Ecosse et maître de l'armée, il entreprit de porter la guerre au cœur même de l'Angleterre, pour rallier sur sa route les nombreux partisans sur lesquels il comptait. Il trompa Cromwell, se dirigea rapidement vers le midi et marcha droit sur Londres. Mais les royalistes anglais ne bougèrent pas : à peine quelques milliers de cavaliers répondirent-ils à l'appel du prince, et Cromwell accourut avec 40 000 hommes. Ce fut près de Worcester que la rencontre eut lieu. Après une lutte acharnée, où Charles montra une extrême bravoure, l'armée royale fut dispersée et la ville prise. C'était le 3 septembre, le jour anniversaire de la victoire de Dunbar (1651). Charles II n'échappa que par miracle aux actives recherches de ses ennemis. Les diverses péripéties de sa fuite montrèrent, en même temps que son rare sang-froid, le nombre et le dévouement tardif des royalistes anglais. L'Écosse était enfin domptée, comme l'Irlande, et toutes deux l'étaient pour la première fois.

Ainsi la révolution triomphait au dedans : au dehors elle déclarait la guerre à la Hollande. L'*acte de navigation* fut une attaque directe contre le commerce des Provinces-Unies (9 oct. 1651). Cet acte célèbre interdisait l'entrée des ports anglais à tout vaisseau chargé de marchandises qui n'étaient pas un produit du sol ou du travail national du peuple dont le navire portait le pavillon, et aucune marchandise d'Afrique, d'Asie ou d'Amérique ne pouvait être importée que sur des vaisseaux anglais. Cette loi, qui a fait la fortune navale de l'Angleterre, et qui est restée en vigueur jusqu'au 1ᵉʳ janvier 1850, enlevait aux Hollandais « les rouliers des mers, » comme on les appelait, le monopole de la navigation, car leur commerce était presque exclusivement un commerce de commission. Les droits mis sur la pêche aux harengs, que les Hollandais venaient chercher près des côtes britanniques, achevèrent de brouiller les deux républiques. Les Hollandais réclamèrent : ils ne purent obtenir même un simple délai, et le décret du parlement reçut une exécution immédiate. Ils armèrent pour protéger leur commerce Les Anglais commencèrent aussitôt les hostilités, ne rêvant rien moins que l'annexion des Provinces-Unies. Ce projet chimérique échoua. Mais les flottes hollandaises furent malheureuses, malgré le génie de Tromp et de Ruyter. L'amiral anglais, Blake, se plaça au niveau de ces illustres marins. Il vainquit de Witt et Ruyter au nord-est de Douvres, le 8 octobre 1652 ; cinq mois après, Tromp, qui avait arboré au grand mât de son vaisseau un immense balai en signe qu'il allait balayer l'Océan, eut le dessous dans une action qui se continua pendant trois journées dans toute la longueur de la Manche. Au commencement de 1654, les deux républiques, redoutant l'influence de la maison d'Orange, qui venait de s'unir par mariage à celle des Stuarts, conclurent la paix.

Ce furent les dernières victoires remportées sous les auspices de la république : Cromwell venait de se faire nommer protecteur, après avoir dissous le parlement.

Le parlement avait préparé sa chute en se décimant lui-même ; il ne représentait plus la nation, mais un parti. Les mécontents, et c'était à peu près tout le monde, désiraient un pouvoir fort, moins d'intrigues, plus de probité. Il y avait précisément un homme qui avait à la fois sauvé la liberté par ses victoires contre les royalistes, et l'ordre social en écrasant les niveleurs : c'était Olivier Cromwell. Nul n'avait montré autant d'art à suivre, sans la devancer, l'opinion dominante Il était sûr de l'armée, séduisait le peuple par sa piété, et comptait même sur les royalistes qui aimaient mieux voir l'autorité souveraine usurpée par un homme que de la voir exercée par la nation. Le parlement allait rendre un acte pour se proroger : Cromwell court à l'assemblée, et au moment du vote demanda la parole. Selon sa coutume, il commence par des protestations de modestie et d'humilité ; puis il s'anime, attaque amèrement les actes : on l'interrompt. Alors, jetant le masque il s'écrie : « Vous n'êtes pas un parlement, Dieu ne veut plus de vous. » Et, comme on murmure, il se tourne successivement vers chacun des députés : « Toi, dit-il, tu es un débauché ; toi, un adultère ; toi, un ivrogne, disparaissez, disparaissez, tous ! » Et, à chaque apostrophe, il frappait du pied. C'était le signal convenu : des soldats entrent, font descendre les représentants de leurs siéges, et les poussent dehors. Quand la salle fut vide, Cromwell sortit, ferma la porte, mit la clef dans sa poche, et fit afficher le soir même cet écriteau : MAISON A LOUER (30 avril 1653).

Cromwell composa alors un parlement qu'il déclara convoqué au nom du Saint-Esprit. Les députés, gens honnêtes mais bornés, se prirent au sérieux et voulurent gouverner. On les força de se dissoudre. Le parlement *Barebone* n'était pas plus heureux que le parlement *Rump*. Puisque l'armée ne voulait pas souffrir de pouvoir civil, c'était à elle d'organiser le gouvernement. Il était puéril et peut-être dangereux de prolonger plus longtemps l'hypocrisie. Cromwell se fit proclamer lord protecteur (26 déc. 1653). On lui donna l'autorité souveraine : il était roi, moins le nom, plus roi que ne l'avait jamais été un prince légitime, car il avait une armée de 50 000 vieux soldats, rompus à la discipline et dévoués à leur chef jusqu'à la mort.

Cromwell continua en Irlande l'œuvre du parlement. Ireton, son gendre et son successeur dans le commandement des troupes, n'avait pas rencontré de résistance sérieuse, grâce aux dissensions des ennemis, et s'était rendu maître des trois quarts de l'île (1652). Clanricarde, chef des rebelles, après le départ du duc d'Ormond, proposa une capitulation générale ; mais Ludlow, investi du commandement par la mort prématurée d'Ireton, refusa de négocier. Il recommença la guerre avec une nouvelle énergie et contraignit les divers chefs de la révolte à faire séparément leur soumission. Au milieu de l'année 1652, l'Irlande tout entière était au pouvoir des Anglais. On la traita avec une horrible cruauté. Beaucoup de nobles, accusés d'avoir pris part au massacre de 1640, furent condamnés et exécutés. On exila 40 000 soldats ou officiers, on transporta en Amérique leurs femmes et leurs enfants. Cependant, malgré toutes ces saignées d'un côté, et l'arrivée continuelle des colons anglais et écossais de l'autre, il se trouva que la population catholique excédait la population protestante dans la proportion de 8 à 1. On condamna à la confiscation totale les grands propriétaires de terres, à la confiscation des deux tiers tous ceux qui avaient porté les armes contre le parlement, et à celle d'un tiers ceux qui ne les avaient pas portées pour lui. Quant à ceux dont les biens réels et personnels ne s'élevaient pas à une valeur de 10 livres sterling, on leur offrit généreusement amnistie pleine et entière. La population irlandaise reçut l'ordre de se transplanter dans le Connaught avant le 1er mai 1654, et le premier venu eut le droit de tuer l'Irlandais qu'il rencontrerait sur la rive gauche du Shannon. L'Angleterre expie encore ces violences par la triste situation où l'Irlande se trouve depuis deux siècles.

En Écosse, c'était Monk qui était l'exécuteur des hautes œuvres et du parlement et de Cromwel ; elle fut moins cruellement traitée ; elle conserva ses lois, ses croyances et même son existence nationale. Car le parlement fut renversé au moment où il allait accomplir l'union des deux peuples de la Grande-Bretagne ; Cromwell abandonna ce projet.

Après un demi-siècle durant lequel l'Angleterre avait eu à peine plus de poids dans la politique européenne que Venise ou la Saxe, elle devint subitement une puissance redoutée. Cromwell traita d'égal à égal avec tous les souverains de l'Europe, vit son alliance mendiée par l'Espagne et recherchée par la France qui l'obtint (1655). Les Hollandais vaincus avaient été contraints de reconnaître la supériorité du pavillon anglais et de payer les frais de la guerre. Blake pénétra avec sa flotte dans la Méditerranée et châtia les Barbaresques. La Jamaïque fut enlevée à l'Espagne, ainsi que Dunkerque, après la victoire des Dunes (1658), gagnée par Turenne et ses auxiliaires anglais ; et cette acquisition consola la nation de la perte de Calais. Enfin, il reprit le rôle d'Élisabeth que les Stuarts avaient abandonné, celui de défenseur du parti protestant. « Toutes les églises réformées, éparses dans les royaumes catholiques romains, reconnurent Cromwell comme leur protecteur. Les huguenots du Languedoc, les bergers qui, dans les hameaux des Alpes, professaient un protestantisme plus ancien que celui d'Augsbourg, furent à l'abri de l'oppression, grâce à la terreur qu'inspirait son grand nom. Le pape lui-même fut forcé de prêcher l'humanité et la modération aux princes papistes, car une voix qui menaçait rarement en vain avait déclaré que si les hommes de Dieu n'étaient pas favorablement traités, on entendrait retentir les canons anglais au château Saint-Ange. » (Macaulay.) « Cependant ce gouvernement, si actif sans témérité, si habile à flatter les passions nationales sans s'y asservir, qui au dehors faisait grandir son pays sans le compromettre, et maintenait l'ordre au dedans avec les soldats de la révolution, était obéi, craint, admiré, mais ne s'enracinait pas. Les anciens partis subsistaient toujours, comprimés mais vivaces, et ne renonçant ni à l'espérance, ni à l'action. Dans le cours de cinq années de l'empire de Cromwell, quinze conspirations et insurrections, royalistes ou républicaines, mirent son gouvernement en alarme ou sa vie en danger. Rien, il est vrai, ne réussit contre lui ; tous les complots furent déjoués, et toutes les prises d'armes étouffées. Le pays ne s'y associait point et gardait son repos. Mais il ne croyait ni au droit ni à la durée de ce pouvoir toujours vainqueur. Au faîte de sa grandeur, Cromwell n'était, dans la pensée publique, qu'un maître irrésistible mais provisoire, sans rival mais sans avenir. » Il mourut le 3 septembre 1658, jour anniversaire de ses victoires de Dunbar et de Worcester ; il était âgé de cinquante-cinq ans.

Son fils, Richard, lui succéda ; mais il n'avait pas plus la force de gouverner qu'il n'en avait le désir. Les partis relevèrent la tête : Richard, au bout de quelques mois, abdiqua (1660). L'Angleterre tomba alors dans une profonde anarchie. Le parlement et l'armée se disputèrent le pouvoir. Cromwell avait laissé des lieutenants, mais point de successeur. Tous, excellents dans les rôles secondaires étaient incapables d'occuper le premier rang. Le plus habile fut celui qui termina ce conflit d'ambitions subalternes, en imposant à tous la supériorité de la naissance, puisque celle du talent était morte avec le protecteur. George Monk, collègue et rival de Blake dans la guerre contre les Hollandais, administrateur habile de l'Écosse se décida à mettre fin aux luttes des partis en rétablissant la monarchie. Il ne poussa pas ouvertement son entreprise ; il usa d'une duplicité profonde et trompa tout le monde, ce qui peut être fort habile, mais n'est guère moral. Il commença par casser le *Rump* qui s'était reconstitué après la mort de Cromwell, et remplaça ce parlement usé par une assemblée d'hommes nouveaux, inexpérimentés, partant dociles à son impulsion. L'Angleterre n'en était pas moins indécise, doutant qu'une république sincère fût possible, mais n'osant en effacer le nom. C'était une de ces crises dans lesquelles le succès appartient au plus patient. Les républicains, inquiets de l'avenir, persécutés d'ailleurs dans leurs chefs, ne surent pas attendre, et prirent les armes : ils furent aisément écrasés, tant la guerre civile était devenue odieuse ! On ne vit de salut que dans le retour de l'ancienne forme de gouvernement, torys et wighs se rallièrent à cette pensée, et par leur première coalition rétablirent la monarchie héréditaire ; ils en feront une seconde dans ving-huit ans, pour l'établissement de la liberté constitutionnelle. Charles Stuart, en effet, fut rappelé sans condition (1660). Imprudence qui empêcha de finir la révolution, puisque aucune des questions qu'elle avait soulevées n'était résolue et que ce retour au passé rendra bientôt une autre révolution nécessaire. Quant à Monk, il obtint le titre de duc d'Albemarle et une grosse pension[1].

1. Après la Restauration, *les colons* de Cromwell en Irlande furent obligés de restituer un tiers des terres qu'ils avaient reçues. — En 1642, Hobbes, réfugié en France, publie son livre *De cive*, et en 1653, de retour en Angleterre, ses *Éléments de philosophie*, dans lesquels il veut prouver qu'il n'y a d'autre droit que la force. En 1647, George Fox, cordonnier de Leicester, fonde la nouvelle secte des quakers.

CHAPITRE XX.

LA FRANCE DE 1643 A 1661; ÉTAT DE L'EUROPE EN 1661.

Mazarin et la Fronde. — Guerre avec l'Espagne ; traité des Pyrénées (1659). — Situation de l'Europe en 1661.

Mazarin et la Fronde.

A la mort de Louis XIII comme à celle de Henri IV, la France eut à subir les malheurs d'une minorité. Louis XIV n'avait que cinq ans.

Sa mère, Anne d'Autriche, se fit déférer la régence sans condition par le parlement, malgré le testament de Louis XIII, qui lui adjoignait un conseil, et elle livra l'autorité au cardinal Mazarin. C'était un Italien, né en 1602, d'une ancienne famille de Sicile établie à Rome. Envoyé, en 1634, comme nonce de France, il s'était fait remarquer de Richelieu, qui l'avait attaché à sa fortune, et avait obtenu pour lui la pourpre romaine. La reine se confia à ce dépositaire des desseins du grand cardinal, à cet étranger qui ne pouvait avoir en France d'autre intérêt que celui du roi, et elle lui laissa prendre sur elle-même un empire absolu.

L'administration de Richelieu avait eu trop d'ennemis et fait trop de victimes pour qu'on pût, après sa mort, éviter une réaction. Elle éclata en effet. Les prisonniers furent délivrés, les exilés revinrent à la cour, et Anne d'Autriche parut disposée à leur abandonner tout. Pensions, indemnités, priviléges, honneurs, il suffisait de demander pour obtenir. « Il n'y avait plus, dit le cardinal de Retz, que trois petits mots dans la langue française : *La reine est si bonne!* » Béthune, la Châtre, le duc de Beaufort affichaient de hautes prétentions, même l'évêque de Beauvais, Potier dont l'incapacité était notoire. On trouva bientôt leur vrai nom, et il est resté, les *importants*. Mazarin n'eut pas de peine à renverser cette cabale. On mit le duc de Beaufort à la Bastille, on envoya l'évêque de Beauvais dans son diocèse, la duchesse de Chevreuse dans ses terres, et la reine nomma Mazarin premier ministre (1643).

Ainsi le système de Richelieu était conservé : ses idées triomphaient, et le pouvoir absolu qu'il avait fondé lui survivait. Mazarin n'avait qu'à continuer l'œuvre commencée. Mais pour que le despotisme administratif subsistât, il fallait qu'il restât intelligent, éclairé, dévoué aux intérêts généraux et toujours occupé du bien public. Mazarin n'était qu'un Richelieu incomplet. Il montra un génie supérieur dans la conduite des affaires du dehors, mais géra les finances avec une légèreté et surtout une avidité impardonnables. Il laissa prendre et prit lui-même. Le désordre devint tel que l'État se vit menacé d'une banqueroute. Le surintendant des finances, d'Émery, ne reculait devant aucun expédient : un édit de 1548 défendait de bâtir dans les faubourgs de Paris au delà de certaines limites, sous peine de démolition, de confiscation et d'amende. Le temps avait annulé cette ordonnance : d'Émery la fit revivre. L'édit du *toisé* menaça dans leur fortune une multitude de propriétaires. Cet édit ne frappait que les bourgeois : l'édit du *tarif*, en élevant les droits d'entrée sur les vivres et les marchandises, frappa tout le monde ; mais tout le monde parla aussi de ce que faisait à Naples le pêcheur Masaniello, qui venait de soulever la ville contre les collecteurs d'impôt et « on était résolu à suivre l'exemple des Napolitains. » La population parisienne refusa de payer les nouvelles taxes, et le parlement se fit son interprète. L'enregistrement des édits fut d'abord repoussé, et la cour, après bien des luttes, n'obtint que pour deux ans la levée de ces droits. Cependant les besoins de l'État croissaient toujours : il fallait faire face aux dépenses de la guerre contre la maison d'Autriche. Mazarin demanda aux cours souveraines, comme prêt, quatre années de leurs gages. Il avait eu soin d'excepter le parlement. Mais les conseillers ne virent dans cette prétendue faveur qu'un outrage, et se déclarant solidaires des autres cours, rendirent le célèbre *arrêt d'union*. Le grand conseil, la cour des aides, la chambre des comptes et le parlement nommèrent séparément une commission. Les quatre commissions se réunirent dans la chambre de Saint-Louis, et se constituèrent en assemblée délibérante. Elles formulèrent leurs demandes en vingt-sept articles, et les présentèrent à l'acceptation de la régente. Les vingt-sept articles contenaient toute une révolution. Le parlement s'y attribuait le droit de discuter et d'enregistrer tous les édits, de poursuivre les fonctionnaires prévaricateurs, exigeait enfin qu'aucun sujet du roi ne pût être détenu plus de vingt-quatre heures sans obtenir d'être interrogé. C'était substituer à la monarchie absolue une monarchie limitée par une aristocratie de deux cents magistrats qui achetaient leurs charges. Le parlement de Paris, trompé par la ressemblance du nom sur sa vraie puissance, se croyait de force à jouer le rôle du parlement d'Angleterre. « L'étoile était alors terrible contre les rois. » (Mme de Motteville.)

A ce moment même le duc d'Enghien gagnait la victoire de Lens. Ce grand succès enhardit Mazarin; il fit enlever, pendant qu'on chantait le *Te Deum* à Notre-Dame, trois conseillers, Broussel, Charton et Blancménil, très-populaires à cause de leur opposition à la cour. Au bruit de cet enlèvement le peuple court aux armes; en moins de trois heures on construit deux cents barricades, et cent mille combattants entourent le Palais-Royal, demandant la liberté de Broussel. Le parlement en corps marche à pied vers la reine à travers les barricades qui s'abaissent devant lui, réclame ses membres emprisonnés et ne peut rien obtenir. Anne d'Autriche veut résister jusqu'au bout : les instances de Mazarin, qui lui disait qu'elle était brave comme un soldat qui ne connaît pas le danger, et les conseils de la reine d'Angleterre la déterminent à céder. Le calme renaît sur-le-champ, « et toute la ville semble plus tranquille qu'un jour de *vendredi saint*. »

Mais la régente irritée de ce qu'elle regardait comme un acte de faiblesse, abandonna Paris avec son fils et Mazarin, et se retira à Saint-Germain. Ce départ eut l'apparence d'une fuite. Anne d'Autriche n'en fut pas moins contrainte de confirmer tous les décrets rendus par la chambre de Saint-Louis; c'était le jour même où la paix de Westphalie avait été signée, le 24 octobre 1648. Le parlement se trouvait comme investi du pouvoir législatif, et se comparait aux députés du parlement d'Angleterre, élus et représentants de la nation.

En cédant, le premier ministre n'avait voulu que gagner du temps : quand il fut délivré de la guerre étrangère, il résolut d'en finir avec cette faction des *gens du roi qui assassinaient l'autorité royale*. Le 6 janvier 1649, Anne d'Autriche sortit de Paris avec ses enfants, et appela des troupes autour d'elle. Le parlement incapable de lutter seul contre la cour, demanda ou accepta les services des princes et des jeunes seigneurs qui pouvaient s'amuser à la guerre civile sous un ministre qui ne savait plus faire tomber les têtes. C'était le prince de Conti, frère du grand Condé, le duc de Longueville qui avait épousé leur sœur, le duc de Bouillon qui regrettait toujours Sedan, le duc de la Rochefoucauld, et même le sage Turenne, entraîné par son frère et par la duchesse de Longueville. L'âme du complot était Paul de Gondi, alors coadjuteur de son oncle, archevêque de Paris, et plus tard cardinal de Retz. C'était un homme de mœurs très-légères, malgré sa robe, mais d'infiniment d'esprit, et qui aspirait à l'héritage de Richelieu. Il se croyait l'étoffe d'un grand homme et le faisait croire aux autres ; les circonstances n'en firent qu'un brouillon. Gondi gouvernait Paris avec des sermons, des aumônes et des couplets. Il gagna le duc de Beaufort, petit fils de Henri IV, et essaya de gagner aussi Condé ; mais le prince répondit avec fierté à ses avances : « Je m'appelle Louis de Bourbon et ne veux point ébranler les couronnes. »

La lutte qui commença alors mérita le nom que l'histoire lui a conservé, celui d'un jeu d'enfants : la *Fronde*. Le parlement nomma des généraux et chacun se taxa pour lever des troupes. Vingt conseillers, créés par Richelieu, donnèrent chacun 15 000 livres pour acheter la tolérance de leurs confrères, et ceux qui ne trouvaient ni un écu ni un soldat pour le gouvernement réunirent 10 millions et 12 000 hommes. Par arrêt du parlement, chaque porte cochère fournit un homme et un cheval. Cette cavalerie fut appelée *la cavalerie des portes cochères*. Le coadjuteur, archevêque titulaire de Corinthe, avait un régiment qu'on nommait le *régiment de Corinthe*: ce régiment ayant été battu, on appela son échec *la première aux Corinthiens*. Les vingt conseillers, qui avaient fourni chacun 15000 livres n'eurent d'autre honneur que d'être appelés les *quinze-vingts*.

Les gens du roi furent les premiers à vouloir se retirer de cette bagarre. Ils avaient bien vite reconnu que les seigneurs ne cherchaient qu'à perpétuer le désordre pour bouleverser l'État. Quand le parlement sut qu'ils avaient signé un traité avec l'Espagne, cette trahison décida les plus opposants, et le premier président, Mathieu Molé, fut chargé de traiter avec Mazarin. La convention de Ruel diminua certains impôts, autorisa les assemblées des chambres, et ramena, après quelque hésitation, la cour à Paris (avril 1649).

La paix ne dura guère. Condé voulait dominer le gouvernement qu'il avait protégé. Il fatigua la régente et le premier ministre par des exigences continuelles; il les humilia par des insolences de mauvais goût. Il écrivait au cardinal: *All'illustrissimo signor Faquino;* il lui disait un jour en prenant congé de lui: *Adieu, Mars!* En même temps qu'il s'aliénait la cour, il mécontentait les anciens frondeurs: il ne parlait qu'avec mépris de ces bourgeois qui prétendaient à gouverner l'État; il s'entourait de jeunes seigneurs, vains et présomptueux, qui poussèrent à l'extrême les défauts de leur chef, et qu'on appela les *petits-maîtres* Il ne fut pas difficile à Mazarin de réunir tout le monde contre ce prince, « qui savait mieux gagner des batailles que des cœurs; » et il le fit arrêter dans le Louvre, avec son frère le prince de Conti, et son beau-frère le duc de Longueville (janvier 1650).

Un soulèvement éclata dans quelques provinces, mais il fut réprimé facilement. Bordeaux se soumit; et du Plessis-Praslin battit à Réthel le maréchal de Turenne, qui venait d'envahir la Champagne avec une armée espagnole (décembre 1650). Mais Mazarin se crut trop tôt vainqueur. Il avait promis au coadjuteur le chapeau de cardinal, pour le rattacher aux intérêts de la reine: après l'événement, il oublia sa promesse, suivant son habitude. Le coadjuteur se rapprocha du parti de

Condé, ranima les défiances du parlement, agita le peuple; et les deux Frondes, unies momentanément par ses soins, forcèrent Anne d'Autriche à délivrer les princes et à chasser du royaume son premier ministre. Mazarin se retira à Cologne, et de son exil continua de gouverner la reine et la France (février 1651). Retz eut enfin le chapeau.

Condé ne put rester longtemps d'accord avec ses nouveaux alliés. Il avait cru que la reine lui donnerait toute influence en dédommagement de ses treize mois de captivité; et Mazarin gouvernait du fond de son exil. Irrité de l'isolement où on le laissait, il se jeta dans de plus coupables aventures. Il partit pour le Midi, résolu à conquérir, par les armes, le pouvoir et peut-être même le trône, si nous en croyons les Mémoires d'un de ses compagnons de révolte, le comte de Coligny. Il alla soulever la Guienne, et traiter avec l'Espagne, tandis que ses amis préparaient la guerre dans le centre de la France. Mazarin, qui était aussitôt rentré en France (décembre 1651), confia le commandement des troupes au vicomte de Turenne, alors revenu à la cause royale. Le maréchal se dirigea vers la Loire pour surprendre l'armée des princes. On croyait Condé à cent lieues de là; mais il avait traversé à cheval la moitié de la France, seul, déguisé. A peine arrivé, il fond sur les quartiers du maréchal d'Hocquincourt, à Bléneau, et les disperse (avril 1652). Les fuyards se sauvent à Briare, où était Turenne : il court à cheval sur une éminence d'où il peut dominer la plaine; il observe, à la lueur des villages incendiés, les dispositions du combat, et dit: « Monsieur le prince est arrivé; c'est lui qui commande son armée. » La cour épouvantée parlait de fuir à Bourges; Turenne rassure les esprits, et à force d'audace et de prudence, avec 4000 hommes contre 12 000, empêche les ennemis de poursuivre leur avantage. « Monsieur le maréchal, dit la reine en pleurant, vous avez sauvé l'État; et sans vous il n'y eût pas eu une ville qui n'eût fermé ses portes au roi. »

Pour qui serait Paris? Les armées vinrent le demander aux Parisiens eux-mêmes; ils refusèrent l'entrée de leur ville aux deux partis, qui se trouvèrent en présence au faubourg Saint-Antoine. La bataille fut sanglante et longtemps indécise. A la fin, l'armée frondeuse, menacée sur ses flancs, allait être enveloppée et détruite, quand Mademoiselle, fille de Gaston d'Orléans, fit ouvrir les portes à Condé et tirer le canon de la Bastille sur les troupes royales : Turenne étonné recula. Mais Condé ne put demeurer longtemps à Paris, où sa gloire fut tachée par un massacre des *Mazarins*, qu'il laissa faire s'il ne l'ordonna pas. Il sortit de la ville le 10 octobre, et se retira en Flandre, au milieu des Espagnols.

Pour accélérer le mouvement de l'opinion publique qui revenait au roi, Mazarin s'était éloigné une seconde fois (9 août). Alors le parlement et les bourgeois supplièrent la reine mère de rentrer dans la capitale pacifiée (21 octobre), d'où Condé était sorti trois jours auparavant. Quelques magistrats furent destitués ou emprisonnés; le cardinal de Retz fut enfermé à Vincennes; le prince de Condé condamné à mort par contumace, et Gaston exilé à Blois. Trois mois après, Mazarin revenait tout-puissant et avec l'appareil fastueux d'un souverain (février 1653). Ce fut la fin de la Fronde. Mais ces temps où le roi et sa mère fuyaient en désordre devant quelques brouillons, et couchaient presque sur la paille à Saint-Germain, laissèrent dans l'esprit de Louis XIV une impression qui ne s'effaça jamais; ce souvenir contribua à le pousser dans les voies du gouvernement le plus absolu. En rentrant à Paris, il fit enregistrer d'autorité une déclaration portant « très-expresse défense aux gens du parlement de prendre ciaprès aucune connaissance des affaires générales de l'État et de la direction des finances. »

Guerre avec l'Espagne; traité des Pyrénées (1659).

La guerre de la Fronde était terminée. Il restait à finir la guerre avec l'Espagne, qui avait repris, pendant ces troubles, Dunkerque, Barcelone et Casal en Italie. Condé était venu offrir aux ennemis son épée qui leur avait été si fatale ; mais il sembla perdre son bonheur en quittant la France. Il alla d'abord avec l'archiduc Léopold assiéger Arras, non loin de les plaines de Lens où il avait remporté sa plus belle victoire.

Turenne les attaqua dans leur camp et força leurs lignes. Condé ne put qu'opérer la retraite en bon ordre (25 août 1654). « J'ai su, lui écrivait le roi d'Espagne, Philippe IV, que tout était perdu, et que vous avez tout conservé. »

Les années 1655 et 1656 ne virent que des siéges de places sur la frontière : Valenciennes, Cambrai, Rocroy, etc., et d'habiles manœuvres de Turenne et de Condé ; mais ces deux généraux, n'ayant que de petites armées sous la main, ne pouvaient frapper des coups décisifs. Mazarin n'eut pas plus de scrupules royalistes que Richelieu n'avait eu de scrupules religieux. Son prédécesseur s'était allié avec les protestants contre l'Autriche : il s'allia, contre l'Espagne, avec Cromwell qui avait fait tomber sur un échafaud la tête du gendre de Henri IV (1657). Alors l'Espagne n'éprouva plus que des revers. Tandis que les Anglais s'emparaient de la Jamaïque et brûlaient les galions de Cadix, la ville de Dunkerque, la clef des Flandres, fut assiégée par terre et par mer. Les Espagnols s'avancèrent le long des dunes qui bordent la mer pour la secourir. « Avez vous jamais vu une bataille ? demanda Condé au jeune duc de Glocester placé près de lui. — Non, répondit le jeune prince. — Eh bien, dans une demi-heure, vous verrez comment on en perd une. » La victoire de Turenne fut complète (14 juin 1658) : Dunkerque en fut le prix, mais elle fut remise entre les mains des Anglais, suivant les conventions du traité.

Le cabinet de Madrid n'avait plus d'armée ; il demanda la paix. Les négociations, commencées à Paris par les ambassadeurs, furent achevées par les deux ministres, Mazarin et don Louis de Haro, dans l'île de la Conférence, sur la Bidassoa, au pied des montagnes qui séparent les deux pays. Ce fut le traité *des Pyrénées*, signé le 7 novembre 1659. La France garda l'Artois, la Cerdagne et le Roussillon, que Richelieu avait conquis ; elle rendit la Lorraine au duc Charles IV, à condition qu'il démantellerait toutes ses places fortes, et, comme il s'y refusa, la France garda son duché ; le prince de Condé fut reçu en grâce et rétabli dans ses principales charges ; enfin Louis XIV épousait l'infante Marie-Thérèse, qui dut lui apporter une dot de 500 000 écus d'or, en considération de laquelle elle renonçait à toute prétention sur l'héritage de son père.

La conclusion de ce mariage était la pensée et l'espérance de Mazarin depuis 15 années. Dès 1645, il écrivait à ses plénipotentiaires au congrès de Westphalie : « Si le roi très-chrétien épousait l'infante, alors nous pourrions aspirer à la succession d'Espagne, quelque renonciation qu'on fît faire à l'infante; et ce ne serait pas une attente forte éloignée, puisqu'il n'y a que la vie du prince, son frère, qui l'en pût exclure. » En 1659, il s'arrangea de manière que les renonciations fussent *légalement* nulles : il en subordonna, d'une façon expresse, la validité au payement exact de la dot, qu'il savait que l'Espagne ne pourrait jamais payer. C'était préparer pour l'avenir un prétexte aux prétentions de la maison de Bourbon. Mais, par ce même traité, Mazarin abandonnait le Portugal qui, n'ayant plus l'appui de la France, rechercha celui de l'Angleterre : alliance qui nous sera deux fois funeste, sous Louis XIV et sous Napoléon.

En même temps que le cardinal méditait la réunion de l'Espagne à la France, il avait un moment pensé à faire Louis XIV empereur, à la mort de Ferdinand III (1657). Léopold Ier avait été élu; il conclut du moins la *ligue du Rhin* (1658), par laquelle les trois électeurs ecclésiastiques, le duc de Bavière, les princes de Brunswick et de Hesse, les rois de Suède et de Danemark s'unirent à la France pour le maintien des traités de Westphalie, et se placèrent en quelque sorte sous son protectorat. La ligue du Rhin, qui fut plus tard renouvelée et étendue par Napoléon, sous le nom de confédération du Rhin, assurait à la France la prépondérance dans l'empire.

Après l'achèvement de ces grandes choses, le cardinal Mazarin pouvait dire que « si son langage n'étoit pas françois, son cœur l'étoit. »

Son administration intérieure mérite moins d'éloges. Il négligea le commerce et l'agriculture; il laissa dépérir notre marine; il géra les finances de telle sorte, qu'à sa mort le trésor public devait 450 millions, tandis que sa fortune particulière s'élevait presque à la moitié de cette somme, et que le surintendant, Nicolas Fouquet, disait au roi : « Sire, il n'y a pas d'argent dans les coffres de Votre Majesté, mais M. le cardinal vous en prêtera. » Cependant une partie de ces immenses richesses fut honorablement employée. Mazarin protégea les gens de lettres, et Ménage fut chargé de lui fournir la liste de ceux qui méritaient des récompenses ou des encouragements. Descartes, retiré en Hollande, reçut une pension ; l'historien Mézeray fut inscrit pour une somme de 4000 francs. Le ministre créa à grands frais, par les soins du savant Gabriel Naudé, une magnifique bibliothèque, ouverte plus tard au public (la bibliothèque Mazarine); et, par son testament, il affecta 800 000 écus à la fondation du collége des Quatre-Nations, destiné à recevoir les élèves de l'Université, qui appartenaient aux provinces espagnole, italienne, allemande et flamande, nouvellement réunies au royaume. Enfin, il avait le goût le plus vif sinon le meilleur pour les arts : il fit venir d'Italie nombre de tableaux, de statues et de curiosités, même des acteurs, des machinistes qui introduisirent l'opéra en France ; il fonda, en 1655, l'Académie de peinture et de sculpture.

Il mourut le 9 mars 1661, à Vincennes, à l'âge de cinquante-neuf ans, désespéré de quitter ses belles peintures, ses statues, ses livres, les affaires, la vie, et pourtant « faisant bonne mine à la mort. »

Situation de l'Europe en 1661.

Pendant que les traités de Westphalie et des Pyrénées donnaient à la *France* le premier rang parmi les nations européennes, les résistances intérieures qui avaient jusqu'alors entravé l'action du pouvoir royal et rendu inutiles les immenses ressources du pays, se trouvaient abattues. Si les obstacles sont aplanis au dedans, la voie est ouverte et tracée au dehors. Louis XIV n'aura qu'à continuer l'œuvre de Richelieu et de Mazarin. Il a des ministres habiles, le royaume le plus uni, le mieux situé et le plus docile de l'Europe, des finances que Colbert va mettre en bon ordre, une armée que Louvois organisera sous les plus grands généraux du monde, et derrière cette armée une nation valeureuse de 20 millions d'âmes. Sa force est grande. Ce qui l'augmente encore, c'est la faiblesse de ses voisins. Pour nous en convaincre faisons rapidement le tour de l'Europe.

La restauration des Stuarts, en 1660, avait rendu le repos à l'Angleterre, mais seulement pour quelques années. Les tendances absolutistes du roi et les aspirations libérales de la nation anglaise étaient en opposition manifeste. Au fond, l'Angleterre se trouvait toujours divisée en deux partis : l'un qui défendait les libertés publiques, l'autre qui soutenait les principes du droit divin, ou tout au moins voulait augmenter les prérogatives de la couronne. Pour se défendre contre les premiers, Charles II sera plus d'une fois amené à trahir l'honneur et les intérêts de l'Angleterre, comme lorsqu'il vendra Dunkerque à la France pour 5 millions, et qu'il se vendra lui-même à Louis XIV pour une pension. L'*acte de navigation* promulgué en 1652 avait déjà excité la colère des Hollandais, en leur montrant que l'Angleterre prétendait faire elle-même tous ses transports par mer dont ils avaient eu jusqu'alors le profit. L'Écosse, rattachée à l'Angleterre depuis l'avénement de Jacques, en 1603, formait avec elle et avec l'Irlande le *royaume-uni de la Grande-Bretagne et d'Irlande*.

Les sept *Provinces-Unies* étaient arrivées à l'apogée de leur grandeur. La maison d'Autriche avait, en 1648, reconnu leur indépendance, et leur avait cédé plusieurs cantons du Brabant, du Luxembourg et de la Flandre. La république tenait maintenant, et cela faisait sa force, les bouches de l'Escaut, de la Meuse, du Rhin et de l'Ems, avec l'importante place de Maëstricht qui la couvrait. Aux Indes, ils avaient presque partout supplanté les Portugais. Maîtres sans rivaux du commerce de ces régions, ils avaient divisé leurs domaines en cinq gouvernements : de *Java* où ils avaient fondé, vers 1619, Batavia, la capitale de tous leurs établissements, d'*Amboine* et de *Ternate* dans les Moluques, de *Ceylan*, de *Macassar* dans l'île Célèbes. Leur colonie du cap de Bonne-Espérance les rendait maîtres de la route d'Europe aux Indes, et ils avaient encore des établissements aux Antilles.

Dominateurs des mers, ils en exploraient l'étendue : Lemaire reconnaissait le détroit qui porte son nom, et doublait le cap Horn, route plus sûre que le détroit de Magellan (1615). Plusieurs nations, même la France, se disputent la priorité de la découverte de la Nouvelle-Hollande, mais il est certain que les premières notions positives sur ce continent sont dues aux Hollandais qui, de 1605 à 1642, dirigèrent le long de ses côtes plusieurs voyages de reconnaissance, dont les plus importants furent en 1642 et 1644, ceux de Tasman, qui découvrit la première fois la terre de Van Diemen, la Nouvelle-Zélande, les îles Viti et des Amis, et la seconde releva une grande étendue des côtes du nord-ouest de la Nouvelle-Hollande. Nulle puissance ne rivalisait encore avec les Hollandais dans l'art de la construction navale. Nul peuple ne pouvait offrir le fret à plus bas prix ; car nuls matelots ne se contentaient d'un plus mince salaire. Aux riches produits du commerce des Indes, il faut ajouter ceux de la pêche du hareng, et par-dessus, compter comme les principaux éléments de leur prospérité, l'activité, le prodigieux esprit d'ordre et d'économie qui est un des traits distinctifs du génie hollandais. Mais les bases de cette grandeur si soudaine étaient peut-être trop étroites pour qu'elle fût bien solide. La Hollande avait un trop petit territoire, une population trop peu nombreuse pour porter un si vaste empire. Affranchie par le concours de la France, elle commence à trouver que son alliée est devenue bien forte, et elle se rapproche de l'Espagne affaiblie et humiliée, l'aimant mieux pour voisine que la France victorieuse. Elle va se faire le principal antagoniste du grand roi ; elle soldera les coalitions contre lui. Mais les Pays-Bas espagnols lui seront un mauvais rempart que Louis XIV provoqué percera ou tournera pour porter ses armes au cœur même des Provinces-Unies. L'Angleterre lui sera plus fatale encore par son alliance que la France par la guerre. Le long parlement a commencé sa ruine par l'acte de navigation, et Cromwell l'a déjà contrainte à reconnaître la supériorité du pavillon britannique ; mais lorsque le stathouder de Hollande, Guillaume de Nassau, sera devenu roi d'Angleterre, la Hollande ne sera plus, comme on l'a dit, qu'une barque attachée aux flancs d'un vaisseau de ligne.

L'*Espagne*, ruinée dans les sources mêmes de sa richesse par l'expulsion de 200 000 Maures, en 1609, s'était épuisée à des guerres longues et malheureuses. Elle gardait toutes ses annexes, la Franche-Comté, la moitié des Pays-Bas, le Milanais, le royaume des Deux-Siciles, l'île d'Elbe et la Sardaigne ; mais la possession de ces pays lui était onéreuse plutôt que profitable, car ils ne rapportaient pas ce qu'ils coûtaient. Elle avait récemment perdu le Roussillon, l'Artois, et dans la péninsule même le Portugal ; ses immenses colonies d'Amérique lui restaient et continuaient de lui envoyer leurs galions ; mais son agriculture était négligée, son industrie, son comerce étaient morts, et les piastres d'Amérique ne lui servaient qu'à acheter ce qu'elle ne savait plus se donner elle-même. Philippe IV y régnait encore. Il était resté vingt ans sous la tutelle d'Olivarès. Il n'y avait de grand à cette époque, en Espagne, que les poëtes et les artistes ; Lope de Véga (1635) et Velasquez (1660) venaient de mourir. Mais Caldéron et Murillo étaient déjà célèbres. La France, qui commençait, avec Corneille, Descartes, Pascal et Poussin, son grand siècle des lettres et des arts, allait lui ravir cette gloire comme elle lui avait ravi déjà la puissance.

L'Espagne avait entraîné le *Portugal* dans sa ruine. Dépouillé par les Hollandais de ses colonies et de son commerce, abandonné au traité des Pyrénées par la France, il commence à tourner ses regards vers l'Angleterre, dans les bras de laquelle il se jettera quand un Bourbon viendra s'asseoir sur le trône de Charles-Quint.

Dans l'Italie, que l'Espagne tenait par deux bouts, par Naples et Milan, et par les îles (Sicile, Sardaigne, Elbe), même décadence. Le grand mouvement de restauration catholique qui, au siècle précédent, avait ranimé la péninsule, s'était arrêté. Les pontifes étaient retournés aux ambitions temporelles, mais sans mieux garantir la tranquillité des *États de l'Église* (du Carigliano aux bouches du Pô) où, depuis la mort de Sixte-Quint, les *bravi* pullulaient. Richelieu et Mazarin avaient essayé vainement, à plusieurs reprises, de former une ligue des princes italiens contre l'Espagne qui les tenait en tutelle. Philippe IV, malgré sa faiblesse, triompha et du mauvais vouloir de quelques princes, et d'une révolte en Sicile sous le batteur d'or Giuseppe d'Alésio (1647), et de deux mouvements plus importants qui, la même année, éclatèrent à Naples, sous Masaniello le pêcheur et Gennaro Annese l'armurier. Tout ce que put Mazarin fut de faire donner Verceil au duc de Savoie, de réconcilier le duc de Modène avec l'Espagne, le duc de Parme avec le Saint-Siége, et d'obtenir une amnistie pour les délits politiques dans le royaume de Naples. Le prince de *Monaco* s'était mis sous la protection de la France, et une branche française de la maison de Gonzague avait obtenu le *Montferrat, Mantoue* et *Guastalla*. Si donc Mazarin n'avait pu chasser les Espagnols de la péninsule, et signer avec les princes italiens une ligue semblable à celle qui lui ouvrait l'Allemagne, il avait du moins mis la main dans toutes les affaires de l'Italie, et il comptait bien que la France retrouverait au besoin dans ce pays des alliances et des moyens d'action contre l'Espagne.

La paix rétablie, deux princes en profitaient différemment. A la cour militaire du duc de Savoie, Charles-Emmanuel II, on s'occupait d'organiser une forte armée, de jeter sur les Alpes la belle route de la Grotte qui mène de Lyon à Turin par les Échelles. A la cour savante de Ferdinand II, en Toscane, on s'occupait d'expériences et d'études qui firent de Florence un des foyers de la science au dix-septième siècle. Le disciple de Galilée, Torricelli, l'inventeur du baromètre, venait d'y mourir (1647); mais le géomètre Viviani allait y recevoir les présents de Louis XIV, et l'Académie célèbre *del Cimento* était fondée.

Venise, qui tenait le nord-est de la Péninsule jusqu'à Creme inclusivement, le Frioul, une partie de l'Istrie, les côtes de la Dalmatie, Corfou et Candie, se tenait à l'écart des affaires d'Italie. Ses intérêts étaient ailleurs, dans l'Archipel, dans l'Adriatique. Une guerre avec les Turcs, commencée en 1644, dont le siége de Candie fut l'incident le plus remarquable, donnait occasion à Venise de montrer ce qu'elle gardait encore de patriotisme, de courage et de persévérance. *Gênes* ne faisait plus parler d'elle. Comme presque tout le commerce du Levant était aux mains des Vénitiens, Gênes cherchait à s'emparer de celui des côtes d'Espagne et d'Afrique. Aussi était-elle étroitement liée à l'Espagne; ce qui lui vaudra bientôt un bombardement et une humiliation.

Les chevaliers de Saint-Jean tenaient toujours *Malte* en fief du royaume de Naples.

L'*Allemagne*, depuis la fatale guerre de Trente ans qui l'avait couverte de ruines qu'on voit encore, était sans force. La plupart des petits princes qui ont substitué leur tyrannie à l'autorité impériale, veulent avoir une cour, des ambassadeurs; et les peuples s'épuisent à entretenir le luxe exagéré de leurs maîtres. Pauvres, malgré leurs exactions, ces souverains besogneux font trafic de leur alliance et vendent leur armée. Le traité de Westphalie avait assuré leur indépendance vis-à-vis de l'empereur; la ligue du Rhin en liait plusieurs à la France. En 1663, la diète de Ratisbonne deviendra perpétuelle. Ce sera le coup de grâce pour l'autorité impériale.

L'Autriche, qui était sortie épuisée de cette guerre, réparait lentement ses forces et contenait son ambition. Léopold Ier avait succédé en 1658 à son père Ferdinand III; il régnera jusqu'en 1705 sans éclat, mais à la fin, grâce à d'habiles généraux et à l'assistance de l'Europe, avec profit pour sa maison. Cette maison se partageait alors en trois branches : celle d'Espagne qui régnait à Madrid; celles de *Tyrol* et de *Styrie* qui seront réunies en 1673.

Une autre maison grandissait en Allemagne, celle de Brandebourg. Elle avait acquis en 1618 la Prusse qui la portait au-devant des Russes, à Kœnigsberg, et en 1629, le duché de Clèves et les comtés de la Mark et de Ravensberg qui la mettaient aux portes de la France sur le Rhin. Frédéric-Guillaume s'appelle déjà le grand électeur; son fils s'appellera le roi de Prusse.

La Suisse comprenait 13 cantons confédérés, plusieurs pays alliés, comme l'abbé de Saint-Gall, l'évêque de Bâle, la ville de Mulhouse en Alsace, le Valais, les Grisons, et des pays soumis, comme les sept bailliages italiens enlevés au Milanais de 1500 à 1512. Berne était le plus puissant de ces cantons, il possédait l'Argovie et le pays de Vaud. Les Suisses avaient prudemment renoncé au rôle batailleur qu'ils avaient joué au seizième siècle, ils se contentaient de fournir à quelques puissances des recrues dont la solde amenait un peu d'or dans leurs pauvres montagnes.

La Suède qui, par les acquisitions faites dans la guerre de Trente ans, tenait les embouchures de trois grands fleuves allemands, le Weser, l'Elbe et l'Oder, était maîtresse de la Finlande, et occupait encore, sur la rive méridionale du golfe de ce nom, la Carélie et l'Ingrie rendues par les Russes en 1647. l'Esthonie et la Livonie abandonnées par les Polonais en 1635. Ainsi la Baltique était un lac suédois, et la suprématie dans le nord de l'Europe semblait pour longtemps attachée à la couronne de Gustave-Adolphe.

Christine, fille du vainqueur de Tilly et de Waldstein, sut conserver à son royaume cette position brillante ; mais, en 1654, soit dégoût des affaires, soit caprice, elle abdiqua en faveur de son cousin, Charles-Gustave, de la maison de Deux-Ponts. Ce prince, qui joignait au goût des lettres, particulier à sa famille, un courage et une ambition extraordinaires, eut tout d'abord à se défendre contre les prétentions du roi de Pologne, Jean-Casimir. Les Suédois eurent partout l'avantage et s'emparèrent de Varsovie. Jean-Casimir avait fui dans la Silésie ; mais les Polonais se soulevèrent et s'avancèrent au nombre de 55000 pour reprendre leur capitale. L'action s'engagea sous les murs de la ville (1656). Après trois jours d'efforts opiniâtres, et malgré l'héroïque courage des Polonais, Charles-Gustave, qui n'avait que 24000 hommes, remporta une victoire tellement complète, qu'il fallut, pour sauver la Pologne, une coalition de toutes les puissances voisines. L'empereur, le roi de Danemark et l'électeur de Brandebourg s'unirent : les Suédois furent forcés d'abandonner leur conquête. Mais Charles-Gustave se vengea sur le Danemark ; il franchit les détroits sur la mer glacée, jeta la terreur dans Copenhague, et, par le traité de Roskild, arracha les provinces de Halland, Scanie, Blekengie et Bohus, exigea le libre passage du Sund pour les navires suédois et l'indépendance du Holstein-Gottrop (1658).

La paix dura à peine quelques mois : enhardi par ses premiers succès, le roi de Suède espéra conquérir le Danemark et assiégea de nouveau Copenhague. Mais la ville résista : les Hollandais envoyèrent une flotte dans le Sund ; l'Autriche, la Pologne, le Brandebourg firent passer en Danemark une armée. Les Suédois, menacés de toutes parts, renoncèrent au siége, et Charles-Gustave ayant été enlevé par une mort subite, la paix fut rétablie entre le Danemark et la Suède par le traité de Copenhague qui confirma celui de Roskild, entre la Pologne et la Suède par le traité d'Oliva (1660), entre la Suède et la Russie par le traité de Kardis (1661). En définitive, la Suède sortait avec honneur de la lutte inégale qu'elle venait de soutenir. Elle recouvrait ses limites naturelles au sud en obtenant la Blekingie, le Halland et la Scanie ; ses limites naturelles du côté de la Norvége qui restait au Danemark, en obtenant le Bohus, l'Iemtland et l'Héridalie ; elle enlevait la Livonie lithuanienne à la Pologne, et conservait l'Ingrie avec une grande partie de la Carélie prise à l'empire russe, de sorte que tous les rivages du golfe de Finlande lui appartenaient. Mais ces guerres continuelles pesaient lourdement sur un peuple pauvre et peu nombreux, sur un pays presque entièrement dépourvu d'agriculture et d'industrie, et la Suède ne pourra garder le sceptre du nord qu'elle a saisi.

Au milieu de ces événements militaires se place une révolution dont les conséquences n'ont été modifiées que de nos jours. L'aristrocratie était tout dans le Danemark : le roi Frédéric III, appuyé du clergé et de la bourgeoisie, brisa en 1660 son pouvoir et proclama l'hérédité de la couronne. La loi nouvelle promise alors ne fut publiée qu'en 1709, sous le nom de *loi royale*; mais elle exista dès 1660 dans les faits. Elle établissait l'absolutisme le plus complet, et il a duré jusqu'en 1834. Malheureusement le premier des rois héréditaires était Allemand. Il livra l'administration entière à ses compatriotes, au point que l'allemand devint la langue officielle du pays danois. C'est contre cette influence que le Danemark aujourd'hui se débat.

La Pologne, qui jadis avait le premier rang dans le nord, était descendue au second, et bien près de tomber au troisième. Elle s'étendait encore des monts Krapaks à la Baltique et de l'Oder aux sources du Dniéper et du Volga ; mais sa constitution anarchique et sa royauté élective la livraient déjà sans défense aux guerres extérieures. Ce que les Suédois venaient de faire sous Charles-Gustave, les Russes le feront bientôt. Ceux-ci, à qui les Suédois, les Polonais et le duc de Courlande et de Semigalle interdisaient la Baltique, étaient séparés de la mer Noire par la république guerrière des Cosaques, sujets indociles de la Pologne, et par les hordes tartares. Ils ne s'étendaient librement que vers les régions désertes de la Sibérie; la chute de la puissante république de Novogorod en 1476, sous Ivan III, leur avait ouvert les approches de la Baltique et de l'océan Glacial; enfin par la destruction des Tartares d'Astrakhan (1554), ils étaient arrivés depuis un siècle sur la Caspienne. Le traité d'Andrussow (1667), qui enleva à la Pologne Smolensk, Tchernigow et l'Ukraine fut le premier pas de la Russie du côté de l'Occident. La dynastie des Romanow, fondée par Michel Féodorowitz, y régnait depuis 1613 et ne s'éteindra qu'en 1762.

La Russie avait cependant déjà des éléments redoutables de puissance. Ivan III, dans la seconde moitié du quinzième siècle avait aboli dans sa famille la loi des apanages, ce qui avait établi l'unité du pouvoir et de l'État; mais cette même loi, il l'avait au contraire maintenue pour la noblesse, ce qui la tenait divisée et affaiblie. Un siècle après, Ivan IV avait passé quinze ans à assouplir ses boyards au joug, et montré l'implacable cruauté qui lui a valu, même chez ce peuple habitué à voir jouer avec la vie, le surnom de *terrible*. Enfin, un ukase de 1592 avait réduit tous les paysans à la servitude de la glèbe, en leur interdisant de changer de maître et de terre.

Les Turcs avaient perdu l'enthousiasme religieux et militaire de l'âge précédent, mais ils tenaient toujours le premier rang dans l'Europe orientale. Le prince de Transylvanie était leur vassal; le bannat de Temeswar et une partie considérable de la Hongrie étaient entre leurs mains; le Dniester les séparait de la Pologne, et toutes les côtes de la mer Noire jusqu'au Kouban leur appartenaient. En Asie, leurs domaines s'étendaient d'Érivan à Bagdad. Venise luttait péniblement contre eux. En 1660, ils lui ont enlevé Métélin et Lemnos, et la même année ils ont battu les Autrichiens en Hongrie. En 1663, ceux-ci verront tomber Neuhaussel aux portes de Presbourg. Vienne se retrouvera encore une fois découverte et menacée Louis XIV préluda à ses conquêtes, en envoyant de fastueux secours aux Autrichiens pour la bataille de Saint-Gothard (1664), à Venise pour le siége de Candie (1667).

CHAPITRE XXI.

LE RÈGNE DE LOUIS XIV JUSQU'A LA GUERRE DE LA LIGUE D'AUGSBOURG.

Centralisation administrative de la France; Colbert et Louvois. — Guerres de Flandre (1676) et de Hollande (1672). — Conquête de Louis XIV en pleine paix; révocation de l'édit de Nantes (1685).

Centralisation administrative de la France; Colbert et Louvois.

Après la mort de Mazarin, Louis XIV prit la résolution de ne plus avoir de premier ministre. Il y persista jusqu'à la fin de sa vie, travaillant huit heures par jour et ne laissant décider sans lui aucune affaire importante. Peu de souverains ont mieux compris et pratiqué ce qu'il appelait le « *métier* de roi. » — « C'est par le travail qu'on règne, écrivait-il dans ses instructions à son fils, c'est pour le travail qu'on règne : il y a de l'ingratitude et de l'audace à l'égard de Dieu, de l'injustice et de la tyrannie à l'égard des hommes, de vouloir l'un sans l'autre. »

Ce qui est plus remarquable encore, c'est que ce jeune prince, qui prenait si hardiment le pouvoir, avait déjà conçu tout le plan de sa politique. Non-seulement Louis XIV a régné avec un pouvoir sans bornes, comme quelques-uns de ses prédécesseurs, mais il a établi le premier en France la théorie de la monarchie absolue. A ses yeux, la royauté est d'institution divine : les souverains sont les représentants de Dieu sur la terre, ses lieutenants, inspirés providentiellement par lui, et à ce titre, participant en quelque sorte de sa puissance et de son infaillibilité. Aussi ne laissa-il debout devant la royauté aucune liberté qui pût lui porter ombrage. La plupart des provinces avaient des États particuliers; il les supprima. Ceux qui furent conservés, comme en Languedoc, en Bourgogne, en Provence, en Bretagne, etc., ne se réuniren plus que pour exécuter les ordres qu'ils recevaient des ministres. Ce qui restait de libertés municipales fut détruit, comme les libertés provinciales : le roi, battant monnaie avec de vieu droits chers aux villes, érigea les mairies en offices héréditaires et les vendit au plus offrant.

La vie municipale fut donc comme suspendue dans le pays ainsi que l'était depuis longtemps la vie politique : situation fâcheuse, car l'éducation pratique des affaires manquera à la France; et le jour où elle sera forcée de reprendre le gouvernement d'elle-même des mains défaillantes de la royauté absolue, elle trouvera bien pour la guider de hardis et puissants logiciens, mais non de ces hommes expérimentés qui savent rattacher l'avenir au passé par de justes tempéraments. La liberté politique, pour être stable, a besoin de s'élever sur la forte base des libertés municipales. C'est ainsi qu'elle a grandi en Angleterre et qu'elle s'y maintient.

Les parlements ne furent plus que des cours de justice; la noblesse qu'une classe militaire destinée à verser son sang sur tous les champs de bataille, ou à suivre dans les fêtes le char triomphant de la royauté. Le clergé lui-même devint plus monarchique et ne fut jamais pour Louis un embarras. Pour la roture, elle fut aisément tenue en bride par l'armée, la police, l'extrême sévérité des lois; par le respect aussi qu'elle accordait, après tant de siècles d'oppression féodale, à un pouvoir qui lui donnait la paix intérieure et l'appelait d'ailleurs aux nombreux emplois de l'administration publique.

Ainsi le trait dominant du gouvernement de Louis XIV fut un effort immense pour ramener dans la main du prince toutes les forces du pays, afin d'en disposer dans l'intérêt du pays sans doute, mais aussi et surtout dans l'intérêt du roi. De là cette centralisation excessive qui enveloppa le commerce, l'industrie, la vie politique, même la vie morale de la France, des mille liens d'une réglementation minutieuse, de manière que l'initiative des ministres fut presque partout substituée à l'action des individus et des communautés. Il résultera de ce système que la France vivra moins de sa vie propre que de la vie de son gouvernement. Quand l'âge et la maladie glaceront cette main partout présente du pouvoir, tout déclinera. Un grand peuple sera soumis aux vicissitudes de l'existence d'un homme, aux hasards des naissances royales, ou au choix de ministres insuffisants. Du moins, dans les années heureuses, cette administration, qui se faisait le tuteur universel, rendait aux peuples en bien-être et en sécurité ce qu'elle leur ôtait en libertés générales et particulières. Le roi comprit lui-même, on l'a vu déjà, les obligations que lui imposait cette immense autorité. » Nous devons, disait-il, considérer le bien de nos sujets plus que le nôtre propre. Et ce pouvoir que nous avons sur eux ne nous doit servir qu'à travailler plus effectivement à leur bonheur. » S'il combla ses ministres d'honneurs, de richesses et de pouvoir, ce fut à condition qu'ils consacreraient aux affaires publiques tous les instants de leur vie. De cet effort longtemps soutenu résulta l'administration la plus active, la plus vigilante que la France eût encore possédée. Son histoire se résume presque tout entière dans l'histoire de deux grands ministres : Colbert et Louvois.

Colbert dirigea près de cinq de nos ministères actuels : les finances, quand la chute de Fouquet les lui eut livrées ; la maison du roi avec les beaux-arts, l'agriculture avec le commerce, les travaux publics, et à partir de 1669 la marine, poids écrasant sous lequel il ne succomba pas. Les finances étaient retombées dans le chaos d'où Sully les avait tirées. La dette publique était de 430 millions, les revenus dévorés deux ans à l'avance, et le trésor, sur 84 millions d'impôts annuels, en recevait à peine 32. Colbert commença par établir une *chambre de justice*, pour découvrir les malversations des officiers de finances. On annula ou on remboursa au taux de l'achat 8 millions de rentes sur l'hôtel de ville, acquises à vil prix, et on fit rendre gorge aux traitants qui avaient profité des besoins de l'État pour prêter à un taux usuraire ; les amendes s'élevèrent à 110 millions.

Colbert fut le véritable créateur du *budget*. Jusqu'alors on dépensait au hasard, sans consulter les recettes du trésor. Le premier il dressa chaque année *un état de prévoyance*, divisé en deux chapitres, où les revenus et les dépenses probables étaient marquées à l'avance.

La *taille* ou impôt foncier n'était payée que par la bourgeoisie et le peuple; elle s'élevait, en 1661, à 53 millions. Colbert la ramena, par des réductions successives, à 32. Au milieu des troubles de la Fronde, beaucoup de gens s'étaient anoblis de leur propre autorité, ou avaient acheté des titres de noblesse pour quelques écus : c'étaient autant de privilégiés ajoutés aux véritables. Une ordonnance royale révoqua toutes les lettres de noblesse accordées depuis trente ans; près de 40 000 familles, parmi les plus riches des paroisses, furent de nouveau imposées, ce qui déchargea d'autant leurs voisins.

A la taille le contrôleur général préférait avec raison les *aides* ou impôts indirects, auxquels tous contribuaient. Il augmenta ou créa les taxes sur le café, le tabac, le vin, les cartes, les loteries, etc.; et de 1 500 000 francs, il les porta à 21 millions.

Voici le résumé de l'administration financière de Colbert. En 1661, sur 84 millions d'impôts, le trésor avait à payer 52 millions pour les rentes et gages; il ne lui restait que 32 millions et il en dépensait 60 : déficit, 28 millions. En 1683, année de la mort de Colbert, les impôts rendaient 112 millions, malgré une réduction de 22 millions sur les tailles; les gages et les rentes n'en prenaient plus que 23 : le revenu net du trésor était de 89 millions. Ainsi, d'une part, Colbert avait augmenté les recettes de 28 millions, diminué les rentes et gages de 29, ce qui constituait à l'État un bénéfice net annuel de 57 millions; et, d'autre part, il avait dégrevé les roturiers de 22 millions, en diminuant d'autant la taille. Il n'y a rien à ajouter à de pareils chiffres.

Colbert ne sacrifia pas l'agriculture à l'industrie, comme on l'a dit souvent. Il exempta de la taille les familles nombreuses; il interdit la saisie des instruments de labour et des bestiaux ou recouvrement des taxes dues à l'État, il établit ou plutôt il rétablit les haras, où l'on croisa nos chevaux avec ceux d'Afrique et de Danemark ; il fit venir des bestiaux de l'Allemagne et de la Suisse pour améliorer les nôtres ; il accorda des primes d'encouragement aux meilleurs éleveurs ; il ordonna le desséchement des marais ; enfin il publia un code des eaux et forêts (1669), qui est encore, pour la très-grande partie, en vigueur aujourd'hui. Mais il commit la faute de respecter le préjugé populaire qui voyait dans la liberté du commerce des grains une cause de disette.

L'industrie, malgré les efforts de Henri IV, était restée dans l'enfance et nous tirions presque tout de l'étranger. Colbert, né dans la boutique d'un marchand de Reims, à l'enseigne du *Long-Vêtu*, voulut que la France pût se suffire à elle-même ; il frappa de droits considérables, à leur entrée dans le royaume, les produits similaires de l'étranger (tarif de 1667).

C'était l'inauguration du *système protecteur*, régime utile à une industrie naissante, mauvais pour une industrie développée. Il n'épargna rien pour acheter ou pénétrer les secrets industriels des nations voisines, pour attirer en France les ouvriers les plus habiles : c'était bon alors et ce l'est encore. Le nombre de nos manufactures s'accrut rapidement. Il les soutint par des subventions distribuées avec intelligence, avançant une certaine somme par chaque métier battant outre des gratifications considérables aux maîtres et aux ouvriers. Il obtint de l'Église la suppression de 17 fêtes qui multipliaient les chômages inutiles. Enfin il institua des conseils de prud'hommes pour faire régner la paix dans ce monde du travail. En 1669, on compta dans le royaume, pour la laine seulement, 44 200 métiers et plus de 60 000 ouvriers. Les draperiers de Sedan, de Louviers, d'Elbeuf et d'Abbeville n'eurent plus de rivales en Europe ; le fer-blanc, l'acier, la faïence, les cuirs maroquinés, qu'on avait toujours fait venir de loin, furent travaillés en France ; les tapis de Perse et de Turquie furent dépassés à la Savonnerie ; les riches étoffes, où la soie se mêle avec l'or et l'argent, se fabriquèrent à Lyon et à Tours ; on fit à Tourlaville (près de Cherbourg) et à Paris de plus belles glaces qu'à Venise ; les tapisseries de Flandre le cédèrent à celles des Gobelins.

Colbert ne put détruire les nombreux péages établis sur les chemins et les rivières ; il les réduisit du moins et supprima dans 12 provinces les douanes intérieures; il encouragea, en diminuant le tarif des droits à payer (1664), l'exportation des vins et eaux-de-vie. Il déclara Dunkerque, Bayonne et Marseille ports francs, et accorda à la dernière de ces villes, en 1660, une chambre d'assurances, il créa des entrepôts, favorisa le transit par la France des marchandises étrangères, fit réparer les grandes routes devenues impraticables, et en construisit de nouvelles. Enfin il projeta un canal de Bourgogne, fit décréter celui d'Orléans qu'on ouvrit en 1692, et creusa celui du Languedoc qui devait joindre la Méditerranée à l'Océan. Le port de Cette fut construit à l'une de ses extrémités; Toulouse était à l'autre; et, de Toulouse, la Garonne menait facilement à Bordeaux et à l'Océan. Ce travail, gigantesque pour l'époque, fut commencé en 1664 et continué sans interruption jusqu'en 1681. Il fut exécuté par le célèbre Riquet d'une ancienne famille de Florence, sur les dessins d'un ingénieur français, Andréossy: il coûta environ 34 millions et employa, chaque année, 10 à 12 000 ouvriers.

Le commerce, ainsi secondé, prit un développement rapide. Pour régler cette activité nouvelle et l'éclairer, le *conseil de commerce* fut institué en 1665, et Louis XIV le présida régulièrement tous les quinze jours. Des conseils semblables furent établis dans les provinces; ils devaient choisir dans leur sein trois des négociants les plus expérimentés, qui se rendraient à la cour, « pour informer le roi et M. de Colbert de ce qu'il conviendrait de faire. » Une ordonnance de 1671, qui ne fut malheureusement pas exécutée, prescrivit de rendre uniformes les poids et mesures dans tous les ports et arsenaux de France.

Les étrangers s'étaient rendus maîtres de tout notre commerce par mer; chaque année, 4000 bâtiments hollandais débarquaient sur nos côtes les produits de leur industrie avec les denrées des deux mondes, et enlevaient nos soieries, nos vins, nos eaux-de-vie pour les transporter par toute l'Europe et dans les pays lointains. Colbert voulut relever la France de cette infériorité. Déjà, en 1658, le surintendant Fouquet avait établi un droit d'ancrage de 50 sous par tonneau sur les navires étrangers, payable à l'entrée et à la sortie de nos ports: Colbert conserva ce droit : de plus, il accorda aux navires nationaux des primes pour l'exportation et l'importation, aux constructeurs de bâtiments pour la grande navigation une autre prime de 4 à 6 livres (8 à 12 francs par tonneau); il établit 5 grandes compagnies sur le modèle des compagnies hollandaises et anglaises: celles des Indes orientales et des Indes occidentales en 1664; celles du Nord et du Levant en 1666; celle du Sénégal en 1673, leur accordant le monopole exclusif du commerce dans ces parages éloignés, leur faisant des avances considérables (6 millions pour la seule compagnie des Indes orientales) et obligeant les princes du sang, les seigneurs, les riches à s'y intéresser; enfin un édit de 1669 déclara que le commerce de mer ne dérogeait pas à la noblesse.

Nous ne possédions que le Canada avec l'Acadie ou Nouvelle-Écosse; Cayenne dans la Guyane; l'île Bourbon, quelques comptoirs à Madagascar et aux Indes. Colbert racheta, pour moins d'un million, la Martinique, la Guadeloupe, Sainte-Lucie, Grenade et les Grenadilles, Marie-Galande, Saint-Martin, Saint-Christophe, Saint-Barthélemy, Sainte-Croix et la Tortue dans les Petites-Antilles (1664); il plaça sous la protection de la France des flibustiers français de Saint-Domingue, qui s'étaient emparés de la partie occidentale de l'île (1664), il envoya de nouveaux colons à Cayenne et au Canada, prit Terre-Neuve pour dominer l'entrée du Saint-Laurent, et commença l'occupation de la magnifique vallée du Mississipi ou la Louisiane, qui venait d'être explorée par le célèbre voyageur Robert de la Salle (1680). En Afrique, il enleva Gorée aux Hollandais (1665), et prit possession des côtes orientales de Madagascar. En Asie, la Compagnie des Indes s'établit à Surate, à Chandernagor, et plus tard à Pondichéry. Enfin, pour réserver au pavillon national tout le commerce de nos colonies, Colbert ferma leurs ports aux vaisseaux étrangers.

Mazarin avait laissé dépérir la marine militaire créée par Richelieu. Colbert fit d'abord réparer le peu de vaisseaux qu'il trouva dans nos ports; il en acheta en Suède et en Hollande; des arsenaux de constructions furent établis à Dunkerque, au

Havre, à Rochefort, qui fut bâti sur la Charente, au centre du golfe de Gascogne. Henri IV avait trouvé Toulon, et Richelieu Brest; mais ils avaient montré ce qu'on pouvait y faire, plutôt qu'ils n'y avaient fait de grands ports. Duquesne resta 7 ans à Brest à partir de 1665, et quand le fils de Colbert, Seignelay, y vint en 1672, il y vit une flotte de 50 vaisseaux de ligne. Vauban l'entoura, en 1683, de formidables défenses. Il exécuta aussi, après la paix de Nimègue, d'immenses travaux à Toulon, qui firent de cette ville ce que la nature voulait qu'elle fût, un des plus beaux ports du monde. La nouvelle darse qu'il creusa pouvait à elle seule contenir 100 vaisseaux de ligne.

Pour recruter la flotte, Colbert créa l'*inscription maritime*, ou le *système des classes*, que nous gardons encore et qui assujettit la population maritime de nos côtes, en retour de certains avantages, à fournir les recrues nécessaires aux équipages de nos vaisseaux, et la distribue, d'après l'âge et la position de famille, en diverses classes qui sont successivement appelées, suivant les besoins du service. Cette institution bonne alors et qui l'est moins aujourd'hui, fut complétée par la fondation de la caisse des invalides de la marine, qui assura une pension de retraite au marin pour ses vieux jours. Le premier recensement, celui de 1670, fit connaître 36 000 inscriptions de matelots, mais en 1683 on en compta 77 852. Les armements purent alors se multiplier. En 1661, la flotte de guerre ne se composait que de 39 bâtiments: en 1678, elle en avait 120, et cinq ans plus tard, 176. En 1692, le roi avait 131 vaisseaux, 133 frégates et 101 autres bâtiments. Le corps des gardes-marine, composé de 1000 gentilshommes, fut institué en 1672, pour préparer de bons officiers; une école de canonniers, pour former d'habiles pointeurs; une école d'hydrographie, pour donner aux navires des cartes exactes.

Dans un mémoire remis au roi le 15 mai 1665, Colbert avait demandé que la législation fût refondue de manière qu'il n'y eût en France qu'une même loi, un même poids, une même mesure; il demandait en outre la gratuité de la justice, l'abolition de la vénalité des charges dont le prix était évalué à 800 millions, la diminution du nombre des moines, et des encouragements pour les professions utiles. Une commission fut en effet nommée. Elle était composée de conseillers d'État et de maîtres des requêtes (Voisin, d'Aligre, Boucherat, Pussort, etc.), qui, le travail terminé, le discutaient avec les membres éminents du parlement, en présence des ministres et sous la présidence du chancelier, quelquefois même sous celle du roi. Six codes sont sortis de ces délibérations; en 1667, l'*ordonnance civile*, qui abolit quelques procédures iniques du moyen âge, abrégea les lenteurs de la justice, et régla la forme des registres de l'état civil; en 1669, celle *des eaux et forêts*; en 1670, l'*Ordonnance d'instruction criminelle*, qui restreignait l'application de la torture et divers cas d'emprisonnement provisoire, mais qui ne permit encore ni conseil ni défenseur à l'accusé dans les causes capitales, conserva l'atrocité des peines antérieures, la roue, l'écartèlement, et mesura toujours mal la peine au délit; en 1673, celle du *commerce*, un vrai titre de gloire pour Colbert; en 1681, celle *de la marine et des colonies*, qui a formé le droit commun des nations de l'Europe, et leur sert encore aujourd'hui de droit maritime; en 1685, le *Code noir*, qui régla le sort des nègres de nos colonies[1]. Ces ordonnances sont le plus grand travail de codification qui ait été exécuté de Justinien à Napoléon. Quelques-unes de leurs parties sont encore en vigueur; l'ordonnance sur la marine compose presque tout le second livre de notre Code de commerce. Pour veiller à la bonne exécution des lois, des maîtres des requêtes furent plusieurs fois envoyés, comme les *enquesteurs* de saint Louis, dans les provinces, auprès des parlements.

Le même ministre qui réformait les finances, le commerce et la législation, trouvait encore le temps d'encourager les lettres et les arts: il créa, en 1663, l'Académie des inscriptions et belles-lettres; en 1666, celle des sciences, qui donna aux recherches scientifiques ce qui leur avait jusqu'alors

---

1. Ce Code noir était encore bien peu chrétien dans quelques-unes de ses dispositions : « Si le mari est libre et la femme en esclavage, les enfants sont esclaves (art. 14). Si l'esclave s'enfuit, pour la première fois, on lui coupe les oreilles, et il a l'épaule marquée d'une fleur de lis ; pour la seconde, un jarret coupé et l'autre épaule marquée ; pour la troisième, la mort (art. 38). »

manqué, un centre et un foyer. L'Académie de musique fut organisée la même année, celle d'architecture en 1671. Une école des beaux-arts établie à Rome (1667) reçut les élèves qui avaient remporté des prix à l'Académie de peinture à Paris. Le cabinet des médailles et l'école des *jeunes de langue*, pour l'étude des langues orientales, furent fondés; la Bibliothèque royale augmentée de plus de 10 000 volumes et d'un grand nombre de manuscrits précieux, la bibliothèque Mazarine ouverte au public et le Jardin des Plantes agrandi.

Louis alla chercher le talent même au loin : des étrangers eurent part à ses libéralités. « Quoique le roi ne soit pas votre souverain, écrivait Colbert, il veut être votre bienfaiteur : il m'a commandé de vous envoyer la lettre de change ci-jointe, comme un gage de son estime. » Parmi eux étaient le savant bibliothécaire du Vatican, Allaci; le comte Graziani, à Modène, auteur de la meilleure tragédie qu'aient eue les Italiens jusqu'à la *Mérope* de Mafféi; Vossius, historiographe des Provinces-Unies; l'astronome danois Roëmer, qui calcula le premier la vitesse de la lumière solaire; l'astronome hollandais Huyghens, que Colbert appela à Paris comme Roëmer, et qui y resta quinze ans; Viviani, célèbre mathématicien de Florence, qui fit bâtir une maison avec cette inscription en lettres d'or : *Ædes a Deo datæ*.

L'émule, le rival de Colbert, François-Michel le Tellier, marquis de Louvois, né en 1641, était entré, dès l'âge de quinze ans, dans les bureaux de son père secrétaire d'État et il avait été initié par un long apprentissage à la science de l'administration militaire, où il porta une activité égale à celle de Colbert. Quand Louis XIV se décida à gouverner par lui-même, Louvois devint véritablement ministre de la guerre, bien qu'il n'ait succédé à le Tellier qu'en 1666. Il réforma l'armée, et ses réformes ont duré aussi longtemps que la vieille monarchie. S'il conserva le système des enrôlements volontaires, pratiqué depuis trois siècles, il en diminua les abus et les dangers par une discipline plus exacte et des règlements sévères. Il établit l'*uniforme* en ordonnant que chaque régiment fût distingué par la couleur des habits et par des marques différentes (1670); il introduisit l'usage de la *marche au pas;* il substitua aux piques qui prévalaient encore le fusil et la *baïonnette;* mais ce n'est qu'après lui que Vauban parvint à faire du fusil à la fois une arme de jet et une arme d'escrime. Il introduisit l'usage des pontons de cuivre pour franchir les rivières : il institua les magasins de vivres et d'approvisionnements, les casernes, les hôpitaux militaires, l'hôtel des Invalides, toutes choses à peu près inconnues avant lui. Il créa le corps des ingénieurs, d'où sont sortis les meilleurs élèves du grand Vauban ; des écoles d'artillerie à Douai, à Metz et à Strasbourg; les compagnies de grenadiers dans l'infanterie, les régiments de hussards ; enfin les compagnies de cadets, sortes d'écoles militaires pour les gentilshommes. Il fit une révolution dans l'armée par l'*ordre du tableau* et par la création du service d'inspection. Il ne détruisit pas la vénalité des offices qui s'était aussi introduite dans les régiments et qui ne s'exerçait qu'au profit des nobles; mais pour mériter de l'avancement, il ne suffit plus à ces nobles d'avoir des aïeux, il leur fallut avoir des services, et les grades devinrent, à partir de celui de colonel le prix de l'ancienneté : réforme excellente alors, qui ne le serait plus aujourd'hui. Ce n'est qu'après sa mort que fut institué l'ordre de Saint-Louis (1693), destiné à payer avec de l'honneur les services militaires, cette fois sans distinction de naissance, mais non sans distinction de religion, les réformés en étant exclus. Par de tels soins, la France put avoir sous les armes, dans la guerre de Flandre, 125 000 hommes; pour celle de Hollande, 170 000; avant Ryswyk, 300 000 ; pendant la guerre de la Succession, 450 000.

Guerres de Flandre (1667) et de Hollande (1672).

On a vu (p. 352) qu'en 1661, quand Louis XIV se mit à gouverner lui-même, il n'y avait ni roi ni peuple qui pût marcher son égal ou celui de la France, les premiers actes de sa politique étrangère révélèrent un désir de grandeur, un sentiment de sa dignité, pour tout dire, une hauteur qui étonnèrent, mais que le succès justifia. A la suite d'une dispute de préséance, la cour de Madrid est contrainte d'enjoindre à ses ambassadeurs de céder le pas aux ambassadeurs de la France (1662). Le duc de Créqui, envoyé du roi auprès du pape, est insulté par le garde corse : Louis exige une éclatante réparation (1664). Les corsaires d'Alger et de Tunis inquiètent notre commerce naissant ; le duc de Beaufort les châtie, et ils remettent en liberté leurs captifs chrétiens (1665). Le Portugal implore notre appui contre les Espagnols : 4000 vieux soldats, sous le maréchal de Schomberg, vont affermir, par la victoire de Villaviciosa, la maison de Bragance sur le trône (1665). Louis envoie même à l'empereur Léopold, menacé par les Turcs, un secours de 6000 hommes, et participe ainsi à la victoire de Saint-Gothard (1664). Il participa également à la défense de Candie par les Vénitiens. De 1645 à 1669 plus de 50 000 Français passèrent dans cette île. Leur dernier chef, le duc de Beaufort, l'ancien roi des halles, y périt.

Cette assistance prêtée aux ennemis des Ottomans semblait glorieuse, mais c'était un abandon de la politique séculaire de la France. Louis qui renonce à l'alliance des Turcs, renoncera bientôt aussi à l'alliance des protestants. Il reprendra alors le rôle de Charles-Quint et de Philippe II, celui de chef armé du catholicisme, de monarque absolu prétendant à la prépondérance en Europe, et cette ambition fera le malheur de la France comme elle avait fait celui de l'Espagne.

La mort de Philippe IV, en 1665, fut l'occasion de la première guerre de Louis XIV. C'était une coutume, dans le Brabant, qu'à la mort du père les enfants du premier lit, quel que fût leur sexe, entrassent en possession de l'héritage au préjudice des fils du second mariage. Marie-Thérèse était née de la première femme de Philippe IV ; le nouveau roi d'Espagne, Charles II, de la seconde. Louis XIV, au nom de sa femme revendiqua les Pays-Bas. Il voulait donner à la France sa limite du Rhin. Hugues de Lionne déploya beaucoup d'adresse pour isoler l'Espagne de tout appui. Il sut persuader aux Hollandais que le roi n'en voulait qu'à la partie occidentale des Pays-Bas, obtint l'appui du Portugal et la neutralité de l'Angleterre, dont le roi Charles II, spirituel mais prodigue, insouciant et débauché, venait, pour 5 millions, de vendre Dunkerque et Mardick à la France. Quant à l'empereur, il le contint d'abord par les princes de la ligue du Rhin qui nous promirent des troupes ; il l'amena même à signer avec la France un traité de partage éventuel de la monarchie espagnole.

L'Espagne, réduite à elle-même, ne put résister. En moins de trois mois, Charleroi, Binche, Berg-Saint-Vinox, Furnes, Ath, Tournay, Douai, le fort de Scarpe, Courtrai, Oudenarde et Lille sont réduits à capituler (1667). Le roi continue les hostilités pendant l'hiver : Dôle, Salins et Besançon se rendent dans la même semaine. Au bout de dix-sept jours, la Franche-Comté est conquise. Le conseil d'Espagne, indigné du peu de résistance, écrit au gouverneur « que le roi de France aurait dû envoyer ses laquais prendre possession du pays au lieu d'y aller en personne » (1668).

En voyant ces rapides progrès, les puissances maritimes prirent l'alarme et s'unirent pour sauver l'Espagne. La Hollande, l'Angleterre et la Suède signèrent à la Haye un traité, célèbre sous le nom de *triple alliance*, par lequel elles offraient à Louis XIV et imposaient au roi d'Espagne leur médiation. Louis XIV manqua d'audace ; il s'arrêta et signa la paix d'Aix-la-Chapelle. Il rendait la Franche-Comté, mais conservait douze places fortes qu'il avait prises aux Pays-Bas (1668).

Louis garda une profonde rancune contre les Hollandais, surtout contre le grand pensionnaire, Jean de Witt. Il avait été blessé de la fierté républicaine de leur ambassadeur, Van Beuningen, échevin d'Amsterdam, dans les conférences d'Aix-la-Chapelle : « Ne vous fiez-vous pas à la parole du roi? lui disait un jour de Lionne. — J'ignore ce que veut le roi, répondit-il, je considère ce qu'il peut. » L'existence de cette république marchande, libre, puissante et riche choquait ses instincts de roi absolu. Il accusait les Hollandais d'ingratitude, parce qu'ils avaient osé se tourner contre la France, eux secourus si longtemps par elle. Colbert lui-même détestait ces rivaux de notre commerce. On a vu (p. 367) ses efforts pour les chasser de nos côtes et pousser nos marchands à faire eux-mêmes leurs transports. Les Hollandais attaqués par des tarifs, se défendirent par des surtaxes sur nos vins, nos eaux-de-vie et les produits de nos manufactures (1670). « C'est un pas bien hardi pour les États, écrivit aussitôt Colbert à notre ambassadeur à la Haye, vous verrez dans peu qu'ils auront tout lieu de se repentir. »

Louvois de son côté estimait que « le véritable moyen de parvenir à la conquête des Pays-Bas espagnols était d'abaisser les Hollandais et de les anéantir. » Ainsi pour cette fois, le ministre des finances n'était point contraire aux plans du ministre de la guerre, et le roi était de lui-même tout porté par ses ressentiments à les accepter. Guerre impolitique cependant, qui renversait tout le système d'alliances fondé par Henri IV et Richelieu sur les États protestants, qui détournait nos coups du seul adversaire que nous eussions alors intérêt à frapper, et qui nous conduisait imprudemment loin de notre frontière, au delà du Rhin inférieur, en un pays inutile à prendre, impossible à garder, tant que les Espagnols restaient à Bruxelles.

Louis XIV n'eut pas grand'peine à rompre la *triple alliance*. La Suède s'empressa, moyennant quelque argent, de revenir à sa vieille amitié pour la France. Charles II, qui aspirait au pouvoir absolu, promit son concours, moyennant une pension de 2 millions. Les traités avec les princes de la ligue du Rhin et avec l'empereur furent renouvelés. Ainsi Louis isolait la Hollande, comme il avait isolé l'Espagne dans la guerre de *dévolution*. Le commencement des hostilités fut désastreux pour les Hollandais. Les de Witt, chefs du parti républicain, avaient négligé l'armée, par crainte de la maison de Nassau; et la Hollande ne pouvait opposer aux 120 000 Français, qui sous le commandement de Turenne et de Condé, envahissaient son territoire, que 25 000 miliciens mal équipés, sans discipline et sans courage (1672). Ce fut moins une guerre qu'une promenade. Le fameux passage du Rhin n'était, dit Napoléon, « qu'une opération militaire de quatrième ordre, puisque dans cet endroit, à Toll-Huys, le fleuve est guéable, appauvri par le Wahal, et qu'il n'était d'ailleurs défendu que par une poignée d'hommes. » Toutes les villes ouvraient leurs portes : « Envoyez-moi cinquante chevaux, écrivait à Turenne un de ses officiers, avec cela je pourrai prendre deux ou trois places. » Un jour quatre soldats qui allaient à la maraude se trompent de chemin et arrivent devant Muyden : les magistrats épouvantés se hâtent de leur présenter les clefs de la ville ; puis voyant qu'ils ne sont pas suivis, les enivrent et les portent hors des murs. Or c'est à Muyden qu'on peut prendre Amsterdam, car c'est là que sont les écluses qui servent à mettre sous l'eau les environs de cette ville.

Les Français n'étaient qu'à quelques lieues d'Amsterdam : le roi, enorgueilli de si rapides succès, repoussa les propositions de Jean de Witt. Au moins aurait-il dû écouter les sages avis de Turenne, faire démanteler les places, au lieu de disséminer l'armée en garnisons. On ne se trouva plus assez fort pour marcher sur la capitale. Cette inaction perdit tout : les Hollandais reprennent courage. Un mouvement populaire éclate contre Jean de Witt. Ce grand citoyen est mis en pièces, à la Haye, avec son frère Corneille ; et Guillaume de Nassau, prince d'Orange, est proclamé sthathouder. Nul homme n'a autant haï la France et ne lui a fait plus de mal, mais n'a mieux servi son pays. Il donne soudainement à la résistance une énergie qu'elle n'avait point. Les digues qui défendent la Hollande contre la mer sont rompues, les écluses ouvertes, et Ruyter, qui depuis trois mois tenait en échec la flotte anglo-française, vient ranger ses vaisseaux autour d'Amsterdam. La Hollande était sauvée. Les Français reculent devant l'inondation, évacuent successivement toutes les places conquises, et se retirent sur le Rhin (1672).

En même temps, Guillaume négocie et forme contre la France une formidable coalition. Charles II résiste à son parlement, et refuse d'y entrer ; il est du moins forcé d'accorder la paix aux Provinces-Unies, et Louis XIV n'a d'autre allié effectif que la Suède, contre l'Espagne, l'Autriche, l'Allemagne et la Hollande coalisées.

Louis répond à toutes ces menaces par la prise de Maëstricht (1673), et l'année suivante par la conquête de la Franche-Comté, dont il s'empare en six semaines. Les coalisés préparent une double invasion par les Pays-Bas et par l'Alsace ; Condé fait tête à la première, Turenne à la seconde. Il dévaste le Palatinat, et, avec une poignée d'hommes, défend la frontière du Rhin contre Montécuculli. Accablé cependant par le nombre, il recule, et 60 000 Impériaux prennent leurs quartiers d'hiver en Alsace. « Il ne faut pas, écrit-il au roi, qu'il y ait en France un seul homme de guerre en repos, tant qu'il y aura un Allemand en Alsace ; » et, renforcé de quelques mille hommes il tourne les Vosges à l'improviste, tombe sur les ennemis dispersés, les bat, les chasse au delà du Rhin, après en avoir détruit la moitié (janvier 1675). La mort de ce grand général, quelques mois plus tard, à Saltzbach, et la retraite de Condé, après sa sanglante victoire de Senef (1674) et une glorieuse campagne en Alsace (1675), n'empêchent point Louis XIV de conserver presque partout l'avantage.

Sur mer, Duquesne anéantit la marine espagnole dans trois sanglantes actions sur les côtes de la Sicile, malgré l'assistance d'une escadre hollandaise et de Ruyter, qui est tué au combat d'Agousta ; dans le même temps, d'Estrées ravage les établissements hollandais dans les Antilles et au Sénégal. Sur terre, Créqui prend à Kochersberg une glorieuse revanche d'une défaite éprouvée, l'année précédente, à Consarbruck (1677), et Luxembourg gagne pour le compte de Monsieur (le frère du roi), la victoire de Cassel, fait emporter Valenciennes en plein jour par ses mousquetaires (1677), et prend Gand sous les yeux du roi.

Ces succès obligent les Hollandais à demander la paix. La défection de Charles II, à qui son parlement force la main, décide Louis XIV à la conclure. Par le traité de Nimègue, les Hollandais obtiennent la restitution de tout ce qu'ils avaient perdu (1678). Dès lors, Louis XIV peut parler en maître aux autres puissances et leur dicter ses conditions. Cette fois encore, ce fut l'Espagne qui paya les frais de la guerre. Elle céda la Franche-Comté, et aux Pays-Bas, les deux dernières villes de l'Artois, Aire et Saint-Omer, en outre Valenciennes, Bouchain, Condé, Cambrai, Ypres, Maubeuge, etc. Quant à l'empereur, il obtint Philippsbourg, mais en perdant Fribourg. Le roi contraignit le Danemark et le Brandebourg à rendre toutes les conquêtes qu'ils avaient faites sur la Suède (traité de Saint-Germain en Laye, 1679). La France sortait donc glorieuse et plus forte de sa lutte contre toute l'Europe : l'hôtel de ville de Paris décerna au roi le nom de Grand.

Ainsi, la première période du règne de Louis XIV finissait avec profit et gloire. Deux grandes provinces étaient ajoutées au territoire, la Flandre et la Franche-Comté. La possession de la Flandre couvrait notre frontière du nord, mettait la capitale à l'abri derrière une triple ceinture de places fortes que Vauban éleva, faisait entrer dans la population française une population industrieuse, dont l'activité, endormie longtemps sous la domination espagnole, allait se réveiller et devenir féconde. L'acquisition de la Franche-Comté complétait la frontière de l'est, et achevait de ce côté ce qu'avaient commencé les traités de Westphalie.

Conquêtes de Louis XIV en pleine paix; révocation de l'édit de Nantes (1685).

Après le traité de Nimègue, la France continua à s'agrandir. Les autres nations licencièrent leurs troupes ; Louis garda toutes les siennes, et fit de la paix un temps de conquêtes. Les derniers traités lui avaient livré une certain nombre de villes et de cantons, *avec leurs dépendances*. Pour rechercher quelles étaient ces dépendances, il établit à Metz, à Brisach et à Besançon, des chambres, dites *de réunion*, parce qu'elles furent chargées de réunir à la France les terres qu'on prétendait démembrées des trois évêchés, de l'Alsace et de la Franche-Comté. L'électeur palatin, d'autres princes allemands, le roi d'Espagne, durent faire justifier, devant ces tribunaux, de leurs titres de possession ; et des arrêts sans appel, soutenus par la force, donnèrent à Louis XIV vingt villes importantes : Sarrebruck, Deux-Ponts, Luxembourg, Montbéliard et surtout Strasbourg, qui était restée libre au milieu de l'Alsace devenue française. 20 000 hommes commandés par Louvois, l'investirent à l'improviste, la forcèrent à capituler, et Vauban y commença aussitôt ces immenses travaux qui devaient en faire, pour les guerres de ce temps-là, la plus forte barrière du royaume sur le Rhin (1688).

Sur d'autres points se montrait le drapeau de la France, et

la cause était plus légitime. Les Barbaresques, châtiés autrefois par le duc de Beaufort, avaient recommencé leurs pirateries. Le vieux Duquesne fut envoyé contre eux; et une invention nouvelle, due au génie d'un marin obscur, Bernard Renaud, appelé par ses camarades *le petit Renaud*, les galiotes à bombes, donna à la guerre une rapidité terrible. Alger fut bombardé deux fois (1681-1683), détruit en partie, et obligé de rendre ses prisonniers. Tunis et Tripoli éprouvèrent le même sort, et la Méditerranée fut pour quelque temps purgée de corsaires.

Une ville chrétienne fut traitée comme ces repaires de pirates. Les Génois avaient vendu, dit-on, des armes et de la poudre aux Algériens, et ils construisaient, dans leurs chantiers, quatre vaisseaux de guerre pour l'Espagne qui n'en avait plus. Louis XIV leur défendit de lancer à l'eau les galères; sur leur refus, une escadre, commandée encore par Duquesne, sortit de Toulon, pour appuyer les réclamations de la France. Le nouveau ministre de la marine, le marquis de Seignelay, fils du grand Colbert qui venait de mourir, était lui-même sur la flotte. 14 000 bombes, lancées en quelques jours, renversèrent une partie des somptueux palais de *Gênes la Superbe*; et il fallut que le doge vînt à Versailles demander pardon (1685).

Le pape même fut encore une fois humilié comme prince et blessé comme pontife. Les ambassadeurs catholiques, à Rome, avaient étendu le droit d'asile et de franchise, affecté de tout temps et avec raison à leur hôtel, jusqu'au quartier même qu'ils habitaient. Innocent XI voulut détruire cet abus, qui faisait d'une moitié de la ville un asile pour les criminels. Il obtint sans peine le consentement des autres rois; mais Louis XIV déjà irrité contre le pontife, à cause de l'affaire de la régale[1], répondit avec hauteur : « qu'il ne s'était jamais ré-

---

1. On appelle régale le droit qu'avaient les rois de percevoir les revenus de certains bénéfices, évêchés et archevêchés, pendant la vacance du siége. En 1673, un édit déclara tous les siéges de France soumis à la régale. Deux évêques refusèrent d'obéir et furent soutenus par le pape Innocent XI. Louis XIV, pour terminer le différend, convoqua une assemblée du clergé français qui adopta, sous l'inspiration de l'illustre évêque de Meaux, la célèbre déclaration de 1682, fondement des libertés de l'Église gallicane.

glé sur l'exemple d'autrui, et que c'était à lui de servir d'exemple. » Il envoya le marquis de Lavardin, avec 800 gentilshommes armés, pour se maintenir dans la possession d'un privilége injuste ; le pape excommunia l'ambassadeur : le roi fit saisir Avignon (1687).

Cette affaire s'arrangea sous le successeur d'Innocent XI ; mais ce pontife en conçut un dépit profond qui ne fut pas sans influence sur la guerre qui éclata en 1688. L'occasion de cette guerre fut, en effet, l'opposition faite par le pape au candidat de la France au siége archiépiscopal de Cologne, le cardinal de Furstemberg, qui nous avait déjà ouvert les portes de Strasbourg. Il avait été élu par la majorité du chapitre, 15 voix contre 9 obtenues par son concurrent, Clément de Bavière. Innocent XI donna néanmoins à celui-ci l'investiture. Louis XIV protesta à main armée contre cette nomination, et fit occuper par ses troupes Bonn, Neuss et Kayserwerth (octobre 1688). Du côté de l'Allemagne, il réclamait encore, sans justice, une partie du Palatinat, au nom de sa belle-sœur la duchesse d'Orléans, seconde femme de Monsieur. En Italie, il achetait Casal, dans le Montferrat, au duc de Mantoue pour dominer le nord de la Péninsule et le Piémont qu'il tenait par Pignerol (1684).

Ces conquêtes faites en pleine paix, ces violences, cet orgueil, réveillèrent les craintes de l'Europe. On accusa la France d'avoir renversé la domination autrichienne pour mettre la sienne à la place et peser comme elle sur le continent. Déjà, en 1681, l'Empire, l'empereur Léopold, l'Espagne, la Hollande, et même la Suède, avaient conclu, par les soins de Guillaume d'Orange, une alliance secrète pour le maintien de la paix de Nimègue ; mais personne n'osait porter les premiers coups ; la diète de Ratisbonne (août 1684) stipula une trêve de 20 ans, en laissant au roi de France Luxembourg, Landau, Strasbourg, Kehl et les autres villes réunies avant le 12 août 1681. Son ambition ne s'arrêtant pas, ils se rapprochèrent davantage et signèrent la ligue d'Augsbourg (9 juillet 1686), la Savoie y accéda l'année suivante, l'Angleterre en 1689.

Quelle était, dans ce moment critique, la situation de la

France ? Une sorte de fatigue, de malaise intérieur commençait à se faire sentir dans cette société si brillante encore. Les dépenses excessives de la guerre précédente, le maintien coûteux d'une armée de 150 000 hommes en temps de paix, et les constructions fastueuses comme celle de Versailles, de Trianon, de Marly, du Louvre, ou utiles comme celles des ports, des places fortes, de l'hôtel des Invalides, avaient détruit l'équilibre des finances.

Colbert s'épuisait à trouver des ressources : il fut obligé, lui aussi, de vendre des charges, de créer des rentes à un taux onéreux, d'augmenter la taille ; il gémissait de ramener les finances à l'état d'où il les avait tirées. Il succomba à la peine. Il mourut en 1683, à 64 ans, usé par l'excès du travail, et tué peut-être par d'injustes reproches du roi : « Si j'avais fait pour Dieu ce que j'ai fait pour cet homme, disait-il avec amertume, je serais sauvé dix fois, et je ne sais ce que je vais devenir. » Son ministère fut divisé : le marquis de Seignelay, son fils, eut la marine ; les finances furent confiées à Le Pelletier (1683-1689), plus tard au comte de Pontchartrain (1689-1699) : ces deux derniers lui succédèrent sans le remplacer.

Il y avait deux ans que Colbert était mort, quand Louis XIV fit la plus grande faute de son règne, la révocation de l'*édit de Nantes*. Colbert, tant qu'il avait vécu, avait protégé les protestants comme des sujets utiles et industrieux. Mais Louis ne voyait en eux que d'anciens rebelles qui avaient dicté des lois à ses prédécesseurs, il les haïssait comme hérétiques et comme suspects d'aimer peu le pouvoir absolu des rois. L'unité religieuse dans l'État lui semblait aussi nécessaire que l'unité politique. Après le traité de Nimègue, les diverses influences qui se disputèrent Louis XIV vieillissant firent entrer le gouvernement dans la voie des rigueurs. Le roi avait alors de vifs démêlés avec le Saint-Siége, au sujet de la régale, il ne voulait pourtant pas qu'on doutât de son zèle pour l'Église. Les protestants en fournirent la preuve. On leur ôta successivement toutes les garanties que l'édit de Nantes leur assurait, on multiplia les missions dans les provinces ; on acheta les consciences à prix d'argent. Louvois, qui tenait à montrer son zèle dans cette affaire, « imagina d'y mêler du militaire : » il plaça des garnisaires chez les calvinistes. Ces *missionnaires bottés* commirent les plus grands excès. Comme les dragons se distinguèrent entre tous par leurs violences, on appela cette exécution les *dragonnades*.

Enfin le dernier coup fut porté, et le 22 octobre 1685 parut un édit qui révoquait celui de Nantes. On interdit aux protestants l'exercice public de leur culte, excepté en Alsace ; on ordonna aux ministres de quitter le royaume dans les quinze jours, et on défendit aux autres de les suivre sous peine des galères et de la confiscation des biens. On arriva ainsi à de conséquences monstrueuses : les réformés n'eurent plus d'*état civil* ; leurs mariages, si, à l'aide d'une fraude et d'un mensonge, ils ne les avaient fait consacrer par l'Église catholique, furent regardés comme nuls, leurs enfants comme illégitimes. Les biens de quiconque était constaté hérétique furent confisqués. Une part était assurée au dénonciateur.

Deux cent cinquante à trois cent mille réformés passèrent la frontière dans les dernières années du dix-septième siècle, malgré la police de Louis XIV, et portèrent à l'étranger nos arts, nos manufactures et la haine de la France. Des régiments entiers de calvinistes furent formés en Hollande, en Angleterre, en Allemagne ; ceux qui restèrent dans le royaume n'attendirent que l'occasion de briser le joug inique qui pesait sur eux, fût-ce au prix d'une guerre civile. Ces violences réussirent-elles ? Il y avait, avant la révocation de l'édit de Nantes, un million de protestants en France ; il y en a aujourd'hui de quinze à dix-huit cent mille.

CHAPITRE XXII.

RÉVOLUTION DE 1688 EN ANGLETERRE; SECONDE ET TROISIÈME COALITION CONTRE LA FRANCE, PAIX DE RYSWICK (1697) ET D'UTRECHT (1713).

Charles II et Jacques II (1660-1688). — Guerres de la ligue d'Augsbourg (1688-1697).

Charles II et Jacques II (1660-1688).

La réponse des puissances protestantes à la révocation de l'édit de Nantes fut la révolution d'Angleterre, qui précipita du trône le catholique Jacques II et y fit monter le calviniste Guillaume III.

Louis avait compris qu'il n'aurait rien à craindre de l'inimitié de l'Europe, tant qu'il conserverait l'alliance de l'Angleterre. Là, en effet, était le secret de sa force, parce qu'il n'était plus, dans ce cas, obligé de la diviser, d'en porter moitié sur l'Océan et moitié sur le continent. Aussi n'avait-il rien épargné pour s'attacher Charles II, fils de Charles Ier, décapité à Londres en 1649, et qui après la mort de Cromwell avait été en 1660 rappelé sur le trône sans condition.

On crut d'abord que ce prince frivole et débauché avait rapporté quelque expérience de l'exil. Dans les premières années, grâce aux conseils de Clarendon, son chancelier, il parut bien vouloir consolider la prédominance de la couronne mais en laissant le parlement jouir de ses anciens privilèges et il resta fidèle au protestantisme de l'Église anglicane, sans dévier à droite ni à gauche, vers les catholiques ou vers les presbytériens. S'il avait vendu à Louis XIV, en 1662, Dunkerque et Mardick, ces précieuses conquêtes de Cromwell, il avait réparé cette faute en s'unissant, en 1668, à la Suède et à la Hollande, pour arrêter les progrès de la France aux Pays-Bas. Mais, dans la seconde partie de son règne, il se rapprocha des catholiques pour qu'ils l'aidassent à rendre son pouvoir absolu ; et, comme Louis XIV poursuivait sur le continent le triomphe du catholicisme et de la royauté, il rechercha son appui, et n'hésita pas à lui vendre l'honneur et les intérêts de l'Angleterre. Louis lui fit jusqu'à sa mort une pension de 2 millions ; et en même temps, pour le mieux tenir à sa discrétion, les ambassadeurs de France encouragèrent par leurs subsides l'opposition du parlement contre les Stuarts. C'était bien un peu machiavélique, mais le roi ne croyait pas acheter trop cher le moyen de neutraliser le mauvais vouloir des protestants anglais. Louis entraîna ainsi dans sa guerre contre la Hollande Charles II que son peuple suivit un moment dans l'espoir d'hériter du commerce batave.

A la fin, l'Angleterre s'indigna d'un pareil marché, qui menaçait du même coup sa religion et ses libertés. L'opposition, faible d'abord, grandit, et les anciens pensionnaires de Louis allèrent plus loin qu'il ne l'eût souhaité. En 1674, les *whigs*, c'est-à-dire ceux qui défendaient contre les *torys* l'Église anglicane et les prérogatives parlementaires, devinrent assez forts pour forcer Charles II à conclure la paix avec la Hollande sans pouvoir obtenir encore une déclaration de guerre contre la France. L'année précédente, ils l'avaient obligé à sanctionner le bill du *test* (épreuve), par lequel tout fonctionnaire devait prêter le serment qu'il ne croyait point à la transsubstantiation, ce qui interdisait les emplois publics aux catholiques. En 1678, on leur ferma la chambre des Communes et celle des Lords, exclusion qui n'a été retirée qu'en 1829. Cette année même un intrigant de bas étage, nommé Titus Oates, imagina la fameuse *conspiration papiste*. La peur fut universelle. On alla jusqu'à penser que le grand incendie de Londres, en 1666, avait été l'œuvre des papistes et qu'ils allaient recommencer ; le peuple crut fermement que le pape songeait à conquérir l'Angleterre. Ridicule, cette crédulité est encore cruelle. Huit jésuites furent pendus, et le vénérable vicomte Strafford, condamné à la peine des traîtres, malgré ses soixante-dix ans, n'obtint que sur les instances du roi une commutation de supplice. Il fut décapité, au lieu d'être pendu et coupé en quartiers. Le duc d'York, frère de Charles II et son héritier présomptif, avait abjuré le protestantisme; les Communes voulurent, par un bill, le priver de ses droits.

Le roi, battu sur la question religieuse, le fut en même temps sur la question politique. L'Angleterre s'apprêta à prendre parti pour la Hollande. C'est pour prévenir cette diversion que Louis XIV signa la paix de Nimègue.

Charles cassa ce parlement devenu si hostile; les élections en donnèrent un autre plus animé encore contre la cour. Un de ses premiers actes fut le vote du bill d'*habeas corpus* (1679). Cette loi, une des plus grandes conquêtes faites par les Anglais sur le despotisme, se trouve déjà dans la grande Charte; mais elle avait été éludée par l'adresse des hommes de loi et par les mesures oppressives du gouvernement. En vertu du bill de 1679, aucun juge ne peut refuser, à quelque prisonnier que ce soit, dans les vingt-quatre premières heures de son arrestation, l'ordre d'*habeas corpus*, qui oblige le geôlier à le reproduire devant la cour que cet ordre désignera, et où sera vérifiée la cause de son emprisonnement; si la cour le fait élargir, on ne peut le remettre en prison pour le même sujet. En outre, les juges étaient obligés d'accepter, dans un très-grand nombre de cas, la caution offerte par les prévenus, et l'usage de les envoyer hors du royaume pour les soustraire à la juridiction ordinaire était aboli[1].

L'Angleterre faisait donc pacifiquement et avec des lois sa révolution intérieure, quand un parti violent compromit tout par un assassinat et une guerre civile. Les puritains se soulevèrent en Écosse, et marquèrent leur prise d'armes par le meurtre du primat archevêque de Saint-André (1680). Ils

---

[1]. Mais comme en Angleterre il n'y a jamais rien d'absolu, et que grâce aux précédents que l'on respecte beaucoup, il se trouve toujours des lois de gouvernement à côté des lois de liberté, le bill d'*habeas corpus* a pu être suspendu dans les moments de crise. Il l'a été six fois en un siècle, et le parlement a plusieurs fois conféré à la couronne le droit d'arrêter les suspects et de dissoudre les associations.

furent écrasés au pont de Bothwell, sur la Clyde, par le duc de Monmouth, fils naturel de Charles II, et des exécutions atroces suivirent la victoire.

Une autre tentative coupable, le complot de Rye-House, amena d'autres supplices qui ne parurent pas mérités, et blessèrent profondément l'Angleterre. Deux hommes, l'honneur du parti whig, le républicain Algernon Sidney et William Russell, d'une des plus illustres maisons d'Angleterre, périrent sur l'échafaud (1683). L'opposition consternée se tut, et à la mort de Charles II, le duc d'York, âgé de cinquante-deux ans, fut proclamé sans opposition, malgré le bill des Communes qui l'avait exclu de la couronne (1685).

Élevé comme toute la famille des Stuarts dans les idées du pouvoir absolu, Jacques II resserra l'alliance qu'avait eue son frère avec Louis XIV. Il voulut faire deux choses également odieuses à l'Angleterre : rétablir le catholicisme et renverser les libertés publiques. Son frère l'avait tenté, mais sourdement ; lui l'entreprit tout haut et sans réserve, car il avait plus de zèle et d'obstination que d'habileté, et l'apparente résignation de l'Angleterre, depuis la mort de Sidney et de Russell, lui faisait illusion. On le vit, dès son avénement, proroger indéfiniment les Communes, gouverner sans contrôle, et braver les plus vifs sentiments du peuple, en se rendant à la messe avec toute la pompe qui accompagnait Louis XIV allant entendre l'office dans son palais de Versailles. Les exilés crurent que le gouvernement de Jacques II était déjà trop détesté pour qu'il ne tombât pas au premier choc. Argyle débarqua en Écosse, et Monmouth en Angleterre. Ils périrent tous deux, le premier sans avoir pu combattre, le second après la sanglante journée de Sedgemoor, près de Bridgewater (1685). Jacques II fit frapper, pour célébrer sa double victoire, deux médailles, portant d'un côté deux têtes séparées du corps, de l'autre côté deux troncs sans tête. Une des victimes était cependant son neveu. Un tel roi trouve aisément de dignes ministres : deux sont restés célèbres dans l'exécration de l'Angleterre, le colonel Kirke et le chef de justice Jeffries. Ce dernier écrivait au ministre Sunderland : « J'ai commencé aujourd'hui ma besogne avec les rebelles, et j'en ai dépêché 98. » Ceux qu'il ne pendait pas, il les faisait vendre aux colonies comme esclaves. Jacques, pour récompenser tant de zèle, fit de ce boucher un grand chancelier d'Angleterre.

Une partie de l'aristocratie et le clergé anglais auraient pardonné aux Stuarts leur despotisme, car ces deux classes se souvenaient de ce qu'elles avaient souffert dans la révolution de 1648 ; mais elles ne pouvaient tolérer les tendances ouvertement catholiques de Jacques II. Pour le clergé anglais, si richement doté par la réforme, le rétablissement du culte romain était la ruine ; l'aristocratie de son côté craignait de perdre les immenses domaines qu'elle avait acquis à la suppression des couvents ; beaucoup de ses membres voulaient d'ailleurs la pratique sincère du gouvernement constitutionnel, favorable à leur influence, favorable aussi aux grands intérêts du pays.

Pour lutter victorieusement contre d'aussi puissants intérêts, il aurait fallu un prince extrêmement habile. Jacques II, qui s'était distingué dans sa jeunesse comme amiral, semblait avoir perdu toutes ses qualités. Faible et entêté comme un mulet, disait son frère, il marchait à son but avec un tel aveuglement, que selon un cardinal « il fallait l'excommunier, parce qu'il allait ruiner le peu de catholicisme qui restait en Angleterre. » On le voyait dans un pays protestant [1] s'entourer de moines, donner place dans le conseil au jésuite Péters, dispenser les catholiques du serment du *test*, se faire présenter des adresses avec la formule de l'absolutisme *a Deo rex, a rege lex*, enfin envoyer en Italie une ambassade solennelle pour réconcilier l'Angleterre avec l'Église romaine. Les évêques anglicans réclament, il les fait mettre en prison. Le primat du royaume, l'archevêque de Cantorbéry, est lui-même enfermé à la Tour, avec six de ses suffragants.

Ces violences rendaient une révolution inévitable [2]. Depuis

---

[1]. Sir William Temple disait à Charles II que les catholiques ne formaient pas en Angleterre la centième, en Écosse la deux centième partie de la population. Voyez ses *Mémoires*.

[2]. « .... Puritains ou anglicans, républicains ou monarchistes, tous s'unirent contre l'ennemi commun. De cette union sortit radieuse et pleine d'a-

longtemps Guillaume d'Orange était lié avec les chefs du parti whig. Gendre de Jacques II, il était son héritier le plus voisin : il pouvait attendre. Mais le roi s'était remarié à une princesse italienne et catholique ; de ce mariage naquit, en 1688, un fils qui effaçait les droits de la femme de Guillaume d'Orange. Alors ce prince n'hésite plus : il accepte les offres de l'aristocratie anglaise et se prépare à renverser son beau-père avec les forces de la Hollande. Louis XIV avertit en vain Jacques II des dangers qu'il court et lui offre une assistance qui est refusée presque avec hauteur. Louis commet lui-même une faute grave : la cause de Jacques étant la sienne, puisque c'était celle du pouvoir absolu des rois, il eût dû le secourir malgré lui ; il le fit, mais à moitié ; il envoya une armée sur le Rhin, ce qui souleva l'Allemagne, au lieu de l'envoyer sur la Meuse, ce qui eût intimidé les Provinces-Unies et peut-être retenu Guillaume. A cette nouvelle, les fonds montèrent de 10 pour 100 en Hollande, et Guillaume partit.

Sa flotte portait 15 000 hommes, et ses drapeaux la devise : *Pro religione et libertate*. Il se fit précéder d'un manifeste où il déclarait « qu'appelé par les seigneurs et les Communes d'Angleterre, il avait acquiescé à leurs vœux, parce que, comme héritier de la couronne, il était intéressé à la conservation des lois et de la religion du pays. » Il marcha sur Londres sans rencontrer de résistance ; tout le monde abandonnait Jacques : son premier ministre, Sunderland, son favori Marlborough, même sa seconde fille, Anne de Danemark. Il ne tenta pas de résister et s'enfuit sous un déguisement. Alors une longue procession parcourut les rues de Londres, armée de bâtons, de sabres, de lances, à l'extrémité desquels chacun avait fixé une orange. Des rubans de cette couleur, qui était déjà celle du parti protestant, flottaient sur toutes les têtes. Bientôt retentit le terrible cri de : « *No popery!* A bas le pa-

venir la célèbre révolution de 1688. Il avait fallu bien des larmes, bien du sang et surtout bien des années pour arriver à cet immense résultat, car depuis la Restauration vingt-huit ans s'étaient écoulés. » (*Œuvres de Napoléon III*, t. 1, p. 449, édit. de 1856.) « L'histoire d'Angleterre dit hautement aux rois : Marchez à la tête des idées de votre siècle, ces idées vous suivent et vous soutiennent ; marchez à leur suite, elles vous entraînent ; marchez contre elles, elles vous renversent. » (*Ibid.*, p. 342.)

pisme ! » Toutes les chapelles catholiques et même quelques maisons furent démolies. Les bancs, les chaises, les confessionnaux, les bréviaires furent amoncelés en un tas et brûlés; mais pas un catholique ne perdit la vie, pas même Jeffries.

Cependant, au moment où la galiote qui emportait Jacques allait mettre à la voile, elle avait été abordée par 50 ou 60 matelots qui recherchaient des prêtres catholiques. Le roi, pris par eux pour un jésuite déguisé, fut d'abord assez rudement traité; mais quelques gentilshommes du comté de Kent qui le reconnurent le firent relâcher; il en profita pour rentrer dans Londres (16 décembre). Le lendemain les soldats hollandais arrivaient: il fallut partir, cette fois pour toujours. Guillaume lui avait refusé toute entrevue, et les lords, réunis en assemblée extraordinaire, lui avaient signifié qu'il eût à se rendre à Rochester. Guillaume l'y fit conduire sous la garde des troupes hollandaises, et eut soin de le laisser s'évader. Jacques se réfugia en France, où Louis XIV lui donna une magnifique hospitalité (1688).

Le parlement déclara le trône vacant et déféra la royauté au prince d'Orange et à sa femme, la princesse Marie, après eux à la princesse Anne, excluant à jamais les autres descendants de Jacques II. Le stathouder de Hollande était roi. Mais avant de s'asseoir sur le trône, Guillaume III dut signer la fameuse *déclaration des droits* (février 1689).

Cette nouvelle charte, qui substituait la royauté consentie à la royauté du droit divin, contenait à peu près toutes les libertés et garanties que les Anglais réclamaient depuis des siècles: la convocation périodique des parlements, le vote de l'impôt, la loi faite par le concours du roi et des chambres, le jury, le droit de pétition, etc. Elle a fondé, chez nos voisins, le gouvernement *constitutionnel* ou *parlementaire*, avec tous les tempéraments et la sagesse pratique qui en ont assuré la durée[1].

---

[1]. La révolution eut son théoricien dans Locke. Né en 1632 et mort en 1704, ce philosophe reçut le surnom de Sage, et le mérita par la modération de ses opinions et la dignité de sa vie. Cette modération n'empêcha pas qu'il ne fût persécuté par Jacques II. Il vécut huit années en Hollande, et ne revint qu'avec Guillaume en Angleterre. Nous n'avons pas à nous occuper ici de

Un droit nouveau, celui des peuples, se levait donc, dans la société moderne, en face du droit absolu des rois qui depuis deux siècles la régissait et qui venait de trouver, dans Louis XIV, sa plus glorieuse personnification. Il n'y a pas à s'étonner de la lutte acharnée qui éclata entre la France et

plus connu de ses ouvrages, son *Essai sur l'entendement humain*, qui l'a placé parmi les philosophes éminents, mais d'un autre de ses livres, l'*Essai sur la véritable origine, les limites et le but du gouvernement*. Ce traité parut en 1690. Une telle date indique assez qu'il faut y chercher moins une étude désintéressée de droit public, qu'une apologie de la révolution de 1688. Guillaume III en jugea ainsi : il donna à Locke une place lucrative : 200 livres sterling par an étaient alors une somme considérable, surtout pour un philosophe. Dans ce livre, Locke détruit la doctrine du droit divin des rois que les Stuarts défendaient, en accusant Guillaume III d'usurpation, et montre que cette doctrine n'a de bases ni dans la nature ni dans l'histoire : « La monarchie absolue, dit-il, qui semble être considérée par quelques-uns comme le seul gouvernement qui doive avoir lieu dans le monde, est, à vrai dire, incompatible avec la société civile, et ne peut être nullement réputée une forme de gouvernement. » Quelle est donc, pour Locke, la condition essentielle de tout gouvernement, tel nom qu'il porte d'ailleurs, qu'on l'appelle démocratie, oligarchie ou monarchie? C'est la liberté ; et la liberté, « dans la société civile, consiste à n'être soumise à aucun pouvoir législatif qu'à celui qui a été établi par le consentement de la communauté, ni à aucun autre empire qu'à celui qu'on y reconnaît. » Ainsi le dogme de la souveraineté du peuple est soutenu hardiment par Locke. « La communauté peut établir tel gouvernement qu'elle veut. » Mais ces gouvernements ne sont conformes à la raison qu'à deux conditions : la première, c'est que le pouvoir de faire les lois qui obligent la communauté, par conséquent dans une monarchie, le chef de l'État lui-même, sera toujours séparé du pouvoir exécutif. La seconde, c'est que nul ne sera tenu de payer l'impôt sans son consentement donné personnellement ou par représentants. « L'égalité, disait encore le grand philosophe anglais, est le droit égal qu'a chacun à la liberté, et qui fait que personne n'est assujetti à la volonté ou à l'autorité d'un autre homme. » Locke a été, en politique, le précurseur de Jean-Jacques. La nécessité du consentement commun, reconnue comme base de toute société politique, qu'est-ce autre chose que le principe du suffrage universel?

Après avoir établi à quelle condition les gouvernements sont légitimes, Locke énonce avec précision quel but ils doivent se proposer. « Le souverain doit gouverner selon les lois établies et connues de tous, n'employer que des juges équitables et désintéressés, ne faire servir enfin la force, au dedans, qu'à l'exécution des lois ; au dehors, qu'à la défense des propriétés de la communauté. » Et il reconnaît que si le chef choisi fait un mauvais usage du pouvoir qui lui a été délégué, il peut être remplacé. Il faut ajouter qu'en matière religieuse Locke défendit toujours la cause de la tolérance. Il n'avait fait d'ailleurs que reprendre, en politique, les vieilles doctrines de son pays et notamment la thèse développée par sir John Fortescue, chancelier d'Angleterre sous Henri VI et qui, écrivant pour l'enseignement du prince de Galles son traité célèbre *De laudibus legum Angliæ*, proclamait (chap. XIII) que les gouvernements ont été institués par les peuples et n'existent que pour leur avantage.

l'Angleterre. Ce sont plus que deux intérêts contraires, ce sont deux droits politiques différents qui sont aux prises. En outre, au seizième siècle, la France avait pris en main la défense du protestantisme et des libertés générales de l'Europe ; au dix-septième elle menaçait la conscience des peuples et l'indépendance des Etats. Le rôle que nous abandonnions, l'Angleterre allait s'en saisir, et, pour satisfaire en même temps sa haine trois ou quatre fois séculaire, sa jalousie envieuse et ses intérêts mercantiles, pour abattre enfin cette grandeur qui l'offusque, elle se fera le centre de toutes les coalitions contre la maison de Bourbon, comme la France avait été le centre de la résistance à la maison d'Autriche.

Guerres de la ligue d'Augsbourg (1688-1697) et de la succession d'Espagne (1701-1713).

Ce changement politique renversait toutes les conditions de la guerre. Tant que Louis avait neutralisé l'Angleterre en pensionnant ses rois, nous n'avions personne à craindre sur le continent ; car appuyés aux Pyrénées, aux Alpes et à la mer, nous faisions face au Rhin et pouvions y combattre des deux mains, sans avoir à regarder par derrière. L'Angleterre s'unissant à nos ennemis, il fallut non-seulement des armées sur l'Escaut, le Rhin et les Alpes, mais des flottes sur l'Océan et dans les mers les plus lointaines. C'est ce double effort que la France ne pourra soutenir longtemps.

Guillaume d'Orange « le vaillant et habile hérétique » comme on l'appelait à Vienne, à Madrid, même à Rome, se fit l'âme de la coalition ; le renverser, c'était finir la guerre d'un coup. Louis XIV confia une flotte à Jacques II, qui le porta en Irlande, malgré les Anglais et les Hollandais que Château-Renaud battit dans la baie de Bantry et Tourville sur les côtes de Sussex, à la hauteur de Beachy-Head. Dans la dernière action, seize vaisseaux ennemis furent coulés ou incendiés à la côte ; le reste se réfugia à l'embouchure de la Tamise ou entre les bancs de la Hollande (10 juillet 1690), et Louis XIV eut pour quelque temps l'empire de l'Océan. Mais Jacques II ne sut pas le seconder : il perdit la bataille de la Boyne (11 juillet 1790). Un régiment de calvinistes fugitifs et le maréchal de Schomberg contribuèrent surtout à la déroute. Jacques II revint en France.

Louis XIV prépara alors une descente en Angleterre même : 20 000 hommes furent rassemblés entre Cherbourg et la Hougue ; 300 navires de transport furent tenus prêts à Brest ; Tourville devait les escorter avec 44 vaisseaux qu'il commandait et 30 autres que d'Estrées lui amenait de Toulon. Mais le vent changea, la flotte de la Méditerranée ne put arriver à temps. Louis XIV, habitué à forcer la victoire, et comptant d'ailleurs sur la défection d'une partie des capitaines ennemis, ordonna à son amiral d'aller chercher les Anglais et les Hollandais, forts de 99 voiles. Il n'y eut point de défection. Tourville lutta dix heures sans faiblir, mais il ne pouvait renouveler le lendemain un pareil effort ; il s'éloigna. La côte voisine était malheureusement sans abri : 15 vaisseaux réfugiés à Cherbourg et à la Hougue furent incendiés par leurs propres capitaines, qui ne voulurent pas les laisser tomber aux mains de l'ennemi (1692). Ce désastre ne ruina point la marine française, mais l'expédition projetée fut abandonnée.

Dès l'année 1688, au moment même où Guillaume préparait son expédition, les Français étaient arrivés sur le Rhin, et y avaient pris Philippsbourg, Manheim, Worms ; l'année suivante, ils avaient incendié le Palatinat. 100 000 habitants, chassés de leur pays par les flammes, allèrent demander vengeance à l'Allemagne. Le roi lui-même eut regret de ces horribles exécutions ; et son mécontentement, prélude d'une disgrâce, causa, dit-on, la mort de Louvois (1691). La guerre s'étendit alors depuis les Alpes jusqu'à la mer du Nord. Mais sur le Rhin, elle resta défensive, Louis préférant frapper les coups les plus forts sur ses deux ennemis les plus faibles, le duc de Savoie et l'Espagne. C'est aux Pays-Bas que se porta le fort de la guerre.

Un élève de Condé, Luxembourg, battit les alliés à Fleurus (1690), puis à Steinkerque (1693), enfin à Neerwinden (1693), et enleva sous leurs yeux Mons et Namur. La prise de Charleroi fut son dernier triomphe ; il mourut en 1695.

Guillaume fut plus heureux avec son successeur, Villeroi, qui le laissa rentrer dans Namur (1695). De son côté, Catinat, vainqueur à Staffarde (1690), envahit le Piémont et s'en assura la plus grande partie par une nouvelle victoire, celle de la Marsaille (1693). Sur mer, Tourville vengeait la défaite de la Hougue par la victoire de Lagos ; Nesmond, Pointis, Duguay-Trouin, Jean Bart et une foule de hardis corsaires, ruinaient le commerce de l'Angleterre et de la Hollande.

Cependant la guerre languissait partout, et la France s'épuisait dans une lutte inégale. « La moitié du royaume, écrivait Vauban, vit des aumônes de l'autre. » D'ailleurs, Charles II se mourait: la succession d'Espagne allait s'ouvrir. L'Europe avait besoin d'un moment de repos pour se préparer à ce grand événement qui pouvait amener une grande guerre.

Louis XIV suivit la même tactique qu'en 1677: il divisa ses ennemis. Le duc de Savoie consentit à traiter: on lui rendit ses États, même Pignerol, et sa fille épousa le duc de Bourgogne, petit-fils du roi de France (1696). La défection de la Savoie détermina les alliés à accepter les offres de la France : après de courtes négociations, la paix fut signée dans le congrès de Ryswyk (1697). Louis XIV reconnut Guillaume III, rendit à l'Empire tout ce que les *chambres de réunion* avaient adjugé à la France, à l'exception de Strasbourg, Landau, Sarrelouis et Longwy ; le duc de Lorraine fut remis en possession de son duché ; les Hollandais eurent le droit de tenir garnison dans certaines places de la Flandre et obtinrent le retrait des dispositions prises par Colbert contre leur commerce.

La branche aînée de la maison d'Autriche allait s'éteindre avec Charles II. Il s'agissait de savoir à qui appartiendraient l'Espagne et ses vastes annexes. Trois puissances se disputaient l'héritage: la France, l'Autriche et la Bavière. Louis XIV invoquait les droits de sa femme, Marie-Thérèse, l'aînée des enfants de Philippe IV ; Léopold Ier avait épousé l'infante cadette, Marguerite ; l'électeur de Bavière réclamait au nom de son fils mineur, petit-fils de cette même Marguerite. Louis n'osant d'abord s'exposer à une guerre générale, s'entendit avec Guillaume III : on stipula que la monarchie espagnole serait partagée (1698). Charles II s'indigna qu'on réglât sans lui sa succession, et donna tout par testament au prince électoral de Bavière. Mais cet enfant mourut : la France et l'Autriche restèrent seules en présence. Louis XIV proposa un nouveau partage que l'Angleterre et la Hollande acceptèrent, et qui ne nous assurait aucun avantage sérieux. Mais Léopold refuse de s'y soumettre (1700). Le roi change alors de politique : son ambassadeur à Madrid, le duc d'Harcourt, s'adresse au patriotisme des Espagnols, écrit, parle, promet, si bien que l'opinion publique se déclare en faveur de la France. Le conseil de Castille et le pape engagent Charles II à choisir pour héritier le duc d'Anjou, petit-fils du roi de France (2 octobre 1700).

Cependant Louis hésita. Accepter, c'était la guerre ; refuser, c'était reconstituer la maison d'Autriche, non plus divisée en deux branches, mais unie, comme sous Charles-Quint. Partager la succession était dangereux. Léopold, d'ailleurs, n'y voulait pas consentir. Puisque la guerre était au bout de toutes les alternatives, mieux valait la faire pour la totalité que pour une partie. Louis XIV arrêta enfin sa résolution, réunit solennellement la cour, et, lui présentant son petit-fils : « Messieurs, dit-il, voici le roi d'Espagne ! » Quelques semaines plus tard, au moment de partir, il l'embrassa en prononçant des paroles dont on a fait le mot fameux : « Il n'y a plus de Pyrénées. » L'avènement de Philippe V fut salué avec transport par tous les peuples de la monarchie. L'Europe même ne témoigna d'abord qu'une sorte de stupéfaction : la surprise sembla engourdir la colère.

Mais la guerre était inévitable : la maison de Bourbon étendait maintenant sa domination depuis les Bouches de l'Escaut jusqu'au détroit de Gibraltar, depuis Otrante jusqu'à Brest. Le projet de monarchie universelle, qu'on imputait à Louis XIV, ne paraissait plus une calomnie, et tout un grand parti en Angleterre, celui des whigs, demandait la guerre « pour sauver la liberté de l'Europe et de l'humanité. » Cependant Léopold aurait eu beaucoup de peine à reformer la coalition européenne, sans les imprudentes provocations du roi. D'abord il renvoya les garnisons hollandaises des forteresses des Pays-Bas et les remplaça par des Français; non content d'inquiéter ainsi la Hollande, il brava l'Angleterre, en reconnaissant, à la mort de Jacques II, son fils Jacques III. C'était violer ouvertement le traité de Ryswyk (1701). Enfin, contrairement à ses promesses et aux intérêts de la France, il réserva au nouveau roi d'Espagne tous ses droits et son rang d'hérédité à Versailles. Une nouvelle ligue fut conclue à la Haye, entre l'Angleterre et les Provinces-Unies. La Prusse, l'Empire, le Portugal et jusqu'au duc de Savoie, beau-père de Philippe V, y adhérèrent successivement (1701-1703). La mort de Guillaume III (1702) à qui succéda sa belle-sœur Anne, fille de Jacques II, semblait devoir rompre cette coalition; mais trois hommes supérieurs le remplacèrent : Heinsius, le grand pensionnaire de Hollande; Marlborough, chef du parti whig en Angleterre, habile diplomate et grand général; Eugène, enfin, prince de la maison de Savoie, né en France, mais que les dédains de Louis XIV avaient jeté au service de l'Autriche. Unis d'intérêts, d'idées, surtout de haine contre le roi, ils mirent un admirable concert dans la conduite des opérations militaires.

La décadence avait au contraire commencé pour le grand roi. Dominé par Mme de Maintenon, il donnait le gouvernement, non aux plus capables, mais aux plus courtisans. Le médiocre Chamillart cumulait les fonctions de Louvois et celles de Colbert; l'incapable Villeroi remplaçait Turenne. L'agriculture et l'industrie n'avaient pas eu le temps de se relever du coup funeste que venait de leur porter la révocation de l'édit de Nantes. Enfin la détresse du trésor était extrême, après tant de guerres, tant de constructions, de dépenses de toutes sortes : Versailles seul avait coûté autant que dix campagnes.

L'Autriche commença les hostilités en Italie pour conquérir le Milanais. Le prince Eugène bat Catinat à Carpi (1701), entre un moment dans Crémone par surprise, et y prend Villeroi, mais est vaincu à Luzzara par le duc de Vendôme (1702). Villars gagne la même année son bâton de maréchal à Friedlingen, et par la victoire d'Hochstedt s'ouvre la route de Vienne, où notre allié, l'électeur de Bavière, n'a pas la résolution de marcher (1703). Mais déjà Marlborough était débarqué dans les Pays-Bas, l'archiduc Charles en Portugal, le duc de Savoie trahissait la France et les Camisards se soulevaient dans les Cévennes. La défaite de Tallard et de Marsin à Hochstedt rejette les Français hors de l'Allemagne (1704); celle de Villeroi à Ramillies (mai 1706) donne aux alliés les Pays-Bas ; celle de Marsin à Turin (septembre 1706) livre aux Autrichiens le Milanais, le Piémont, et, par contre-coup, l'année suivante, le royaume de Naples. Toulon même est menacé (1707). La France, que l'Europe croyait épuisée, envoie, en 1708, aux Pays-Bas, une magnifique armée de 100 000 hommes, sous Vendôme; elle est mise en déroute à Oudenarde, et Lille se rend après l'héroïque résistance de Boufflers; la France est ouverte; un parti de Hollandais pénètre jusqu'auprès de Versailles. L'Espagne semble en même temps perdue. Les Anglais surprennent Gibraltar. L'archiduc Charles entre à Madrid, et, malgré la victoire de Berwick à Almanza (1707), peut se croire maître de la péninsule.

Pour comble de malheur, le terrible hiver de 1709 amena une telle famine, qu'on vit les laquais du roi mendier aux portes de Versailles. Louis sollicita la paix. En cédant sur tous les points, il obtint que les alliés consentissent à négocier. Alors ils lui demandèrent de se charger seul de chasser d'Espagne son petit-fils. « Puisqu'il faut faire la guerre, répondit-il, j'aime mieux la faire à mes ennemis qu'à mes enfants; » et il écrivit à toutes les municipalités, aux évêques, aux intendants, une lettre simple et noble. Après avoir exposé tout ce qu'il avait fait pour obtenir la paix il disait les propositions des alliés. La nation répondit comme elle devait à cet appel. Malgré la misère et la famine, chacun se dépouilla du peu qui lui restait pour l'envoyer au trésor public. Riches et pauvres, tous contribuèrent, et Villars put ouvrir la campagne avec une armée de 100 000 hommes. C'était le don patriotique de la France. Les soldats étaient sans habits, sans souliers. Comme les vivres manquaient, le général les fit jeûner à tour de rôle. Tant d'héroïsme méritait une victoire : la journée de Malplaquet fut une défaite (11 septembre 1709). Villars y fut grièvement blessé. Eugène et Marlborough restèrent maîtres du champ de bataille ; mais les Français n'avaient que 8000 morts, les alliés en avaient 20 000, et ils ne purent rien entreprendre de toute la campagne. L'année suivante, Vendôme assura le trône d'Espagne à Philippe V par la victoire de Villaviciosa (1710).

Dans le même temps l'archiduc Charles, le protégé des alliés, devenait empereur d'Allemagne et maître de l'Autriche par la mort de son frère (1711). L'Angleterre et la Hollande, qui combattaient pour empêcher un prince français de régner à Madrid, ne voulurent plus combattre pour faire régner le même prince à Madrid, à Naples, à Milan, à Bruxelles, à Vienne, et dans l'Empire. Les subsides fournis par l'Angleterre aux alliés avaient grevé sa dette publique de 60 millions de livres sterling. Une intrigue de cour, à laquelle on a donné trop d'importance, précipita le dénoûment que l'opinion publique, souveraine en un pays libre, préparait déjà et que la reine elle-même souhaitait. La duchesse de Marlborough, favorite d'Anne, fut supplantée par une de ses parentes, qu'elle-même avait introduite au palais, Abigaïl Masham, aussi respectueuse, aussi habile à flatter les penchants de sa souveraine, que lady Marlborough s'était montrée brusque et dédaigneuse. Une paire de gants que l'altière duchesse négligea de ramasser, quelques gouttes d'un verre d'eau répandues à dessein sur la robe de lady Masham, amenèrent l'explosion. Lady Marlborough reçut l'ordre de ne plus paraître au château. Quand lord Darmouth lui signifia cette sentence, elle jeta sur le parquet la clef d'or, insigne de sa charge, en lui disant qu'il pouvait en faire ce que bon lui semblerait. Lady Marlborough, tombée en disgrâce, y entraîna les amis, les parents de son époux, et quelque temps après le duc lui-même. Les torys l'accusèrent de s'être approprié 13 millions sur la solde des troupes, et de s'en être fait donner deux par les fournisseurs. Il répondit que c'était l'usage, et d'ailleurs qu'on exagérait. Le ministère whig n'en fut pas moins remplacé par un ministère composé de torys et l'on rappela Marlborough. Aussitôt des négociations s'entamèrent avec la France. On vient de voir la raison sérieuse qu'avait l'Angleterre de faire la paix : les préliminaires furent signés le 8 octobre 1711, entre les deux couronnes.

Cet exemple entraîna les alliés, et un congrès s'ouvrit à Utrecht. Mais l'empereur s'obstina à combattre. Le prince Eugène, qui avait pris le Quesnoy, assiégeait Landrecies avec 100 000 hommes ; il avait trop étendu ses lignes, qu'il appelait le chemin de Paris. Villars en profita pour surprendre Denain (juillet 1712), et, poussant sa victoire, enleva Marchiennes, le dépôt des magasins de l'ennemi; il entra à Douai, à Bouchain, au Quesnoy; Eugène fut contraint de sortir de France.

Sur mer nous n'avions éprouvé que des désastres; notre marine abandonnée, parce qu'il fallut porter toutes nos forces sur terre pour faire face à l'Europe, laissa l'Angleterre prendre, sans efforts, possession de l'empire des mers, et nos colonies, sans défense, furent dévastées ou conquises. Cependant, quelques-uns de nos corsaires et de nos capitaines se firent encore un nom glorieux. A Jean Bart, qui avait été, dans la dernière guerre, la terreur du commerce de l'Angleterre, avaient succédé Forbin, l'ancien compagnon de sa vie aventureuse ; le Béarnais Ducasse, gouverneur de Saint-Domingue; Pointis, qui enleva Carthagène en Amérique et y ramassa un immense butin ; Cassart, qui, tombé un jour avec un seul vaisseau au milieu de 15 navires ennemis, se battit douze heures, coula un vaisseau anglais, en démonta deux, puis s'échappa; enfin Duguay-Trouin, fils d'un armateur de Saint-Malo, qui, à dix-huit ans, commandait un navire de 14 canons, et depuis ce jour marqua chaque année par des courses plus hardies, par des prises plus nombreuses. Le temps de la grande guerre était passé quand Duguay-Trouin fut appelé dans la marine militaire : son brevet de capitaine est de 1706. Alors il n'y avait plus que des combats individuels à soutenir, des convois à enlever, les côtes ennemies à désoler. Duguay-Trouin fit cette guerre comme Jean Bart l'avait faite dix ans auparavant. Son plus brillant exploit fut la prise de Rio de Janeiro, où il causa aux ennemis un dommage de plus de 25 millions (1711). Mais les exploits isolés de ces braves marins ne pouvaient avoir aucune influence sur le sort de la guerre.

La victoire de Denain hâta heureusement la conclusion de la paix. Le 4 mai 1713, l'Angleterre, le Portugal, la Savoie, la Prusse et la Hollande signèrent les traités d'Utrecht. La France reconnaissait l'ordre de succession établi en Angleterre par la révolution de 1688, cédait l'île de Terre-Neuve, la baie d'Hudson et l'Acadie, et s'engageait à démolir les fortifications de Dunkerque, la patrie de Jean Bart. L'Espagne laissait les Anglais en possession de Gibraltar et de Minorque. De plus, il fut stipulé que les couronnes de France et d'Espagne ne pourraient jamais être réunies. Ajoutons que Louis XIV dut consentir à faire sortir de prison ceux de ses propres sujets qui y étaient retenus pour cause de religion. La Hollande obtint le droit de mettre garnison dans la plupart des places fortes des Pays-Bas espagnols, pour s'en servir comme d'une barrière contre la France. Le duc de Savoie reçut la Sicile avec le titre de roi; le roi de Prusse, reconnu par la France sous ce titre obtint la Gueldre. L'empereur, resté seul, continua la guerre; mais Villars prit Landau et Fribourg : alors Charles VI signa le traité de Rastadt (1714), par lequel il obtint ce que le traité d'Utrecht lui avait réservé, les Pays-Bas, Naples, la Sardaigne, le Milanais et les présides de Toscane. L'électeur de Bavière, l'allié malheureux de la France, était rétabli dans ses Etats.

Deux puissances avaient surtout gagné à cette guerre : l'Autriche, de magnifiques domaines en Italie et aux Pays-Bas; l'Angleterre, l'empire des mers qu'elle avait saisi. En outre, l'une avait recouvré la Hongrie, qui lui était plus nécessaire que l'Italie; l'autre restait à Port-Mahon, d'où elle pouvait tenir Toulon en échec, et à Gibraltar, d'où elle menaçait l'Espagne et gardait l'entrée de la Méditerranée. Mais les Espagnols, en quittant les Pays-Bas, cessaient aussi d'avoir contre nous une cause permanente de guerre, et après avoir été durant deux siècles nos ennemis, pouvaient maintenant devenir à jamais nos alliés.

Louis XIV survécut à peine au traité de Rastadt. Les dernières années de son règne avaient été aussi tristes que les premières avaient été brillantes. Aux malheurs nationaux étaient venues se joindre de cruelles afflictions domestiques : il avait perdu son fils unique, le grand dauphin (14 avril 1711); la seconde dauphine (12 février 1712), et son mari, le duc de Bourgogne (18 février); leur fils aîné le duc de Bretagne (8 mars); le duc de Berri, fils du grand dauphin (1614). De sa nombreuse famille il ne restait plus à Louis que son petit-fils Philippe V, roi d'Espagne, et son arrière-petit-fils le duc d'Anjou, alors âgé de 5 ans, qui fut Louis XV. Tant de pertes arrivées coup sur coup décidèrent le roi à prendre une mesure qui était un attentat à la moralité publique : ses fils légitimés, le duc du Maine et le comte de Toulouse, nés de la marquise de Montespan, furent déclarés héritiers de la couronne à défaut de princes du sang. Il les appela par son testament à faire partie du conseil de régence, dont le duc d'Orléans, son neveu, n'eut que la présidence. Le duc du Maine obtint en outre la tutelle avec la surintendance de l'éducation du jeune roi.

C'est vers le milieu du mois d'août 1715, au retour de Marly, que Louis XIV fut attaqué de la maladie qui termina ses jours. Ses jambes enflèrent; la gangrène s'y mit. Le comte de Stairs, ambassadeur d'Angleterre, paria que le roi ne passerait pas le mois de septembre. Le duc d'Orléans, qui, au dernier voyage de Marly, avait été absolument seul, eut alors toute la cour auprès de lui. Un empirique, dans les derniers jours de la maladie du roi, lui donna un élixir qui ranima ses forces. Il mangea, et l'empirique assura qu'il guérirait. La foule qui entourait le duc d'Orléans diminua dans le moment. « Si le roi mange une seconde fois, dit le duc, nous n'aurons plus personne. » Mais la maladie était mortelle. « J'avais cru, dit Louis à Mme de Maintenon, qu'il était plus difficile de mourir; » et à ses domestiques : « Pourquoi pleurez-vous? m'avez-vous cru immortel? » Il donna tranquillement ses ordres sur beaucoup de choses, et même sur sa pompe funèbre. Il avoua quelques-unes de ses fautes, et recommanda à l'enfant qui allait être roi d'aimer moins que lui la guerre et les trop grandes dépenses. Il laissait en effet la France dans un épuisement prodigieux. L'État était ruiné

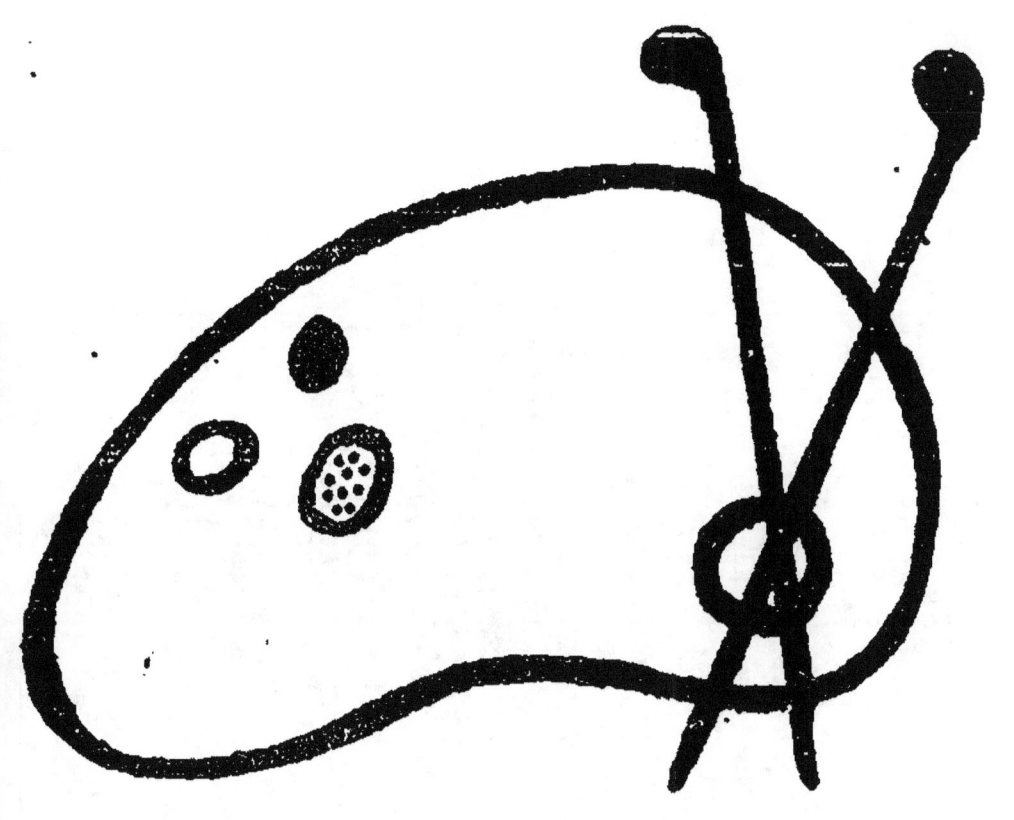

Original en couleur

NF Z 43-120-8

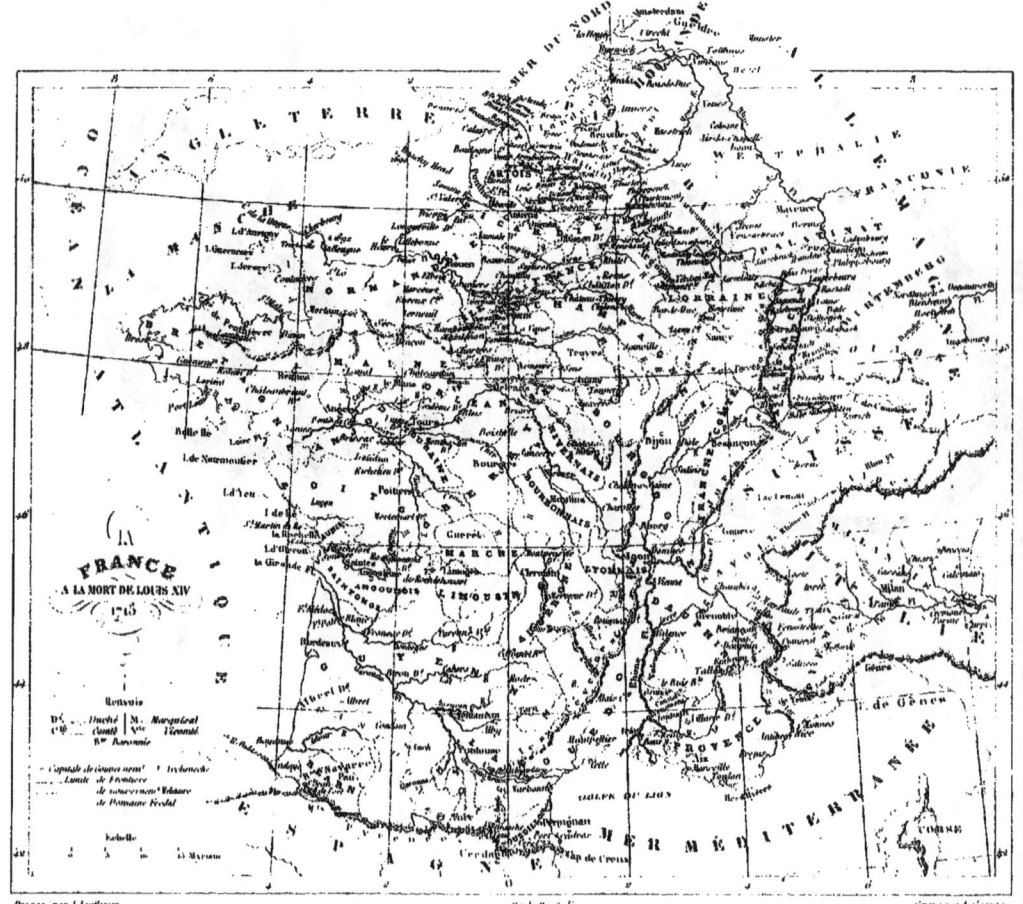

et semblait n'avoir d'autre ressource que la banqueroute. Avant la guerre de la succession, Vauban écrivait déjà : « Près de la dixième partie du peuple est réduite à mendier; des neuf autres parties, cinq ne peuvent faire l'aumône à celle-là, dont elles ne diffèrent guère; trois sont fort malaisées; la dixième ne compte pas plus de 100 000 familles, dont il n'y a pas 10 000 fort à leur aise. » Que fut-ce donc en 1715, après cette terrible guerre où l'on s'était vu contraint d'emprunter à 400 pour 100, de créer de nouveaux impôts, de consommer à l'avance les revenus de 2 années, et d'élever la dette publique à la somme de 2 milliards 400 millions, qui feraient aujourd'hui près de 8 milliards?

L'acquisition de deux provinces (Flandre, Franche-Comté) et de quelques villes (Strasbourg, Landau, Dunkerque) n'était pas une compensation à de si affreuses misères, et, en se souvenant de l'état de l'Europe en 1661, on sera porté à croire qu'au total Louis XIV n'a pas tiré de la situation tout ce qu'elle offrait d'avantageux pour la France. Mais les fils oublient bien vite les souffrances des pères; les générations suivantes n'ont voulu se rappeler que tant de victoires, l'Europe bravée, la France pendant 20 années prépondérante, enfin l'éclat incomparable de cette cour de Versailles et ces merveilles des lettres et des arts qui ont fait donner au dix-septième siècle le nom de siècle de Louis XIV.

CHAPITRE XXIII.

LES ARTS, LES LETTRES ET LES SCIENCES AU DIX-SEPTIÈME SIÈCLE.

Les lettres et les arts en France. — Les lettres et les arts dans les pays étrangers. — Les sciences au dix-septième siècle.

Les lettres et les arts en France.

Le seizième siècle avait fait la réforme religieuse, le dix-huitième siècle fera les réformes politiques. Placé entre ces deux âges révolutionnaires, le dix-septième eut, dans les lettres, un si complet équilibre des forces de l'esprit, une puissance d'écrire tellement égale à la puissance de penser, qu'il est resté par excellence le siècle littéraire de la France. Les générations qui vivent dans les jours d'orage, au milieu des discussions brûlantes, vont plus haut et plus bas, mais n'arrivent jamais à cette calme et sereine beauté que la postérité ne se lasse plus de contempler.

Louis XIV n'estimait pas que la littérature fût une force, et de son temps elle n'en était pas encore une; du moins, il la regardait comme un ornement nécessaire, comme un luxe digne d'un grand roi. Il favorisa donc les lettres, toutefois en les disciplinant, et il y eut sous lui un véritable gouvernement de la littérature. Colbert en fut le ministre. On a déjà vu (p. 370) comment il essaya de l'organiser, en fondant ses académies, nobles asiles de l'esprit et de la science, qui devaient tracer les règles, donner le ton, et, si j'ose dire, marquer la mesure. Mais n'oublions pas que le *siècle de Louis XIV* avait commencé bien avant que le roi pût exercer aucune influence sur les lettres. Louis n'avait pas encore pris en main le gouvernement, que la France avait déjà recueilli la moitié de la gloire littéraire que le dix-septième siècle lui réservait. Corneille, Descartes, Pascal avaient donné leurs chefs-d'œuvre. Mme de Sévigné, la Rochefoucauld, Molière, la Fontaine, Bossuet étaient en pleine possession de leur talent; enfin les deux plus grands peintres du siècle, Lesueur et Poussin, étaient morts ou allaient mourir, et Boileau venait d'écrire sa première satire. Cette réserve faite, nous laisserons le plus grand écrivain du dix-huitième siècle juger ses prédécesseurs du dix-septième.

« Dans l'éloquence, dans la poésie, dans la littérature, dans les livres de morale et d'agrément, les Français furent les législateurs de l'Europe. La véritable éloquence était partout ignorée, la religion enseignée ridiculement en chaire, et les causes plaidées de même dans le barreau. Les prédicateurs citaient Virgile et Ovide; les avocats, saint Augustin et saint Jérôme. Il ne s'était point encore trouvé de génie qui eût donné à la langue française le tour, le nombre, la propriété du style et la dignité. Quelques vers de Malherbe faisaient sentir seulement qu'elle était capable de grandeur et de force; mais c'était tout. Les mêmes génies qui avaient écrit très-bien en latin, comme un président de Thou, un chancelier de l'Hôpital, n'étaient plus les mêmes quand ils maniaient leur propre langage, rebelle entre leurs mains. Les Français n'étaient encore recommandables que par une certaine naïveté qui avait fait le mérite de Joinville, d'Amyot, de Marot, de Montaigne, de Régnier, de la *satire Ménippée*. Jean de Lingendes, évêque de Macon, fut le premier orateur qui parla dans le grand goût. L'oraison funèbre de Victor-Amédée, qu'il prononça en 1637, était pleine de si grands traits d'éloquence, que Fléchier, longtemps après, en prit l'exorde tout entier pour en orner sa fameuse oraison funèbre du vicomte de Turenne.

« Balzac (1594-1654), en ce temps-là, donnait du nombre et de l'harmonie à la prose. Il est vrai que ses lettres étaient des harangues ampoulées; mais l'éloquence a tant de pouvoir sur les hommes, qu'on admira Balzac, pour avoir trouvé cette petite partie de l'art ignorée et nécessaire, qui consiste dans le choix harmonieux des paroles, et même pour l'avoir employée souvent hors de sa place.

« Voiture (1596-1648) donna quelque idée des grâces légères de ce style épistolaire qui n'est pas le meilleur, puisqu'il ne consiste que dans la plaisanterie. C'est un badinage, que deux tomes de lettres dans lesquels il n'y en a pas une qui parte du cœur, qui peigne les mœurs du temps et les caractères des hommes ; c'est plutôt un abus qu'un usage de l'esprit.

« Un des ouvrages qui contribuèrent le plus à former le goût de la nation, fut le petit recueil des *Maximes* de François duc de la Rochefoucauld (1613-1680). Quoiqu'il n'y ait presque qu'une vérité dans ce livre, qui est que *l'amour-propre est le mobile de tout*, cependant cette pensée se présente sous tant d'aspects variés, qu'elle est presque toujours piquante. C'est moins un livre que des matériaux pour orner un livre. On lut avidement ce petit recueil ; il accoutuma à penser, et à renfermer ses pensées dans un tour vif, précis et délicat.

« Mais le premier livre de génie qu'on vit en prose fut le recueil des *Lettres provinciales*[1], en 1157. Toutes les sortes d'éloquence y sont renfermées. Il n'y a pas un seul mot qui, depuis cent ans, se soit ressenti du changement qui altère souvent les langues vivantes. Il faut rapporter à cet ouvrage l'époque de la fixation du langage. L'évêque de Luçon, fils du célèbre Bussy, m'a dit qu'ayant demandé à M. de Meaux quel ouvrage il eût mieux aimé avoir fait, s'il n'avait pas fait les siens, Bossuet lui répondit : *Les Lettres provinciales*.

« Un des premiers qui étala dans la chaire une raison toujours éloquente, fut le P. Bourdaloue (1632-1704) vers l'an 1668. Ce fut une lumière nouvelle. Il y a eu après lui d'autres orateurs de la chaire, comme le P. Massillon (1662-

---

[1]. Voltaire oublie ici le *Discours de la méthode* de Descartes, qui parut vingt ans avant les *Provinciales* de Pascal ; mais il n'aimait pas les doctrines de Descartes, ce qui l'empêchait de rendre justice à son style.

1742), évêque de Clermont, qui ont répandu dans leurs discours plus de grâces, des peintures plus fines et plus pénétrantes des mœurs du siècle; mais aucun ne l'a fait oublier.

« Il avait été précédé par Bossuet (1627-1704), depuis évêque de Meaux. Celui-ci, qui devint un si grand homme, avait prêché assez jeune devant le roi et la reine mère en 1661, longtemps avant que le P. Bourdaloue fût connu. Ses discours, soutenus d'une action noble et touchante, les premiers qu'on eût encore entendus à la cour qui approchassent du sublime, eurent un si grand succès, que le roi fit écrire en son nom à son père, pour le féliciter d'avoir un tel fils. Cependant, quand Bourdaloue parut, Bossuet ne passa plus pour le premier prédicateur. Il s'était déjà donné aux oraisons funèbres, genre d'éloquence qui demande de l'imagination, et une grandeur majestueuse qui tient un peu à la poésie. L'oraison funèbre de la reine mère, qu'il prononça en 1667, lui valut l'évêché de Condom, mais n'était pas encore digne de lui. L'éloge funèbre de la reine d'Angleterre, veuve de Charles I*er*, qu'il fit en 1669, parut presque en tout un chef-d'œuvre. L'éloge funèbre de Madame, enlevée à la fleur de son âge, et morte entre ses bras, eut le plus grand et le plus rare des succès, celui de faire verser des larmes à la cour : il fut obligé de s'arrêter après ces paroles : *O nuit désastreuse, nuit effroyable, où retentit tout à coup, comme un éclat de tonnerre, cette étonnante nouvelle : Madame se meurt! Madame est morte !* L'auditoire éclata en sanglots; et la voix de l'orateur fut interrompue par ses soupirs et par ses pleurs.

« Les Français furent les seuls qui réussirent dans ce genre d'éloquence. Le même homme, quelque temps après, en inventa un nouveau, qui ne pouvait guère avoir de succès qu'entre ses mains. Il appliqua l'art oratoire à l'histoire même, qui semble l'exclure. Son *Discours sur l'histoire universelle*, composé pour l'éducation du dauphin, n'a eu ni modèles ni imitateurs. On fut étonné de cette force majestueuse dont il décrit les mœurs, le gouvernement, l'accroissement et la chute des grands empires, et de ces traits rapides d'une vérité énergique dont il peint et dont il juge les nations [1].

« Presque tous les ouvrages qui honorèrent ce siècle étaient dans un genre inconnu à l'antiquité. Le *Télémaque* est de ce nombre. Fénelon (1651-1715), le disciple, l'ami de Bossuet, et depuis devenu malgré lui son rival et son ennemi, composa ce livre singulier, qui tient à la fois du roman et du poëme, et qui substitue une prose cadencée à la versification. Il semble qu'il ait voulu traiter le roman comme M. de Meaux avait traité l'histoire, en lui donnant une dignité et des charmes inconnus, et surtout en tirant de ces fictions une morale utile au genre humain. Il avait composé ce livre pour servir de thèmes et d'instruction au duc de Bourgogne, dont il fut le précepteur. Plein de la lecture des anciens, et né avec une imagination vive et tendre, il s'était fait un style qui n'était qu'à lui, et qui coulait de source avec abondance. On crut voir dans le *Télémaque* une critique indirecte du gouvernement de Louis XIV, et de ce jour Fénelon fut perdu à la cour.

« On peut compter parmi les productions d'un genre unique les *Caractères* de la Bruyère (1644-1696). Il n'y avait chez les anciens pas plus d'exemples d'un tel ouvrage que du *Télémaque*. Un style rapide, concis, nerveux, des expressions pittoresques, un usage tout nouveau de la langue, mais qui n'en blesse pas les règles, frappèrent le public ; et les allusions qu'on y trouvait en foule achevèrent le succès [2]. »

---

[1]. Aux œuvres historiques de Bossuet, il faut ajouter l'*Histoire des variations des Églises protestantes*. Son *Traité de la connaissance de Dieu et de soi-même* est un beau livre de philosophie, et son *Exposition de la doctrine de l'Église* une grande œuvre de théologien.

[2]. Voltaire cite encore le grammairien Vaugelas (1585-1650), l'avocat Olivier Patru, qui le premier mit de l'ordre, de la clarté et de la bienséance dans les discours du barreau ; Fontenelle, neveu de Corneille (1657-1757), pour son livre des *Mondes*, où « l'art délicat de répandre des grâces jusque sur la philosophie » se montra pour la première fois ; Bayle (1647-1706) pour son *Dictionnaire historique* ; Pellisson (1624-1693) pour les trois *Mémoires* qu'il écrivit comme défense de Fouquet ; et la *Conspiration de Venise* de Saint-Réal (1639-1692), qu'il place à côté de Salluste. Il ne parle qu'en passant de Fléchier, évêque de Nîmes (1632-1700), dont le chef-d'œuvre est l'*Oraison funèbre de Turenne*. Mascaron, évêque d'Agen (1634-1703), a écrit sur le même sujet son meilleur discours.

Il y a une classe particulière d'écrivains : ceux qui racontent ce qu'ils ont fait, ce qu'ils ont vu. Grâce, peut-être, à un travers de notre esprit national, le désir d'occuper de soi, après les contemporains, la postérité même, et de dicter à celle-ci son jugement, la France est le pays qui possède le plus de *Mémoires*. Cette curieuse branche de la littérature historique commence de bonne heure chez nous, avec Villehardouin et Joinville. Le dix-septième siècle en a une riche collection due à des auteurs, pour la plupart, d'un esprit fin et délicat, qui nous ont révélé bien des secrets et les causes de bien des choses. Ceux de Richelieu sont une mine précieuse pour la grande histoire du temps; ceux de Mme de Motteville (1621-1689), confidente d'Anne d'Autriche, nous font vivre dans l'intimité de cette princesse. L'abbé de Choisy (1644-1724), dont la vie fut très-aventureuse et pas toujours irréprochable, rédigea des *Mémoires pour servir à l'histoire de Louis XIV*. Paul de Gondi, cardinal de Retz (1614-1679), a laissé un livre qui est un des monuments de notre langue, et qu'on lit toujours avec plaisir, alors même qu'on ne croit pas toujours l'auteur. Gourville (1625-1703), receveur général des tailles de Guyenne, que d'immenses richesses rapidement acquises entraînèrent dans la disgrâce de Fouquet, écrivit ses souvenirs sur les années 1642-1678; Pierre Lenet, conseiller au parlement de Dijon, donna les siens sur les guerres de la Fronde. Dans ce genre de littérature, les grands seigneurs se font volontiers auteurs. Nous avons, sur la régence d'Anne d'Autriche, les Mémoires du duc de la Rochefoucauld qui, à leur apparition, causèrent plus d'un scandale, et sur la dernière partie du règne de Louis XIV et le commencement de celui de Louis XV, les 40 volumes du duc et pair Rouvroy de Saint-Simon, qu'on a eu tort de mettre à côté de Tacite, mais qui n'en est pas moins, souvent, un prodigieux écrivain.

Pour les poëtes, Régnier et Malherbe appartiennent au siècle précédent, quoique l'un soit mort en 1613 et l'autre en 1628. Rotrou est bien du dix-septième siècle (1609-1650), mais on ne lit plus guère de lui que sa tragédie de *Wenceslas*. Avec Corneille les chefs-d'œuvre arrivent enfin et se pressent sur notre scène, qu'il élève à la hauteur du théâtre grec.

« Pierre Corneille, dit Voltaire (1606-1684), est d'autant plus admirable, qu'il n'était environné que de très-mauvais modèles quand il commença à donner des tragédies. Ce qui devait encore lui fermer le bon chemin, c'est que ces mauvais modèles étaient estimés, et, pour comble de découragement, ils étaient favorisés par le cardinal de Richelieu, le protecteur des gens de lettres et non pas du bon goût. Corneille eut à combattre son siècle, ses rivaux, et le cardinal qui voulut rabaisser *le Cid* et désapprouva *Polyeucte*. Corneille s'était formé tout seul; mais Louis XIV, Colbert, Sophocle et Euripide contribuèrent tous à former Racine (1639-1699). Une ode qu'il composa à l'âge de 20 ans, pour le mariage du roi, lui attira un présent qu'il n'attendait pas, et le détermina à la poésie. Sa réputation s'est accrue de jour en jour, et celle des ouvrages de Corneille a un peu diminué. La raison en est que Racine, dans tous ses ouvrages, depuis son *Alexandre*, est toujours élégant, toujours correct, toujours vrai, qu'il parle au cœur, et que l'autre manque trop souvent à tous ces devoirs. Racine passa de bien loin et les Grecs et Corneille dans l'intelligence des passions, et porta la douce harmonie de la poésie, ainsi que les grâces de la parole, au plus haut point où elles puissent parvenir.

« Un nombreux parti se piqua toujours de ne pas lui rendre justice. Mme de Sévigné (1626-1696), la première personne de son siècle pour le style épistolaire, et surtout pour conter des bagatelles avec grâce, croit toujours que Racine *n'ira pas loin*. Elle en jugeait comme du café, dont elle dit qu'*on se désabusera bientôt*. Il faut du temps pour que les réputations mûrissent [1].

« La singulière destinée de ce siècle rendit Molière (1622-1673) contemporain de Corneille et de Racine. Il n'est pas vrai que Molière, quand il parut, eût trouvé le théâtre abso-

---

[1]. On a aussi des lettres souvent fort remarquables de Mme de Maintenon. Lorsqu'elle épousa Louis XIV, elle était veuve depuis plus de vingt ans du poëte Scarron (1610-1660), fort célèbre en son temps pour ses œuvres burlesques (l'*Énéide travestie*, le *Roman comique*). Il faut laisser de côté les romans plus volumineux qu'intéressants de Mlle de Scudéri, de d'Urfé et de la Calprenède; mais il ne faut pas oublier le fameux hôtel de Rambouillet, qui a exercé une considérable influence sur les lettres françaises.

lument dénué de bonnes comédies. Corneille lui-même avait donné *le Menteur*; et Molière n'avait encore fait paraître que deux de ses chefs-d'œuvre, lorsque le public avait *la Mère coquette* de Quinault, pièce à la fois de caractère et d'intrigue, et même modèle d'intrigue Elle est de 1664 ; c'est la première comédie où l'on ait peint ceux qu'on a appelés depuis les *marquis*. La plupart des grands seigneurs de la cour de Louis XIV voulaient imiter cet air de grandeur, d'éclat et de dignité qu'avait leur maître. Ceux d'un ordre inférieur copiaient la hauteur des premiers; et il y en avait enfin, et même en grand nombre, qui poussaient cet air avantageux, et cette envie dominante de se faire valoir, jusqu'au plus grand ridicule. Ce défaut dura longtemps. Molière l'attaqua souvent ; et il contribua à défaire le public de ces importants subalternes, ainsi que de l'affectation des *précieuses*, du pédantisme des *femmes savantes*, de la robe et du latin des médecins; Molière fut, si on ose le dire, un législateur des bienséances du monde. Je ne parle ici que de ce service rendu à son siècle : on sait assez ses autres mérites.

« C'était un temps digne de l'attention des temps à venir que celui où les héros de Corneille et de Racine, les personnages de Molière, les symphonies de Lulli, toutes nouvelles pour la nation, et (puisqu'il ne s'agit ici que des arts) les voix des Bossuet et des Bourdaloue se faisaient entendre à Louis XIV, à Madame, si célèbre par son goût, à un Condé, à un Turenne, à un Colbert, et à cette foule d'hommes supérieurs qui parurent en tout genre. Ce temps ne se trouvera plus où un duc de la Rochefoucauld, l'auteur des *Maximes*, au sortir de la conversation d'un Pascal et d'un Arnauld, allait au théâtre de Corneille.

« Despréaux (1636-1711) s'élevait au niveau de tant de grands hommes, non point par ses premières satires, car les regards de la postérité ne s'arrêteront point sur *les Embarras de Paris*, et sur les noms des Cassagne et des Cotin, mais il instruisait cette postérité par ses belles *Épîtres*, et surtout par son *Art poétique*, où Corneille eût trouvé beaucoup à apprendre.

« La Fontaine (1621-1695), bien moins châtié dans son

style, bien moins correct dans son langage, mais unique dans sa naïveté et dans les grâces qui lui sont propres, se mit, par les choses les plus simples, presque à côté de ces hommes sublimes.

« Il ne s'éleva guère de grands génies depuis les beaux jours de ces écrivains illustres ; et, à peu près vers le temps de la mort de Louis XIV, la nature sembla se reposer. »

La philosophie venait d'être renouvelée par Descartes (1596-1630), moins par ce qu'il avait élevé que par ce qu'il avait détruit. Son système est tombé, comme tombent successivement tous les systèmes philosophiques ; sa méthode subsiste, c'est l'arme la plus redoutable pour abattre l'erreur, la plus puissante pour découvrir la vérité. Descartes n'acceptait pour vrai, dans l'ordre des sciences morales et physiques, que ce qui semblait évident à sa raison ; et cette évidence, il la plaçait dans l'irrésistible autorité du témoignage de la conscience[1]. C'est ainsi que, dans son *Discours de la méthode* (1637), écrit de ce style net et clair qui allait être un des caractères de la prose française au dix-septième siècle, et dans ses *Méditations* (1641), il voulut prouver, avec l'aide seule du raisonnement, l'existence de Dieu, la spiritualité et l'immortalité de l'âme, la liberté, et par conséquent la responsabilité de l'homme. Ses principes furent adoptés par les esprits les plus religieux du dix-septième siècle : ils inspirèrent au père oratorien Malebranche (1638-1715) son admirable ouvrage de la *Recherche de la vérité*; à Bossuet, le *Traité de la connaissance de Dieu et de soi-même*; à Fénelon, l'éloquente *Démonstration de l'existence de Dieu*. Gassendi,

---

1. Je retrouve ce jugement dans les *Studi filosofici* (Milan, 1861) d'Ausonio Franchi, un des hommes les plus distingués de l'Italie contemporaine : « .... La doctrine de Descartes n'a pu échapper au sort commun des théories métaphysiques. Sa méthode au contraire est devenue la condition essentielle des progrès de la philosophie. Elle indique trois phases : doute préparatoire qui délivre l'esprit de ses préjugés et de ses erreurs ; analyse de la conscience pour déterminer l'objet, la valeur et les limites de la connaissance ; évidence de la pensée pour servir de critérium suprême à la vérité et à la certitude. Dans ces simples principes de méthode était contenue la plus vaste et la plus profonde réforme philosophique dont le monde eût été témoin depuis la mort de Socrate. » M. de Rémusat dit encore, dans sa biographie du chancelier : « Bacon n'est au fond qu'un critique. Descartes est un créateur. »

au contraire, fut un opiniâtre adversaire de Descartes, dont il combattit le système des idées innées pour y substituer celui des idées tirant leur origine de la sensation.

Pascal (1623-1662), autre grand esprit, fut aussi un grand écrivain dans ses *Lettres provinciales* (1656) contre la morale relâchée des jésuites, et dans ses *Pensées*, fragments d'un ouvrage qu'il voulait composer sur la vérité du christianisme. On verra plus loin (p. 424) ce que lui et Descartes firent pour les sciences. Malgré ses découvertes, Pascal est moins un génie inventeur comme Descartes qu'un génie critique de la plus redoutable puissance.

A Pascal il faut réunir ses amis, les pieux solitaires de Port-Royal, esprits vigoureusement trempés, mais quelque peu étroits, qui fondèrent au sein du catholicisme et de l'Église gallicane une secte énergique et vivace que Louis XIV persécuta, et qui ranima en plein dix-huitième siècle les querelles théologiques. Les principaux docteurs du jansénisme étaient le Maistre de Sacy (1612-1694), qui traduisit la Bible à la Bastille, où les jésuites le firent garder pendant trois ans; Antoine Arnauld (1612-1694), dit le grand Arnauld et dont la vie fut une perpétuelle discussion théologique avec les jésuites, avec les protestants, avec Malebranche; Nicole (1625-1695) est connu surtout par ses *Essais de morale*; Lancelot par ses livres d'éducation. Bien loin de ce courant d'idées, Bayle et la Mothe le Vayer continuaient la traduction sceptique de Rabelais et de Montaigne que Voltaire allait reprendre.

Il faut donner un souvenir à nos érudits, à ces laborieux esprits qui continuaient à nous révéler l'antiquité, ou qui essayaient de débrouiller le chaos de nos origines. Leur influence sur la langue est petite ou nulle, car d'ordinaire ce ne sont pas des écrivains et beaucoup de leurs livres sont en latin, mais elle est grande sur les idées, car le passé mieux compris éclaire le présent; enfin c'était tout un ordre de vérités qu'ils poursuivaient, celles de l'histoire, et leurs travaux nous guident encore. Les plus grands de ces savants hommes furent Casaubon, Scaliger, Saumaise, du Cange, Baluze et plusieurs bénédictins de Saint-Maur.

Tout se tient dans le développement intellectuel d'un peuple : quand le temps des grands écrivains est venu, celui des grands artistes n'est pas loin. Cette sorte de contagion morale, qui gagne tous les esprits d'élite et suscite les talents supérieurs, agissait trop, au dix-septième siècle, pour que les artistes manquassent au rendez-vous des savants et des poëtes.

Il y eut alors quatre peintres du premier ordre : Poussin, Lesueur, Claude Lorrain et Lebrun; un admirable sculpteur, Puget ; des architectes de talent, Mansart et Perrault ; enfin, un musicien habile, Lulli.

Poussin vécut longtemps à Rome et eut la réputation du plus grand peintre de son temps : il l'a gardée. Malgré son coloris trop sombre, il est resté le chef de l'école française pour l'élévation morale, l'intérêt dramatique, la richesse et la poésie de ses compositions, pour cette recherche enfin de l'idéal qu'il appelait lui-même « la haute délectation de l'intelligence »; nous ajouterons aussi, car cela n'est point étranger à l'art, pour la dignité de sa vie. Il méprisa la fortune, les honneurs, les avances des grands, et s'enferma avec ses nobles pensées et son art, comme il place son *Diogène* au milieu de la plus splendide nature, quand il fait rejeter dédaigneusement par le philosophe une dernière inutilité. Lesueur, Lebrun et Mignard peuvent être regardés comme ses élèves, car ils reçurent longtemps ses leçons ou ses conseils. Poussin était des Andelys, en Normandie, et mourut à 72 ans (1665). Lesueur naquit à Paris, vécut pauvre, obscur, et mourut à 38 ans, en 1655; il avait peint, pour le couvent des Chartreux, une belle suite de 22 tableaux représentant la vie de saint Bruno. C'était une âme douce et candide ; ses peintures, toujours gracieuses, même dans les sujets les plus sévères, par la suavité du ton et la délicatesse du pinceau, expriment admirablement les sentiments et jusqu'aux affections les plus intimes des personnages. Tout autre était son émule Lebrun, né aussi à Paris deux ans plus tard (1619), et dont le talent, souvent théâtral, convenait bien mieux à Louis XIV. Ce prince le nomma son premier peintre, et le chargea de décorer la grande galerie de Versailles : il y employa quatorze ans. Il fut, jusqu'à la mort de Colbert, l'arbitre, et comme le dictateur des arts en France ; rien ne se faisait que sur ses dessins et d'après ses avis, et on trouve son influence, quelquefois sa main, dans tous les ouvrages de ce temps. Son dessin était mou et lourd, l'expression de ses figures plutôt exagérée que vraie ; il n'avait pas l'éclatant coloris du Titien, ni le naturel et la grâce de Lesueur, ni l'élan de Rubens ou la profondeur de pensée de Poussin. Cependant c'est un peintre, et le premier parmi ceux qui se placent au second rang. Le musée du Louvre possède ses *Batailles d'Alexandre*. On lui doit la fondation de l'école française à Rome, où les jeunes artistes qui ont remporté au concours annuel de Paris ce qu'on appelle le grand prix de Rome, sont envoyés aux frais du gouvernement, pour achever leurs études en face des chefs-d'œuvre de l'antiquité et des grands maîtres italiens. A côté de ces quatre maîtres, il faut une place pour Philippe Champagne, qui a laissé d'admirables portraits et un chef-d'œuvre, l'*Apparition de saint Gervais et de saint Protais*, pour Mignard (1610-1695), qui fut le rival de Lebrun pendant quelque temps, à cause de sa grande fresque du Val-de-Grâce ; mais il ne l'est pas aux yeux de la postérité, qui a donné le nom de mignardise à toute affectation de la délicatesse et de la grâce.

Claude Gelée dit le Lorrain, né en Lorraine en 1600, mort à Rome en 1682, est le meilleur paysagiste français et un des premiers paysagistes de l'Europe. C'est le peintre de la lumière. On peut admirer au Louvre la richesse de son style et la beauté de son coloris dans les dix paysages ou marines que notre musée possède de lui.

Puget, comme Michel-Ange, dont il avait la fierté et l'énergie, fut à la fois peintre, architecte et sculpteur. Il naquit à Marseille en 1622, et mourut en 1694. Il sculpta longtemps des figures en bois pour la poupe et les galeries des vaisseaux de Toulon, remplit Gênes de ses chefs-d'œuvre, et fit pour Louis XIV le groupe de *Persée* et celui de *Milon de Crotone*. Ce dernier marbre, où la chair est vivante, pourrait rivaliser, par l'énergie de l'expression et la vérité du dessin, avec ce que l'antiquité nous a légué de plus magnifique, si l'on y retrouvait cette noblesse de forme que l'artiste ne doit jamais oublier, même lorsqu'il ne veut représenter que la force matérielle. Le puissant athlète, treize fois couronné par la Grèce entière, devait montrer sur ses traits contractés par la douleur le souvenir de tant de victoires. On sent trop que le grand artiste jouait avec le marbre, et comme il le dit lui-même « nourri aux grands ouvrages, il nageait lorsqu'il y travaillait, et le marbre tremblait devant lui, pour grosse que fût la pièce. » Puget avait le caractère trop indépendant pour réussir à Versailles. Il y vint, y fut bien accueilli, mais reçut à peine pour son *Milon* la somme qu'il avait dépensée pour le faire. Il ne laissa point d'élèves; Coysevox, les deux Coustou, Girardon procèdent d'un autre système : ce sont plutôt les sculpteurs de la grâce, les maîtres du style brillant et facile sans élévation. Les Tuileries ont du premier *les Chevaux ailés* qui décorent l'entrée du côté de la place de la Concorde; *le Flûteur*, *la Flore* et *l'Hamadryade* qui sont devant le château; de Nicolas Coustou, *la Seine*, *la Marne*, un *berger chasseur* et *Jules César*; de Guillaume Coustou, *Hippomène et Atalante*; les *chevaux indomptés* qu'on voit à l'entrée des Champs-Élysées sont du même artiste. Girardon a peuplé Versailles de ses ouvrages; le mausolée du cardinal de Richelieu à la Sorbonne est son chef-d'œuvre. Les estampes de Callot, Nanteuil, Audran ornent dans l'Europe les cabinets de ceux qui ne peuvent avoir des tableaux.

François Mansart oublia l'élégance et la grâce de la Renaissance pour un style qu'il croyait majestueux et qui n'était que lourd. Il commença le Val-de-Grâce et bâtit le château de Maisons, près de Saint-Germain en Laye. Il inventa les *mansardes* qui coupent quelquefois heureusement la surface trop nue des combles, mais quelquefois aussi leur ôtent de la légèreté. Son neveu, Jules Hardouin Mansart, construisit Versailles, Marly, le Grand-Trianon, Saint-Cyr, la place Vendôme, celles des Victoires et le dôme des Invalides. C'est un génie froid, régulier, qui atteignit presque au grandiose, parce que Louis XIV ne lui ménagea ni la place, ni l'argent, mais qui semble manquer d'aspiration et d'élégance, si ce n'est dans sa belle coupole des Invalides. Claude

Perrault (1628-1680) fut médecin, physicien, grand architecte, et eut de la réputation, malgré Boileau. Ses plans, pour la façade orientale du Louvre, furent préférés à ceux du Bernin; la colonnade est de lui. Un autre artiste de génie, le Nôtre (1613-1700), créa l'art des jardins : il savait en faire la plus belle décoration des châteaux. A l'agréable, l'agronome la Quintinie joignit l'utile. Louis XIV les employa tous deux, et leurs noms ont mérité d'être joints à ceux des illustres personnages de ce grand siècle.

Le Florentin Lulli vint à 13 ans à Paris, et fut, avec Quinault, le vrai fondateur de l'opéra en France. Sa musique nous paraît froide et sans caractère, même celle d'église où il excellait. Les contemporains en jugeaient autrement. « Je ne crois point, écrivait Mme de Sévigné, au sortir du service pour le chancelier Séguier, qu'il y ait une autre musique dans le ciel. »

Les principaux monuments du règne de Louis XIV sont: le Val-de-Grâce, commencé par François Mansart, et dont le dôme, d'une coupe élégante, fut décoré à l'intérieur par Mignard d'une composition qui rappelle de loin les grandes peintures murales de l'Italie; le collége Mazarin (aujourd'hui l'Institut), bâti par l'architecte Louis Levau; l'Observatoire, élevé en partie sur les dessins de l'astronome Picard (1666); les portes Saint-Denis et Saint-Martin, commencées en 1670 par Blondel et son élève Bullet; les Invalides, œuvre de l'architecte Libéral Bruant (1674), avec cette église un peu étroite pour le dôme majestueux et élégant que Jules Mansart surmonta d'une flèche si hardie; la place du *Carrousel*, entre le Louvre et les Tuileries, ainsi nommée d'un carrousel magnifique qui y fut donné en 1662; la place des Victoires et la place Vendôme, créées ou agrandies pour recevoir les statues que le maréchal de la Feuillade et l'hôtel de ville de Paris firent ériger à Louis XIV, à l'époque du traité de Nimègue.

Dès le commencement du règne, on avait travaillé aux Tuileries. Levau éleva, en 1664, le dôme de l'Horloge qui complétait, en l'alourdissant, la façade de l'ouest; l'année suivante, le jardin fut réuni au château, dont une rue le sépapait, et refait sur un nouveau plan par le Nôtre : il s'étendit jusqu'aux Champs-Élysées, qu'on planta d'arbres en 1670, en même temps que les boulevards du nord, emplacement des anciens fossés de la ville.

Il y avait davantage à faire pour le Louvre. Sous Louis XIII, l'architecte Lemercier avait terminé la façade intérieure de l'ouest, par la construction du dôme de l'Horloge que décorent les huit cariatides colossales de Sarrazin. Il s'agissait d'achever le chef-d'œuvre de Pierre Lescot. Colbert mit le projet au concours entre tous les artistes de France et d'Italie ; les plans du médecin Claude Perrault furent adoptés. Dès 1666, la façade extérieure de l'est s'éleva vis-à-vis de l'église Saint-Germain l'Auxerrois : ce fut la célèbre *colonnade du Louvre*. En même temps, la façade extérieure du sud, du côté de la rue actuelle de Rivoli, était commencée. Ces grands travaux furent d'abord poussés avec activité ; peu à peu on les ralentit, et enfin ils furent suspendus, malgré toutes les instances de Colbert. Le roi construisait alors Versailles.

Versailles n'avait été sous Louis XIII qu'un village et un rendez-vous de chasse. Louis XIV voulut en faire une grande ville et un palais. Les travaux, entrepris dès 1661, furent confiés en 1670 à Jules Mansart, et continués sans interruption jusqu'à la fin du règne. Le Nôtre, Lebrun et ses élèves, surtout Girardon, continuèrent à embellir cette royale demeure, trop vantée, qui a coûté 250 millions de notre monnaie, et où l'on ne voit nulle part la France, mais partout le roi.

L'eau manquait à Versailles : Louis créa à grands frais la machine de Marly, due au génie d'un mécanicien liégeois. Rennequin Sualem, et achevée en huit ans (1675-1683). Elle sembla insuffisante, et le roi songea à détourner la rivière de l'Eure, pour l'amener à Versailles par-dessus les vallons et les collines. C'était une entreprise gigantesque, qui nous reporte au temps des fastueuses et inutiles constructions des Pharaons. 10 000 soldats furent occupés pendant quelques années à ces travaux ; mais les maladies pestilentielles, et surtout les guerres qui suivirent, forcèrent de les suspendre, et il n'en est resté que d'immenses et inutiles débris.

A côté de Versailles, le roi bâtissait en même temps, le

Grand-Trianon, qui fut deux fois reconstruit (1671-1703), et Marly (1679), qui, suivant Saint-Simon, aurait coûté aussi cher que Versailles, des *milliards*, qu'il faut réduire à 40 millions : c'est déjà bien assez pour un pied-à-terre. Enfin, les châteaux de Saint-Germain, de Fontainebleau, de Chambord, de Saint-Cloud, de Sceaux étaient agrandis, restaurés, embellis, surtout par les magnifiques jardins de Le Nôtre.

J'ai parlé ailleurs des grands travaux d'utilité publique : les ports, les arsenaux, les places fortes et le canal du Midi. Il n'en reste pas moins une disproportion excessive entre les dépenses faites pour les fantaisies du roi et celles qui eurent pour objet les intérêts du pays. C'était l'inévitable conséquence d'un régime politique qui mettait à la discrétion du prince, sans discussion, sans contrôle, toute la fortune publique.

Les lettres et les arts dans les pays étrangers.

En Italie, décadence littéraire, comme décadence politique. La poésie italienne est bien faible dans la *Secchia rapita*, le Sceau enlevé, de Tassoni (1565-1655) et dans l'*Adonis* de Marini (1569-1625) ; les poésies lyriques de Guidi (1650-1712), de Filicaia (1642-1707) et de Manzo, un des fondateurs de l'Académie de *Gli Oziosi* de Naples, ne la relèvent pas.

Le Portugal avait eu au siècle précédent un grand poète, Camoëns (1517-1577), le chantre des *Lusiades*. Il s'en tint là. L'Espagne venait de perdre Ercilla (1530-1600), qui avait chanté lui-même ses exploits et ceux de ses compagnons au Chili contre les Araucans (l'*Araucana*), mais elle avait eu Lope de Vega (1562-1635), qui fit, dit-on, 1800 pièces de théâtre ; Calderon (1600-1687), chanoine de Tolède, à qui on en attribua 1500 et l'immortel auteur de *Don Quichotte* Michel Cervantes (1547-1616).

L'Angleterre se présente sans crainte avec Shakespeare, qui est son Corneille et son Molière ; avec Milton (1608-1674), l'auteur du *Paradis perdu* ; avec Dryden, le poète lauréat de Charles II, qui s'est placé à la tête des auteurs classiques de son pays, mais déshonora son talent par sa vénalité (1631-1701) ; avec Addison (1672-1719), auteur d'une des meilleures tragédies anglaises après celles de Shakspeare, *Caton d'Utique*, et rédacteur du *Spectateur;* avec Pope (1688-1744), écrivain d'une rare élégance, qui traduisit Homère, fit la *Dunciade*, poëme satirique, et l'*Essai sur l'homme*, où se retrouve la philosophie de Bolingbroke, mais qui appartient au siècle suivant.

L'Allemagne est dans son âge de fer; elle ne cite que le cordonnier mystique Jacob Bœhme (1575-1625), et Martin Opitz (1597-1639), qui s'exerça dans tous les genres littéraires et a eu une assez grande influence sur la langue et la littérature allemandes.

L'histoire ne compte pas de ces grandes compositions qui ne vieillissent point et qu'on relit toujours. L'Italie a Pierre Sarpi, dit Fra Paolo (1552-1623), l'historien du concile de Trente; Davila (1576-1631), qui écrivit une *Histoire des guerres civiles de France*, de la mort de Henri II à la paix de Vervins, et le cardinal Bentivoglio, de Ferrare (1579-1641), auteur d'une *Histoire de la guerre de Flandre*. L'Angleterre cite le comte de Clarendon (1608-1674), grand chancelier sous Charles II, pour son *Histoire de la rébellion* (1641-1660), dont le titre indique l'esprit; Whitelocke (1608-1676), auteur de *Mémoires* intéressants et modérés sur la révolution; le négociateur William Temple (1628-1698), qui fit conclure la triple alliance de 1668, et laissa des *Mémoires* curieux sur la Hollande, et Burnet (1643-1715), le fougueux évêque de Salisbury, qui donna une *Histoire de la réformation d'Angleterre* et une *Histoire de son temps*, qui sont des œuvres de parti. En Espagne, le jésuite Mariana (1537-1624) : *Histoire d'Espagne;* Herrera (1559-1625) : *Histoire des Indes;* Solis (1610-1686) : *Histoire de la conquête du Mexique*.

Dans la philosophie politique, deux grands noms se présentent : le Hollandais Hugues de Groot ou Hugo Grotius (1583-1646), dont le traité *De jure pacis et belli* fait époque dans le droit international, et le Suédois Samuel Puffendorf (1632-1694), qui n'est pas moins célèbre par son livre *De jure naturæ et gentium*, où il établit la morale et le droit sur le principe de la sociabilité humaine.

Dans le champ de la philosophie spéculative l'Angleterre

dominerait si la France n'avait Descartes et l'Allemagne Leibnitz. François Bacon (1561-1626), qui fut ministre sous Jacques I*er*, fonda, dans le *Novum organum*, la méthode d'observation et d'expérience qui mène à la découverte des faits, et la méthode d'induction qui mène à la découverte des lois de la nature. C'est en marchant dans cette voie que la science moderne a fait tant de progrès. Un autre Anglais, Thomas Hobbes (1588-1680), voulut prouver, dans son *Léviathan*, que l'état naturel des hommes était la guerre, et qu'il leur fallait un bon despote pour les empêcher de s'égorger. Cudworth (1617-1688), philosophe spiritualiste, expliqua par l'hypothèse d'un médiateur plastique l'union de l'âme et du corps, ce qui était reculer la difficulté, non la résoudre ; Clarke, autre philosophe spiritualiste, ami de Newton, discuta longtemps par lettres contre Leibnitz et laissa un *Traité de l'existence de Dieu et de la religion naturelle révélée*.

Trois hommes illustres ont une place à part : le juif Spinosa, d'Amsterdam (1632-1677), philosophe panthéiste ; l'Anglais Locke (1632-1704), qui, dans son *Essai sur l'entendement*, ne donna d'autre origine à nos idées que la sensation et la réflexion ; enfin l'universel Leibnitz, né à Leipzig en 1646, mort en 1716, qui imagina, pour rendre compte de l'origine des idées, le système des monades, substances simples, capables d'action et de perception, expliqua par une *harmonie préétablie*, l'union de l'âme et du corps, repoussa, dans sa *Théodicée*, les attaques de Bayle contre la Providence et conçut le projet d'une écriture universelle.

L'art ne se maintient pas à la hauteur où le seizième siècle l'avait porté ; mais si les artistes sont moins grands, ils sont plus nombreux et plusieurs écoles se disputent la prééminence Le premier rang n'appartient pas à la France, mais aux deux écoles hollandaise et flamande, représentées par Rubens, Van Dyck, Rembrandt, le vieux et le jeune Téniers[1]

---

[1] Rubens de Cologne (1577-1640), appelé par Marie de Médicis à Paris, orna le palais du Luxembourg de ses peintures ; Antoine Van Dyck, d'Anvers (1599-1641), fit plus de soixante-dix tableaux d'histoire et un nombre infini de portraits (*saint Sébastien*, au musée du Louvre, *saint Augustin en extase*, *le Couronnement d'épines*, *Jésus élevé en croix*) ; Paul Rembrandt, de Leyde

La seconde suit les errements habituels, elle fait de la grande peinture historique ou sacrée, mais la première inaugure un genre nouveau, la peinture du chevalet, ces petits tableaux que les prix des enchères font aujourd'hui si grands. D'où vient ce phénomène ? C'est que le culte calviniste, foncièrement iconoclaste, interdisait la représentation des scènes de la Bible, et l'austérité protestante les fictions de la fable ; de même que les mœurs républicaines, l'exiguïté des fortunes et des habitations, détournaient des représentations fastueuses qu'on aime dans les palais des grands. Il n'existe, pour l'âge d'or de la peinture hollandaise, le dix-septième siècle, que sept grandes toiles, dont cinq sont au musée d'Amsterdam et deux au musée de la Haye. Un ciel sombre et brumeux, une vie passée au foyer domestique, retenaient l'imagination comme captive sur la terre, et ils n'eurent d'autre désir, d'autre besoin que de peindre ce sol à demi noyé qui avait sauvé leur indépendance, ces vastes prairies, ces magnifiques troupeaux qui en étaient la richesse et la joie, et les fêtes de la famille ou de la cité. C'est en Hollande que, pour la première fois, on peignit la nature telle qu'elle est, et non pas en se servant d'elle pour lui emprunter des motifs de décoration. L'école italienne, inférieure aux trois précédentes par l'idée et le style, ou la puissance d'imitation, cite néanmoins avec honneur[1], maintenant que les trois Carrache de

(1606-1674), excella dans le portrait, les intérieurs, et fut aussi un habile graveur (*Tobie et sa famille*, etc.) ; David Téniers, le vieux, d'Anvers (1582-1649), peintre de scènes villageoises et d'intérieurs ; David Téniers, le jeune, son fils, né aussi à Anvers (1610-1694), qui continua son père : le musée du Louvre a de lui *l'Enfant prodigue, la Tentation de saint Antoine, la Noce du village*, etc. ; Jordaens, d'Anvers (1594-1678), *Jésus-Christ au milieu des docteurs* ; Gérard Dow (1613-1694), qui peint admirablement les scènes de la vie commune et et de la nature morte ; Wouwermans, d'Harlem (1620-1668), peintre de genre ; Ruysdaël, d'Harlem (1636-1681), célèbre paysagiste ; Adrien Van Ostade, de Lubeck (1610-1685), peintre d'intérieurs ; Paul Potter (1626-1654), peintre d'animaux.

1. Guido Seni (le Guide), de Bologne (1575-1642), dont on cite *le Crucifiement de saint Pierre*, un *saint Michel* et *le Martyr de saint André* ; Jean Lanfranc, de Parme (1581-1647), qui excella à peindre des coupoles et grava à l'eau-forte *la Bible de Raphaël* ; François Albano (l'Albane), de Bologne (1578-1660), surnommé *le Peintre des Grâces, l'Anacréon de la peinture* (*les Amours de Vénus et d'Adonis, la Toilette et le Triomphe de Vénus, les Quatre éléments*) ; Domenico Zampieri, dit le Dominicain, de Bologne

Bologne, Paul Véronèse et le Tintoret de Venise sont morts, le Guide, l'Albane, le Dominiquin, le Guerchin, le fougueux Salvator Rosa et le Bernin. L'Allemagne et l'Angleterre produisent seulement quelques peintres obscurs. L'Espagne, au contraire, compte plusieurs grands noms, Vélasquez, Murillo et Ribéra[1]. Nos peintres ont des rivaux parfois heureux, nos sculpteurs n'en ont pas. Il n'y avait guère de statuaire célèbre en Europe que le Bernin, dont le goût maniéré a exercé une fâcheuse influence sur les artistes italiens.

La science au dix-septième siècle.

Les lettres ont une patrie, car elles reflètent le génie national et celui de l'écrivain; les sciences n'en ont pas. Il y a des littératures française, italienne, anglaise; il n'y a partout qu'une même science qui reçoit seulement, ici et là, une impulsion différente, selon la diversité d'esprit de ceux qui travaillent à la pousser en avant. La distinction de nationalité n'est plus une chose de nécessité, mais un intérêt tout secondaire.

Si la science diffère peu entre les pays de civilisation à peu près égale, elle diffère beaucoup d'un siècle à l'autre. L'antiquité et le moyen âge avaient pu cultiver avec succès les sciences de raisonnement, mais l'étude du monde physique était frappée de stérilité, tant que les vraies méthodes d'expérimentation n'étaient pas trouvées. Et elles ne pouvaient l'être qu'après qu'on eut acquis la confiance que l'univers est gouverné par les lois immuables d'une sagesse éternelle et

---

(1581-1641), élève des Carrache (*saint André, Communion de saint Jérôme, la Vierge du rosaire, Martyre de sainte Agnès*); J. Fr. Barbieri, surnommé le Guerchin, c'est-à-dire le Louche (1590-1666), qui peignit plus de deux cent cinquante tableaux, surtout religieux, et le dôme de la cathédrale de Plaisance; Salvator Rosa (1615-1673), l'ami de Masaniello (*saint Thomas, une Bataille, la Pythonisse d'Endor, l'Ombre de Catilina*); le cavalier Bernin (1597-1668), peintre, statuaire et architecte.

1. Vélasquez de Séville (1599-1660): on cite de lui *la Tunique de Joseph, le Portrait d'Olivarès, le Tableau de famille*; Esteban Murillo, également de Séville (1608-1682), dont le musée du Louvre, dans un moment d'engouement, il est vrai, a acheté un seul tableau 600 000 francs, Joseph Ribéra, dit l'Espagnolet (1588-1656), qui se plaît à peindre des scènes de supplices.

non par les volontés arbitraires de puissances capricieuses. Alors seulement on n'accusa plus l'esprit humain de témérité sacrilége :

« Gens humana ruit per vetitum nefas, »

parce qu'il cherchait à pénétrer les secrets de la création. L'alchimie, la magie, l'astrologie, toutes ces folies du moyen âge devinrent des sciences, du moment que l'homme ne s'arrêtant plus aux phénomènes isolés, s'efforça de saisir les lois mêmes qui les produisent. Ce temps commence avec Copernic, au seizième siècle ; mais ce n'est qu'au dix-septième que la révolution est accomplie et triomphe avec Bacon et Galilée, le premier qui en a proclamé la nécessité (voy. p. 420), le second qui par ses découvertes en démontre les bienfaits.

La méthode nouvelle n'ose point d'abord s'étendre à tout le champ de nos connaissances. Elle seconde surtout et agrandit les sciences auparavant cultivées, les mathématiques et l'astronomie, excellente et forte éducation de l'esprit scientifique qui éclatera vers la fin du siècle suivant et au dix-neuvième en tant de merveilles.

Quatre hommes sont à la tête du mouvement scientifique du siècle :

Jean Képler du Wurtemberg (1571-1631), qui démontre la vérité du système de Copernic, devine l'existence de planètes inconnues, et trouve les lois qui servent de base à l'astronomie moderne : 1° les carrés des temps des révolutions planétaires sont proportionnels aux cubes des grands axes ; 2° les orbites planétaires sont des ellipses dont le soleil occupe un des foyers ; 3° le temps employé par une planète à décrire une portion de son orbite, est proportionnel à la surface de l'aire décrite pendant ce temps par son rayon vecteur.

Galilée, de Pise (1564-1642), qui expia en 1633, dans les prisons de l'Inquisition, la démonstration du mouvement de la terre, découvre les lois de la pesanteur ; il invente le pendule, la balance hydrostatique, le thermomètre, le compas de proportion, et ébauche le télescope ; tandis que son disciple, Torricelli, de Faenza (1608-1647), reconnaît la pesanteur de l'air, construit le premier baromètre et perfectionne les lunettes.

L'Anglais Newton (1642-1727), qui découvre le calcul infinitésimal, décompose la lumière, trouve les principales lois de l'optique et celles de la gravitation universelle, c'est-à-dire l'explication du système du monde.

Enfin Leibnitz, dont j'ai déjà parlé (page 420), et qui dispute à Newton l'honneur d'avoir créé le calcul différentiel

La France a Descartes et Pascal. Le premier fit faire un pas immense à l'algèbre en inventant la notation des puissances par exposants numériques, puis à la géométrie des courbes, ce qui lui permit de résoudre, comme en se jouant, des problèmes qu'on croyait insolubles. Il trouva la véritable loi de la réfraction ; il crut, avec Galilée, au mouvement de la terre autour du soleil ; et comme les erreurs mêmes du génie sont fécondes, son chimérique système des *tourbillons*, suivant lequel le soleil et les étoiles fixes sont le centre d'autant de tourbillons de matière subtile, qui font circuler les planètes autour d'eux, a été le germe de la célèbre hypothèse newtonienne de l'attraction. Pour Descartes comme pour Newton, le problème de l'univers physique est un problème de mécanique ; et Descartes enseigna le premier, sinon la solution, du moins la vraie nature du problème. Pascal avait, à douze ans, trouvé seul et sans livres les éléments de la géométrie ; à seize ans, il composa son traité *Des sections coniques*. Un peu plus tard, il créa le calcul des probabilités, démontra la pesanteur de l'air par sa fameuse expérience sur le Puy-de-Dôme, imagina le haquet et peut-être la presse hydraulique

Au-dessous de ces grands hommes se presse une foule déjà nombreuse.

Pierre Fermat (1601-1665), conseiller au parlement de Toulouse, n'a rien imprimé, mais fut peut-être le plus puissant esprit mathématique de ce temps. Il partagea avec Descartes la gloire d'avoir appliqué l'algèbre à la géométrie, imagina la méthode *de maximis et de minimis*, et, en même temps que Pascal, créa le calcul des probabilités. L'abbé Mariotte (1620-1684) reconnut que le volume d'un gaz, à une température constante, varie en raison inverse de la pression qu'il supporte. Denis Papin, né à Blois en 1647, créa ou perfectionna plusieurs machines et pensa le premier à employer la vapeur d'eau condensée comme force motrice. Il fit en Allemagne, sur la Fulda, des expériences avec un véritable *bateau à vapeur*, qui remontait le courant. De stupides mariniers brisèrent la machine du grand physicien, qui mourut à Londres dans la misère (1710).

La géographie fut réformée par Nicolas Samson (1600-1667) et par Guillaume Delisle (1675-1726), dont les cartes sont encore estimées aujourd'hui. Tournefort (1656-1706) restaura la botanique et enrichit le Jardin du roi de plantes nouvelles, qu'il était allé recueillir dans un voyage au Levant.

Trois étrangers, que Colbert attira en France, justifièrent par leurs travaux les faveurs du roi. Le Danois Rœmer détermina la vitesse des rayons solaires d'une manière suffisamment rapprochée de la vérité; le Hollandais Huygens découvrit l'anneau et un des satellites de Saturne; l'Italien Dominique Cassini les quatre autres. On doit encore à Huygens l'invention des horloges à pendule, et à Cassini les premières opérations qui devaient servir à mesurer la terre ; il les exécuta avec l'abbé J. Picard, professeur d'astronomie au Collège de France, et tous deux commencèrent, en 1669, la méridienne, qui fut prolongée plus tard jusqu'au Roussillon. C'est d'après la mesure du degré donné par Picard que Newton put enfin calculer la force qui retient la lune dans son orbite.

La Grande-Bretagne a l'Écossais Jean Napier (1550-1617), l'inventeur des logarithmes, et Jacques Grégory (1633-1675), l'inventeur du télescope à réflexion; Harvey (1578-1657), médecin de Jacques Ier et de Charles Ier, qui démontra, en 1628, la circulation du sang; l'astronome Halley, de Londres (1656-1742), qui donna son nom à une comète dont il prédit le retour, le chimiste irlandais Robert Boyle (1626-1691), qui perfectionna la machine pneumatique, et contribua à la fondation de la Société royale de Londres.

La Hollande produisit Huygens, de la Haye (1629-1695), et le médecin Boerhaave (1668-1738), qui décomposa le premier tous les fluides animaux. La Suisse est représentée par les deux Bernouilli : Jacques (1654-1705), qui applique un des premiers le calcul différentiel et intégral ; Jean, son frère (1667-1748), profond géomètre et physicien distingué.

Ainsi dans ce siècle, l'Italie, si on omet Galilée qu'elle persécuta, et l'Allemagne, si l'on place à part ses deux grands hommes, Képler qui mourut presque de misère, et Leibnitz, sont en pleine décadence morale. L'Espagne, comme un riche ruiné qui n'a gardé de sa fortune perdue que quelques joyaux précieux, montre des peintres éminents et trois féconds écrivains ; mais les pays auxquels ont passé la force et la prépondérance, la France et l'Angleterre, ont alors leur grand siècle littéraire. La première surtout se met à la tête de la civilisation moderne, et, par la supériorité reconnue de son esprit et de son goût, fait accepter de l'Europe entière le pacifique empire de ses artistes et de ses écrivains.

LIVRE VI.

LE DIX-HUITIÈME SIÈCLE; GRANDEUR DE L'ANGLETERRE, DE LA RUSSIE ET DE LA PRUSSE.

CHAPITRE XXIV.

CRÉATION DE LA RUSSIE; RUINE DE LA SUÈDE.

Pierre le Grand et la Russie au commencement du dix-septième siècle; puissance de la Suède; Narva et Pultawa. — Charles XII à Bender; traités de Pruth (1711) et de Nistadt (1721). — Second voyage de Pierre en Europe (1716); Saint-Pétersbourg; le czar chef de l'Église russe.

Pierre le Grand et la Russie au commencement du dix-septième siècle; puissance de la Suède; Narva et Pultawa.

Au même moment où la guerre de la succession d'Espagne faisait passer la prépondérance dans l'Europe occidentale des mains de la France à celles de l'Angleterre, une autre guerre livrait l'orient de l'Europe à la Russie et précipitait la Suède, notre vieille alliée, du haut rang que Gustave-Adolphe et Charles XI lui avaient donné.

Ce chapitre devrait avoir pour titre : comment une domination s'écroule, comment une domination s'élève. Les deux noms de Charles XII et de Pierre Ier marquant, en effet, la chute de la Suède et l'avénement de la Russie parmi les grandes puissances européennes.

Vers la fin du dix-septième siècle, la Russie comprenait déjà un immense territoire qui s'étendait de la mer Glaciale à la mer Caspienne. Ses habitants, relégués aux confins de l'Europe et de la civilisation, semblaient à peine des hommes aux rares marchands anglais ou hollandais qui trafiquaient dans leur pays. Mais la servile abjection du paysan devant les nobles et des nobles devant le czar, mettait aux mains de celui-ci un instrument redoutable : le despotisme. Dès le temps de Colbert, le savant Huet, évêque d'Avranches, disait : « S'il s'élevait quelque jour parmi eux un prince qui façonnât leur esprit féroce et leurs mœurs âpres et insociables, et qui se servît utilement de leur multitude, cette nation deviendrait formidable à ses voisins. » Pierre le Grand accomplit la prédiction de l'évêque.

Lorsque Fédor III, l'aîné des fils d'Alexis, mourut en 1682, le titre de czar fut partagé entre ses deux frères, Ivan et Pierre; mais l'autorité resta aux mains de leur sœur Sophie. En 1689, Pierre, arrivé à l'âge de 17 ans, réussit à confiner cette princesse ambitieuse dans un couvent, et décida son frère, pauvre infirme, à peu près aveugle et muet, à se démettre du pouvoir. C'était guidé par le Génevois Lefort, qu'il avait préparé et accompli cette révolution. Lefort lui vantait sans cesse les arts de l'Europe et l'autorité de ses rois, l'organisation de leurs armées et de leurs flottes. Pierre voulut avoir, lui aussi, une marine, une armée.

Dans l'impatience d'essayer ses forces naissantes et de s'approcher de cette mer Noire où il rêvait déjà d'avoir une flotte puissante, il déclara, en 1695, la guerre à la Turquie. Elle ne fut point brillante, bien qu'il eût pris Azof (1696). Il sentit que, pour réussir dans ses projets, il fallait qu'il s'initiât lui-même aux secrets de la civilisation européenne; et il alla visiter les nations policées de l'Occident. En 1697, il quitte Moscou, se rend en Hollande, à Saardam, et là, pendant plusieurs mois, sous le nom de Pierre Michaeloff, et généralement appelé par ses compagnons Peterbaas (maître Pierre), travaillant comme simple ouvrier du chantier, il apprend l'art de construire un vaisseau, de le lancer, de le gréer, de le gouverner, et il envoie dans ses États une colonie d'artisans, de marins, d'ingénieurs, d'ouvriers de toute espèce. Il va ensuite étudier l'Angleterre et son industrie, l'Allemagne et son organisation militaire. A Vienne, il apprend une révolte des strélitz, corps redoutable qui rappelait les prétoriens de Rome et les janissaires de Turquie. Pierre avait déjà failli être leur victime en 1682. Cette fois, c'était la princesse Sophie qui les soulevait du fond de son cloître pour ressaisir le pouvoir. Pierre accourt, fait pendre ou rouer 2000 des mutins, en fait décapiter 5000, et, armé d'une hache, remplit lui-même l'office de bourreau. Pendant plus d'un mois il en tua ainsi de sa main, et chaque jour davantage (1698). Plus tard il se faisait amener encore, durant ses orgies, des strélitz tirés de prison, et montrait son adresse en abattant leurs têtes. Cette milice séditieuse fut abolie, sans résistance. Une révolte d'anciens strélitz, à Astrakan en 1705, et une autre des cosaques du Don, à Azof, furent vite réprimées. Le czar fit aux cosaques le même honneur qu'aux strélitz: 84 de leurs chefs envoyés à Moscou périrent de sa main.

Lefort meurt en 1699, mais le czar continue ses réformes. Il organise des régiments sur le modèle de ceux qu'il a vus en Allemagne : exercices réguliers, vestes courtes et uniformes. Il astreint les fils des boyards à servir comme soldats ou matelots avant d'être officiers. Il fait traduire des livres étrangers traitant du génie et de l'artillerie, et fonde des écoles : une sous le nom d'école des cadets de marine, d'autres pour les mathématiques et l'astronomie. Il dote Moscou d'un hôpital. Il établit de verste en verste (1068 mètres) des poteaux peints pour guider les voyageurs et les marchands, et il fait commencer le canal de jonction entre le Don et le Volga. Mais il oublie que le commerce ne prospère que là où il n'a rien à craindre des caprices d'un pouvoir ombrageux ou avide. Ce goût pour les choses de l'Europe, il le pousse jusqu'à la manie, et la cour adopte de nouveaux usages, mais le peuple les repousse. Des modèles de justaucorps étaient pendus aux portes des villes, et on coupait la barbe et les robes à qui ne payait pas l'impôt fixé pour les défenseurs obstinés des anciennes coutumes.

Afin d'encourager le mérite par la distinction, il fonde, à

l'exemple des autres nations de l'Europe, un ordre de chevalerie : celui de Saint-André. Pour faciliter ses rapports avec les peuples de l'Occident, il fixe par un décret le commencement de l'année au premier janvier, au lieu du premier septembre (1699). Mais ce n'était qu'une demi-réforme : en n'adoptant pas le calendrier grégorien, l'année russe s'est mise en retard de douze jours sur la nôtre.

Pierre était occupé à ces réformes, et, montrant à ses ministres, à ses généraux les pays successivement illustrés par les arts et la gloire, leur disait : « Notre tour est venu, si vous voulez seconder mes desseins et joindre l'étude à l'obéissance, » lorsqu'un nouvel horizon s'ouvrit à lui.

Un gentilhomme livonien, Reynold Patkul, arrivait alors à la cour de Moscou. Il avait été condamné à mort en 1692, pour avoir réclamé le rétablissement des priviléges de son pays, détruits par le roi de Suède, au mépris des traités. Réfugié d'abord auprès du roi de Pologne Auguste II, il venait remettre le soin de sa vengeance aux mains du czar. Pierre n'hésita pas à l'accepter ; les réformes n'étaient pour lui qu'un moyen, le but était la grandeur de la Russie, et il ne pouvait l'atteindre que par l'abaissement de la Suède.

Depuis la paix de Westphalie, la Suède avait eu la suprématie dans le nord de l'Europe. Elle tenait les embouchures de tous les fleuves allemands, du Weser, de l'Elbe, de l'Oder ; et, comme elle possédait la Poméranie, la Livonie, l'Esthonie, l'Ingrie et la Carélie avec la Finlande, la mer Baltique était un lac suédois. Mais cette brillante position était menacée. Tous les peuples voisins avaient ou à se faire jour ou à réparer d'anciennes défaites. La Russie ne pouvait devenir une puissance européenne qu'en occupant le golfe de Finlande, et la maison de Brandebourg désirait rejeter hors de l'Allemagne les intrus qui en occupaient, à sa portée, une si bonne part. Le Danemark avait de semblables désirs, et l'électeur de Saxe, roi élu de Pologne, souhaitait une guerre pour se donner le droit de garder des troupes saxonnes dans ce royaume, qu'il eût voulu rendre héréditaire.

Charles XI, le plus grand roi de la Suède depuis Gustave-Adolphe, était mort, laissant le trône à un jeune prince de dix-huit ans. Aussitôt la coalition se forme (1699) : les Russes de Pierre le Grand entrent dans l'Ingrie ; les Saxons d'Auguste II dans la Livonie, les Danois de Frédéric III dans le Holstein, dont le duc est beau-frère de Charles XII.

Le nouveau roi de Suède n'était pas un grand prince, mais une âme héroïque à qui il n'a manqué qu'un peu de sagesse pour faire de grandes choses. Il s'était nourri de la lecture de Quinte-Curce, et ne souhaitait rien tant que de ressembler au héros macédonien. « Il n'était pas Alexandre, mais il aurait été le premier soldat d'Alexandre. »

A la nouvelle de la coalition, loin de s'étonner et de craindre, il s'arme rapidement et part pour défendre ses provinces attaquées par le Darius moscovite. Il commence par le Danemark, débarque dans l'île de Seeland, et court tout droit à Copenhague, qu'il menace d'un bombardement. Le Danois, effrayé, implore la paix et se hâte de signer le traité de Traventhal (18 août 1700). En six semaines, il avait été mis hors de combat.

Déjà, les Saxons, conduits par Patkul, avaient levé le siége de Riga sur les représentations de la Hollande. Charles XII court aux Russes et arrive sous les murs de Narva avec 8000 hommes, en face d'une armée dix fois plus nombreuse. Mais le czar a quitté le camp, les généraux ne s'entendent pas et n'inspirent aux soldats aucune confiance. Il suffit aux Suédois de quelques heures pour culbuter cette cohue de barbares (30 novembre). Charles XII renvoie ses prisonniers qu'il méprise et marche contre les Saxons, qu'il trouve retranchés derrière la Dwina. Ils n'en sont pas moins battus, et perdent Mittau et la Courlande (juillet 1701).

Jamais la guerre ne s'était faite avec une plus foudroyante rapidité. Malheureusement Charles·XII ne sut pas profiter de l'occasion pour conclure une paix glorieuse, que le chancelier Oxenstiern lui conseillait, ni reconnaître lequel de ses deux ennemis était le plus redoutable : trompé par le facile succès de Narva, il conçut pour l'empire russe et même pour Pierre le Grand un mépris qui fut la cause de ses revers. Il résolut de détrôner Auguste ; et, laissant quelques mille hommes pour surveiller les Russes, il pénétra en Pologne

(1702). Il y perdit cinq ans à remporter de stériles victoires. Pour en finir il envahit la Saxe. Auguste II, alors, céda, et par le traité d'Altranstadt, renonça formellement à la couronne de Pologne en faveur de Stanislas Leczinski, le protégé du roi de Suède (1706).

Charles XII se trouve alors l'arbitre de l'Europe. Le moment était solennel : s'il se jetait sur l'Allemagne, et prenait à revers la coalition qui attaquait la France, les conséquences d'une telle diversion étaient incalculables : aussi Marlborough vint-il lui-même à Altranstadt négocier avec le roi de Suède. Charles exigea de Joseph Ier une multitude de concessions et de réparations : l'empereur accorda tout. Les alliés respirèrent, quand Charles XII, quittant la Saxe, se dirigea vers l'Orient pour s'y prendre corps à corps avec un adversaire qui commençait à l'inquiéter.

Pendant qu'il guerroyait en Pologne pour le vain honneur de faire un roi, Pierre le Grand avait réorganisé son armée et battu près de Derpt 7000 Suédois (septembre 1701). L'année suivante Pierre conquit l'Ingrie, où, pour être maître du lac Ladoga et de la Néva, il augmenta les fortifications de la place suédoise de Noteborg, qu'il appela Schlusselbourg, ou le fort de la Clef, disant que cette clef lui ouvrirait les pays ennemis. Ses troupes s'aguerrissaient, les officiers se formaient, et une suite de succès peu brillants mais solides (prise de Derpt, de Narva et de Mittau), donnait aux uns et aux autres la confiance nécessaire pour affronter les terribles soldats du héros suédois.

Décidé, enfin, après tout ce temps perdu en Pologne et en Saxe, à arrêter les progrès d'un ennemi qu'il avait trop méprisé, Charles traversa rapidement la Saxe et la Pologne, chassant devant lui les Russes aventurés sur le territoire polonais, passa sur la glace la Bérézina (1708), et entra à Mohilew. Il n'avait pas de plan : d'abord, il sembla résolu à marcher sur Moscou, tandis qu'un de ses généraux, Lubecker, attaquait la capitale naissante de la Russie, Saint-Pétersbourg. Avec un peu de prudence, cette marche pouvait réussir, et Pierre eût été contraint d'accepter, dans Moscou dompté, la paix qu'il avait plusieurs fois demandée. Mais, arrivé à Smolensk, Charles abandonne la route de Moscou et se dirige vers le sud. Devant lui il voit fuir Schérémétoff, le plus habile général du czar, et il le poursuit. Schérémétoff dévaste tout dans sa retraite, détruit les fourrages, brûle les magasins, désole les campagnes pour affamer l'ennemi. Charles XII, perdu au milieu des déserts, continue cependant d'avancer: il compte sur un soulèvement des Cosaques de l'Ukraine pour couper la retraite à Schérémétoff.

Il avait conclu une alliance avec leur hetmann, Mazeppa. Par malheur, l'armée s'égara dans l'inextricable marais de Pinsk, et Charles arriva trop tard au rendez-vous. Le czar avait eu le temps de battre Mazeppa, et l'hetmann n'amena au roi qu'une poignée d'hommes (1708). Charles XII comptait au moins sur Lewenhaupt, qui approchait avec 16000 hommes et d'immenses approvisionnements. Le czar se jeta entre le roi et son lieutenant. Lewenhaupt, attaqué près de la Soja, affluent oriental du Dniéper, par 60000 hommes, résista héroïquement, et, après cinq engagements meurtriers, fut contraint de mettre le feu aux 7000 chariots qu'il escortait; il ne rejoignit le roi qu'avec 5000 hommes, laissant aux mains du czar 44 drapeaux. « Cette victoire, dit Pierre, fut la mère de celle de Pultawa. » Dans le même temps, Apraxin battait un corps suédois dans l'Ingrie. Survint le terrible hiver de 1707: en une seule marche 2000 soldats tombèrent morts. L'armée perdit la moitié de son effectif.

Pierre le Grand manœuvrait cependant avec autant d'habileté que de prudence pour renfermer les Suédois en Ukraine, Charles XII essaya vainement de se faire jour par des attaques partielles: ses détachements furent battus. Il prit alors le parti d'assiéger Pultawa, dont le czar avait fait son magasin: la ville n'avait que des murs de terre; mais les Russes y jetèrent des renforts. Pierre le Grand arriva lui-même à la tête de 70000 hommes, et se retrancha dans une position formidable. Charles, après avoir perdu plus de deux mois à ce siége, n'avait d'autre ressource que de livrer bataille. Malgré toute la valeur de ses soldats, il fut vaincu, son armée prise ou détruite. Lui-même s'enfuit en Turquie avec 500 chevaux.(1709).

Charles XII à Bender; traités de Pruth (1711), et de Nystadt (1721).

Cette victoire renversa la puissance de la Suède, et fit passer à la Russie la suprématie dans le nord de l'Europe. Le czar qui, à Pultawa, s'était battu comme un soldat, sut profiter de sa victoire en habile général: il s'empara de le Carélie, de la Livonie, de l'Estonie, et appela aux armes tous ceux que Charles avait vaincus. Le roi de Danemark sejeta sur la Scanie et Auguste II rentra en Pologne. Le Divan s'alarma de voir grandir si vite une puissance née d'hier; il céda aux instances du roi de Suède. déclara la guerre à la Russie, et le grand vizir Méhémet-Baltezy franchit le Danube. Le czar, appelé par les hospodars de Moldavie et de Valachie, accourut au devant des Turcs, mais ne put défendre le passage du Pruth, et se trouva avec ses 40 000 hommes, sans vivres ni munitions, enveloppé par 150 000 ennemis. La czarine Catherine, jeune Livonienne, veuve d'un dragon suédois, prise par les Russes en 1702, dans Marienbourg, et que le czar, séduit par sa beauté et son esprit, avait épousée, le sauva en ouvrant d'elle-même des négociations avec le grand vizir, qui se laissa gagner. Le czar rendit Azof; par la destruction du port de Taganrog, il renonça à s'ouvrir la mer Noire; il s'engagea aussi à faire sortir ses troupes de Pologne, et à ne plus se mêler aux affaires de cette république. Charles, par ce traité, était une seconde fois vaincu. Il s'obstina, pendant trois ans, à rester en Turquie, faisant jouer mille ressorts afin d'armer le sultan contre le czar. Il ne put réussir. Fatigué de ses intrigues, le Divan voulut le contraindre à quitter le territoire ottoman. Charles XII se défendit à Bender, avec ses domestiques et ses officiers contre 15 000 hommes. Quand il se décida à partir, en 1714, il était trop tard.

Il avait inutilement dépensé trois années à ces héroïques équipées, et, pendant ce temps, la Suède avait perdu toutes ses provinces extérieures. En vain Steinboch avait, en 1709, détruit l'armée danoise près d'Helsingborg; il fut, malgré une nouvelle victoire, contraint de capituler dans Tonningen, à l'embouchure de l'Eyder (1713); Pierre envoya dans la Poméranie Menschikoff, garçon pâtissier qu'il avait fait général et prince, et qui le méritait; et, avec la flotte qu'il avait créée, il gagna lui-même, près des îles d'Aland, sur les Suédois, vieux maîtres de cette mer, une bataille navale qui lui donna la Finlande. Le roi de Danemark vendit à George Ier, roi d'Angleterre, Brême et Verden dont il s'était saisi. Le roi de Prusse se fit livrer Stettin et la Poméranie. Les dépouilles de la Suède étaient à l'encan.

C'est à ce moment que Charles XII se décidait enfin à quitter la Turquie : il traversa à cheval l'Allemagne entière sous un déguisement, et ne s'arrêta qu'à Stralsund, la dernière ville qu'il possédât hors de Suède. Une armée combinée de Danois, de Saxons, de Prussiens et de Russes l'y assiégea aussitôt; il la défendit un mois, et fut contraint d'en sortir pour ne pas y être pris; elle capitula le même jour (13 déc. 1715).

L'agriculture et l'industrie ruinées, le commerce anéanti, 250 000 hommes, l'élite de la population, moissonnés par une guerre de quinze ans, et l'ancien ascendant perdu, voilà dans quelle situation Charles XII avait mis et retrouvait son royaume. Il ne donna pourtant aucun signe que le passé lui avait au moins servi de leçon. Il consentit seulement, d'après les conseils du baron de Goertz, à diviser ses ennemis : une trêve tacite fut conclue entre la Suède et le czar; Goertz s'entendit même avec Albéroni, et Charles XII promit de conduire 20 000 hommes en Angleterre pour détrôner George Ier. Il attaqua d'abord le Danemark et envahit la Norvége; mais il périt devant Fréderickshall, probablement assassiné (11 décembre 1718). Trois mois après, le baron de Goertz mourait sur l'échafaud. Charles XII avait manqué deux fois l'occasion de jouer un grand rôle : en 1707, celui de Gustave-Adolphe dans les complications de l'Europe occidentale; plus tard celui de pacificateur triomphant dans la Pologne et la Russie domptées. Il s'était cru un autre Alexandre, il n'avait été qu'un aventurier héroïque; il avait renversé la fortune de son peuple et ruiné son pays pour un siècle.

La sœur de Charles XII, Ulrique-Éléonore, fut désignée par les états pour lui succéder (31 janvier 1719), mais à la condition de signer une capitulation qui restreignait singulièrement l'autorité royale. Elle s'associa, le 4 avril 1720, son époux, Frédéric de Hesse-Cassel, et par des traités onéreux rétablit la paix parmi les États du Nord. La Suède reconnut Auguste II pour roi de Pologne, conserva Wismar dans le Mecklembourg, mais ne garda de la Poméranie que ce qui est au nord de la Peene (Stralsund), céda à la Prusse, avec les îles d'Usedom et de Wollin, la partie de cette province comprise entre la Peene et l'Oder (Stettin), et reconnut au Danemark la possession du Sleswig. Le traité de Nystadt avec la Russie (1721) lui coûta tous les pays que baignent le golfe de Riga et celui de Finlande, depuis la Duna jusqu'au Kymene, c'est-à-dire la Livonie, l'Esthonie, l'Ingrie, une partie de la Carélie, du pays de Viborg et la Finlande orientale. Quand l'ambassadeur de France sollicitait pour la Suède des conditions moins dures, Pierre répondait : « Je ne veux pas voir de mes fenêtres les terres de mon voisin. »

Second voyage de Pierre en Europe (1716); Saint-Petersbourg le czar chef de l'Église russe.

La Suède descend, la Russie monte. Pierre avait, en 1716, profité des négociations ouvertes par le baron de Goertz pour faire un nouveau voyage en Europe. Il pensait déjà à prendre pied en Allemagne; ce qui effarouchait l'électeur de Hanovre devenu roi d'Angleterre. Pour réussir dans ce dessein il avait besoin de l'amitié de la France et il disait avec beaucoup de justesse à nos agents : « Vous vous êtes servis de la Suède pour contenir l'Autriche. Cette puissance est ruinée; je m'offre à la remplacer dans ce rôle, si vous me garantissez mes conquêtes et me payez les subsides que vous donniez à la Suède; de plus je vous apporte l'alliance de la Pologne et de la Prusse. » Dubois, le confident du régent de France et partisan exclusif de l'alliance anglaise, fit tous ses efforts pour entraver cette négociation, qui pourtant aboutit au traité d'Amsterdam, par lequel la France, le czar et la Prusse garantissaient les traités d'Utrecht et de Bade, aussi bien que ceux qui seraient conclus pour la paix du Nord par le czar et la Prusse. Cette convention était l'abandon de la Suède, notre vieille alliée. Le czar consacra six mois à visiter la France et ses merveilles. Il y reçut la plus magnifique hospitalité : on lui fit accepter tout ce qu'il admira en fait d'art; il visita la Monnaie : une des médailles qu'on frappa en sa présence tomba; il la ramassa et vit son portrait avec cette légende : *Vires acquirit eundo.*

De retour dans ses États, il acheva sa nouvelle capitale pour remplacer l'ancienne Moscou, qu'il trouvait trop éloignée de l'Europe et trop asiatique. Il en avait jeté les fondements en 1703, sur les débris de quelques bastions de la ville de Nieuschantz, prise cette même année aux Suédois, et il l'appela de son nom, Saint-Pétersbourg. La situation était bien choisie : à 30 verstes de l'embouchure de la Néva, près du golfe de Finlande, en face de la Suède. L'endroit était malsain : plus de 100 000 ouvriers y périrent, mais le czar ne comptait pas les morts. Il s'établit lui-même au milieu des travailleurs, fit rapporter des terres pour combler les marais, creuser des canaux pour faire écouler les eaux stagnantes, et une des plus belles capitales de l'Europe s'éleva, par l'indomptable volonté de son fondateur, là où la nature n'aurait pas voulu un village. Dès l'année 1704, la ville était mise à l'abri d'un coup de main du côté de la mer, par la construction du fort de Kronslott, dans une île, à l'embouchure de la Néva, et le port de Kronstadt, creusé en 1710, sur un banc de sable du golfe de Finlande, reçut la marine naissante du czar[1].

---

1. Kronstadt est sur l'île Kotline, qui a 8 verstes de long sur une de large (1 verste = 1067 mètres). Pierre avait songé un moment à placer sa capitale à l'embouchure du Don, ce qui l'eût rapprochée de Constantinople, mais ne l'eût pas mise en rapport direct avec l'Europe, l'Euxin étant une mer fermée dont les clefs sont aux Dardanelles, et la mer d'Azof n'étant, à vrai dire, qu'un lac marécageux dont la profondeur moyenne est de 2 mètres. Chose plus étrange et qui montre la vaste étendue de son regard, il fit rédiger un mémoire, qu'on a retrouvé aux archives de l'empire, pour examiner s'il ne conviendrait pas de mettre Pétersbourg sur ce fleuve Amour où la Russie vient de s'attribuer un territoire grand comme la France, et où elle a élevé sans que le bruit même en arrivât en Europe, des ports, des arsenaux, des forteresses qui lui donnent une position formidable sur l'océan Pacifique.

Saint-Pétersbourg, à peine bâti, vit s'élever une fabrique de glaces, une manufacture de tapisseries, une autre pour la filerie d'or et d'argent. Pierre avait déjà fait venir des bergers et des troupeaux de Saxe et de Pologne, afin d'avoir des laines propres à fabriquer de bons draps, et de n'être plus obligé de recourir aux manufactures de Berlin pour habiller ses troupes; il appela encore de l'étranger des ouvriers en fer et en laiton, des armuriers, des fondeurs; à sa mort, Moscou et Iaroslaw comptaient 14 fabriques de toile de lin et de chanvre. Pour faciliter les transactions, il rend les poids et mesures uniformes, et établit un tribunal de commerce composé moitié d'étrangers moitié de nationaux. En même temps, les mines de la Sibérie sont ouvertes; la mer Baltique, la mer Noire et la Caspienne sont reliées par des canaux [1], les bords du lac Peïpus changés en chantiers de construction; le plan du canal et des écluses du Ladoga tracé par Pierre lui-même en 1718. Des forts élevés de distance en distance défendent la frontière contre les Tartares. Des relations de commerce sont établies avec la Chine; une tentative est faite pour ouvrir une nouvelle route aux denrées de l'Inde par la grande Boukharie, à celles de la Perse par la mer Caspienne, afin de mettre tout ce riche commerce dans les mains de la Russie. Jusqu'au Kamtchatka, des forts sont bâtis, et Behring relève le gisement des côtes de la Sibérie orientale (1725), où il va bientôt découvrir le détroit qui porte son nom (1728).

Le clergé russe était fameux par son ignorance : ses membres ne savaient guère que deux choses : qu'ils étaient de la religion grecque et qu'il fallait haïr les Latins. Pierre les obligea de se recruter dans trois collèges qu'il établit à Moscou. Il enleva à la juridiction ecclésiastique le droit de condamner à mort ou aux peines afflictives, et n'autorisa les vœux monastiques qu'après cinquante ans. Il avait laissé vacante depuis 1703 la dignité de patriarche, il l'abolit formel-

---

[1] On conserve dans les archives de Saint-Pétersbourg le plan original d'un canal tracé par Pierre le Grand pour faire communiquer la Caspienne et l'Euxin.

lement en 1721, et donna la direction suprême des affaires religieuses au saint synode, conseil composé de 12 évêques ou archimandrites, qu'il nomma, et qui lui jurèrent fidélité. Il devint, par là, en réalité, le chef suprême de la religion, qu'il subordonna complètement aux intérêts et à l'action de l'autorité temporelle. Dans ses lois il punit des mêmes châtiments les blasphèmes contre Dieu et les murmures contre sa personne.

Mais Pierre ne se contenta point de fortifier le principe autocratique du gouvernement russe, il en modifia la nature. Il appliqua, en effet, la hiérarchie militaire à toute l'administration de l'empire, déclarant que les officiers auraient la noblesse personnelle, les officiers supérieurs la noblesse héréditaire. Le peuple russe tendit à devenir un régiment de muets, et, comme le dit un voyageur moderne, « la discipline du camp fut substituée à l'ordre de la cité. »

Pierre avait eu de sa première femme, Eudoxie Lapouchin, qu'il avait répudiée à cause de son opposition aux réformes, un fils, Alexis Pétrowitz, qui, gouverné par les prêtres, chef du parti mécontent, aigri contre son père et sa belle-mère Catherine, avait dit un jour : « Si je trouve le temps où mon père ne soit pas présent, je dirai quelque chose aux archevêques, qui le diront aux curés, et les curés le diront à leurs paroissiens, et il se pourra qu'on me fasse régner, même malgré moi. » Et il aurait régné, comme tout le monde le comprenait bien, pour anéantir l'œuvre de son père, pour permettre de porter la longue barbe et la robe, pour rétablir le patriarche et les trois carêmes, chasser les étrangers et les réformes. Les intrigues d'Alexis inquiétèrent le czar ; il le fit avertir plusieurs fois, puis arrêter, et le traduisit enfin devant un tribunal exceptionnel de cent quatre-vingt-un commissaires, qui, après l'avoir soumis à la question, le condamnèrent à mort à l'unanimité. A la nouvelle de l'arrêt, le prince tomba dans des convulsions qui amenèrent, suivant les courtisans, une attaque d'apoplexie. Le lendemain il mourait (1718). L'Anglais Henri Bruce, présent alors à la cour de Russie, écrivit que le czar avait administré à son fils une potion qui le fit mourir dans des convulsions. Très-peu de personnes, ajoute-t-il, regardèrent sa mort comme naturelle ; mais il était dangereux de dire ce qu'on pensait. Plusieurs de ses complices supposés périrent ; le général Glebow fut empalé, l'archevêque de Rostow fut rompu vif, l'impératrice Eudoxie fut flagellée.

L'homme qui ne pardonnait point à son fils ne devait guère pardonner à ses agents infidèles. Les exactions, cette plaie de l'administration russe, trouvaient le czar sans pitié En 1721, le gouverneur d'Archangel fut fusillé, et le vice-gouverneur de Saint-Pétersbourg reçut le knout, pour avoir abusé de leur pouvoir. Quelque temps auparavant, une chambre de justice, instituée pour rétablir l'ordre dans les finances, avait fait trembler jusqu'au favori du czar, le prince Menschikoff. C'est par cette dureté impitoyable que Pierre parvint, comme il le disait lui-même, à habiller en hommes son troupeau de bêtes.

Les dernières années du czar furent encore marquées par des succès. Il avait alors une armée régulière de 120 000 hommes et une flotte de 30 vaisseaux de ligne. Il avait conquis la prépondérance dans le Nord : le traité de Nystadt la consacra. Une expédition contre la Perse lui valut Derbent, au sud du Caucase (1722). Ainsi, Pierre Ier avait montré à ses successeurs la double route qu'ils ont si hardiment suivie à l'ouest et au sud de leur empire. Sous sa main despotique, mais puissante, la Russie était poussée vers le progrès avec violence, mais avec rapidité. Trois ans après, le génie civilisateur de la Russie, que le sénat et le synode avaient surnommé le *Grand* et le *Père de la Patrie*, mourait des suites de ses débauches (8 février 1725)[1]. Voltaire l'a appelé moitié

---

[1]. Voici le testament politique laissé, dit-on, par Pierre le Grand :

« Ne rien négliger pour donner à la nation russe des formes et des usages européens.

« Maintenir l'État dans un état de guerre continuelle.

« S'étendre par tous les moyens possibles vers le nord, le long de la Baltique ; au sud, le long de la mer Noire.

« Entretenir la jalousie de l'Angleterre, du Danemark et du Brandebourg contre la Suède, qu'on finira par subjuguer. Intéresser la maison d'Autriche à chasser les Turcs de l'Europe, et, sous ce prétexte, entretenir une armée

héros, moitié tigre, et Frédéric II disait de lui et de ses Russes : « C'était de l'eau-forte qui rongeait du fer. »

permanente, établir des chantiers sur le bord de la mer Noire, et, en avançant toujours, s'étendre jusqu'à Constantinople.

« Alimenter l'anarchie de la Pologne et finir par subjuguer cette république.

« Entretenir, au moyen d'un traité de commerce, une alliance étroite avec l'Angleterre, qui de son côté favorisera tous les moyens d'agrandissement et de perfectionnement de la marine russe, à l'aide de laquelle on obtiendra la domination sur la Baltique et la mer Noire.

« Se pénétrer de cette vérité : que le commerce des Indes est le commerce du monde, et que celui qui peut en disposer exclusivement est le souverain de l'Europe.

« Se mêler à tout prix dans les querelles de l'Europe et surtout de l'Allemagne.

« Se servir de l'ascendant de la religion sur les Grecs désunis ou schismatiques répandus dans la Hongrie, la Turquie, dans les parties méridionales de la Pologne.

« Enfin, mettre en lutte l'une contre l'autre les cours de France et d'Autriche ainsi que leurs alliés, et profiter de leur affaiblissement réciproque pour tout envahir. »

Il n'est nullement certain que le czar ait tracé ce plan à ses successeurs ; mais il est très-sûr qu'il a été scrupuleusement suivi par eux. La moitié de cette politique, l'abaissement de la Suède, la spoliation de la Pologne, l'intervention dans les affaires d'Allemagne et la domination de la Baltique, a été accomplie ; l'autre moitié, la conquête de la mer Noire, de Constantinople et de l'Inde, est aujourd'hui tombée dans le domaine des questions réservées.

CHAPITRE XXV.

CRÉATION DE LA PRUSSE; ABAISSEMENT DE LA FRANCE ET DE L'AUTRICHE.

Régence du duc d'Orléans; ministères de Dubois, du duc de Bourbon et de Fleury (1715-1743). — Formation de la Prusse et situation de l'Autriche. — Guerre de la succession d'Autriche (1741). — Guerre de Sept ans (1756-1763).

Régence du duc d'Orléans; ministères de Dubois, du duc de Bourbon et de Fleury (1715-1743).

Le successeur de Louis XIV, en France, n'avait que cinq ans. Le parlement déféra la régence, avec tout le pouvoir, au neveu du roi mort, au duc d'Orléans, prince intelligent et brave, mais bon jusqu'à la faiblesse et honteusement débauché. Pour gagner le Parlement, il lui promit une part dans le gouvernement, et, quelque temps après, il l'envoya en exil à Pontoise, parce que les magistrats s'opposaient aux expériences de Law sur la richesse nationale. Il parut d'abord décidé à rétablir la concorde dans les affaires religieuses, en pratiquant une tolérance générale. Mais bientôt il se déclara en faveur des jésuites, et fit enregistrer la bulle *Unigenitus*, dirigée contre les jansénistes, le tout afin que son principal agent, l'abbé Dubois, fait, malgré son indignité, archevêque de Cambrai, pût obtenir le chapeau de cardinal. Pour remédier au despotisme de bureau que les ministres avaient exercé sous Louis XIV, il remplaça les ministères par des conseils spéciaux composés de nobles, et, moins de deux ans après, il supprimait ces conseils.

Deux faits remplissent cette triste période : au dehors, une guerre contre l'Espagne; au dedans le système de Law.

Si Louis XIV avait combattu quatorze ans contre l'Europe,

ce n'était pas seulement pour donner un royaume à son petit-fils, c'était pour faire de l'Espagne notre alliée. Le duc d'Orléans sacrifia les liens de famille, l'honneur et les intérêts du pays à l'éventualité qu'il avait d'être roi de France, en cas que l'enfant qui régnait alors vînt à mourir. C'est pour cela qu'il s'unit étroitement avec le roi d'Angleterre, George I*r*. Celui-ci, menacé par les jacobites et les torys, sentait son pouvoir mal affermi. La paix lui était indispensable pour consolider un trône nouveau et chancelant. Heureusement pour la dynastie de Hanovre, les affaires étrangères étaient en France aux mains de Dubois. Cet homme, dont la scandaleuse élévation étonna à peine ses contemporains, reçut ouvertement de George I*r* une pension annuelle. Grâce à la corruption du *drôle* (ainsi le régent appelait-il l'abbé Dubois), la France subit, au lieu d'imposer, les conditions de l'alliance. Elle promit de renvoyer de son territoire le prétendant Stuart, de démolir Mardyck, de combler le port de Dunkerque.

La politique du gouvernement espagnol resserra encore les liens qui unissaient l'Angleterre et la France. Le premier ministre de Philippe V, Albéroni, voulait rendre à l'Espagne les domaines que le traité d'Utrecht lui avait enlevés, et ne reculait pas, pour y parvenir, devant un bouleversement général. L'Autriche, la France et l'Angleterre s'étaient unies pour le maintien des traités d'Utrecht. Albéroni entreprit d'occuper l'Autriche au moyen des Turcs, de renverser le régent par une conspiration, de rétablir les Stuarts avec l'épée de Charles XII. Mais le prince Eugène battit les Turcs à Péterwaradin et à Belgrade (1716-1717); la conspiration de Cellamare et de la duchesse du Maine échoua (1718); Charles XII périt en Norvége (1718). Alors le régent déclara la guerre à l'Espagne (1719). « C'était une guerre civile, » dit Voltaire; c'était surtout une guerre absurde; car la France combattait l'Espagne, son alliée, à la plus grande joie de l'Angleterre, alors encore son ennemie naturelle. Philippe V avait eu soin de faire peindre les trois fleurs de lis sur tous les drapeaux de son armée. Le même maréchal de Berwick, qui avait gagné des batailles pour affermir son trône, commandait l'armée française. Les Anglais détruisirent une flotte espagnole près de Messine, et prirent Vigo en Galice ; alors, tous les projets du cardinal Albéroni étant déconcertés, ce ministre, regardé six mois auparavant comme le plus grand homme d'État, ne passa plus que pour un téméraire et un brouillon. Il dut quitter le ministère, et l'Espagne adhéra à la quadruple alliance que la France, la Grande-Bretagne, la Hollande et l'Autriche avaient conclue. Le duc de Savoie reçut la Sardaigne en échange de la Sicile, qui resta à l'empereur. La reine d'Espagne obtint pour l'aîné de ses enfants l'expectative des duchés de Parme, de Plaisance et de Toscane (1720).

La paix était rétablie, quoique précaire et peu solide : l'Espagne n'avait point renoncé à l'espoir de recouvrer ses anciennes annexes. Elle essaya d'y parvenir par la diplomatie ; et alors commencèrent des négociations compliquées, où les différents cabinets de l'Europe montrèrent une incroyable versatilité. Les traités de Prado, de Séville et de Vienne (1728, 1729, 1731) réconcilièrent enfin tout le monde. Les duchés italiens promis à l'Espagne lui furent garantis, et l'infant don Carlos prit, en 1731, possession de ceux de Parme et de Plaisance ; la pragmatique sanction de l'empereur Charles VI, dont nous parlerons plus loin, fut acceptée ; enfin la compagnie d'Ostende, établie par ce prince pour faire concurrence aux Anglais et aux Hollandais dans les Indes orientales, fut abandonnée à elle-même et tomba.

Le plus triste legs du règne de Louis XIV était la ruine financière. L'État devait 2 milliards 400 millions, dont un tiers immédiatement exigible. On avait dépensé deux années de revenus. Sur 165 millions d'impôts, le trésor en touchait 69 et en dépensait 147 : déficit, 78 millions. Le régent essaya d'abord de remédier au mal par des mesures de détail, telles que suppression d'offices, retranchement d'intérêt des rentes, chambre de justice contre les traitants ; mais ces moyens, tyranniques ou insuffisants, ne firent que ruiner le crédit. Saint-Simon conseillait de réunir les états généraux et de leur faire décréter la banqueroute. Le régent repoussa ce remède, non comme immoral, mais comme dangereux. Il aima mieux adopter les plans de l'Écossais Law.

Ce hardi financier, obligé de fuir de la Grande-Bretagne pour un duel, avait d'abord proposé son projet au duc de Savoie, qui répondit qu'il n'était pas assez puissant pour se ruiner. Il était venu ensuite l'offrir au contrôleur général Desmarets; mais c'était dans le temps d'une guerre malheureuse, où toute confiance était perdue, et la base de ce système était la confiance. Il fut plus heureux auprès du régent. Il voulait créer une puissance nouvelle, *le crédit*, en se fondant sur ce principe qui n'est vrai qu'à moitié, que l'abondance du numéraire fait la prospérité du commerce et de l'industrie; d'où il tirait cette conséquence tout à fait fausse, qu'il est avantageux de substituer au numéraire-métal, qui ne peut se créer indéfiniment, le numéraire-papier ou papier monnaie, qui est susceptible d'une multiplication indéfinie. Law dut se borner d'abord à fonder une banque particulière (mai 1716). La banque escompta à 6 pour 100 par an, et bientôt même à 4, les effets de commerce qui ne trouvaient de preneurs auparavant qu'en payant un droit usuraire de 2 et demi par mois, et elle émit elle-même des billets qu'elle payait à vue, en espèces invariables de poids et de titre. Dès lors tout le monde y courut et se disputa son papier, qui facilitait singulièrement les transactions commerciales.

A sa banque, devenue en 1718 banque royale, Law ajouta une compagnie de commerce qui obtint le privilége exclusif de l'exploitation et du commerce de la Louisiane et de toute la vallée du Mississipi, puis du Sénégal et des Indes. Le premier succès de Law fit croire au second. Telles furent les folles espérances placées sur cette entreprise, que des actions de 500 livres furent achetées dix, vingt, trente et quarante fois leur valeur.

La rue Quincampoix, devenue le siége de la banque royale, regorgea d'une foule qui s'y étouffait. Paris, la France entière, les étrangers mêmes accoururent, altérés de gain. Toutes les classes se livrèrent à un agiotage effréné. Des gains énormes se faisaient en un instant. Tel était valet le matin qui, le soir, se trouvait maître.

Cependant la banque atteignait son but : elle prêtait à l'État 1200 millions de papier-monnaie, avec lequel il remboursait ses créanciers, et qui revenait ensuite à la banque en échange des actions de la compagnie. Il fallait bien cependant que la perte se retrouvât quelque part : ce fut la nation qui la supporta. En vain Law voulut modérer l'émission du papier, il ne le pouvait plus ; pour soutenir le mouvement prodigieux du commerce et satisfaire tant d'appétits insatiables, il fallait créer et créer encore des valeurs de papier : elles dépassèrent 3 milliards, alors que tout le numéraire en France n'allait pas au delà de 700 millions. Cette disproportion préparait une catastrophe. Rien ne tenait que par la confiance du public, et cette confiance ne pouvait longtemps se soutenir. Pour sauver la *compagnie*, c'est-à-dire la partie aventureuse du système, Law la réunit à la banque, c'est-à-dire à la partie sérieuse et utile. Ce fut la perte de l'une et de l'autre. Dès la fin de 1719, quelques-uns se refroidissent : les plus prudents commencent à *réaliser*, et se présentent à la banque pour avoir des espèces. Cet exemple gagne et alarme, les *réalisateurs* se multiplient ; ils vendent leurs actions au plus haut du cours, et, avec les billets, achètent de l'or, de l'argent, des diamants, des terres. Les actions cessent de monter, oscillent, puis baissent rapidement. Law, devenu contrôleur général, lutte en désespéré contre les réalisateurs : les payements en espèces sont interdits ; défense d'avoir chez soi de l'or ou de l'argent ; poursuites, visites domiciliaires, dénonciations : un fils dénonça son père. Cependant la confiance dans les billets diminua toujours. Alors, par un revirement soudain, l'État, qui naguère proscrivait le métal, déclara qu'il ne recevrait plus de payement en papier : c'était déclarer la mort du système.

Law s'échappa de France, poursuivi par les malédictions publiques ; il y était venu avec 1 600 000 francs, il n'emporta que quelques louis (décembre 1720). Restait à liquider. Les frères Pâris-Duverney conduisirent l'opération par laquelle l'État se reconnut débiteur de 1 milliard 700 millions au profit des créanciers de la compagnie. La dette publique fut ainsi augmentée de 40 millions de rentes annuelles. Mais l'extinction d'un grand nombre d'offices et le rachat de plusieurs branches de revenus aliénés compensaient cette augmentation. L'État fut dans une position financière à peu près égale à celle où Law l'avait trouvé.

Telle est l'histoire de ce fameux *système*. Il montra la puissance du crédit; il donna à l'industrie, au commerce maritime, une énergique impulsion; il débarrassa le pays d'une foule d'immunités onéreuses; enfin, s'il ruina des individus, il améliora la condition générale par une répartition plus favorable aux classes inférieures: mais, en bouleversant les conditions et les fortunes, il accéléra aussi l'ébranlement déjà commencé des mœurs et des idées, qui alors se précipita Cette époque est restée tristement célèbre par la dépravation de ses mœurs.

Au commencement de 1723, Louis XV fut déclaré majeur, ce qui mit un terme à la régence du duc d'Orléans. Mais le roi devait rester longtemps encore en tutelle; le duc, pour conserver le pouvoir après la régence, avait auparavant donné à Dubois le titre de premier ministre, qu'il prit pour lui-même à la mort de ce triste personnage, ce qu'il ne garda que quatre mois. Il mourut le 2 décembre 1723. La France avait été huit années entre ses mains; ce temps avait suffi pour que la révolution morale préparée dans les dernières années de Louis XIV éclatât. Il eût fallu, pour en conjurer les conséquences politiques et sociales, un grand règne, et le prince qui va régner donnera l'exemple de tous les scandales, développera tous les abus et humiliera la France devant l'étranger.

Au duc d'Orléans succéda le duc de Bourbon, que dominait une femme méprisable, la marquise de Prie. Vendue à l'Angleterre, elle ne sut que provoquer une rupture avec l'Espagne, en renvoyant l'infante qu'on élevait à la cour de France, comme la fiancée du roi, pour faire épouser à Louis XV la fille de Stanislas Leczinski (1725). Elle avait raison d'espérer que la nouvelle reine, Marie Leczinska, qui lui devait son élévation, la soutiendrait par reconnaissance. Mais elle avait compté sans Fleury, évêque de Fréjus. C'était le précepteur du roi, et le seul homme peut-être pour lequel Louis XV ait eu un sincère attachement. Il avait caché son ambition sous la régence, attendant patiemment que le pouvoir fût vacant pour s'y glisser. Le gouvernement du duc de Bourbon était devenu odieux par ses persécutions contre les protestants et par les impôts vexatoires qu'il décrétait. Le dernier des quatre frères Pâris-Duverney, qui avait la direction des finances, venait même d'irriter les ordres privilégiés par un impôt du cinquantième sur le revenu que tous devaient payer. Malgré l'opposition de la noblesse et du clergé, Duverney en força l'enregistrement au moyen d'un lit de justice. La haine publique contre le duc de Bourbon fut encore accrue par une disette qu'on imputa moins à la saison pluvieuse qu'à l'incurie du gouvernement. Le duc précipita sa ruine en attaquant l'évêque de Fréjus. Il réussit un jour à l'écarter de la personne du roi à l'heure du conseil; mais, dès le soir, Louis redemanda son précepteur. Fleury, qui s'était retiré à Issy, revint; le duc de Bourbon fut exilé dans ses terres et Pâris-Duverney mis à la Bastille (1726).

Fleury prit le pouvoir à l'âge de 73 ans, et le conserva jusqu'à sa mort, en 1743. Avec des dehors modestes, et sans prendre d'autre titre que celui de ministre d'État, il fut aussi absolu en réalité que Richelieu. Son administration sage, mais dépourvue de grandeur, releva le pays de la détresse où l'avaient réduit, pendant les dernières années du règne de Louis XIV, tant de guerres désastreuses, et, pendant la régence, l'empirisme de Law. Économe jusqu'à l'avarice, Fleury remit de l'ordre dans les finances. Il réduisit et supprima le cinquantième, déchargea les contribuables de 10 millions, porta de 100 à 140 millions le bail annuel des fermes et des recettes générales, mit un terme aux abus nés de la variation des monnaies, en donnant au numéraire une valeur équitable et fixe. L'habile financier Orry, qu'il créa contrôleur général, eut recours avec prudence à l'emprunt, et releva un peu le crédit public, entièrement détruit après la chute de Law. L'agriculture, l'industrie et le commerce reçurent quelques encouragements. Mais ce que le cardinal devait le plus au commerce et ce qu'il ne lui donna point, c'était une marine importante. Fleury, comme le régent, sacrifia nos intérêts maritimes à l'alliance anglaise. Pacifique par nature et par système, il s'efforça, de concert avec son ami Horace Walpole, frère du célèbre ministre anglais, de maintenir la bonne harmonie entre les puissances de l'Europe.

La mort d'Auguste II, roi de Pologne, rendit un conflit inévitable. L'immense majorité des Polonais élut Stanislas Leczinski : l'électeur de Saxe fut nommé sous la protection des baïonnettes russes (1733). Le roi de France ne pouvait sans honte refuser d'appuyer son beau-père. Fleury fut entraîné par le cri public. Mais au lieu d'envoyer une flotte dans la Baltique, il y dépêcha un vaisseau et 1500 hommes pour débloquer Stanislas, assiégé dans Dantzig ; notre ambassadeur à Copenhague, le comte de Plélo, en rougit pour la France, se mit à la tête du détachement et se fit tuer. La Peyrouse, commandant des troupes, résista un mois entier avec une poignée d'hommes. Stanislas échappa à travers mille dangers, et revint en France (1734).

Il fallait faire quelque chose pour effacer cette honte : Fleury conclut avec la Savoie un traité qui promettait au roi de Sardaigne le Milanais, et aux Bourbons d'Espagne le royaume de Naples pour l'infant don Carlos. En s'interdisant toute attaque contre les Pays-Bas, il obtint la neutralité de l'Angleterre et de la Hollande. Alors il envoya deux armées, l'une sur le Rhin, qui enleva Kehl, l'autre en Italie, qui gagna les victoires de Parme (juin) et de Guastalla (septembre). Le Milanais était conquis par les Français ; Naples le fut par les Espagnols à la victoire de Bitonto. C'était un beau réveil de la France ; mais la timidité du cardinal empêcha de recueillir les fruits de ces succès.

L'Angleterre et la Hollande offraient leur médiation à l'Autriche : elle les accusa presque de trahison pour ne l'avoir pas suivie sur les champs de bataille, et traita directement avec la France. On pouvait, ainsi que le voulait le garde des sceaux Chauvelin, la meilleure tête du conseil, exiger de l'Empereur une complète renonciation à l'Italie, comme la France de son côté s'était interdit d'y rien acquérir ; on se borna à le faire renoncer au royaume des Deux-Siciles ; encore prit-on soin de le dédommager par la cession de Parme et de Plaisance pour lui-même, par celle de la Toscane donnée à son gendre en échange de la Lorraine. Le roi de

Sardaigne n'eut que deux provinces milanaises, Novare et Tortone. Quant à la clause supplémentaire qui assigna à Stanislas, comme dédommagement du trône de Pologne, laissé à Auguste, la Lorraine et le Barrois, pour revenir après sa mort à la France, c'est à Chauvelin qu'elle est due. L'acquisition était précieuse, mais depuis longtemps inévitable. Ces conditions formèrent le traité de Vienne (1735-1738). Ce fut la plus belle époque du ministère de Fleury : car la France, dans cette guerre qui a de singuliers rapports avec celle de 1859, avait acquis encore quelque gloire, et son gouvernement avait paru comme le médiateur de l'Europe. « Depuis la paix de Vienne, dit le grand Frédéric, la France était l'arbitre de l'Europe. » Ses armées avaient triomphé en Italie, comme en Allemagne. Son ministre à Constantinople, le comte de Villeneuve, avait conclu la paix de Belgrade, le dernier traité glorieux que la Turquie ait signé et qui lui donnait la Servie, une partie de la Valachie et Belgrade. A ce moment l'Autriche reculait partout, en Italie comme sur le Danube. Elle allait reculer encore pendant les deux guerres de Sept ans, mais en entraînant la France dans une chute profonde.

Formation de la Prusse et situation de l'Autriche.

En 1417, Frédéric de Hohenzollern, burgrave de Nuremberg, acheta de l'empereur Sigismond le margraviat de Brandebourg, auquel était attachée une des sept voix électorales ; telle est l'humble origine de cette monarchie qui, au dix-huitième siècle, contre-balança l'influence autrichienne en Allemagne, succéda à l'influence suédoise dans le Nord, et, au dix-neuvième, est une menace pour toutes les puissances de l'Europe.

Frédéric II, *Dent de Fer* (1440), acquit une partie de la Lusace (Cottbus), et acheta la Nouvelle-Marche à l'ordre Teutonique (Custrin, Landsberg, entre l'Oder et la Netze). Son frère Albert, l'*Ulysse* et l'*Achille du Nord* (1469), statua que ses fils puînés auraient Anspach et Bayreuth, possessions originaires de la famille dans la Franconie, mais que les autres domaines, présents ou futurs, seraient attachés à l'électorat, qui allait former une masse indivisible pouvant s'accroître, mais ne pouvant plus diminuer. Cette mesure était un gage de puissance pour la nouvelle maison. Sous Joachim Ier (1499), le *Nestor*, Albert de Brandebourg, prince de la branche puînée et grand maître de l'ordre Teutonique, embrassa la réforme (1525) et sécularisa la Prusse ducale (Kœnigsberg); sous Joachim II (1535), le luthéranisme fut introduit dans l'électorat, auquel Jean-Sigismond réunit, en 1518, la Prusse ducale, comme gendre et héritier du dernier duc. Ce même prince prétendit recueillir le succession de Juliers, dont Georges-Guillaume (1619) obtint la moitié, c'est-à-dire le duché de Clèves, avec les comtés de Marck, près du Rhin, et de Ravensberg, dans la Westphalie.

Ainsi, la maison de Hohenzollern s'était, dès le milieu du dix-septième siècle, élevée au-dessus des autres maisons princières de l'Empire. Ses domaines, épars du Niémen à la Meuse, formaient trois groupes distincts. Il était de toute nécessité pour elle de travailler à les réunir, car leur maître ne pouvait passer de l'un à l'autre sans en demander la permission à ses voisins. Ce fut la constante préoccupation de Frédéric-Guillaume, celui qu'on appela le grand électeur. Par les conventions de 1648, il gagna Magdebourg, sur l'Elbe, Halberstadt, Minden sur le Wéser, Cammin à l'embouchure de l'Oder, avec toute la Poméranie ultérieure, le long de la Baltique, depuis l'Oder jusque vers le golfe de Dantzig. Il avait une armée considérable; il s'en servit dans une guerre entre la Suède et la Pologne, trahit à propos les deux partis, et par le traité de Weslau (1657), affranchit la Prusse de la suprématie polonaise en obtenant la cession d'Elbing, à l'est de la Vistule. A l'intérieur de ses domaines, l'électeur s'était délivré du contrôle des états provinciaux, remplacés par un simple comité consultatif, et, tout comme Louis XIV en France, saisissait le pouvoir absolu. Ses États étaient mal peuplés et pauvres; il y attira des colons de Hollande et de Frise, fit creuser des canaux, fonda un comptoir en Guinée, et rêva une *Compagnie du commerce africain*. Allié de la maison d'Orange, établi sur le Rhin par la possession du duché de Clèves, il prit une part active à toutes les affaires qui se passèrent de ce côté. Quoique membre de la ligue du Rhin, il dénonça à l'Allemagne l'ambition de Louis XIV, défendit contre lui la Hollande en 1672, et fonda, à la bataille de Fehrbellin, qu'il gagna sur les Suédois alliés de la France, la réputation des armes prussiennes (1675). Il inspirait déjà de l'inquiétude à l'Autriche, qui voyait avec peine un nouveau roi des Vandales s'élever sur les bords de l'Oder : aussi le sacrifia-t-elle, en 1678, à la paix de Nimègue ; il fut obligé de rendre ses conquêtes. Il usa bien encore de la paix ; il accueillit beaucoup de réformés français qui peuplèrent Berlin ; il agrandit cette capitale, qui vers 1650 n'avait que 6500 habitants, et fonda la bibliothèque et le château de Potsdam.

Frédéric III poursuivit l'ouvrage de son père (1688). Il défendit l'unité de l'électorat contre ses frères ; puis, excité par l'exemple de Guillaume d'Orange, son parent, qui s'était fait roi d'Angleterre, par celui de son voisin, l'électeur de Saxe, qui était appelé au trône de Pologne, et du prince de Piémont qui, lui aussi, voulait passer roi, il donna six millions à l'empereur pour que l'Autriche le laissât s'intituler roi de Prusse (1701), et se couronna de ses propres mains à Kœnigsberg. Ainsi c'était un duché souverain, un petit pays étranger à l'Allemagne qui devenait un royaume ; l'électorat de Brandebourg et les autres domaines allemands restaient dans la dépendance de l'Empire. Ce titre, accordé pour une province pauvre et lointaine, n'avait semblé d'aucune conséquence aux ministres autrichiens, embarrassés dans une guerre contre les Turcs et près d'entrer dans celle de la succession d'Espagne. Eugène seul comprit que cette royauté nouvelle, absolue, chercherait à joindre ses provinces disséminées et deviendrait un obstacle à la puissance de l'Autriche. La Prusse continua, en effet, ses agrandissements sur le Rhin. En 1702, le roi d'Angleterre, Guillaume III, de Nassau-Orange, étant mort sans enfants, Frédéric se porta pour héritier de ses biens patrimoniaux : il prit possession des comtés de Lingen et de Mœrs dans la Gueldre, de Teklenbourg au nord de Munster, et se fit élire quelque temps après, en Suisse, prince de Neuchâtel et de Valengin, par les états du pays. Vain et fastueux, Frédéric voulut copier la cour de Louis XIV : beaucoup d'argent fut ainsi gaspillé :

mais les lettres et les arts en eurent leur part : il fonda l'Université de Halle, qui devint une des plus célèbres de l'Allemagne, et l'Académie de Berlin, que présida Leibnitz. L'éclat même de sa cour était un prestige utile pour cette royauté naissante.

Frédéric III, qui, comme roi, fut appelé Frédéric Ier, mourut en 1713; au traité d'Utrecht, signé six semaines après, le roi de Prusse fut reconnu par toute l'Europe, excepté par le pape et les chevaliers teutons; il fut confirmé souverain de Neuchâtel et de Valengin; à la place de la principauté française d'Orange, il reçut la Gueldre. Le nouveau royaume formait déjà une masse imposante, mais toujours divisée.

Ces éléments de force furent régularisés et accrus par Frédéric-Guillaume Ier. Le *roi-sergent*, comme George II d'Angleterre l'appelait, fut l'ennemi du faste. Au lieu d'encourager les savants, il confisqua les fonds de la bibliothèque au profit de l'armée, n'eut ni cour ni ministres, et fit de Berlin une manufacture et une caserne. Il recherchait comme soldats les hommes de six pieds, les achetait jusqu'à 2000 écus chacun, et menait l'État comme un régiment. Ses héros étaient Pierre le Grand, Charles XII et le vieux prince d'Anhalt-Dessau, le créateur de l'infanterie prussienne, qu'il commanda quarante ans. Il fit de ses sujets des soldats soumis, des calvinistes bigots, des travailleurs infatigables; lui-même allait frapper dans la rue des gens oisifs. « Sous notre père, dit Frédéric II, personne dans les États prussiens n'eut plus de trois aunes de drap dans ses habits, et moins de deux aunes d'épée à son côté. » Avec de telles idées, comment approuver son fils, qui apprenait à jouer de la flûte et lisait les auteurs français? Aussi le prince royal eut-il une jeunesse malheureuse. Il voulut sortir de cet esclavage, et forma un complot pour s'échapper; mais il vit exécuter son ami Kat, fut lui-même condamné à mort, et resta quelque temps en prison.

Dès le commencement de son règne, Frédéric-Guillaume eut une armée de 60 000 hommes. Charles XII, revenu d Turquie, sollicita son alliance; mais, comme il attaquait l'île d'Usedom, gardée par une garnison prussienne, le roi de Prusse entra dans la ligue formée contre les Suédois, contribua à la prise de Stralsund en 1715, et, à la paix de Stockholm, en 1720, acquit, pour six millions, Stettin et presque toute la Poméranie citérieure. Il avait fait un essai avantageux de sa force ; néanmoins, par amour de la patrie commune, il respecta toujours la maison d'Autriche, et resta son allié contre l'Angleterre et surtout contre la France, dont il voulait détruire l'influence dans l'Empire.

Une autre pensée le préoccupait : la Pologne, se prolongeant jusqu'à la Baltique par l'occupation de la Prusse royale sur les deux rives de la basse Vistule, séparait la Prusse ducale de l'électorat de Brandebourg. Dès 1656, le *Grand Électeur* avait songé à cette langue de terre : première idée du partage de la Pologne. Il était dangereux pour la Prusse que l'électeur de Saxe s'établît à demeure dans ce pays et en fît un royaume héréditaire ; elle en proposa le partage à Auguste II, qui fut roi de Pologne jusqu'en 1733 : nouvelle idée du démembrement. Il ne fallait pas non plus que l'influence française y prévalût avec Stanislas Leczinski : Frédéric-Guillaume fit alliance, en 1733, avec la Russie et l'Autriche pour exclure le candidat de la France ; il espérait imposer ses conditions à celui de l'Autriche et de la Russie, ou du moins reprendre le projet de partage. Mais ce dessein tomba par l'élection d'Auguste III. Dans la guerre qui suivit, Guillaume prit parti contre la France, et envoya son fils sur le Rhin avec 10 000 hommes. Là, le jeune Frédéric vit, à la tête d'une armée, le vieil Eugène, qui n'était plus que l'ombre de lui-même ; il comprit la faiblesse de l'Autriche. La Prusse, au contraire, était l'État le mieux réglé de l'Europe. L'armée était sur un bon pied, le trésor bien rempli, l'agriculture et l'industrie florissantes ; la population augmentait par son développement naturel et par les nouveaux venus que le roi attirait, en affectant de protéger les réformés qu'il voulait réunir en un seul grand parti religieux. Personne n'osait soutenir les protestants du pays de Salzbourg, qui réclamaient près de la diète contre leur archevêque. Frédéric-Guillaume leur offrit un asile qui fut accepté par 18 000 d'entre eux. Ainsi la Prusse prenait le rôle que la Suède avait joué sous Gustave-Adolphe.

En 1740, Frédéric II, celui qui a mérité le titre de Grand,

monta sur le trône. Il continua ses relations avec les principaux écrivains de la France; mais sans se montrer disposé à appliquer leurs maximes. On put voir que dans sa retraite du Rheinsberg il avait étudié aussi l'art du gouvernement. Avec le *Grand Électeur*, la Prusse s'était élevée au premier rang des États allemands; sous Frédéric II, elle prit place parmi les grands États européens.

En face de cette puissance qui grandit, l'Autriche s'abaisse. Le traité de Westphalie lui avait enlevé l'Alsace; elle avait compensé cette perte au traité de Carlowitz, en 1699, après la victoire de Zenta sur les Turcs, par l'acquisition de la Transylvanie et de l'Esclavonie; au traité de Rastadt, sa part dans l'héritage de Charles II d'Espagne avait été les Pays-Bas, le Milanais, Naples et l'île de Sardaigne; cette dernière possession fut échangée bientôt contre la Sicile. C'était Léopold Ier (1658-1705) qui avait lutté contre Louis XIV, puis Joseph Ier (1705-1711), enfin Charles VI, son frère, que Berwick et Vendôme avaient chassé d'Espagne. Le nouvel empereur, sous qui fut signée la paix de Rastadt, eut deux guerres à soutenir contre les Turcs. Il les vainquit la première fois, grâce à Eugène (victoires de Peterwaradin, 1716, et de Belgrade, 1717; traité de Passarowitz, 1718, qui donne à l'Autriche le bannat de Temeswar, Belgrade et le nord-ouest de la Servie). Mais la seconde, ils lui reprirent ce qu'ils lui avaient d'abord cédé, moins le bannat (traité de Belgrade, 1739). On a vu précédemment la lutte excitée par Albéroni et la guerre pour la succession de Pologne, qui coûta à l'Autriche le royaume des Deux-Siciles, et lui donna Parme et Plaisance en dédommagement, ce qui fortifiait sa position dans le nord de la Péninsule.

La grande affaire de Charles VI fut le règlement de sa succession. Il n'avait pas de fils, et avec lui allait s'éteindre la race mâle des Habsbourg, qui avait donné quinze empereurs à l'Allemagne. Dans le but d'assurer son héritage à sa fille Marie-Thérèse, il n'avait reculé devant aucun sacrifice. Il avait supprimé la compagnie d'Ostende pour complaire aux puissances maritimes, cédé la Lorraine pour gagner la France,

Naples et la Sicile pour gagner l'Espagne. Il avait obtenu de tous les États une reconnaissance solennelle de sa *Pragmatique*, et lorsqu'il mourut, en 1740, la même année que Frédéric II monta sur le trône de Prusse, il laissa à Marie-Thérèse une ample collection de parchemins. « Mieux eût valu, dit Frédéric II, une armée de 200 000 hommes. » A peine eut-il expiré que cinq prétendants se présentèrent. L'électeur de Bavière descendant d'une fille de Ferdinand Ier, le roi d'Espagne descendant de Charles-Quint par les femmes, enfin l'électeur de Saxe, gendre de l'empereur Joseph Ier, demandaient la totalité de l'héritage par le droit du sang ; le roi de Sardaigne voulait le duché de Milan ; le roi de Prusse, quatre duchés de Silésie, qu'il réclamait en vertu d'anciens traités de succession que ses prédécesseurs avaient négligé de faire valoir.

Guerre de la succession d'Autriche (1741-1748).

Frédéric II n'avait pas un grand royaume ; mais son père lui avait laissé un riche trésor avec une belle armée, et la nature lui avait donné les plus rares talents. Il oublia les doctrines qu'il avait prônées dans son *Anti-Machiavel*, et céda à la tentation de mettre la main sur la Silésie, riche province qui doublerait la population de ses États. Sans faire part de son projet à personne, il l'envahit avec 40 000 hommes, la conquit en quelques semaines, puis offrit sincèrement la paix et son alliance pour prix de cette cession. Marie-Thérèse, femme d'énergie et de talent, était un roi. Elle ne voulut pas inaugurer son règne par un démembrement, sans avoir du moins envoyé les vétérans d'Eugène contre cette royauté parvenue et ces troupes qui n'avaient encore combattu qu'à la parade. L'essai ne fut pas heureux : les Prussiens remportèrent la victoire de Molwitz (1741).

En commençant cette campagne, Frédéric avait dit à l'ambassadeur de France : « Je vais jouer votre jeu : si les as me viennent, nous partagerons. » Un petit-fils de Fouquet, le comte de Belle-Isle, homme à projets, hardi et aventureux, proposa, dans le conseil, l'alliance de la Prusse, et un plan qui réduisait Marie-Thérèse à la Hongrie, à la basse Autriche, à la Belgique, et partageait le reste avec les prétendants ; l'électeur de Bavière serait empereur ; la France ne prenait rien pour elle. C'était trop de générosité, mais les grands sentiments, en politique étrangère, étaient fort en honneur à la cour de Louis XV. On voulait faire le magnanime pour avoir à agir le moins possible. Malgré Fleury, ce plan fut adopté, et le traité de Nymphenbourg conclu sur ces bases (18 mai 1741).

La France, au lieu d'agir résolûment avec toutes ses forces, comme il faut le faire quand on tire l'épée, ne mit en mouvement qu'une armée de 40 000 hommes ; et, au lieu de se porter du côté des Pays-Bas, où ses destinées l'appelaient, renouvelant en Allemagne les fautes commises tant de fois en Italie, elle envoya cette armée jusqu'au fond de la Bavière. Il est juste de dire que les puissances maritimes avaient mis à leur neutralité la même condition que dans la guerre précédente, à savoir que nous ne ferions pas entrer un soldat en Belgique. Maître de Lintz, la principale barrière de l'Autriche sur le haut Danube, l'électeur eût pu s'emparer de Vienne, il préféra conquérir la Bohême. Marie-Thérèse, qui écrivait quelques jours auparavant : « Il ne me restera bientôt plus une ville où faire mes couches, » eut le temps de soulever ses fidèles Hongrois. Elle se présente au milieu de la diète, portant son enfant dans ses bras. Les magnats sont touchés de ce spectacle, des larmes de la jeune souveraine, et dans leur attendrissement chevaleresque, ils tirent leurs sabres, criant : *Moriamur pro rege nostro Maria Theresa!* Quelques semaines après, des nuées de Hongrois, de Croates, de Pandours et de Talpaches inondaient la Bavière ; les convois étaient enlevés, les communications interceptées, et tandis que l'électeur de Bavière se faisait couronner empereur à Francfort, sous le nom de Charles VII, les Autrichiens entraient à Munich (janv. 1742). Frédéric menaça, il est vrai, la Moravie et battit les Autrichiens à Czaslau en Bohême (17 mai) ; mais Marie-Thérèse sut faire à propos un sacrifice : elle lui laissa la Silésie, et, à cette condition, Frédéric II oublia la parole qu'il avait donnée à la France (juillet).

Cette défection en entraîna d'autres. L'électeur de Saxe se retira de la guerre ; le roi de Sardaigne y entra, mais pour le compte de l'Autriche ; et l'Angleterre, qui venait de renverser du ministère le pacifique Walpole (fév. 1742), et d'arracher la guerre contre l'Espagne, parce qu'elle refusait de lui ouvrir ses colonies[1], la demandait à grands cris contre la France, dont le commerce prenait un prodigieux essor. En outre, elle ne voulait pas laisser consommer la ruine de « sa maréchaussée d'Autriche. » Le nouveau ministre promit à Marie-Thérèse un subside de 12 millions. Ainsi tout le poids de la lutte retomba sur la France, qui n'avait pris les armes qu'au profit d'autrui. Notre armée de Bohême fut coupée de la Bavière lorsque les Autrichiens eurent repris Lintz et Budweis, et assiégée dans Prague, où du moins elle se défendit bien. Fleury, qui naguère croyait la guerre finie et déjà désarmait, troublé de ces revers, écrivit au comte de Kœnigsegg, général autrichien, une lettre confidentielle et des plus humbles. Kœnigsegg la publia. Le vieillard s'en plaignit dans une seconde lettre et déclara au comte qu'*il ne lui écrirait plus ce qu'il pensait.* Celle-ci fut encore rendue publique. Fleury, deux fois joué à la face de l'Europe, mit le comble à cette risée en désavouant ses propres lettres. Il entravait tout par sa timidité. Maillebois, qui opérait dans la Franconie, ne put faire autre chose pour la délivrance de Prague que de s'emparer d'Égra. C'était du moins une ligne de retraite qu'il ouvrait à Belle-Isle, pour rentrer dans la vallée du Mein. Belle-Isle, en effet, sortit de Prague, avec 14 000 hommes,

---

1. L'Angleterre avait obtenu de l'Espagne le droit d'envoyer en Amérique un vaisseau de 500 tonneaux chargé de marchandises anglaises. A la faveur de cette concession, les Anglais organisèrent, avec les colonies espagnoles, une vaste contrebande. A mesure que le *vaisseau de permission* se vidait, une foule de petits navires venaient remplacer les marchandises vendues. Le vaisseau toléré n'était plus qu'un entrepôt inépuisable où s'approvisionnaient les colons espagnols, au grand détriment de l'industrie métropolitaine. La cour de Madrid protesta, se plaignit. Pour mettre fin à l'abus, elle demanda et prit le droit de visite sur les navires qui fréquentaient le littoral de ses colonies. Aussitôt éclate en Angleterre un orage de réclamations. Journaux, pamphlets, brochures, tous demandent « la mer libre ou la guerre! » Walpole ne put résister. On arme. Les Anglais prirent Puerto-Bello, mais ne prirent pas Carthagène (1739-1740).

et fit à travers la glace, la neige et les ennemis, une glorieuse mais pénible retraite; le noble et infortuné Vauvenargues y ruina sa santé. Chevert resta dans la ville avec les blessés et les malades. On le somma de se rendre à discrétion : « Dites à votre général que s'il ne m'accorde pas les honneurs de la guerre, je mets le feu aux quatre coins de Prague et je m'ensevelis sous ses ruines. » On consentit aux conditions qu'il exigea (janvier 1743). Quelques jours après, Fleury mourut à 83 ans; il avait voulu la paix à tout prix, et il laissait la France avec une grande guerre sur les bras.

L'Angleterre était entrée en lice : 50 000 Anglo-Allemands arrivèrent dans la vallée du Mein; le maréchal de Noailles les cerna à Dettingen, mais la folle impétuosité du duc de Gramont compromit ses habiles combinaisons, et ce ne fut qu'une sanglante affaire au lieu d'une victoire. De Broglie, qui commandait sur le Danube, ayant reculé jusqu'au Rhin devant les Autrichiens, Noailles dut suivre ce mouvement de retraite (1743). Pour relever les affaires, on crut nécessaire de mettre le roi à la tête des armées. Une nouvelle favorite, la duchesse de Châteauroux, femme énergique et ambitieuse, voulait le tirer de son indigne torpeur. Louis XV vint donc, en 1744, se montrer aux troupes. On avait changé le plan général de la guerre. Au lieu de combattre au fond de l'Allemagne, on s'était décidé à frapper des coups plus à notre portée. Le roi entra dans les Pays-Bas et vit le maréchal de Saxe prendre plusieurs villes. Sur la nouvelle que les Autrichiens menaçaient l'Alsace, il y courut, emmenant avec lui Noailles et 50 000 hommes.

Une maladie fort grave l'arrêta à Metz. La mort, en s'approchant, lui inspira une bonne pensée, qui malheureusement ne tint guère, et une belle parole. Il renvoya la duchesse de Châteauroux pour se réconcilier avec la reine et fit écrire au maréchal de Noailles : « Souvenez-vous que, pendant qu'on portait Louis XIII au tombeau, le prince de Condé gagnait une bataille. » La France paya de sa reconnaissance cet effort de son roi « S'il succombe, disait-on, c'est pour avoir marché à notre secours! Il meurt au moment où il allait devenir un grand roi! » Un soir, le bruit courut à Paris qu'il n'était plus : aussitôt la foule affligée se répandit dans les rues, dans les églises, avec des pleurs et des gémissements. Quand on sut qu'il vivait, il y eut chaque jour un concours de peuple au-devant des courriers, et ceux dont les nouvelles étaient bonnes étaient portés en triomphe. Lorsqu'on apprit enfin son rétablissement, les églises retentirent d'actions de grâces, pour remercier Dieu d'avoir conservé le *Bien-Aimé* (1744). Que la tâche était facile à cette royauté encore si populaire !

Cependant le roi de Prusse, effrayé des progrès de l'Autriche, reprit les armes et pénétra en Bohême. Cette diversion dégagea la ligne du Rhin. L'empereur Charles VII rentra dans son électorat, mais pour y mourir. Son fils traita avec Marie-Thérèse. La reine de Hongrie lui restitua ce qu'elle occupait encore de la Bavière, et Maximilien renonça à toute prétention sur la succession d'Autriche (traité de Fuessen, 1745).

La guerre n'avait plus d'objet pour nous; mais comme les ennemis refusaient de traiter, il fallut conquérir la paix. La France l'alla chercher aux Pays-Bas. Le maréchal de Saxe, tout mourant qu'il était, se mit à la tête des troupes et investit Tournai. Pour ne la point laisser prendre, 55 000 Anglo-Hollandais, sous la direction du duc de Cumberland, s'approchèrent de la place. Le maréchal gagna sur eux la bataille de Fontenoy. Cette victoire eut des suites considérables. Tournai, Gand, le dépôt général des ennemis, Oudenarde, Bruges, Dendermonde et Ostende capitulèrent. Au commencement de l'année suivante les Français entrèrent à Bruxelles.

Le roi de Prusse, vainqueur en même temps à Friedberg en Silésie, écrivait à Louis XV : « Je viens d'acquitter la lettre de change que Votre Majesté a tirée sur moi à Fontenoy. » La victoire de Kesseldorf lui ouvrit ensuite la Saxe et Dresde; il y signa avec Marie-Thérèse un nouveau traité, qui lui confirma la cession de la Silésie. Cette défection ne nous laissait plus un allié en Allemagne; la défaite du prétendant Charles Stuart, qui, après avoir pénétré jusqu'à trente lieues de Londres, fut vaincu à Culloden (1746), empêcha une révolution qui eût paralysé pour longtemps l'Angleterre.

Marie-Thérèse et George II, libres de toute inquiétude, l'une à l'égard de la Prusse, l'autre de la part des Jacobites, imprimèrent une nouvelle activité aux hostilités. Marie-Thérèse chercha à se dédommager en Italie de ce qu'elle avait perdu en Allemagne et de ce qu'elle pouvait perdre encore aux Pays-Bas. L'armée franco-espagnole, après une tentative inutile sur la Savoie, s'était assuré le comté de Nice par la victoire de Coni (1744), et l'Apennin piémontais par l'alliance des Génois et du duc de Modène. La bataille de Bassignano lui livra le Milanais(1745). Mais l'impératrice porta en Italie des forces supérieures. Lichtenstein y réunit 45 000 Autrichiens auxquels Maillebois n'avait à opposer que 26 000 hommes. La journée de Plaisance (1746) et la défection de l'Espagne donnèrent aux Impériaux tout le nord de la Péninsule. De son côté l'Angleterre qui, en 1745, avait bombardé toute la côte de Ligurie et Gênes elle-même, en 1746, essaya de s'emparer de Lorient et seconda une invasion des Austro-Sardes en Provence. Les alliés pénétrèrent jusqu'en vue de Toulon. Mais cette invasion eut le sort de toutes les autres. Les mesures énergiques du maréchal de Belle-Isle et le soulèvement de Gênes contre les Autrichiens décidèrent la retraite.

Au midi, la France ne faisait donc que défendre sa frontière, et le beau plan qu'avait formé le ministre d'Argenson pour chasser les étrangers d'Italie et réunir tous les États de la Péninsule en une confédération italienne, était manqué, au grand détriment de l'Italie elle-même et de la paix du monde. Mais au nord la France avait d'éclatants succès. La bataille de Raucoux, gagnée par le maréchal de Saxe, y signala l'année 1746. Louis ne demandait rien autre chose, après chaque victoire, que la paix, « ne voulant pas, disait-il, traiter en marchand, mais en roi. » On refusait de croire à ce désintéressement inusité, et la Hollande, effrayée de voir les Français à ses portes, rétablit, comme en 1672, le stathoudérat, sacrifiant sa liberté pour sauver son indépendance. Entraînée aussi par l'Angleterre, qui nous cherchait partout des ennemis, la czarine Élisabeth (1747) conclut un traité de subsides et mit à la disposition des ennemis de la France 50 vaisseaux russes et 37000 hommes qui s'acheminèrent vers le Rhin. La France, seule contre tous, avança encore aux Pays-Bas, la paix dans une main, l'épée dans l'autre. Le maréchal de Saxe gagna la bataille de Lawfeld (1747) et le comte de Lowendal prit l'imprenable Berg-op-Zoom. La Hollande était envahie. Maurice de Saxe fit, par d'habiles manœuvres, en 1748, l'investissement de Maëstricht.

La déclaration de guerre de la France à l'Angleterre n'avait été faite qu'en 1744, après la brillante bataille navale de Toulon, qui fut indécise comme tant d'autres actions de mer. Mais on ne soutint pas ce beau commencement. Brest, Toulon furent bloqués par les Anglais, Antibes bombarbé, et Lorient ne leur échappa que par une terreur panique qui les fit courir vers leurs vaisseaux, au lieu d'entrer dans la ville mal défendue. Nous ne pouvions pas, avec 35 vaisseaux de ligne, lutter contre 110. Nos chefs d'escadre firent du moins honorer leur défaite par un courage héroïque. Le 3 mai 1747, à la hauteur du cap Finistère, le marquis de la Jonquière, pour sauver un convoi destiné au Canada, fit tête avec 6 navires à 17. Il fut pris après la plus glorieuse résistance. « Je n'ai jamais vu un pareil courage, » écrivait un des vainqueurs. Il nous restait sur l'Atlantique 7 vaisseaux: on les donna à M. de l'Estanduère pour convoyer une flotte marchande de 250 voiles. Il rencontra près de Belle-Isle l'amiral Hawke avec 15 navires, et pour sauver son convoi, livra bataille. Elle fut acharnée. Deux navires, *le Tonnant* et *l'Intrépide*, traversèrent toute la flotte victorieuse et rentrèrent à Brest, monceaux flottants de ruines sanglantes. L'amiral anglais passa devant une cour martiale pour les avoir laissés échapper. « Dans cette guerre, dit un historien anglais, l'Angleterre n'a dû ses victoires qu'au nombre de ses vaisseaux. » En Amérique, ils nous enlevèrent Louisbourg et l'île importante du Cap-Breton, qui aurait pu remplacer l'Acadie perdue en 1713. Aux Indes, la France avait deux hommes qui, s'ils avaient pu s'entendre et s'ils avaient été soutenus, nous eussent donné l'Hindoustan: la Bourdonnais et Dupleix. Le premier avait tout créé à Bourbon et à l'île de France, dont il était gouverneur pour la Compagnie des Indes; les cultures, les arsenaux, les fortifications. Ingénieur, général, marin, rien ne l'arrêtait : et de l'île de France, devenue avec son excellent port la clef de l'océan Indien, il courut cette mer et en chassa les Anglais. Dupleix, autre homme de génie, se proposait de les chasser du continent de la presqu'île du Gange. Il rêvait de grands projets. Il voulait que la Compagnie, dont il administrait les comptoirs dans l'Hindoustan, n'agrandît pas seulement son commerce, mais son territoire. Pour réussir, ces deux hommes eussent dû agir de concert. A la prise de Madras, ils se brouillèrent mortellement, et la Bourdonnais, rappelé en France, fut à son retour enfermé à la Bastille, sur des accusations parties de l'Inde. Dupleix racheta cette mauvaise action par la belle défense qu'il fit, en 1748, dans Pondichéry ; il sauva cette ville et fit éprouver aux Anglais un échec qui retentit jusqu'en Europe. La paix était donc, pour nous, inopportune dans l'Inde comme elle l'était aux Pays-Bas, mais notre marine était réduite à 2 vaisseaux, notre dette s'était accrue de 1200 millions, et le roi, incapable de se faire plus longtemps violence, demandait qu'on le laissât à ses plaisirs. L'Angleterre, qui redoutait de voir la France s'établir à demeure aux bouches de l'Escaut, se décida enfin à traiter.

La paix d'Aix-la-Chapelle (avril 1748) stipula que les conquêtes seraient restituées de part et d'autre. L'Angleterre recouvra pour quatre années *l'asiento* (droit d'importer des nègres) et *le vaisseau de permission* dans les colonies espagnoles ; l'Autriche céda Parme et Plaisance à l'infant don Philippe, la Silésie au roi de Prusse, et plusieurs places du Milanais au roi de Sardaigne. La France rendit Madras et rentra en possession de l'île Royale (Cap-Breton) ; mais elle ne garda rien aux Pays-Bas qu'elle occupait presque tout entiers, et se laissa imposer la condition de ne fortifier Dunkerque que du côté de la terre. Des commissaires anglais, payés par nous, s'assurèrent que cette condition était exécutée ; et quand le roi George exigea l'expulsion de France du prétendant, ce fut à l'Opéra qu'on l'arrêta, comme si l'on tenait à montrer que les ministres anglais faisaient la police dans Paris même.

Guerre de sept ans (1756-1763).

Les huit années qui suivirent cette paix furent la plus belle époque du commerce français au dix-huitième siècle. Lorient qui, en 1726, n'était qu'une bourgade, avait reçu, en 1736, pour 18 millions de marchandises. Si la Bourdonnais n'était plus à l'île de France, son souvenir, ses leçons y vivaient: Bourbon devenait une grande colonie agricole. Dupleix cherchait à élever dans l'Inde, en s'appuyant sur les puissances indigènes, un vaste empire colonial. Aux Antilles, la Guadeloupe, la Martinique, surtout Saint-Domingue, arrivaient à une prospérité qui rejaillissait sur les villes marchandes de la métropole: sur Nantes, sur Bordeaux, qui se rappellent encore avec regret ces jours de richesse; sur Marseille, qui avait de plus pour elle tout le commerce du Levant, dans la Méditerranée, où nul ne lui faisait ailleurs concurrence. Le sucre, le café des Antilles françaises chassaient du marché européen les produits similaires des colonies anglaises, et la Louisiane, si longtemps languissante, trouvait, dans la liberté du commerce qui lui avait été rendue en 1731, une fortune que le monopole ne lui avait pu donner.

La dernière guerre maritime n'avait fait que suspendre ce mouvement; dès qu'elle cessa, il reprit son cours avec une énergie que le gouvernement lui-même seconda; car, malgré l'inertie de Louis XV et la misérable influence de Mme de Pompadour, la force croissante de l'opinion publique imposait au gouvernement certains hommes et une certaine direction. C'est ainsi que le marquis d'Argenson avait été appelé, en 1744, au ministère des affaires étrangères, et que celui de la marine fut donné à Rouillé et à de Machault, qui firent de louables efforts pour rétablir la flotte. En 1754, on compta dans les ports 60 vaisseaux, 31 frégates et 21 autres bâtiments. L'Angleterre, avec ses 243 bâtiments de guerre, dont 131 vaisseaux de ligne, eût pu ne pas être jalouse de cette marine, imposante encore par le chiffre des bâtiments, mais à qui tout manquait. Elle s'effraya néanmoins de cette renaissance de notre puissance navale, surtout des progrès de notre commerce, à qui le doublement du droit de 50 sous par tonneau décrété par Machault en 1740, donnait une énergique impulsion, et elle trouva aisément une cause de rupture.

Quand on veut faire la paix à tout prix, on la fait mal. Or Mme de Pompadour avait dit aux parlementaires envoyés en 1748 à Aix-la-Chapelle : « Souvenez-vous de ne pas revenir sans la paix ; le roi la veut. » De là il était résulté qu'on avait rendu ce qu'on eût pu garder, et qu'on n'avait pas pris soin de vider tous les différends. La France avait, en Amérique, deux magnifiques possessions : le Canada et la Louisiane, c'est-à-dire le Saint-Laurent et le Mississipi, les deux plus grands fleuves de l'Amérique du Nord, qu'elle tenait ainsi par les deux bouts. On nomma des commissaires pour fixer la frontière. Ils ne purent s'entendre, et les colons, mêlant les Indiens à leurs querelles, commencèrent les hostilités. Washington, alors bien jeune, se distingua dans ces rencontres, mais d'abord d'une manière malheureuse. Le détachement qu'il commandait surprit et tua, avec toute son escorte, un officier français, Jumonville, qui portait aux Anglais une sommation d'évacuer la vallée de l'Ohio et de se retirer derrière les Alleghanys. Ce fut le premier sang versé dans cette guerre (28 mai 1754). En 1755, sans déclaration de guerre, l'amiral anglais Boscawen captura 2 vaisseaux de ligne français ; le ministère protesta, mais resta six mois sans joindre les actes aux paroles ; et pendant ces six mois, les Anglais nous enlevèrent plus de 300 navires marchands, chargés d'une cargaison de 38 millions de livres et montés par 10 000 matelots qu'ils enrôlèrent pour la plupart dans leurs équipages. Il fallut bien pourtant reconnaître que c'était la guerre et s'y résigner.

L'intérêt de la France était de conserver à cette guerre son caractère exclusivement maritime, et de garder toutes ses forces réunies pour son duel avec l'Angleterre ; mais ce n'était pas le compte de cette puissance. Le ministère anglais, grâce à son or, déchaîna de nouveau la guerre continentale. Il offrit des subsides à qui voudrait être notre ennemi. La Prusse en accepta, se sentant menacée de quelque péril par un rapprochement inattendu de l'Autriche et de la France. Nul prince n'avait mieux employé que Frédéric II les années de paix qui venaient de s'écouler. Il s'était attaché la Silésie par de sages mesures, il avait commencé un grand travail de réformation de la justice et des finances, et, en 1744, incorporé à son royaume l'Ost-Frise, dont sa famille avait depuis longtemps l'expectative. Mais son esprit faisait tort parfois à sa politique. Par ses épigrammes trop justifiées, il avait blessé la czarine Élisabeth et la marquise de Pompadour. On en était malheureusement encore au temps où des ressentiments personnels de princes et de favorites avaient plus de force que les intérêts des peuples. Marie-Thérèse vit naître cette colère et l'attisa habilement, dans l'espoir de la faire tourner au profit de sa rancune implacable contre la Prusse. Elle ne pouvait voir un Silésien sans pleurer, et la paix était à peine signée qu'elle avait préparé la guerre, disciplinant son armée et ses finances de manière qu'avec moins de provinces que son père elle avait plus de soldats et de revenus. Elle remplaça les ministres intrigants de Charles VI par un habile politique, le célèbre Kaunitz, et dès qu'elle y vit jour, elle fit proposer au cabinet de Versailles une alliance sur ces bases: restitution de la Silésie à l'Autriche, cession des Pays-Bas à un Bourbon de la branche d'Espagne, de Mons et de Luxembourg à la France. Un billet amical de Marie-Thérèse à Mme de Pompadour, où la fière impératrice se disait « la bien bonne amie » de cette parvenue, décida le renversement de la politique deux fois séculaire de la France. Le traité de Versailles (1756), tout à l'avantage de l'Autriche, car la promesse des Pays-Bas fut retirée, réunit les deux puissances dont la rivalité avait fait couler tant de sang. La czarine Élisabeth, qui ne pardonnait pas à Frédéric II ses coups de langue, la Suède, qui regrettait la Poméranie, la Saxe, qui voulait s'agrandir, y accédèrent. Ainsi l'Autriche devenait l'amie de la France, l'ennemie de l'Angleterre, sa vieille alliée, et nous allions attaquer la Prusse, qui combattait naguère avec nous. C'était tout le système des alliances européennes qui était changé.

La France, forcée encore de combattre des deux mains, frappa d'abord un coup vigoureux. A l'attentat de l'amiral Boscawen, elle répondit en lançant sur Minorque, alors aux

Anglais, une escadre et une armée: l'une, commandée p[ar] la Galissonnière, battit la flotte anglaise de Byng; l'autre, sous le maréchal de Richelieu, enleva la forteresse réputée imprenable de Port-Mahon; ce fut un des beaux faits d'armes de ce siècle. L'Angleterre se vengea de cette défaite, comme autrefois Carthage; le malheureux Byng fut condamné à mort et fusillé à son bord.

Sur le continent, la guerre commença par une irruption en Saxe du roi de Prusse, qui, comme toujours, prévint ses ennemis. Il enveloppa les Saxons dans leur camp de Pirna. Les Autrichiens s'approchant pour les dégager, il courut à leur rencontre en Bohême, les battit à Lowositz, puis revint prendre toute l'armée Saxonne, qu'il incorpora dans ses troupes. La France déclara ensuite les traités de Westphalie violés, et fit entrer deux armées en campagne: le maréchal d'Estrées en Westphalie, Soubise vers le Mein. Attaqué par tous ses voisins, sans autre appui que l'Angleterre, Frédéric n'aurait pu, malgré son génie, se défendre contre cette coalition formidable, si les alliés eussent mis quelque concert dans leurs opérations. Il fut servi d'ailleurs par l'ineptie ou la légèreté des généraux français, Soubise et Richelieu, et par la lenteur de Daun, le généralissime autrichien. De la Saxe, qu'il avait tout d'abord et hardiment occupée, il rentra en Bohême et gagna la sanglante bataille de Prague (1757). Vaincu à son tour près de cette ville, à Kollin, par Daun (1757), il fut forcé, dans la retraite, de diviser ses forces, ce qui l'exposa à de nouveaux revers. En même temps, à l'est, les Russes lui prenaient Memel et battaient un de ses lieutenants à Iœgerndorf, mais sans savoir tirer parti de leurs succès; à l'ouest, d'Estrées gagnait, sur les Anglais, la bataille de Hastembeck, qui nous livrait le Hanovre, et une autre armée française marchait rapidement sur Magdebourg et la Saxe. Ainsi, le cercle d'ennemis dont Frédéric était enveloppé se resserrait chaque jour sur lui (1757). Il demanda la paix. On le croyait aux abois, on la lui refusa: il se décida alors, s'il le fallait, « à mourir en roi, » comme il l'écrivit à Voltaire. L'incapacité de ses adversaires le dispensa de tenir parole.

Richelieu, qui succéda à d'Estrées dans le commandement de l'armée du Hanovre, enferma le duc de Cumberland dans une impasse, au milieu d'un pays marécageux; mais, au lieu de le faire prisonnier, il lui accorda la capitulation de Closterseven, que le gouvernement anglais, dirigé par le fameux William Pitt, désavoua. Richelieu avait commis la faute de ne point dissoudre cette armée qui se retrouvera tout entière, quand elle reprendra les armes, et le résultat de deux compagnes heureuses sera perdu. Il en commit une autre lorsqu'il donna à ses officiers et à ses soldats l'exemple d'une scandaleuse avidité. De retour à Paris, il se fit bâtir, du fruit de ses déprédations, un élégant pavillon que le public nomma satiriquement *pavillon de Hanovre*. Les soldats, dont il autorisait le pillage, l'appelaient *le bon père la Maraude*. La discipline était ainsi ébranlée, au moment même où on arrivait en présence de ces armées prussiennes, les mieux disciplinées de l'Europe.

C'était à Soubise, le favori de Mme de Pompadour, qu'était échu le rôle difficile de leur tenir tête. Il s'était réuni à *l'armée d'exécution* que l'Empire avait levée pour soutenir Marie-Thérèse, et marchait sur la Saxe. Frédéric II accourut de la Silésie, sur la Saale; il n'avait que 20 000 hommes contre 50 000. Il s'établit non loin des champs fameux d'Iéna et d'Awerstaedt, au village de Rosbach, sur des hauteurs, cachant sa cavalerie dans un repli de terrain, et une artillerie formidable derrière les tentes de son camp. Les alliés s'avancèrent témérairement, sans ordre, au bruit des fanfares, trompés par les apparentes hésitations du roi, et le croyant prêt à fuir. Tout à coup l'artillerie prussienne se démasque et tonne, la cavalerie se précipite sur le flanc droit de Soubise que ce général ne croyait point menacé; l'infanterie la suit; les Franco-Allemands sont dispersés en quelques instants. Les Prussiens ne tuèrent que 3000 hommes, car on se battit peu; mais ils firent 7000 prisonniers, enlevèrent 63 pièces de canon et ne perdirent que 400 soldats.

Frédéric laissant fuir Soubise se retourne contre les Autrichiens, les chasse de la Saxe où ils étaient rentrés, et les suit en Silésie, qu'il leur reprend à la journée de Lissa, où il renouvelle la manœuvre de Rosbach, menaçant une aile, écrasant l'autre (1757). Pitt, plus tard lord Chatam, devenait à ce moment premier ministre et déterminait l'Angleterre à de plus grands efforts en faveur de son allié. Le roi, en échange de nombreux subsides que Pitt lui fit voter, envoya un de ses lieutenants, Ferdinand de Brunswick, prendre le commandement de l'armée hanovrienne, qui, violant sa parole, rentra en campagne. Devant cet habile général, les Français reculèrent, repassant le Wéser, l'Ems, le Rhin; après quoi ils furent encore battus à Crevelt (1758).

Napoléon a dit de ces courtisans qu'un caprice de Mme de Pompadour plaçait à la tête de nos armées, que tous, généraux en chef, généraux particuliers, étaient de la plus parfaite incapacité. A quoi il faut ajouter que les querelles de cour se continuaient au camp, et que plusieurs ont pu, non sans apparence de vérité, être accusés d'avoir, pour ruiner un rival, fait manquer des plans et perdre des batailles. Ce n'étaient pas seulement de très-mauvais tacticiens, mais de détestables administrateurs. Les armées, fort mal composées, étaient encore plus mal tenues. Quand le comte de Clermont succéda à Richelieu, il dut casser 80 officiers. On vit une fois, à l'armée de Soubise, 12 000 chariots de marchands et de vivandiers; le jour de la bataille, 6000 maraudeurs étaient hors des rangs. Le mal n'était pas que là. Depuis que les femmes gouvernaient, l'administration supérieure était livrée aux caprices les plus désordonnés. De 1756 à 1763, vingt-cinq ministres furent appelés ou renvoyés, « dégringolant, l'un après l'autre, écrit Voltaire (3 déc. 1759), comme les personnages de la lanterne magique. » Les plans changeaient comme les hommes, ou plutôt rien ne se faisait et tout allait à l'aventure.

Cependant, après les honteuses défaites de Rosbach et de Crevelt, si l'on ne changea pas les généraux, on leur donna des forces tellement supérieures à celles de l'ennemi, que ce même Soubise, ce même comte de Clermont, le duc de Broglie, le maréchal de Contades, balancèrent à peu près la fortune les années suivantes avec les Prussiens, les Hessois et les Hanovriens.

Soubise était sur le Mein pendant la retraite du comte de Clermont; en menaçant la Hesse où de Broglie remporta, à Sandershausen, près de Cassel, un léger avantage, il rappela le duc Ferdinand en arrière, et battit une partie de ses troupes à Lutzelberg (1758). L'année suivante, de Broglie eut un autre et plus important succès à Bergen sur la Nidda; mais placé sous les ordres de Contades, il le servit mal, et la rivalité des deux généraux amena un nouveau désastre à Minden (août 1759). Contades en porta la peine, il fut destitué; de Broglie eut son commandement avec plus de 100 000 hommes. Il ne sut point les employer, et se contenta de l'occupation de quelques villes, Cassel, Minden, et d'une rencontre heureuse que le comte de Saint-Germain eut à Corbach (1760) avec les Prussiens. Un détachement qu'il fit sur le Rhin réussit mieux encore: 20 000 Prussiens venaient de prendre Clèves, de Castries les battit à Closterkamp. C'est là que se dévoua le chevalier d'Assas, capitaine au régiment d'Auvergne. Tombant dans une embuscade où l'ennemi comptait surprendre l'armée française, il crie de toute sa force : « A moi, Auvergne! voilà l'ennemi! » Il est percé de coups, avec le sergent Dubois, mais l'armée est sauvée (1760).

Ainsi, dans l'ouest de l'Allemagne, la guerre n'avait d'autre résultat que la dévastation du pays, où nos armées prenaient toujours leurs quartiers d'hiver. Au sud et à l'est, Frédéric tenait tête aux Russes et aux Autrichiens. Il disait des premiers: « Ils sont plus durs à tuer, que difficiles à vaincre. » Cependant ils lui enlevèrent Kœnigsberg, mais il les battit à Zorndorff, près de Custrin (1758). Une défaite que les Autrichiens lui firent essuyer à Hochkirchen, en Lusace, balança ce succès. Les Russes se vengèrent même l'année suivante (1759), à Zullichau et à Kunnersdorff, où 20 000 hommes restèrent de chaque côté sur le champ de bataille; et Frédéric se fût trouvé dans une position critique, si ses adversaires avaient su profiter de leur victoire. Le brillant succès du prince Ferdinand à Minden (août 1759), sur le maréchal de Contades, releva ses espérances. Il saisit ce retour de fortune pour demander la paix; ses ennemis, ne voyant dans cette démarche qu'un signe de détresse, la lui refusèrent encore (1760). Il les détrompa, battit Laudon à Liegnitz, délivra sa capitale surprise par les Russes et les Autrichiens, força Daun dans une position formidable près de Torgau, et resta maître des deux tiers de la Saxe, tandis que ses lieutenants faisaient échouer au nord et à l'ouest les projets des Suédois et des Français.

Mais « ces travaux d'Hercule » avaient épuisé les forces du roi et de son peuple. Il se tint, durant toute la campagne de 1761, sur la défensive. Elle lui réussit mal ; si de Broglie fut battu à Villinghausen, parce qu'il comptait sur Soubise qui ne le secourut pas, Frédéric II perdit Schweidnitz et Dresde, et fut privé des subsides de l'Angleterre. Heureusement la czarine Élisabeth mourut au commencement de 1762, et Pierre III déclara aussitôt la neutralité de la Russie ; la Suède se retira en même temps de la lutte. Tranquille à l'est et au nord, Frédéric agit avec vigueur dans la Silésie qu'il recouvra, et en Saxe où le prince Henri remporta la victoire de Freyberg. Il ne gagnait pas seulement des batailles, il gagnait aussi l'opinion publique. Si, dans la guerre précédente, les vertus et le courage de Marie-Thérèse avaient excité l'enthousiasme, aujourd'hui la persévérance héroïque de Frédéric II, les talents qu'il déployait pour sortir des positions les plus désespérées, augmentaient chaque jour le nombre de ses admirateurs. Sa langue maternelle, qu'il méprisait, s'animait pour chanter ses victoires, et toute l'Europe récitait quelques beaux vers qu'il écrivait à Voltaire.

Si nous avions soutenu la guerre sur le continent sans trop de désavantage, mais aussi sans beaucoup d'honneur, puisque nous combattions à trois contre un, France, Autriche et Russie contre le seul Frédéric II, sur mer nous étions aux prises avec un ennemi dont l'écrasante supériorité ne laissait à nos marins que l'espérance de quelques succès isolés. La victoire navale gagnée par la Galissonnière, en 1756, ne se renouvela plus ; cependant l'honneur du pavillon fut brillamment soutenu dans nombre de rencontres partielles ; ainsi, en cette même année, dans les parages de Rochefort, deux frégates françaises attaquèrent une frégate et un vaisseau anglais et les mirent hors de combat. L'un des capitaines français, Maureville, ayant un bras emporté, criait de l'entrepont à ses marins : « Courage, mes amis, grand feu! je défends d'amener. » Il y a beaucoup d'exploits semblables. Mais, tandis que l'Angleterre prodiguait toute sa sollicitude à sa marine, le gouvernement français laissait nos colonies manquer de navires, de soldats, d'argent ; et de malheureuses divisions énervaient la discipline : les officiers gentilshommes, appelés officiers rouges, pleins de dédain pour les officiers bleus ou roturiers, qu'on laissait en temps de paix dans les garnisons, refusaient de leur obéir. De là des tiraillements, de la défiance, et pour résultat un mauvais service. Les Anglais bloquaient nos ports, et il n'en sortait pas un bâtiment qui ne tombât entre leurs mains : 37 vaisseaux de ligne, 56 frégates furent ainsi pris, brûlés ou périrent sur les écueils. Des descentes opérées par les Anglais sur les côtes de Normandie et de Bretagne, à Cherbourg et à Saint-Malo, n'eurent pas de conséquences durables, mais montraient que notre territoire pouvait être impunément violé, depuis que notre flotte n'en protégeait plus les rivages. Dans une de ses tentatives sur Saint-Malo, l'ennemi perdit pourtant à Saint-Cast, 5000 hommes que le duc d'Aiguillon et la noblesse de Bretagne, accourue en masse, lui tuèrent ou lui prirent (1758). Mais l'année suivante, l'amiral la Clue, qui n'avait que 7 vaisseaux contre 14, fut battu au cap Sainte-Marie, et l'impéritie de Conflans amena la destruction de la flotte de Brest. En 1763, les Anglais s'emparèrent de Belle-Isle : ils eurent alors dans le golfe de Gascogne, en vue de Nantes, entre Brest et Rochefort, l'avantageuse position que Jersey leur donnai de l'autre côté de la Bretagne, en vue de Saint-Malo, entre Cherbourg et Brest. Tout notre littoral de l'Océan, depuis Dunkerque jusqu'à Bayonne, se trouva comme assiégé.

Dupleix avait été rappelé en 1754 ; si la France lui eût envoyé de l'argent et de bons soldats au lieu de ne lui expédier, comme il s'en plaignait, que *la plus vile canaille*, l'Inde serait peut-être à nous et non aux Anglais ; il mourut à Paris dans la misère en 1763. Un Irlandais au service de la France, Lally, sans avoir ses grandes vues, avait au moins un courage indomptable. Mais obligé, pour trouver de l'argent, d'aller faire la guerre aux rajahs indiens, à cinquantes lieues dans les terres, il ne put empêcher les Anglais, commandés par l'habile lord Clive, de reprendre l'avantage. Pourtant il faillit ressaisir Madras : la brèche était ouverte, il commande l'assaut, ses soldats refusent de marcher parce qu'on ne les a pas payés. A son tour il est assiégé dans Pondichéry, où, avec 700 hommes, il se défend neuf mois contre 22 000. Les Anglais, maîtres enfin de la ville, en chassèrent les habitants et la rasèrent; ce fut le coup de mort pour la domination française dans l'Inde. Elle ne s'y est pas relevée.

De même au Canada, le drapeau français fut d'abord porté très-haut, puis renversé. Les marquis de Vaudreuil et de Montcalm enlevèrent les forts Oswégo et de Saint-George, sur les lacs Ontario et du Saint-Sacrement, boulevards des possessions anglaises (1756). Mais, en 1759, ils n'avaient que 5000 soldats à opposer à 40 000 hommes, et la colonie manquait de vivres, de plomb et de poudre. Mme de Pompadour coûtait par an à la France 3 à 4 millions; faute d'une pareille somme on ne put faire passer au Canada 4000 soldats qui s'offraient à y demeurer après la guerre comme colons et qui eussent changé l'issue de la lutte. L'ennemi assiégea Québec; Montcalm livra bataille pour sauver cette ville et, blessé à mort, il criait encore à ses soldats dont il s'était rendu l'idole par son courage chevaleresque : « En avant, et gardons le champ de bataille. » Le général anglais Wolf, atteint aussi de trois coups de feu, entendit dans l'agonie de la mort crier par les siens : « Ils fuient! » Il se releva un instant et dit : « Je meurs content. » Vaudreuil lutta encore quelque temps, mais enfin le Canada fut perdu. La Guadeloupe, la Dominique, la Martinique, la Grenade, Saint-Vincent, Sainte-Lucie, Tabago, Saint-Louis du Sénégal, l'île de Gorée, l'étaient aussi.

Un habile ministre prit alors la principale influence dans les affaires de la France, le duc de Choiseul. Mme de Pompadour l'avait rappelé de l'ambassade de Vienne, pour lui donner, en 1758, le portefeuille des affaires étrangères, qu'il échangea, en 1791, contre celui de la guerre. Deux ans plus tard, il eut encore la marine et fit donner les affaires étrangères à son cousin, le duc de Praslin. Choiseul conserva l'alliance autrichienne; mais il en noua une autre. Il voulut réunir comme en un faisceau toutes les branches de la maison de Bourbon, établies en France, en Espagne, dans les Deux-Siciles, à Parme et à Plaisance. C'était réaliser le vœu de Louis XIV; c'était aussi donner à la France l'utile appui de la marine espagnole. Ce traité, fameux sous le nom de *pacte de famille*, fut signé le 15 août 1761 : les puissances contractantes se garantissaient mutuellement leurs États. L'Angleterre déclara aussitôt la guerre à l'Espagne et entraîna le Portugal dans son parti. La marine de France était tombée si bas, celle d'Espagne était si languissante, qu'il n'y avait pour le moment rien à attendre de leur union. L'Espagne, entrée trop tard dans la lice, n'y essuya que des pertes : elle se vit enlever Manille, les Philippines, la Havane, 12 vaisseaux de ligne et 109 millions de prises. Une invasion en Portugal fut sans résultat.

Cependant en 1762, victorieuses ou vaincues, les puissances européennes étaient lasses d'une guerre qui les ruinait toutes, et qui avait fait périr un million d'hommes. La France y avait pour son compte dépensé 1350 millions. L'Angleterre avait atteint son but, la destruction de notre marine marchande et militaire. Mais ses conquêtes mêmes épuisaient son trésor, sa dette publique grossissait, les recrutements devenaient difficiles; car, pour conserver cet empire de l'océan dont elle s'était emparée, il fallait des armements toujours plus nombreux. La Prusse, sans commerce, sans industrie, dévastée, dépeuplée, ne se tenait debout que par l'énergie de son roi. L'Autriche, qui avait voulu lui arracher la Silésie, désespérait d'y réussir. La France et l'Angleterre signèrent des préliminaires qui aboutirent, le 10 février 1763, au traité de Paris.

A l'Angleterre étaient acquis le Canada avec les 60 000 Français qui l'habitaient, l'Acadie, l'île du Cap-Breton, la Grenade et les Grenadilles, Saint-Vincent, la Dominique, Tabago, le Sénégal, et en Europe, Minorque. La France conservait le droit de pêche sur les côtes de Terre-Neuve et dans le golfe du Saint-Laurent, avec les îlots de Saint-Pierre et Miquelon; mais sans qu'elle pût les fortifier; elle recouvrait la Guadeloupe, Marie-Galande, la Désirade, la Martinique, et obtenait Sainte-Lucie ; l'île de Gorée lui était rendue au Sénégal, celle de Belle-Isle sur la côte de Bretagne. Mais elle démolissait encore les fortifications de Dunkerque du côté de la mer, et acceptait l'insulte de la présence permamente d'un commissaire anglais dans cette ville pour empêcher qu'on ne remuât une pierre sur les quais où s'était embarqué Jean Bart. Aux Indes orientales, Pondichéry, Mahé et trois petits comptoirs au Bengale lui restaient, à condition qu'elle n'y enverrait point de troupes. Comme l'Espagne, tout en recouvrant Cuba et Manille, perdait au profit de l'Angleterre, la Floride et la baie de Pensacola, la France l'en dédommagea, quelque temps après, par la cession de la Louisiane. « La guerre avait commencé pour deux ou trois chétives habitations ; les Anglais y gagnèrent 2000 lieues de terrain, » et l'humanité y perdit un million d'hommes. Le traité d'Hubertsbourg entre Marie-Thérèse et Frédéric II confirma à celui-ci la possession de la Silésie.

Frédéric II s'était montré presque aussi grand dans le conseil que sur le champ de bataille. Après avoir sauvé son pays du démembrement, après avoir constitué, par la gloire, un peuple nouveau en Europe, et mis ce peuple au rang des grandes nations, il le sauva de la misère par une administration habile et vigilante. Il conquit toute une province sur les eaux en desséchant les marais qui bordaient l'Oder au dessous de Custrin, et lui donna des habitants en y attirant des étrangers. Il planta quantité de mûriers ; il établit des manufactures de soieries, de draps, de velours, une raffinerie à Berlin qui fournit le sucre à toutes les provinces ; il creusa le grand canal de Plauen entre l'Elbe et l'Oder ; celui de Bromberg, qui relia la navigation de l'Elbe à celle de la Vistule ; enfin celui de la Swine, et il bâtit Swinemunde, le port de Stettin, un hôtel des Invalides à Berlin, le château de Sans-Souci, qui fut sa résidence favorite. La guerre de Sept ans diminua la population de la Prusse de 500 000 âmes ; 14 500 maisons avaient été brûlées ; dans la Silésie, la Poméranie et la Nouvelle-Marche, les paysans s'attelaient eux-mêmes à la charrue ; car il manquait 60 000 chevaux pour le labourage. « Il y avait, dit Frédéric, comme une création nouvelle à entreprendre. » Il recommença tous ses travaux d'amélioration, desséchant les marais, couvrant de plantations les plaines sablonneuses, élevant des digues pour reprendre à la mer ce qu'elle avait pris dans une grande tempête, en 1724.

Afin d'aider les peuples à relever les ruines faites par la guerre il distribua en vingt-trois ans, dans les provinces, près de 25 millions d'écus de Prusse, et créa un système de crédit foncier que nous n'avons imité que depuis peu de temps. Il réorganisa l'instruction publique, réforma l'administration de la justice avec l'aide du grand chancelier Cocceii, « un sage qui eût fait honneur aux républiques grecques, » dit le roi, et il abolit, en fait, la torture. Voyant un jour un paysan frappé d'une sentence injuste, il cassa l'arrêt et fit publier dans les journaux : « Le dernier des paysans et même le mendiant est aussi bien un homme que le roi : devant la justice tous sont égaux. »

La prophétie du prince Eugène se vérifiait. Cet électorat changé en royaume devenait redoutable à l'Autriche. Après lui avoir enlevé sa plus belle province, il lui prenait son influence dans l'empire, et, bien qu'à Sans-Souci on ne respectât guère ni Hermann, ni Luther, et qu'on n'y criât pas encore *Vivat Teutonia!* on cherchait déjà à se donner le caractère d'une puissance exclusivement allemande et protestante, en opposition à l'Autriche, État catholique et à demi slave, dont le manteau impérial n'était fait que de pièces de rapport. Lorsqu'en 1777 l'électeur de Bavière mourut sans enfants, Marie-Thérèse acheta la succession à l'héritier direct, l'électeur palatin. L'affaire était bonne pour l'Autriche à qui elle donnait un territoire non interrompu, depuis les frontières de la Turquie jusque vers le Rhin, presque toute l'Allemagne du midi. Frédéric II s'y opposa et s'appuya sur les cours de Versailles et de Saint-Pétersbourg. Après une campagne sans combat, la médiation franco-russe amena la paix de Teschen (1779). Le duc des Deux-Ponts, héritier de l'électeur palatin, eut la succession bavaroise; la Saxe et le Mecklembourg obtinrent des indemnités, et l'Autriche quelques districts qui joignaient le Tyrol à ses autres domaines. Frédéric se contenta de la gloire d'avoir été l'arbitre de l'Allemagne. Cela seul était déjà un assez beau profit pour le successeur des électeurs de Brandebourg. Il y en avait un autre, la Prusse gagnait beaucoup à ce que l'Autriche ne se fortifiât pas.

CHAPITRE XXVI.

PUISSANCE MARITIME ET COLONIALE DE L'ANGLETERRE.

L'Angleterre de 1688 à 1763. — La Compagnie anglaise des Indes orientales.

L'Angleterre de 1688 à 1763.

La révolution de 1688 avait eu pour résultats, au dedans, de faire revivre les libertés nationales, soit politiques, soit religieuses; au dehors, de substituer à la Hollande épuisée l'Angleterre, comme adversaire de la France et de Louis XIV. La guerre de la ligue d'Augsbourg et celle de la succession d'Espagne ruinèrent la marine de la France et permirent à sa rivale de saisir le sceptre des mers. La guerre n'est pas, d'ordinaire, favorable aux libertés publiques; cependant l'Angleterre affermit les siennes durant cette grande lutte. Le glorieux Guillaume III ne trouvait à l'intérieur que gêne et contrariété : on le contraignit à renvoyer sa garde hollandaise; son revenu lui était parcimonieusement mesuré par les chambres, et pour obtenir quelques subsides, il était obligé, en 1694, de déclarer les parlements triennaux. Aussi le voyait-on plus souvent à La Haye qu'à Londres, et on disait qu'il n'était que stathouder en Angleterre, mais qu'il était roi en Hollande. Il mourut d'une chute de cheval, le 16 mars 1702. Sa femme, la reine Marie, l'avait précédé de sept ans au tombeau, et comme il ne laissait pas d'enfants, la seconde fille de Jacques II lui succéda. En 1696, il avait fait commencer un hôpital des invalides de la marine à Greenwich, lieu déjà célèbre par l'observatoire que Charles II y avait fondé.

La *bonne reine Anne*, zélée protestante, avait épousé en

1683 le prince de Danemark, frère de Christian V, qui mourut en 1703. Elle eut pour favorite, jusqu'en 1710, lady Churchill, duchesse de Marlborough, femme du général de ce nom et que son caractère orgueilleux et hautain fit disgracier alors. L'événement le plus important de ce règne, à l'intérieur, fut la réunion de l'Angleterre et de l'Écosse en un seul État sous le nom de royaume de la Grande-Bretagne. Il n'y eut plus qu'un parlement; l'Écosse y fut représentée par 16 pairs à la chambre haute et 45 députés à la chambre des communes (1er mai 1707). Mais, au dehors, l'amiral Rook prenait Gibraltar (1704), et Marlborough gagnait les victoires d'Hochstedt (1705), de Ramillies (1706), d'Oudenarde (1708) et de Malplaquet (1709) : sa disgrâce méritée par ses rapines, et la révolution parlementaire de 1710, qui appela les tories au pouvoir à la place de whigs, représentants de la révolution de 1688, et par conséquent fort animés à la guerre contre la France, amenèrent le traité d'Utrecht (1713). On a vu les avantages considérables qu'il faisait à l'Angleterre. Un autre traité, conclu en 1703 par sir Méthuen avec la cour de Lisbonne, eut d'importantes conséquences. Les Portugais s'engageaient à prendre toujours les produits manufacturés de l'Angleterre, la Grande-Bretagne les vins du Portugal, pour lesquels il y aurait à l'entrée un droit plus faible des deux tiers que celui qui frappait les vins de France. Le Portugal devint alors un marché anglais; tout l'or du Brésil suffit à peine pour payer les ouvriers de Manchester et de Leeds, et les importations étrangères rendirent impossible le développement du travail national.

Il y avait entre le fils de Jacques II, héritier légitime de la couronne suivant les droits de la naissance, et le prince qu'un acte du parlement appelait au trône, George de Brunswick-Lunebourg, arrière-petit-fils de Jacques Ier, par la princesse Sophie sa mère, électrice douairière de Hanovre, 57 personnes dont les droits étaient supérieurs à ceux de l'électeur. Mais George était protestant et violent ennemi de Louis XIV. C'était un titre suffisant pour les Anglais. Il était étranger, mais l'Angleterre n'a jamais eu, depuis la conquête normande, de souverains de son sang et ne s'en est pas plus mal trouvée. George Ier ne savait pas un mot d'anglais ni un article de la constitution qu'il jura d'observer; il en fut quitte pour laisser gouverner Robert Walpole, chef du parti whig, qu'il appela au pouvoir. Ce revirement subit et la condamnation de deux chefs des tories, d'Ormont et Bolingbroke, persuadèrent au prétendant Stuart, qu'on appelait le chevalier de Saint-George, que le moment était venu de tenter une restauration. Un mouvement eut lieu en Écosse (1715). Il y débarqua au commencement de l'année suivante ; mais la bataille de Sheriffmuir, dans le comté de Perth, fit tomber ses espérances, et il fut réduit à se sauver sous un déguisement. Deux lords furent décapités, d'autres insurgés pendus ou écartelés, mille déportés aux colonies. Ce succès profita à la royauté; Walpole voulant accroître un pouvoir dont il était dépositaire, fit déclarer le parlement septennal. Il avait ainsi à renouveler moins souvent ses marchés avec les députés.

George, menacé par le prétendant, et le régent de France, qui l'était par Philippe V, se rapprochèrent. On a vu les effets de cette alliance. Walpole, tombé du pouvoir en 1717, mais qui y revint quatre ans plus tard, pour n'en plus sortir qu'en 1742, se proposa d'éviter les agitations à l'intérieur et au dehors. Afin de couper court aux premières, il s'efforça, de concert avec les ministres de France, surtout avec Fleury, de conserver l'Europe en paix, et il y réussit, sauf une courte guerre contre l'Espagne, au sujet de la compagnie des Indes, fondée par l'Autriche à Ostende, et qui fut marquée par une vaine tentative des Espagnols contre Gibraltar (1727). Au dedans il acheta la majorité dans le parlement, calma le pays, attacha de plus en plus la masse de la nation aux principes de la révolution de 1688 et aux princes qui en étaient les représentants; en même temps il lança le commerce anglais dans une voie de prospérité où il ne devait plus s'arrêter.

Lorsque George Ier mourut en 1727, son fils George II lui succéda. Ils avaient fort mal vécu ensemble. Il semblait que le nouveau roi allait tout changer dans le gouvernement, il ne changea rien, car il garda Walpole. Des désordres financiers, de scandaleuses dilapidations étalées au grand jour par des procès, résultat nécessaire du système corrupteur du premier ministre, signalèrent le commencement de ce règne. Des satires de tout genre attaquèrent Walpole. Il bâillonna la presse et astreignit le théâtre à une censure rigoureuse. L'opposition tonna contre lui, le peuple le brûla en effigie ; il paya un peu plus cher les votes ministériels et garda sa majorité. Cependant l'esprit public s'éveillait, et la force même qu'il avait développée, l'esprit de négoce le renversa. En 1739, la nation arracha à Walpole la guerre contre l'Espagne, qui refusait d'ouvrir ses colonies au commerce anglais. Cette guerre se fondit en 1742 dans la guerre générale. Walpole ne pouvait plus être ministre de cette politique nouvelle ; il tomba. On l'a appelé le maquignon des consciences, et il se vantait de savoir le tarif de chaque homme. Mais s'il faussa les institutions de son pays, il ne les détruisit point, et, comme sous le fils aussi bien que sous le père il fut le roi véritable, le pays s'accoutuma à la formule constitutionnelle : « Le roi règne et ne gouverne pas. »

Cette guerre générale, qui renversait Walpole, était celle de la succession d'Autriche. L'Angleterre ne pouvait laisser succomber son ancienne alliée sur le continent. Le successeur de Walpole, lord Carteret, envoya une armée en Allemagne. Le roi voulut la commander lui-même. Comme électeur de Hanovre, il prenait le plus grand intérêt aux affaires d'Allemagne, et cette possession continentale inutile à l'Angleterre gêna souvent sa politique en cette guerre et dans bien d'autres. On a vu que l'expédition faillit tourner à mal, et que George ne se tira d'un fort mauvais pas, à Dettingen, que par la faute d'un de nos généraux. L'Angleterre ne donnait à la guerre continentale qu'une attention distraite mais l'amiral Mathews ayant laissé indécise la bataille navale de Toulon, l'opinion publique exigea sa destitution ; on n'admettait déjà plus, de l'autre côté du détroit, que l'Angleterre pût ne pas être partout victorieuse sur les mers. La défaite du duc de Cumberland, fils de Georges II, à Fontenoy, le 11 mai 1745, ouvrit les Pays-Bas aux Français, et, la même année, une tentative faite par le prétendant Charles-

Édouard, petit-fils de Jacques II, porta le péril au cœur même de la Grande-Bretagne.

Ce prince avait enfin obtenu de la France, après quatre ans d'attente, une flotte de 15 000 soldats pour renverser la maison de Hanovre. Débarqué en Écosse en 1745, il réunit autour de lui beaucoup de chefs des Highlanders ou montagnards écossais des hautes terres, entra dans Édimbourg, battit à Preston le général Cope et pénétra jusqu'à Derby, à 178 kilomètres de Londres. Forcé de rétrograder par l'indiscipline de ses soldats, et l'abandon où le laissèrent les Jacobites anglais, il fut encore vainqueur, le 28 janvier, à Falkirk, mais fut complétement battu par le duc de Cumberland à Culloden (27 avril). Les représailles furent sanglantes. Cinq lords et plus de 200 personnes furent d'abord exécutés. Charles-Édouard, dont la tête avait été mise à prix (30 000 livres sterling), erra pendant cinq mois de retraite en retraite, au milieu des plus grands périls. Il revint en France treize mois après son départ (1746). L'Écosse paya des derniers restes de sa nationalité cette malheureuse expédition : le système des clans ou tribus fut aboli, ainsi que l'usage de porter le costume montagnard ou plaid dont les carreaux variaient selon les clans, et la juridiction héréditaire, dernier vestige du régime féodal.

Pendant que ce drame s'accomplissait, les victoires du maréchal de Saxe aux Pays-Bas rendaient inutiles les succès des Anglais en Amérique. Quand le traité d'Aix-la-Chapelle fut signé (1748), ils se trouvaient n'avoir gagné à cette guerre qu'une augmentation de la dette nationale, qui fut portée de 50 à 80 millions de livres sterling.

Walpole était mort en 1745, trois ans après sa disgrâce. L'année suivante (1746), lord Newcastle remplaça lord Carteret. Sous ce ministre, le commerce fut favorisé, la pêche maritime encouragée par des primes, l'exportation des machines et métiers défendue, l'intérêt de la dette publique ramené de 4 à 3 et demi pour 100, l'armée diminuée, la ville d'Halifax fondée par des vétérans dans l'Acadie ou Nouvelle-Écosse, province de l'Amérique du Nord cédée par la France en 1713, et un autre établissement formé sur la côte des Mosquitos dans le golfe du Mexique. Mais en 1754, un membre du ministère, désapprouvant la politique de lord Newcastle, qui risquait de jeter l'Angleterre dans une guerre dispendieuse par suite des alliances contractées avec les princes d'Allemagne pour la défense du Hanovre que menaçait le roi de Prusse, donna sa démission. C'était le fils d'un simple *squire*, jouissant à peine d'un revenu de 200 livres sterling, que le bourg-pourri d'Old-Sarum avait envoyé au parlement, à l'âge de vingt-sept ans, et que ses contemporains ont nommé le *grand député* des Communes, William Pitt. Tant que Walpole fut ministre, Pitt siégea sur les bancs de l'opposition. Nommé, en 1746, vice-trésorier d'Irlande, conseiller privé et payeur général des troupes anglaises, il se distingua dans ces fonctions par sa sagesse réformatrice, son intégrité et son désintéressement. En 1756, à la chute du duc de Newcastle, Pitt rentra aux affaires ; mais ce ne fut qu'en 1757 qu'il les dirigea comme premier ministre. A la première audience qu'il eut du roi : « Sire, dit-il à George, accordez-moi votre confiance ; je la mériterai. — Méritez-la, répondit George, et vous l'obtiendrez. » Pitt tint parole ; seulement il fut le ministre national de l'Angleterre et non le courtisan du prince de Hanovre. La France n'éprouva que trop ses talents et sa haine pendant la guerre de Sept ans à laquelle il imprima, de 1747 à 1761, une énergie qui fut fatale à notre marine militaire et marchande et à nos colonies. Aussi les Communes, fières de ces succès utiles, accordaient tout et sans peine à l'heureux ministre. Sur sa demande, l'armée fut portée à 175 000 hommes, et il obtint tous les subsides qu'il sollicita.

La mort de George II en 1760 fit arriver au trône son petit-fils George III. Ce jeune prince de vingt-deux ans, pieux, économe, de mœurs irréprochables, mais d'une raison faible, qui fut troublée à plusieurs reprises depuis 1769, et pendant de longues années, montra, contrairement à ses deux prédécesseurs, une prédilection marquée et constante pour les tories. Pitt voulait à la fois la grandeur et la liberté de l'Angleterre. Il ne put céder aux préférences du roi et sortit du ministère en 1761, à la suite d'un échec parlementaire que lui fit éprouver lord Bute, au sujet de la déclaration de guerre à l'Espagne. Cette retraite du grand ministre n'arrêta pas les succès de l'Angleterre, et c'est à lui que revint, en réalité, l'honneur d'avoir imposé à la France le traité de Paris, qui porta si haut la puissance coloniale de l'Angleterre, et que pourtant il reprocha aux ministres d'avoir signé, ne trouvant pas que la France fût mise assez bas.

Le moment est venu de tracer le tableau de cette prodigieuse fortune.

La Compagnie anglaise des Indes orientales.

L'Angleterre, malgré sa position insulaire, n'avait pas été dès le principe une puissance maritime et coloniale. Sous Henri VII, le Vénitien Gabotto, au service de ce prince, longea le nord de l'Amérique, sans y fonder aucun établissement. La marine se développa sous Élisabeth, avec Dracke, Hawkins, Forbisher, Cavendish. Mais ce n'est qu'au commencement du dix-septième siècle que l'esprit de colonisation se montra en Angleterre, quand les troubles chassèrent de la métropole un grand nombre de ses enfants ; c'est au milieu que l'Acte de navigation força l'Angleterre à devenir une grande puissance marchande ; c'est à la fin que l'affaiblissement de la Hollande, et la ruine de la marine française, donnèrent aux Anglais l'empire des mers.

Les Anglais avaient songé d'abord aux Indes orientales. En 1600 fut fondée la Compagnie des Indes. Son capital formé par des actions de 1250 francs, était de 1 800 000 francs. Elle établit quelques comptoirs à Bantam dans l'île de Java, à Surate sur le golfe de Cambaye, et à Madras sur la côte de Coromandel. Les Hollandais, alors maîtres absolus des mers, chassèrent les Anglais de ces faibles positions, et la Compagnie fut près de se dissoudre. Elle se maintint cependant, obtint, en 1650, du Grand-Mogol, le droit de trafiquer au Bengale, et acquit en 1688, de la couronne, l'île de Bombay, sur la côte du Malabar, que Charles II avait reçue comme dot de sa femme Catherine de Portugal. En 1683, nouvelle péripétie : les Hollandais lui enlovèrent Bantam; et les brigandages commis par John Child dans l'Hindoustan attirèrent les représailles du Grand-Mogol Aureng-Zeyb. La colonie de Bombay fut en péril : heureusement le despote indien pardonna aux Indiens (1689).

Sortie de ce mauvais pas, la Compagnie obtint quelques terres sur les bords de l'Ougly, un des bras du Gange, et y fonda Calcutta (1690) ; elle avait acquis quelques années plus tôt Bencoulen dans l'île de Sumatra, mais elle essuya des pertes énormes dans la guerre de la ligue d'Augsbourg : on estima que les Français firent perdre alors au commerce de la Grande-Bretagne une valeur de 675 millions de francs. Une nouvelle société qui s'était formée était une autre entrave. Finissant par mieux comprendre leurs intérêts, les deux Compagnies cessèrent de se faire une guerre ruineuse : elles réunirent leurs fonds en 1702 ; la fusion s'acheva sept ans après, par l'établissement d'une administration centrale et unique pour la direction des affaires. Ainsi fut définitivement constituée cette association de marchands qui équipa des flottes, qui entretint des armées, qui posséda un territoire immense, qui gouverna des peuples innombrables et eut des rois pour tributaires.

Mais avant d'en arriver là, elle eut bien des luttes à soutenir. La guerre de la succession d'Espagne fut fatale à son commerce : les corsaires français continuèrent contre elle le système qui leur avait si bien réussi pendant les précédentes hostilités. La mort d'Aureng-Zeyb (1707) arriva à propos pour elle : l'anarchie qui suivit cette mort et les rivalités des princes indiens lui permirent de s'étendre et de s'enrichir.

Une puissance éclipsait alors l'Angleterre dans les Indes, et cette puissance, c'était la France. Dès le règne de François Ier, des négociants de Rouen avaient hasardé une expédition qui n'était pas allée plus loin que le cap de Bonne-Espérance. Après les guerres de religion, sous Henri IV (1601), il s'établit en Bretagne une compagnie des Indes orientales ; Richelieu en fonda une seconde ; Colbert une troisième en 1664. Celle-ci plus heureuse, ce qui veut dire mieux conduite que les deux autres, créa un premier comptoir à Surate en 1675, puis un autre en 1676 à Chandornagor, que douze ans après elle acheta à Aureng-Zeyb. Pondichéry était le point le plus important qu'elle occupât : elle l'avait acquis du roi de Beidjapour en 1679. Les Hollandais nous voyaient avec peine dans ces parages ; ils s'emparèrent de la place, en 1693, et la fortifièrent, mais pour leurs ennemis : le traité de Ryswick rendit Pondichéry à la France. Ce bel établissement, qui cependant manquait d'un grand port, eût pu devenir le centre d'une vaste domination : malheureusement la Compagnie fut abandonnée : on travailla même à sa ruine, en défendant d'importer les produits industriels de l'Inde. La guerre de la succession d'Espagne augmenta sa détresse ; la paix d'Utrecht ne s'occupa pas de l'Inde, où les intérêts de l'Angleterre et de la France n'étaient pas encore parvenus à un développement voisin de l'antagonisme. Alors parut le fameux Law avec ses projets chimériques à force d'être gigantesques : il réunit les compagnies d'Occident, de la Chine, de l'Afrique et des Indes orientales en un seul et même corps sous le nom de *Compagnie perpétuelle des Indes* (1719). La société perpétuelle tomba avec le système deux ans après : mais elle se releva en 1723, et parvint à une nouvelle prospérité. Pondichéry trouva dans Dumas, envoyé comme gouverneur général en 1725, un homme habile et actif, qui obtint du Grand-Mogol, Mohamed-Schad, le droit de battre monnaie, et acheta pour une faible somme, à un prétendant indien du royaume de Tanjaour, la ville et le territoire de Karikal (1730).

La Compagnie française s'étendit alors avec rapidité ; elle eut des comptoirs à Calassor dans l'Orissa, à Chandernagor, à Dakka dans le Bengale, à Patna sur le Gange, et de plus, sur la côte de Malabar, à Calicut, à Mahé, à Surate. L'empire du Mogol était divisé en neuf grandes provinces, gouvernées par des *soubabs* (vice-rois) ; ces provinces, à leur tour, étaient subdivisées en districts administrés par des *nababs* Après la mort d'Aureng-Zeyb, tous ces princes se rendirent ou cherchèrent à se rendre indépendants. La compagnie française profita, comme l'anglaise, de ces rivalités pour consolider ses établissements, et elle chargea du soin de ses intérêts dans ces régions lointaines deux hommes remarquables : la Bourdonnais, gouverneur général des îles de France et Bourbon, où il créa tout, et Dupleix, qui, nommé en 1742 gouverneur de Pondichéry et directeur général des comptoirs français dans l'Inde, projeta ce que les Anglais ont depuis réalisé, en essayant de faire une puissance territoriale de la Compagnie qui n'avait jusqu'alors été que commerçante.

Quand la guerre de la succession d'Autriche éclata, les hostilités, malgré les propositions du cabinet de Versailles, et sur le refus du cabinet de Saint-James, eurent aussi les colonies pour théâtres. La Bourdonnais quitta les îles de France et de Bourbon pour opérer sur les côtes du continent indien, de concert avec Dupleix ; malheureusement, la jalousie éclata entre ces deux hommes supérieurs, la discorde paralysa leurs forces et rendit leurs exploits inutiles. Ainsi, la Bourdonnais, vainqueur d'une escadre anglaise, met le siége devant Madras, qui se rachète pour 10 millions. Dupleix arrive, casse la capitulation, pille la ville, la livre aux flammes (1746), et fait même destituer son rival de son commandement à l'île de France. La Bourdonnais, de retour en France, trouva les esprits prévenus par les accusations de Dupleix ; il fut enfermé à la Bastille, et y resta plusieurs années sans pouvoir justifier sa conduite. Pendant ce temps, les Anglais rentraient dans Madras et assiégeaient Pondichéry : Dupleix, par une belle défense, les força à la retraite ; quelque temps après, la paix d'Aix-la-Chapelle mit fin aux hostilités (1748).

Débarrassé de la guerre avec les Anglais, Dupleix reprit ses projets de conquête. Il fit triompher un prétendant à la soubabie du Décan, et en obtint Mazulipatam, avec un accroissement de territoire pour Pondichéry et Karikal. Il commanda alors de la rivière Kristna jusqu'au cap Comorin et gouverna 30 millions d'hommes avec un pouvoir absolu. Combattu par Lawrence et Clive, officiers anglais, que soutenaient de bonnes troupes, ainsi que les Mahrattes et les princes de Tanjaour et de Mysore, il ne put faire triompher son candidat à la nababie du Carnate. Ces expéditions coûtaient beaucoup, les marchands, dont Dupleix était l'agent, ne demandaient pas de la gloire et des conquêtes, mais des dividendes ; abandonné du gouvernement de Louis XV, qui eût dû voir ce que valait un pareil homme, il fut rappelé (1754). Il quitta en pleurant cette terre de l'Inde où il nous avait donné 200 lieues de côtes, sur 25 à 30 de profondeur, avec un revenu de 14 millions, et établi notre influence sur un empire cinq ou six fois plus vaste. En 1763, il mourut en France dans la misère. Les Anglais ont dit de lui que s'il avait été soutenu par son gouvernement, l'Inde serait à la France. C'est en pratiquant sa politique qu'ils ont conquis un empire de 150 millions d'âmes, et leur armée indigène qui les a mis naguère en de sérieux périls, mais après leur avoir rendu tant de services, n'est même qu'une copie de celle que Dupleix avait organisée, comme la condition qu'ils ont faite aux princes indiens est celle qu'il avait commencé à leur imposer.

L'Angleterre ne perdit pas de temps à prendre possession de ce bel héritage que la France laissait tomber en déshérence. Son pavillon ne couvrait encore qu'un petit nombre de forts ; un prince du Bengale lui enleva même en 1756, Calcutta, que le colonel Clive lui reprit. A ce moment éclatait en Europe la guerre de Sept ans. Les deux Compagnie française et anglaise stipulèrent la neutralité, mais les Anglais la violèrent et détruisirent Chandernagor (1757), parce que Souradja-Dowlah, le nabab du Bengale, voulait s'appuyer sur les Français. Clive renversa même ce prince par la victoire de Plassey (1757), et lui substitua un autre chef qui régna pour le compte des Anglais. Cette seule affaire valut à Clive 7 à 8 millions et trois fois autant à la Compagnie.

Le marquis de Bussy, ancien lieutenant de Dupleix, maintenait encore l'influence française. On le remplaça par le comte de Lally, Irlandais au service de la France. C'était un officier de talent et un homme de grand courage ; il avait pour les Anglais une haine irlandaise ; mais il était emporté, violent, et il se rendit odieux aux autres agents de la Compagnie, plus encore, il est vrai, par sa probité que par ses vices. Il s'était figuré qu'Arcate était encore le pays de la richesse, que Pondichéry était pourvue de tout, qu'il serait parfaitement secondé de la compagnie et des troupes. Il fut trompé dans toutes ses espérances. Point d'argent dans les caisses, peu de munitions, des noirs et des cipayes pour armée, des particuliers riches et la colonie pauvre ; nulle subordination. Cette déception alluma en lui une humeur qui sied mal à un chef et qui nuit toujours aux affaires. Il s'empara pourtant de Gondelour avec rapidité, mais il échoua devant Madras (1750). Après avoir défendu longtemps Pondichéry, il fut obligé de capituler, et la ville se trouva ruinée (1761). De retour en France, Lally fut accusé de trahison, et odieusement mis à mort ; on lui ferma la bouche avec un bâillon pour l'empêcher de parler au peuple, et il fut ainsi conduit à la grève dans un tombereau (1766). Sa mémoire fut réhabilitée en 1778, à la sollicitation de son fils, Lally-Tollendal. Nos colonies de l'Inde orientale étaient perdues. La paix de 1763 rendit à la France Pondichéry, Karikal et Chandernagor, mais dépouillées de leurs territoires et de leurs fortifications. Lord Clive fut presque aussi malheureux que Lally. Envoyé en 1764 dans l'Hindoustan avec de pleins pouvoirs, il força le Grand-Mogol à abandonner à la Compagnie la perception des revenus du Bahar, du Bengale et de l'Orissa, sauf un tribut annuel de 7 500 000 fr. Mais accusé plus tard dans les Communes de concussions, il ne voulut pas, quoique le rapport de la commission d'enquête en parlant de ses fautes, eût parlé aussi de ses services, survivre à ce qu'il regardait comme une injustice, et il se tua (1774).

Les Anglais n'avaient plus aux Indes de concurrents européens : c'est alors qu'ils eurent à combattre le fameux Hayder-Ali, souverain du Mysore[1] ; ils firent avec lui une paix désavantageuse en 1769 ; mais en 1773 ils achevèrent la conquête du Bengale. La compagnie était néanmoins près de faire banqueroute ; le gouvernement la secourut, à condition qu'il aurait le droit d'exercer une surveillance rigoureuse sur ses affaires politiques. Chassé du Bengale, Hayder-Ali

---

1. Le royaume de Mysore, dans le Décan au N. E. du Malabar, entre les Ghattes orientales et les Ghattes occidentales ; plus de 3 millions d'habitants ; capitale : Seringapatam dans une île du Kavery, aujourd'hui dans la présidence de Madras.

réunit les Mahrattes[1] et le nizam du Décan[2] contre les Anglais. Cette coalition formée au moment où la guerre venait d'éclater en Amérique, paraissait mettre les Anglais en péril (1778), d'autant plus que la France avait accordé son alliance aux colonies américaines ; mais nous n'avions plus de forces sérieuses aux Indes, et nous perdîmes promptement Chandernagor, Karikal et Pondichéry. Deux victoires d'Hayder-Ali furent inutiles (1780), il fut forcé à la retraite en 1781, après une grande défaite. La France alors envoya à son secours le fameux bailli de Suffren, un de ses meilleurs amiraux, qui battit les Anglais autant de fois qu'il les rencontra. Mais Hayder-Ali mourut la même année (1782) ; il laissait un digne successeur dans son fils, Tippou-Saïb, qu'on appela le Frédéric II de l'Orient : il fut du moins le représentant énergique de la nationalité indienne, et un des hommes les plus remarquables de l'Asie moderne. Tippou-Saïb continua la guerre ; mais il perdit l'alliance française lorsque le traité de Versailles, réconciliant l'Angleterre et la France, rendit à cette dernière puissance Pondichéry, Karikal, Chandernagor, et à la Hollande ses anciennes possessions, sauf Négapatam (1783). Il signa alors le traité de Mangalore (1784).

Tippou-Saïb recommença la guerre en 1792, et la soutint pendant sept ans avec succès ; il périt en défendant Seringapatam, sa capitale (1799). Depuis ce moment les Anglais furent les véritables maîtres de l'Inde ; ils possèdent encore ce vaste et riche pays où ils ont 150 millions de sujets que leurs premiers gouverneurs exploitèrent avec une impitoyable cruauté. Un successeur de lord Clive, Warren Hastings, le Verrès moderne, donna lieu par ses exactions à un procès fameux dont l'Angleterre retentit pendant sept années (1788-1795).

---

1. Les Mahrattes au N. O. du Décan, dans les monts Vendhya et les Ghattes occidentales, assujettirent vers le milieu du dix-huitième siècle la plus grande partie de l'Inde moyenne et s'étendirent dans le N. du Décan d'une mer à l'autre. Leurs divers États formaient une confédération, dont les principales villes étaient Nagpour et Pounah.

2. Nizam, c'est-à-dire *ordonnateur* : c'était le nom donné au gouverneur du Décan ou du *sud*, sous le Grand-Mogol. Il s'était rendu indépendant au centre de la presqu'île, entre les Mahrattes au nord et le Mysore au sud.

CHAPITRE XXVII.

FONDATION DES ÉTATS-UNIS D'AMÉRIQUE.

Origine et constitution des colonies anglaises d'Amérique. — Guerre d'Amérique (1775-1783).

Origine et constitution des colonies anglaises d'Amérique.

Les Anglais n'avaient pas compté sur l'Hindoustan, et l'Hindoustan est pour eux une mine féconde de richesses. Ils avaient compté sur des colonies moins opulentes, il est vrai, mais plus rapprochées, et il se trouve aujourd'hui que ces colonies sont libres, qu'elles se sont enrichies pour leur propre compte, qu'elles forment une puissance considérable et qu'elles disputent à leur mère patrie la supériorité commerciale et maritime.

Au seizième siècle les Anglais firent plusieurs voyages de découvertes le long du littoral de l'Amérique du Nord et quelques tentatives de colonisation, principalement sous Walter Raleigh dans la province qu'il nomma la Virginie, en l'honneur de la reine Élisabeth. On croyait trouver sur ce littoral des mines d'or et d'argent, comme au Mexique, et en 1606, deux compagnies dites de Londres et de Plymouth se formèrent pour les exploiter. Jacques leur partagea les contrées situées entre le 34e et le 45e degré de latitude. La première eut la Virginie, où elle fonda Jamestown, la seconde la Nouvelle-Angleterre. On ne découvrit point de métaux précieux; mais la pêche de la baleine sur les côtes du Groënland, celle de la morue à Terre-Neuve firent prendre à la marine anglaise l'habitude de pratiquer ces parages et les riches terres de la Virginie, où la culture du tabac prit rapidement de l'importance, attirèrent des colons; l'intolérance du gouvernement métropolitain en donna bientôt aux terres du Nord.

En 1618, des puritains fuyant la vieille Angleterre où Jacques Ier les persécutait, allèrent, par delà les mers, chercher un lieu où ils pussent prier Dieu à leur guise ; ils s'établirent au pied du cap Cod, non loin de l'endroit où Boston s'éleva quelques années après. En même temps les Bermudes et une partie des Antilles furent occupées ; en 1627 la colonie du *Massachusetts* fut organisée ; puis vinrent celles du *New-Hampshire* et du *Maine* (1630) réuni au Massachusetts en 1677, du *Maryland*, cédé en 1632 à un Irlandais, lord Baltimore, qui y établit 200 gentilshommes catholiques, du *Connecticut* (1635), de *Rhode-Island* (1636). Sous Cromwell, les Anglais enlevèrent aux espagnols la Jamaïque et un peu plus tard, aux Hollandais, la Nouvelle-Belgique dont ils firent trois provinces : *New-Yorck, New-Jersey* et *Delaware* (1667).

Charles II encouragea par politique le mouvement d'émigration que son père avait provoqué par ses violences. Il donna la *Caroline*, qui fut partagée plus tard en deux provinces, à huit lords anglais et fit une pareille donation à William Penn, qui appela *Pensylvanie* le pays où il s'établit (1682). Par le traité d'Utrecht, l'Angleterre acquit l'Acadie ou *Nouvelle-Écosse*, Terre-Neuve et la baie d'Hudson (1713). La *Géorgie* ne fut occupée qu'en 1733.

Toutes ces colonies, fondées aux frais des particuliers, et n'étant pas tenues comme les nôtres à la lisière par le gouvernement métropolitain, se développèrent rapidement. Les colons anglais qui n'étaient que 40 000 en 1430, formaient, en 1660, une population de 200 000 âmes. Le Canada, colonisé beaucoup plus tôt, n'avait atteint à la même époque que le chiffre de 11 à 12 000 âmes. C'est qu'au berceau des colonies anglaises s'est trouvée la liberté religieuse, civile et commerciale, tandis que le monopole et la plus étroite dépendance arrêtèrent tout au Canada. Elles s'ouvraient à tous venants, et il n'y avait pas de parti vaincu dans les révolutions de la métropole qui ne trouvât en Amérique un asile tout préparé à le recevoir : la Nouvelle-Angleterre, dont le code s'appelait the bodies of liberties, pour les Têtes Rondes et les républicains; la Virginie pour les cavaliers, le Maryland pour les catholiques.

Il y avait trois sortes de gouvernements, les gouvernements à charte, les gouvernements royaux, les gouvernements de propriétaires. Dans les premiers (Massachusetts, Connecticut et Rhode-Island), les colons exerçaient par leurs agents ou leurs représentants les pouvoirs législatif, exécutif et judiciaire. Dans les seconds (Virginie, New-York, les Carolines, la Géorgie, le New-Hampshire et New-Jersey), le gouverneur et tous les fonctionnaires étaient nommés par le roi, mais les assemblées législatives étaient électives. Dans les troisièmes (Maryland, Dalaware, Pensylvanie), les propriétaires avaient le pouvoir législatif et le pouvoir exécutif. Là aussi, cependant, existaient des assemblées législatives, nommées partie par les propriétaires, partie par le peuple; de sorte que, développé ou restreint, le système représentatif existait partout dans les colonies anglaises, tandis que les Français du Canada n'avaient pu même obtenir de nommer à Québec un syndic ou maire, « n'étant pas bon, écrivait Colbert, que personne parle pour tous. » L'imprimerie, qui ne fut introduite dans notre colonie qu'en 1764 après que nous l'eûmes perdue, existait en 1636 dans le Massachusetts : une loi de cette province exigeait, sous peine d'amende, qu'il y eût une école primaire par chaque réunion de 50 feux et une école de grammaire dans chaque bourg de 100. Un collége pour les hautes études fut fondé en 1650, afin, disaient-ils, que les lumières de nos pères ne soient pas ensevelies avec eux dans leurs tombeaux [1].

Les colonies avaient eu d'abord pleine liberté commerciale; Cromwell la leur retira, mais elles ne se conformèrent jamais que très-imparfaitement à ces lois restrictives, surtout la plus

---

[1]. Les autres provinces suivirent l'exemple du Massachusetts, excepté la Virginie dont le gouverneur disait aux ministres de Charles II : « Dieu merci, il n'y a dans la colonie ni écoles libres, ni imprimerie, et j'espère bien que nous n'en aurons pas d'ici à trois siècles, car les connaissances ont légué au monde la rébellion, l'hérésie avec toutes les sectes, et l'imprimerie les a répandues ! »

florissante de toutes, le Massachusetts, qui répondait aux ministres de Charles II : « Le roi peut étendre nos libertés, mais n'a pas pouvoir de les restreindre. » Les Stuarts faisaient à ce moment les plus sérieux efforts pour relever en Angleterre le pouvoir absolu; ils l'établirent aux colonies. Le Massachusetts perdit sa charte; la révolution de 1688 la lui rendit.

En 1739, on avait insinué à Walpole l'idée de taxer les colonies : « J'ai déjà contre moi toute la vieille Angleterre, avait-il répondu, voulez-vous que je fasse encore de la jeune mon ennemie? » Mais la guerre de Sept ans, si favorable politiquement à l'Angleterre, avait porté sa dette à deux milliards et demi qui exigeaient un intérêt annuel de 68 millions de francs. Après la guerre de Sept ans, sous le ministère de lord Grenville, beau-frère du premier Pitt, le parlement établit pour les colonies d'Amérique l'impôt du *timbre*, qui les forçait à employer dans les actes un papier timbré à Londres et vendu fort cher (1765); l'opposition que souleva cet impôt obligea le ministre de le révoquer l'année suivante. On le remplaça par un impôt sur le verre, le papier, et le thé (1767).

Les colons, alléguant le grand principe de la constitution anglaise que nul citoyen n'est tenu de se soumettre aux impôts qui n'ont pas été votés par ses représentants, refusèrent de payer ces droits, et quatre-vingt-seize villes formèrent la convention de Boston, dont les membres s'engagèrent à n'acheter aucune marchandise anglaise tant qu'il ne serait pas fait droit à leurs plaintes. Dans la seule année 1769, les exportations anglaises pour l'Amérique diminuèrent de plus de 15 millions. Lord North, ministre d'Angleterre, voyant le commerce baisser, proposa la révocation des nouvelles taxes, excepté de l'impôt sur le thé. Cette demi-concession ne satisfit personne : les habitants de Boston jetèrent à la mer trois cargaisons de thé venues de Londres, et le ministre frappa la ville d'interdit (1774). Un Congrès général des colonies s'ouvrit alors à Philadelphie ; on adressa au roi une requête qui fut inutile; et, comme l'avait prévu William Pitt, qui voulait à la fois la liberté américaine et l'intégrité de l'empire britannique, la guerre éclata.

Guerre d'Amérique (1775-1783).

Sur le continent américain, la guerre se fit sur trois points: dans le nord-est aux environs des importantes places de Boston, de New-York et de Philadelphie; dans le nord-ouest, vers le Canada, que les Américains essayèrent d'attirer dans leur mouvement, et d'où les Anglais partirent pour prendre à revers les colonies, qu'ils menaçaient de front du côté de l'Atlantique; enfin, dans le sud, autour de Charles-Town, dans la Caroline méridionale, où les Anglais, avec leur flotte, avaient toute facilité de porter la guerre, ce qui obligeait les Américains à diviser leurs forces et à faire parcourir à leurs troupes d'énormes distances. Quand la France prit part à la lutte, elle s'étendit à toutes les mers.

L'ouverture des hostilités fut marquée par un succès qui éleva le cœur des insurgents : les milices américaines battirent, à Lexington, un détachement anglais (1775), et 30 000 hommes assiégèrent le général Gage dans Boston. C'était une multitude, et non pas une armée. Pour l'organiser, le Congrès nomma généralissime un riche planteur de la Virginie, qui s'était distingué dans la guerre de Sept ans, contre les Français du Canada, George Washington. Pendant qu'il y mettait de la discipline et qu'il en soutenait l'ardeur, les colons de l'ouest envahissaient le Canada et prenaient Montréal; mais leur chef, Montgomery, fut tué au siége de Québec. Carleton les repoussa de cette ville et les chassa de la province. La prise de Boston, par Washington (17 mars 1776), n'était pas une compensation suffisante.

Cependant le Congrès de Philadelphie ne craignit point de rompre irrévocablement avec l'Angleterre en proclamant l'indépendance des treize colonies, qui se réunirent en une confédération, où chaque État conserva toutefois sa liberté religieuse et politique (4 juillet 1776). Dans cette déclaration se remarquaient les principes suivants, qui semblaient sortir du sein de la philosophie française : « Tous les hommes ont été créés égaux; ils ont été doués, par le Créateur, de certains droits inaliénables; pour s'assurer la jouissance de ces droits, les hommes ont établi parmi eux des gouvernements dont la juste autorité émane du consentement des gouvernés ; toutes les fois qu'une forme de gouvernement quelconque devient destructible des fins pour lesquelles elle a été établie, le peuple a le droit de la changer et de l'abolir. »

Le ministère anglais avait acheté aux princes allemands 17 000 mercenaires. Les volontaires américains, sans magasins, sans ressources, ne purent d'abord tenir tête aux vieux régiments, bien munis et bien payés, qu'on dirigeait contre eux. Howe prit New-York, Rhode-Island, et fit essuyer à Washington, près de la rivière Brandywine, un échec qui découvrit Philadelphie. Le découragement se mit dans l'armée de Washington ; on vit les rares partisans que conservait l'Angleterre, les royalistes, s'agiter, et quelques États chanceler dans leur fidélité nouvelle pour l'Amérique. Le Congrès abandonna même Philadelphie, où Howe entra le 11 septembre, et se retira à Baltimore, dans le Maryland. Mais le général américain savait conserver, au milieu des plus rudes épreuves, l'audace tempérée qu'exigeait une pareille guerre. Dès le 10 octobre, il reprit l'offensive à German-Town, et s'il ne fut pas vainqueur, il n'éprouva pas non plus de défaite. Cette constance sauva son pays ; car en retenant ainsi Howe autour de la baie de Chesapeak, il l'empêcha de tendre la main à Burgoyne, qui descendait avec une belle armée du Canada. Les milices de l'ouest auxquelles Washington avait joint quelques-unes de ses meilleures troupes, arrêtèrent Burgoyne à Saratoga, le 19 septembre, l'enveloppèrent, et l'obligèrent, le 17 octobre, à mettre bas les armes.

La France avait accueilli avec enthousiasme une révolution où elle se reconnaissait. Elle recevait dans ses ports les corsaires américains, et la Hollande leur vendait des munitions. Pour déterminer la France à changer cette assistance indirecte en alliance, les États-Unis envoyèrent une députation à à la tête de laquelle était l'illustre Franklin, et qui, pendant son séjour à Paris, fut l'objet d'une ovation perpétuelle. La jeune noblesse, exaltée par les idées philosophiques et tout ardente du désir d'effacer la honte de la guerre de Sept ans,

FONDATION DES ÉTATS-UNIS D'AMÉRIQUE.

de combattre l'odieuse rivale, demandait à partir en foule pour l'Amérique. Le marquis de la Fayette, à peine âgé de vingt ans, quitta sa jeune femme enceinte, et fréta lui-même un vaisseau qu'il chargea d'armes. Mais le gouvernement redoutait une rupture avec l'Angleterre. Turgot avait demandé qu'on restât neutre, prévoyant bien que l'Angleterre gagnerait plus à reconnaître l'indépendance de ses colonies qu'à les tenir frémissantes sous le joug. De Vergennes, d'accord avec le cabinet de Madrid, se contenta d'envoyer d'abord des secours indirects: il avança secrètement à Beaumarchais l'argent nécessaire pour qu'il expédiât aux colons les armes et les munitions qui leur manquaient.

La défaite de Saratoga décida Louis XVI à céder aux instances de Franklin et de ses ministres. Le 6 février 1778, il signa avec les États-Unis un traité de commerce, corroboré d'une alliance offensive et défensive, si l'Angleterre déclarait la guerre à la France. L'ambassadeur anglais fut aussitôt rappelé.

Lord North, pour conjurer le péril, offrit aux colonies, par le bill conciliatoire, plus qu'elles n'avaient demandé au début de la guerre; il était trop tard. Les Américains rejetèrent toute concession qui n'allait pas jusqu'à la reconnaissance de leur indépendance, et la guerre continua.

La France, heureusement, avait passé par les mains de Choiseul, qui avait relevé sa marine. Une flotte de 12 vaisseaux et de 4 frégates partit de Toulon pour l'Amérique (1778) sous le comte d'Estaing; une autre se forma à Brest pour combattre dans les mers d'Europe; enfin une armée se prépara à faire une descente en Angleterre. Le combat de la frégate *la Belle-Poule*, qui démâta une frégate anglaise, ouvrit glorieusement les hostilités; et le comte d'Orvilliers, sorti de Brest avec 32 vaisseaux, tint la fortune indécise, dans la bataille d'Ouessant, contre l'amiral Keppel (27 juillet). L'Angleterre fut effrayée de voir la France reparaître sur mer à armes égales, et traduisit son amiral devant un conseil de guerre. N'avoir pas saisi la victoire, c'était pour elle avoir été vaincu.

En Amérique, Clinton, menacé d'être enveloppé dans Philadelphie par l'armée de Washington, et par la flotte française du comte d'Estaing, se replia sur New-York, où il ne rentra qu'après un échec essuyé à Monmouth. Pour diviser les forces qui le poursuivaient, il envoya le colonel Campbell dans la Géorgie, et la guerre s'étendit alors aux colonies du sud. Elle atteignit les Antilles; le marquis de Bouillé y prit la Dominique, mais les Anglais s'emparèrent de Sainte-Lucie que d'Estaing ne put recouvrer. Aux Indes, nous perdîmes Pondichéry.

On recueillit alors les fruits de la politique du duc de Choiseul, qui avait renoué l'alliance de la France avec l'Espagne. Cette puissance offrit sa médiation, que l'Angleterre rejeta. Poussée par le comte de Vergennes qui lui montrait Gibraltar, Minorque et les Florides à reconquérir, elle déclara la guerre à l'Angleterre et réunit sa marine à celle de la France (1779). Le comte d'Orvilliers, avec 66 vaisseaux de ligne, cingla sur Plymouth; une tempête qui dispersa sa flotte épargna à l'Angleterre quelque désastre! La France se consola d'avoir perdu le fruit de ce grand armement par la prise de la Grenade, que d'Estaing, après une victoire sur l'amiral Byron, enleva, en sautant le premier dans les retranchements ennemis.

Cet événement eut à Paris un retentissement considérable. L'amiral Rodney s'y trouvait alors, retenu pour des dettes qu'il ne pouvait solder. Un jour qu'il dînait chez le maréchal de Biron, il traita avec dédain les succès des marins français, disant que, s'il était libre, il en aurait bientôt raison. Le maréchal paya aussitôt ses dettes: « Partez, monsieur, lui dit-il allez essayer de remplir vos promesses; les Français ne veulent pas se prévaloir des obstacles qui vous empêchent de les accomplir. »

Cette générosité chevaleresque nous coûta cher; Rodney faillit tenir parole. Il battit une flotte espagnole, ravitailla Gibraltar, qu'une armée franco-espagnole assiégeait, et alla aux Antilles, livrer, l'année suivante (1780), trois combats au comte de Guichen. Mais le comte retint la victoire indécise et enleva, à son retour en Europe, un convoi anglais de 60 bâtiments, avec un butin de 50 millions.

L'année 1780 fut favorable aux armes anglaises. La diversion tentée par Clinton, dans le Sud, avait réussi, la Géorgie était occupée. Ce succès l'enhardit à tenter une autre entreprise. Il voyait les Américains, déjà lassés de la guerre, se reposer sur la France et l'Espagne du soin de les sauver, et Washington réduit à l'inaction par la misère de son armée. Il quitta New-York avec une partie de ses forces, emporta Charles-Town, dans la Caroline de Sud, où il fit 5000 Américains prisonniers, et y laissa Cornwallis, qui battit tous ceux que le Congrès chargea de recouvrer cette province.

Un échec du comte d'Estaing devant Savannah, dont il voulut s'emparer avant que la brèche fût ouverte, compromit un moment la cause américaine. Mais une vaste coalition se formait contre le despotisme maritime de l'Angleterre. Pour empêcher la France et l'Espagne de recevoir des régions du nord les munitions navales nécessaires à leurs arsenaux, les Anglais arrêtaient et visitaient les bâtiments neutres. De là mille vexations, des abus et la ruine du commerce des neutres. Catherine II, la première, proclama (août 1780) la franchise des pavillons, à la condition qu'ils ne couvriraient pas la contrebande de guerre, poudre, boulets, canons, etc.; et pour soutenir ce principe, elle proposa un plan de neutralité armée qui fut successivement accepté par la Suède et le Danemark, la Prusse et l'Autriche, le Portugal, les Deux-Siciles et la Hollande[1]. L'Angleterre déclara aussitôt la guerre à la Hollande, la plus faible et la plus vulnérable des puissances neutres. Rodney se jeta sur Saint-Eustache, une de ses colonies, où il fit une prise de 16 millions, que le brave Lamothe-Piquet ravit en vue des côtes d'Angleterre.

L'Angleterre plia sous le faix. La France ayant envoyé aux Américains une armée sous Rochambeau et de l'argent, les alliés eurent une suite de victoires (1781). Les Espagnols

---

1. La ligue se proposait de défendre les principes dont la France a obtenu la reconnaissance par l'Angleterre (1854) : le pavillon couvre la marchandise, par conséquent liberté absolue du commerce des neutres, excepté pour la *contrebande de guerre* qui servirait à l'ennemi ; le neutre peut aller partout, excepté dans les ports bloqués par une force effective ; le neutre doit subir la *visite*, s'il n'est pas convoyé par un bâtiment de guerre : mais le visiteur doit se tenir à portée de canon, et n'envoyer qu'un canot monté par trois hommes.

prirent Pensacola, dans la Floride, et le comte de Grasse désola les Antilles anglaises. « Il a six pieds, disaient de lui nos marins, et six pieds un pouce les jours de bataille. » Ses victoires contribuèrent à celles que Washington, Rochambeau et la Fayette remportèrent sur le continent américain. Le 11 octobre 1781, ils forcèrent le général Cornwallis à capituler dans York-Town, avec 7000 hommes, 6 vaisseaux de guerre et 50 bâtiments marchands. C'était la seconde armée anglaise qui, dans cette guerre, était faite prisonnière. Ce fait d'armes fut décisif pour l'indépendance américaine. Les Anglais, qui occupaient encore New-York, Savannah, Charles-Town, ne firent plus que s'y défendre. En même temps le marquis de Bouillé leur enlevait Saint-Eustache; le duc de Crillon, Minorque; et Suffren, un de nos plus grands hommes de mer, envoyé aux Indes orientales pour sauver les colonies hollandaises, y gagnait quatre victoires navales (février-septembre 1782). Déjà il formait avec Hayder-Ali, sultan de Mysore, de vastes plans pour la destruction de la domination anglaise sur ce continent, quand la paix vint l'arrêter.

Dans les Antilles, les Anglais ne conservaient d'autre ville importante que la Jamaïque; de Grasse voulut la leur enlever en 1782; mais attaqué par des forces supérieures, sous Rodney, il fut battu et pris : à son bord il n'y avait que trois hommes qui ne fussent point blessés. Cette bataille des Saintes, qui fut sans résultats fâcheux, eut une grande importance dans l'opinion. On oublia que c'était la première, dans cette guerre, que nous perdions.

L'habile défense de Gibraltar contre les forces réunies de la France et de l'Espagne, fut un autre échec. Ce siége avait soulevé une attente universelle. Un frère de Louis XVI, le comte d'Artois, avait obtenu du roi la permission de s'y rendre. 20 000 hommes et 40 vaisseaux bloquaient la place. 200 bouches à feu, du côté de la terre, et 10 batteries flottantes, ouvrirent, le 13 septembre, un feu épouvantable contre ce rocher que défendaient sa redoutable position et le courage du gouverneur anglais Elliot[1]. La place attaquée

---

1. Ces batteries, inventées par le colonel d'Arçon, étaient formées par des

comme nulle autre ne l'avait encore été, se trouva bientôt aux abois. Elle avait vainement lancé 600 boulets rouges contre les batteries flottantes, lorsqu'un de ces derniers projectiles entra sans qu'on s'en aperçût dans le bordage de *la Taille Pedra*, où toutes les précautions recommandées par l'inventeur n'avaient pas été prises. Il y chemina silencieusement, arriva aux poudres et la fit sauter. L'incendie gagna les deux batteries voisines, et les Espagnols, sous prétexte d'empêcher les Anglais de s'emparer des autres, y mirent le feu. 12 000 hommes périrent à ce siége, et Gibraltar resta aux Anglais.

Cependant l'Angleterre avait perdu son renom d'invincible sur les mers, prodigieusement souffert dans son commerce, accru sa dette de 2 milliards et demi. Lord North, chef du parti de la guerre, quitta le ministère et fut remplacé par les whigs (1732), qui firent porter au cabinet de Versailles des propositions de paix. La France, de son côté, avait dépensé 1400 millions; au moins avait-elle obtenu un grand et noble résultat : l'indépendance des États-Unis. La paix fut signée le 3 septembre 1783. Elle était honorable pour la France, qui faisait effacer le honteux article du traité d'Utrecht, relatif à Dunkerque; obtenait pour l'Espagne Minorque, pour elle-même, Chandernagor, Pondichéry, Karikal, Mahé, et Surate, aux Indes; Tabago et Sainte-Lucie, aux Antilles; les îlots de Saint-Pierre et de Miquelon, avec le droit de pêche à Terre-Neuve; enfin Gorée et le Sénégal, en Afrique. Cette guerre, le dernier triomphe de l'ancienne monarchie, porte avec elle un enseignement : c'est que la France pourra, quand elle le voudra sérieusement, dans une lutte seul à seul avec l'Angleterre, disputer l'empire de la mer ou plutôt en assurer la liberté.

La paix ne termina pas les travaux de Washington; il eut à apaiser les murmures de ses soldats, qui se crurent oubliés

---

vaisseaux rasés, recouverts d'un triple toit à l'épreuve de la bombe et garnis d'un bordage épais. Une humidité suffisante constamment entretenue prévenait le danger des projectiles incendiaires. Mais le prince de Nassau négligea, sur *la Taille Pedra*, les précautions recommandées par d'Arçon. L'idée du colonel d'Arçon a été reprise de nos jours et avec succès : seulement le développement de notre industrie a permis de substituer le fer au bois, c'est-à-dire de rendre ces terribles machines presque invulnérables.

du moment qu'ils n'étaient plus utiles. Leur sort réglé, il donna sa démission, et simple particulier sur les bords du Potomac à l'ombre de sa vigne et de son figuier, il vécut tranquille dans sa maison de Mont-Vernon, en Virginie, avec la gloire d'avoir fondé l'indépendance de sa patrie, et avec le nom le plus pur des temps modernes.

L'Angleterre perdait par l'affranchissement des États-Unis une grande partie de ses colonies d'Amérique ; mais elle conservait la Nouvelle-Bretagne et les Antilles ; elle avait des possessions en Afrique : plusieurs forts ou comptoirs sur la Gambie, la colonie de Sierra-Leone, le cap Corse sur la côte d'Or, l'île de Sainte-Hélène ; elle s'ouvrait un monde nouveau dans l'océan Pacifique, où elle établit à Botany-Bay un lieu de déportation, et où elle fonda Sidney en 1788 ; elle continuait de s'agrandir aux Indes, où Tippou-Saïb, roi de Mysore, lui résistait en vain ; de sorte que, malgré ses défaites, elle restait la première puissance maritime et coloniale du monde.

CHAPITRE XXIII.

DESTRUCTION DE LA POLOGNE; ABAISSEMENT DES TURCS; GRANDEUR DE LA RUSSIE.

La Russie de Pierre le Grand à Catherine II. — Catherine II (1762-1796); premier partage de la Pologne (1772). — Traités de Kaïnardji (1774) et de Jassy (1792). — Second et troisième partages de la Pologne (1793).

La Russie de Pierre le Grand à Catherine II.

Tandis qu'un peuple nouveau naissait sur l'autre rive de l'Atlantique, un peuple ancien mourait dans la vieille Europe, sous l'étreinte d'une puissance qui n'avait pris rang que depuis quelques années parmi les grands États.

Le vrai successeur de Pierre le Grand fut Catherine II. Marquons cependant la succession des princes russes. La femme du fondateur de l'empire, Catherine Ire, gouverna après lui durant deux ans, dirigée par Menschikoff, qui continua l'œuvre du maître auquel il devait tout. Sous Pierre II, fils du malheureux czaréwitch Alexis, l'influence du ministre parut encore s'accroître. Mais un jeune favori, Ivan Dolgorouki, d'une famille qui prétendait descendre de Rurik, captiva l'esprit du czar, et le vieux ministre renversé fut relégué en Sibérie. Pierre II étant mort prématurément à quinze ans (1730), les Dolgorouki et les Galitzin donnèrent l'empire à une nièce de Pierre le Grand, Anne de Courlande, en lui imposant des conditions qui eussent détruit, si elles avaient été observées, l'œuvre de Pierre le Grand au profit de l'aristocratie. Ce fut la première tentative faite par la noblesse pour ressaisir le pouvoir. La seconde a été la grande conspiration de 1825; mais, dans l'intervalle, les nobles ont égorgé trois empereurs : Ivan VI, Pierre III et Paul Ier.

Anne n'eut pas grand peine à s'affranchir des entraves mises à son pouvoir. Les Galitzin furent bannis, les Dolgorouki envoyés en Sibérie, et tout plia sous le favori Biren, fils d'un paysan courlandais, qui fit périr dans les supplices tous ceux qui lui portaient ombrage. La Sibérie ne protégea même pas les princes Dolgorouki contre sa haine. Quatre d'entre eux furent écartelés, d'autres décapités ; 12 000 de leurs partisans périrent dans les supplices ; 2000 furent exilés. En 1737, Anne fit élire son favori duc de Courlande, malgré la résistance de la noblesse de cette province, qui avait quelques années auparavant refusé de le reconnaître pour simple gentilhomme. Ce règne ne manqua pourtant point d'un certain éclat. Anne, à l'exemple de Pierre Ier, s'entoura d'étrangers dont plusieurs montrèrent des talents. La Russie intervint avec succès dans la guerre de la succession de Pologne, et fit reconnaître Auguste III, malgré les droits de Stanislas Leczinski, l'élu de la nation, qu'en 1734, une armée russe assiégea dans Dantzig. « Jamais, dans cette guerre, dit un contemporain, 300 Russes ne se détournèrent pour éviter 3000 Polonais. » La Porte, qui avait souffert l'oppression des Polonais, expia cette faute. L'Irlandais Lascy entra dans Azoff ; l'Allemand Munnich força, en 1736, les lignes de Pérécop et parcourut la Crimée, mais sans pouvoir la garder. L'année suivante, après l'alliance conclue avec les Autrichiens, il emporta d'assaut Otchakof, le boulevard de l'empire ottoman sur le Dniéper ; en 1739, il prit Choczim, sur le Dniester, franchit le Pruth, qui avait été si fatal à Pierre le Grand en 1711, et entra dans Jassy. Il voulait aller plus loin, franchir le Danube, les Balkans. Il comptait sur un soulèvement des Grecs, il ne doutait pas d'emporter avec eux Constantinople. Mais les revers essuyés par les Autrichiens (perte d'Orsowa, 1730, défaite de Krotzka près de Belgrade, 1739) obligèrent la Russie à rendre, lors de la paix de Belgrade, toutes ces conquêtes (1739). Munnich est resté célèbre, comme Souwarow, par une énergie quelquefois sauvage. Devant Otchakof, une colonne refusait d'avancer, effrayée par le feu terrible de l'ennemi : Munnich fit pointer le canon derrière elle. Voyant ses soldats feindre des maladies pour rester en arrière, il publia dans son armée une défense d'être malade sous peine d'être enterré vif. Le lendemain, trois soldats subirent ce supplice sur le front du camp.

Anne avait désigné pour lui succéder son neveu, Ivan VI, encore au berceau, et fils de sa sœur, la duchesse de Brunswick. Biren devait être régent. La duchesse gagna Munnich et au bout d'un mois de règne, Biren fut envoyé en Sibérie. La vanité nationale s'irrita de voir des étrangers disposer ainsi de la couronne et du pouvoir. Élisabeth, seconde fille de Pierre le Grand, avec 105 grenadiers du régiment des gardes Préobrajenski, conduits par l'Allemand Lestocq, se rendit au palais (1741), s'en empara, relégua la duchesse dans une prison et y jeta Ivan VI, qui au bout de 22 années fut égorgé par ses gardiens.

Une réaction terrible éclata contre les étrangers : Biren fut rappelé de Sibérie; mais Munnich prit sa place, et y resta 20 ans. Beaucoup d'autres eurent le même sort, quelques-uns, plus heureux, échappèrent, tels que Keith, Lascy, Lowendall, le mathématicien Euler, qui mirent leurs talents au service de gouvernements moins barbares. D'ailleurs, il n'y eut qu'un changement d'hommes, car le favoritisme subsista. Au lieu de l'Allemand Munnich, on eut le Russe Bestucheff. Le règne d'Élisabeth (1741-1762) fut, en somme, funeste. A l'intérieur, elle laissa dépérir les établissements de Pierre le Grand. Elle abolit la peine de mort, mais elle la remplaça par la déportation en Sibérie, ce qui était pire, car on ne pouvait déjà plus faire tomber les têtes comme Pierre le Grand, mais on pouvait transporter des peuples entiers dans ce tombeau glacé où elle jeta, dit-on, 80 000 individus. Au dehors, elle conquit la Finlande, que la médiation de l'Angleterre l'empêcha de garder tout entière (1743); et, pour des motifs frivoles, elle fit une guerre aussi acharnée qu'impolitique à Frédéric II. Sa mort sauva la Prusse d'une ruine presque inévitable.

Pierre III, qui lui succéda, était fils d'un duc de Holstein-Gottorp et d'une fille aînée de Pierre le Grand; c'est le bisaïeul du czar actuel. Pierre III avait pour le héros prussien une admiration aussi déraisonnable que la haine d'Élisabeth. Il se déclara l'allié de Frédéric, et mit les troupes russes à sa disposition. Mais ce prince incapable ne régna guère : au moment où il allait punir les désordres de sa femme, celle-ci le prévint, le détrôna et le fit étrangler. Elle prit le nom de Catherine II.

Trois peuples faisaient obstacle à la Russie, et lui barraient l'Occident : la Pologne, la Suède et la Turquie. Catherine II prendra la première, Alexandre Ier la moitié de la seconde, Nicolas voudra prendre la troisième tout entière, et ce ne sera qu'à cette dernière tentative que l'Europe se lèvera pour arrêter cette grande ambition.

Comment ce peuple, né d'hier, put-il ainsi prévaloir contre ses glorieux voisins? Ce fut moins par sa force, quoiqu'elle fût grande, que par leur faiblesse.

La Suède, trop pauvre pour faire seule la guerre devenue si coûteuse, trop mal peuplée pour tenir tête, comme autrefois, avec ses petites armées, aux multitudes qu'on a pris, depuis Louis XIV, l'habitude de mettre sur pied, venait de dépenser avec Charles XII, jusqu'à son dernier soldat et son dernier écu. Il lui fallait du temps et du repos pour se remettre. En attendant, la Russie y achète un parti, et, jusqu'à Gustave III, la tiendra, par ses intrigues et son or, dans sa dépendance.

Les Turcs avaient de bonnes frontières et de belles provinces. Mais ils avaient perdu leur élan guerrier. Après un siècle de courses furieuses et de victoires à travers l'Europe et l'Asie, ce peuple, né sous la tente et mal préparé pour la richesse et la domination, était retombé dans l'apathie orientale, où sa doctrine religieuse de la fatalité devait inévitablement le conduire : l'excès de repos et de mollesse après l'excès d'activité et d'ambition. Les sultans, qui passaient de la prison sur le trône, n'y portaient nulle connaissance des choses et des hommes, et leurs ministres étaient comme eux. La vénalité corrompait tout : l'ordre civil et l'ordre militaire.

Pendant que le monde marchait autour d'eux, les Turcs s'étaient arrêtés, et leur organisation militaire, supérieure au quinzième siècle à celle des Européens, n'ayant pas été améliorée, était devenue très-inférieure. Les janissaires n'étaient plus une force contre le dehors, et, au dedans, ils étaient un danger continuel par leur esprit turbulent. Enfin leur mépris pour les chrétiens les avait empêchés de se mêler avec eux, de sorte qu'ils étaient moins un grand peuple qu'une armée d'occupation campée au nord du Bosphore, tandis que les vaincus, que leur tolérance, faut-il le dire, avait laissés vivre en corps de nation, formaient en face d'eux une masse de populations deux ou trois fois plus nombreuses, qui ouvrait l'oreille et donnait la main à toutes les intrigues étrangères. Ainsi en Turquie, superposition violente du petit nombre au plus grand; et ces maîtres, que tant de périls entourent, passent deux siècles à perdre leurs qualités, à augmenter leurs vices, par conséquent à diminuer leur force. Y a-t-il à s'étonner que le souvenir de Mahomet II et de Soliman n'eût plus rien d'effrayant pour l'Europe?

En Turquie, cependant, il y avait un centre, une autorité; c'est ce qui l'a fait durer. En Pologne, il n'y en avait point. Plaine immense, sans frontières naturelles, la Pologne était un État, géographiquement, mal fait; de plus, et surtout, c'était un État mal organisé qui marchait à rebours de l'Europe et de la civilisation. Une lutte héroïque, trois ou quatre fois séculaire, contre les Mongols, les Russes et les Ottomans, y avait formé une noblesse très-brillante, très-batailleuse, mais pas de bourgeoisie, point de peuple. Le paysan était serf. Cent mille nobles s'estimaient tous égaux et prétendaient aux mêmes droits. Dans la diète générale, l'opposition d'un seul député arrêtait tout (*liberum veto*), et si la diète unanime avait voté une mesure que quelques nobles n'approuvaient pas, ils se confédéraient pour la combattre, et ces insurrections à main armée étaient légales. Un Polonais n'obéissait qu'à la loi qu'il avait approuvée. En théorie, c'était beau; en pratique détestable: il en résultait l'anarchie en permanence. Ils avaient pris pour la royauté, depuis 1572, le système électif, sorte de gouvernement qui serait le meilleur, s'il n'était le plus difficile, et qui ne peut être bon que pour une nation très-avancée et bien assise, que son éducation politique et sociale a rendue capable de la pratiquer. En Pologne, ce régime n'engendrait que faiblesse et confusion, et ouvrait la porte à toutes les intrigues de l'étranger. En outre, cette royauté élective, ils l'avaient réduite à rien, ne lui laissant ni la loi à faire, ni l'armée à commander, ni la justice à rendre, alors que l'Europe entière accordait à ses rois le pouvoir absolu, c'est-à-dire concentrait dans une seule main toutes les forces nationales. Gustave-Adolphe, Turenne, Frédéric II renouvelaient l'art de la guerre : ils restaient une chevalerie magnifique, sans forteresse, ni artillerie, ni génie. Les haines religieuses s'apaisaient : ils reprenaient en plein dix-huitième siècle, contre les dissidents luthériens ou grecs, les lois des plus mauvais jours de l'intolérance, et des contemporains de Voltaire montraient toutes les fureurs de la Ligue. Il en coûte d'avoir des paroles sévères contre cette grande infortune. Il faut pourtant bien qu'on sache, pour la leçon des peuples, que si la Pologne a péri, c'est qu'elle n'a pas voulu se sauver en guérissant elle-même ses maux. Mais ses ennemis ont mis à la tuer tant de duplicité et de violence, et, pour leur résister, elle a, dans ses derniers jours et depuis, montré un si héroïque courage, qu'elle a justement gagné, en mourant, un renom immortel.

Catherine II (1761-1796); premier partage de la Pologne (1772).

Catherine II était Allemande, princesse d'Anhalth-Zerbst; elle s'attacha, dans les commencements, à faire oublier son origine. Elle flatta l'orgueil moscovite en affectant de respecter les habitudes de ses sujets, et se servit des étrangers, mais sans se laisser dominer par eux. Elle joignit à des vices monstrueux beaucoup d'activité, de vigueur et de pénétration. Elle acheva la création de Pierre le Grand, et fit de l'empire russe une puissance du premier ordre.

D'abord elle rétablit Biren dans le duché de Courlande; puis, après la mort d'Auguste III, elle proposa pour roi de Pologne une de ses créatures, Stanislas Poniatowski. Malgré l'opposition des patriotes, ayant à leur tête l'intrépide Mokranowski, qui refusèrent de délibérer sous la pression des baïonnettes russes, le candidat russe fut proclamé sous le nom de Stanislas-Auguste (7 septembre 1764).

La Pologne, colosse vermoulu et sans base, puisqu'elle n'avait pas de peuple; sans tête, puisque, à vrai dire, elle n'avait pas de roi, ne pouvait être sauvée que par une réforme énergique; mais cette réforme, ni la Russie ni la Prusse ne voulurent la laisser s'accomplir. Frédéric II, qui n'avait de scrupule d'aucune sorte, roulait depuis longtemps dans sa tête le plan d'un démembrement de la Pologne qui lui donnerait le territoire placé entre ses provinces de Prusse et de Poméranie. De bonne heure, il sonda la czarine sur ce projet, mais Catherine feignit de ne pas comprendre, se réservant déjà la Pologne pour elle seule. Ils s'entendirent pourtant sur un point : la conservation de l'anarchie dans ce malheureux État, et, avant l'élection de Poniatowski, conclurent un traité d'alliance où le maintien de la constitution polonaise était stipulé.

Il ne fut pas difficile de pousser les Polonais à de dangereuses résolutions : l'affaire des dissidents servit de prétexte. Catherine déclara qu'elle les prenait sous sa protection, et obligea la diète à retirer les lois édictées contre eux. Les évêques protestent. L'ambassadeur russe à Varsovie en fait arrêter deux qu'il envoie en Sibérie. Rome s'indigne; Ferney applaudit; Frédéric II attend. Il n'attendit pas longtemps. Les catholiques forment la *confédération* de Bar (1ᵉʳ mars 1768), qui prend pour étendard une bannière de la Vierge et de l'enfant Jésus. La croix latine marche contre la croix grecque; les paysans égorgent leurs seigneurs; la Pologne nage dans le sang. Les Prussiens entrent dans les provinces de l'ouest, les Autrichiens dans le comté de Zips; les Russes sont partout.

L'Angleterre, inquiète déjà des dispositions de ses colonies d'Amérique, se tenait à l'écart des affaires continentales. En France, Choiseul cherchait et ne trouvait pas un moyen de sauver la Pologne. Le duc d'Aiguillon, son successeur, était résolu d'avance à l'abandonner. Cependant on agissait à Constantinople, et le sultan, poussé par M. de Vergennes, ambassadeur de France, déclara la guerre à la Russie, à la suite d'une violation de son territoire par les Cosaques Zaporogues, qui avaient poursuivi jusque sur les terres ottomanes quelques-uns des confédérés de Bar (1768). Mais les armées de Catherine eurent partout l'avantage : à Choczim et à Azof, en 1769 ; près d'Ismaïl, à Bender, en 1770 ; la Moldavie, la Valachie furent occupées, et une flotte russe, conduite par des officiers anglais, incendia la flotte ottomane dans la baie de Tchesmé, au sud-ouest de Smyrne (1770). Toute l'Europe applaudit à ce coup. Il fallait, disait-on, chasser les *barbares* de l'Europe, et on voyait avec joie les Russes se charger de l'exécution. Un seul homme, Montesquieu, jugeait l'empire ottoman nécessaire à l'équilibre européen. Mais l'Autriche, inquiète des progrès de Catherine II sur le bas Danube, signa un traité secret avec la Porte. Frédéric aussi s'effrayait. Il ramena Catherine II aux affaires de Pologne, en laissant entrevoir l'union menaçante de la Prusse et de l'Autriche. Son frère Henri alla à Moscou décider l'impératrice.

La spoliation ne s'accomplit pas sans lutte. Mais les défenseurs de la Pologne, Paulawski, le Français Dumouriez, que le duc de Choiseul y avait envoyé, Oginski, grand général de Lithuanie, ne purent par leur courage suppléer au nombre. Les Turcs mêmes les abandonnèrent en signant un armistice avec la Russie (1772). Une poignée d'officiers et de soldats français, sous le brave Choisy, résista héroïquement dans Cracovie, et y soutint un long siége. Le roi Stanislas-Auguste, comme s'il ne se fût agi ni de lui ni de son pays, laissait faire, et restait à Varsovie au milieu des Russes. Pour en finir, les trois cours déclarèrent que ceux qui prendraient les armes en Pologne seraient traités comme brigands et incendiaires ; et, le 5 août, fut conclu, entre elles, à Pétersbourg le traité de partage que le 26 septembre leurs ambassadeurs notifièrent au roi et à la république de Pologne. L'impératrice-reine Marie-Thérèse, l'impératrice de toutes les Russies Catherine II et le roi de Prusse Frédéric II, voulant, disaient-ils, arrêter l'effusion du sang en Pologne et y rétablir la tranquillité, ont résolu de faire valoir leurs droits sur plusieurs provinces polonaises. En conséquence, les trois puissances demandaient la convocation de la diète afin de régler avec elles les nouvelles limites de la république. La diète fut tenue, en effet, à Varsovie, le 19 avril 1773, et le traité y fut accepté : la Russie obtint tout le pays situé à l'est de la Dwina, c'est-à-dire la Livonie polonaise, tout le palatinat de Mycislaw, les extrémités de celui de Minsk et une partie de ceux de Witepsk et de Polotsk : l'Autriche se réserva la Gallicie et la Lodomérie, avec les riches salines de Wieliczа et de Sambar ; la Prusse acquit la Pologne prussienne, sauf Dantzig et Thorn, avec la Grande Pologne jusqu'à la Netz, ce qui réunissait la province de Prusse à ses États allemands, et mettait dans sa dépendance la plus grande partie du commerce de la Pologne. Ces provinces avaient été occupées même avant la fin de l'année 1772. Les trois puissances garantirent d'ailleurs solennellement à la Pologne le reste de ses possessions.

La même année 1773, où s'accomplissait cette grande iniquité, un aventurier nommé Pugatscheff, d'abord soldat, puis déserteur, enfin bandit, se fit passer chez les Cosaques, ses compatriotes, pour Pierre III, échappé à ses assassins. Il rassembla une armée nombreuse, fit de rapides progrès, grâce à une guerre contre les Turcs qui avaient dégarni de troupes le sud-est de la Russie, jeta la terreur dans Moscou, qu'il aurait dû attaquer, au lieu de perdre son temps au siège d'Orenbourg, et, repoussé par le prince Galitzin, alla prendre et saccager Kazan. Mais il s'était aliéné l'esprit des populations en ravageant tout sur son passage ; aussi son parti diminua-t-il peu à peu ; il fut enfin livré, par un de ses complices, moyennant 100 000 roubles, amené à Moscou dans une cage de fer et décapité, avec cinq de ses partisans en 1775.

Traités de Kaïnardji (1774) et de Jassy (1792).

Les hostilités, momentanément interrompues avec la Turquie en 1772, avaient recommencé en 1773. La guerre, d'abord favorable aux Turcs qui firent deux fois lever le siège de Silistrie, tourna encore à l'avantage de la Russie. Le général Romanzoff battit le grand visir près de Kaïnardji, en Bulgarie, à 70 kilomètres dans le sud de Silistrie, et obtint, le 10 juillet 1774, le traité du même nom, qui renversa, au profit de la Russie, l'équilibre des forces dans l'Europe orientale. La Turquie reconnut l'indépendance des Tartares de la Crimée et du Kouban, qui ne tardèrent pas à subir l'influence moscovite, accorda aux Russes la libre navigation de la mer Noire, et leur céda Kinburn, à l'embouchure du Dniéper, Iénikalé, Kertch, Azof, Taganrog, avec la langue de terre comprise entre le Dniéper et le Bog, plus, une indemnité de guerre de 35 millions ; une amnistie lui fut imposée pour les Grecs qui s'étaient soulevés en faveur des Russes, et un droit de protectorat accordé au czar sur la Moldo-Valachie. Le traité ne stipula rien pour la Pologne, cause occasionnelle de la guerre. Ce silence même était une ratification de l'iniquité de 1772.

L'année suivante (1775), Catherine mit fin, en la subjuguant, à la redoutable république des Cosaques Zaporogues qui formaient dans l'empire un état à part, vivaient de brigandages et arrêtaient l'affermissement de la domination russe au nord de l'Euxin.

Le partage de la Pologne n'avait fait que mettre en goût les cours spoliatrices. En 1777, l'Autriche voulut prendre la Bavière. Cette fois, la Russie s'y opposa ; et par le traité de Teschen (1779), dont elle fut, avec la France, médiatrice, par le droit qu'elle obtint d'en garantir la stipulation, elle s'ouvrit l'Allemagne ; deux ans plus tard, afin d'y mieux nouer ses intrigues, elle établit des ministres résidant auprès des petites cours allemandes. Mais ce qu'elle interdisait à l'Autriche, elle se le permettait sur une plus vaste échelle. Les Turcs étaient en décadence, pourquoi n'auraient-ils pas le sort des Polonais. Dès l'année 1777, Catherine, au mépris du traité de Kaïnardji, fit entrer des troupes en Crimée, dont le khan lui vendit sa souveraineté moyennant une pension qu'on ne lui paya pas. En 1783, elle en prit possession, et Potemkin y commença, en 1786, Sébastopol ; elle s'empara aussi du pays du Kouban, et fit accepter son protectorat au roi de Géorgie, Héraclius. La domination russe franchissait le Caucase. La czarine portait ses vues plus loin encore. Elle donna au second de ses petits-fils le nom de Constantin ; elle fit frapper une médaille avec son buste, et au revers Constantinople et les sept tours écrasées par la foudre, et annonça fastueusement ses projets par un voyage triomphal en Tauride (1787), durant lequel elle s'entendit avec Joseph II pour le partage de l'empire turc. A Kherson, un arc de triomphe portait une inscription grecque, que le ministre d'Angleterre traduisit un peu librement par ces mots : « *Chemin de Byzance.* » Le traducteur avait tort, mais l'ambassadeur avait raison. Catherine eut en effet, vers ce temps-là, avec le comte de Ségur, la conversation que son petit-fils Nicolas reprit en 1853, avec sir Hamilton Seymour : « Rien ne serait plus facile, disait-elle, que de rejeter les Turcs en Asie. La France aurait pour son lot Candie ou l'Égypte. »

Le Divan répondit à ces provocations par une déclaration de guerre (1787). Attaqués à la fois par les Russes et les Autrichiens, les Turcs ne furent secourus que par le roi de Suède, Gustave III, qui, après une pointe hardie en Finlande, trahi par sa noblesse, menacé par le Danemark, signa la paix de Varéla (1790). Cependant les Turcs tinrent d'abord bravement tête aux assaillants : les Autrichiens furent rejetés derrière la Save, Joseph II battu à Témeswar et les Russes vaincus dans une bataille navale en vue de Sébastopol (1788). Mais Choczim et Otchakof furent pris; l'année suivante les Russes étaient vainqueurs à Fockschany, les Autrichiens prenaient Belgrade, Potemkin s'emparait de Bender, et Souwarow entrait dans Ismaïl après un affreux carnage. Heureusement la défiance de la Prusse s'éveilla; elle conclut une alliance avec la Porte. La Hollande, l'Angleterre s'unirent à elle, et aux conférences de Reichenbach obligèrent Léopold, successeur de Joseph II, mort en 1790, à accorder au Divan la paix de Sistowa, qui ne coûtait à la Turquie que Orzowa et un district de la Croatie sur la rive gauche de la haute Unna (1791). En même temps 80 000 Prussiens se réunissaient en vue des frontières russes. Catherine II, inquiète de ces dispositions hostiles, accepta les préliminaires de Galatz (1791). Le traité de Jassy donna le Dniester pour frontière aux deux empires. La Russie gardait, avec la forteresse d'Otchakof, la Crimée et le Kouban (1792). Elle avait dépensé, dit-on, à ces conquêtes, 150 000 hommes : mais c'était une mise de fonds que la czarine ne regrettait pas.

Second et troisième partages de la Pologne (1793 et 1795).

La Pologne paya pour la Turquie. Le premier démembrement avait ouvert les yeux, et tout le monde dans le royaume comprenait que le seul moyen de sauver le pays était de changer sa constitution anarchique. Le successeur de Frédéric II encourageait les réformateurs par crainte de la Russie, et promettait son alliance si l'on portait l'armée à 60 000 hommes bien organisés. La diète décréta que le *liberum veto* et la loi d'unanimité seraient abolis ; le pouvoir législatif partagé entre le roi, le sénat et les nonces ; le pouvoir exécutif confié à un roi héréditaire. Le plus vif enthousiasme éclata dans la nation (1791). Mais on perdit du temps à décréter ces réformes ; quand on voulut les exécuter, les dispositions de la Prusse étaient encore changées. Elle était rentrée dans l'alliance de l'Autriche, à cause des affaires de France, et comptant aller avec elle étouffer la révolution dans Paris, elle ne pouvait plus en favoriser une autre à Varsovie.

La Pologne, abandonnée à elle-même, envoya vainement 8000 soldats, commandés par Kosciusko, lutter contre 20 000 Russes ; elle fut de nouveau démembrée, sous prétexte que les patriotes polonais étaient des jacobins. Par deux traités signés le 13 juillet et le 25 septembre 1793, la Russie prit la moitié de la Lithuanie, la Podolie, le reste des palatinats de Polotsk, de Minsk, une portion de celui de Wilna et la moitié de ceux de Novogrodek, de Brzesc et de Volhynie. La Prusse obtint la meilleure partie de la Grande Pologne, avec Thorn et Dantzig, qu'elle convoitait depuis longtemps, plus Czenstokow dans la Petite Pologne. Il restait un lambeau de la Pologne : comme en 1776, une clause dérisoire garantit à la république l'intégrité des possessions qui lui étaient laissées.

Cette scandaleuse iniquité amena un soulèvement. A la tête de 4000 Polonais mal armés, et comptant sur l'appui de l'Autriche qui n'avait pas pris part au second démembrement,

Kosciusko marcha à l'ennemi et battit 12 000 Russes à Raslawice. Varsovie chassa sa garnison, et l'insurrection se propagea rapidement (1794). Mais elle manquait de moyens matériels : elle était troublée par des divisions intérieures. L'accession de l'Autriche à la coalition de la Prusse et de la Russie fut pour les Polonais un coup mortel. Kosciusko, vaincu à Maciejowice le 10 octobre, par Souwarow, tomba percé de coups en s'écriant : *Finis Poloniæ !* Il fut pris avec son ami le poëte Niemcewicz et emmené en Russie où il fut retenu captif jusqu'à la mort de Catherine. Souwarow marcha aussitôt sur Varsovie, s'en empara après l'assaut de Praga, qui rappela celui d'Ismaïl. Poniatowski abdiqua pour une pension de 200 000 ducats, qu'il ne toucha pas longtemps, étant mort à Saint-Pétersbourg le 11 février 1797, et le partage définitif du pays fut conclu entre les trois puissances. L'Autriche eut la plus grande partie du palatinat de Cracovie, ceux de Sandomir et de Lublin, et s'étendit jusqu'au cours supérieur du Bog ; la Prusse obtint les districts entre le Niémen jusqu'à Grodno et le Bog avec Bialistok et Plotsk. La Russie garda le reste (1795). Ainsi fut consommée cette honteuse violation du droit des nations qui retrancha de l'Europe la patrie de Sobieski : iniquité doublement fatale, et par ce qu'elle fit et par ce qu'elle autorisa à faire. Si dans les traités qui suivirent les grandes guerres de la coalition, les peuples furent partagés comme des troupeaux, les pays comme des fermes, à la convenance des vainqueurs du jour, ce fut l'application des exemples donnés par les auteurs de cette grande spoliation.

Catherine la Grande, ou, comme on l'a aussi appelée, la Messaline du Nord, mourut l'année suivante (9 nov. 1796) d'une attaque d'apoplexie foudroyante. Ce fut, en bien comme en mal, une femme remarquable. Elle faisait exécuter par Pallas, Falks et Billings des voyages de découvertes ou d'explorations scientifiques, et elle flattait la civilisation occidentale dans ses principaux représentants, entretenait une correspondance avec Voltaire, avec les encyclopédistes, invitait d'Alembert et Diderot à résider près d'elle, traduisait elle-même le *Bélisaire* de Marmontel. Elle réunissait solennellement les députés de toutes ses provinces pour leur faire écrire une constitution de l'empire qui ne s'écrivit pas. Elle laissait agiter la question de l'abolition du servage au sujet duquel Montesquieu venait de dire : « Celui qui a des esclaves s'accoutume insensiblement à manquer à toutes les vertus morales et devient fier, prompt, dur, colère, voluptueux et cruel. » Mais pas un serf n'était affranchi. Elle appelait les étrangers en Russie, mais laissait bien peu de Russes visiter les pays étrangers. Enfin, le gouverneur de Moscou se plaignant que les écoles restassent vides, elle lui répondait : « Mon cher prince, ne vous plaignez pas de ce que les Russes n'ont pas le désir de s'instruire ; si j'institue des écoles, ce n'est pas pour nous, c'est pour l'Europe où il faut maintenir notre rang dans l'opinion. Mais du jour où nos paysans voudraient s'éclairer, ni vous ni moi nous ne resterions à nos places. »

La Suède était menacée du même sort que la Pologne, parce qu'elle était divisée aussi par les factions, le parti français ou des chapeaux, et le parti russe ou des bonnets, et qu'à Stockholm comme à Varsovie, la royauté était sans force. En 1741 les *chapeaux* firent déclarer la guerre à la Russie pour déchirer le traité de Nystad ; cette guerre tourna mal, et, sans l'assistance de l'Angleterre qui interposa sa médiation, la Suède eût perdu la Finlande ; elle n'en céda, par le traité d'Abo (1743), que quelques districts. De ce jour l'influence de la Russie devint prépondérante en Suède, et l'argent, les promesses de l'étranger entretinrent les factions qui empêchaient la réorganisation de ce pays. Le roi Adolphe-Frédéric (1751-1771) songea bien à faire la révolution que son fils Gustave III accomplit ; mais il recula devant les menaces de ses deux puissants voisins. On se souvient du traité de 1764 qui servit de point de départ au démembrement de la Pologne ; une convention semblable, qui n'a été connue qu'en 1847, fut conclue entre la Prusse et la Russie pour le maintien de la constitution, c'est-à-dire de l'anarchie de la Suède. La décision de Gustave III en prévint les effets. Son coup d'État du 19 août 1772, complété par l'acte constitutionnel de 1789, réussit. L'aristocratie qui livrait le pays à l'étranger dut restituer au roi ses prérogatives nécessaires, et la guerre que Gustave III déclara aux Russes en 1788, et dans laquelle il détruisit leur flotte, à la bataille navale de Swenska-Sund (1790), eût peut-être dédommagé la Suède de quelques-unes de ses pertes, si le roi n'avait été trahi par ses officiers nobles, qui deux ans après l'assassinèrent (16 mars 1792). Un roi fou, Gustave IV, un prince faible, Charles XIII, et l'élection comme héritier présomptif du maréchal Bernadotte, qui oublia la France pour se jeter dans les bras de la Russie, firent retomber la Suède, à l'égard des czars, dans une sorte de vassalité d'où la récente guerre de Crimée vient seulement de la faire sortir.

LIVRE VII.

PRÉLIMINAIRES DE LA RÉVOLUTION.

CHAPITRE XXIX.

LES SCIENCES ET LES LETTRES AU DIX-HUITIÈME SIÈCLE.

Découvertes scientifiques et géographiques. — Les lettres et les arts.

Découvertes scientifiques et géographiques

Le dix-huitième siècle fut pour les sciences ce que le dix-septième avait été pour les lettres et le seizième pour les arts, une époque d'immenses progrès et presque de création. La physique est régénérée par Franklin et Volta, l'analyse mathématique par Lagrange et Laplace; la botanique par Linné et de Jussieu; la zoologie par Buffon, qui trouve encore la géologie; et Lavoisier donne à la science chimique des fondements inébranlables. En même temps, de savants navigateurs vont compléter l'œuvre des grands marins du quinzième siècle, et achèvent la reconnaissance de notre globe.

Descartes, Pascal, Newton et Leibnitz avaient fait faire de considérables progrès aux mathématiques et créé des branches nouvelles de la science. Il restait à rendre accessibles les hautes conceptions de ces grands génies et à avancer dans la voie qu'ils avaient ouverte. Ce fut l'œuvre des savants du dix-huitième siècle, d'Euler, de Clairaut, de d'Alembert, et principalement de Lagrange et de Laplace. Lagrange montra une rare précocité. A 19 ans, il résolvait un problème posé par Euler; l'année suivante, il écrivait les premiers essais de cette *Méthode des variations* qui seule suffirait à immortaliser son nom. Il serait trop long d'énumérer tous les travaux de cet esprit éminemment chercheur. Il suffit de dire qu'il a porté l'analyse pure au plus haut degré de perfection, développé le calcul différentiel et intégral, dont Newton et Leibnitz se disputaient la découverte, et que nul n'a parlé un langage à la fois aussi élégant et aussi clair dans l'exposition des théories les plus abstraites. Il était né à Turin, de parents d'origine française, et mourut à Paris en 1813. Napoléon l'avait fait sénateur. Laplace (1749-1827), fils d'un pauvre paysan de la vallée d'Auge, dans la basse Normandie, dut à d'Alembert le premier emploi qui lui permit de résider à Paris. Il donna dans la *Mécanique céleste* une démonstration complète des différentes lois astronomiques qui régissent le système de l'univers, ce qui complétait l'œuvre de ses plus illustres devanciers; de sorte que l'astronomie mathématique ne lui doit pas moins qu'à Newton et à Képler. Son *Exposition du système du monde* est un modèle de netteté et d'élégance; sa *Théorie des probabilités* est devenue classique et a fourni les principaux éléments des ouvrages analogues qui ont été publiés depuis. Laplace est mort presque de nos jours, comblé d'honneurs par Napoléon Ier et par Louis XVIII. Il avait été ministre de l'intérieur pendant six semaines, après le 18 brumaire; il fut sénateur, et comte sous l'Empire; la Restauration le nomma marquis. Ses œuvres ont été réimprimées, en 1844, aux frais de l'État.

Lalande (1732-1807) ne fit point d'aussi importants travaux; mais il popularisa l'étude de l'astronomie par un enseignement suivi de 46 années au Collège de France. Euler, de Bâle (1707-1783), perfectionna le calcul différentiel et intégral, appliqua l'analyse à la mécanique et à la construction des vaisseaux, et écrivit en français ses Lettres célèbres à une princesse d'Allemagne (la princesse d'Anhalt-Dessau, nièce du roi de Prusse), où il traite de la physique, de la métaphysique et de la logique. Clairaut (1714-1765), géomètre et astronome, présenta, à 15 ans, d'intéressants mémoires à l'Académie des sciences, et fut reçu, à 18 ans, dans cette compagnie. Il alla en Laponie (1736) pour mesurer, près du pôle, un degré du méridien que Bouguer et la Condamine mesurèrent sous l'équateur[1]. Quelque temps après, Lacaille s'établissait au cap de Bonne-Espérance, afin de dresser la carte du ciel austral. Il a été déjà parlé de d'Alembert (1717-1783), qui se fit aussi connaître dès l'âge de 22 ans par de savants mémoires. Il fut à la fois grand géomètre et habile écrivain; et à cette double gloire il en ajouta une autre, celle de résister aux offres les plus séduisantes des monarques pour rester à la tête de l'Académie des sciences. (*Traités de dynamique*; *Traité des fluides*; *Réflexions sur les vents*; *Recherches sur différents points du système du monde*; *Discours préliminaire de l'Encyclopédie*, etc. Bailly (1736-1793) est plus célèbre par son rôle dans la Révolution que par son *Histoire de l'astronomie*, qui lui fit pourtant beaucoup d'honneur. Monge (1746-1818) créa la géométrie descriptive. L'Anglais Bradley (1692-1762) découvrit l'aberration de la lumière et la nutation de l'axe terrestre. William Herschell (1738-1822), simple organiste, devenu à force de volonté grand astronome, fabriqua, en les perfectionnant, les instruments qu'il ne pouvait acheter; il découvrit Uranus, deux satellites de Saturne et le mouvement de notre système solaire vers la constellation d'Hercule; il créa presque en entier l'astronomie stellaire par une étude attentive des nébuleuses.

Ramenée à l'expérience par Bacon, la physique était retombée avec Descartes dans les régions de l'hypothèse. Le dix-huitième siècle l'en fit sortir, et dès lors elle marcha vite. Deux hommes surtout ont, pendant cette époque, contribué aux progrès de cette science, Franklin et Volta, qui ont étudié, reconnu et approfondi les effets si divers de cet agent

---

[1]. La Condamine, qui resta dix ans dans l'Amérique du Sud, y découvrit le caoutchouc, suc laiteux de l'hevé (*ficus elastica*) dont les Indiens se servaient depuis longtemps. Il a fallu un siècle pour le populariser en Europe

mystérieux qu'on nomme l'électricité. Né à Boston en 1706, Franklin s'était formé seul, sans le secours d'aucun maître Aimant les hommes quoiqu'il les connût à fond, il cultiva la science, non pour son plaisir ou sa vanité, mais pour accroître le bien-être de ses semblables. C'est ainsi qu'ayant démontré, au péril de sa vie, que l'électricité des nuages était la même que celle des machines, et remarqué la propriété des pointes, il appliqua immédiatement ce principe à la conservation des édifices publics ou privés, et Philadelphie, sa patrie adoptive, se couvrit de paratonnerres. Il excella surtout dans l'art difficile de vulgariser la science : son *Almanach* et sa *Science du bonhomme Richard* ont fait pour les États-Unis ce que toutes les ordonnances imaginables n'auraient pu faire. « A quoi bon les ballons? lui demandait-on. — A quoi bon l'enfant qui vient de naître! » répondit-il.

L'Italien Volta, de Côme, avait de bonne heure montré une sagacité extraordinaire dans la conduite des expériences. La physique lui doit une foule d'appareils ingénieux, l'électrophore, le condensateur électrique, l'électroscope. Mais sa grande découverte est celle du principe si fécond que le contact mutuel des corps est une source d'électricité. Galvani, de Bologne, avait trouvé en 1791 les singuliers phénomènes d'électricité auxquels on a donné son nom. Volta inventa, trois ans après, la pile, qui perfectionnée, a opéré dans la chimie, dans le commerce et dans l'industrie, une profonde révolution. Comblé de richesses et d'honneurs par Napoléon, ce grand physicien n'est mort qu'en 1826, à l'âge de 81 ans.

Nous citerons encore Réaumur (1683-1757) qui construisit le thermomètre auquel il a donné son nom, et qui est plus célèbre peut-être comme naturaliste (*Mémoires pour servir à l'histoire des insectes*, etc.,) que comme physicien; Coulomb (1736-1806), l'inventeur de la balance de torsion qui porte aussi son nom, et par laquelle il découvrit les lois des attractions et des répulsions électriques et magnétiques; le marquis de Jouffroy, qui fit remonter la Saône en 1783 au premier bateau à vapeur, découverte restée malheureusement alors inutile; Montgolfier, qui faisait la même année la première ascension en aérostat. En Angleterre, Stales (1677-1761) imagina les ventilateurs; Watt (1736-1819) trouva le condensateur, donna une précision mathématique aux mouvements de la machine à vapeur, et économisa les $\frac{2}{3}$ du combustible (1764), de sorte qu'une invention, restée à peu près stérile, devint un des plus puissants instruments de l'industrie moderne. En Italie Fontana (1730-1805) fit de savantes recherches sur la physique et sur la chimie, et représenta un des premiers, par des préparations en cire coloriée, les parties du corps humain.

Jusqu'au dix-huitième siècle, la chimie, faute d'une bonne méthode, n'avait pu faire de progrès sérieux. Un grand nombre de phénomèmes avaient été observés; mais on ne savait en conclure aucune loi générale. La théorie du médecin allemand Stahl (1660-1734) sur le phlogistique ou principe particulier existant dans les corps combustibles et s'en échappant pendant la combustion, égarait les intelligences les plus sagaces. C'est Lavoisier qui fit réellement de la chimie une science. En 1775, il démontra que la combustion des corps et la calcination des métaux sont le résultat de la réunion de l'oxygène avec ces corps, et que le dégagement de chaleur qui se produit alors a pour cause le changement d'état de l'oxygène. En 1784, il décomposa l'eau, qu'il trouva formée d'oxygène et d'hydrogène. La théorie du phlogistique était déjà renversée, ainsi que celle des quatre éléments. Restait à fonder la nomenclature chimique. Ce fut l'œuvre de Guyton de Morveau; mais Lavoisier, Berthollet et Fourcroy s'associèrent à cette grande réforme. Ils signèrent tous le fameux mémoire de 1787. « La chimie est aisée maintenant, disait Lagrange, elle s'apprend comme l'algèbre. » Berthollet (1748-1822) découvrit les propriétés décolorantes du chlore et celles du charbon pour purifier l'eau; Fourcroy (1765-1809) trouva plusieurs composés détonant par percussion, et perfectionna l'analyse des eaux minérales et des substances animales; l'Écossais Black (1728-1797) soupçonna le premier l'existence de l'acide carbonique, qu'il appela *air fixe*, et fit connaître la chaleur latente; Cavendish (1731-1810) analysa les propriétés du gaz hydrogène et disputa à Lavoisier l'honneur d'avoir découvert la composition de l'eau;

Priestley (1733-1805) isola le premier l'oxygène, ce qui ouvrit la route à Lavoisier ; Scheele de Stralsund (1742-1786) découvrit le chlore et plusieurs autres principes chimiques.

Ce que Lavoisier avait été pour la chimie, Buffon et Linné le furent, l'un pour la zoologie, l'autre pour la botanique. Tous deux naquirent en 1707, Buffon à Montbard, en Bourgogne, Linné à Raeshult, en Suède. Nommé intendant du Jardin du roi, Buffon ne consacra pas moins de 50 années à l'étude de la nature. Les 36 volumes de l'*Histoire naturelle* se succédèrent sans interruption de 1749 à 1788, universellement admirés pour la majesté du style et la beauté des descriptions. On reproche à Buffon d'avoir prodigué les hypothèses dans ses *Époques de la nature*. Il ne lui en reste pas moins la gloire d'avoir fondé la géologie. En posant ce grand principe que l'état actuel de notre globe résulte de changements dont il est possible de faire l'histoire, il a montré la voie à Cuvier et à Élie de Beaumont. Le réformateur de la botanique, Linné, fut d'abord apprenti cordonnier, et il ne put donner un libre essor à son génie qu'à l'âge de 23 ans. Il fallait d'abord trouver une méthode. Les savants ne classaient les végétaux que d'après leur volume ou leurs apparences les plus extérieures. Linné sut pénétrer les mystères intimes de la reproduction des plantes, et créa la *méthode sexuelle*. Sa classification abandonnée aujourd'hui pour la *méthode naturelle* que de Jussieu fonda sur la subordination des caractères des plantes, n'en était pas moins un grand progrès. Il y a d'ailleurs dans son œuvre quelque chose qui ne périra point : ce sont ses descriptions si originales et si précises, c'est surtout sa nomenclature (*Systema naturæ, Philosophica botanica* etc.). Il faut rendre leur place, à côté de Buffon, à ses deux collaborateurs, Daubenton (1716-1799) pour l'histoire des animaux, et Gueneau de Montbeillard (1720-1785) pour l'histoire des oiseaux. Adanson (1727-1806) mérite aussi comme botaniste une mention particulière : il resta cinq années au Sénégal pour en étudier l'histoire naturelle.

La minéralogie fut créée par l'abbé Haüy (1743-1822), après, toutefois, les beaux travaux du Saxon Werner, et développée par Dolomieu (1750-1801) qui parcourut à pied la plus grande partie de l'Europe, afin d'y poursuivre ses observations.

Pour la médecine et la chirurgie, nous donnerons seulement les noms de Bordeu (1722-1776), adversaire des idées de Boerhaave et qui attribuait à chaque organe une sensibilité qui lui était propre; de Parmentier (1737-1816), qui popularisa en France la culture de la pomme de terre et rendit de nombreux services à l'alimentation publique; de Dessault (1744-1805), un des fondateurs de l'anatomie chirurgicale et le maître de Bichat; de Pinel, qui montra que les fous n'étaient point des êtres dangereux qu'il fallait enchaîner, mais des malades qu'on pouvait guérir; de l'abbé de l'Épée, qui, dans son *Institution des sourds-muets*, répara une des erreurs de la nature (1778); de Valentin Haüy, qui en diminuait une autre en fondant l'*Institut des aveugles*; de plusieurs Italiens, Vallisneri (1661-1730), qui fit de nombreuses expériences d'entomologie et d'organologie humaine, et combattit la doctrine de la génération spontanée; Spallanzani (1719-1799), célèbre par ses belles recherches sur la circulation du sang, sur la digestion et sur les animaux microscopiques; Morgagni (1682-1771), un des maîtres de la science anatomique; enfin des Anglais, Jenner qui, en 1775, découvrit la vaccine, et Cheselden (1688-1752) qui fit la première opération de la cataracte sur un aveugle-né.

Les découvertes géographiques du dix-huitième siècle n'eurent pas le même principe que celles des premiers temps de l'ère moderne. Le mobile de ces dernières avait été ou l'amour du gain ou le sentiment religieux. Les voyages du dix-huitième siècle eurent avant tout un but scientifique. Colomb avait trouvé le nouveau continent, Gama la route des Indes, Magellan fait le tour du monde; au dix-septième siècle, les Hollandais avaient abordé à la Nouvelle-Hollande (1606), à la terre de Diémen (1642), et l'Allemand Kaempfer au Japon (1683). On ne pouvait plus que glaner après eux. Mais, s'il y avait peu d'espoir de rencontrer de nouveaux continents, encore fallait-il démontrer que, par delà certaines latitudes, notre globe est inhabitable. Tel fut le résultat des trois voyages de Dampier autour du monde (1673-1711), de ceux d'Anson

(1740), de Byron (1765), de Wallis et de Carteret (1766), surtout de ceux du capitaine Cook. Ce grand marin, qui ne devait sa science qu'à lui-même, avait commencé sa réputation en traçant, dès 1759, une carte du Saint-Laurent qui n'a point été surpassée. Dans son premier voyage autour du monde, il visita Taïti, fit le tour de la Nouvelle-Zélande, et longea les côtes de l'Australie (1768-1771). Moins heureux que le Français Bougainville, son rival de gloire, qui venait de découvrir les îles de la Société, l'archipel Dangereux et l'île de Bougainville (1766-1767), Cook fut, comme Magellan, assassiné par les naturels de l'Océanie (1779). Sa mort a rendu célèbre la baie de Karakakoua, dans les îles Sandwich. Sur les traces de Cook et de Bougainville, la Pérouse (1785) et d'Entrecasteaux (1791) parcoururent en tous sens le dangereux labyrinthe d'îles et d'archipels qui forme aujourd'hui la cinquième partie du monde. Ils ont rendu le grand Océan presque aussi accessible que nos mers européennes. Mais ces voyages ont encore moins servi la géographie que la physique générale du globe, l'astronomie et l'histoire naturelle. Il serait impossible de dire tout ce qu'ils ont apporté à la science d'observations curieuses, de faits intéressants et d'indications utiles. La Pérouse y périt. On a retrouvé en 1827 les derniers restes de son naufrage près des îles Vanikoro. Bass et Flinders firent, en 1798, le tour de la Tasmanie ; Behring avait découvert, en 1728, le détroit qui porte son nom ; et le Français Kerguelen parcourut, en 1711, les mers australes.

Les lettres et les arts.

Pendant que les physiciens découvraient de nouvelles force et les navigateurs de nouvelles terres, les écrivains, de leur côté, trouvaient un nouveau monde.

La littérature n'était pas, comme au siècle précédent, renfermée dans le domaine de l'art ; elle avait tout envahi et prétendait tout régler. Les forces les plus viriles de l'esprit français semblaient tournées à la recherche du bien public. On ne travaillait plus à faire de beaux vers, mais à lancer de belles maximes. On ne peignait plus les travers de la société pour en rire, mais pour changer la société même. La littérature devenait une arme que chacun, les imprudents comme les habiles, voulait manier, et qui, frappant de toutes parts, sans relâche, faisait de terribles et irrémédiables blessures. Par une étrange inconséquence, ceux qui avaient le plus à souffrir de cette invasion des gens de lettres dans la politique étaient ceux qui y applaudissaient le plus. Cette société du dix-huitième siècle, frivole, sensuelle, égoïste, avait du moins au milieu de ses vices, le culte des choses de l'esprit. Jamais les salons ne furent aussi animés, la politesse aussi exquise, la conversation aussi brillante. Le talent y tenait presque lieu de naissance et la noblesse, avec une témérité chevaleresque qui rappelle celle de Fontenoy, essuyait, le sourire sur les lèvres, le feu de cette polémique ardente que des fils de bourgeois dirigeaient contre elle. « Alors, dit Malesherbes, un noble enthousiasme s'était emparé de tous les esprits. »

Trois hommes sont à la tête du mouvement : Voltaire, Montesquieu et Rousseau. Le premier, dont le vrai nom était Arouet, naquit à Paris en 1694, d'un père ancien notaire et originaire du Poitou. Il ne vit que les années malheureuses du grand roi, et fut un des plus ardents dans la réaction qui éclata contre les habitudes religieuses du dernier règne. A vingt et un ans, il fut mis à la Bastille pour une satire contre Louis XIV qu'il n'avait point faite : il payait déjà pour sa réputation d'esprit et de malice. Entré dans la carrière avec sa tragédie d'*Œdipe*, pleine de vers menaçants (1718) et *la Henriade*, apologie de la tolérance religieuse (1723), il arriva promptement à la renommée et fut recherché partout. Un jour, cependant, il sentit les inconvéniens de cette haute société aristocratique au milieu de laquelle il avait été introduit dès le jeune âge, et dont s'accommodaient son esprit brillant et léger, son tempérament fin et délicat. Un chevalier de Rohan-Chabot, ayant parlé de lui avec impertinence, en avait été aussitôt châtié par une de ces paroles acérées que Voltaire décochait si bien. Il se vengea, en grand seigneur lâche et brutal, par la main de ses laquais. Voltaire, qui n'avait pas de laquais, demanda une réparation. Le gentilhomme, par une seconde lâcheté, obtint du ministre qu'on enfermât à la Bastille l'impertinent roturier qui osait provoquer un grand seigneur. Bientôt relâché, mais à condition de passer à l'étranger, Voltaire se rendit en Angleterre « pour apprendre à penser. » Il y resta trois ans, et en rapporta Locke, Newton, Shakspeare, avec un culte ardent pour la liberté de l'esprit et de la parole, bien plus que pour la liberté politique. A son retour, ses pièces de théâtre, *Brutus, la mort de César*, mirent sur notre scène un reflet du grand tragique anglais, et ses *Lettres anglaises* popularisèrent les idées du sage philosophe et du grand astronome. Ce ne fut pas sans persécutions. Le dernier ouvrage fut brûlé par la main du bourreau.

Voltaire, qui devait au sentiment chrétien deux de ses chefs-d'œuvre, *Zaïre* et *Tancrède*, attaquait avec acharnement l'Église, et ses premiers, ses plus constants efforts furent dirigés contre le pouvoir spirituel, qui empêchait de penser, bien plus que contre l'autorité civile, qui n'empêchait que d'agir. Pour cette guerre, il fit alliance avec les souverains et se couvrit de leur protection. Il fut en correspondance avec la grande Catherine de Russie et avec beaucoup de princes allemands; il séjourna à la cour de Frédéric II, prince sceptique et lettré, dont il corrigeait les vers français, et avec lequel il finit par se brouiller. Il s'établit alors à l'extrémité de la France, sur la frontière même, pour la pouvoir passer au moindre indice de péril, à Ferney, près de Genève. De là s'échappaient, emportés par tous les vents, poésies légères, épîtres, tragédies, romans, ouvrages d'histoire, de science, de philosophie, qui en quelques jours faisaient le tour de l'Europe.

En vieillissant avec le siècle, il prit, ainsi que lui, des pensées plus sérieuses. Le mal social devint comme son ennemi personnel et l'amour de la justice sa plus ardente passion. Il secourut, il défendit les victimes de déplorables erreurs judiciaires; il dénonça sans relâche les nombreux défauts de la législation, de la jurisprudence, de l'administration publique; et toutes les réformes qu'il sollicita dans l'ordre civil ont été accomplies après lui. Il eut, en quelque sorte, pendant cinquante années, le gouvernement intellectuel de l'Europe et il a justement mérité la haine de ceux qui croient que le monde doit rester immobile et l'admiration de ceux qui regardent la société comme obligée de travailler sans cesse à son amélioration matérielle et morale.

Le président de Montesquieu (1689-1755), esprit plus calme, plus grave, quoiqu'il eût écrit les *Lettres persannes*, moquerie profonde et redoutable tout en paraissant légère (1721), passa vingt années à composer un seul livre, *l'Esprit des lois*, mais c'était un monument immortel qu'il élevait. « Le genre humain avait perdu ses titres, dit Voltaire, M. de Montesquieu vient de les retrouver. » Montesquieu cherche et donne la raison des lois civiles et des lois politiques; il expose la nature des gouvernements; et s'il n'en condamne aucun, si les changements l'inquiètent, ses préférences sont bien claires pourtant, c'est la liberté anglaise qu'il offre à l'admiration de la France. Quand il visita la Grande-Bretagne, en 1729, il écrivit : « A Londres, liberté et égalité. » Il se trompait de moitié pour l'Angleterre; mais soixante ans avant 1789, il donnait la devise de la Révolution.

Rousseau, fils d'un horloger de Genève (1712-1778), ne commença d'écrire qu'au milieu d'une vie déjà longue, toute remplie de fautes, de misères et de contradictions. A trente-huit ans, il composa son premier *Discours contre les sciences et les arts*. C'était une déclaration de guerre à la civilisation; son second livre sur l'*Origine de l'inégalité parmi les hommes* en fut une autre à l'ordre social tout entier. Dans l'*Émile*, il traça un plan chimérique d'éducation; dans le *Contrat social*, il proclama le principe de la souveraineté nationale et du suffrage universel, plaçant à côté de grandes vérités de grandes erreurs, mais exprimant toujours les unes et les autres avec une singulière éloquence.

Le dix-huitième siècle, à la fois si vieux et si jeune, avait bien des sentiments de convention; il ne connaissait du cœur humain que les relations de plaisir, de la nature que les décorations d'opéra ou de boudoir et les ifs de Versailles. Rousseau donna à cette société frivole une secousse vigoureuse qui la ramena aux sentiments naturels : dans sa *Nouvelle Héloïse*, il lui ouvrit les yeux sur la nature réelle et les passions véritables; il créa la poésie dont le dix-neuvième siècle a vécu.

LES SCIENCES ET LES LETTRES AU XVIII° SIÈCLE.

A ne considérer que le point de vue politique, on peut dire que l'influence de ces trois hommes allait se retrouver aux trois grandes époques de la Révolution : celle de Voltaire dans l'élan universel de 1789, celle de Montesquieu dans les efforts des constitutionnels de l'Assemblée nationale, celle de Rousseau dans la pensée, sinon dans les actes, des rêveurs farouches de la Convention.

Près de ces grands écrivains, dans une région moins agitée, mais quelquefois plus haute, se tenait Buffon, sereine et majestueuse intelligence, comme la nature même dont il se fit le peintre inimitable.

Derrière les chefs étaient les soldats : Diderot, écrivain fougueux et inégal, d'Alembert, grand géomètre, essayaient d'organiser l'armée des philosophes. Ils fondaient l'*Encyclopédie*, dont le premier volume parut en 1751, immense revue de toutes les connaissances humaines, qui y étaient toutes exposées d'une manière nouvelle, souvent menaçante pour l'ordre social, toujours hostile pour la religion. De redoutables déclamateurs allaient plus loin encore : Helvétius, dans son livre *de l'Esprit*, le baron d'Holbach, dans son *Système de la na-* Lamétrie, dans son *Homme-Machine*, l'abbé Raynal, dans son *Histoire philosophique des deux Indes*.

Mais il faut une place à part pour le chancelier d'Aguesseau, dont les belles ordonnances de réformation composent le code Louis XV; pour le moraliste Vauvenargues, qui a écrit cette ligne : « Les grandes pensées viennent du cœur; » pour l'abbé de Condillac, puissant analyste; pour son frère, l'abbé de Mably, publiciste hardi ; enfin pour le marquis de Condorcet qui, condamné plus tard avec les Girondins, composa, en attendant la mort, une *Esquisse des progrès de l'esprit humain* et qui voyait l'humanité, cette voyageuse infatigable, s'avancer chaque jour plus forte, plus heureuse et plus libre sur la route que Dieu lui a montrée.

Les philosophes s'attaquaient à tout ; les économistes ne prétendaient toucher qu'aux intérêts matériels. Au dix-septième siècle, on croyait qu'une nation était d'autant plus riche qu'elle achetait moins et vendait davantage. Quesnay montra que les métaux précieux sont le signe de la richesse, non la richesse même, et il mit celle-ci dans l'agriculture. Gournay réclama pour l'industrie. La théorie de l'Écossais Adam Smith, qui vécut longtemps en France, fut plus générale; pour lui, la richesse était dans le travail, et le travail avait trois modes d'application : l'agriculture, l'industrie et le commerce ; ses élèves en reconnurent un quatrième : le travail intellectuel, je veux dire les arts, les lettres et les sciences.

Ainsi la pensée de l'homme, longtemps enfermée dans les spéculations purement métaphysiques, ou bornée au culte désintéressé des Muses, prétendait aborder maintenant les plus difficiles problèmes qui intéressent la société humaine. Et tous, philosophes comme économistes, cherchaient la solution du côté de la liberté. De l'école de Quesnay était sorti l'axiome célèbre : « Laissez faire, laissez passer, » qui fut un moment appliqué, quand les édits de 1754 et de 1764 reconnurent la liberté du commerce des grains, que Turgot va de nouveau proclamer. Le marquis d'Argenson avait dit la même chose sous une autre forme : « Pas trop gouverner. »

Il y a deux parts à faire dans la littérature du dix-huitième siècle : l'une sérieuse, l'autre frivole. Les arts n'ont que celle-ci. La recherche exclusive de la grâce fait oublier la beauté des lignes et des types. On produit de charmants ouvrages, on décore avec esprit et une coquette élégance les hôtels des riches ; on ne fait ni une grande statue ni un grand tableau. Et comme on déserte Versailles pour vivre dans les boudoirs, les architectes réduisent leurs plans aux proportions modestes d'une société qui ne sait plus avoir le grand air de l'âge précédent.

Ange Gabriel, mort en 1772, éleva les deux charmantes colonnades de la place de la Concorde, en s'inspirant de la colonnade du Louvre ; l'École militaire, jolie construction que l'immensité du champ de Mars écrase ; la salle d'opéra de Versailles et le château de Compiègne ; Robert de Cotte, mort en 1735, la colonnade de Trianon ; Soufflot, mort en 1781, le Panthéon ; Servandoni, mort en 1766, le portail de Saint-Sulpice, trop vanté et n'ayant pas la simple grandeur de celui du Panthéon ; Antoine, le lourd édifice appelé l'hôtel des Monnaies. Les sculpteurs ont moins laissé encore; ce sont : G. Coustou (1745); Pigalle (1785), la statue de Voltaire à l'Institut, et le tombeau du maréchal de Saxe, à Strasbourg; Bouchardon (1762), plusieurs statues à Saint-Sulpice et la lourde fontaine de la rue de Grenelle. Les peintres ont plus de valeur, surtout Watteau (1721), bien qu'il ne représente qu'un art conventionnel avec ses bergères d'opéra; Carle Vanloo (1760), dont on vante l'*Énée portant Anchise*; et J. Vernet (1789) pour ses marines. Mais Boucher (1770), que ses contemporains ne craignaient pas d'appeler le Raphaël français, est justement oublié, ainsi que ses figures « nourries de roses. » Greuze (1726-1805) mérite une place à part pour la simple et gracieuse naïveté de sa peinture. Quelques-uns de ses tableaux seront dans tous les temps des chefs-d'œuvre: *l'Accordée de village, le Père paralytique la Bonne Mère, la Petite Fille au chien*. Rameau, mort en 1764, avait fait une révolution dans la musique.

CHAPITRE XXX

TENTATIVES DE RÉFORMES.

Désaccords entre les idées et les institutions. — Agitation des esprits et demandes de réformes. — Réformes opérées par les gouvernements. — Dernières années de Louis XV (1763-1774); décadence politique et militaire de la France. — Essai, puis abandon des réformes sous Louis XVI (1774-1793).

Désaccord entre les idées et les institutions.

Le spectacle qui frappe le plus au dix-huitième siècle est celui du mouvement qui emportait les esprits. Le seizième siècle avait été témoin d'un pareil élan, mais dans la sphère étroite des idées religieuses. Ce n'était plus de dogmes qu'on se préoccupait, et nul ne songeait plus, comme au temps de Luther et de Calvin, aux questions de la grâce et du libre arbitre; on étudiait l'homme et la société; on cherchait leurs droits, leurs devoirs. L'esprit d'examen, involontairement inauguré par Luther et Calvin, vraiment conquis, affermi, étendu par Descartes et Voltaire, par la science et la littérature, brisait ses dernières chaînes. Jamais on n'avait vu une curiosité aussi vive de toutes choses; une audace aussi grande à s'aventurer hors des sentiers battus. Longtemps on s'était consolé d'un abus par une épigramme et d'une iniquité par une chanson. « Ils chantent, donc ils paieront, » disait Mazarin. Mais déjà l'on chantait moins; l'esprit devenait plus sérieux, partant plus redoutable. En face d'une royauté qui semblait se dégrader à plaisir, d'une noblesse qui ne savait plus nous donner de généraux, d'un clergé où il ne se trouvait plus de Bossuets ni de Fénelons, on interrogeait les droits, on étudiait les titres de ces puissances jadis si respectées.

L'œuvre principale de la royauté, dans la société moderne, avait été de fonder l'unité de territoire et l'unité de commandement, en renversant la féodalité qui faisait de chaque fief un État et qui donnait mille chefs à chacune des nations européennes. Cette lutte commencée en France au douzième siècle fut achevée, au dix-septième, par Richelieu et Louis XIV. Mais la féodalité vaincue laissa le sol couvert de ses débris. Partout pour les personnes et pour les choses existaient les plus choquantes inégalités, la plus étrange confusion. Donnons-nous-en le spectacle en France, nous n'aurons pour rester dans la vérité qu'à concevoir des abus encore plus grands dans l'Europe absolutiste.

I. État politique :

La constitution n'étant point écrite, tout reposait sur des usages et n'avait qu'une valeur d'opinion, variable par conséquent comme l'opinion même et qui avait sans cesse varié. La royauté était, en théorie, un pouvoir absolu ; elle ne l'était point toujours en fait, car des intérêts nombreux et puissants, des traditions, des précédents qu'on érigeait en lois fondamentales, lui faisaient obstacle ; de sorte que le droit de personne n'étant nettement défini et les mœurs politiques manquant plus encore que les institutions, tous s'efforçaient d'empiéter sur le domaine de chacun et nul ne se tenait à sa place. Les ministres mettaient au besoin la main sur la justice, comme les parlements sur la loi, pour faire violence à l'une et à l'autre. Un édit royal n'était exécutoire qu'après avoir été *enregistré* aux parlements, mais le conseil d'État rendait des *arrêts en commandement* qui se passaient de cette formalité. Le clergé et la noblesse avaient des tribunaux ; le tiers état les fonctions publiques, qu'il avait achetées espèces sonnantes ; et, pour le plus grand nombre des charges, le roi était dépouillé d'une de ses plus importantes prérogatives, du droit d'appeler les plus capables et les meilleurs au service de l'État.

Il y avait six ministres : le chancelier, chef de la justice, mais qui n'avait plus guère qu'un titre quand il n'avait pas les sceaux ; le contrôleur général des finances et les quatre secrétaires d'État de la maison du roi, de la guerre, de la marine et des affaires étrangères. Ces ministères offraient le plus singulier enchevêtrement d'attributions, et ils se partageaient encore géographiquement le royaume. Ainsi les gouverneurs et lieutenants généraux des provinces ne relevaient pas du ministre de la guerre, mais les postes relevaient de lui, ainsi que le Dauphiné et tous les pays conquis depuis 1552. Le ministre de la marine était en même temps ministre du commerce maritime, et avait dans sa dépendance les consulats et la chambre de commerce de Marseille. Le ministre des affaires étrangères réglait les pensions et administrait les provinces de Guienne, Normandie, Champagne, Berry, etc. Le ministre de la maison du roi avait les affaires ecclésiastiques et les lettres de cachet, le Languedoc, Paris, la Provence, la Bretagne, la Navarre, etc.; dans les attributions du contrôleur général on avait placé les ponts et chaussées, les hôpitaux, les prisons, les épidémies, le commerce de terre et l'agriculture. Pour les divisions administratives, il y en avait autant qu'il y avait d'administrations différentes. Les circonscriptions des 34 intendances, des 25 *généralités*, des 40 gouvernements ou *provinces*, des 135 archevêchés et évêchés, ou *diocèses*, des 17 parlements et conseils souverains, ou *ressorts*, des 22 universités, etc., ne s'accordaient nullement entre elles.

Un des plus déplorables principes de l'administration était de battre monnaie en créant des places inutiles qui grevaient le public. « Pontchartrain, dit Saint-Simon, fournit en huit ans 150 millions avec du parchemin et de la cire. » Il avait nommé des *jurés crieurs héréditaires d'enterrements*, des *essayeurs de bières de Paris*, des *contrôleurs de perruques*, et mille offices semblables. Cet abus avait un autre et singulier effet: le nombre des titulaires dépassant de beaucoup les besoins du service, ces officiers ne servaient qu'à tour de rôle. Ainsi, dans le grenier à sel de Paris (tribunal pour les faits de gabelle), les titulaires alternaient d'année en année; les greffiers ne faisaient même leur office qu'un an sur trois.

Treize parlements et quatre conseils provinciaux prononçaient souverainement au civil et au criminel; plus de 300 bailliages ou sénéchaussées jugeaient en première instance. On avait le ministère public, que les anciens ne connaissaient pas, mais on n'avait point le juge de paix, que la Révolution a institué. Ces parlements avaient des ressorts très-inégaux.

Celui du parlement de Paris couvrait les deux cinquièmes de la France. En outre, il y avait des tribunaux de l'armée et du commerce, des seigneurs et de l'Église. Ceux des villes n'avaient qu'une juridiction de police locale. Cependant le sénat de Strasbourg jugeait à mort. Quant aux juges *spirituels* des *officialités*, ils pouvaient prononcer la prison perpétuelle, et quelquefois le haut seigneur justicier, afin de prouver son droit, « faisait pendre un homme qui méritait le bannissement. » Les chambres des comptes, les cours des aides et la cour des monnaies jugeaient tous les procès relatifs aux impôts, aux monnaies et aux matières d'or et d'argent. Le grand conseil, les requêtes de l'Hôtel, le tribunal de l'Université de Paris, les capitaineries royales, etc., avaient une juridiction particulière. Certaines personnes ne pouvaient être jugées que par certains tribunaux.

La loi civile consacrait bien des injustices, mais la loi pénale commandait les tortures avant le jugement, et prodiguait avec une effrayante facilité, les mutilations, la mort et les supplices les plus atroces, sans accorder à l'accusé un défenseur qui plaidât pour lui, sans permettre un débat contradictoire, sans même exiger du juge qu'il motivât son jugement. En 1766, un jeune homme de dix-neuf ans, le chevalier de la Barre, fut condamné, même sans preuves, à être brûlé vif, après avoir eu la langue et le poing coupés, pour une croix de bois brisée sur le pont d'Abbeville; quatre autres condamnés à la même peine échappèrent par la fuite. La procédure, lente, compliquée, poursuivie dans les ténèbres et le silence, cherchait moins la vérité qu'un coupable; et, considérant d'avance le prévenu comme un condamné, frappait quelquefois l'innocent. En 1770, Montbailly fut roué à Saint-Omer, pour un crime dont le conseil supérieur d'Artois et la France entière le déclarèrent trois mois après non coupable. C'était en vain que Voltaire avait fait retentir la France et l'Europe de ses éloquentes protestations contre de déplorables erreurs judiciaires; en vain que le livre de Beccaria avait montré les vrais principes de la législation criminelle, et que des arrêts de cassation, chaque jour plus fréquents, avertissaient les juges, le parlement repoussait toute réforme, et il fallait, en 1785, au président Dupaty, autant de persévérance que de courage pour sauver de la roue trois hommes injustement condamnés. La magistrature, probe, éclairée, valait mieux que la loi ; mais cette loi était telle, qu'elle exposait à l'erreur le juge le plus consciencieux et qu'elle devait faire trembler l'accusé même innocent. « Si on m'accusait d'avoir volé les tours de Notre-Dame, disait je ne sais quel personnage important de ce temps-là, je jugerais prudent d'abord de me sauver. » D'un autre côté, cette société était embarrassée de tant de débris encore vivants du moyen âge, qu'on y retrouvait jusqu'à une coutume des temps mérovingiens : le droit d'asile existait à Paris même dans l'enclos du Temple.

Les grands ne conspiraient plus ; on ne voyait pas, comme autrefois, des commissions extraordinaires enlever des accusés à leurs juges naturels. Mais le roi prononçait encore fréquemment l'emprisonnement ou l'exil, sans jugement, et quelquefois sans terme ; bien des procès étaient arrêtés par un lit de justice, ou évoqués au Grand Conseil, ce qui était une manière de les arrêter encore.

Les magistrats, greffiers, officiers de justice, n'étaient pas payés par le roi ou l'étaient fort mal ; aussi se faisaient-ils payer par les plaideurs au taux qu'ils fixaient eux-mêmes ; et, comme dans cette société si inégale, on se heurtait à chaque pas contre un privilége, une prohibition ou d'obscurs règlements, les procès étaient innombrables, sans fin, et les plaideurs livrés à ce qu'un contemporain, un avocat du roi, ne craint pas d'appeler « le brigandage de la justice. » Ces exactions coûtaient annuellement aux justiciables 44 millions de francs (valeur actuelle), ou, suivant un ministre de Louis XV, près de 60. Le ressort du parlement de Paris s'étendait, dans de certaines directions, jusqu'à 150 lieues de la capitale, autre cause de ruine pour les justiciables contraints d'aller chercher bien loin une justice très-lente.

Le crédit est une puissance qui ne se développe que dans les États où la loi est plus forte que les caprices du pouvoir. Aussi n'existait-il pas en France, et moins encore pour le gouvernement que pour les particuliers. « On était réduit, dit le comte Mollien, à calculer les chances d'un contrat fait avec les ministres comme celles d'un prêt à la grosse aventure. » Les promesses les plus solennelles ayant été cent fois violées, le trésor n'obtenait des avances qu'en donnant un gage, et même avec cette condition honteuse, payait encore un intérêt usuraire de 20 pour 100 sur les avances de la Ferme générale. Cependant, dès ce temps, le gouvernement anglais trouvait facilement de l'argent à 4 pour 100 : ce qui veut dire que la puissance financière de l'Angleterre était déjà cinq fois plus grande que la nôtre. Or la guerre veut du courage et du talent, mais elle veut aussi beaucoup d'argent.

La comptabilité était si mal tenue, que les comptes n'étaient établis que dix, douze et même quinze années après l'expiration de l'exercice dont ils devaient retracer les opérations ; si obscure, que nul, pas même le ministre, ne savait au juste ce que l'État avait à payer, ce qu'il avait à recevoir. En 1726, Fleury abandonne aux fermiers généraux quelques reliquats de comptes que le trésor négligeait : ils en tirèrent 60 400 000 livres (100 millions d'aujourd'hui) ! La veille même de la Révolution, de Calonne, Necker et les notables ne purent jamais s'entendre sur le chiffre réel du déficit et de la dette publique. En outre, depuis François I*er*. le trésor public était confondu avec le trésor particulier du prince, de sorte que le roi puisait à pleines mains dans la caisse commune, sans autre formalité que l'ordre donné au trésorier de payer la somme marquée sur l'*acquit de comptant*. Louis XV prit ainsi, en une seule année, 180 millions employés pour une bonne part à payer ses plaisirs ou ses courtisans. En 1769, après six années de paix, les dépenses excédaient le revenu de 100 millions, et certains revenus étaient mangés dix années d'avance. Il y avait des assignations jusque sur l'année 1779.

Les impôts présentaient la plus étrange confusion, et le gouvernement ne faisait pas lui-même, comme aujourd'hui, toutes ses recettes. Les impôts indirects étaient affermés à des compagnies de traitants, et à 60 *fermiers généraux*, qui se disaient « les colonnes de l'État, » et l'écrasaient bien plus qu'ils ne le soutenaient. D'une part, ils faisaient payer au trésor un intérêt usuraire ; de l'autre, ils grossissaient leurs rentrées par tous les moyens possibles. Ainsi le produit du *don de joyeux avénement* levé sous Louis XV leur fut abandonné pour 23 millions, ils en tirèrent plus de 40. En six années, la ferme des droits sur les objets de consommation leur donna un bénéfice de 96 millions. Aussi n'y a-t-il pas à s'étonner de leur scandaleuse fortune. Un d'eux, Bouret, mangea 42 millions, plus de 70 d'aujourd'hui ; et pourtant ils étaient forcés de partager avec les courtisans en leur assurant des *croupes*, c'est-à-dire des pensions ou des parts proportionnelles à leurs bénéfices. De grands seigneurs, de grandes dames, recevaient de ces honteux présents. Louis XV luimême tendait la main ; il était *croupier*.

Ces traitants avaient à leur disposition un code si compliqué que le contribuable ne le pouvait connaître, si rigoureux que pour le seul fait de la fraude sur le sel, il y avait constamment 1700 à 1800 personnes dans les prisons et plus de 300 aux galères. Le trésor n'était pas plus indulgent : si un receveur de la taille n'y versait point sa recette, on arrêtait les quatre principaux taillables de la localité, quoiqu'ils ne dussent rien à l'État, et on les retenait en prison jusqu'à ce qu'ils eussent comblé le déficit. C'était l'odieux système de l'administration romaine sur la responsabilité des curiales.

L'effectif réglementaire, en temps de paix, était de 170 000 hommes, dont 131 000 d'infanterie, 31 000 de cavalerie et 8000 pour la maison du roi ; mais l'effectif réel n'atteignait pas 140 000 hommes. Dans ce nombre sont comptés 12 régiments suisses, 8 allemands, 3 irlandais, 1 suédois ; 21 000 canonniers garde-côtes ne servaient guère en temps de paix, de même que les 60 000 miliciens de régiments provinciaux. Les grades étaient multipliés outre mesure, il n'y avait pas moins de 60 000 officiers en activité ou en retraite, et, d'après un règlement de 1772, un régiment de cavalerie de 482 hommes comptait 146 officiers et sous-officiers, ce qui fait un chef pour moins de trois soldats. Les grades s'achetaient, même dans les armes spéciales, et les acquéreurs pouvaient, sans avoir fait aucun service, devenir officiers généraux. Le duc de Bouillon était colonel à 11 ans, le duc de Fronsac à 7 ; son major en avait 12. Malgré les réformes de Choiseul, il y avait encore bien des dilapidations dans l'armée, et un mauvais système d'enrôlement en gâtait la composition. L'armée régulière était recrutée par des enrôlements volontaires, la milice par le sort qui désignait chaque année 10 000 hommes astreints à servir six ans. Mais le tirage au sort de la milice, qui pesait principalement sur les campagnes, était marqué par les plus scandaleux abus, et si les volontaires donnaient de bons soldats, les racoleurs envoyaient souvent aux régiments la lie des grandes villes ; aussi avions-nous alors annuellement 4000 désertions à l'étranger.

Le clergé se divisait en *clergé de France*, dans les anciennes provinces, et en *clergé étranger* dans les contrées conquises depuis François Ier. Cette distinction n'avait d'importance que pour les impositions. Mais les évêchés de Metz, Toul, Verdun et Strasbourg, suffragants de Trèves ou de Mayence, et les cinq évêchés de la Corse, suffragants de Pise ou de Gênes, ne prenaient point part aux assemblées générales du clergé. Les archevêques de Besançon et de Cambrai avaient au contraire des suffragants étrangers. Les diocèses étaient fort inégaux ; celui de Rouen renfermait 1338 paroisses ; ceux de Toulon et d'Orange 20. Les revenus ressemblaient aux diocèses. L'évêque de Strasbourg avait 500 000 livres de rente, celui de Gap, 8000, et Fleury signait « évêque de Fréjus par l'indignation divine. » Un grand nombre d'abbés possédaient à peine 1000 livres de revenu ; celui de Fécamp pouvait en dépenser 120 000 ; celui de Saint-Germain près de trois fois autant. Beaucoup de curés étaient fort riches, mais beaucoup de vicaires mouraient de faim. Louis XVI mérita leur reconnaissance en fixant leur portion congrue à 350 livres. On voit que les uns avaient trop, les autres pas assez. Le roi nommait à toutes les places de quelque importance dans l'Église ; les évêques, les chapitres et les seigneurs laïques nommaient aux autres. En résumé, 12 000 évêques, abbés, prieurs et chanoines se partageaient près du tiers des revenus de l'Église, plus de 40 millions (valeur actuelle 70) ; les deux tiers restants devaient suffire à huit fois autant de prêtres et de religieux. Je ne parle point des *petits* abbés qui n'étaient ni du monde, ni de l'Église, et qui scandalisaient l'un et l'autre.

II. État social :

Au lieu d'une seule loi il y avait 384 coutumes différentes, de sorte qu'il pouvait arriver que ce qui était justice dans une province fût injustice dans une autre. Chaque parlement ayant des règlements particuliers, la diversité de législation était encore accrue par la diversité de la jurisprudence.

Les trois ordres de l'État, clergé, noblesse, roture, étaient distingués par des priviléges ou des charges qui faisaient du peuple français trois nations différentes, chacune ayant sa hiérarchie propre et ses classes distinctes. Ainsi il y avait la grande et la petite noblesse, l'une qui vivait à la cour et du budget, la seconde dans la province et de ses maigres revenus; le haut et le bas clergé, le premier très-riche, le second très-pauvre. Dans la roture, 50 000 familles possédant, à titre héréditaire, les charges de judicature, formaient une aristocratie réelle qui ne frayait point avec les financiers ; le bourgeois dédaignait l'artisan, et le paysan, au bas de l'échelle, dans la misère et l'ignorance, portait avec colère tout le poids d'une société qui l'écrasait. Dans la famille même il y avait inégalité, le droit d'aînesese ne laissant aux puînés que leur épée ou l'Église, à beaucoup de filles que le couvent. Au-dessous des trois ordres étaient les serfs, les protestants qui n'avaient pas même d'état civil, et les juifs.

Quant aux provinces, les unes, *pays d'états*, comme le Languedoc, la Bourgogne, la Bretagne, l'Artois, avaient une ombre de liberté pour la gestion de leurs affaires et lui devaient une situation meilleure ; les autres, *pays d'élection*, ne connaissaient que les ordres absolus de la cour; enfin celles-ci payaient des impôts que celle-là ne payaient point ou payaient dans une proportion moindre. Il y en avait, comme la Lorraine, les Trois-Évêchés, l'Alsace et le pays de Labour, qui n'avaient point de douanes entre elles et l'étranger. D'autres en étaient entourées de toutes parts. En 1789, il existait encore, dans le midi de la France, 1200 lieues de lignes de douanes intérieures, et la même mesure de sel devait être achetée, ici 6 livres, là 62. L'impôt du vingtième était moins lourd dans la Lorraine, l'Alsace et la Franche-Comté que dans les autres provinces ; la Lorraine n'était même pas soumise à la capitation; de sorte que la vieille France se trouvait plus chargée que la France nouvelle, qu'elle avait conquise. Et je ne parle pas des priviléges des localités, des corporations, des personnes. A Paris, en 1783, l'administration des Invalides, de l'École militaire, de la Bastille et diverses communautés religieuses ne payaient point de droits d'octroi. De là une foule d'abus; beaucoup de denrées s'introduisaient sous le nom des privilégiés pour des gens qui ne l'étaient pas.

Deux noblesses se partageaient toutes les places. Celle d'épée avait les grades à l'armée, les hautes dignités dans l'Église et les grandes charges de la cour et de représentation; celle de robe toutes les charges de judicature et les places de la haute administration. Il ne restait au roturier que l'industrie, le commerce et la finance, après quoi, il est vrai, si ses affaires avaient prospéré, il pouvait acheter des lettres de noblesse et devenir marquis, sauf à encourir les sarcasmes de ceux qui ne l'étaient pas encore, et les longs dédains de ceux qui l'étaient déjà.

La nation payait alors presque autant qu'aujourd'hui. Mais trois choses rendaient cette charge bien plus lourde pour nos pères que pour nous : ils étaient beaucoup plus pauvres, près d'un tiers moins nombreux, et soumis à une répartition fort inégale. Ainsi, le clergé qui, outre les revenus de ses immenses propriétés, recevait la dîme de toute terre noble ou non noble, ne payait rien ou peu de chose : il faisait des *dons gratuits*. La noblesse et les officiers royaux, excepté dans quelques généralités, n'étaient pas astreints à la *taille* ou impôt foncier, ils devaient les autres impôts directs, la *capitation* et le *vingtième* du revenu, mais un grand nombre trouvaient moyen de s'en faire exempter en totalité ou en partie. Les roturiers, qui ne possédaient qu'une moitié du territoire de la France, devaient seuls la taille, 91 millions, la dîme, qui était ici du quarantième, là du quart du produit brut, et en somme coûtait aux agriculteurs 133 millions, les droits seigneuriaux, évalués à 35, et les corvées à 20. Pour les grandes routes, par exemple, dont beaucoup furent construites sous Louis XV, l'État ne faisait que les frais du tracé et des travaux d'art, les matériaux étaient fournis et leur emploi avait lieu au moyen de la *corvée;* de sorte que ces travaux, si profitables à tout le pays, étaient exécutés aux dépens et au milieu de la haine des populations rurales.

Un noble était décapité, un roturier était pendu; ce n'est pas de cela que je me plains, car ici la différence n'est que dans la forme. Mais il arrivait souvent que pour un même délit, commis en commun, la pénalité fût très-différente, selon que l'on était de la noblesse ou du peuple.

Les corporations, jurandes et maîtrises arrêtaient l'essor de l'industrie, en limitant le nombre des patrons, ce qui détruisait la concurrence, et en ne permettant que l'exercice du métier dont on avait payé l'apprentissage, ce qui renfermait chacun dans son état, comme dans une geôle. Ne devenait pas maître qui voulait, mais qui pouvait acheter une maîtrise, trois, quatre, et quelquefois cinq mille livres, non compris le chef-d'œuvre, les cadeaux, le repas. Et, après avoir payé tout cela, on n'avait pas encore acheté le droit de perfectionner son industrie, car un perfectionnement était un attentat aux droits antérieurs de la corporation. Le fabricant d'étoffes ne pouvait les teindre; le teinturier en fil n'avait pas le droit de teindre la soie ou la laine; le chapelier de vendre de la bonneterie. Enchaînés par de minutieux règlements, les manufacturiers étaient exposés à voir la police détruire leurs produits pour une inadvertance ou pour une modification dans le travail qui ne devait causer aucun tort à l'acheteur. « Chaque semaine, pendant nombre d'années, dit un inspecteur des manufactures, j'ai vu brûler à Rouen, 80 ou 100 pièces d'étoffes, parce que tel règlement sur le tissage ou sur la teinture n'avait pas été de tout point observé, quoique l'étoffe fût donnée pour ce qu'elle était. » Il n'y avait plus qu'une monnaie : celle du roi, et depuis 1726 le commerce n'était plus entravé par des altérations des espèces ou de subites et officielles variations dans le prix du marc d'argent; mais il l'était encore par la diversité des poids et mesures, qui changeaient de ville à ville. La Compagnie des Indes avait, jusqu'en 1770, par ses priviléges commerciaux, gêné les efforts des négociants particuliers. On venait de l'abolir; mais, à l'intérieur, le négoce avait encore à combattre contre des restrictions mauvaises et des monopoles funestes. Ainsi, à Rouen, une compagnie était chargée de l'approvisionnement de la ville en grains; une autre avait le privilége du transport des blés, une troisième, celui de les faire moudre dans ses moulins, au grand détriment des habitants à qui il était interdit de se pourvoir ailleurs. Les blés ne circulaient même point d'une province à l'autre, de sorte que les agioteurs pouvaient à volonté faire la disette ou l'abondance sur certains points, c'est-à-dire y vendre très-cher ou y acheter à vil prix. Enfin, les douanes intérieures qui isolaient les provinces, rendaient les relations commerciales aussi difficiles entre elles qu'avec les pays étrangers, et les péages prélevaient sur les transports 96 millions. Pour descendre la Saône et le Rhône de Gray à Arles, il fallait s'arrêter et payer 30 fois, de sorte que sur cette route dont la nature seule avait fait les frais, le commerce laissait aux mains des péagers 25 ou 30 pour 100 de la valeur des produits transportés. Ajoutons que les pays catholiques avaient environ, chaque année, 50 jours de fête, que n'avaient point les pays protestants; ceux-ci, travaillant plus, vendaient à meilleur compte. Cependant nos colonies étaient si florissantes et l'industrie européenne si arriérée, que, malgré tout cela, notre commerce prospérait.

Près d'un cinquième des terres, immobilisées aux mains du clergé, rendaient peu, parce qu'elles étaient soustraites à l'action de l'intérêt personnel; presque tout le reste, cultivé par des métayers, donnait à peine davantage. La division de la propriété avait déjà commencé, mais la terre n'était arrivée aux mains des paysans que chargée de rentes, cachet de l'ancienne servitude. Peu de bétail; quatre fois moins qu'aujourd'hui, par conséquent appauvrissement des terres par suite d'une fumure insuffisante. Peu de grands propriétaires cultivant eux-mêmes. « On ne compterait pas, disait un écrivain du temps, 300 seigneurs vivant sur leurs terres. » C'était le mal dont l'Irlande a tant souffert, qu'on a créé un mot pour le désigner, l'*absentéisme*. Vauban, Bois-Guillebert se plaignaient déjà du discrédit attaché à l'état de cultivateur. Il fallut, en 1720, un arrêt du conseil d'État pour autoriser les nobles à prendre à ferme, sans déroger, les terres des princes du sang. Un écrivain disait encore, en 1788 : « L'état de laboureur est méprisé dans les provinces du centre; il l'est moins dans la Brie, la Beauce et la Picardie. » Ce mépris venait de la misère profonde où vivait le paysan, ruiné par les impôts, les corvées, les restrictions apportées au commerce des grains; ruiné encore par les droits de garenne, de colombier et de chasse qui étaient autant de fléaux pour le champ du pauvre, quelquefois même pour celui du riche. Les belles routes construites sous Louis XV ne servaient qu'entre les grandes villes. La plupart de nos voies de communication ne remontent pas au delà de 80 ans, et dans bien des provinces les routes non royales étaient impraticables huit mois de l'année.

Pour la liberté des personnes et des biens, les lettres de cachet mettaient l'une à la discrétion des ministres et de leurs amis; l'autre était menacée par la confiscation qu'on trouvait écrite dans toutes les lois, par l'arbitraire dont la cour était armée pour la création d'impôts nouveaux, par une justice qui n'était pas toujours impartiale et par les arrêts de *surséance* qui dispensaient les grands de payer leurs dettes.

Malesherbes, président de la cour des aides, disait au roi dans des remontrances restées célèbres : « Avec les lettres de cachet, sire, aucun citoyen n'est assuré de ne pas voir sa liberté sacrifiée à une vengeance, car personne n'est assez grand pour être à l'abri de la haine d'un ministre, ni assez petit pour n'être pas digne de celle d'un commis des fermes. »

Les règlements les plus sévères restaient en vigueur contre les dissidents. En 1746, il y avait 200 protestants condamnés par le seul parlement de Grenoble aux galères ou à la réclusion, pour des actes de leur culte; en 1762, le parlement de Toulouse fit pendre un pasteur qui avait exercé en Languedoc son ministère, et décapiter trois jeunes gentilshommes qui s'étaient armés pour se défendre contre une émeute catholique. Les mêmes magistrats firent rouer le protestant Calas, accusé d'avoir tué son fils, qui voulait, disait-on, se faire catholique, et qui en réalité s'était suicidé. Sirven et sa femme n'échappèrent à un pareil sort, en 1762, que par la fuite.

TENTATIVES DE RÉFORMES.

La censure existait. Il y en avait même plus d'une, celle du roi, celle du parlement, celle de la Sorbonne. Mais souvent elles se contrariaient. Tel livre amnistié par l'une, était brûlé par l'autre. Il se vendait plus cher, et n'en circulait pas moins, quelquefois sous le couvert même des ministres. La loi prononçait la peine de la marque, des galères, de la mort contre les auteurs ou colporteurs d'écrits hostiles à la religion et à l'État; quelques sots se laissaient prendre; le plus souvent l'administration fermait les yeux, et ce mélange d'excessive sévérité et de tolérance aveugle ne faisait qu'irriter la curiosité publique. On s'informait des arrêts pour savoir quels ouvrages on devait lire. Ce siècle était bien le temps où l'abbé Galiani définissait l'éloquence : « L'art de tout dire sans aller à la Bastille. » Fréret y alla pour une dissertation sur les Francs; Leprévost de Beaumont, secrétaire du clergé, y resta vingt et un ans, jusqu'en 1789, pour avoir dénoncé au parlement le *pacte de famine*.

Tous les témoignages montrent l'affreuse misère du peuple; les paysans de Normandie vivaient en grande partie d'avoine et s'habillaient de peaux; dans la Beauce, le grenier de Paris, les fermiers mendiaient une partie de l'année; on en vit réduits à faire du pain avec de la fougère. Dans un grand nombre de provinces, l'usage de la viande était inconnu. La consommation ne s'élève pas, dit un écrivain, vers 1760, pour les trois quarts de la population de la France, au delà d'une livre par tête et par mois. Les riches mêmes étaient pauvres; car ces charges qu'ils achetaient si cher, et qui stérilisaient d'énormes capitaux, étant fort mal rétribuées par l'État, ne leur rendaient pas même l'intérêt de leur argent, et leurs vastes domaines, mal cultivés, étaient improductifs. Vauban n'estimait pas qu'il y eût en France plus de 10 000 familles fort à leur aise. Le médecin de Louis XV, Quesnay, le *penseur*, comme le roi l'appelait, ne porte qu'à 76 millions la rente du sol, pour les propriétaires, qui en retirent aujourd'hui vingt fois davantage, 1500 millions. Le premier chiffre est sans doute trop faible, mais une chose hors de doute, c'est que depuis cent ans la population n'a pas doublé, et que l'agriculture a quadruplé ses produits. Les denrées alimentaires étaient donc, en quantité, deux ou trois fois moindres pour nos pères que pour nous ; et quelques vieillards se rappelaient naguère par quels misérables vêtements l'homme du peuple, l'ouvrier, était défendu contre les intempéries des saisons. Voyez ce que la Bruyère dit du paysan, c'est un portrait fidèle.

Les institutions hospitalières ne manquaient pas : la charité chrétienne les avait multipliées ; mais le capital national étant très-restreint, les secours étaient limités, et l'on voyait incessamment des bandes de mendiants parcourir les campagnes et effrayer les villes. La France avait alors environ 800 hôpitaux civils dont la population s'élevait à 110 000 individus, mais la mortalité y était effrayante ; à l'Hôtel-Dieu de Paris, elle était de deux sur neuf, c'est-à-dire triple de ce qu'elle y est aujourd'hui. Telles étaient l'insuffisance des secours et l'ignorance des plus simples règles de l'hygiène, que dans cet hôpital, le plus riche de France, on réunissait les malades de toute sorte, même ceux qui étaient atteints d'affections contagieuses, dans les mêmes salles et jusqu'à 5 et 6 dans le même lit, car il n'y avait que 1219 lits servant quelquefois en même temps à 6000 malades. « A Bicêtre, disait Necker dans un rapport au roi, j'ai trouvé dans un même lit neuf vieillards enveloppés dans des linges corrompus. »

Aussi n'y a-t-il point à s'étonner, à raison de toutes ces causes, qu'on ait estimé la durée de la vie moyenne beaucoup moins longue alors qu'elle ne l'est aujourd'hui.

Ainsi le moyen âge, tué dans l'ordre politique, vivait toujours dans l'ordre civil. De là un profond désaccord entre les éléments constitutifs de la société. Par les idées, par les mœurs régnantes, on était bien au dix-huitième siècle ; par les usages et par beaucoup d'institutions, on était encore au treizième. Du moment que cette différence fut sentie, une révolution fut proche, car de nouvelles idées appellent nécessairement des institutions nouvelles. Mais voilà ce dont ne voulaient ni la cour ni tous ceux qui vivaient des abus comme d'une propriété légitime. Un ministre parlait-il de réforme, il était chassé. Les écrivains essayaient-ils de percer ces ténèbres palpables amassées par le gouvernement autour de lui-même, un arrêt du conseil interdisait absolument de rien publier sur des matières d'administration publique; et, en 1768, à vingt ans de Mirabeau et de la Constituante, de pauvres diables étaient envoyés aux galères pour avoir vendu quelques livres, parmi lesquels l'innocente brochure de Voltaire, *l'Homme aux quarante écus*.

Agitation des esprits et demandes de réformes.

Il faut qu'un gouvernement soit bien glorieux et bien fort pour éteindre sous ses pieds ce flambeau qu'allume l'opinion publique. Louis XIV l'avait fait alors qu'il ne jetait que de faibles lueurs, Louis XV n'y parvenait pas. Les ruineux abus dont je viens de parler, ces inégalités blessantes, cet immense désordre et ces misères avaient en effet provoqué l'examen. Vauban, Bois-Guillebert avaient demandé des réformes au point de vue économique; Fénelon, au point de vue politique. Durant la régence, la liberté, la licence même de l'esprit répondirent à celle des mœurs. Le duc de Bourbon essaya en vain d'arrêter cette curiosité impatiente. Sous son ministère s'organisa le *club de l'Entre-sol*, le premier qui ait été ouvert en France. Fleury le ferma. Mais dans le même temps un futur ministre, le marquis d'Argenson, dans ses *Considérations sur le gouvernement de la France*, écrites avant 1739, réclamait la décentralisation, l'abandon de toute l'administration locale à des conseils municipaux et cantonaux, la liberté du commerce au dedans et au dehors, l'application du scrutin aux choix des officiers royaux : « On dira que les principes du présent traité, favorables à la démocratie, vont à la destruction de la noblesse : on ne se trompera pas.... Je ne demande que de mettre à part le plus stupide préjugé, pour convenir que deux choses seraient principalement à souhaiter pour le bien de l'État : l'une, que tous les citoyens fussent égaux entre eux; l'autre, que chacun fût fils de ses œuvres. Les nobles ressemblent à ce que sont les frelons aux ruches. » Voilà déjà tout énoncé un des articles de foi de la Révolution. Un autre ministre, Machault, proposa de remplacer la taille que payaient les seuls roturiers par un impôt territorial auquel les privilégiés, nobles et prêtres, seraient soumis. Choiseul parlait, lui aussi, de réformes : les couvents lui semblaient, comme à Colbert, trop nombreux, et il estimait, comme les états de Pontoise en 1561, que la suppression de l'immunité d'impôt accordée à l'Église pour ses immenses domaines aiderait singulièrement à rétablir les finances délabrées de l'État.

Si de telles pensées fermentaient dans la tête des hommes publics, que ne disaient pas ceux qui s'étaient donné la charge d'examiner toutes les questions sociales, politiques et religieuses ? On a vu précédemment le rôle tout nouveau de la littérature au dix-huitième siècle. Ce travail des esprits, du haut en bas de la société avait réussi à créer en Europe une puissance nouvelle dont les gouvernements commençaient à subir l'influence, et qui obligeait les rois, même les plus glorieux, à compter avec elle. En France, la nation longtemps spectatrice indifférente de ces longs efforts, avait fini par y prendre intérêt, par s'inquiéter des réformes, par désirer un changement.

On voulait que l'administration ne fût plus un affreux dédale où le plus habile se perdait, et que les finances publiques cessassent d'être au pillage ; que chacun eût sécurité pour sa liberté personnelle et pour sa fortune ; que le code criminel fût moins sanguinaire, le code civil plus équitable.

On demandait la tolérance religieuse, au lieu du dogme imposé sous peine de la vie ; la loi fondée sur les principes du droit naturel et rationnel, au lieu de l'arbitraire, de l'inégalité et de la confusion des 385 coutumes provinciales ; l'unité de poids et mesures, au lieu de la plus extrême confusion ; l'impôt payé par tous, au lieu de la misère taxée et de la richesse affranchie ; l'émancipation du travail et la libre concurrence, au lieu du monopole des corporations ; la libre admissibilité aux charges publiques, au lieu du privilége de la naissance et de la fortune ; la plus active sollicitude, au lieu de l'indifférence, pour les intérêts populaires. En un mot l'égalité devant la loi, la liberté suivant le droit.

Ces réclamations étaient si vives, si générales, que la nécessité d'y faire droit frappait tous les yeux clairvoyants. Jamais plus terrible mouvement n'a eu plus de prophètes sonnant l'alarme. Catinat, Vauban, Saint-Simon, même Leibnitz, du vivant de Louis XIV, s'effrayaient de l'avenir. Dès l'année 1697, un magistrat, Bois-Guillebert, disait : « Le procès va rouler maintenant entre ceux qui payent et ceux qui n'ont fonction que de recevoir. » Et Fénelon, en 1710 : « C'est une vieille machine délabrée qui va encore de l'ancien branle qu'on lui a donné et qui achèvera de se briser au premier choc. » La seule femme qui ait voulu tirer Louis XV de sa torpeur, la duchesse de Châteauroux, « voyait venir un grand bouleversement, si l'on n'y portait remède. » Au dedans, au dehors on pensait de même ; lord Chesterfield, comme le philosophe allemand Kant, un homme de bien, Malesherbes comme l'ambassadeur d'Angleterre. « Tout ce que j'ai jamais rencontré dans l'histoire de symptômes avant-coureurs des grandes révolutions, disait le premier, existe actuellement en France et s'augmente de jour en jour. »

A mesure, en effet, que le siècle avance et que la honte augmente, qu'après Rosbach on a le Parc aux cerfs et le Pacte de famine, les voix, moqueuses d'abord, deviennent sévères, redoutables. Ce règne, qui avait commencé par les *Lettres persanes*, finit par le *Contrat social*. Les uns espèrent, les autres s'épouvantent. Rousseau était consulté, en 1761, par un conseiller au parlement de Paris sur le choix d'un asile en Suisse, et il ajoute : « Cette lettre ne me surprit pas absolument, parce que je pensais comme lui et comme beaucoup d'autres que la constitution déclinante menaçait la France d'un prochain délabrement. » Deux ans après, le parlement de Rouen disait au roi lui-même : « Les maux sont à leur comble et présagent l'avenir le plus effrayant. » Enfin Voltaire écrivait, le 2 avril 1764, au marquis de Chauvelin :

« Tout ce que je vois jette les semences d'une révolution qui arrivera immanquablement, et dont je n'aurai pas le plaisir d'être témoin. Les Français arrivent tard à tout, mais enfin ils arrivent. La lumière s'est tellement répandue de proche en proche qu'on éclatera à la première occasion, et alors ce sera un beau tapage. Les jeunes gens sont bien heureux ; ils verront de belles choses. »

Ces belles choses furent malheureusement mêlées à d'affreuses catastrophes, qu'on eût pu prévenir en cédant plus tôt à des vœux légitimes. On l'essaya timidement : dans la seconde moitié du dix-huitième siècle les gouvernements réveillés, excités par les idées françaises, reconnurent la nécescité d'opérer des réformes pour ne pas avoir une révolution.

Le mouvement s'étendit d'un bout à l'autre de l'Europe ; nous pouvons le constater dans le Portugal et le suivre à travers tout le continent jusqu'au fond de la Russie. Voyons quels en furent le caractère et les conséquences.

Réformes opérées par les gouvernements.

Joseph Ier, le quatrième successeur de ce Jean IV, de Bragance, qui avait, en 1640, affranchi le Portugal de la domination espagnole, voulut à son tour l'affranchir de ses propres misères.

Il donna le pouvoir à Joseph de Carvalho (1750), qui fut créé plus tard marquis de Pombal. Ce ministre essaya d'être le Richelieu du Portugal. Craignant que l'influence des jésuites ne contrariât ses projets, il impliqua l'Ordre dans un complot, auquel un attentat contre la vie du prince donna de la vraisemblance, et ils furent expulsés du royaume (1759). Il diminua le pouvoir de l'inquisition ; il intimida les nobles en exilant les plus illustres seigneurs, un Souza, un Bragance. Un tremblement de terre, qui coûta la vie à près de 30 000 personnes, détruisit Lisbonne (1756) ; il la rebâtit en quelques années et en fit une des plus belles villes de l'Europe. A partir de ce moment, chaque année fut marquée par des créations utiles ou des tentatives honorables : encouragements aux manufactures par l'élévation des droits sur les produits étrangers ; à l'agriculture par la fondation d'une école spéciale, la construction du canal d'Oëyras, le défrichement de l'Alentéjo, etc.; à l'instruction publique par la création du collége des nobles et d'écoles populaires gratuites ; réorganisation de l'armée, dont la solde fut assurée et l'effectif porté à

32 000 hommes ; réforme dans la perception de l'impôt et meilleure gestion financière ; répression des pirateries des Barbaresques ; fortification de l'île de Mozambique, la clef du commerce portugais dans les Indes ; envoi de nouveaux colons au Brésil ; révocation, en 1763, de dotations de terres immenses en Afrique et en Amérique, faites aux nobles par les prédécesseurs de Joseph I*er* ; établissement, en 1754, d'une compagnie commerciale pour le négoce exclusif de la Chine et des Indes, et, en 1755, d'une autre dite du Maragnon et du Grand-Para. Par malheur, il voulut *faire le bien à coups de hache*, et le bien ne se fait pas ainsi. Ses meilleures institutions furent victimes de la violence qui les avait établies, et le Portugal, un moment galvanisé par ce puissant administrateur, retomba après lui dans son ancienne faiblesse. Sous Pierre IV, en 1781, Pombal fut déclaré criminel et digne d'un châtiment exemplaire ; on se contenta pourtant de l'envoyer en exil ; il y mourut dix mois après.

L'Espagne, elle aussi, se ranima sous sa nouvelle dynastie. Philippe V, prince indolent, fit bien peu pour la régénérer. Il quitta, puis reprit la couronne, et toujours se laissa gouverner, par la princesse des Ursins, par Albéroni, qui faillit mettre l'Europe en feu ; par sa seconde femme Élisabeth Farnèse, qui le jeta dans des guerres au bout desquelles il trouva du moins le royaume des Deux-Siciles pour un de ses fils (1734), Parme et Plaisance pour l'autre (1748) ; enfin par le sage Patinho, qu'on appela emphatiquement « le Colbert de l'Espagne, » mais qui travailla à relever la marine espagnole.

Sous Ferdinand VI, ce mouvement se dessine mieux (1746-1759). Ce prince accordait deux jours d'audience par semaine à tout venant ; il diminua les impôts, encouragea l'agriculture, améliora l'administration des finances et de la justice, ranima le commerce, les manufactures et la marine, creusa le canal de Castille, et conclut, en 1753, avec le Saint-Siége, un concordat qui laissait au roi d'Espagne la collation des bénéfices ecclésiastiques. Lorsqu'il mourut, à 45 ans, le trésor renfermait près de 59 millions. Sous ce règne, Lima et Quito, au Pérou, avaient été presque détruits par des tremblements de terre; l'Espagne même s'était ressentie de celui de Lisbonne.

Don Carlos, fils aîné de Philippe V et de sa seconde femme, Élisabeth Farnèse, céda à un de ses enfants la couronne de Naples, qu'il portait depuis 1734, et prit celle d'Espagne, sous le nom de Charles III (1759-1788). Il appela au ministère, en 1766, un diplomate habile, le comte d'Aranda, qui fit arrêter 2300 jésuites, en une nuit, et les fit conduire hors du territoire (1767). Toute correspondance avec eux fut interdite; on ne leur alloua qu'une faible pension; encore devaient-ils en être tous privés pour la mauvaise conduite d'un seul. Naples et Parme imitèrent cet exemple, et, en 1773, le pape Clément XIV décréta l'abolition de l'Ordre. Cette mesure montrait que le ministre ne s'arrêterait point devant les abus. Il établit une police qui donna à Madrid de la sécurité, fit faire le dénombrement de la population, restreignit les rosarios ou processions, et s'attaqua même à l'inquisition. Rome et le clergé parvinrent, en 1773, à l'éloigner du ministère, en le faisant envoyer ambassadeur en France. Mais un de ses successeurs, le comte de Florida Blanca, fils d'un simple bourgeois de Murcie, voulait comme lui la régénération de son pays, et les réformes ne s'arrêtèrent point.

Pour combler les vides de la population et ranimer l'agriculture, de nombreux laboureurs allemands furent attirés dans la Péninsule; les routes furent réparées; le canal d'Aragon, ouvert sous Charles-Quint, fut continué; on commença ceux du Manzanarès, de Murcie, du Guadarama, de San-Carlos et d'Urgel; on rendit libre à l'intérieur le commerce des grains, et l'on fonda la banque de Saint-Charles. La fabrique de draps de Guadalaxara, organisée par Albéroni en 1718, fut réunie à celle de San-Fernando, qui occupa dès lors 24 000 ouvriers; la fabrique de toile à Saint-Ildephonse, celle d'armes à Tolède, furent encouragées. Un décret de 1773 déclara que l'industrie ne dérogeait pas à la noblesse; d'autres dotèrent l'Espagne d'un cabinet d'histoire naturelle, d'un jardin botanique, de plusieurs académies de peinture et de dessin, d'un hôtel des douanes et d'un hôtel des postes. Pour l'armée et la marine, on créa une école d'artillerie à Ségovie, d'ingénieurs à Carthagène, de cavalerie à Ocana, de tactique à Avila, et la flotte fut portée de 37 vaisseaux de ligne, qu'elle avait en 1761, à près de 80, de sorte qu'elle fut en état de paraître avec honneur dans la guerre d'Amérique, à côté des escadres de France. Cependant Charles III échoua à deux reprises contre les pirates barbaresques, et ne put reprendre Gibraltar aux Anglais. Lorsqu'il mourut, en 1788, les revenus de l'Espagne avaient triplé, et sa population était montée de 7 à 11 millions. Son œuvre fut malheureusement compromise par l'incapacité de son successeur, le faible Charles IV, qui abdiquera à Bayonne entre les mains de Napoléon.

Avant d'être roi d'Espagne, Charles III avait gouverné le royaume de Naples sous le nom de Charles VII. Là aussi il avait accompli d'heureuses réformes, avec l'aide de son ministre Bernard Tanucci. Il n'y avait pas dans le royaume moins de onze législations différentes, héritage laissé par onze peuples qui avaient possédé ce pays en totalité ou en partie : Normands, Souabes, Angevins, Aragonais, Autrichiens, etc.; elles sont simplifiées et un code uniforme est entrepris. Le clergé possédait des privilèges et des immunités incompatibles avec le bon ordre de l'État : un concordat est signé en 1741 avec le pape Benoît XIV, qui les diminue et restreint le nombre des prêtres en réduisant les ordinations à 10 par 1000 âmes. Tanucci attaque ensuite, non dans ses biens, mais dans ses juridictions, la noblesse, qui voudrait rester féodale; il met la loi au-dessus des grands, les tribunaux au-dessus de leur justice seigneuriale, et les rend plus dociles en les appelant à la cour. Les sciences et les lettres sont encouragées, des académies fondées, entre autres celle d'Herculanum[1], les hautes études et l'instruction secondaire fortifiées par d'importantes améliorations, Naples embelli de magnifiques monuments (théâtre de San-Carlo, hospice royal des pauvres). Régent pendant la minorité de

---

1. Herculanum en partie renversée, puis ensevelie par une irruption du Vésuve, 79 ans après notre ère, avec Pompéi et Stabies, avait été retrouvée en 1714; Pompéi le fut en 1755.

Ferdinand IV, qui succède à Charles VII, à l'âge de huit ans, en 1759, Tanucci agit encore avec plus de vigueur : il abolit les dîmes, supprime un grand nombre de couvents, réduit de moitié le corps ecclésiastique, bannit les jésuites (1767) et réorganise l'enseignement public. Une disgrâce termina ce ministère, qui n'avait pas duré moins de quarante-trois ans (1734-1777), pendant lesquels Tanucci avait touché à beaucoup de choses, mais sans avoir obtenu de résultats bien durables. Le règne de Ferdinand IV se continua au milieu des plus grandes péripéties jusqu'en 1825. Après Tanucci, tout dépendit, à Naples, des caprices de la reine Marie-Caroline, sœur de l'empereur Joseph II, et fameuse à plus d'un titre, surtout par sa haine contre la France après 1789.

A la mort du dernier des Médicis, Jean-Gaston, en 1737, la Toscane avait été assignée à François, duc de Lorraine, époux de Marie-Thérèse, et qui devint empereur en 1745. Sous ce prince, peu aimé des Toscans, en sa qualité d'étranger, de sages réformes furent introduites dans la législation et dans les finances par d'habiles ministres, le prince de Craon et le comte de Richecourt. Son second fils, Pierre-Léopold, frère de l'empereur Joseph II et de la reine de France Marie-Antoinette, gouverna la Toscane de 1765 à 1790. « Constamment occupé à réformer tous les abus introduits pendant plus de deux cents ans d'une administration vicieuse, il simplifia les lois criminelles, rendit au commerce la liberté, retira des provinces entières de dessous les eaux, et en partagea la propriété entre des cultivateurs industrieux, qu'il ne chargea que d'une rente peu onéreuse ; il doubla ainsi les produits de l'agriculture, et rendit à ses sujets une activité et une industrie qu'ils avaient perdues depuis longtemps. Mais il les fatigua quelquefois par une vigilance inquisitoriale, et il éprouva une violente opposition à ses réformes ecclésiastiques. Le peuple qui lui devait tant, le regretta peu. » (Sismondi.) Il avait aboli la peine de mort.

Dans les états du roi de Sardaigne, deux édits de 1761 et de 1762 avaient accordé ce que la France n'obtiendra qu'après 1789, le rachat des droits féodaux.

L'esprit nouveau pénétra jusque dans la vieille Autriche,

introduit par le fils de Marie-Thérèse, l'empereur Joseph II. Ce prince avait été élu empereur d'Allemagne à la mort de son père François Ier de Lorraine, en 1765; mais sa mère avait gardé le pouvoir dans les États autrichiens. Suivant alors l'exemple de Pierre le Grand, avide d'apprendre, quoique n'ayant pas la patience de s'instruire, comme l'écrivait Frédéric II, Joseph II se mit à visiter les pays étrangers, puis parcourut ses propres domaines; à la mort de sa mère, en 1780, il se lança impétueusement dans les réformes.

Les diverses contrées qui formaient l'État autrichien, se gouvernant chacune par des lois particulières, n'avaient entre elles aucun lien; Joseph tenta de les unir par une vaste organisation administrative. Il abolit les juridictions particulières, divisa le territoire en 13 gouvernements subdivisés en cercles. Il y eut autant de cours de justice, de commandants militaires et de magistrats de police qu'il y avait de gouvernements. L'administration générale se partagea en 4 départements: politique, administration proprement dite, justice, guerre. Toutes les affaires furent centralisées dans les chancelleries d'État de Vienne, et les États provinciaux supprimés ou annihilés; le despotisme de l'empereur se substituait aux tiraillements du régime féodal.

En 1780, les dîmes, les corvées et les droits seigneuriaux sont abolis. Une seule religion, la catholique romaine, est reconnue; mais les bulles du pape n'ont de force qu'après avoir été approuvées par l'empereur, les membres du clergé sont subordonnés au pouvoir temporel; les revenus de certains évêchés réduits; plus de mille couvents changés en hôpitaux, en maisons d'instruction ou en casernes; 400 paroisses nouvelles fondées; le culte dégagé de certaines pratiques superstitieuses; le droit de primogéniture aboli; le mariage déclaré un simple contrat civil, et le divorce facilité. Le 13 octobre 1781, un célèbre édit de tolérance autorise l'exercice des cultes grec et protestant; les juifs sont admis aux écoles publiques; une nouvelle traduction de la Bible est faite en allemand; et le pape Pie VI, qui entreprend le voyage de Vienne pour arrêter l'empereur dans ses réformes, n'obtient que les égards dus à son âge et à son caractère.

Joseph II était peu lettré, il encouragea cependant les sciences et les arts ; il fonda des universités, des bibliothèques publiques, des chaires de sciences physiques et naturelles, et enleva la censure des livres aux ecclésiastiques pour la donner à des gens de lettres éclairés; mais il défendit à ses sujets de voyager à l'étranger avant 27 ans. Le commerce et l'industrie nationale reçurent une vive impulsion: des manufactures furent établies; les douanes provinciales supprimées : l'importation des marchandises étrangères frappée d'un droit énorme; les provinces autorisées pour la première fois à échanger entre elles leurs produits; Trieste et Fiume furent déclarés ports francs; des routes nouvelles furent ouvertes; des canaux creusés ou réparés.

Ainsi Joseph II touche à tout. Il veut tout renouveler au profit du bien-être matériel de ses sujets, au profit surtout de son pouvoir. Mais il a le tort de combiner cette œuvre de réformes intérieures avec une politique agressive et une ambition démesurée. Ses prétentions sur Maëstricht et le pays d'outre-Meuse l'impliquent dans des démêlés avec la Hollande, qui aboutissent à extorquer à cette dernière 10 millions de florins et à lui faire contracter une alliance avec la France (1785). Ses projets sur la Bavière amènent la conclusion d'une nouvelle ligue offensive et défensive entre les rois de Prusse et d'Angleterre, les électeurs de Saxe et de Mayence, et une multitude de princes allemands. Il rêve le partage de l'empire turc avec la Russie, et quand le sultan qui se sent menacé déclare la guerre aux Russes (1787), Joseph, alléguant qu'il est l'allié de la czarine, attaque la Porte sans sujet (1788); mais il échoue devant Belgrade; le grand visir Youzouf pénètre dans la Hongrie, et il est battu lui-même à Temeswar. Le feld-maréchal Laudon et le prince de Cobourg rétablissent l'honneur de ses armes, sans toutefois que la paix de 1791 assure à l'Autriche, en retour d'énormes dépenses, d'autres avantages que l'acquisition de deux petits territoires. Mais des troubles éclatent en Hongrie, où les nobles lui sont ennemis, parce qu'il a violé leurs priviléges féodaux; où le peuple lui est contraire, parce qu'il l'a blessé par ses innovations religieuses; les Pays-Bas se soulèvent, parce qu'il veut les soumettre à de nouveaux impôts, tout en leur retirant leurs vieilles libertés : enfin la révolution française qui éclate ne menace pas seulement le pouvoir de sa sœur, Marie-Antoinette, elle menace tous les rois absolus. Joseph II regrette ce qu'il a fait, s'effraye de l'avenir et descend tristement au tombeau le 20 février 1790.

On a vu quelle place glorieuse le roi de Prusse Frédéric II avait prise parmi les princes réformateurs du dix-huitième siècle. Celle que la dépravation de ses mœurs a fait appeler la Messaline du Nord, et ses conquêtes Catherine la Grande, aspirait aussi à ce titre. Elle flattait la civilisation occidentale dans ses principaux représentants, entretenait une correspondance avec Voltaire, avec les encyclopédistes, invitait d'Alembert et Diderot à résider près d'elle, et traduisait elle-même le *Bélisaire* de Marmontel. Mais en même temps elle écrivait au gouverneur de Moscou qui se plaignait que les écoles fondées restassent vides, les paroles que nous avons citées (page 516).

En Suède, Gustave III, qui avait ressaisi le pouvoir absolu par la révolution de 1772, abolit la torture et réprima la vénalité des juges. Il fonda des maisons de travail pour les mendiants, ordonna que des médecins iraient aux frais de l'État visiter jusqu'aux derniers villages, et que tout journalier, père de quatre enfants, serait exempté d'impôt personnel. Il attira des ouvriers de tous les pays de l'Europe et doubla le produit des mines de fer et de cuivre, la grande richesse du pays. Le commerce favorisé par des priviléges accordés aux marins, par la franchise donnée au port de Marstrand, à l'entrée du Cattegat, prit l'essor ; les grains purent circuler librement, et par la suppression de vingt-deux jours de fête, la somme du travail national s'accrut. Comme Frédéric II, Gustave III écrivit beaucoup, même des drames, et, comme lui, admirait passionnément notre littérature.

Dernières années de Louis XV (1763-1774) : décadence politique et militaire de la France.

C'était la France qui avait donné l'impulsion au grand

mouvement qui agitait l'Europe entière, et elle-même ne semblait pas devoir participer aux réformes que ses idées avaient fait obtenir aux autres peuples. Au lieu de se régénérer, elle descendait chaque jour plus bas sur la pente qui l'entraînait loin de la haute position où le siècle précédent l'avait portée. Les succès de Frédéric II, l'avénement d'un nouvel État au rang des grandes puissances, étaient un affaiblissement pour elle. Au traité d'Aix-la-Chapelle, elle paraissait encore la première des puissances militaires, grâce aux victoires du maréchal de Saxe qui avaient jeté sur elle un reflet de la gloire de Louis XIV. Mais la guerre de Sept ans avait montré l'impéritie de nos généraux, l'indiscipline de nos soldats et, malgré quelques exceptions heureuses, l'affaiblissement des qualités militaires de notre pays. Sur mer, c'était plus qu'une décadence, c'était une ruine complète. Pour réparer ces ruines, pour arrêter la désorganisation intérieure, pour tenir tête, avec des réformes faites à propos, à la révolution qui s'approchait, il ne fallait point compter sur le prince qui s'abandonnait lui-même aux plus honteux désordres.

Ce que Louis XV était incapable de faire par lui-même, il n'entendait pas qu'un autre le fît, non qu'il eût alors un grand ministre : le duc de Choiseul n'était qu'un homme habile, mais qui aimait son pays et qui voyait quelques-uns des maux à guérir. Il fut confiné dans l'administration de ses deux ministères de la guerre et de la marine, et ne s'occupa que de la réorganisation militaire de la France, et de ses alliances au dehors. La paix faite, il essaya de diminuer les dilapidations dont l'armée était victime et de constituer fortement ses cadres pour qu'il lui fût aisé de passer rapidement du pied de paix au pied de guerre. Il reprit l'œuvre de Machault pour la création d'une flotte, et fit construire 64 vaisseaux et 50 frégates ou corvettes. La Corse, soulevée contre les Génois, ses anciens maîtres, fut conquise et réunie, en 1768, au territoire français. En 1769, Napoléon y naquit, juste à temps pour naître Français. Trois ans plus tôt, la mort de Stanislas avait amené la réunion de la Lorraine à la France. Les Anglais menaçaient l'Espagne d'une guerre : Choiseul prépara aussitôt un formidable armement qui les fit réfléchir. En même temps il encouragea l'opposition qui se formait parmi les colons anglo-américains contre leur métropole; il détacha le Portugal et la Hollande de l'alliance anglaise, essaya de fortifier le gouvernement suédois contre les intrigues de la Russie, et tendit une main amie à la Pologne, qui, sous le poids des vices de sa constitution, penchait de jour en jour vers l'abîme. Cette politique extérieure n'éprouva qu'un revers, une tentative malheureuse pour coloniser la Guyane. Un acte important de l'administration de Choiseul, bien qu'il ne relève pas directement de lui, fut la suppression des jésuites, dont un arrêt du parlement condamna en 1762 la constitution après un procès fameux auquel avait donné lieu une banqueroute de 3 millions faite par le P. Lavallette, préfet des missions aux Antilles. Les jésuites avaient laissé derrière eux un parti puissant qui ne pardonnait pas au ministre leur expulsion. Pour le perdre, on employa tous les moyens. A Mme de Pompadour, morte en 1764, avait succédé la comtesse du Barry dont la seule présence était une souillure pour Versailles. Le duc de Choiseul refusa de plier devant cette femme. Elle obséda le roi pour obtenir son renvoi. En 1770, il fut exilé.

Pendant tout ce siècle les parlements avaient montré, contre la cour, et contre les prétentions ultramontaines, un esprit d'opposition que le roi supportait avec peine. Leurs débats avec le clergé, au sujet de la bulle *Unigenitus*, qui condamnait les jansénistes et que les parlements repoussaient, troublèrent tout le dix-huitième siècle. Le roi leur ayant vainement imposé silence, les exila en 1753. Ils revinrent tout aussi déterminés à ne point céder. Le procès des jésuites raviva la querelle; un autre, en 1770, contre le duc d'Aiguillon, fit éclater la lutte. Le roi ayant, dans un lit de justice, arrêté la procédure, les magistrats suspendirent l'administration de la justice. « Ils veulent mettre la couronne au greffe, » dit le roi. Il donna à d'Aiguillon la place de Choiseul, et le chancelier Maupeou supprima les parlements, qu'il remplaça par de nouvelles cours de justice. C'était un grave événement. Richelieu et Louis XIV avaient détruit l'importance politique de la noblesse : Louis XV détruisant le grand corps de la magistrature, qu'allait-il rester pour étayer le vieil édifice et couvrir le monarque?

Et chaque jour la honte de ce monarque augmente. En 1773, c'est la Pologne, que l'Autriche, la Prusse et la Russie se partagent, sans que la France fasse rien pour empêcher cette exécution de tout un peuple. En 1765, c'est l'association qu'on a appelée le *pacte de famine*, laquelle fut surtout une détestable mesure administrative, qui renouvelle son bail pour l'accaparement des grains, et qui crée les famines artificielles de 1768 et de 1769[1]. Ce sont les *lettres de cachet*, qui se multiplient d'une effrayante manière et qui livrent la liberté des citoyens aux riches ou aux puissants qui ont une passion à assouvir ou une vengeance à satisfaire. C'est l'abbé Terray enfin, qui ne trouva d'autre remède pour réduire la dette de l'État qu'une banqueroute. Aux clameurs qui s'élevaient de toutes parts, Terray répondait froidement: « Le roi est le maître, la nécessité justifie tout. » Il n'en laissa pas moins subsister un déficit annuel de 41 millions. Et cependant, depuis 1715, les impôts avaient plus que doublé, étant montés de 165 millions à 365. Louis XV n'était pas sans voir que quelque terrible expiation approchait; mais il s'en consolait en disant: « Ceci durera bien autant que moi, mon successeur s'en tirera comme il pourra. »

Essai, puis abandon des réformes sous Louis XVI. (1774-1789).

Ce successeur n'était âgé que de vingt ans. C'était le fils du Dauphin, le petit-fils par conséquent de Louis XV, un prince de mœurs pures, d'un esprit peu étendu, d'une timidité de caractère et de parole extrême, aimant le bien, le voulant, malheureusement trop faible pour savoir imposer sa volonté à son entourage. D'abord il remit au peuple le don de joyeux avénement; il réforma la loi qui rendait les taillables solidaires du payement de l'impôt, et, pour donner une première satisfaction à l'opinion publique il rappela le parlement. Il

---

1. Louis XV était un des actionnaires de cette compagnie. Pour regagner ce que lui coûtaient ses plaisirs, il agiotait sur les blés.

fit rentrer au ministère le vieux et futile Maurepas ; mais il remplaça Maupeou et Terray par Malesherbes, qui dès 1771 avait demandé la convocation des États généraux, et par Turgot, esprit supérieur et le seul homme de ce temps qui eût pu prévenir la révolution en la faisant et la guidant lui-même. Plus tard, le roi donna le ministère de la guerre à un autre honnête homme, le comte de Saint-Germain, qui voulait réorganiser l'armée, comme ses collègues entendaient réorganiser les finances et l'administration, mais qui, touchant à la hâte à beaucoup de choses avec de bonnes idées et une mauvaise exécution, nuisit en somme à la cause générale de la réforme.

Turgot aurait voulu appliquer le vaste plan de réforme qu'il avait conçu, mais l'opposition qu'il rencontra dès les premiers pas l'obligea de procéder lentement. Il alla d'abord au plus pressé. Il autorisa la libre circulation des grains et farines par tout le royaume. Ses ennemis se hâtèrent de dire que l'exportation allait être permise ; on fit craindre au peuple la famine. Des émeutes éclatèrent dans les campagnes, même à Versailles, à Paris. Il fallut user de la force (mai 1775). Une explosion plus violente eut lieu contre Turgot lorsqu'il eut fait adopter au roi le projet de remplacer la corvée par un impôt que payeraient les propriétaires. L'abolition des jurandes et maîtrises, c'est-à-dire la liberté entrant dans l'industrie, comme il avait voulu la mettre dans le commerce, accrut encore le nombre de ses ennemis.

Le principal ministre, Maurepas, minait sourdement son crédit auprès du roi ; la reine attaquait un contrôleur général qui ne parlait que d'économies. Malesherbes, comme lui, poursuivi par la colère des privilégiés, faiblit le premier ; il donna sa démission. Turgot, d'une trempe plus forte, attendit la sienne. Le 12 mai 1776 il reçut l'ordre de quitter le ministère. Voltaire lui adressa l'*Épître à un homme*, et André Chénier le célébra dans son *Hymne à la France*. Quatre mois étaient à peine écoulés que le roi cédait aux privilégiés le rétablissement de la corvée et celui des maîtrises.

Cependant la guerre d'Amérique allait commencer. Pour faire face aux dépenses nouvelles, on recourut au banquier génevois Necker, qui avait une grande réputation de financier. Comme il était protestant et étranger, il n'eut que le titre de directeur des finances (octobre 1776). Pendant 5 années il se tira avec honneur d'une situation que rendaient bien difficile le caractère mesquin et jaloux de Maurepas, l'indolence du roi, l'avidité des courtisans. Il lui fallait combler le déficit que Turgot n'avait eu que le temps de diminuer, pourvoir aux frais de la guerre d'Amérique et aux dépenses énormes d'une cour encombrée d'un peuple d'officiers de tout nom et de valets de toutes sortes. Il y réussit sans augmenter les impôts, sans économiser beaucoup sur la cour, mais par une réduction dans les frais de perception, par mille petites réformes utiles et par 400 millions d'emprunts qui furent constitués, pour la plupart en rentes viagères. C'était bien d'en appeler au crédit public, mais emprunter à titre onéreux, c'était reculer la difficulté, non la résoudre, et, sous cette administration honnête d'un habile banquier, non d'un grand ministre, le gouffre continuait à se creuser. Necker pour le combler, comptait sur la paix, sur l'avenir; mais qui est le maître de l'avenir?

Necker tomba deux ans avant la fin de la guerre. L'occasion de sa chute fut son fameux *Compte rendu de l'état des finances* publié en 1781, qui fit tant de bruit et qui était pourtant bien incomplet, car il ne montrait que les recettes et les dépenses ordinaires. On n'y parlait ni des emprunts ni des dépenses pour la guerre. La recette y apparaissait supérieure de 10 millions à la dépense. Le public, charmé qu'on levât à ses yeux ne fût-ce qu'un coin du voile épais qui cachait les finances, reçut cette publication avec d'immenses applaudissements. Les capitalistes prêtèrent au ministre 236 millions. Mais la cour s'irrita de cet appel à l'esprit public. Si le jour entrait dans l'administration financière, que deviendraient les pensions et tout le pillage habituel? Devant les clameurs de la cour Louis XVI céda encore; et quand Necker, à bout de patience, lui offrit sa démission, il l'accepta (21 mai 1781). Outre ces réformes financières, quelques actes honorables avaient signalé son administration: il avait fait affranchir les serfs du domaine royal, détruire le *droit de suite*, qui livrait au seigneur tous les biens acquis en pays étranger par son serf fugitif, et abolir la *question préparatoire*.

Dans la guerre d'Amérique (1778-1783) la France aida un peuple nouveau à monter au rang des nations. D'autres actes signalèrent l'influence qui lui revenait. Par ses subsides à la Suède, par sa volonté hautement déclarée de soutenir Gustave III, elle arrêta l'ambition éhontée de la Prusse et de la Russie ; d'un autre côté elle contribua à sauver la Bavière des attaques de l'Autriche, l'Empire d'une guerre entre les deux grandes puissances allemandes, en faisant accepter au congrès de Teschen (1779) sa médiation et celle de la Russie par l'Autriche et la Prusse. Sa diplomatie était donc aussi heureuse que ses armes.

Mais la victoire coûte cher, et l'administration des finances était tombée aux mains de l'incapable Joly de Fleury, puis en celles du prodigue de Calonne, qui en trois ans et en temps de paix fit pour 500 millions d'emprunts. La situation s'aggrava donc au lieu de s'améliorer, et le moment vint de tout dévoiler au roi. Alors le prodigue se fit réformateur ; Calonne imagina un plan où se mêlaient les idées de tous ses devanciers : soumettre les privilégiés à l'impôt et à une subvention territoriale ; établir des assemblées provinciales ; diminuer la taille ; donner la liberté au commerce des grains, etc. Une assemblée de notables, réunie le 22 février 1787 pour discuter ces plans, les accueillit fort mal ; de Calonne tomba, mais le déficit ne fut pas comblé.

Brienne, archevêque de Toulouse, brillant ambitieux qui mêlait les affaires aux plaisirs, est choisi pour le remplacer, et n'est pas plus habile. Le parlement refuse d'enregistrer des édits établissant de nouvelles taxes, et déclare que les députés de la nation ont seuls le droit de consentir l'impôt. Louis XVI, dans un lit de justice, force la main au parlement, qui est encore une fois exilé. Mais des troubles éclatent de toutes parts. Brienne à bout de ressources, convoque les États généraux pour le 1er mai 1789. Une seconde assemblée des notables, appelée à décider quelle serait la représentation de la noblesse, du clergé et du tiers, se prononce pour l'égalité de nombre des députés de chaque ordre. C'était donner la majorité aux deux classes privilégiées. L'opinion publique s'indigne, et Necker, rappelé au ministère des finances, décide le roi à déclarer de sa pleine puissance, que le nombre des députés du tiers serait égal à celui des deux autres ordres. La révolution française commençait (1789).

En résumant l'ensemble de ce chapitre, on voit que sous la pression des idées françaises, l'esprit de réforme avait gagné l'Europe entière. Les princes se mettent d'eux-mêmes à la tête du mouvement. Ils veulent supprimer des abus, effacer des priviléges, donner du bien-être à leurs peuples. Mais ces réformes d'ordre purement matériel et qui tendent bien plus à accroître les revenus et la force des princes qu'à élever le niveau moral et la condition politique des sujets sont impuissantes dans la plupart des Etats, parce que les gouvernements ne songent pas à se réformer eux-mêmes, et que faute de bonnes institutions tout dépend encore du hasard des naissances royales qui peut faire passer le pouvoir absolu des mains d'un prince intelligent à celles d'un prince incapable. L'Espagne retombe, sous Charles IV et Godoï, presque aussi bas que sous Charles II. Le temps des lazzarones refleurit à Naples sous la reine Caroline et son ministre Acton; Joseph II agite l'Autriche, mais ne la régénère pas. On a vu ce que Catherine II pensait des réformes pour son peuple. En Prusse seulement, un grand homme fait de grandes choses; et en France d'habiles ministres qui veulent en faire n'y réussissant pas, la nation se charge de les accomplir elle-même.

FIN.

LISTE CHRONOLOGIQUE

DES PAPES, DES EMPEREURS ET DES PRINCES QUI ONT RÉGNÉ DANS LES PRINCIPAUX ÉTATS DES TEMPS MODERNES[1].

Papes.

Nicolas V................... 1447	Grégoire XIV................ 1590
Calixte III (Borgia).......... 1455	Innocent IX................. 1591
Pie II (Æneas-Silvius Piccolomini)................... 1458	Clément VIII................ 1592
	Léon XI..................... 1605
Paul II..................... 1464	Paul V (Borghèse)........... 1605
Sixte IV.................... 1471	Grégoire XV................. 1621
Innocent VIII............... 1484	Urbain VII (Barberini)....... 1623
Alexandre VI (Borgia)....... 1492	Innocent X.................. 1644
Pie III..................... 1503	Alexandre VII (Chigi)........ 1655
Jules II (de la Rovère)...... 1503	Clément IX.................. 1667
Léon X (de Médicis)......... 1513	Clément X................... 1670
Adrien VI................... 1512	Innocent XI................. 1676
Clément VII (de Médicis).... 1523	Alexandre VIII.............. 1689
Paul III (Farnèse)........... 1524	Innocent XII................ 1691
Jules III................... 1550	Clément XI.................. 1700
Marcel II................... 1555	Innocent XIII............... 1721
Paul IV (Caraffa)............ 1555	Benoît XIII................. 1724
Pie IV...................... 1559	Clément XII................. 1730
Pie V....................... 1566	Benoît XIV.................. 1740
Grégoire XIII............... 1572	Clément XIII................ 1758
Sixte V..................... 1585	Clément XIV (Ganganelli).... 1769
Urbain VII.................. 1590	Pie VI...................... 1775

Empereurs d'Allemagne.

Frédéric III................. 1440	Joseph Ier................... 1705
Maximilien Ier............... 1493	Charles VI................... 1711
Charles-Quint............... 1515	mort....................... 1740
abdique en................. 1556	Charles VII (Albert de Bavière). 1742
Ferdinand Ier................ 1558	La branche d'Autriche-Lorraine commence avec François Ier, duc de Lorraine, époux de Marie-Thérèse, fille de Charles VI 1745
déjà roi de Hongrie et de Bohême depuis................ 1562	
Maximilien II................ 1564	
Rodolphe II.................. 1576	Joseph II, empereur depuis... 1765
Mathias..................... 1612	mais souverain d'Autriche seulement à la mort de Marie-Thérèse, en.................. 1780
Ferdinand II................. 1619	
Ferdinand III................ 1637	
Léopold Ier.................. 1658	

1. La date est celle de l'avénement.

Espagne.

ROYAUME D'ARAGON.

ALPHONSE V.................... 1416
JEAN II, roi de Navarre par sa femme depuis 1425........... 1455
FERDINAND II LE CATHOLIQUE, marié à la reine de Castille depuis 1469.................... 1479

CASTILLE ET LÉON.

JEAN II........................ 1406
HENRI IV...................... 1454
ISABELLE Ire................. 1474
JEANNE LA FOLLE, fille d'Isabelle et de Ferdinand le catholique, roi d'Aragon................. 1504

COURONNES UNIES D'ARAGON, DE CASTILLE ET DE LÉON, OU ROYAUME D'ESPAGNE.

FERDINAND II LE CATHOLIQUE, roi d'Aragon depuis 1479; FERDINAND V en Castille.......... 1500
conquérant de la Navarre..... 1512

Maison d'Autriche.

CHARLES Ier, fils de Jeanne la Folle 1516
empereur (CHARLES V)........ 1519
PHILIPPE II.................... 1556
PHILIPPE III................... 1598
PHILIPPE IV................... 1621
CHARLES II.................... 1665

Maison de Bourbon.

PHILIPPE V.................... 1700
abdique................... 1724
LOUIS Ier.................... 1724
PHILIPPE V, pour la seconde fois. 1724
FERDINAND VI................. 1746
CHARLES III................... 1759
CHARLES IV................... 1788

France.

CHARLES VII.................. 1422
LOUIS XI..................... 1461
CHARLES VIII................. 1483

Branche d'Orléans.

LOUIS XII..................... 1498

Branche d'Angoulême.

FRANÇOIS Ier................. 1515
HENRI II..................... 1547

FRANÇOIS II.................. 1550
CHARLES IX.................. 1560
HENRI III.................... 1574

Branche des Bourbons.

HENRI IV.................... 1589
LOUIS XIII................... 1610
LOUIS XIV................... 1643
LOUIS XV.................... 1715
LOUIS XVI................... 1774

Grande-Bretagne.

HENRI VI..................... 1422
renversé................ 1461

Branche d'York.

ÉDOUARD IV.................. 1461
ÉDOUARD V................... 1483
RICHARD III.................. 1483
renversé................ 1485

Maison des Tudors.

HENRI VII.................... 1485
HENRI VIII................... 1509
ÉDOUARD VI.................. 1547
JANE GREY................... 1553
MARIE....................... 1553
ÉLISABETH................... 1558

Maison des Stuarts.

JACQUES Ier, roi d'Écosse et d'Angleterre.................. 1603

CHARLES Ier.................. 1625
sa mort.................. 1649

RÉPUBLIQUE de 1649 à 1660. PROTECTORAT D'OLIVIER CROMWELL de 1653 à 1658, — de son fils, RICHARD CROMWELL, 1658-1659.

CHARLES II................... 1660
JACQUES II................... 1685
déposé................. 1688
GUILLAUME III................ 1689
ANNE STUART................. 1702

Maison de Hanovre.

GEORGE Ier................... 1714
GEORGE II.................... 1727
GEORGE III................... 1760

Naples.

Alphonse Ier	1435
Ferdinand Ier	1458
Alphonse II	1494
Ferdinand II	1495
Frédéric Ier	1496
Ferdinand le Catholique	1504

Depuis cette époque jusqu'en 1713 les rois d'Espagne règnent aussi à Naples. L'empereur CHARLES VI est roi de Naples de 1713 à 1735.

Don Carlos	1735
Ferdinand III	1759

Pologne.

Casimir IV	1445
Jean Ier (Albert)	1492
Alexandre Ier	1501
Sigismond Ier	1506
Sigismond II (Auguste)	1548
Henri (le roi de France Henri III)	1572
Étienne Batohri (de Transylvanie)	1575
Sigismond III (de Suède)	1587
Wladislas VII, son fils	1632
Jean Casimir, frère du précédent	1648
Michel Wisnioviecki	1669
Jean Sobieski	1674
Auguste II, électeur de Saxe	1697
Stanislas Leczinski	1704
Auguste III	1733
Poniatowski	1764

Prusse.

Frédéric III, premier comme roi	1701
Frédéric-Guillaume Ier	1713
Frédéric II	1740
Frédéric-Guillaume II	1786

Russie.

Wasili III	1425
Ivan III	1562
Wasili IV	1505
Ivan IV	1533
Fedor Ier	1584
Extinction de la dynastie de Rurick	1598
Usurpateur de 1598 à 1613.	
Michel, de la maison de Romanow	1613
Alexis	1645
Fedor II	1676
Pierre le Grand	1682
Catherine Ire	1725
Pierre II	1727
Anne	1730
Ivan VI	1740
Élisabeth	1741
Pierre III	1762
Catherine II	1762

Sardaigne.

Victor-Amédée II	1675
roi en	1713
Charles-Emmanuel III	1730
Victor-Amédée	1773

Suède.

Dynastie des Wasa.

Gustave Ier	1523
Éric XIV	1560
Jean III	1568
Sigismond	1591
Charles IX	1604
Gustave II (Adolphe)	1614
Christine	1632
Charles X (Gustave)	1654
Charles XI	1660
Charles XII	1697
Ulrique Éléonore	1712
Frédéric Ier	1719
Alphonse-Frédéric II	1751
Gustave III	1771

Turquie.

Mahomet II.............. 1451	Amurath IV.............. 1623
Bajazet II.............. 1481	Ibrahim................. 1638
Sélim Ier............... 1512	Mahomet IV.............. 1649
Soliman Ier............. 1520	Soliman III............. 1687
Sélim II................ 1566	Achmed II............... 1691
Amurath III............. 1574	Mustapha II............. 1695
Mahomet II............. 1595	Achmed III.............. 1703
Achmet Ier.............. 1603	Mahmoud Ier............. 1730
Mustapha Ier............ 1617	Otham III............... 1754
Othman II............... 1618	Mustapha III............ 1757
Mustapha Ier, pour la seconde fois................. 1622	Abdul-Hamed............. 1774
	Sélim III............... 1789

TABLE DES MATIÈRES

LIVRE I.

RÉVOLUTION POLITIQUE OU RUINE DÉFINITIVE DES INSTITUTIONS POLITIQUES DU MOYEN AGE ET SYSTÈME NOUVEAU DE GOUVERNEMENT.

I. ÉTAT DE L'EUROPE AU MILIEU DU QUINZIÈME SIÈCLE. — De la limite entre le moyen âge et les temps modernes. — Europe occidentale. — États du Nord, de l'Est et du Centre. . 1

II. LA FRANCE DE 1453 A 1494. — Progrès de l'autorité royale dans la dernière année de Charles VII. — Louis XI (1461-1483). Ligue du bien public (1465). — Entrevue de Péronne (1468). — Ambition et mort du duc de Bourgogne. — Ruine des grandes maisons féodales; mort de Louis XI (1483). — Le règne de Charles VIII, jusqu'à l'expédition d'Italie (1483-1494). 9

III. L'ANGLETERRE DE 1453 A 1509. — État de l'Angleterre au milieu du quinzième siècle. — Guerre des deux Roses (1455-1485). — Henri VII Tudor (1485-1509). — Suppression des libertés publiques. 19

IV. L'ESPAGNE DE 1453 A 1521. — État de l'Espagne au milieu du quinzième siècle. — Navarre, Aragon, Castille et Portugal. 43

V. L'ALLEMAGNE ET L'ITALIE DE 1453 A 1474. — Divisions de l'Allemagne et de l'Italie. Les empereurs Frédéric III et Maximilien. — L'Italie dans la seconde moitié du quinzième siècle. 56

VI. L'EMPIRE TURC DE 1453 A 1520. — Mahomet II (1451-1481). Bajazet II et Sélim (1481-1520). 77

LIVRE II.

CONSÉQUENCES DE LA RÉVOLUTION POLITIQUE : PREMIÈRES GUERRES EUROPÉENNES (1493-1559).

VII. GUERRES D'ITALIE DE 1494 A 1516. — Résumé de la période précédente. — Expédition de Charles VIII en Italie (1494). — Louis XII (1498-1545). — Nouvelle conquête du Milanais par François Ier (1515)............................ 82

VIII. PREMIÈRE RIVALITÉ DES MAISONS DE FRANCE ET D'AUTRICHE (1519-1529). — François Ier et Charles-Quint. — Première guerre (1521-1526). — Seconde guerre (1526-1529); traité de Cambrai............................ 99

IX. SECONDE ÉPOQUE DE LA RIVALITÉ DES MAISONS DE FRANCE ET D'AUTRICHE; INTERVENTION DE LA TURQUIE ET DE L'ANGLETERRE (1529-1547). — Nouveau système d'alliances de la France. — Charles-Quint devant Tunis et Alger; troisième guerre avec la France (1536-1538). — Quatrième guerre (1542-1544)............................ 108

X. TROISIÈME ÉPOQUE DE LA RIVALITÉ DES MAISONS DE FRANCE ET D'AUTRICHE (1547-1559). — Toute-puissance de Charles-Quint; cinquième guerre contre la France (1547-1556). — Dernière lutte pour l'indépendance italienne; traité de Cateau-Cambrésis (1559)............................ 119

LIVRE III.

RÉVOLUTION DANS LES INTÉRÊTS, LES IDÉES ET LES CROYANCES

XI. LA RÉVOLUTION ÉCONOMIQUE, OU DÉCOUVERTE DE L'AMÉRIQUE ET DU PASSAGE AUX INDES. — Premières découvertes maritimes. — Vasco de Gama (1497) et l'empire colonial des Portugais. — Christophe Colomb (1492); Cortez (1519); Magellan (1520); Pizarre (1529); empire colonial des Espagnols. — Conséquences des nouvelles découvertes. Invention des postes et des canaux à point de partage.. 129

XII RÉVOLUTION DANS LES LETTRES, LES ARTS ET LES SCIENCES, OU LA RENAISSANCE. — Découverte de l'imprimerie. — La renaissance des lettres. — La renaissance des arts. — La renaissance des sciences............................ 153

XIII. LA RÉVOLUTION DANS LES CROYANCES, OU LA RÉFORME. —

TABLE DES MATIÈRES.

État du clergé au seizième siècle. — Luther : la réforme en Allemagne et dans les États scandinaves (1517-1555). — Zwingli et Calvin : la réforme en Suisse, en France, aux Pays-Bas et en Écosse (1517-1559). — La réforme en Angleterre (1531-1562). — Principales différences entre les Églises protestantes. 178

LIVRE IV.

RESTAURATION CATHOLIQUE ET GUERRES DE RELIGION ; PRÉPONDÉRANCE DE L'ESPAGNE.

XIV. LE CONCILE DE TRENTE ET LA RESTAURATION CATHOLIQUE. — Réformes à la cour pontificale et tentatives de conciliation avec les protestants. — Mesures défensives ; l'inquisition (1542), l'Index, les Jésuites. — Concile de Trente (1545-1563). 210

XV. LES GUERRES DE RELIGION (1559-1598). — Les chefs catholiques et les chefs protestants. — Lutte des deux religions aux Pays-Bas : formation de la république des Provinces-Unies (1566-1609). — Lutte des deux religions en Angleterre : Élisabeth et Marie Stuart ; la grande Armada (1559-1588). — Les guerres de religion en France (1562-1598). 224

XVI. SUITE DES GUERRES DE RELIGION POUR LA FRANCE, L'ESPAGNE, L'ANGLETERRE ET LA HOLLANDE. — Décadence et ruine de l'Espagne. — Prospérité de l'Angleterre et de la Hollande. — Réorganisation de la France par Henri IV (1598-1610). 262

LIVRE V.

PRÉPONDÉRANCE DE LA FRANCE SOUS LOUIS XIII ET LOUIS XIV.

XVII. LOUIS XIII ET RICHELIEU : PACIFICATION INTÉRIEURE (1610-1643). — Minorité de Louis XIII et régence de Marie de Médicis (1610-1617). — Richelieu abaisse les protestants et la haute noblesse (1624-1642). 283

XVIII. LA GUERRE DE TRENTE ANS. — Les pays du Nord et l'Allemagne à l'époque de la guerre de Trente ans. — Guerre de Trente ans : périodes palatine et danoise (1618-1626). — Périodes suédoise et française (1630-1648). 296

XIX. L'Angleterre sous les Stuarts et Cromwell. — Les Stuarts : le roi Jacques Ier (1603-1625). — Charles Ier (1625-1640). — Le long parlement (1640-1649). — La république d'Angleterre (1649-1660). 316

XX. La France de 1643 a 1661; état de l'Europe en 1661. — Mazarin et la Fronde. — Guerre avec l'Espagne; traité des Pyrénées (1659). — Situation de l'Europe en 1661. 343

XXI. Le règne de Louis XIV jusqu'à la guerre de la ligue d'Augsbourg (1661-1688). — Centralisation administrative de la France; Colbert et Louvois. — Guerres de Flandre (1667) et de Hollande (1672). — Conquêtes de Louis XIV en pleine paix; révocation de l'édit de Nantes (1685). 362

XXII. Révolution de 1688 en Angleterre; seconde et troisième coalitions contre la France; paix de Ryswick (1697) et d'Utrech (1713). — Charles II et Jacques II (1660-1688). — Guerres de la ligue d'Augsbourg (1688-1697) et de la succession d'Espagne (1701-1712). 383

XXIII. Les arts, les lettres et les sciences au dix-septième siècle. Les lettres et les arts en France. — Les lettres et les arts dans les pays étrangers. — Les sciences au dix-septième siècle. 402

LIVRE VI.

LE DIX-HUITIÈME SIÈCLE : GRANDEUR DE L'ANGLETERRE, DE LA RUSSIE ET DE LA PRUSSE.

XXIV. Création de la Russie; ruine de la Suède. — Pierre le Grand et la Russie au commencement du dix-septième siècle; puissance de la Suède; Narva et Pultawa. — Charles XII à Bender; traités du Pruth (1711) et de Nystadt (1721). — Second voyage de Pierre en Europe (1716); Saint-Pétersbourg le czar chef de l'Église russe. . . . 427

XXV. Création de la Prusse; abaissement de la France et de l'Autriche. Régence du duc d'Orléans; ministères de Dubois, du duc de Bourbon et de Fleury (1715-1743). — Formation de la Prusse et situation de l'Autriche. — Guerre de la succession d'Autriche (1741). — Guerre de Sept ans (1756-1763). 442

XXVI. Puissance maritime et coloniale de l'Angleterre. — L'Angleterre de 1688 à 1763. — La Compagnie anglaise des Indes orientales. 478

XXVII. Fondation des États-Unis d'Amérique. — Origine et constitution des colonies anglaises d'Amérique. — Guerre d'Amérique (1775-1783) 491

XXVIII. Destruction de la Pologne; apaisement des Turcs; grandeur de la Russie. — La Russie de Pierre le Grand à Catherine II. — Catherine II (1762-1796); premier partage de la Pologne (1772). — Traités de Kaïnardji (1774) et de Jassy (1792). — Second et troisième partages de la Pologne (1793). 503

LIVRE VII.

PRELIMINAIRES DE LA REVOLUTION.

XXIX. Les sciences et les lettres au dix-huitième siècle. — Découvertes scientifiques et géographiques. — Les lettres et les arts. 518

XXX. Tentatives de réformes. — Désaccord entre les idées et les institutions. — Agitation des esprits et demandes de réformes. — Réformes opérées par les gouvernements. — Dernières années de Louis XV (1763-1774); décadence politique et militaire de la France. — Essai, puis abandon des réformes sous Louis XVI (1674-1789). 532

FIN DE LA TABLE.

CARTES

CONTENUES

DANS L'HISTOIRE DES TEMPS MODERNES.

CARTES.

La France sous Louis XI.....................................	9
Les Iles Britanniques de 1066 à 1603........................	29
L'Italie au quinzième siècle................................	61
Planisphère indiquant les possessions portugaises au seizième siècle.	129
L'Europe en 1648..	315
La France à la mort de Louis XIV............................	401

Coulommiers. — Imp. PAUL BRODARD. — 926-99.

Librairie **HACHETTE et Cie**, 79, boul. St-Germain, à Paris.

COURS D'HISTOIRE

A L'USAGE DES LYCÉES ET COLLÈGES

PAR

M. Victor DURUY

Ancien Ministre de l'Instruction publique
Membre de l'Académie française, de l'Académie des Sciences morales et politiques
et de l'Académie des Inscriptions et Belles-Lettres.

Nouvelle édition
Complétée et remaniée conformément aux programmes du 28 janvier 1890

SOUS LA DIRECTION DE

M. E. LAVISSE

Professeur à la Faculté des lettres de Paris.

6 volumes in-16, avec gravures et cartes, cartonnage toile.

Histoire ancienne (classe de Sixième), par M. Moret, maître de conférences à la Faculté des lettres de Lyon. 26ᵉ édition. 1 vol. 3 fr. »

Histoire grecque (classe de Cinquième), par M. Haussoullier, directeur adjoint à l'École des Hautes Études, 31ᵉ édit. 1 vol. 3 fr. 50

Histoire romaine (classe de Quatrième), par M. Parmentier, professeur au Collège Chaptal, 29ᵉ édition. 1 vol. . . 4 fr. »

Histoire de l'Europe et de la France, jusqu'en 1270 (classe de Troisième), par M. Parmentier, 31ᵉ édition. 1 vol. 4 fr. 50

Histoire de l'Europe et de la France, de 1270 à 1610 (classe de Seconde), par M. Mariéjol, professeur à la Faculté des lettres de Lyon, 25ᵉ édition. 1 vol. . . . . 5 fr. »

Histoire de l'Europe et de la France, de 1610 à 1789 (classe de Rhétorique), par M. Lacour-Gayet, professeur au lycée Saint-Louis. 26ᵉ édition. 1 vol. . . . . 5 fr. »

Librairie **HACHETTE et Cie**, 79, boul. St-Germain, à Paris

HISTOIRE UNIVERSELLE
PUBLIÉE PAR UNE SOCIÉTÉ DE PROFESSEURS ET DE SAVANTS
SOUS LA DIRECTION DE M. VICTOR DURUY
FORMAT IN-16, BROCHÉ

La terre et l'homme, par M. Alfred Maury. 1 vol. . . . . . 6 fr.
Chronologie universelle, par M. Dreyss. 2 vol. . . . . . . 12 fr.
Histoire générale, par M. Duruy. 1 vol. . . . . 4 fr.
Histoire sainte, par M. Duruy. 1 vol. . . . . 3 fr.
Histoire ancienne des peuples de l'Orient, par M. Maspero.
   1 vol. . . . . 6 fr.
Histoire grecque, par M. Duruy. 1 vol. . . . . 4 fr.
Histoire romaine, par M. Duruy. 1 vol. . . . . 4 fr.
Histoire du moyen âge, par M. Duruy. 1 vol. . . . . 4 fr.
Histoire des temps modernes, par M. Duruy. 1 vol. . . . 4 fr.
Histoire de France, par M. Duruy. 2 vol. . . . . 8 fr.
Dictionnaire historique des institutions, mœurs et coutumes
   de la France, par M. Chéruel. 2 vol. . . . . 12 fr.
Histoire d'Angleterre, par M. Fleury. 1 vol. . . . . 4 fr.
Histoire résumée d'Italie, par M. Zeller. 1 vol. . . . . . 5 fr.
Histoire de la Russie, par M. Rambaud. 1 vol. . . . . . . 6 fr.
Histoire de l'Autriche-Hongrie, par M. Louis Leger. 1 vol. 5 fr.
Histoire de l'empire Ottoman, par M. de la Jonquière. 1 vol. 6 fr.
Histoire de la littérature grecque, par M. Pierron. 1 vol. 4 fr.
Histoire de la littérature romaine, par le même. 1 vol. . 4 fr.
Histoire de la littérature française, par M. Demogeot. 1 vol. 4 fr.
Histoires des littératures étrangères, par le même auteur.
   2 vol. . . . . 8 fr.
Histoire de la littérature italienne, par M. L. Etienne. 1 vol. 4 fr.
Histoire de la littérature anglaise, par M. Augustin Filon.
   1 vol. . . . . 6 fr.
Histoire de la physique et de la chimie, par M. Hoefer.
   1 vol. . . . . 4 fr.
Histoire de la botanique, de la minéralogie et de la géologie,
   par le même. 1 vol. . . . . 4 fr.
Histoire de la zoologie, par le même. 1 vol. . . . . 4 fr.
Histoire de l'astronomie, par le même. 1 vol. . . . . . . 4 fr.
Histoire des mathématiques, par le même. 1 vol. . . . . 4 fr.

Librairie HACHETTE et Cie, 79, boul. St-Germain, Paris.

LECTURES HISTORIQUES

RÉDIGÉES CONFORMÉMENT AUX PROGRAMMES DU 28 JANVIER 1890
A L'USAGE DE L'ENSEIGNEMENT SECONDAIRE

Nouvelles éditions entièrement refondues et remaniées

· 6 VOLUMES IN-16

ILLUSTRÉS DE NOMBREUSES GRAVURES, CARTONNAGE TOILE

Histoire ancienne (Egypte, Assyrie). CLASSE DE SIXIÈME, par M. G. MASPERO, membre de l'Institut. 3ᵉ édition revue. 1 vol. . . . . 5 fr.

Histoire de la Grèce (Vie publique et privée des Grecs) CLASSE DE CINQUIÈME, par M. Paul GUIRAUD, maître de conférences à l'Ecole normale supérieure. 2ᵉ édition revue. 1 vol. . . . . 5 fr.

Histoire romaine (Vie publique et privée des Romains). CLASSE DE QUATRIÈME, par M. Paul GUIRAUD. 2ᵉ édition refondue. 1 vol. . . . . 5 fr.

Histoire du Moyen Age (395-1270). CLASSE DE TROISIÈME, par M. Ch.-V. LANGLOIS, chargé de cours à la Faculté des lettres de Paris. 2ᵉ édition entièrement refondue. 1 vol. 5 fr.

Histoire du Moyen Age et des Temps modernes (1610). CLASSE DE SECONDE, par M. MARIÉJOL, professeur à la Faculté des lettres de Lyon. 2ᵉ édit. revue. 1 vol. 5 fr.

Histoire des Temps modernes. CLASSE DE RHÉTORIQUE, par M. LACOUR-GAYET, docteur ès lettres, professeur au lycée Saint-Louis. 2ᵉ édition revue. 1 vol. . . 5 fr

Librairie **HACHETTE** et Cⁱᵉ, 79, boul. St-Germain, à Paris.

F. SCHRADER
Directeur des travaux cartographiques de la librairie Hachette et Cⁱᵉ

ATLAS
DE
GÉOGRAPHIE HISTORIQUE

AVEC LA COLLABORATION DE MM.

Bernard, Blondel, Bourgeois, Léon Cahun,
Debidour, Diehl, Gallois, Froidevaux,
Gauckler, Guiraud, Haumant, Haussoullier, Lavisse,
Lemonnier, Longnon, G. Marcel, Maspero,
Rambaud, A. Sorel, Waddington

CONTENANT

en 55 grandes feuilles doubles, 167 cartes en couleurs
accompagnées d'un texte historique au dos et de 117 cartes,
figures et plans en noir, avec un index alphabétique
des noms contenus dans l'atlas.

1 VOLUME IN-FOLIO RELIÉ . . . . 35 FR.

Chaque carte séparément. . . . . c.

Original en couleur

NF Z 43-120-8

www.ingramcontent.com/pod-product-compliance
Lightning Source LLC
Chambersburg PA
CBHW060303230426
43663CB00009B/1563